U0940682

桂林年鉴

GUILIN YEARBOOK

2011

桂林市地方志编纂委员会　编

广西人民出版社

图书在版编目(CIP)数据

桂林年鉴. 2011 / 桂林市地方志编纂委员会编. —南宁:广西人民出版社,2011.12
ISBN 978-7-219-07706-1

Ⅰ. ①桂… Ⅱ. ①桂… Ⅲ. ①桂林市—2011—年鉴 Ⅳ. ①Z526.73

中国版本图书馆 CIP 数据核字(2011)第 264837 号

责任编辑 龙 钢

桂林年鉴(2011)

编 者:桂林市地方志编纂委员会
出版发行:广西人民出版社
社 址:广西南宁市桂春路 6 号
邮 编:530028
网 址:http://www.gxpph.cn
印 刷:深圳市佳信达印务有限公司
开 本:890mm×1240mm 1/16
印 张:30.5
字 数:910 千字
版 次:2011 年 12 月 第 1 版
印 次:2011 年 12 月 第 1 次印刷
ISBN 978-7-219-07706-1/Z·252
定 价:268.00 元

编 辑 说 明

一、《桂林年鉴》是中共桂林市委、桂林市人民政府主办，桂林市地方志编纂委员会编纂的地方综合年鉴。旨在载录桂林市经济社会发展的基本情况，为各级领导机关决策、指导工作提供市情依据，是社会各界和海外人士了解、研究桂林的最新信息载体，并为桂林市的发展积累史料。《桂林年鉴》每年出版1卷，已连续出版17卷。

二、《桂林年鉴》主体内容设类目、分目、条目三个层次，除特载、附录等类目采用综合性文章外，其余内容均以条目为表现内容的基本形式。条目的标题统一用黑体加【】表示，少数资料性内容用楷体。年鉴内容采用科学分类和社会分工相结合的原则设置类目，机构、企事业单位的排序一般不表示其地位和规模。

三、《桂林年鉴（2011）》着重记载2010年桂林市经济社会发展的基本情况及大事、要事、新事，个别重要内容有上溯或下延。本卷年鉴设特辑、特载、大事记、桂林市概貌、中国共产党桂林市委员会、桂林市人民代表大会、桂林市人民政府、中国人民政治协商会议桂林市委员会、纪检·监察、民主党派·工商联、人民团体、政法、军事、人力资源和社会保障、外事·接待、旅游业、城乡建设、环境保护、交通运输业、信息产业、工业、农业·水利、商业·会展业、非公有制经济、对外开放、财政·税务、银行·证券·保险、开发区建设、行政管理、教育、科学技术、社会科学、文化、广播·电视·新闻·出版、卫生·体育、社会生活、区县简介、人物、附录等39个类目，239个分目。设彩色插页56页，辑封和内文插图118幅。

四、本卷年鉴稿件由各行业主管部门和各县（区）提供，并经撰稿单位领导审核。主要统计数据均由撰稿单位提供，因统计口径不同等原因，可能与统计部门公布的数据有出入，引用时请加以区别。统计数据采用法定计量单位。

五、本卷年鉴为便于读者查阅，配备双重检索系统，书首设中文目录和英文目录，书尾设索引，索引采用内容分析法，并按汉语拼音字母顺序排列。

六、本卷年鉴配备电子版光盘，光盘采用先进的多媒体和全文检索技术，方便读者使用。

桂林市地方志编纂委员会

主　　任：李志刚

副 主 任：韦广雄　潘永建　陈丽华　王大平　张晓武
钟　麟　唐群森

委　　员：经友新　邓家元　赵仲华　钟　平　刘　翔
何　兵　粟卫宏　谭兴元　韦文功　朱名华
周　卉　邓康康　张执雪　凌　霄　李　滨
王　忠　胡辽光　林业江　吴殷丹　周明忠
毛登峰　徐朝凯

《桂林年鉴(2011)》编辑人员

主　　编：唐群森

常务副主编：徐朝凯

副 主 编：韦兰玉　谢小英　王家胜　胡小春　徐李宁
蒋彦秀　曾荣平　关玉成

编　　辑：陶树青　廖志良　潘树能　伍己忠　李春瑜
吴有春　文雪梅　覃丰展　陈　辉　尹　乐

工作人员：李　力

目　　录

特　　辑

特　　载

大 事 记

桂林市概貌

中国共产党桂林市委员会

桂林市人民代表大会

桂林市人民政府

中国人民政治协商会议
桂林市委员会

纪检 · 监察

民主党派 · 工商联

人民团体

政　　法

军　　事

人力资源和社会保障

外事·接待

旅 游 业

城乡建设

环境保护

交通运输业

信息产业

工　　业

农业·水利

商业·会展业

非公有制经济

对外开放

财政·税务

银行·证券·保险

开发区建设

行政管理

教　　育

科学技术

社会科学

文　　化

广播・电视・新闻・出版

卫生・体育

社会生活

区县简介

人　　物

附　　录

索　　引

Contents

Special Report

Special Documents

Chronicle of Major Events

Profile of Guilin

Guilin Municipal Committee of the Communist Party of China

Guilin Municipal People's Congress

Guilin Municipal People's Government

Guilin Municipal Committee of the Chinese People's Political Consultative Conference

Disciplinary Inspection and Supervision

Democratic Parties and the Federation of Industry and Commerce

Demos Organizations

Legal System

Military station

Human Resources and Social Security

Foreign Affairs and Reception

Tourism

Urban and Rural Construction

Environmental Protection

Transportation

Information Industry

Industry

Agriculture and Water Conservancy

Commerce and Exhibition

Nonpublic Economy

Opening to the Outside World

Finance and Taxation

Banks and Securities and Insurance

Construction of Development Zone

Trade Administration

Education

Scientific and Technology

Social Sciences

Culture

Broadcast and Television and Press and Publication

Health and Sports

Social Life

General Situation of District and Counties

Figures

Appendix

Index

中国经典城市名片—桂林

城市性质：

首批中国历史文化名城

著名国际风景游览城市

城市数字：（2010年）

行政区划：12县5城区

面积：27809平方千米

年末总人口（户籍人口）：518.96万人

五城区人口：75.72万人

全市地区生产总值（GDP）：1108.63亿元

第一产业增加值：202.60亿元

第二产业增加值：502.04亿元

第三产业增加值：403.99亿元

人均生产总值：21611元

财政收入：121.08亿元

全社会固定资产投资：908.56亿元

社会消费品零售总额：391.53亿元

城镇居民人均可支配收入：17949元

农村居民人均纯收入：5487元

接待国内外游客人数：2246.33万人次

国内游客：2097.71万人次

入境游客：148.62万人次

旅游总收入：168.30亿元

旅游景点：

国家5A级旅游景区（点）：2处(漓江景区 乐满地休闲世界)

国家4A级旅游景区（点）：23处

国家3A级旅游景区（点）：13处

全国重点文物保护单位：11处

城市荣誉：

首批中国历史文化名城（1982年）

中国重点风景旅游城市（1986年）

全国双拥模范城市（六连冠：1992年、1994年、1996年、2000年、2003年、2007年）

首批中国优秀旅游城市（1998年）

首批全国十大文明风景旅游示范点（漓江风景区 1998年）

全国青年文明号模范城市（1998年）

全国创建文明城市工作先进城市（1999年、2002年、2005年、2009年）

国家园林城市（2003年）

全国园林绿化先进城市（2003年）

最佳中国魅力城市（2004年）

国家卫生城市（2005年）

全国科技进步先进市（2005年、2007年、2009年）

国家环境保护模范城市（2005年）

全国绿化模范城市（2007年）

中国十大休闲城市（2007年）

中国青年喜爱的旅游目的地（2007年）

国家节水型城市（2007年）

国家知识产权示范城市创建市（2008年）

中国国际友好城市交流合作奖（2008年）

全国人口和计划生育综合改革示范市（2009 年）

全国社会治安综合治理最高奖“长安杯”(2009 年）

韦重杰 摄

桂林市政区图

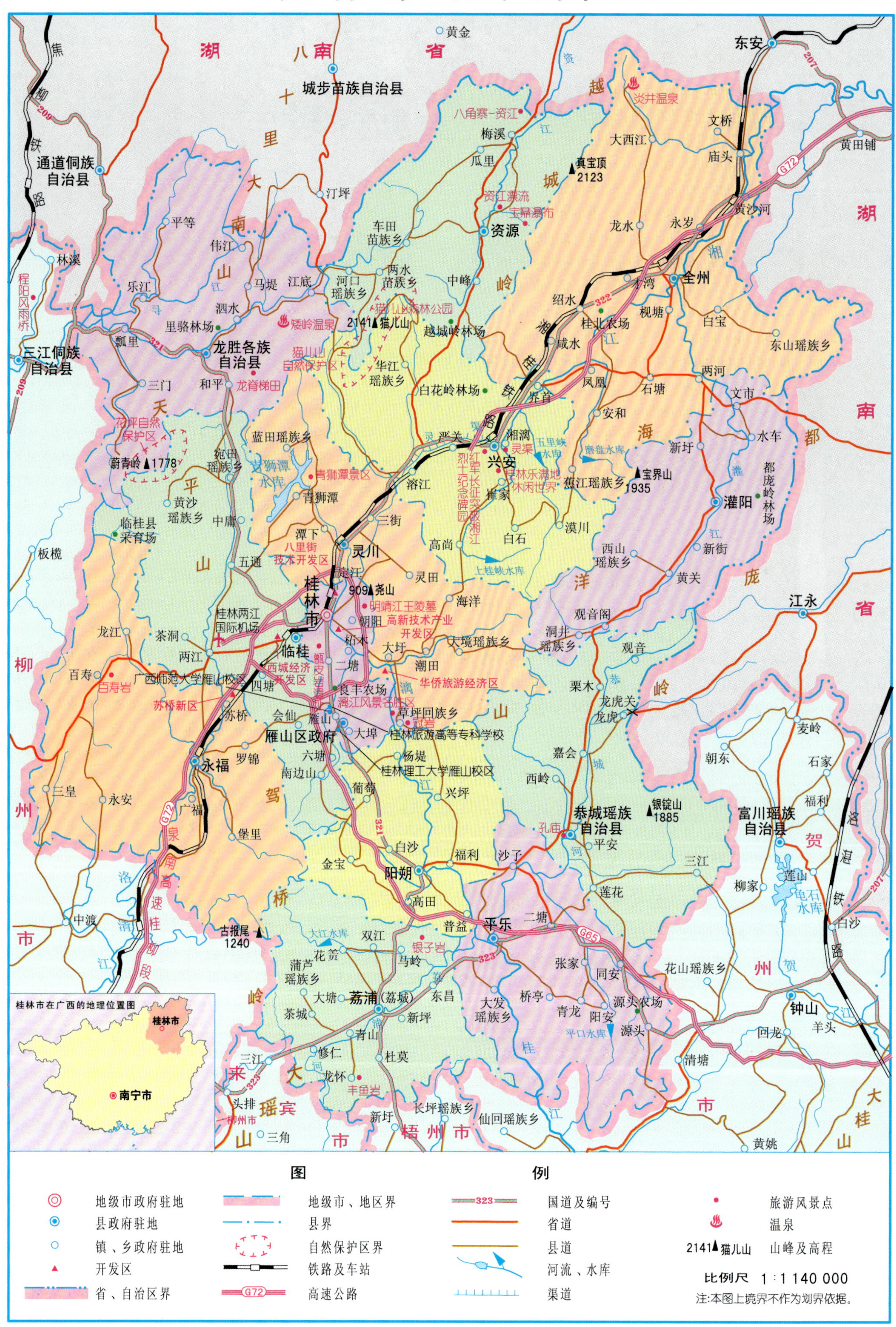

广西地图院编制　　审图号：桂S(2009)40号　　2009年11月

桂林市区街道图

广西地图院编制　　审图号：桂S（2009）40号　　2009年11月

5月3日，自治区党委书记、自治区人大常委会主任郭声琨（前排左一）在临桂县两江镇调研　　黄 雷 摄

5 月 15 日，自治区主席马飚（前排右二）在桂林考察　　黄 雷 摄

领导活动
LINGDAO HUODONG

5月25日，自治区政协主席马铁山（前排中）在桂林考察　　唐侃 摄

11 月 11 日，自治区党委副书记陈际瓦（前排左一）在桂林慰问全国五一劳动奖章获得者　　唐侃 摄

领导活动 LINGDAO HUODONG

11 月 10 日，市委书记、市人大常委会主任刘君（右一）会见韩国忠清北道议会议长金亨根（左一）　　市外事办公室　供稿

3月2日，市长李志刚（前排中）陪同赞比亚总统鲁皮亚·班达（前排左一）参观漓江　　市外事办公室 供稿

2010 中国桂林

2010 年 9 月 3~5 日，由桂林市人民政府、自治区旅游局、广西国际博览事务局联合主办，桂林市博览事务局、桂林市旅游局、新加坡会议与展览管理服务有限公司共同承办的 2010 中国桂林国际旅游博览会在桂林国际会展中心举行。该届博览会共设“旅游高峰论坛、城市交流、旅游产品推介、投资洽谈”四大主题活动，展厅总面积 1.5 万平方米，共有 40 多个国家和地区的旅游业界人士及国内 50 多个城市的旅游代表团参加，专业参展商超过 600 家，公众参观人数达 16 万人次，共签订旅游协议 300 多份，成交金额 6000 多万元。

市委书记、市人大常委会主任刘君（右二），市长李志刚（右一）会见土耳其驻华大使穆拉特·萨利姆·埃森利（左二）和巴巴多斯驻华大使劳埃德·厄斯金·桑迪福德（左一）

邓 华 摄

国际旅游博览会

9月3日，2010中国桂林国际旅游博览会开幕　　　　邓　华　摄

9月3日，领导与贵宾参观旅博会展馆　　　　何平江　摄

桂林展馆　　　　邓　华　摄

第四届联合国世界旅游组织/亚太

联合国世界旅游组织执行主任马修·法维拉在开幕式上讲话　　唐飞鸿　摄

2010年9月2~4日，由联合国世界旅游组织/亚太旅游协会主办，香港理工大学协办，桂林市人民政府、自治区旅游局承办的第四届联合国世界旅游组织/亚太旅游协会旅游趋势与展望国际论坛在桂林市举行。来自日本、韩国、新加坡、瑞典等20多个国家和地区的旅游官员及旅游企业负责人共200多人出席会议。与会中外专家学者围绕主题，对国内旅游及区域旅游发展趋势和未来发展战略及前景等问题进行深入的探讨，形成了一系列积极成果，对指导各国、各地区旅游业发展具有积极意义。

9月2日，第四届联合国世界旅游组织/亚太旅游协会旅游趋势与展望国际论坛开幕式在桂林市举行　　何平江　摄

旅游协会旅游趋势与展望国际论坛

开幕式现场　　唐飞鸿　摄

市领导会见世界旅游组织执行主任马修·法维拉一行　　邓　华　摄

9月2日，第四届联合国世界旅游组织/亚太旅游协会旅游趋势与展望国际论坛欢迎晚会暨“漓泉”杯2010第五届亚洲超级模特大赛颁奖晚会在桂林市举行　　何平江　摄

9月3日，第四届联合国世界旅游组织/亚太旅游协会旅游趋势与展望国际论坛闭幕　　唐　侃　摄

2 月 28 日，桂林市滨江北路（叠彩区段）建设工程开工仪式举行　　唐　侃　摄

12 月 29 日，临桂新区万平路、新龙路、纬三东路和新中路延长线开工仪式举行　　唐　侃　摄

2 月 28 日，芳香路建设工程开工仪式举行　　何平江　摄

12 月 30 日，桂林市中隐路至西二环路、广西医科大学桂林中加护理学院、桂林康复养生养老基地建设工程开工仪式举行　　何平江　摄

1 月 26 日，中隐路 5 万多平方米廉租房封顶　　唐侃　摄

城乡 建设

CHENGXIANG JIANSHE

訾洲公园　李腾钊 摄

12 月 30 日，桂林市防洪及漓江补水斧子口水利枢纽附属工程开工仪式举行

唐 侃 摄

湘桂铁路扩能改造工程竹梅洞大桥施工现场

卿乙然 摄

建设中的湘桂铁路扩能改造工程洛清江大桥 卿乙然 摄

东二环路 李腾钊 摄

万福路 李腾钊 摄

机场路 李腾钊 摄

文化古迹
WENHUA GUJI

桂林临桂会仙湿地　　韦重杰　摄

木龙古塔　　韦重杰　摄

靖江王陵
韦重杰　摄

王城　　韦重杰 摄

王城石刻——祥云　　韦重杰　摄

王城石雕——雄狮
韦重杰　摄

王城殿道　　韦重杰　摄

文化古迹 WENHUA GUJI

万寿寺舍利塔　　韦重杰　摄

七星岩龟蛇雕刻　　韦重杰　摄

新石器时代的甑皮岩洞穴遗址　　韦重杰　摄

李宗仁官邸　　韦重杰　摄

桂海碑林　　韦重杰　摄

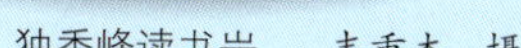

独秀峰读书岩　　韦重杰　摄

七星岩口摩崖石刻　　韦重杰　摄

山水风光

SHANSHUI FENGGUANG

漓江风光　　韦重杰　摄

象鼻山　　李腾钊　摄

榕湖景色　　韦重杰　摄

阳朔田园风光　　韦重杰　摄

西清湖湖畔　韦重杰　摄

杉湖双塔　韦重杰　摄

龙胜龙脊梯田　　韦重杰　摄

伏波飞霞　　李腾钊　摄

节庆活动 JIEQING HUODONG

4 月 28 日~5 月 2 日，第四届桂林米粉节在兴安县举行　　林京学　摄

第四届桂林米粉节期间展出的桂林米粉　　林京学　摄

8 月 18~30 日，第二届桂林兴安葡萄节在兴安县举行　　李树军　摄

2 月 25 日 ~3 月 28 日，第九届桂林恭城桃花节暨首届桂林恭城油茶文化节在恭城瑶族自治县举行　　孟 华　杨润华　摄

8 月 4 日（农历六月二十四日），侗族百家宴在龙胜各族自治县乐江乡举行　　杨志军　摄

节庆活动 JIEQING HUODONG

8 月 23 日（农历七月十四日），苗族跳香节在龙胜各族自治县伟江乡举行　　杨志军　摄

12 月 18~21 日，第十二届漓江渔火节暨第八届金橘交易会在阳朔县举行　　朱名洪　摄

8 月 21~23 日，资源县第十六届河灯歌节举行　　资源县委宣传部　供稿

12 月 3~5 日，第四届中国·桂林荔浦芋美食文化节暨 2010 年全国汽车短道拉力赛在荔浦县举行　　黄　雷　摄

节庆活动 JIEQING HUODONG

10 月 25~27 日，全州县首届湘山文化节举行　　唐国辉　唐宁远　摄

3 月 19~23 日，灌阳农具节举行　　何平江　摄

11 月 18~20 日，桂林平乐首届桂江文化旅游节暨第二届柚子节在平乐县举行　　平乐县委宣传部　供稿

10 月 14 日，永福县福寿节举行　　何平江　摄

GUILIN BAIXING DA WUTAI

《桂林百姓大舞台》

《桂林百姓大舞台》由市委宣传部主办，分别由各县（区）及有关部门承办的大型公益性文化平台。演绎身边的故事，展示精彩人生，成为桂林老百姓喜爱的独具地方特色的文化精品。自 2009 年 4 月开办至 2010 年年末，演出 50 余场，有 8000 余群众参加演出，观看人数达 6 万余人。

《深情》合唱　　麻承福　摄

大学生参加演出　　麻承福　摄

小学生参加演出　　麻承福　摄

工人参加演出
麻承福　摄

少数民族代表参加演出　　麻承福　摄

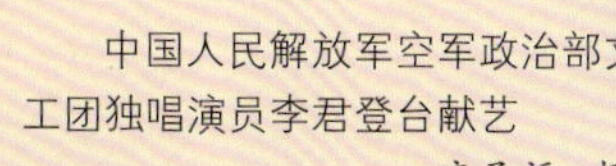

中国人民解放军空军政治部文工团独唱演员李君登台献艺
麻承福　摄

《桂林百姓大舞台》走进军营　　麻承福　摄

市桂剧团著名老旦、国家一级演员刘淑娟演唱桂剧名段《杨门女将》
麻承福　摄

外国友人登台表演中国功夫　　麻承福　摄

市少年宫学员表演拉丁舞《燃烧的火焰》　　麻承福　摄

桂林市公安局

2010 年，桂林市公安机关坚持以科学发展观为统领，以创建社会和谐稳定模范市为目标，以开展“创先争优”活动为动力，加强公安机关职能建设，创新社会管理，组建警务情报特别行动队等 7 项工作创新获自治区公安厅认定。市公安局获自治区公安厅绩效考评第三名。全年有 8 个集体、12 名个人受到公安部表彰；57 个集体、204 名个人受到自治区公安厅表彰；20 个集体、84 名个人受到市级表彰；235 个集体、1010 名个人受到市公安局记功。

自治区副主席、自治区公安厅厅长梁胜利（前排右二）到荔浦县公安局检查指导工作

市公安局召开“树公安为民形象，创社会和谐稳定”座谈会

中国澳门特别行政区警察到桂林市公安局访问

副市长、市公安局局长黄济贤，副局长莫建平、李杰到公园检查节日安保工作

世界知名刑事鉴识专家、美籍华人李昌珏为刑侦民警讲课

秀峰公安分局举办科技活动周暨警营开放日活动

桂林市法制电影进千村（社区）主题宣传活动启动仪式

市公安局办公室到兴安县开展革命传统教育活动

桂林市旅游局

桂林市鸟瞰

2010年，桂林市旅游局抢抓国家旅游综合改革试验区新机遇，全力推出建设桂林国家旅游综合改革试验区工作，质量效益取得新提升，项目建设取得新突破，客源市场实现新拓展。全市接待游客2246.33万人次，增长20.77%，其中入境游客148.62万人次，增长15.18%；实现旅游总收入168.30亿元，增长32.61%，其中入境旅游收入34.12亿元，增长18.34%。

3月10日，市领导向国家旅游局领导汇报桂林国家旅游综合改革试验区建设工作

10月25~27日，全州县首届湘山文化节在全州县举办

9月2~4日，第四届联合国世界旅游组织/亚太旅游协会旅游趋势与展望国际论坛在桂林举行

9月4日，桂林旅游公共信息服务平台项目建设正式启动

6月20日，桂林国家旅游综合改革试验区总体方案及规划纲要在北京举行评审会

9月2日，2010年亚洲超级模特大赛颁奖典礼暨国际旅游论坛欢迎晚会在桂林举办

9月18日，2010年第五届中国桂林国际市民徒步大会举行

9月3日，首届中国桂林国际旅游博览会开幕

桂林市教育局

“十一五”规划期间，桂林始终坚持科学发展观和教育优先发展的战略，各级财政教育投入不断增加，办学条件得到了根本性改善，各级各类教育健康有序发展。桂林“两基”（基本普及九年义务、基本扫除青壮年文盲教育）工作通过国家评估验收，义务教育向均衡发展推进；高中阶段教育普及率和质量不断提高；学前教育和特殊教育稳步持续发展；学生资助体系逐步健全；师资队伍整体素质不断提升；教育信息化初步形成；职业教育攻坚大显成效；各项教育改革不断创新。2010年，桂林市教育事业“十一五”规划目标任务完成。

桂林市教育局局长钟平

2009年7月，桂林市中小学德育网开通

2010年4月，桂林市各中小学校开展学生资助政策宣传

桂林市培智学校新校园

2010 年 11 月，桂林一批优秀教师获市政府表彰

2010 年 12 月，桂林市中小学示范性图书馆

2010 年 2 月，桂林市第七中学代表自治区参加第三届全国中小学生艺术展演

幼儿园孩子们快乐的学习生活

桂林市职教中心学校美容美发队在全国中等职业学生技能大赛中获二等奖

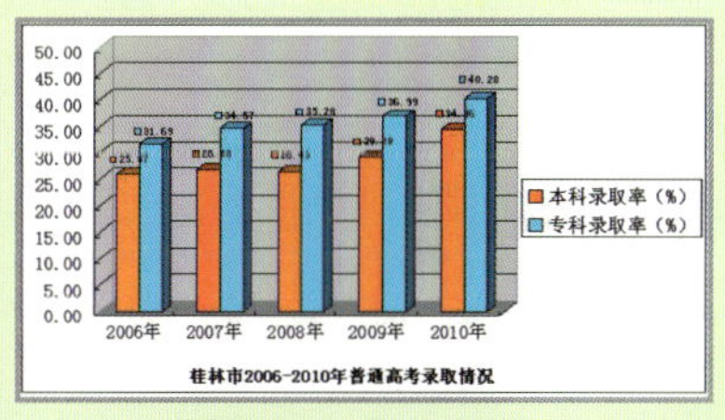

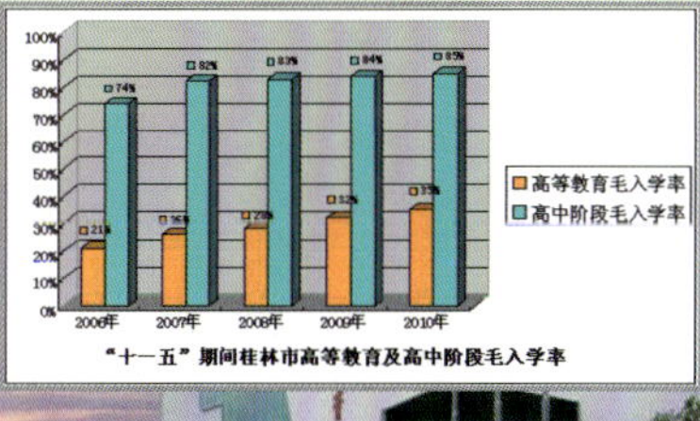

桂林市第一中学学生参加升国旗仪式

桂林警备区

桂林警备区政委胡安伶检查基层党管武装工作

2010年，桂林警备区坚决贯彻中央军委关于新形势下国防和军队建设重要思想指示精神，全面落实科学发展观，以有效履行使命任务为目标，以加强党委班子和干部队伍建设为重点，突出主线抓根本，紧贴任务谋打赢，从严治军保稳定，打牢基础求发展，确保年度各项任务圆满完成，部队和民兵预备役建设取得新的进步。

桂林警备区扶贫帮困

桂林警备区司令员梁琼进观摩民兵应急处突行动演练

组织民兵应急分队进行警棍盾牌操训练

邀请老红军作革命传统教育，培育当代革命军人核心价值观

中国人民武装警察部队桂林市支队

2010 年，中国人民武装警察部队桂林市支队党委坚持以科学发展观为统揽，紧紧围绕“建设现代化武警、有效履行职责使命”，坚持一手抓党委机关风气建设，一手抓经常性基础性工作落实，突出抓好安全隐患和短板问题整治，部队建设科学发展、安全发展的基础进一步夯实，高标准实现了“两个确保”（确保部队安全稳定、确保以执勤处突为中心的任务圆满完成）。支队被武警广西总队评为先进支队。

支队官兵在资源县执行破冰保国道畅通任务

支队官兵帮助驻地贫困家庭收割水稻

支队官兵参加广东监狱调运犯人至桂林监狱交接区桂林火车北站现场警戒及途中押解任务

兴安县中队出动数名官兵成功抓捕 2 名杀人犯罪嫌疑人

支队官兵自己动手，丰富菜篮子

桂林市司法局

2010年，桂林市司法行政工作坚持围绕中心，服务大局，推进社会矛盾化解、社会管理创新、公正廉洁执法三项重点工作。“五五”普法桂林市获全国法制宣传教育先进城市，蝉联全国法制宣传教育先进城市“三连冠”。两个县（区）被评为全国首批法治县（区）。建设了全自治区标准最高、管理最规范的法律援助接待大厅，全市办理法律援助案件量占全自治区案件总量的四分之一。创造了安置帮教工作“桂林经验”和“平乐模式”。145个司法所规范化建设全部达标，年内有40个司法所被评为自治区“五好所”。各级人民调解委员会年化解各类纠纷7万件，有1个调解委员会被评为全国模范人民调解委员会，3名调解员被评为全国模范人民调解员。桂林市司法局及3个县司法局获集体二等功，6名干警获个人二等功。

全国“五五”普法检查验收组听取桂林市“五五”普法情况汇报

全国“五五”普法检查验收组查看桂林市“五五”普法档案材料

“五五”普法桂林市获全国法制宣传教育先进城市

自治区副主席梁胜利（右三）、副市长黄济贤到平乐县安置帮教基地视察，慰问基层司法行政干警

自治区司法厅厅长赵波、副厅长王荣华，市司法局局长商云鹏观看桂林市“五五”普法图片展

市委政法委书记蒙永福、副市长黄济贤在全市安置帮教工作现场经验交流会期间看望刑释解教人员

副市长黄济贤在桂林市法制宣传、法律援助服务临桂新区建设活动启动仪式上致辞

市司法局局长商云鹏到平乐县安置帮教培训基地检查工作

桂林市司法所规范化建设现场观摩会

律师在桂林市法律援助中心接待来访群众

律师法律服务志愿者在为群众提供法律咨询

桂林市公安消防支队

自治区党委书记、自治区人大常委会主任郭声琨（左一）慰问抗冰救灾的消防官兵

2010年，桂林市公安消防支队全面加强部队管理教育，确保了队伍安全稳定；全面推进信息化建设，完成119指挥中心建设，实现全市消防业务系统图像、语音、数据的互联、互通、互操作；完成综合应急救援队伍建设，成立了市级综合应急救援支队和17个县（区）级综合应急救援大队；加强警营文化建设，丰富了部队文化生活；构筑社会“防火墙”工程，完成桂西北村寨防火改造工作，加强防火检查和监督执法工作；积极开展社会救援、捐助失学儿童、照顾孤残老人等多种形式的爱民活动。年内，支队共检查、整改火灾隐患14786处，接警出动1257次，抢救被困人员543人，抢救和保护财产价值3.65亿元。该支队获广西消防总队自治区级消防监督执法示范单位、战训工作先进支队、自治区级消防监督执法示范单位。有3个单位被广西消防总队授予集体三等功，55人次荣立个人三等功，12个单位获市级青年文明号。

美国公共安全和应急服务代表团与桂林消防支队开展消防文化交流活动

参加广西消防铁军比武竞赛

开展消防宣传和文化演出交流活动

市委书记、市人大常委会主任刘君（前排左二）到消防支队检查指导消防执勤备战工作

救援山上受困人员

副市长、公安局长黄济贤检查中越青年大联欢活动场所消防安全

桂林市应急救援支队成立

桂林消防支队在全自治区打造公安消防铁军比武竞赛中获团体总分第二名

抗冰救灾

抗洪救灾

指导龙胜各族自治县少数民族聚居村寨开展灭火技能训练

桂林市公安局治

2010年，桂林市公安局治安巡逻特警支队开展公安信息化、执法规范化、构建和谐警民关系等建设，围绕不同阶段的中心工作，认真谋划、积极进取。7月，完成市公安局下达的全年工作目标任务，破获“五二一”特大持刀抢劫案、2009年“一一·二五”特大敲诈勒索案，捣毁了一个特大地下赌场。全年共完成一级警卫任务3次，二级警卫任务8次，参加大型节庆活动保卫14次1000人次，处置突发性事件6次640人次。2011年7月15～16日，自治区公安特警队第二届业务技能比武在桂林市举行，该支队作为桂林市公安局代表队获得团体总分第三名。

支队长谢炜对参加第二届特警比武的队员进行动员

参加自治区第二届公安特警比武

治安巡逻特警支队

开展守护校园行动

执行恭城瑶族自治县县庆安保任务

开展大走访开门评警活动——参观警营

开展大走访开门评警活动——警务技能展示

特警队员在训练

开展《纪律条令》知识竞赛

阳　朔　县

副县长、公安局局长李道军带队在西街巡逻

2010年，阳朔县公安局率先在全市县级公安机关成立了警犬中队、警民公共关系中心和流动警务室。刑侦综合绩效考评在全市12个县局排名第一，全县年度综合工作考评在全市18个县（分）局排名第一。3月、5月，自治区、全国国保战略支撑点建设现场会先后在阳朔县召开。全年获自治区级以上集体表彰28次、个人表彰20人次，获市、县级集体表彰25次、个人表彰65人次，其中副县长、公安局局长李道军分别被国务院授予全国先进工作者和公安部授予二级英雄模范，城关派出所被公安部授予全国公安机关执法示范单位，阳朔县公安局被自治区公安厅授予追逃工作先进单位，连续两年被授予“全自治区优秀公安局”。

信息化大比武

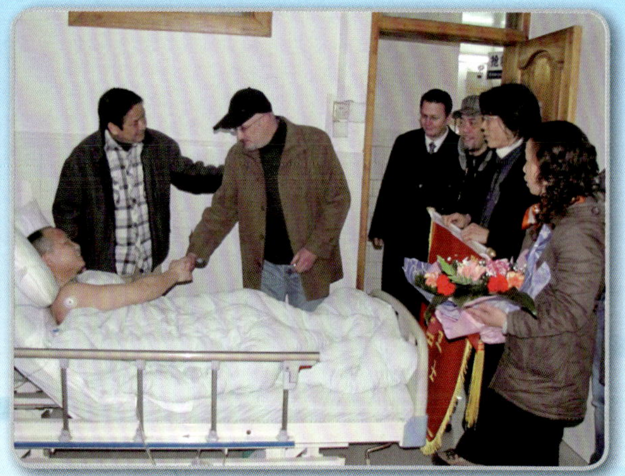

外国友人看望与歹徒搏斗受伤的民警莫樟连

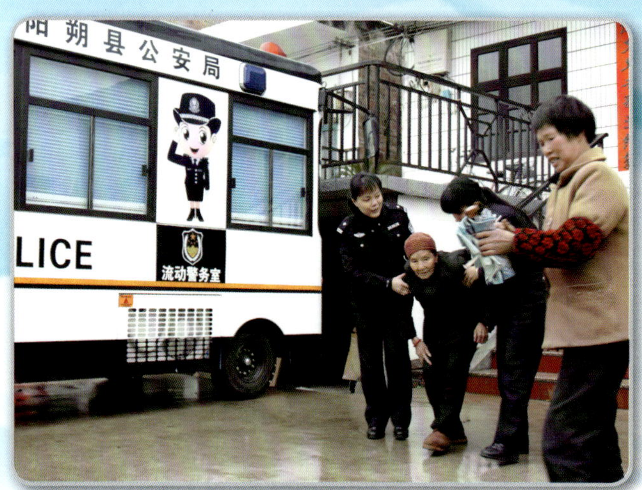

流动警务室为民服务

民警帮助群众秋收

公 安 局

西街双语警务室

西街双语（汉语、英语）警务室成立于2009年9月，是阳朔县公安局最前沿的窗口单位。全年直接服务中外游客800万人次，被称为“地球村的警务室”。该警务室率先在全市县级公安机关实现辖区街道全监控和建立网上双语警务室，并创造性地推出了流动警务室，组建了外国人志愿者服务队。连续两年获“广西壮族自治区阳光警务室”。

副县长、公安局局长李道军在开门评警活动中与外国友人座谈

民警调解纠纷

民警走访外国游客

外国人志愿者服务队与民警一起在西街巡逻

民警为外国游客解答疑问

桂林市城市管理监察支队

2010 年，桂林市城市管理监察支队围绕桂林市创建国家文明城市、国家卫生城市复审、自治区第七届“南珠杯”竞赛活动为主线，以提高依法行政和打造亲民、文明、和谐城管为中心，以“查违拆违”、治理“五乱”为突破口，逐步实现全市市容环境卫生长效管理，市区显现整洁、美观、有序的面貌。年内，该支队被评为桂林市迎接国家卫生城市复审工作一等奖和自治区第七届市容“南珠杯”先进集体。

桂林市城市管理监察支队组织召开城市管理预防暴力抗法工作座谈会

支队与各大队签订党风廉政建设责任状

支队与雁山区城管大队联合拆除影响侵占学校用地的违法建筑

支队组织市小记者亲身体验城管执法

支队开展“强素质、树形象”演讲比赛

桂林心之乐老年爱心护理中心

桂林心之乐老年爱心护理中心是社会福利养老投资机构。1998 年 10 月成立，前身桂林市基督教心乐敬老院。以“帮天下儿女尽孝，替世上父母解难，为党和政府分忧”为宗旨，让每位入住的老人享受到“老有所养、老有所医、老有所乐、老有所盼”。2010 年，开办有 6 家分院，接待来自全国各地的老人 2000 多人次。并开创了“心之乐．爱心护理”——集中养老品牌、“心之乐．老街坊”——居家养老品牌，“心之乐．雁南飞”异地养老品牌。该中心使用面积 1.5 万平方米，有床位 700 多张，专业医护人员、护理人员 200 多人。该中心 2007 年获中国老年事业发展基金会“全国爱心护理工程试点”；2009 年获中国老年事业发展基金会“全国爱心护理工程建设基地单位”、全国老龄工作委员会“养老服务放心机构十佳单位”。

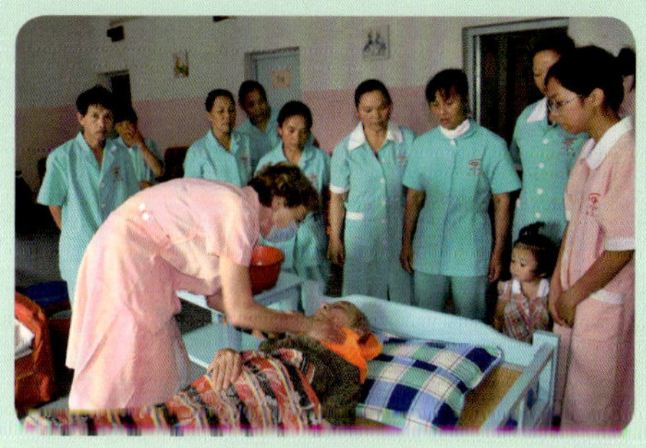

传授护理知识

舒适的生活环境

老人自娱自乐

良好的服务态度

为老人祝寿

桂林心之乐老年中心举行十周年庆典

Lijiang Waterfall Hotel
Guilin

桂林漓江大瀑布饭店

桂林漓江大瀑布饭店为五星级酒店，地处市中心“江山会景处”，东临漓江，南邻象鼻山，正对杉湖，出则繁华，入则宁静。

该饭店建筑面积7万多平方米，拥有客房652间。“九天银河”大型人造瀑布，上部宽72米，下部宽75米，落水高度达45米，已被列入大世界基尼斯纪录。饭店有中西等风味餐厅，总餐位1800个席位，21个包厢风格迥异。会展商务设施先进完备，多功能厅可容纳400人就餐500人开会，内配六声道同声传译系统，另有五间不同类型的会议室，满足不同需求。配有室内恒温游泳池、屋顶花园、VIP健身俱乐部、桑拿按摩室、美容美发等康乐设施。

“九天银河”瀑布

该饭店是广西首批全国“金叶”级绿色旅游饭店，2010年获得中国旅游饭店业界最高荣誉——首届中国饭店金星奖，还获得中外酒店白金奖白金特色主题酒店、全国宾馆（酒店）节水示范单位等荣誉。

饭店董事长、党委书记 李克强

饭店总经理 韦理梅

多功能厅

江景房

桂林银行股份有限公司

GUILIN BANK CO., LTD.

市委书记刘君在该行调研指导工作

2010 年 10 月 15 日，桂林市商业银行更名为桂林银行股份有限公司，跨区域经营取得初步成效，成为桂林乃至广西金融行业的一支重要力量。至年末，全行资产总额、存款余额、贷款余额、利润总额分别达到 255 亿元、209.65 亿元、102.65 亿元和 4.17 亿元，分别是 2005 年的 10.11 倍、9.54 倍、6.41 倍和 37.03 倍，主要监管指标均好于全国城市商业银行平均水平，创造了“五年再造九个桂林商行”的业绩。在激烈的市场竞争中，该行围绕“四大特色”精耕细作，打造广西先进的小额信贷银行、广西优秀的社区银行、桂林旅游服务特色银行和全国知名“三农”金融服务平台，逐步形成自身的比较优势与核心竞争力。该行在《银行家》杂志发布的竞争力排行中，居泛珠三角地区城市商业银行第一名；连续五年获自治区政府金融机构支持广西经济发展贡献奖。 该行董事长王能获 2010 全国支持中小企业发展先进个人，行长于志才获桂林十大杰出青年企业家。

11 月 25 日，桂林银行举行揭牌仪式

桂林银行总部大楼金融大厦奠基仪式

出资赞助第二届中国·桂林创新创意文化节暨桂林国际动漫节

开展形式多样的社区金融服务宣传

新核心业务系统上线新闻发布会

打造"漓水春风"品牌，提升金融服务水平

该行与市商务局共同举办商务·金融发展论坛

携手德国 IPC 公司共同研发小额农贷产品

中国邮政储蓄银行桂林市分行

党委书记、行长　肖延影

中国邮政储蓄银行桂林市分行挂牌成立于 2008 年 2 月 28 日（为二级分行），2010 年，该行共有营业网点 96 个，ATM 自助金融机具 106 台，与全国 36000 个邮政储蓄银行网点实现互联互通互兑。开办了本外币个人储蓄存款和对公存款为主体的负债业务；以国内国际汇兑、转账业务、储蓄卡、信用卡、代理证券、代收代付等多种形式的中间业务；以中小企业贷款及小额信用贷款、个人商务贷款等个人贷款为主的资产业务；以及 95580 电话银行、个人网银、企业网银的开办。至年末，全辖各类存款超过 67 亿元，实现三年再造一个桂林邮政储蓄银行的业绩，其中信贷业务、公司业务完成收入 1620 万元，占自营总收入的 25.32%。年内，该行获中国邮政储蓄银行广西区分行银行卡业务优秀发展一等奖、理财类业务优秀发展三等奖、邮政金融业务技能竞赛组织奖。

2010 年获桂林市银行业文明规范服务“百佳服务明星”支行长获奖者

向群众宣传信贷业务知识

行长肖延影（左一）考察信贷宣传现场

该分行五里店支行在五里店果蔬批发市场开业

特　　　辑

9月3日，2010中国桂林国际旅游博览会开幕。　　刘华　摄

党和国家领导人视察桂林

【全国人大常委会副委员长华建敏视察桂林】 2010年2月17～20日，全国人大常委会副委员长华建敏在自治区人大常委会副主任吴恒等陪同下视察桂林。华建敏在桂林期间，考察了象山公园、七星公园、愚自乐园、两江四湖环城水系、漓江旅游资源和阳朔西街、月亮山等，观看了山水实景演出印象·刘三姐。市委书记、市人大常委会主任刘君，市长李志刚，市人大常委会常务副主任韦广雄，市委常委、市委秘书长石东龙，市人大常委会副主任汤杰、卢火雄，市人大常委会秘书长梁建平，市政府秘书长张晓武等陪同考察。

【国务院原副总理曾培炎视察桂林】 2010年2月17～23日，国务院原副总理曾培炎在自治区副主席林念修等陪同下视察桂林。曾培炎在桂林期间，考察了两江四湖环城水系、芦笛公园、象山公园、七星公园、漓江旅游资源、阳朔遇龙河、龙脊梯田、龙胜温泉等，观看了山水实景演出印象·刘三姐。市委书记、市人大常委会主任刘君，市长李志刚，市委常委、市委秘书长石东龙，副市长何良军，市政府秘书长张晓武等陪同考察。

【全国人大常委会原副委员长盛华仁视察桂林】 2010年2月28日～3月7日，全国人大常委会原副委员长盛华仁等在自治区人大常委会原副主任邵博文陪同下视察桂林。盛华仁在桂林期间，考察了两江四湖环城水系、漓江旅游资源、红军长征突破湘江烈士纪念碑园、灵渠等。市委书记、市人大常委会主任刘君，市长李志刚，市人大常委会常务副主任韦广雄，市委常委、市委秘书长石东龙，市人大常委会副主任黄阐、鲁圣发、熊显元，市人大常委会秘书长梁建平等陪同考察。

【全国人大常委会副委员长兼秘书长李建国视察桂林】 2010年3月25～27日，全国人大常委会副委员长兼秘书长李建国在全国人大内务司法委员会主任委员黄镇东、自治区政协主席马铁山、自治区人大常委会副主任刘新文等陪同下视察桂林。李建国在桂林期间，听取了桂林市人民政府关于贯彻实施妇女权益保障法情况汇报以及桂林市农业局、桂林市中级人民法院、桂林市妇女联合会关于妇女权益保障执行情况介绍，并与桂林市有关妇女代表进行座谈；考察了桂林市市容市貌、象山公园、七星公园、桂海碑林、漓江旅游资源、两江四湖环城水系等。市委书记、市人大常委会主任刘君，市长李志刚，市人大常委会常务副主任韦广雄，市委常委、副市长、宣传部部长陈丽华，市人大常委会副主任邓中星等陪同考察。

【全国政协副主席王志珍视察桂林】 2010年11月28～29日，全国政协副主席王志珍在自治区副主席陈章良、自治区政协副主席黄日波等陪同下视察桂林。王志珍在桂林期间，考察了漓江旅游资源、芦笛公园、象山公园、七星公园、桂海碑林、两江四湖环城水系，观看了山水实景演出印象·刘三姐。市委书记、市人大常委会主任刘君，市长李志刚，市政协主席粟增林，市政协副主席袁绪祥，市政府秘书长张晓武，市政协秘书长袁湘南等陪同考察。

【中共中央原总书记江泽民视察桂林】 2010年12月10～15日，中共中央原总书记、国家原主席、中央军委原主席江泽民在中共中央办公厅副主任由喜贵、中央办公厅警卫局副局长奚国荣等陪同下视察桂林。在桂林期间，江泽民考察了两江四湖环城水系、中国电子科技集团第三十四研究所、芦笛公园、漓江旅游资源、阳朔大榕树公园和恭城瑶族自治县莲花镇红岩村及文庙、武庙，观看了山水实景演出印象·刘三姐。自治区党委书记、自治区人大常委会主任郭声琨，自治区主席马飚，自治区党委副书记陈际瓦，自治区党委常委、宣传部部长沈北海，自治区党委常委、自治区党委秘书长余远辉，自治区副主席林念修、梁胜利，自治区政协副主席蒋培兰，自治区政府秘书长王跃飞，广州军区司令员、中将徐粉林，广州军区政委、上将张阳，市委书记、市人大常委会主任刘君，市长李志刚，市政协主席粟增林，市人大常委会常务副主任韦广雄，市委常委、市委秘书长石东龙，市委常委、副市长、宣传部部长陈丽华，副市长黄济贤，市政协副主席莫玲玲等陪同考察。

【全国人大常委会原副委员长蒋正华视察桂林】 2010年12月29～31日，全国人大常委会原副委员长蒋正华视察桂林。蒋正华在桂林期间，出席由中华民营企业联合会、苏州科赛投资发展集团公司共同举办的全国“十二五”城镇化高峰论坛。自治区人大常委会副主任莫永清，市委书记、市人大常委会主任刘君，市委常委、常务副市长黄俊华，市委常委、市委秘书长石东龙，市委常委、副市长黄润中，市人大常委会副主任卢火雄，市人大常委会秘书长梁建平等参加活动并陪同考察。

（郭琳　周立明）

2010 中国桂林国际旅游博览会举行

2010 年 9 月 3 ~ 5 日，由桂林市人民政府、自治区旅游局、广西国际博览事务局联合主办，桂林市博览事务局、桂林市旅游局、新加坡会议与展览管理服务有限公司共同承办的 2010 中国桂林国际旅游博览会在桂林国际会展中心举行。自治区人大常委会副主任刘新文，自治区政协副主席蒋培兰，国家旅游局党组成员、规划财务司司长、中国旅游协会副会长吴文学，国家旅游局旅游促进与国际合作司副司长王燕，世界旅游组织执行主任马修・法维拉，世界旅游组织亚太部主任徐京，亚太旅游协会中国区主任常红，菲律宾国家旅游部副部长西米恩・马尔福瑞，土耳其驻华大使穆拉特・萨利姆・埃森利，巴巴多斯驻华大使劳埃德・厄斯金・桑迪福德爵士，自治区旅游局局长陈建军，广西国际博览事务局局长郑军健，桂林市领导刘君、李志刚、粟增林、潘永建、黄俊华、徐锦蓉、陈丽华等出席博览会开幕式。

该博览会共设“旅游高峰论坛、城市交流、旅游产品推介、投资洽谈”四大主题活动，展厅总面积 1.5 万平方米，分为国际展区、外省展区、广西展区、桂林展区、旅游商品展区及少数民族风情展示区。来自美国、英国、波兰、意大利、日本和马来西亚等 40 个国家和地区的旅游界人士参加展会，其中日本熊本市，韩国济州市、全州市分别派出政府代表团参展参会；国内 16 个省的 40 多个城市的旅游代表团及广西各地级市的旅游代表团出席博览会。专业参展商超过 600 家，专业观众达 5000 人。人民网、中新社、《中国旅游报》等 20 余家新闻媒体到会报道。

博览会期间，举行了“漓泉杯”2010 亚洲超级模特大赛颁奖礼、2010 中国桂林国际旅游博览会颁奖典礼、2010 中国桂林国际旅游博览会广西旅游商品展评奖等系列活动。9 月 4 日和 5 日为公众免费开放日，市内及周边省市约 16 万人次的游客到场参观。博览会贸易配对系统共收到预约信息 2000 多条，实现展会现场洽谈 500 多次，国内外旅游组织进行旅游推介 12 次，签订旅游协议 160 多份，成交总金额 6000 多万元。　（晓英）

第四届联合国世界旅游组织/亚太旅游协会旅游趋势与展望国际论坛在桂林举行

2010 年 9 月 2 ~ 4 日，由联合国世界旅游组织/亚太旅游协会主办，香港理工大学协办，桂林市人民政府、自治区旅游局承办的第四届联合国世界旅游组织/亚太旅游协会旅游趋势与展望国际论坛在桂林市举行。与会各国国家旅游局和旅游协会官员、国内外旅游业界人士、旅游研究机构、大专院校专家、各级党政领导以及 70 多家国内外新闻媒体的记者，共 300 多人出席论坛。联合国世界旅游组织执行主任马修・法维拉，亚太旅游协会中国区主任常红，中国国家旅游局党组成员、规划财务司司长、中国旅游协会副会长吴文学，香港理工大学讲座教授宋海岩，自治区人大常委会副主任刘新文，自治区副主席高雄，自治区政协副主席蒋培兰，自治区旅游局局长陈建军，桂林市委书记、市人大常委会主任刘君，市长李志刚等出席了开幕式。

该届国际论坛的主题是国内旅游与区域旅游，旨在分析当前的国内旅游及区域旅游形势，分析亚太地区目的地市场和客源市场之间经济恢复在社会文化发展中所起的作用；交流国内旅游及区域旅游的政治、经济和目的地背景等各方面的政策，规划及发展中的旅游策略、战术及实践做法；讨论国内旅游及区域旅游在亚太地区客源市场和目的地城市的经济发展，社会文化完整和环境可持续发展的前景。与会中外专家学者围绕主题，对当前国内旅游及区域旅游发展趋势和未来发展战略及前景等问题进行深入细致的探讨，形成了一系列积极成果，对指导各国、各地区旅游业发展具有积极意义。联合国世界旅游组织通过该论坛，发布新的《全球旅游晴雨表》。　（晓英）

史前文化遗产保护与考古遗址公园建设桂林共识

2010年11月14～15日，中国博物馆协会、广西壮族自治区文化厅和桂林市人民政府在桂林成功举办主题为“史前文化遗产保护与考古遗址公园建设”的国际高峰论坛，这是2009年12月中国国家文物局颁布实施《国家考古遗址公园管理办法（试行）》以来，中国史前考古及史前遗址博物馆界围绕史前文化遗产保护与考古遗址公园建设召开的首次国际会议。来自联合国教科文组织、国际博物馆协会等国际组织以及中国、瑞士、澳大利亚、日本等国家与中国台湾地区的文化遗产管理部门、专业机构的代表100余人，相聚在国际旅游名城、历史文化名城和生态山水名城桂林，现场考察了甑皮岩遗址博物馆推出的公共考古科普项目——“模拟考古乐园”和甑皮岩文化与旅游结合的项目“阳朔甑皮岩文化展示基地——图腾古道国家4 A级旅游景区”，感受该馆探索开创的“一址两馆”和“考古快乐体验”的发展模式，在此基础上围绕史前文化遗产保护与考古遗址公园建设的相关问题进行自由、广泛、深入的讨论，形成如下共识：

一、史前文化遗址作为文化遗产体系重要的组成部分，具有重要的历史、艺术与科学价值，是全人类共有的文化遗产。它既是考古学发展的基础，也是遗址所在地区、民族乃至国家的文脉之根。研究保护、展示利用史前文化遗产对追溯城市文明始源，传承民族历史文脉，提升城市文化品位，建设现代特色城市，增强城市综合竞争力具有重要的战略意义与现实意义。

二、在全球化、城市化、经济快速发展的进程中，史前文化遗址因其埋藏地下、年代久远、观赏性不强、大众不易识别等特点而不被社会普遍关注，保护面临巨大的挑战。从遗址博物馆到考古遗址公园建设是结合国际文化遗产保护理念、具有中国特色的文化遗产保护新模式，是各国应对挑战、综合协调史前遗址保护、考古科学研究、经济社会发展、居民生活改善等诸多关系的一条行之有效的途径。

三、史前考古遗址公园建设应坚持规划先行，科学论证；保护第一，适当展示；稳步推进，持续发展；健全机构，严格管理的原则，做到有利于遗址保护，有利于考古学进步，有利于经济社会发展，有利于居民生活改善，有利于和谐社会建设。

四、史前文化遗址与考古学结合最为密切，考古学研究是建设史前考古遗址公园的基石，考古调查、勘探、发掘与研究应坚持多科学的参与。考古工作者是史前考古遗址公园的奠基人，史前考古遗址公园应向公众展现考古学家的科研风采，并为考古学家持续开展科研活动创造条件和提供便利。

五、确保遗址安全是史前考古遗址公园建设的首要职责。史前考古遗址作为脆弱性较强的土遗址类型，其保护工作应坚持工程技术手段与有效管理措施有机结合，其中，保护工程以多学科研究成果作为基础并经科学论证至关重要。

六、史前考古遗址始终是史前考古遗址公园展示的主角，各类设施及景观设计是为保护、展示、诠释、传递遗址的内涵和价值而存在。由于各遗址内涵和价值的不同，保护展示方式应是多元的，凸显个性，避免千园一面。

七、史前考古遗址公园应成为公共考古的科普与教育基地，根据遗址的文化内涵及考古研究成果，设计开展以参与性、互动性为特点的系列考古科普活动项目，形成静态观赏品味与动态参与体验相结合的游览模式，增强遗址公园的感染力与吸引力，培养公众文化遗产保护意识。

八、史前考古遗址公园是城市最具文化底蕴的公共绿地，是公众游憩、休闲、娱乐的文化空间，是惠及广大人民群众的公共文化设施。史前考古遗址公园建设必须尊重和维护民众与文化遗产之间的关联和情感，保障民众的知情权、参与权和受益权。

九、史前考古遗址公园建设是一项融合考古研究、遗址保护、博物馆学、城乡规划、景观设计、环境保护、经济社会发展、居民生活改善等为一体的综合性城市建设工程，应纳入城市建设发展规划和城市决策者的议事日程，使其成为城乡发展的动力、资源和宝贵财富，成为促进当地经济社会发展的重要力量。

十、各国各地区的史前遗址博物馆和考古遗址公园应加强地区以及国际间的交流与合作，建立各种形式的合作机制，交流考古与保护研究成果，分享考古遗址公园的建设经验，共同保护属于全人类的史前文化遗产，使其成为各国和各民族的骄傲。

特　　载

11月15日，中国共产党桂林市第三届委员会第十次全体会议召开。　李凯　摄

中国共产党桂林市委员会三届十次全会第一次全体会议上的讲话

中共桂林市委书记　刘君

(2010年11月15日)

同志们:

这次全会的主要任务是,深入学习贯彻党的十七届五中全会和自治区党委九届十三次全会精神,听取市委常委会工作报告,审议通过《中共桂林市委员会关于制定国民经济和社会发展第十二个五年规划的建议》。等一会,志刚市长将对《中共桂林市委员会关于制定国民经济和社会发展第十二个五年规划的建议(讨论稿)》作说明。下面,我先传达自治区党委九届十三次全会精神,并代表市委常委会向全会报告工作。

一、关于自治区党委九届十三次全会精神

自治区党委九届十三次全会,于10月31日至11月1日在南宁市举行。全会深入学习了党的十七届五中全会精神,听取和讨论了郭声琨书记受自治区党委常委会委托作的工作报告,审议通过了《中共广西壮族自治区委员会关于制定国民经济和社会发展第十二个五年规划的建议》,马飚主席就《中共广西壮族自治区委员会关于制定国民经济和社会发展第十二个五年规划的建议(讨论稿)》向全会作了说明。全会内容非常丰富,其主要精神概括起来有以下六个方面。

(一)认真传达学习党的十七届五中全会精神

全会认为,党的十七届五中全会是在全面建设小康社会的关键时期和深化改革开放、加快转变经济发展方式的攻坚时期召开的一次特别重要的会议,审议通过的“十二五”规划建议,确定了“十二五”规划时期我国经济社会发展的指导思想、总体思路、目标任务、重大举措,对推动“十二五”规划时期我国经济社会发展作出了全面部署,是指导今后五年我国经济社会发展的纲领性文件。胡锦涛总书记、温家宝总理的重要讲话,高屋建瓴,思想深刻,内涵丰富,具有很强的指导性和针对性。党的十七届五中全会主要精神有以下五个方面。

1.全面总结了党的十七届四中全会以来中共中央政治局的工作。党的十七届四中全会以来,面对国际金融危机带来的严重影响和国际国内环境的深刻变化,中共中央政治局全面贯彻党的十七大和十七届一中、二中、三中、四中全会精神,高举中国特色社会主义伟大旗帜,以邓小平理论和“三个代表”重要思想为指导,深入贯彻落实科学发展观,团结带领全党全军全国各族人民,努力实现“十一五”规划目标任务,继续推进社会主义经济建设、政治建设、文化建设、社会建设以及生态文明建设和党的建设,各项工作取得了新的进展。集中力量抓了六件大事八大方面工作。六件大事:一是隆重庆祝中华人民共和国成立60周年。二是胜利完成全党深入学习实践科学发展观活动。三是成功举办上海世博会。四是有力应对玉树强烈地震、舟曲特大山洪泥石流等严重自然灾害。五是重点研究部署推进西藏、新疆跨越式发展和长治久安工作,并对加快四川、云南、甘肃、青海四省藏区经济社会发展作出全面部署。六是研究关于制定国民经济和社会发展第十二个五年规

划的建议。八大方面工作:一是努力保持经济平稳较快发展。二是积极发展社会主义民主政治。三是加强和改进宣传思想文化工作。四是加强社会建设和社会管理。五是推动国防和军队建设科学发展。六是做好对台工作和港澳工作。七是积极开展全方位外交。八是提高党的建设科学化水平。

2.高度评价了“十一五”规划时期我国经济社会发展取得的巨大成就。全会认为,“十一五”规划时期是我国发展史上极不平凡的五年。经过五年努力奋斗,我国社会生产力快速发展,综合国力大幅度提升,人民生活明显改善,国家地位和影响力显著提高,社会主义经济建设、政治建设、文化建设、社会建设以及生态文明建设和党的建设取得重大进展,谱写了中国特色社会主义事业新篇章。五年取得的成绩来之不易,积累的经验弥足珍贵,创造的精神财富影响深远。

3.明确强调了我国仍处于可以大有作为的重要战略机遇期。全会指出,我国仍处于可以大有作为的重要战略机遇期,发展面临难得的历史机遇。从国际上看,尽管国际金融危机给世界经济造成深度影响,但和平、发展、合作仍是时代潮流,世界多极化和经济全球化深入发展,国际力量对比继续朝着有利于世界和平与发展的方向演化,各国加强对华经济技术合作的意愿进一步增强,我国国际影响力和国际地位明显提高,国际环境总体上有利于我国和平发展。从国内看,尽管我国发展中不平衡、不协调、不可持续问题依然突出,保障和改善民生工作压力较大,社会矛盾凸显,但国内市场潜力巨大,劳动力资源丰富,科技创新能力不断增强,转变经济发展方式和调整经济结构步伐加快,各方面体制机制不断完善,社会政治大局稳定,这些都为保持我国经济社会发展良好势头创造了有利条件、提供了广阔空间。同时我们也必须认识到,我国仍处于并将长期处于社会主义初级阶段的基本国情没有变,人民日益增长的物质文化需要同落后的社会生产之间的矛盾这一社会主要矛盾没有变,我国仍是世界上最大的发展中国家。抓住我国发展的重要战略机遇期,推动我国经济社会又好又快发展,是我们解决前进道路上各种矛盾和问题,推动科学发展、促进社会和谐的必由之路,也是应对当今世界日益激烈的综合国力竞争、适应世界发展大势、掌握发展主动权的必由之路。全党同志一定要统一思想认识,抓住机遇而不可丧失机遇,坚持聚精会神搞建设、一心一意谋发展。

4.提出了制定“十二五”规划的指导思想、目标任务和重大举措。全会指出,制定“十二五”规划,必须高举中国特色社会主义伟大旗帜,以邓小平理论和“三个代表”重要思想为指导,深入贯彻落实科学发展观,适应国内外形势新变化,顺应各族人民过上更好生活新期待,以科学发展为主题,以加快转变经济发展方式为主线,深化改革开放,保障和改善民生,巩固和扩大应对国际金融危机冲击成果,促进经济长期平稳较快发展和社会和谐稳定,为全面建成小康社会打下具有决定性意义的基础。全会强调,在当代中国,坚持发展是硬道理的本质要求,就是坚持科学发展,更加注重以人为本,更加注重全面协调可持续发展,更加注重统筹兼顾,更加注重保障和改善民生,促进社会公平正义。加快转变经济发展方式是我国经济社会领域的一场深刻变革,必须贯穿经济社会发展全过程和各领域,坚持把经济结构战略性调整作为加快转变经济发展方式的主攻方向,坚持把科技进步和创新作为加快转变经济发展方式的重要支撑,坚持把保障和改善民生作为加快转变经济发展方式的根本出发点和落脚点,坚持把建设资源节约型、环境友好型社会作为加快转变经济发展方式的重要着力点,坚持把改革开放作为加快转变经济发展方式的强大动力,提高发展的全面性、协调性、可持续性,实现经济社会又好又快发展。

全会综合考虑未来发展趋势和条件,提出了今后五年经济社会发展的主要目标:经济平稳较快发展,经济结构战略性调整取得重大进展,城乡居民收入普遍较快增加,社会建设明显加强,改革开放不断深化,使我国转变经济发展方式取得实质性进展,综合国力、国际竞争力、抵御风险能力显著提高,人民物质文化生活明显改善,全面建成小康社会的基础更加牢固。全会提出了“十二五”规划时期经济社会发展的十大任务,即坚持扩大内需战略,保持经济平稳较快发展;推进农业现代化,加快社会主义新农村建设;发展现代化产业体系,提高产业核心竞争力;促进区域协调发展,积极稳妥推进城镇化;加快建设资源节约型、环境友好型社会,提高生态文明水平;深入实施科教兴国战略和人才强国战略,加快建设创新型国家;加强社会建设,建立健全基本公共服务体系;推动文化大发展大繁荣,提升国家文化软实力；加快改革攻坚步伐，完善社会主义市场经济体制；实施互利共赢开放战略，进一步提高对外开放水平。

5. 对做好新形势下群众工作和当前党和国家工作提出了具体要求。全会认为，要继续抓住和用好我国发展的重要战略机遇期，实现“十二五”规划时期我国经济社会发展目标任务，必须紧紧依靠广大人民群众，必须加强和改进新形势下群众工作，不断开创群众工作新局面。全会强调，要在充分肯定成绩的同时，增强忧患意识、风险意识，扎扎实实做好当前改革发展稳定各项工作，主要是做到“八个继续”，即继续保持经济平稳较快发展，继续促进农业稳定发展，继续深化改革开放，继续健全社会主义民主政治，继续做好宣传思想文化工作，继续保障和改善民生，继续维护社会和谐稳定，继续推进党的建设新的伟大工程。

（二）全面总结了自治区党委九届十次全会以来常委会的工作

去年10月自治区党委九届十次全会以来，面对严峻的困难和挑战，在党中央、国务院的正确领导下，自治区党委常委会始终把“继续保增长、保民生、保稳定，保持和扩大经济社会发展良好势头”作为总要求、总目标，团结带领全自治区各族干部群众，主要抓了四件大事和六大方面工作。四件大事：一是建立健全学习实践科学发展观长效机制。二是全力打赢抗灾救灾这场硬仗。三是成功举办了多项重大活动。四是研究提出了制定“十二五”规划的建议。六大方面工作：一是加快转方式调结构，开辟科学发展新路子。二是扎实推进社会主义民主政治建设，改革发展增添新动力。三是加强和改进宣传思想文化工作，整体软实力得到新提升。四是加强社会建设和社会管理，人民生活得到新改善。五是加快生态文明示范区建设，生态环境形成新优势。六是以开展“创先争优”和“党组织建设年”活动为载体，党的建设开创新局面。一年来，自治区党委常委会主抓四件大事和六大方面工作，全面推进我区经济建设、政治建设、文化建设、社会建设、生态文明建设和党的建设，取得显著成绩，各项工作达到了预期目标，为“十二五”规划发展开好局、起好步奠定了坚实基础。

（三）高度评价了“十一五”规划时期我区经济社会发展取得的辉煌成就

全会认为，“十一五”规划时期是我区发展史上极不平凡的五年。五年来，面对百年不遇的雨雪冰冻灾害、百年不遇的国际金融危机的严重冲击、百年不遇的特大干旱灾害，面对艰巨繁重的发展改革稳定任务，在党中央的正确领导下，自治区党委团结带领全区各族人民，深入贯彻落实科学发展观，沉着应对，克难攻坚，锐意进取，胜利完成了“十一五”规划确定的主要目标任务，改革开放和现代化建设取得新的更大成就，迈上了一个大台阶，“十一五”规划时期成为我区发展最好的时期之一。过去的五年，是我区经济持续快速发展，综合实力明显增强的五年；是社会事业全面进步，各族群众得到更多实惠，人民生活水平明显提高的五年；是我区在国家区域发展总体战略中的地位明显提高，在国家对外开放战略中的作用更加凸显，在全国的综合影响力日益提升的五年。五年取得的成绩来之不易，积累了宝贵经验，必须在“十二五”规划时期继续坚持和发展。

（四）提出了“十二五”规划时期努力实现“富民强桂”新跨越的战略任务

全会深入分析了“十二五”规划时期我区经济社会发展面临的环境，强调“十二五”规划时期是我区加快发展的“黄金期”，面临重大发展机遇，完全有条件在新的起点上实现新的跨越，同时也面临诸多风险挑战，我们必须准确把握基本区情，科学判断发展趋势，树立强烈的机遇意识、忧患意识和赶超意识，始终坚持把科学发展、解放和发展生产力摆在各项工作的首位，不失时机地推动经济社会发展再上新台阶，不断满足人民群众过上更好生活的新期待，努力实现“富民强桂”新跨越的战略任务。

全会强调，“富民强桂”体现了科学发展观的本质要求，与坚持科学发展的主题和加快转变经济发展方式的主线相统一，与全面建设小康社会的内涵相一致，与“富民兴桂”和建设富裕文明和谐新广西奋斗目标一脉相承，是我区发展进入新阶段的必然要求，反映全区各族人民的强烈愿望。推进“富民强桂”新跨越，必须坚持把经济平稳较快发展作为中心任务，把经济结构调整优化作为主攻方向，把科技进步和创新作为重要支撑，把保障和改善民生作为根本出发点和落脚点，把生态文明建设作为重要着力点，把改革开放作为强大动力，把继续解放思想作为重要保障。

（五）提出了制定自治区“十二五”规划的指导思想、基本要求、主要目标、重大举措全会指出，制定“十二五”规划，必须高举中国特色社会主义伟大旗帜，以邓小平理论和“三个代表”重要思想为指导，深入贯彻落实科学发展观，牢牢把握重要战略机遇期，围绕实现“富民强桂”新跨越，以科学发展为主题，以加快转变经济发展方式为主线，推进工业化、城镇化、信息化、市场化、国际化，深入实施西部大开发战略，推进经济结构战略性调整，深化改革开放，保障和改善民生，保持经济长期平稳较快发展和社会和谐稳定，加快建设区域性现代商贸物流基地、先进制造业基地、特色农业基地和信息交流中心，构筑国际区域经济合作新高地，打造我国沿海经济发展新一极，为全面建成小康社会打下具有决定性意义的基础。

全会根据党的十七大和十七届五中全会精神，结合我区实际，提出了今后五年我区经济社会发展的主要目标：经济平稳较快发展，力争到2015年实现地区生产总值比2010年翻一番，财政收入翻一番以上，经济结构调整取得重大进展，城乡居民收入普遍较快增加，生态文明建设成效显著，社会建设明显加强，改革开放不断深化。

全会提出了“十二五”规划时期经济社会发展的主要任务。一是保持经济平稳较快发展，发挥投资对扩大内需的重要作用，着力扩大消费需求，大力支持创业创新，加强和改善经济调节。二是加强基础设施建设，构建综合运输体系，建设清洁能源体系，加强水利设施建设，全面提高信息化水平。三是加快发展现代产业，加快发展千亿元产业，大力发展战略性新兴产业，加快发展服务业，发展海洋经济，增强科技创新引领发展作用。四是推进社会主义新农村建设，大力发展现代农业，着力改善农村生产生活条件，促进农民收入持续较快增长，完善农村发展体制机制。五是推动城镇化跨越发展，做大做强中心城市，提高城镇规划建设水平，加强城镇化管理。六是构建区域协调发展格局，深入实施“两区一带”总体布局，实施主体功能区规划。七是加快改革攻坚步伐，深化经济体制改革，推进行政体制改革，推进社会事业领域改革。八是全面深化开放合作，深化以东盟为重点的对外开放，全面参与国内多区域合作，提高外经外贸及利用外资水平。九是建设全国生态文明示范区，加强节能管理，大力发展循环经济，加强资源节约和管理，强化环境保护，加强生态建设和防灾减灾体系建设。十是深入推进教育优先发展和实施人才强桂战略，加快教育改革发展，加强人才队伍建设。十一是促进文化大发展大繁荣，提高各族人民文明素质，加强文化创新，繁荣发展文化事业和文化产业。十二是建立健全基本公共服务体系，促进充分就业，合理调整收入分配，健全覆盖城乡居民社会保障体系，加快医疗卫生事业改革发展，全面做好人口和计划生育工作，加强和创新社会管理。

（六）对做好新形势下党的建设和当前工作提出了具体要求

全会强调，党的领导是实现“十二五”规划时期经济社会发展目标的根本保证。必须切实加强党的执政能力建设和先进性建设，不断提高各级党委领导经济社会发展的能力和水平。各级党委要充分发挥总揽全局、协调各方的作用，准确把握发展趋势，科学谋划发展蓝图，努力创新发展模式，切实提高发展质量。全区共产党员要坚定不移贯彻党的理论和路线方针政策，充分发挥在实现“富民强桂”新跨越中的先锋模范作用。广大党员干部要坚持全心全意为人民服务的根本宗旨，坚持党的群众观点、群众路线，始终保持同人民群众的血肉联系，树立正确政绩观，努力做出经得起实践、人民、历史检验的实绩。要深入开展“创先争优”活动，加强党的基层组织建设，把基层党组织建设成为推动科学发展、和谐发展、跨越发展的坚强战斗堡垒。要加强社会主义政治文明建设，统筹经济建设和国防建设。要加强反腐倡廉建设，严格执行党风廉政建设责任制，大力弘扬党的光荣传统和优良作风，做到戒骄、戒懒、戒空、戒虚、戒假、戒奢，以优良党风凝心聚力，形成推进“富民强桂”的强大力量。

全会强调，做好今年最后两个月的工作，对全面完成今年各项任务以及“十一五”规划和科学发展三年计划，对“十二五”规划的开好局、起好步，具有决定性意义，要一鼓作气、奋力冲刺，努力保持经济平稳较快发展的良好势头，及时抓好秋冬季农业生产，加大节能减排力度，切实保障和改善民生，全力维护社会和谐稳定，确保全面完成各项任务。

总之，自治区党委九届十三次全会精神非常重要，我们一定要认真学习，深刻领会，全面把握，坚决贯彻落实。

二、关于市委三届九次全会以来常委会的工作

市委三届九次全会以来，面对国际金融危机

及其他不利因素的严重影响,面对繁重的改革发展稳定任务,在自治区党委、政府的正确领导下,市委常委会团结和带领全市各族人民,坚持以邓小平理论、“三个代表”重要思想和科学发展观为指导,全面贯彻落实党的十七大和十七届一中、二中、三中、四中全会以及自治党委九届十次全会精神,紧紧围绕“继续保增长、保民生、保稳定,保持和扩大经济社会发展良好势头”的目标要求,扎实开展“工作落实年”、“项目建设年”、“服务企业年”、“党组织建设年”活动,以实施“四大建设”为重点,全面推进改革开放和现代化建设各项工作,取得了明显成效,保持了经济平稳较快发展、社会和谐稳定、人民安居乐业的良好局面,为“十二五”规划发展开好局、起好步奠定了坚实基础。

今年以来,市委常委会主要抓了三件大事和七大方面工作:

三件大事是:

(一)建立健全学习实践科学发展观长效机制

今年3月,为期一年半的学习实践科学发展观活动圆满结束后,我们着力推动整改落实,健全完善学习实践科学发展观长效机制,学习实践活动取得明显成效。特别是在实施“五大工程”,构建科学保护漓江长效机制上,得到了中央、自治区领导的高度评价和充分肯定。3月份,结合学习实践活动整改落实,市委集中一个月的时间深入开展了“我为临桂新区建设做什么”大讨论活动,138个单位参加大讨论活动,其中27个重点单位,分别在市属媒体上公开作出承诺。通过开展大讨论活动,部门服务意识明显增强,工作执行力明显提高,全市上下营造了谋事干事的浓厚氛围。按照中央、自治区的统一部署,从4月起,在全市范围深入开展了“创先争优”活动,在推动科学发展、服务群众、促进和谐、固本强基上取得了新的成效,进一步巩固和扩大了学习实践活动成果。

(二)成功举办、积极参与了多项重大活动

成功举办了第四届联合国世界旅游组织/亚太旅游协会旅游趋势与展望国际论坛、首届中国桂林国际旅游博览会等盛会,成功举办了中越青年大联欢桂林分会场活动、“情系八桂—两岸文化联谊行”活动,进一步展现了桂林良好形象。尤其是举办的首届中国桂林国际旅游博览会,有40多个国家和地区以及国内16个省(自治区)40多个城市参展,是至今为止桂林乃至广西规模最大、国际化程度最高、专业性最强的旅游展会,得到自治区党委的高度评价。精心组织参加了第七届中国—东盟博览会,取得丰硕成果。

(三)研究提出了“十二五”规划建议

适应形势新变化,顺应全市人民过上更好生活新期待,落实国家、自治区“十二五”规划新要求,研究制定了《中共桂林市委员会关于制定国民经济和社会发展第十二个五年规划的建议(讨论稿)》,提交本次全会审议。

七大方面工作是:

(一)加快转方式调结构,促进经济平稳较快发展

常委会认为,加快转变经济发展方式,促进经济结构优化升级,是深入贯彻落实科学发展观的战略举措,是保持和扩大我市经济社会发展良好势头的重要保障。为此,我们立足市情,着力在“加快”上下工夫、在“转变”上动真格、在“发展”上见实效,全市经济保持平稳较快发展态势。初步统计,1至10月,全市完成地区生产总值805.45亿元,同比增长13.1%;财政收入94.77亿元,同比增长27.13%;规模工业增加值223.67亿元,同比增长25.0%;全社会固定资产投资680.46亿元,同比增长48.2%,社会消费品零售总额323.19亿元,同比增长18.9%,城镇居民人均可支配收入14867元,同比增长10.4%。1至9月,农民人均现金收入4860元,同比增长10.8%。

1. 强力推进“四大建设”。着力开展以“城市建设、交通基础设施建设、园区建设、城乡风貌建设”为重点的项目建设大会战,进一步夯实了发展基础,增强了发展后劲。城市建设步伐加快,机场路全面竣工投入使用;临桂新区创业大厦、“一院两馆”等标志性、带动性项目建设进展顺利,发展投资商务大厦、广电大厦、传媒大厦、金融大厦、中心公园等一批重点项目开工建设,征地拆迁顺利推进,原住民安置点全部启动,路网建设大规模铺开;老城疏解提升取得新成绩,以“1212”工程和“两江四湖”二期工程为重点的项目建设进展顺利,创建“全国无障碍建设城市”工作成效明显。重大基础设施建设扎实推进,贵广铁路、湘桂铁路扩能改造工程、桂林至兴安高速公路、桂林市防洪及漓江补水枢纽工程等重大项目建设进展顺利。园区基础设施建设力度加大,全年投资预计超10亿元,园区工业总产值将突破400亿元。城乡风貌改造进展较快,特色突出,效果明显,全面完成自治区层面风貌改造任务,得到自治区的充

分肯定和高度评价。

2. 着力发展壮大优势产业。坚持以技术改造提升优势产业，以工业园区培育产业集群，大力推进信息化工业化融合，加快完善以高新技术产业为龙头的现代工业产业体系，产业结构不断优化升级。“五大五小”产业加快发展，重大产业项目建设步伐加快，桂林福达集团比亚迪曲轴生产线项目、桂林立白日化有限公司扩能更新改造等重大产业项目新开工建设，中国化工橡胶桂林有限公司高等级子午胎产业化项目、三金现代中药生产基地、兴安光伏太阳能产业园等一批重大产业续建项目进展顺利。高新区、苏桥经济开发区、秧塘工业园区及12县工业集中区基础设施不断完善，项目聚集能力不断增强，工业产值和经济质量进一步提高。加快实施漓江、湘江、资江和桂江流域现代农业示范区建设，大力推进农业规模化、标准化、产业化和品牌化，积极构建现代设施农业、生态循环农业、特色效益农业和乡村观光农业产业体系，农业现代化水平进一步提高；农业生产克服了春旱、霜冻、夏涝和“两迁”虫害大爆发等自然灾害的不利影响，种养结构不断优化，农业质量和效益明显提升；集体林权制度改革扎实推进，新农村建设、农村能源建设取得新成效。扎实推进桂林国家旅游综合改革试验区建设各项工作，完成《桂林国家旅游综合改革试验区总体方案及规划纲要》上报，并以此为契机，推动旅游转型升级，积极开展旅游促销，旅游接待人数、旅游收入实现较大幅度增长。金融、交通运输、房地产、批发零售、住宿餐饮、新型流通业态等现代服务业平稳增长，消费市场持续活跃。国家服务业综合改革试点区域建设开始启动。

3. 继续推进改革开放与合作。积极推进集体林权制度、医药卫生体制、完善农村土地承包制度等重点领域、关键环节的改革，取得了新的阶段性成效。深化与泛珠三角、长三角等区域合作交流，主动融入中国—东盟自由贸易区、广西“两区一带”发展格局，充分利用中国—东盟博览会平台，加大“央企入桂”、“百企入桂”、“银企入桂”工作力度，“招大引强”成效显著，区域合作取得新突破。1至10月，全市新签市外境内项目441个，总投资329.49亿元。外资利用规模不断扩大，外贸进出口保持较快增长。1至9月，实际利用外资为2.04亿美元，同比增长16.1%；外贸进出口总额6.56亿美元，同比增长28.59%。

4. 着力推进科技创新和节能减排。大力实施知识产权战略和质量兴市战略，紧紧围绕“五大五小”工业产业，把推进企业自主创新与实施品牌战略相结合，培育和壮大一批拥有自主知识产权的优势产品和知名品牌；充分发挥桂林高校科研院所多、人才技术密集的优势，整合资源，促进产学研结合和科技成果转化。深入开展节能减排攻坚战，突出抓好工业、建筑、交通、公共机构等重点行业和重点领域节能降耗，坚决淘汰落后产能，严格控制“两高”行业和产能过剩行业新上项目，节能减排成效突出，全面完成“十一五”规划节能减排任务，为自治区节能减排工作作出了重要贡献。

（二）扎实推进社会主义民主政治建设，增添发展新动力

全力支持和保证各级人大及其常委会依法行使职权，充分发挥人大代表的作用，认真实施《中共桂林市委员会关于进一步加强人大工作的决定》，推动人大工作制度化、规范化、科学化。坚持和完善中国共产党领导的多党合作和政治协商制度，认真实施《中共桂林市委员会关于贯彻落实〈中共广西壮族自治区委员会关于进一步加强人民政协工作的意见〉的实施意见》，支持政协开展专题调研，实行重大问题向各民主党派、工商联、社会各界及无党派人士通报情况、征求意见和建议的制度，对重大决策、重要规划的制定出台，认真听取政协委员、各民主党派、工商联的意见和建议。切实加强统一战线工作，深入开展经济统战、文化统战、和谐统战，认真做好新形势下的工商联工作，推进党外代表人士教育培训，加强海外联谊工作，巩固和发展最广泛的爱国统一战线。切实加强民族团结工作，全面落实党的民族政策，深入开展民族团结宣传教育活动、群众性民族团结进步创建活动，隆重庆祝恭城瑶族自治县成立20周年，认真筹备龙胜各族自治县成立60周年庆祝活动，不断巩固和发展平等、团结、互助、和谐的社会主义新型民族关系。充分发挥工青妇等群团组织在联系群众、发展经济、维护社会稳定中的作用。高度重视基层民主建设，健全政务公开、厂务公开、村务公开、校务公开等制度。深入开展“五五”普法活动，推进依法行政，规范行政行为。认真落实党管武装原则，加强国防后备力量建设。扎实开展“双拥”工作，大力支持驻桂林部队建设。

（三）切实加强社会建设、创新社会管理，保障和改善民生

加强社会事业建设、保障和改善民生，既是促进社会和谐的必然要求，也是扩内需保增长的强大动力。今年以来，我们继续把扩大就业作为关注民生的重点，千方百计扩大就业和再就业。1至10月，全市新增就业人数52281人，其中下岗失业人员再就业人数4321人；城镇登记失业率3.97%，控制在年度目标4.5%以内。进一步完善社会保障制度，扩大社会保障覆盖面，新型农村养老保险试点工作走在全区前列。深入推进基层低保工作规范建设，社会救助制度进一步完善。少数民族村寨防火改造、农村危房改造、因灾倒房恢复重建等工程进展顺利。坚持从群众最急需、最期盼而且当前有能力解决的事情办起，扎实推进为民办实事十大工程，人民群众从中得到更多实惠。统筹推进社会事业发展，科技、教育、卫生、体育、人口计生等各项社会事业健康发展。

深入推进平安桂林建设，确保社会和谐稳定。始终坚持把维护社会和谐稳定放在首位，认真抓好矛盾纠纷排查调处工作，深入开展“大排查、大接访、大调解、大防控”活动，加强来信来访工作，畅通群众诉求渠道，着力解决群众正当合理的利益诉求，综合运用人民调解、行政调解、司法调解等手段，扎实化解影响社会和谐稳定的突出问题。认真做好群防群治工作，突出做好学校、幼儿园及其周边安全防范工作，积极开展多种形式的严打整治专项行动，加强重点地区综合治理，不断增强人民群众安全感。加强安全生产监管，有效遏制了重特大生产安全事故的发生。

（四）着力加强和改进宣传思想文化工作，提升整体软实力

坚持以解放思想、实事求是、与时俱进的精神加强和改进宣传思想文化工作。一是坚持抓好理论武装，认真抓好各级党组织中心组的理论学习，着力加强思想武装，扎实推进学习型党组织和学习型领导班子建设，广泛开展中国特色社会主义理论体系宣传普及活动以及理想信念教育、形势政策教育。二是认真抓好重大主题、重要活动宣传工作，围绕应对危机保增长、建设桂林国家旅游综合改革试验区、“四大建设”、“创城”、“创卫”等重大主题，“我为临桂新区建设做什么”大讨论等重大活动，做好对内对外宣传工作。三是加强舆论引导，建立健全新闻宣传通报机制，做好突发事件新闻报道和热点事件舆论引导。四是扎实开展思想道德建设和群众性精神文明创建活动，深入开展市容环境卫生专项整治行动，全力打好国家卫生城市复审迎检工作攻坚战，市容市貌有了明显改观；以城市公共文明指数测评为导向，扎实开展创建全国文明城市活动，取得了阶段性成效；切实加强未成年人思想道德建设，荣获2008～2010年度自治区未成年人思想道德建设工作先进城市称号。深入开展群众性精神文明创建活动，大力加强社会公德、职业道德、家庭美德教育。五是积极推进文化事业和文化产业发展，实施了一批乡镇综合文化站、村级公共服务中心等公共文化设施建设，文化基础设施进一步完善；大力实施文化精品战略，一批文学艺术精品在全国全区获奖；漓江之声、读书月活动、文化大讲坛、百姓大舞台、广场文化等群众文化蓬勃发展，文化事业不断繁荣；大力发展文化产业，着力推进旅游与文化相结合，提高了旅游和文化产业在经济总量中的比重。

（五）大力实施科学保护漓江“五大工程”，切实加强生态文明建设

牢固树立“生态立市，绿色发展”的理念，把生态文明建设作为转变经济发展方式的重要抓手，坚持以经济发展方式转变促进生态文明建设，以生态文明建设深化经济发展方式转变。深入贯彻落实习近平同志和自治区主要领导对科学保护漓江的重要指示精神，着力实施科学保护漓江五大工程（即百里漓江绿化美化果化花化工程、百里漓江环保设施建设工程、百里漓江富民工程、百里漓江产业结构优化升级工程、百里漓江城市化工程），取得了阶段性成效。扎实开展城镇污水垃圾处理设施建设攻坚战，全市城镇“污垃工程”建设成效明显。深入推进集体林权制度改革，调动了农民植树造林、保护生态的积极性。全力实施造林绿化工程，大力发展循环经济，确保了桂林山更清、水更绿、城乡环境更美好。

（六）扎实开展创先争优活动，着力提高党的建设科学化水平

坚持党要管党、从严治党，扎实开展创先争优和党组织建设年活动，不断提高党的建设科学化水平，保持和发展党的先进性。

1. 以“服务四大建设，争当发展先锋”为主题，扎实开展“创先争优”活动。紧紧围绕“五个好”、“五带头”，以“服务四大建设，争当发展先锋”为主题，在全市各级党组织和广大党员中扎实开展了“创先争优”活动。各级党组织和广大

党员立足实际,以“找先进、树典型、立标杆、造氛围”为重点,形成了“比先进、学先进、赶先进、超先进”浓厚氛围,推动了各项工作开展。

2. 以健全机制、强化管理为核心,切实加强领导班子和干部队伍建设。按照“合理配置、改善年龄和专业结构”的要求,加大了对县(区)、市直单位领导班子的调整充实力度,增强了县(区)、市直单位领导班子的整体活力。严格执行《党政领导干部选拔任用工作条例》,坚持德才兼备、以德为先的用人标准和民主、公开、竞争、择优的原则,选拔重用了一批想干事能干事的优秀干部,充实加强了各级领导班子。切实加强后备干部队伍建设,继续抓好了年轻干部、妇女干部、少数民族干部、非党干部以及后备干部的培养工作,建立了不同层次、不同年龄、素质优良、门类齐全、结构合理的后备干部队伍。

3. 以“党组织建设年”活动为契机,切实加强基层组织和党员队伍建设。全面推进农村、社区、机关等各领域基层党组织建设,特别是大力加强和改进新经济组织和新社会组织党建工作,努力扩大党组织覆盖面,构建了城乡统筹的基层党建新格局。全面推行“公推直选”工作,加快推进城市基层党建区域化建设。深入推进服务型乡(镇)党委政府建设试点工作,民主自治型村级组织得到进一步规范和加强。建立健全困难党员关爱保障长效机制,党内关爱工程取得新突破。

4. 以提高选人用人公信度为重点,切实加强干部人事制度改革。按照自治区“双千计划”的要求,认真抓好干部“交流锻炼千人计划”和“公选千人计划”工作,选送了15名县(区)党政班子副职到自治区直属机关挂职锻炼,接收安置了40名从自治区直属单位选派到我市挂职锻炼的干部,从市直单位选派了49名优秀年轻干部到乡(镇)挂职锻炼;公开选拔15名优秀村党组织书记到乡(镇)领导班子任职,7名优秀社区党组织书记到街道领导班子任职,6名优秀乡(镇)党委书记到自治区直属机关担任副处级领导职务。加大竞争性选拔干部力度,在市直部门顺利完成公开推荐选拔9名副处级领导干部工作。认真实施《党委常委会投票表决重要干部实施办法(试行)》《党的地方委员会全体会议对下一级党委、政府领导班子正职拟任人选和推荐人选表决办法》,共对7名县(区)党政正职拟任人选和推荐人选实行全委会票决制,对推荐参加自治区公选的优秀乡(镇)党委书记人选,进行了常委会投票表决。

5. 以人才优先发展为重点,切实加强人才队伍建设。大力实施人才强市战略,坚持“服务发展、人才优先、制度创新、重在使用、高端引领、全面带动”的方针,出台了一系列加强人才工作的政策措施。召开了全市人才工作会议,即将出台《桂林市中长期(2010～2020年)人才发展规划》《桂林市漓江学者制度试行办法》《桂林市拔尖人才评选管理办法》等政策文件。统筹抓好了各类人才队伍建设。

6. 以建立健全惩治和预防腐败体系为重点,切实加强党风廉政建设。把反腐倡廉建设融入“工作落实年”、“项目建设年”、“服务企业年”活动中,切实加强惩防体系建设。认真落实《建立健全惩治和预防腐败体系2008～2012年工作细则》,坚持把党风廉政建设责任制贯穿于全部工作的始终,认真落实领导干部“一岗双责”,切实抓好廉政准则学习和反腐倡廉宣传教育。加大治庸治懒力度,积极开展绩效考评。加大查办违纪违法案件力度,保持惩治腐败强劲势头。扎实开展工程建设领域突出问题和“小金库”专项治理,深入整治部门和行业不正之风。坚持标本兼治、纠建并举、突出重点、统筹推进原则,坚决纠正各种损害群众利益的不正之风。坚决贯彻落实中央、自治区关于党员领导干部廉洁从政的规定和两项法规制度,推进了反腐倡廉制度建设。

(七)切实加强常委会自身建设,不断提高执政能力

市委常委会高度重视自身建设,认真抓好市委中心组的理论学习,努力提高常委会班子运用科学理论指导实际工作的能力和水平。认真贯彻《中共中央关于进一步完善地方党委领导班子配备改革后工作机制的意见》,坚持班子集体领导和个人分工负责相结合的工作制度,切实发挥了市委常委班子“总揽全局,协调各方”的核心领导作用。切实加强市委议事和决策制度建设,不断完善《市委常委会议事决策规则》《重大事项集体讨论决定制度》等工作制度。坚持党的民主集中制原则,做好重大问题前瞻性、对策性研究,努力做到民主决策、科学决策。加强和改进党委对经济工作的领导,加强对经济运行形势的分析研判,深入调查研究,督促检查工作,帮助解决突出问题。面对复杂多变的发展环境和艰巨繁重的发展

任务,常委会全体同志识大体、顾大局,知难而进、开拓创新,密切配合、互相支持,形成了求真务实、团结奋进的良好局面。

同志们,以上报告的是市委常委会今年以来的主要工作。这些工作的开展和各项成绩的取得,是党中央、自治区党委正确领导的结果,是全市各级党组织和广大党员干部共同努力、艰苦拼搏的结果,也是各位委员、候补委员辛勤工作的结果。借此机会,我代表市委常委会,向大家表示衷心的感谢和崇高的敬意!

在肯定成绩的同时,我们也清醒地认识到工作中还存在一些问题和不足:一是保持经济又好又快发展任务艰巨,特别是面临千载难逢的历史发展机遇,如何扬长避短,切实把机遇转化为发展成果,推动全市经济社会新一轮发展,需要我们进一步努力。二是统筹城乡区域协调发展任务艰巨,作为后发展欠发达地区,我市区域发展不平衡,城乡发展差距较大,如何统筹城乡区域发展、缩小城乡区域差距、突出富民优先,需要我们进一步努力。三是改革创新任务艰巨,影响发展的体制性障碍和机制弊端依然存在,如何正确处理保护与发展的关系,在保护中发展,在发展中保护,需要我们进一步努力。四是维护社会和谐稳定任务艰巨,面对人民内部矛盾日益严峻的形势,面对人民群众更多的利益诉求,如何疏导群众情绪、做好群众工作、满足群众利益诉求、促进社会和谐稳定,需要我们进一步努力。五是加强作风建设、养成良好作风任务艰巨,如何在新形势下加强干部教育、管理和监督,保持党的优良传统和良好作风,需要我们进一步努力。面对这些困难和挑战,我们一定要保持清醒的头脑,勇于担当,迎难而上,采取切实措施,认真加以解决。同时,也衷心希望同志们对市委常委会的工作提出意见和建议,帮助我们把工作做得更好。

桂林市人大常委会工作报告

——2011 年 2 月 12 日在桂林市第三届人民代表大会第七次会议上

桂林市人大常委会副主任　韦广雄

各位代表:

我受市三届人大常委会的委托,现在向大会作工作报告,请予审议。

2010 年工作回顾

2010 年,是继续应对国际金融危机、保持经济平稳较快发展、加快转变经济发展方式的关键一年,是全面实现"十一五"规划目标和完成科学发展三年计划的收官之年,也是科学谋划"十二五"规划的布局之年。一年来,在中共桂林市委的领导下,市人大常委会坚持以邓小平理论、"三个代表"重要思想为指导,深入贯彻落实科学发展观,紧紧围绕"保增长、保民生、保稳定,保持广西良好发展势头"的目标要求,服务大局,关注民生,依法履职,扎实工作,较好地完成了市三届人大六次会议确定的各项任务,为推进我市经济社会发展和社会主义民主法制建设作出了新成绩。

这一年共举行常委会会议 7 次,召开主任会议 13 次,听取和审议专项工作报告 16 项,组织开展执法检查 6 次、专题视察 3 次、工作调研 13 项,作出决议、决定 14 项,形成审议意见 15 份。

——突出抓好两个"决定"的贯彻落实,努力开创人大工作新局面。常委会在认真抓好学习贯彻党的十七大和十七届四中、五中全会以及自治区党委九届十三次全会、市委三届十次全会精神的同时，积极以自治区人大常委会先后在我市临桂县和南宁、河池市召开的三次专题经验交流会议为契机，大力加强学习交流、总结提高和督促指导，切实推进自治区党委、市委分别作出的《关于进一步加强和改进人大工作的决定》精神在我市的贯彻落实，取得明显成效。我市各级人大进一步深化了对人大性质、地位和作用的认识，强化了坚持党的领导、人民当家做主与依法治国三者有机统一的根本工作原则，明确了新形势下人大工作正确的政治方向。我市各级人大代表的综合素质、履职能力以及活动经费保障有了较大提高，各级人大常委会机关的办公条件、办公经费和精神风貌有了明显改善，各级人大干部的培养、交流、提拔和使用力度得到进一步增强，人大及其常委会在加强自身建设、提高工作水平和发挥职能作用上都取得了新的进步。

——突出科学发展主题，积极推进经济平稳较快发展。常委会紧紧围绕事关桂林发展的全局性、长远性重大问题，找准着力点，发挥职能作用，积极支持和推进全市重点工作，在服务发展中体现作为。一是高度关注全市经济运行态势，适时听取和审议国民经济和社会发展计划、财政预算执行情况的报告，预算调整方案以及财政预算执行和其他财政收支情况的审计报告，审查批准市本级财政决算，作出相应决定；常委会主任会议还听取了关于政府债务情况的汇报，提出要加强政府债务监督、防范和化解财政风险的意见，从宏观上保障和推进我市经济社会的健康发展。二是加强对“十二五”规划编制工作的监督，及时听取和审议了《桂林市国民经济和社会发展第十二个五年规划纲要(草案)》，提出了要抓紧重大课题研究、抢抓机遇、促进现代服务业发展、健全城乡社会保障体系、加强保障和完善民生等方面内容的审议意见，进一步充实和完善了“十二五”规划纲要(草案)。三是大力保障和支持“四大建设”顺利推进。审查和批准了市人民政府《关于2010年地方政府债券使用计划及市本级使用地方政府债券预算调整方案(草案)的议案》，作出了《关于进一步推动桂林国家高新技术产业开发区发展的决定》，为保障我市重点基础设施、公益性项目建设的资金筹措和促进桂林国家高新技术产业开发区的进一步发展提供了强力支持。常委会组成人员、有关专委会组成人员和部分市人大代表分别对桂林国家高新技术产业开发区、两江四湖二期工程、“1212”工程、在建高速公路以及农村公路建设养护管理情况进行了视察，还组织驻桂林的全国人大代表、自治区人大代表对我市“城市建设、交通枢纽建设、城乡风貌建设”重点项目及工业园区建设情况进行专题视察和调研，提出有关意见和建议，有力地促进了我市“四大建设”的顺利开展。四是积极支持桂林国家旅游综合改革试验区建设工作开展，听取和审议了市人民政府关于桂林国家旅游综合改革试验区建设工作情况的报告，要求加快推进各项工作，解决好当前影响我市旅游产业发展的重点和难点问题。有关专委会还会同相关部门编辑出版了《桂林旅游》一书，进一步加大了我市城市形象的宣传力度；组织并参与了市旅游业对财政贡献的统计调查，为加强我市旅游业的规范管理和科学决策提供了依据。五是积极推进我市外向型经济发展，组织了对中央直属机关驻桂林机构执法工作情况的调研，调研报告得到市委的重视，并批示要求有关部门切实解决好中央直属机关驻桂机构执法工作中的困难和问题，为我市对外经济发展营造良好的行政执法环境。开展了《中华人民共和国中小企业促进法》《中华人民共和国台湾同胞投资保护法》以及自治区人民政府《关于支持台资企业发展的若干政策措施》执行情况的检查和调研，进一步促进了有关中小企业和台资企业发展的各项政策措施的落实。常委会还依法做好有关人事任免工作，为我市经济社会发展提供有力的组织保障。全年共依法任免干部57人次，并组织被任命人员共191人进行了法律知识培训。

——突出保障和改善民生，切实维护社会和谐稳定。常委会坚持以人为本，强化监督力度，力求在保障和改善民生、维护社会和谐稳定方面有新进展。集体林权制度改革影响面广，不仅关系到全市林业发展，而且关系到林农收入和社会稳定，常委会及时听取和审议了市人民政府关于集体林权制度改革工作情况的报告，要求市人民政府及有关部门加强指导，严格管理，加大纠纷调处力度，确保集体林权制度改革顺利推进。为保障我市良好的生态环境和人民群众的安全健康，组织开展了《中华人民共和国大气污染防治法》《中华人民共和国传染病防治法》《中华人民共和国气象法》《广西壮族自治区水文条例》等法律法规的执法检查，听取和审议了市人民政府关于贯彻落实市人大常委会《关于加强消防基础设施建设完善城市消防安全体系的议案的决议》情况的报告，对"国家卫生城"复审迎检工作情况进行了专项视察，有关专委会还对各县城镇饮用水安全保障和生活垃圾及污水处理设施建设情况进行专题调研，提出了建设性意见和建议。为进一步推动职业教育发展，听取和审议了市人民政府关于职业教育攻坚工作情况的报告，强调要完善职教规划，加强职教资源整合，创新办学模式，推动职业教育持续快速发展。为促进司法公正和社会稳定工作，组织开展了《中华人民共和国行政诉讼法》执法检查，听取和审议市人民政府关于"五五"普法依法治理工作情况、市中级人民法院关于审判监督工作情况的报告，促进了"一府两院"依法行政，公正司法。此外，还协助配合全国人大、自治区人大开展了《中华人民共和国妇女权益保障法》《中华人民共和国防震减灾法》《中华人民共和国禁毒法》等法律的执法检查，《广西壮族自治区桂林漓江生态环境保护条例》的立法调研以及现代农村流通服务网络建设、水资源开发利用、民族乡基础设施建设情况的专题调研和外事接待工作等。常委会重视抓好人大信访工作，一年来共受理群众来信来访1012件次，2019人次；接待群众来访751批次，1758人次，基本做到"件件有回音，事事有着落"，有效地化解了矛盾纠纷，促进了社会和谐稳定。

——突出发挥代表主体作用，不断增强代表工作实效。充分发挥代表作用是做好人大工作的基础和保证。常委会高度重视代表工作，创新活动载体，搭建履职平台，努力在充分发挥代表作用方面有新突破。加强代表学习培训，举办了第四期人大代表培训班，邀请市领导分别作了"桂林市经济社会发展情况"、"建设桂林国家旅游综合改革试验区"的专题讲座，并组织代表考察我市在建的重点工程，使代表增长了知识，拓宽了视野。继续落实常委会领导接待代表日制度、常委会组成人员联系走访代表制度和邀请代表列席常委会会议制度，邀请代表参加常委会和"一府两院"组织的视察、执法检查、调研、座谈会、听证会等活动。还召开了第四次代表工作座谈会，组织代表小组围绕我市中心工作进行结对交叉视察，拓宽了代表知情知政的渠道，丰富了代表活动的形式与内容，加强了代表间的沟通交流。不断健全工作机制，严把代表建议的"提出关"、"交办关"和"督办关"，并对市三届人大五次会议的B类代表建议办理实行跟踪监督"回头看"，努力推动办理工作提高质量、增强实效。市三届人大六次会议期间代表所提出的98件建议已全部在规定期限内办理完毕，答复率100%。继续开展人大代表优秀建议和承办建议先进单位评选表彰活动，充分调动代表提出建议和承办单位办理建议的积极性。

——突出常委会自身建设，着力提升履职能力和工作水平。常委会坚持与时俱进，开拓创新，不断加强自身建设，为充分履行职能提供有力保障。按照市委的统一部署，常委会机关以"创先争优"活动为载体，深入开展"党组织建设年"、"工作落实年"、"服务四大建设先锋行"、"我为临桂新区建设做什么"大讨论和廉政建设等活动，进一步增强了机关的凝聚力和战斗力。常委会组成人员带头践行科学发展观，围绕加强和改进人大监督工作、加强代表工作等课题深入基层开展调研，倾听民声、反映民意、收集民智，使常委会的工作更加切合群众意愿、贴近我市实际、符合科学发展观要求。常委会坚持把制度建设作为提高履职水平的着力点，对《桂林市人大常委会议事规则》《桂林市人大常委会主任会议规则》《桂林市人大常委会机关公文处理办法》等一批规章制度作了进一步修改和完善，增强了科学性、针对性和可操作性，促进了常委会工作制度化、规范化。认真落实党风廉政建设责任制，加强从政道德教育、党的优良传统和作风教育，增强人大干部廉洁自律、勤政为民的意识。重视和关心干部的成长，不断增强人大机关干部队伍和机关工作的活力。加强人大宣传工作，认真办好《桂林人大》刊物和桂林人大网站，充分利用报纸、广播、电视、网络等媒介宣传报道人大工作，继续举办宣传人民代表大会制度好新闻评选活动，召开了全市人大宣传工作会议，研究和探讨在新形势下人大宣传工作的规律和特点。加强对县(区)人大工作的联系和指导，坚持邀请县(区)人大常委会负责同志列席常委会会议和参加常委会的其他有关活动，召开县(区)人大常委会主任座谈会，举办县(区)人大领导干部培训班，组织学习考察和工作交流，促进了全市人大工作整体水平的提高。

各位代表，一年来，常委会工作所取得的成绩，是市委正确领导的结果，是常委会组成人员、全体人大代表共同努力和“一府两院”以及有关部门大力支持的结果。同时，常委会的工作还得到了各县、区人大及其常委会的积极协助和密切配合。在此，我谨代表市人大常委会，向全体市人大代表，向所有关心、支持和帮助市人大工作的同志和社会各界人士表示衷心的感谢！

一年来，常委会的工作虽然在方法上有所创新、在作风上有所转变、在实效上有所增强，但与党的要求和人民群众的期望还有一定差距：一是创新的意识还不够强，监督工作的针对性和实效性有待进一步增强。二是代表活动的形式和内容有待进一步丰富。三是自身建设的标准还不够高，人大工作的科学化水平有待进一步提高。我们将高度重视这些问题，并在今后工作中努力加以克服和改进。

2011 年主要工作

各位代表，2011 年是建党 90 周年，是实施“十二五”规划的开局之年，是全面推进桂林国家旅游综合改革试验区和国家服务业综合改革试点区域建设的关键之年，也是市、县、乡三级人大换届选举之年，各项工作任务艰巨而繁重。新的一年，我们将在中共桂林市委的领导下，以邓小平理论和“三个代表”重要思想为指导，深入贯彻落实科学发展观，全面贯彻党的十七届五中全会和自治区党委九届十三次全会以及市委三届十次全会精神，进一步落实自治区党委、市委《关于进一步加强和改进人大工作的决定》，围绕中心，服务大局，切实履行宪法和法律赋予的各项职责，不断开创人大工作新局面，为推进我市各项事业发展作出新的更大的贡献。

一、以贯彻落实自治区党委、市委“决定”以及市委的决策部署为指针，进一步加强和改进人大工作

要更加深入地学习贯彻自治区党委、市委《关于进一步加强和改进人大工作的决定》精神，在人大工作中始终坚持正确的政治方向，坚持依法办事、科学务实、民主监督的理念，坚持强化监督就是支持的意识，做到重点监督与全面监督相结合、事前调研和事后监督相结合、人大监督与社会监督相结合，进一步创新人大工作。一要加大调研力度，要不断改进调研方法，突出调研重点，提高调研质量，增强调研效果，把履行人大职能的基础工作做得更扎实。二要注重履职效果，根据监督内容的不同，灵活运用审议、视察、执法检查、调查研究、提出议案和建议、询问和质询等监督工作方法，保证监督实效；进一步健全常委会与“一府两院”的工作运转协调机制，依法审议决定重大事项，加大对常委会审议意见的督办力度，推动问题切实有效解决。三要拓宽公开领域。按照“公开就是监督”的要求，继续通过新闻媒体和人大网站公开“一府两院”的专项工作报告，公开常委会审议意见以及各有关部门整改落实结果，增强透明度，使监督工作更有深度、更具实效。

二、以保障经济社会平稳较快发展为目标，进一步增强人大监督实效

对事关经济社会发展全局和人民群众切身利益的重大问题，综合运用各种监督方式，加强和改进监督工作，努力在推动大局工作上积极发挥人大职能作用。常委会将围绕市委提出的总体工作部署，突出“三个注重”：一是注重推动桂林科学发展，进一步加强对国民经济和社会发展计划、财政预算的编制及执行情况的监督，推动公共财政优化支出，推进经济结构调整、产业转型升级，保障和改善民生，拉动消费增长。二是注重重大项目建设的推进，加强对我市实施“四大建设”、国家旅游综合改革试验区建设、国家服务业综合改革试点区域建设的监督和支持力度，继续组织对“四大建设”等方面的重点项目建设情况进行视察和调研。三是注重促进民生问题的解决，坚持把维护和保障人民群众的根本利益作为人大工作的出发点和落脚点，组织开展《中华人民共和国调解法》《中华人民共和国计划生育法》《中华人民共和国残疾人保障法》《建筑工程质量管理条例》等法律法规的执法检查，听取和审议“一府两院”关于新农村建设、监管场所执法、预防职务犯罪等方面的专项工作报告，对“六五”普法准备工作、交通建设、库区移民安置、水产养殖业、城乡风貌改造、名城名镇和古民居保护、群众体育工作、散杂居民族村屯生产生活情况等开展专题调研，督促解决就业和再就业、下岗和失业人员生活保障以及困难群众生活救助等问题。同时，进一步关注、督促和支持我市科技、教育、文化、卫生、民族宗教、外事侨务等社会事业的发展，加强信访工作和重点信访案的督办，使人大工作深入全面地融入全市工作大局中，有效地推动全市经济社会

平稳健康发展。

三、以充分发挥代表作用为目的，进一步强化人大代表工作

坚持代表的主体地位，把支持和保障代表依法履行职责作为工作重点之一。一是进一步加强代表议案办理和建议意见督办工作，通过扩大代表对常委会重要活动和工作的参与面，推进服务代表的网络信息化系统建设，强化办理工作中的沟通落实“面对面”、跟踪监督“回头看”、追究“不落实”责任等举措，促进“提出质量”、“办理质量”和代表“满意度”的不断提高。二是进一步加强闭会期间代表活动，畅通联系代表渠道，丰富代表小组活动的形式和内容，精心组织代表专题调研和集中视察，重视代表提出的建议和意见，切实保障代表的知情权、参与权、表达权和监督权。开展评选表彰承办建议先进单位活动，不断提高代表建议办理工作水平，更大地调动和发挥代表履职的积极性、主动性。三是进一步加强服务保障工作，认真抓好代表培训，加大“代表风采”宣传力度，落实代表执行职务的保障措施，为代表依法履行职务创造良好环境。

即将进行的各级人大换届选举工作是全市各族人民政治生活中的一件大事。常委会将按照自治区党委、自治区人大常委会和市委的统一部署，认真研究新形势下换届选举中的新情况、新问题，切实加强法律监督和工作指导，确保换届选举工作顺利进行。

四、以适应科学发展为要求，进一步加强人大自身建设

要适应科学发展要求，坚持不懈地抓好常委会及其机关的自身建设。进一步强化作风建设，增强常委会组成人员的大局意识、责任意识、自律意识，努力提高履职能力，塑造良好形象。进一步强化制度建设，严格依法、依程序办事，把握人大工作规律特点，完善议事规则，规范民主决策，努力增强常委会工作的体制机制保障能力。进一步强化机关建设，增强干部队伍的素质意识、创新意识、服务意识，密切与县（区）人大联系，加强交流和指导，构建和谐机关、学习型机关、工作效能机关，不断提升人大工作的科学化水平。进一步加强人大理论研究和宣传，完善重点课题调研制度，重视理论研讨，总结典型经验，指导创新实践，同时加强人大刊物和网络建设，拓展宣传阵地，丰富宣传形式，完善激励机制，形成宣传合力，使人民代表大会制度这一根本政治制度更加深入人心。

各位代表，面对新的形势，我们的责任重于泰山。让我们更加紧密地团结在以胡锦涛同志为总书记的党中央周围，在中共桂林市委的正确领导下，依法履职，求真务实，开拓创新，为“十二五”规划实施开好局、起好步贡献出智慧和力量，为实现“富民强市”新跨越而努力奋斗！

2月11日，市领导与人大代表、政协委员共同参加小组讨论。
何平江　摄

政府工作报告

——2011年2月11日在桂林市第三届人民代表大会第七次会议上

桂林市市长 李志刚

各位代表：

现在，我代表市人民政府向大会作政府工作报告，请各位代表连同《桂林市国民经济和社会发展第十二个五年规划纲要（草案）》一并审议，并请各位政协委员和其他列席人员提出意见。

一、“十一五”规划时期和2010年工作回顾

过去的五年是不平凡的五年。面对国际金融危机的严重冲击，面对百年不遇的雨雪冰冻灾害，我们在自治区党委、政府和市委的正确领导下，科学研判、克难攻坚、开拓奋进，胜利完成了“十一五”规划确定的主要目标任务，预计2010年比2005年地区生产总值翻1.11番，人均地区生产总值翻1.06番，财政收入翻1.23番，工业增加值翻1.46番，规模以上工业企业利润总额翻1.82番，旅游总收入翻1.54番，全社会固定资产投资翻2.19番，社会消费品零售总额翻1.25番，进出口总额翻1.03番，实际利用外资翻2.30番，金融机构存、贷款余额分别翻1.37和1.40番；获国家环境保护模范城市、全国绿化模范城市、全国双拥模范城、国家知识产权工作示范城市、全国人口和计划生育综合改革示范市、全国社会治安综合治理最高奖“长安杯”、全国科技进步先进市、全国人民防空先进城市、全国创建文明城市工作先进城市、国家西部地区“两基”攻坚先进地区、中国国际友好城市交流合作奖等荣誉。

——过去的五年，是综合经济实力跃上新台阶的五年。地区生产总值、财政收入实现千亿元和百亿元历史性跨越，地区生产总值由2005年的512.03亿元增加到2010年的1108.63亿元，年均增长13.5%；财政收入由51.61亿元增加到121.08亿元，年均增长18.6%。累计完成全社会固定资产投资2717.78亿元，年均增长35.5%。三次产业结构由23.4∶36.5∶40.1调整为18.3∶45.3∶36.4。以特色效益农业为主导的现代农业稳步发展，农林牧渔业总产值突破300亿元、增加值突破200亿元，农民人均纯收入突破5000元大关；粮食稳定增长，水果、蔬菜、食用菌种植面积和总产量居自治区前列。以高新技术为先导的现代工业加速发展，工业主导地位显著增强，全市工业增加值由155.67亿元提高到427.61亿元，年均增长19.4%；完成技改投资529.62亿元，年均增长50.7%；食品饮料、机械电器产业超百亿元，新增工业上市企业3家、产值超亿元企业162家，工业对财政贡献率超过50%。以旅游业为龙头的现代服务业健康发展，质量效益显著提高，累计接待游客8601.90万人次，年均增长13.3%；实现旅游总收入549.74亿元，年均增长23.8%；社会消费品零售总额年均增长18.9%；金融机构存款余额由530.19亿元增加到1367.59亿元，年均增长20.9%。12县完成生产总值、财政收入、全社会固定资产投资占全市的比重分别由64.3%、41.8%、72%上升为67.8%、47%、78.5%，县域经济成为全市经济发展的重要力量。

——过去的五年，是基础设施建设实现新跨越的五年。“十一五”规划时期是我市历史上建

设重大项目数量最多、规模最大、完成投资最多的时期,开工建设了一批事关桂林长远发展的重大项目。启动建设贵广高速铁路(桂林段)、湘桂铁路扩能改造工程(桂林段);建设高速公路8条,通车总里程349千米;完成4E级标准机场跑道扩建工程;实现县县通二级以上公路、乡乡通油路目标;完成南洲大桥、穿山桥、雉山桥、东二环路、中隐路等一批城市路桥改扩建工程。国电永福发电有限公司扩建等工程加快实施,完成电网改造投资31.75亿元,新增发电能力44.10亿千瓦小时。完成153座病险水库除险加固,平乐巴江口水利枢纽设施投入使用,桂林市防洪及漓江补水枢纽工程顺利推进。

——过去的五年,是统筹城乡建设迈出新步伐的五年。深入实施"保护漓江,发展临桂,再造一个新桂林"发展战略,城镇化率达39%。临桂新区建设初见成效,完成规划编制,全面推进创业大厦、"一院两馆"[1]、中心公园、新区路网等一批重点项目。老城疏解提升成效显著,以"三桥十路"[2]和"1212"工程[3]为重点的基础设施项目加快推进;完成60千米城市道路2110栋临街楼宇立面整治改造。城区发展定位进一步明确,县城改造、新区建设进一步加快,特色鲜明的桂北城镇群初步形成。拓展深化城乡清洁工程和城乡风貌改造,城乡环境明显改善。扎实推进社会主义新农村建设,累计投入资金10.37亿元,是"十五"计划时期的4.70倍,惠及农户77.40万户297万人;完成20户以上自然村(屯)新农村规划编制1.06万个、新农村试点示范村建设354个;完成7021个自然村(屯)道路硬化工程,实现100%行政村通公路。累计投入资金13.52亿元,实施扶贫项目4894个,解决4.50万人温饱问题,8万人稳定脱贫,286个"整村推进"贫困村全部以优秀等次通过自治区验收。

——过去的五年,是生态文明建设取得新成效的五年。编制完成《桂林生态市建设规划》及12县生态县建设规划,并通过专家论证和市、县人大审议。全面启动"漓江四化"[4]"绿满八桂"造林绿化工程以及"两江四湖"二期综合整治工程,扎实推进科学保护漓江六大工程。全市森林覆盖率68.15%、城市绿化覆盖率44.3%,居自治区前列;可建沼气池入户率78.9%,持续位居自治区第一;全面完成自治区下达的节能减排任务;市本级城市污水集中处理率90.4%,比"十五"计划时期末提高41.8个百分点;城市生活垃圾无害化处理率100%;完成12县污水处理设施建设。环境质量指数在113个国家重点环境保护城市环境综合整治定量考核("城考")中名列前茅。被确定为全国首批循环农业示范市。12个乡镇创建国家级生态乡镇通过验收,阳朔镇获国家级生态乡镇称号。

——过去的五年,是推进改革开放增创新优势的五年。强力推进企业产权制度改革,完成国有和集体企业改革改制119家,搭建5个投融资平台,引进浦东发展银行等6家银行设立法人机构或分支机构,桂林市商业银行更名为桂林银行,启动新型农村金融改革试点。深化行政审批制度改革,减少投资审批事项100项。科教文卫、社会保障、农村税费、乡镇机构、土地流转、林权制度改革取得初步成效。全力推进"央企入桂"、"百企入桂",主动融入多区域开放合作,引进中国建筑股份有限公司、中国机械工业集团、中国中铁股份有限公司、大商集团、沃尔玛集团等一批国内外知名企业和世界500强企业落户桂林。累计新签市外投资项目3235个,项目总投资1693.05亿元,实际到位市外资金1276.92亿元,年均增长38%;新批外商投资企业150家,实际利用外资年均增长48.2%;进出口总额年均增长15.4%。

——过去的五年,是和谐社会建设取得新进展的五年。完成科研投入68.10亿元,是"十五"计划时期的1.66倍,获自治区级以上科技进步奖128项,创建自治区级以上企业技术中心30家、工程技术研究中心17家、国家地方共建联合实验室1家,获专利授权3045件。义务教育水平位居自治区前列,职业教育攻坚任务全面完成,高考成绩名列自治区前茅。打造并提升"百姓大舞台"、"读书月"、"百姓文化大讲坛"、"漓江之声"和"印象·刘三姐"等一批文化品牌;在广西文艺创作铜鼓奖评比中继续位居前列;76%行政村建有农家书屋;"村村通"广播电视直播卫星覆盖工程全面完成。全民健身活动蓬勃开展。公共卫生体系不断完善。人口和计生工作保持自治区领先水平,人口自然增长率控制在7‰以内。累计城镇新增就业31.69万人、国有企业下岗失业人员再就业8.47万人、农村劳动力转移新增就业41.10万人,城镇登记失业率控制在4.5%以内。城镇企业职工基本养老保险、失业保险覆盖率分别为100%、95.1%,城镇基本医疗保险覆盖率为

92%，率先在广西全面建立城乡居民最低生活保障制度。坚持每年实施为民办实事工程，完成农村困难群众危房改造及“扶残安居”工程4131户，解决256万农民看病难、32.03万农村人口安全饮水问题，新建和改造农家店1243家。城镇居民人均可支配收入17949元、农民人均纯收入5487元，年均分别增长14.1%、12.8%，分别是2005年的1.93倍和1.83倍。

各位代表，刚刚过去的2010年，是“十一五”规划和科学发展工作计划实施的最后一年，经过全市人民共同努力，完成了市三届人大六次会议确定的主要目标任务。一年来，我们主要做了以下工作：

（一）强力推进“四大建设”，项目投资成效显著

全社会固定资产投资908.56亿元，增长37.8%，是“十五”计划时期的1.41倍。在建投资1000万元以上项目1796项，重大项目建设数量和投资规模创历史新高。

以临桂新区和老城基础设施“1212”工程为重点的城市建设完成投资200亿元，机场路等一批重大城市建设项目竣工使用，城市基础设施和公共服务设施进一步完善。交通水利基础设施建设完成投资120亿元，贵广高速铁路和湘桂铁路扩能改造工程征地搬迁基本完成，兴安至桂林高速公路超额完成年度投资计划，阳朔至鹿寨高速公路加快推进，灌阳至凤凰高速公路开工建设；小溶江、川江水利枢纽工程实现大江截流。工业园区完成固定资产投资90.80亿元，高新区完成土地平整106.67公顷，新建标准厂房2万平方米；苏桥经济开发区完成征地374.47公顷，新建标准厂房及服务楼3.71万平方米；秧塘产业园外扩330公顷，新建标准厂房5.50万平方米。以桂柳、桂梧、桂黄及桂阳公路沿线、漓江两岸和12县城为重点的城乡风貌改造完成投资43亿元，桂林市、阳朔县荣获自治区城乡风貌改造优秀组织奖。

（二）加快工业结构调整，工业经济快速增长

完成工业总产值1263.44亿元，增长31.5%，其中规模工业总产值952.01亿元，增长37.1%；规模工业增加值310.26亿元，增长25.7%，工业经济运行质量和效益明显提高。

完成工业固定资产投资283.66亿元，增长29.4%。桂林福达集团比亚迪曲轴生产线等1343个项目开工建设；中橡桂林公司高等级子午线轮胎产业化等85个超亿元项目加快推进；桂林尚科光伏公司太阳能电池生产线（二期）等1158个项目竣工投产。完成技改投资216.05亿元，实施技改项目1589项。“五大五小”[5]工业产值724.69亿元，占规模工业总产值的76.1%。新增入园企业109家，园区工业增加值增长50.1%。建立市中小企业服务平台，整合组建中小企业信用担保公司，引进自治区金融投资集团，为50多家中小企业融资10多亿元，有力推动了中小企业发展。被列为广西“两化”融合[6]试点城市，荔浦县获“中国衣架之都”称号。

（三）提升特色效益农业，农村经济稳步发展

实现农林牧渔业总产值319.21亿元，增长5.1%；农业增加值202.60亿元，增长4.8%，湘江、资江、漓江、桂江四大流域和山区现代农业示范区建设初见成效。

深化调整区域、产业和品种结构，农业规模化、标准化、产业化和品牌化稳步发展。市级以上农业产业化龙头企业达119家、农民专业合作社达1590家，直接带动农户14.71万户。新增畜禽规模养殖场193个。引进农作物新品种703个，建立各种高产示范点252个，获得“绿色食品”标志产品45个，形成灵川县小平乐村、临桂县西版屋村等一批“一村一品”特色乡村，全州提子获全国中早熟优质葡萄评比金奖，平乐沙田柚获中国国际林博会金奖。实施农村公益事业项目1569个，新增农机总动力30.93万千瓦，完成冬春水利项目1527个，新增、恢复有效灌溉面积1.12万公顷，改良农田6.30万公顷。完成农民科技培训100万人次、农村劳动力转移培训9.50万人次。资源县被评为中国早菜无公害十强县，临桂县、灌阳县获全国粮食生产先进县。

（四）推动旅游产业转型升级，第三产业态势良好

全社会消费品零售总额391.53亿元，增长18.9%。全年接待游客2246.33万人次，增长20.8%，其中入境游客148.62万人次，增长15.2%；实现旅游总收入168.30亿元，增长32.6%，旅游质量效益进一步提升。

编制完成桂林国家旅游综合改革试验区建设总体方案及规划纲要，成功争取桂林成为国家服务业综合改革试点区域。开展旅游服务质量提升年活动，加强旅游促销，拓展旅游合作，整治旅游秩序。愚自乐园二期、全州湘山寺景区等67个项目加快推进。新增国家4A级景区7个、国家和自治区级农业旅游示范点4个。成功举办第四届联合国世界旅游组织/亚太旅游协会旅游趋势与展望国际论坛、首届中国桂林国际旅游博览会、桂林国际动漫节、"漓泉杯"2010第五届亚洲超级模特大赛颁奖礼，支持县（区）举办特色节事活动[7]，会展节事成为第三产业新亮点。阳朔县被确定为首批全国旅游标准化试点县，秀峰区被评为全国养老服务示范单位。继续推进"家电下乡"、"万村千乡"市场工程，"家电下乡"销售额增长148.3%，居自治区第二。全社会货运量增长25.3%。房地产投资118.01亿元，增长27.9%。深圳农村商业银行、兴业银行、光大银行入驻开业；桂林国民村镇银行正式揭牌，成为全国首批地市级村镇银行；全市金融机构存、贷款余额分别增长23.2%和20%。

（五）强力推进城乡建设，城镇化发展步伐加快

完成城镇固定资产投资758.52亿元，增长39.1%，是"十五"计划期间投资总和的1.54倍，掀起了新一轮城市建设高潮。

修编完成《桂林市城市总体规划纲要(2010～2020)》并通过住房和城乡建设部批复，完成城北滨江区等15个片区16平方千米控制性详细规划。土地报批、规范使用、土地整理等工作居自治区前列。临桂新区路网建设全面铺开，创业大厦、"一院两馆"等一批标志性项目相继开工，村民安置工作取得突破。金鸡路、建干北路快车道等一批道路完工通车，滨江北路等11条道路加快推进。两江四湖二期基本完成桃花江、小东江等河流清淤截污及生态河堤岸线建设工程；改造建设无障碍设施项目390多个，创建"全国无障碍建设城市"通过国家验收。完成城市房屋搬迁、违法建筑拆除100万平方米。迎宾路口、七里店路口等城市节点环境提升改造初显成效。訾洲公园建成开放，漓东公园开工建设，黑山植物园二期基础工作全面展开。秀峰区琴潭旅游文化休闲园路网构架初步形成，象山区旅游度假园已有多个项目进入，雁山区科教园中心环线一期、污水处理厂一期工程投入使用。12县完成县城主要道路硬化、绿化、亮化、美化工程，各县新区基础设施建设进度加快。

（六）加强节能减排和环境保护，生态文明建设卓有成效

实施桂林生态市建设规划，科学保护漓江取得明显成效，环境质量居全国重点城市前列，"城考"成绩继续居自治区第一。

编制《漓江风景名胜区总体规划》并上报国务院，推动自治区立法保护漓江，开展漓江支流（市区段）综合整治，完成造林1.88万公顷，山上造林和山下绿化完成率自治区领先。耕地保护、卫片执法检查、地质灾害整治考核位居自治区第一。提前完成自治区下达的年度淘汰落后产能任务，对18家水泥企业、54家锰业（铁合金）等耗能大户实行预警干预；规模以上工业万元增加值能耗下降11.04%，超额完成自治区指标6个百分点；新建14个城镇污水处理厂并投入运营。重点推进热电联产、风力发电、太阳能光伏、电动汽车等产业项目以及汽车加气站、充电站等设施建设，节能与环保产业快速发展。灌阳县、恭城县获国家首批绿色能源示范县。

（七）加快改革开放步伐，城市发展活力明显增强

政府机构改革有序推进，"三定"方案基本落实。市本级和临桂县、兴安县、永福县、恭城瑶族自治县等县级基层医疗卫生机构综合改革试点全面启动。集体林权制度改革任务基本完成，年度林地勘界面积146.01万公顷，发证面积103.13万公顷。深化国有、集体企业和供销体制改革，引进香港溢达、南方建材等一批战略投资者并购重组我市企业。主动融入广西"两区一带"，推进磨盘山客运港、平乐印山和阳朔旅游码头工程。开辟桂林至新加坡、银川经桂林至三亚、临沂经桂林至海口3条航线，恢复桂林至曼谷航线，增加桂林至台湾航班。圆满完成赞比亚、加蓬两国总统等国外贵宾友好访问接待任务，与波兰托伦市结为友好城市。招商引资成效显著，新签市外境内项目502个，总投资386.46亿元，增长17.9%，排名自治区第二；实施市外境内项目899个，实际到位资金374.13亿元，增长33.2%；实际利用外资

2.5 亿美元，增长 25.3%，排名自治区第三。进出口总额 9.03 亿美元，增长 22.6%。临桂县被评为全国最具投资潜力中小城市百强县。

（八）全力保障和改善民生，和谐社会建设扎实推进

加强就业和社会保障工作。免费培训下岗失业人员 1.38 万人次，提供公益岗位 4856 个，新增就业 6.89 万人，城镇登记失业率 3.95%。5 项社会保险[8]参保人数 230.08 万人次，社保基金征缴 32.71 亿元，创历史新高；兴安县新型农村养老保险制度试点全面实施，参保率 87.3%；按自治区标准筹发补助城乡低保对象 38.99 万人；改造农村危房 8550 户，解决救灾专项资金 3066 万元；经济适用房竣工 26.99 万平方米。

扎实推进惠民工程。继续从解决群众最关心、最直接、最紧迫的问题入手，筹资 18.73 亿元，全面完成教育惠民、医疗卫生保障、社会保障、文化惠农、安居惠民、农村基础设施建设、城乡社会服务、蔬菜安全检测、城市水环境和交通环境综合整治等 10 项惠民工程[9]。

社会事业全面进步。扎实推进第四轮创新计划和科技“355 工程”[10]，全社会科研投入 15.80 亿元，实施技术创新项目 562 个，完成专利申请 1030 件，专利授权 813 件，居自治区前列。发放各类助学金 8060.95 万元，惠及高中阶段学生 24.82 万人次；完成 125 个中小学校舍安全工程项目，完成培智学校迁建工作，桂林市聋哑学校、桂林市第七中学两校迁建和市职教中心临桂分校建设取得阶段性成效。“漓江之声”获第十五届全国群星奖项目奖，《偷秋》获第四届全国少数民族曲艺展演节目一等奖，“百姓大舞台”等各类群众文化演出 1.28 万场；成功举办第二届中国山水画艺术双年展、2010 中国桂林·史前文化遗产国际高峰论坛；靖江王府及王陵、甑皮岩遗址入选第二批国家考古遗址公园立项名单，新增非物质文化遗产传承基地 5 家；建设村级公共服务中心 58 个、乡（镇）综合文化站 32 个、农家书屋 386 家、三级文化信息资源共享工程 1021 个。实施医疗卫生服务体系建设项目 106 个，完成农村改厕 1.55 万座，创建文明卫生村 400 个，通过“国家卫生城市”复审。全民健身活动蓬勃开展，完成农村体育健身工程示范点 153 个；我市运动员马欢欢获得亚运会女子水球团体金牌。我市“诚信计生”经验在全国推广，市计生协会获全国地级计生协会工作先进单位，叠彩区获全国计划生育优质服务先进县（区）。市老龄工作委员会办公室获全国老龄工作先进单位。《桂林年鉴（2009）》获全国地方志系统第二届年鉴奖一等奖，市志办获全国方志系统先进集体。成功承办恭城瑶族自治县成立 20 周年庆典活动。积极推进社会矛盾化解、社会管理创新、公正廉洁执法工作，社会综合防控体系进一步完善，刑事案件侦破率和治安案件查处率显著提高，开展大接访、大排查、大调解、大防控活动，化解各类矛盾 6 万多起，突发性、群体性事件得到依法妥善处置。“五五”普法成效显著，通过全国普法先进城市验收。食品药品安全和安全生产形势总体稳定。

国防建设、国防动员、民兵预备役、人民防空及双拥工作得到加强，宗教、人事、审计、统计、编制、接待、机关事务、档案、供销、防震减灾、侨务、发展研究、社会科学、妇女儿童、残疾人等事业取得新进展，中央直属、自治区直属驻桂单位取得新成绩。

一年来，我们坚持科学决策、民主决策，坚持重大事项向市人大及其常委会报告、向市政协通报制度，办理市人大代表建议、批评和意见 98 件，市政协提案 285 件，办结率 100%，被自治区政协评为先进承办单位。政府廉政建设工作得到加强。坚持广泛听取各民主党派、工商联、无党派人士意见，支持工会、共青团、妇联等群团组织发挥作用，凝聚各方智慧，共同推动我市经济社会平稳较快发展。

各位代表，过去的五年，是磨砺艰辛的五年，是成就显著的五年。通过五年努力，我市工业化进入产业升级、结构优化、做大做强的新阶段，城镇化进入快速成长与质量提升并重的新阶段，农业发展进入特色化、规模化、品牌化的新阶段，服务业进入改革创新、加快发展的新阶段，区位优势、政策优势、人才优势、金融优势日益凸显，百里漓江春潮涌动，桂北大地活力迸发，桂林已经站在一个新的历史起点上！

回顾五年的工作，我们的体会是：必须坚持深入学习实践科学发展观，加快转变经济发展方式，推动经济又好又快发展。必须坚持解放思想，改革创新，破除发展体制机制障碍，增强发展动力与活力。必须坚持调整优化经济结构，增强自主创

新能力,统筹城乡发展,提升发展质量和效益。必须坚持深化开放合作,以大开放促进大合作,以大合作促进大发展。必须坚持加强生态文明建设,加强节能减排,切实保护和改善环境,促进人与自然协调发展。必须坚持以人为本,切实保障和改善民生,让人民群众共享改革发展成果。必须坚持求真务实作风,出实招、办实事、求实效,埋头苦干、团结拼搏,不断创造发展新优势。

各位代表,五年成就来之不易。这些成绩的取得,是自治区党委、政府和市委正确领导的结果,是市人大、市政协监督支持的结果,是全市人民齐心协力、奋发进取和各方面关心帮助的结果。在此,我代表市人民政府,向全市各族人民,向给予政府工作大力支持的人大代表和政协委员,向各民主党派、工商联和社会各界人士,向中央、自治区驻桂单位,向驻桂人民解放军、武警部队官兵,向所有关心、支持桂林发展的海内外朋友,表示崇高的敬意和衷心的感谢!

回顾五年工作,我们清醒地认识到,我市经济社会发展仍然存在一些不容忽视的问题。主要表现在:我市仍属后发展欠发达地区,经济总量较小,经济结构不够合理,产业竞争力不够强;城镇化水平偏低,区域发展不平衡;节能减排压力增大,土地和环境约束日益突出;体制机制障碍仍然影响发展,社会转型和利益调整引发的社会矛盾依然存在,创业发展环境还需改善,等等。对此,我们要高度重视,在今后工作中采取更有力的措施加以解决。

二、"十二五"规划发展目标和主要任务

今后五年,是全面建设小康社会的关键时期。经济全球化进程加快,国内经济结构转型升级,西部大开发战略继续实施,中国—东盟自由贸易区全面建成,国务院《关于进一步促进广西经济社会发展的若干意见》贯彻落实,桂林国家旅游综合改革试验区和服务业综合改革试点区域建设全面推进,我市迎来千载难逢的历史机遇。同时,也面临诸多不利因素和巨大挑战。我们必须增强机遇意识、责任意识、忧患意识,再接再厉、扎实工作,在更高起点上勇攀新高峰!

根据市委三届十次全会精神,"十二五"规划期间我市经济社会发展的指导思想是:以邓小平理论和"三个代表"重要思想为指导,全面贯彻党的十七大、十七届五中全会和自治区党委九届十三次全会精神,深入贯彻落实科学发展观,围绕"富民强桂"新跨越的目标要求,坚持以科学发展为主题,以加快转变经济发展方式为主线,深入实施西部大开发战略,深化改革开放,坚持走农业稳市、文化立市、旅游兴市、工业强市之路,全力实施"保护漓江,发展临桂,再造一个新桂林"发展战略,全面推进桂林国家旅游综合改革试验区和国家服务业综合改革试点区域建设,保持经济平稳较快发展和社会和谐稳定,保障和改善民生,不断开创建设现代化国际旅游名城、历史文化名城、生态山水名城新局面,为全面建成小康社会打下具有决定性意义的基础。

我市"十二五"规划指导思想的一个鲜明特点,就是围绕自治区"富民强桂"新跨越的目标要求,明确提出了坚持农业稳市、文化立市、旅游兴市、工业强市的发展路子和建设现代化国际旅游名城、历史文化名城、生态山水名城的战略定位。这是基于我市经济社会发展现状、资源禀赋和产业发展要求以及面临的重大发展机遇而提出的,其根本目的就是实现"富民强市"。"富民"就是更加注重以人为本、富民优先,更加注重统筹城乡区域发展,更加注重保障和改善民生,更加注重促进社会公平正义,不断满足人民群众过上更好生活的新期待;"强市"就是聚精会神搞建设,一心一意谋发展,做大做强特色优势产业,全面增强综合实力、整体竞争力和可持续发展能力。

《纲要(草案)》提出了七项基本要求:坚持转变方式,努力实现科学发展;坚持改革开放,努力实现创新发展;坚持发挥优势,努力实现带动发展;坚持重点突破,努力实现优先发展;坚持统筹兼顾,努力实现协调发展;坚持生态建设,努力实现绿色发展;坚持民生为本,努力实现共享发展。这七项基本要求,是促进我市科学发展的重要体现,是未来5年我们努力的方向和工作重点。

《纲要(草案)》提出了"十二五"规划时期经济社会发展的目标:经济平稳较快发展,地区生产总值年均增长11%,力争到2015年实现地区生产总值比2010年翻一番,财政收入、全社会固定资产投资、社会消费品零售总额、进出口总额翻一番以上;经济结构调整取得重大进展,三次产业结构调整为13:48:39,城镇化率达50%;九年义务教育巩固率提高到93%,科技教育发展明显加快,研发经费支出比重明显增加;生态文明建设取得明显成效,生态环境质量保持全国领先水平;人

民生活全面改善,城镇居民人均可支配收入和农民人均纯收入与经济发展同步增长;社会建设明显加强,保障体系更加完善,服务体系更加健全,社会更加和谐稳定;重点领域和关键环节改革取得明显进展,非公经济占国民经济的比重大幅提高,开放合作水平进一步提升。

《纲要(草案)》明确了"十二五"规划期间打造"一城二区三中心四基地"[11]的战略任务,提出了经济发展、科技教育、资源环境、人民生活四大类共35项具体指标,其中预期性指标19项、约束性指标16项。这些指标与以往相比,指标数量减少,重点更加突出,目标更加清晰,体现了科学发展的要求,体现了加快转变经济发展方式的要求,体现了到2020年实现全面建设小康社会奋斗目标的要求。

实现上述目标任务,需要把握以下战略重点:

(一)更加注重经济结构调整,加快转变发展方式

构建以特色效益农业为主导的现代农业体系。深入实施"农业稳市"战略,围绕"富民、强县、奔小康"目标,全面建设规模农业、品牌农业、设施农业、生态农业、休闲农业,大力拓展农业经济功能、生态功能和服务功能,推动农业产业结构优化升级,发展壮大县域经济,建设社会主义新农村,实现由农业大市向农业强市转变。

构建以高新技术产业为先导的现代工业体系。深入实施"工业强市"战略,坚持把工业化、信息化作为加快转变发展方式的主导方向和核心战略,以信息化推动工业化,促进产业结构优化升级,发展壮大优势产业,培育战略性新兴产业,加快发展园区经济,形成以城区高新技术产业中心为核心、以临苏经济产业带为腹地、以各县工业集中区为节点的工业发展新格局。

构建以旅游业为龙头的现代服务业体系。深入实施"旅游兴市"战略,全面建设桂林国家旅游综合改革试验区,实现旅游业发展由观光型向多元复合型、粗放型向集约型、规模数量型向规模质量效益型转变,打造国际一流旅游目的地和游客集散地。全面建设桂林国家服务业综合改革试点区域,建立规范有序的服务市场体系,重点发展生态旅游、商贸物流、商务会展、保健养老、文化创意、金融保险等服务业,打造区域性商贸中心城市、会展中心城市、养老服务业基地,走出三次产业协调发展的新路子。

(二)更加注重基础设施建设,提高发展支撑能力

着力构建公路、铁路、民航等综合交通运输体系,建设区域性综合交通运输枢纽,打造桂粤湘黔交界区域重要中心城市。统筹推进能源水利基础设施建设,构建开放、多元、清洁、安全、经济的能源保障体系。加快推进信息基础设施建设,提高城乡信息化发展水平。加快完善城乡公共服务设施,提高城乡公共服务能力。

(三)更加注重城乡统筹发展,加快推进城镇化

按照自治区要求,力争构建中心城市人口规模120万的特大城市,优化提升老城区,基本建成临桂新区,全面建设苏桥产业新城;按照中等城市目标规划建设阳朔县、临桂县、灵川县、全州县、兴安县、永福县、平乐县、荔浦县等县城;按照小城市目标规划建设灌阳县、龙胜各族自治县、资源县、恭城瑶族自治县等县城;规划建设一批特色乡镇,形成以中心城市为核心,中小城市、特色乡镇协调发展的桂北城镇群。

(四)更加注重推进改革开放,全面提升城市软实力

深入实施"文化立市"战略,树立人才是第一资源理念,优先发展教育,加强文化创新,完善科技创新体制机制,促进文化大发展大繁荣。继续推进重点领域改革,转变政府职能,提高行政效能。加强国内外交流合作,扎实推进"央企入桂"、"名企入桂",为推动科学发展、跨越发展、和谐发展提供制度保障和动力源泉。

(五)更加注重生态环境保护,建设生态文明城市

全面实施生态市建设规划,强化以漓江为重点的生态环境保护,加强污染综合治理,完善水资源和水环境保障体系以及防灾减灾体系。强力推进节能减排,强化资源节约与利用,培育以绿色经济为特征的经济体系,加快形成节约能源资源、保护生态环境和有利于改善气候环境的产业结构、增长方式和消费模式,构建资源节约型和环境友好型社会。

(六)更加注重保障和改善民生,促进和谐社会建设

建立健全基本公共服务体系,推进城乡基本公共服务均等化。实施更加积极的就业政策,稳定就业形势。合理调整收入分配,提高居民收入在国民收入分配中的比重。建设覆盖城乡的社会保障体系和基本医疗卫生服务体系。完善社会救助机制,提高灾害救助水平。坚持计划生育基本国策,稳定低生育水平。实施全民健身工程,提高竞技体育成绩。加强社会主义精神文明建设和民主法制建设,推进社会管理创新,完善社会治安防控体系,确保社会和谐稳定。

三、2011 年主要工作部署

2011 年是中国共产党成立 90 周年,也是实施"十二五"规划开局之年,开好头、起好步至关重要。根据我市经济社会形势分析、发展条件和"十二五"规划目标,按照市委"一推两改"[12]的总体工作思路,今年全市经济社会发展的主要预期目标是:生产总值增长 11%,财政收入增长 13%,全社会固定资产投资增长 20%,社会消费品零售总额增长 16%,外贸进出口总额增长 15%,城镇居民人均可支配收入、农民人均纯收入分别增长 10%,城镇登记失业率控制在 4.5% 以内,人口自然增长率控制在 8‰以内,居民消费价格涨幅控制在 5% 左右。实现上述目标,要重点抓好以下十个方面工作:

(一)突出抓好"四大建设",增强经济发展新动力

继续开展以城市建设、交通基础设施建设、园区建设、城乡风貌建设为重点的"项目建设年"活动,全年计划完成全社会固定资产投资 1090 亿元,实施第一批重点项目 643 项,计划投资 458 亿元。

强力推进"四大建设"。继续推进以临桂新区、老城改造、各县新区建设为重点的城市基础设施和公共服务设施建设,力争完成城市建设投资 250 亿元。强力推进以"两铁八高三库"[13]为重点的基础设施项目建设,力争完成交通、水利、能源等基础设施建设投资 150 亿元,重点推进贵广高速铁路、湘桂铁路扩能改造,协调推进桂林两江国际机场航站楼建设,实现兴安至桂林高速公路建成通车,加快推进灌阳永安关至全州凤凰、阳朔至鹿寨等高速公路和干线公路网、农村公路通畅工程,开工建设桂林至三江高速公路,加快资源至兴安、桂林至柳城、灌阳经恭城至平乐、兴安至龙胜高速公路、苏桥至永福一级公路及桂林北客运枢纽工程[14]、桂林西货运枢纽工程[15]等项目前期工作;统筹推进国电永福发电有限公司 2×350 兆瓦上大压小热电联产扩建工程等能源项目建设;全力实施桂林市防洪及漓江补水枢纽工程。继续推进工业园区基础设施建设和项目入园工作,力争完成园区建设固定资产投资 100 亿元。继续推进城乡风貌改造向纵深发展,重点实施一批城市街区、节点、旅游通道、城镇风貌改造项目,力争完成城乡风貌建设投资 50 亿元。

强化财政金融支撑。加强财政金融工作,大力培植财源,优化支出结构,加大财政对重点项目的支持力度。加快整合、盘活政府资源,做强做大做优政府投融资平台。加强项目审计工作,确保项目工程质量和资金安全。完善政府协调管理金融的体制机制,改善金融生态环境。继续实施"引金入桂",不断完善金融组织体系。综合运用 BT、BOT 等方式,努力扩大项目融资规模。继续支持有条件的企业直接融资,争取 1 至 2 家企业上市、发行企业债券 10 亿元以上。积极引导各类资金投向旅游业、现代服务业、高新技术产业及交通能源、农林水利、社会民生等重点领域。

强化项目工作保障。策划和储备一批转方式、调结构、惠民生的重大项目,争取更多项目进入国家和自治区投资计划。做好以前期经费、审批程序、服务体系为重点的保障工作,下放项目审批权限,减少项目审批环节,推进部门联合审批,扎实开展"工作落实年"活动,改进机关作风,完善项目管理责任制、目标考核责任制,强化项目跟踪检查、协调服务和监督管理机制,着力解决制约项目推进的用地、环评、资金、搬迁、安置等问题,促进项目尽快开工、竣工达产。

(二)突出抓好"两大改革",争创经济发展新优势

探索现代服务新模式,丰富现代旅游新内涵,打造国际一流旅游目的地和游客集散地,发展一批旅游强县和特色旅游城镇,接待游客总人数增长 9.4%,旅游总收入增长 19%。

强力推进桂林国家旅游综合改革试验区建

设。争取国家、自治区批复《建设桂林国家旅游综合改革试验区总体方案》,积极争取政策支持,力争在旅游政策、旅游规划、旅游行政管理体制改革、旅游综合执法体制改革和漓江经营管理模式改革等方面取得突破。整合旅游资源,完善中心城区集散功能,发展阳朔、兴安两个旅游增长极,推进桂林—阳朔—荔浦—平乐—恭城、桂林—资源—龙胜、桂林—灵川—兴安—全州—灌阳、桂林—临桂—永福等四条发展轴带建设,健全景区景点交通干线网络,打造1小时旅游圈。培育三大特色产品,开发三大水陆游线,形成七大旅游品牌[16]。打造一批旅游精品,重点推进靖江王府及王陵大遗址和甑皮岩国家考古遗址公园、桂林飞虎队遗址公园、阳朔十里画廊景区、龙胜龙脊景区、兴安灵渠景区、资源天门山景区、灌阳千家洞景区、全州天湖景区等项目建设。深化旅游合作,开辟国际新航线,拓宽客源新市场,加快游客集散中心建设,建立网络化旅游服务系统。办好第五届联合国世界旅游组织/亚太旅游协会旅游趋势与展望国际论坛、第二届中国桂林国际旅游博览会、第三届桂林国际山水文化旅游节、桂林国际动漫节等节事活动。

全面启动国家服务业综合改革试点区域建设。积极争取国家和自治区政策支持,建立健全服务业发展组织机构和工作机构,完善服务业发展各类专项规划,出台相关政策措施。大力推进服务业与一、二产业融合发展。培育发展文化创意、社会化养老等新兴服务业,启动建设国家级服务外包基地城市,做好全国云计算服务[17]试点城市申报前期工作;建设养生度假和社会化养老产业发展示范区,重点推进康复养生养老基地建设。大力发展商贸物流、商务会展等生产性服务业,建设商务会展产业与旅游产业融合发展示范区,重点推进以七星区为核心的旅游与会展资源整合及产业协同项目;建设以老城区和临桂新区为"双核"的商贸物流聚集示范区,重点推进航空港保税物流园区等区域性商贸物流项目规划立项,加快建设一批区域性批发市场。积极发展生态旅游、休闲娱乐等生活性服务业,建设乡村生态休闲旅游度假示范区,重点推进以阳朔为基地的城乡互动乡村生态休闲旅游示范工程、以雁山为基地的观光休闲旅游带;建设体育文化特色消费示范区,重点推进叠彩城北滨江区以站前广场为节点、漓江两岸为轴带的文化、休闲、体育项目建设。继续实施"家电下乡"、"建材下乡"、"汽车下乡"及农超对接,完善城乡商贸流通体系,重点抓好农家店和配送中心建设。

(三)以转变发展方式为主线,实现工业经济新突破

以高新技术产业为先导,发展园区经济,调整产业结构,完善产业体系,实现规模工业总产值增长23%、增加值增长17%,技术改造投资增长25%。

加快发展高新技术产业。继续发挥桂林国家高新技术产业开发区的引领、示范、辐射、带动作用,加快提升创新能力和孵化能力,大力发展电子信息、生物医药、高端装备制造业;加快制定规划,培育发展新材料、新能源及新能源汽车、节能与环保等战略性新兴产业,力争实现高新技术产业产值520亿元,增长30%。重点推进中国电子信息集团桂林电子配件基地(苏桥)、中国机械工业集团桂林电器研究院电工电子新材料产业化基地、桂林福达集团年产10万吨精密锻造中心(二期)、兴安光伏产业园、桂林尚科光伏公司太阳能电池生产线技术改造项目、桂林鑫友光伏公司太阳能电池组件项目、桂林众阳光能公司光伏电池项目、资源金紫山风能发电(二期)、龙胜南山风电场、桂林啄木鸟医疗器械生产基地、桂林海威科技LED生产线扩建(二期)等项目建设。

提升工业整体素质。实施工业化和信息化融合示范工程及试点工作,重点促进机械装备、轻工食品等行业信息化建设。积极运用先进适用技术和信息技术改造提升传统产业,力争完成1亿元以上技改项目30个。围绕电子信息、汽车、机械、食品、生物医药,打造百亿元产业;支持优势企业,鼓励配套企业,力争产值超1亿元企业250家、10亿元企业15家,重点推进苏桥新能源客车及产业链配套生产基地、中橡桂林公司高等级子午线轮胎产业化、桂林娃哈哈食品有限公司饮料生产线扩建(三期)、桂林南药股份公司青蒿琥酯高技术国际化产业、荔浦桂林徽邦生物技术有限公司魔芋甘露低聚糖产业化、桂林莱茵生物科技股份有限公司标准化植物提取物加工产业化工程(二期)等78个超1亿元项目建设进度,力争30个以上重点项目竣工投产。

加强工业园区建设。把园区建设与新区建设结合起来,按照规划先行、配套完善、项目跟进、集

聚发展的思路，推动扩区工作，打造国家高新技术产业开发区、西城经济开发区等百亿元工业园区。提高园区产业配套、物流配送和商务生活等综合服务能力，完成园区基础设施建设投入15亿元，增长25%以上，加快形成客车产业园、电工电气产业园、荔浦衣架产业园等一批特色园区。发挥苏桥经济开发区、八里街开发区和各县工业集中区等各类园区作用，优化产业布局，提高园区企业投资强度、单位土地产出率和园区土地集约利用水平。新增入园企业（项目）100个以上，工业园区主要经济指标增长明显高于全市平均水平。

加大服务企业力度。继续深入开展“企业服务年”和市长“企业接待日”活动，加大对工业发展和园区建设的资金支持力度，做大市中小企业信用担保公司，组建中小企业担保协会，拓宽融资渠道，提高企业融资规模和比重，切实解决中小企业融资难问题。深入实施中小企业成长工程，完善公共服务平台，建立覆盖全市的中小企业社会化服务网络。

（四）以现代农业为主导，促进农村经济新发展

发展特色效益农业，完善公共服务，推动农业发展与新农村建设、旅游业、城镇化相结合，实现农林牧渔业增加值增长4%。

加快特色效益农业发展。深入实施“南提北扩”战略和湘江、资江、漓江、桂江及山区现代农业发展规划，创建特色效益农业、乡村旅游农业、吨粮万元田、循环农业示范市。确保粮食播种面积37.33万公顷，推进新一轮“菜篮子”工程，巩固生猪、家禽产业，做大做强水果、食用菌、马铃薯、中药材产业，重点打造阳朔金橘、恭城月柿、资江红提、尧山花卉等一批产业基地。在稻作区推广稻—灯—鱼—菇、稻—菜—薯，在园艺作物区推广套种马铃薯、蔬菜等高效农业模式。实施水肥一体化技术，加快区域物流冷链中心建设。调整林种结构，培育市区竹木加工贸易，灵川、临桂、永福人造板，兴安竹制品加工等产业。改造提升一批乡村农业旅游示范点，推进城乡产业联动发展。

加强农村公共服务建设。有效整合各项涉农资金，加快主导农产品地方标准、动植物疫病防控和保护、农产品质量安全检验检测、农机推广服务等公共服务体系建设。大力发展农业生产经营服务组织和农民专业合作组织。抓好市县农业科研单位体制创新，加快广西农科院桂北分院、瑞克思旺（桂林）育种站、中国农科院南方重大病虫野外观察站等内引外联科研机构建设。继续开展百万农民科技大培训，努力实现百万农民转移就业。

推进社会主义新农村建设。加强农村水、电、路、气、通信等基础设施配套建设。加快中低产田改造，建设旱涝保收高标准农田。完成30座水库除险加固，实施乡村污水垃圾处理工程。进一步强化乡村文化体育设施建设、乡村风貌环境卫生综合整治，加快普惠制新农村建设。抓好第三批82个贫困村“整村推进”工作。

（五）以中心城市为主战场，塑造城乡建设新风貌

加快建设环境优美、山水魅力、历史文化、和谐宜居的特大城市步伐，城镇化率提升2.2个百分点。

全面加快新区建设。进一步完善临桂新区功能规划，力争行政区划调整取得实质性进展。按照“一主三辅两组团”[18]的思路，推动临桂新区建成新的政治、经济、旅游、文化中心，形成大旅游、大产业、大物流的新城区。实施项目54项，年度投资32.6亿元。创业大厦基本建成，“一院两馆”部分场馆投入使用，中心公园项目初具规模，“五纵三横”[19]新区路网、农民安置新村、水利防洪排涝、湖塘水系及核心区给水、排水、电信、电力等工程基本建成。加快推动金融大厦、广播电影电视中心、报业传媒中心、新闻出版图书发行大厦、交通运输枢纽指挥中心、市民广场等一批带动性项目建设；加快推动临苏路、临雁路[20]、凤凰西路、临桂新区城市公共交通及公交枢纽等交通设施项目建设；加快推动新区大水系公园、体育运动休闲公园、旅游会展、旅游论坛、科技馆、文化宫、咨询服务中心等公共服务项目建设。加快推进会仙湿地公园景区保护、规划、建设、开发和万福休闲旅游景区规划立项工作，形成旅游产业与新区互动发展；加快推进综合物流园区、现代物流配送中心规划立项建设，形成物流园区与新区互动发展；加快推进秧塘产业园、苏桥产业园和临苏产业带建设，形成产业园区与新区互动发展。扎实推进各县新区建设。切实疏解提升老城。继续推进市容提升计划[21]，完善市域综合交通规划。在继续完善“三桥十路”和“1212工程”基础上，实施旅游配套、特色打造、环境提升、路桥建设、交

通通达、住房改造等城市建设六大工程。重点推进龙门大桥、西二环路、万福东路等建设，打通市区西部和东部快速环线，拉大城市框架；继续实施阳江南路、阳江北路、新建路、芳香路等道路建设，开工建设中隐路二期机场路至南溪河段、中隐路至西二环、琴潭南路、湖塘路，完善老城区路网；继续完善供水管网、天然气管网及加压站、城市光纤等市政基础设施。加快启用城北桂林汽车站，规划建设城南、城东汽车站，积极推进城北公交站、始发站换乘体系等公交枢纽场站及市区停车场库建设。启动旅游、文化、休闲、商业广场等一批特色街区建设。强力推进秀峰区琴潭旅游文化休闲园、叠彩区商贸物流园、象山区旅游度假园、高新（七星）区产业园、雁山区科教园等特色园区建设。加快“两江四湖”二期工程、漓江城市段截污及河堤岸线生态改造工程建设，提升改造漓江等环城水系、机场路、桂磨路两侧区域。推进旧城片区、老村改造以及建筑第五立面改造。启动城中村改造试点。实施县城、重点镇城镇面貌改观“三年行动计划”[22]，“百镇千村行动计划”[23]，着力打造一批特色工贸、特色旅游、特色文化、特色生态村镇。

提高城市管理水平。健全“两级政府、三级管理、四级网络”城市管理体制，实施城市管理综合执法。规范城市道路和公共场地临时停车管理，提升道路通畅能力，缓解城市交通压力。推行数字化城市管理，建立市级数字城管网络。加强市场和社区管理，加大对漓江流域城市段两岸乱搭乱盖的综合整治力度。加强对城乡结合部、城中村、小街小巷、江河湖塘沿岸、交通要道、农贸市场和建筑工地周边区域的市容卫生整治，及时制止违法建设和乱搭乱盖行为。

（六）以提升软实力为目标，推动文化建设新进步

继续实施文化建设五大工程[24]，推进文化事业发展，加强文化基础建设，推动文化产业振兴，创建全国文明城市。

繁荣发展文化事业。实施文化精神工程，把社会主义核心价值体系建设融入文化建设的全过程，积极开展精神文明创建活动，提高市民文明素质。实施文化精品工程，弘扬传统文化，打造新编历史桂剧《灵渠长歌》等一批艺术精品，积极参与中宣部第十二届“五个一工程”评奖活动，继续办好“漓江之声”、“百姓大舞台”、“百姓大讲坛”、“读书月”等品牌文化活动，鼓励各县（区）开展特色节事文化活动，促进县（区）经济发展。实施文化管理工程，加快经营性文化出版印刷事业单位改制步伐，积极培育文化市场，加强“扫黄打非”工作，切实保障文化市场秩序良好。

加强文化基础建设。实施文化景观工程，继续加快“一院两馆”等标志性文化项目建设，推进八路军桂林办事处纪念馆综合楼改扩建、抗战历史文化一条街等项目建设。充分利用漓江剧院、省立艺术馆等演艺场所，推进文化演艺事业发展。加大广西文场、桂剧、彩调等非物质文化遗产的保护、传承和展示力度。实施文化惠民工程，积极推进社区文化中心、乡（镇）综合文化站、村级文化室、文化信息资源共享、农家书屋建设，推进广播电视“村村通”和农村电影数字化放映，新建24个乡（镇）综合文化站和91个村级公共服务中心。积极培养各类文化人才。加强综合档案馆舍建设。

加快文化产业发展。实施文化产业发展规划，以培育发展文化休闲、文化演艺、艺术品、传媒影视、出版发行、动漫和网络游戏等产业为重点，努力构建特色文化产业体系。培育一批有实力的骨干文化企业，将文化资源优势转化为产业优势，继续加大对《印象·刘三姐》、愚自乐园和临桂五通“农民画”等国家文化产业示范基地支持力度。推动桂林国家高新技术产业开发区创意产业园项目建设，努力将桂林国家高新技术产业开发区打造成自治区动漫培训、认证、交易基地和全国动漫产业基地。

（七）以科学保护漓江为重点，提升可持续发展新水平

严格保护漓江生态，强化节能减排，发展循环经济，努力建设资源节约型和环境友好型社会。

加强漓江生态保护。积极争取《漓江风景名胜区总体规划》《广西壮族自治区桂林漓江生态环境保护条例》出台，加快构建科学保护漓江长效机制，继续实施漓江源头水源林保护、两岸绿化美化、两岸及水域环境保护、两岸富民惠民、水域管理和景区旅游产品策划等六大工程，全力抓好桂林市防洪及漓江补水枢纽工程和漓江小流域综合治理工程，加快漓江流域乡（镇）农村环境设施建设。探索建立漓江流域生态补偿机制，积极争

取把“漓江保护”列为国家生态补偿财政转移支付基金试点，实施生态补偿措施，使沿江群众在科学保护漓江中受益。

强化节能减排工作。认真落实节能减排责任制、问责制和“一票否决制”，市本级财政继续安排不低于2000万元专项资金，重点支持城市污水处理管网系统完善、工业园（集中）区污水处理设施、路灯节能改造等节能减排项目建设。完成各县垃圾处理项目建设，苏桥、秧塘工业园污水集中处理设施力争在年底前建成并投入使用。把年耗能5000吨标准煤以上企业纳入重点监督对象，对超耗超排企业实行挂牌督办，淘汰落后生产能力和污染严重企业。万元GDP能耗及二氧化碳、二氧化硫、化学需氧量、氨氮和氮氧化物减排达到自治区标准，公共机构水、电、油、材等消耗指标下降5%。

推进城乡生态建设。扎实推进“绿满八桂”造林绿化工程和漓江沿岸“四化”工程，完成造林绿化3.13万公顷。推进漓东公园、黑山植物园二期工程建设，加大洲岛、学校、社区和机关等公共绿地建设力度。加强农村生态能源建设，重点发展大中型沼气池和沼气原料发酵新技术。严格实行耕地保护目标责任制，加强水土保持和地质灾害防治。大力推进生态县、生态乡镇、生态村建设。继续开展城市环境综合整治，推进“城乡清洁工程”规范化。争创国家生态园林城市，申办第二届广西园林博览会。

（八）以改革创新为动力，构筑开放合作新格局

以更大决心和勇气推进改革，加快构建充满活力、富有效率、有利于科学发展的体制机制，以改革促创新、以创新促发展。

推进重点领域改革。在重点推进两大综合改革基础上，努力在重要领域和关键环节上取得突破。理顺临桂新区体制机制，抓好服务业、旅游业管理体制机制改革。加快推进城乡统筹改革试点、扩权强镇试点和扩权强县改革。稳步推进政府机构改革、政府采购改革和城市路桥收费改革，继续深化国有企业资产重组、文化教育、医药卫生、华侨农场、供销社等方面改革。抓好农村土地承包和流转规范管理工作，促进农村土地适度规模经营。全面完成集体林权制度主体改革，完善和落实征地、搬迁农民权益保护政策措施。

提高开放合作水平。全方位、多层次、宽领域扩大开放，主动融入“两区一带”区域发展，积极参与区域合作。拓展对台经贸合作领域，加强与欧美、日韩、东盟、港澳台等国家和地区经济文化交流，积极参与第八届中国—东盟博览会。着力破解园区土地、优惠政策、服务环境等招商难题，深化与大集团、大企业合作对接，继续推进产业招商、专题招商和园区招商，力争全年引进项目400个以上、资金388亿元以上，实际利用外资2.75亿美元以上，招商引资实际到位资金增长25%。开展创建大兑现工作示范县和示范园区活动，提高项目履约率、开竣工率、资金到位率。大力实施“走出去”战略，不断优化出口产品结构，开拓外贸新兴市场。

提高科技创新能力。启动实施新一轮科技创新计划，继续推进科技“355工程”，参与国家重大科技项目和自治区千亿元产业重大科技项目攻关，加强国家科技兴贸创新基地（生物医药）和自治区科技兴贸创新基地（橡胶类）建设。加大国家重点实验室、国家级工程技术研究中心和企业技术中心的培育，构建和完善区域创新体系。推进科技成果转化，加强知识产权保护。实施民生科技行动，开展以“科技进企业”、“科技进社区”、“科技下乡”为重点的科普活动。

（九）以激活民间资本为抓手，引领民营经济新腾飞

全面促进全民创业，放手发展民营经济，推动民营经济加快发展，力争民营经济增加值增长20%以上。

增加民间资本投入。按照非禁即准的原则，最大限度消除民间投资限制。以空间换时间、以资源换产业、以存量换增量，支持民营企业参与国有和集体企业的改制重组。制定鼓励民营企业投资名录，筛选充实一批鼓励和支持类项目，进一步扩大项目建设向民间资本开放。

大力支持民营企业。贯彻落实促进民营经济发展的政策措施，从财税、金融、担保、土地等方面加大对民营经济支持力度。选择5家符合国家产业政策、具有高成长性的民营企业，进行上市融资培育工作。支持民营企业产品和服务进入政府采购目录。实施民营企业人才培养工程，大力支持民营企业技术改造和发展自主品牌。

大力促进全民创业。采取“投资者出一点、

财政补一点、金融机构贷一点”运作模式，大力发展创业成本低、成果见效快的微型企业。健全完善创业服务指导中心，加快创业园、创业“孵化”基地建设步伐，进一步激活创业主体，大力实施“回乡创业”工程，争取更多人回乡创办企业。

（十）以保障和改善民生为根本，开创和谐社会建设新局面

坚持服务于民、谋利于民、造福于民，完善基本公共服务体系，着力解决人民群众最关心、最直接、最现实的利益问题。

加强就业和社会保障。实施职业培训计划，建立就业援助机制，新增城镇就业6万人以上，新增农村劳动力转移就业8.50万人以上。建立健全覆盖城乡的社会保障体系，努力实现应保尽保，实现企业在职职工基本养老、失业、工伤和生育保险参保人数分别达36.50万人、23.50万人、30万人、26万人。稳步推进城镇居民基本医疗保险门诊统筹，做好第二批新农保试点工作。落实五保供养、优抚、灾害救济等政策规定，完善社会救助体系，发展社会福利和慈善事业。加大保障性安居工程建设和农村危房改造力度，逐步解决城乡低收入家庭住房困难问题。

全面发展社会事业。组织实施教育发展“十项重点工程”[25]、“十项改革试点”[26]，启动灵川县、龙胜各族自治县自治区学前教育试点工作。加强中等职业教育，进一步提升普通高中内涵建设。加快桂林市职业教育中心学校临桂分校、桂林中学临桂校区等项目建设；继续推进中小学校舍安全工程，确保教育系统安全和谐稳定。大力支持驻桂高校建设，做大做强国际旅游教育基地。健全城乡基层医疗卫生服务体系，加强城市医院急重症救治能力及新区医疗服务能力建设，有效应对各类卫生突发事件。继续抓好创建全国无障碍城市、全国人口和计划生育综合改革示范市工作，扎实推进“诚信计生”。广泛开展全民健身活动，积极组织参加自治区第十二届运动会，争取获得优异成绩。办好龙胜各族自治县60周年县庆。

全力维护社会稳定。继续推进政法三项重点工作[27]，深入开展和谐建设在基层活动，健全信访工作责任制和调解机制，提高处置突发公共事件能力，妥善调处各类社会矛盾。启动“六五”普法工作，加强律师队伍建设。推进“天网”工程建设，加大社会治安综合治理力度，严厉打击各类刑事犯罪。开展安全生产基层基础年活动，实施质量兴市战略，强化食品、药品监督管理。扎实做好国防动员、民兵预备役、人民防空和双拥工作，继续争创“全国双拥模范城”。

深入实施惠民工程。继续落实国家各项惠民政策，筹措资金30亿元以上，做好十项惠民工程：

1. 医疗卫生保障惠民工程。实施城镇职工、城镇居民基本医疗保险和新型农村合作医疗保险，3项参保率均达90%以上，提高参合农民、参保居民的年人均财政补助标准；继续实施基本公共卫生服务项目，免费为城乡居民提供建立居民健康档案、健康教育、预防接种等9类基本公共卫生服务；实施艾滋病防治攻坚工程；建设标准化村级卫生室；完成农村改厕1.3万座。

2. 社会保障惠民工程。完成城镇企业职工基本养老保险新增参保任务；做好平乐县、恭城瑶族自治县农村新型社会养老保险试点工作；按照自治区要求提高城乡低保对象补助标准和新建农村五保村；继续实施“阳光家园计划”项目，为3000名残疾人提供日间照料和居家托养服务。

3. 安居惠民工程。完成城镇保障性安居改造和农村危房改造任务；开工建设廉租房1812套，实现交付使用1000套目标；开工建设经济适用房27.27万平方米，竣工25.32万平方米。

4. 教育惠民工程。对各县（区）中小学校舍进行新建、迁建和安全加固；对就读普通高中的库区移民子女和在国家级贫困县就读的普通高中生免学费；对农村义务教育阶段家庭经济困难寄宿生给予生活费补助；对农村义务教育学校课桌椅进行更新改造；对中等职业教育学生给予资助；对困难残障就读学生给予资助；对考上大学的贫困新生给予路费和短期生活费资助；改善少数民族和民族地区中小学校基础设施建设。

5. 文化惠农工程。完成91个村级公共服务中心建设、每个行政村每月放映1场电影、实施20户以下自然村（屯）通广播电视工程。

6. 生态惠民工程。完成通道绿化和村（屯）绿化等项目建设任务；对1316万亩国家级和自治区级公益林进行生态效益补偿；新建户用沼气池1万座。

7. 强农惠农工程。实施农村“一事一议”奖补项目；继续做好“万村千乡”市场工程，建设配送中心5家、农家店270家；实施“菜篮子工程”，重点建设灵川县、临桂县、雁山区菜篮子

生产基地。

8. 强基惠农工程。完成土地整理项目建设;支持农业综合开发土地治理项目建设;继续实施1500个自然村(屯)内道路硬化、30个行政村通油路或水泥路项目;继续实施农村安全饮水工程,解决20万农村人口的饮水安全问题。

9. 新村建设惠民工程。实施"普惠制"新村建设项目,完成400个村建设任务;做好水库移民新村建设工程。

10. 城市环境治理惠民工程。继续实施两江四湖二期(桃花江)、南溪河、小东江环境综合整治工程;对市区部分街区路灯进行节能改造;开工建设漓江(市区段)截污工程、灵剑溪环境综合整治工程;启动城北水厂二期扩建工程前期工作。

各位代表,实现"十二五"规划的宏伟蓝图,完成今年的工作目标任务,对政府建设提出了更高的要求,我们要增强贯彻落实科学发展观和加快转变经济发展方式的自觉性、坚定性,努力建设人民满意的政府!一是进一步转变政府职能,建设高效政府,着力提高公务员队伍综合素质,加强执行能力建设,认真落实首问首办责任制、限时办结和责任追究制,提高政府行政效能。二是进一步转变工作作风,建设服务政府。坚持把群众根本利益作为政府工作的出发点和落脚点,戒空、戒虚、戒假、戒骄、戒懒、戒奢,注重服务基层,服务企业,努力解决关系群众切身利益的突出问题。三是进一步加强依法行政,建设法治政府,自觉接受人大及其常委会的法律监督、工作监督和政协民主监督,建立完善政府部门与民主党派、工商联对口联系制度,严格、公正、文明执法,切实提高依法行政水平。四是进一步加强廉政工作,建设廉洁政府,完善惩治和预防腐败体系,做到勤勉尽责、廉政务实,努力做出经得起人民和历史检验的实绩!

各位代表!桂林未来五年的发展蓝图已经绘就,新的形势催人奋进,新的征程任重道远。抚今追昔,我们信心百倍;鉴往知来,我们豪情满怀。让我们紧密地团结在以胡锦涛同志为总书记的党中央周围,高举中国特色社会主义伟大旗帜,深入贯彻落实科学发展观,在市委的领导下,以更加昂扬的斗志、更加进取的精神、更加务实的作风,团结一致、埋头苦干、奋发图强,扎实推进工业化、城镇化、农业产业化,为实现"十二五"规划目标,为实现"富民强市"新跨越而努力奋斗!

名词解释:

〔1〕"一院两馆":指桂林大剧院、桂林图书馆、桂林博物馆。

〔2〕"三桥十路":指胜利桥、穿山桥、雉山桥、红岭路、东安路、阳江路、育才路、金鸡路、六合路、普陀路、东环路、站前路、中山北路。

〔3〕"1212"工程:即"一桥两园十二路"工程。"一桥"为龙门大桥,"两园"为园林植物园、漓东公园,"十二路"分别是西二环路、万福东路、建干北路、阳江南路、阳江北路、滨江南路、滨江北路、福利路、芳香路、芳华路、站前路、临苏路。

〔4〕漓江"四化"工程:指漓江绿化、彩化、花化、果化工程。工程主要集中在阳朔境内的百里漓江精华段,实施时间为2010~2012年,总投资2000万元。

〔5〕五大五小:"五大"指食品饮料、机械电器、汽车及零部件、电子信息、锰业5个规划超100亿元的产业;"五小"指橡胶制品、医药及生物制品、竹木加工、建材、电力5个规划超50亿元的产业。

〔6〕"两化"融合:是信息化和工业化的高层次的深度结合,是指以信息化带动工业化、以工业化促进信息化,走新型工业化道路;两化融合的核心就是信息化支撑,追求可持续发展模式。

〔7〕县区特色节事活动:2010年,市政府支持举办了桂林创新创意文化节暨国际动漫节、阳朔渔火节暨金橘交易会、平乐桂江文化旅游节暨柚子节、全州湘山文化节、兴安桂林米粉节和葡萄节、永福养生旅游福寿节、灌阳农具文化节、龙胜红瑶晒衣节、资源河灯歌节、荔浦芋美食文化节、恭城桃花节等县区特色节事活动。

〔8〕5项社会保险:指基本养老保险、医疗保险、工伤保险、失业保险、生育保险。

〔9〕10项惠民工程:2010年市政府完成的十项惠民工程是:完成56个中小学校舍安全建设任务。全面实施建立居民健康档案、健康教育、预防接种、传染病防治、儿童保健、孕产妇保健、老年人保健、慢性病管理和重性精神疾病管理等九类国家基本公共卫生服务项目;为1165名白内障患者免费实施复明手术;新婚夫妇免费婚检率超过自治区任务目标;完成永福、阳朔县孕妇产前及新生儿疾病筛查补助试点工作。为53.4万城镇居民和1.52万关闭破产国有企业退休人员、困难国企职工办理城镇基本医疗保险;新农合参合率95.5%。完成10个残疾人日间托养机构建设,为2000名残疾人提供日间照料和居家托养服务。完成58个村级公共服务中心示范工程任

务；为20户以上的8713个自然村开通广播电视。开工建设桂磨路2万平方米廉租房项目。全面完成167个少数民族聚居村寨防火项目、55个自然村（屯）新农村建设试点、30个行政村通油路或水泥路建设、250条贫困村通村（屯）道路修（扩）建、1500个自然村（屯）内道路硬化项目，完成农村饮水安全工程487处，解决21.44万人的饮水安全问题。新（改扩）建计生服务站（所）20个、村级健康家庭服务室100个、农家店320家。完成农贸市场蔬菜质量安检室建设任务。完成市区部分街区路灯安全隐患治理任务。桃花江、南溪河、小东江综合治理和福利路、芳香路、阳江南路建设按计划推进，城市水环境和交通环境逐步改善。

〔10〕科技"355工程"：三年内启动实施支撑5个100亿元产业和5个50亿元产业发展的"30项重大科技攻关计划"，获取50项重大专利技术，培育50家高新技术企业。

〔11〕"一城二区三中心四基地"：一城，指中心城市建成特大城市；二区，指桂林国家旅游综合改革试验区和桂林国家服务业综合改革试点区域；三中心，指国际旅游目的地和游客集散中心、桂湘粤黔交界区域综合交通枢纽中心、广西文化创意和演艺中心；四基地，指国家高新技术产业基地、广西节能环保产业基地、广西特色农业产业基地、西南现代装备制造业基地。

〔12〕"一推两改"：一推，是指强力推进"四大建设"；两改，是指桂林国家旅游综合改革试验区和国家服务业综合改革试点区域。

〔13〕"两铁八高三库"："两铁"指贵广高铁、湘桂铁路。"八高"指兴安至桂林、灌阳永安关至全州凤凰、阳朔至鹿寨、桂林至三江、灌阳经恭城至平乐、资源至兴安、兴安至龙胜、桂林至柳城8条高速公路。"三库"指桂林市防洪及漓江补水枢纽工程——川江、小溶江、斧子口水利枢纽工程。

〔14〕桂林北客运枢纽工程：位于桂林火车北站，占地面积约20万平方米，日旅客发送量约10万人次，总投资约10亿元。桂林北客运交通枢纽集铁路客运、公路客运、城市公交和商贸、酒店于一体，实现乘客零距离换乘。

〔15〕桂林西货运枢纽工程：位于灵川县定江桂林西站，占地面积约200公顷，年货物吞吐能力约1500万吨，总投资约10亿元。桂林西货运综合枢纽集铁路、公路运输于一体，实现货物无缝驳接。

〔16〕三大特色产品、三大水陆游线、七大旅游品牌：指培育自然观光、休闲度假、专项主题三大特色旅游产品，开发水路、公路、自行车三大水陆游线，形成山水风光体验之旅、历史文化追寻之旅、体育运动时尚之旅、休闲度假浪漫之旅、动感漓江欢乐之旅、民俗风情精彩之旅、特色乡村感受之旅等旅游品牌。

〔17〕云计算服务：提供资源的网络被称为"云"。云计算是指通过网络以按需、易扩展的方式获得所需的服务模式。云计算的核心思想，是好比从古老的单台发电机模式转向了电厂集中供电的模式。未来用一台轻便的网络电脑，就可以实现海量各类服务。

〔18〕"一主三辅两组团"：一主指行政中心区，三辅指旅游区、空港物流区、产业园区，两组团指会仙湿地旅游区、万福休闲旅游区。

〔19〕五纵二横：五纵为环西路、平桂西路、凤凰西路、西城大道、新中路，二横为世纪大道、山水大道、万平路。

〔20〕临雁路：临桂新区经会仙湿地至雁山旅游通道。起点位于临桂新区大学南路与秧儿路交叉口，经会仙湿地，终点位于雁山区境内桂阳公路与绕城高速立交北侧。道路规划宽度为18～30米，全长约19千米。

〔21〕市容提升行动计划：该计划主要包括特色城市建设工程、城乡风貌改造工程、城市主次干道美化亮化工程、园林绿化建设工程、市容市貌管理工程5大工程，从2010年1月至2011年12月分两个阶段实施，着力于提升城乡市容环境和环境品质，塑造城市新形象。

〔22〕城镇面貌改观"三年行动计划"：2011年起广西实施的城乡风貌改造计划。内容包括打造特色名镇名村、村镇规划集中行动、继续房屋立面改造和村（屯）综合整治项目建设四个方面，3年完成。

〔23〕"百镇千村行动计划"：是广西重点城镇面貌改观行动计划的一部分。从2011年起利用5年时间，按照村镇产业特色配套基础设施和公共服务设施，打造一批各项发展指标明显高于平均水平的新型村镇，实现广西村镇经济发展的新突破。

〔24〕文化建设五大工程：2010年2月，桂林市第三届人民代表大会第六次会议《政府工作报告》中提出："实施文化精神工程、文化景观工程、文化精品工程、文化惠民工程、文化管理工程，打造广西文化强市，不断增强文化软实力。"

〔25〕教育发展十项重点工程：指学前教育推进工程、义务教育巩固提高工程、中小学教师素质提升工程、普通高中内涵发展工程、职业教育大力发展工程、中小学生身心健康保障工程、城镇化进程中的新校建设工程、教育信息化建设工程、高等教育质量和服务能力提升工程、教育国际交流合作建设工程。

〔26〕教育发展十项改革试点：指学前教育发展体制改革试点、义务教育均衡发展改革试点、职业教育办学模式改革试点、素质教育课堂教学改革试点、职业教育管理体制改革试点、教育保障机制改革试点、教师队伍建设改革试点、优质教育带动发展试点、学习型社区建设试点、教育现代化先导区建设试点。

〔27〕政法三项重点工作：指政法系统开展的社会矛盾化解、社会管理创新、公正廉洁执法三项重点工作。

中国人民政治协商会议
桂林市第三届委员会常务委员会工作报告

——2011 年 2 月 10 日在政协桂林市第三届委员会第六次会议上

桂林市政协副主席　王大平

各位委员：

我受政协桂林市第三届委员会常务委员会的委托，向大会作工作报告，请予审议。

一、2010 年工作回顾

2010 年是我市全面推进改革开放和现代化建设取得显著成就的一年。在中共桂林市委的坚强领导下，全市上下同心协力，锐意进取，克服了国际金融危机及其他不利因素的严重影响，经济总量迈上新台阶，综合经济实力显著增强；“四大建设”成效显著；重大项目建设实现历史性突破，建设数量和投资规模均创历史新高；发展方式转变稳步推进，农业和农村经济继续保持自治区领先水平，工业经济质量和效益明显提高；生态文明建设成绩显著，城乡面貌明显改观，人民生活达到新水平；改革开放全面推进，实现了“继续保增长、保民生、保稳定、保持和扩大经济社会发展良好势头”的目标。一年来，市政协及其常委会以邓小平理论和“三个代表”重要思想为指导，深入贯彻落实科学发展观，牢牢把握团结和民主两大主题，围绕促进我市经济平稳较快发展、促进民生改善与社会和谐稳定，切实履行政治协商、民主监督、参政议政职能，积极推动工作创新，切实加强自身建设，各项工作取得新的进展。

（一）加强学习，深入贯彻落实全市政协工作会议精神

常委会坚持把学习贯彻始终，努力提高广大政协委员的政治素质和思想觉悟。一是以中心组学习会、主席会、常委会、专委会学习会、委员小组会等形式，组织政协领导班子和广大政协委员学习中共十七届四中、五中全会精神，学习邓小平理论和“三个代表”重要思想，学习科学发展观重要论述，学习市委三届九次全会精神；按照市委的统一部署，扎实开展“我为临桂新区做什么”大讨论活动。通过学习讨论，进一步增进了参加市政协的各党派、团体、各界人士的共识，牢固树立了围绕中心，服务大局的意识，提高了服务我市城市建设、交通基础设施、园区建设、城乡风貌建设的自觉性。二是深入学习贯彻胡锦涛总书记在庆祝人民政协成立 60 周年大会上的重要讲话、自治区党委《关于进一步加强人民政协工作的意见》《中共桂林市委关于贯彻落实〈自治区党委关于进一步加强人民政协工作的意见〉的实施意见》（简称《实施意见》），把学习贯彻胡锦涛总书记重要讲话和上述文件精神同履行政治协商、民主监督、参政议政职能结合起来，同加强政协自身建设结合起来，同推动人民政协实践创新结合起来。为推动市委《实施意见》的贯彻落实，市政协党组向市委建议组成 10 个督查组，分别由市政协领导带队，对我市各县、城区贯彻落实市委《实施意见》情况进行检查；召开全市政协工作座谈会，总结交流市、县、城区政协贯彻落实市委《实施意见》的做法，使全市政协工作会议和市委《实施意见》精神深入贯彻落实到市政协的各项工作之中，增强了各级政协组织以及广大政协委员按市委《实施意见》精神办事的自觉性，推进了我市人民政协

履行职能的科学化、制度化、规范化、程序化建设。

（二）围绕我市开展的"四大建设"建言献策，为推动我市经济社会又好又快发展作出贡献

常委会坚持把促进全市经济社会又好又快发展作为履行职能的第一要务，抓重点、议大事，注重发挥政协的优势，对涉及全市科学发展的重点问题，深入开展调查研究，提出建议和意见，为市委、市政府决策提供依据。

1. 为建设桂林国家旅游综合改革试验区献计出力。国务院在《关于进一步促进广西经济社会发展的若干意见》中，明确提出了建设桂林国家旅游综合改革试验区，这是推动桂林经济社会和谐发展、跨越发展的绝佳机遇，市委、市政府高度重视这项工作。为配合做好工作，去年上半年，我们组织经济科技委员会以及相关委员、专家学者，就"如何建设桂林国家旅游综合改革试验区"这一专题进行深入的调查研究，形成了《关于桂林国家旅游综合改革试验区建设的调研报告》，并召开市政协三届十七次常委会议进行协商讨论。调研报告对建设桂林国家旅游综合改革试验区的重大意义、存在的问题进行了深入研究和探讨，从加强组织领导、科学保护好漓江、旅游业机制创新、旅游资源整合、争取上级政策扶持等方面，向市委、市政府提出了建设性的意见和建议。为促使政协调研成果的落实，我们召开桂林国家旅游综合改革试验区建设专题协商会，会上，委员们同与会的刘君书记、李志刚市长和市委、市政府相关领导及有关部门负责人进行互动交流，沟通情况，当面交换意见，对推动桂林国家旅游综合改革试验区建设发挥了积极的作用。

2. 为推动我市城市综合管理工作建言献策。为配合实施市委、市政府作出的开展城乡风貌建设，全面提升城市管理水平的重大决策，我们把推进桂林城市综合管理作为去年工作的重点，充分发挥政协组织人才荟萃、智力密集、联系面广的特点和优势，组织调研组赴先进城市学习城市管理经验，深入本市城区、街道调研了解情况，分别召开市内有关部门、各界代表及有关专家座谈会，广泛听取各方面的意见。在充分调查研究的基础上，形成了《关于加强桂林城市综合管理的调查报告》，就创新管理体制、组建城市管理行政执法单位，明确城市管理职责权限，增强社会自我管理能力，加强规划改造，完善城市综合管理软硬件环境、加大城市管理执法队伍力量，加大宣传力度、营造公众参与城市综合管理氛围，建设数字城市等问题提出了意见和建议。市政协三届十八次常委会议对此作了专题协商讨论，通过了调研报告。最后分别报送市委、市政府及有关领导参阅，市委、政府领导对调研报告反映的问题和建议高度重视，指示有关部门认真研究，其中不少操作性强的建议纳入了工作决策。

3. 为我市又好又快发展积极建言献策。在市政协三届五次会议期间，委员们认真听取和协商讨论政府工作报告和其他报告，以高度的责任感，积极建言献策，对政府工作报告及其他报告提出建设性的意见和建议。会后将委员们的意见和建议汇总，以《市政协委员协商讨论市政府工作报告综述》的方式提交市政府研究参考。会上，我们还组织大会发言，各民主党派桂林市委会、市工商联、群众团体以及委员积极建言献策，围绕如何强化我市农村粮食仓储管理，发掘历史文化资源，完善工业产业体系，科技中介机构建设，循环农业发展，基础音乐教育如何服务文化名城建设，完善科技创新机制，金属锰产业发展，困难职工住房，促进青少年健康成长，家庭文化建设等问题提出了许多有价值的建议和意见。

委员晨会、委员论坛是政协委员向市委、市政府领导及相关部门建言献策的新形式。去年，围绕完善社会保障体系、农村水利建设、历史文化保护开发、义务教育均衡发展、传染病防治等8个专题召开7次委员晨会，94名政协委员出席。每次委员晨会，市政府相关副市长及市委、市政府职能部门负责人都到会听取意见，解答委员提出的问题，促进了相关问题的解决。围绕如何加快临桂新区建设、加强城市综合管理和驻桂异地商会建设等专题，在桂林电视台开办了3期《政协委员论坛》节目。使市政协委员及时参与市委、市政府的决策协商，同时利用政协委员在界别群众中的代表作用向社会各界做好宣传解释工作，配合市委、市政府重大决策的贯彻落实。

各专委会结合各自专长积极开展调查研究，向市政府及相关部门提出建议。经济科技委员会对如何推动桂林国家高新产业开发区跨越发展问题开展专题调研，从提高认识形成共识，进一步理顺体制和加大机制创新力度，推进高新技术与文化旅游相结合，完善对桂林国家高新产业开发区考核办法等方面提出了意见和建议；社会法制委

员会对如何预防我市青少年违法犯罪问题进行了专题调研，形成了《关于预防我市青少年违法犯罪的对策和建议》的调研报告，从加强社会治安综合治理，加强法制宣传，加强在校生教育管理及对失足青少年的帮教，加强对青少年犯罪的监管、审理及判决工作等方面提出了意见和建议；文史资料委员会就进一步做好靖江王陵的保护利用开展专题调研，形成了《启动靖江王陵大遗址考古公园项目，推动尧山景区建设》的调研报告，从靖江王陵大遗址的土地利用、环境治理、资金投入等方面提出了意见和建议。这些调研报告，针对性强，重点突出，得到了市委、市政府及有关部门的重视和采纳。

（三）创新履行职能的方法，政协各项工作扎实开展

我们立足自身特点和优势，认真抓好提案、视察、文史、宣传等方面工作，鼓励支持市政协委员和参加政协的单位以提交提案、参加视察等方式开展民主监督，引导委员关注民生、深入调研、了解民情、反映民意，提出批评和建议，发挥政协协调关系，汇聚力量，建言献策，服务大局的作用。

1. 创新提案工作机制，不断提升提案工作活力。常委会把提案工作作为切实履行政协民主监督职能的一项重要工作来抓。市人大、市政府、市政协联合召开人大代表议案、政协提案交办会，对做好提案办理工作起到了重要的推动作用。创新提案办理方法，建立市委、市政府领导阅批重要提案制度，刘君书记、李志刚市长和相关的市委、市政府领导分别对报送阅批的9件重要提案作出批示，要求有关部门认真办理，并注意吸纳提案中提出的意见和建议；制定提案办理工作民主评议办法，组织有关提案者、相关专委会、部分政协委员，由市政协领导带队深入到提案办理单位评议提案办理工作。坚持市政府领导向市政协常委会通报提案办理情况的制度，使市政府及其部门办理提案工作置于市政协常委会监督之中。进一步完善市政协领导领衔督办重点提案制度；召开提案工作表彰会议；筹资19.34万元建设网上办理提案系统。通过采取上述措施，提高了提案办理工作的透明度，加强了提案办理的民主监督，促进了提案办理效率和质量的提高。去年，共收到提案310件，经审查立案291件，提案质量有新的提高，内容涉及我市经济发展方式转变、经济结构调整，以及人民群众普遍关注的就业、医疗卫生、社会保障、安全生产等方面，为市委、市政府及有关部门掌握实情、制定政策、改进工作起到积极作用。

2. 组织委员开展视察，推动工作开展。围绕全市中心工作，选择市委、市政府重视、委员关注、群众希望解决的问题，组织委员进行视察，积极协助和督促市政府职能部门做好工作。为配合市委、市政府抓好城市基础设施和城乡风貌建设，我们组织委员深入到叠彩区政府、滨江北路建设工地、火车始发站站前路建设工地、雁山区新城中心道路建设工地、污水处理工程建设工地、叠彩区大河乡社塘新村等地进行视察，针对存在的问题及时向有关部门反映，促进了相关工作的落实；为推进临桂新区和两江四湖二期工程建设，我们组织委员深入到临桂新区管委会以及临桂新区建设工地，桃花江建设工地进行视察，对视察中发现的问题及时督促有关部门解决；为促进我市农村水利建设，我们组织委员深入到全州县、永福县等县就如何加强我市农村水利建设开展视察，并提出意见和建议。此外，我们还组织委员对本市的县域工业、城区环境卫生、家政服务、文物保护、农村体育、食品安全、律师队伍建设、农民工子女义务教育、居家养老、残疾人保障等方面的工作进行视察，促进了相关问题的解决和工作的实施。

3. 政协文史资料征编、新闻宣传工作取得新进展。继续做好桂林城市建设和环境保护工程以及中越友谊等文史资料的征编、抢救工作，全年征集到城建和环保工程“三亲”史料35万多字，图片3万多张，并对已征集到的文史资料进行编辑加工和完善；征集抢救越南学校在桂林的文史资料3万多字，珍贵历史照片70张。加强了政协宣传工作，创办市政协委员和政协工作者学习刊物《学习与参考》《机关简讯》，编发有关时事政治、人民政协理论知识学习资料，帮助广大政协委员和政协工作者提高政策理论和履职水平。组织好政协全会、常委会、调研、视察、委员晨会、专题研讨会等重要会议和活动的集中新闻宣传报道。配合自治区政协做好广西宣传人民政协职能、作用好新闻评选活动，促进了政协新闻宣传工作的深入开展。桂林政协网不断创新办网工作思路，为广大委员提供学习和交流的平台，发挥了政协新闻宣传主阵地的作用。

4. 慈善救助工作正常开展。市慈善事业会、市仁济慈善基金会认真履行“安老助孤、扶贫济

困”的宗旨，积极开展扶贫、济困、安老、救灾、助孤、助残、助学等各项慈善救助活动，全年募集各类慈善资金281.19万元。出资166.39万元用于全市扶贫济困、救灾，受益群众1万多人；捐资支持青海玉树地震灾区和甘肃舟曲特大泥石流灾区132.14万元，帮助灾区人民重建家园；举办“热心慈善，共建和谐”为主题的慈善书画笔会，52名来自国内的著名书画艺术家参加，募集到书画作品55幅，扩大了市慈善事业会、市仁济慈善基金会在社会上的影响，促进了我市慈善事业发展。

（四）做好政协联谊工作，拓宽政协对外交往领域

加强与市政协港澳委员、特邀委员的联系，市政协领导带领联谊委员会的负责同志到深圳市、珠海市召开港澳委员座谈会，向他们通报我市经济社会发展情况，听取意见，希望他们带动更多的海外乡亲和朋友到桂林投资发展；组织联谊委员会的委员对我市的港澳台侨资企业情况进行调研，走访他们在我市创办的企业，了解他们的生产经营情况，协助他们解决实际问题，鼓励他们为我市经济发展多做贡献；加强同市委、市政府外事、侨务、对台部门和市人大民侨外事委等涉侨部门的对口联系，承办桂林市“五侨”联席会第三次会议，探讨做好新形势下的侨务工作；加强与市各民主党派、工商联、群众团体的联系，定期听取他们对市政协工作的意见和建议，共同协商做好履行政协职能的工作；与民革桂林市委会、黄埔同学会及黄埔后代联谊会共庆黄埔军校建校86周年。“两航起义”纪念日前夕，慰问在桂林的“两航起义”人员的遗孀，带去党和政府对他们的关怀，鼓励他们为祖国和平统一多做工作。

热情接待全国各级政协来我市视察和考察的客人，配合自治区政协做好自治区政协常委视察团在我市开展的“转变经济发展方式和经济结构调整”专题视察工作；配合自治区党委督查组做好在我市开展的贯彻落实自治区党委《意见》情况的督查工作；协助自治区政协调研组做好在我市开展的自治区“十二五”规划、小城镇发展、西江经济带建设、新的社会阶层发展等专题调研工作；配合自治区政协做好在我市开展的“关于加强桂林会仙湿地保护、维系漓江水生态系统健康”重点提案的督办工作。全年接待全国各地政协来我市考察的客人290批，共2752人次。参加在湖南省长沙市召开的全国历史文化名城政协联系会第二十次会议，会上，我们作了《疏解老城，提升桂林历史文化名城地位》的交流发言，扩大了桂林历史文化的影响。参加在福建省龙岩市召开的红军长征沿线政协联谊会第七次会议，我们作了《弘扬长征精神，开发红色旅游》的交流发言，介绍了我市弘扬长征精神，利用红色旅游资源，发展地方经济的做法，提出把桂北建设成为在全国有重要影响的红色旅游目的地的倡议，宣传了桂林的长征文化。

（五）切实加强自身建设，不断增强政协工作的活力

我们把充分发挥各民主党派和无党派人士的作用，作为加强自身建设的重点，巩固和发展参加市政协的各民主党派、无党派人士的团结合作。召开各民主党派桂林市委会、市工商联驻会负责人、秘书长座谈会，了解他们履行职能的情况，征求他们对政协工作的意见和建议；市政协组织的视察、调研以及开展的重要活动，都邀请各民主党派、工商联负责人和无党派人士参加。加强了专委会的工作，进一步充实了专门委员会的人员，建立健全了各专委会工作制度；创新专委会工作机制，建立各专委会向市政协常委会报告制度，在市政协三届十九次常委会上，安排各专门委员会进行述职，加强了对专委会工作的监督；先后召开了市、县、城区政协经济科技委员会、文史资料委员会工作联席会议，探讨新形势下如何做好专门委员会工作，同时通过“以会代训”方式对各县、城区政协相关专委会干部进行培训；组织委员参加市委、市政府、市中级人民法院、市人民检察院以及市直有关部门开展的调研、检查活动，担任政府部门和司法机关的特约监督员，就专项工作进行督查，通过建议和批评进行民主监督。丰富界别活动形式，发挥委员主体作用，完善了政协委员活动小组工作制度，安排开展形式多样的小组活动，全年开展委员小组活动29次，通过举办界别座谈会、组织委员小组调研、视察、联谊等形式的活动，增强了政协会议、活动的界别特色，使政协会议、调研视察活动充分反映各界别代表的声音，切实发挥了政协委员在履行职能中的主体作用。加强市政协机关的自身建设，在市政协机关中开展“我为临桂新区做什么”大讨论活动，提高了机关干部服务全市经济建设的自学性；加强了市政协

机关党的建设,组织机关党员干部开展形式多样的学习考察活动,增强了机关党组织的凝聚力;加强了市政协机关的组织建设,充实了机关工作人员;组织开展了形式多样的文体、联谊活动。

各位委员!过去一年市政协工作所取得的成绩,是中共桂林市委高度重视,加强领导的结果,是市人大、市政府和各级党政机关大力支持的结果,是政协各参加单位、全市各级政协组织和广大政协委员共同努力的结果。在此,我代表市政协常委会表示衷心的感谢!

在总结过去一年工作的同时,我们也清醒地认识到,与科学发展观的要求相比,与新形势人民政协承担的任务相比,我们的工作还存在一些薄弱环节:履行职能的质量、实效和形式有待进一步提高和完善,界别作用、委员主体作用的发挥需要进一步探索和加强,政协工作各项规章制度需要进一步健全和落实,政协理论研究需要进一步加强。对这些问题,我们要认真研究,并在今后的工作中加以改进。

二、2011年工作部署

2011年,是我市实施"十二五"规划的开局之年。在新的一年里,市政协常委会工作的总体思路是:以邓小平理论和"三个代表"重要思想为指导,深入贯彻落实科学发展观,全面贯彻中共十七届五中全会和自治区党委九届十三次全会精神,贯彻落实市委三届十次全会和全市经济工作会议精神,继续深入贯彻落实市委的《实施意见》,继承和发扬人民政协优良传统和宝贵经验,牢牢把握团结和民主两大主题,紧紧围绕党委和政府的工作大局,继续扎实有效地履行政治协商、民主监督、参政议政职能,为促进我市经济社会又好又快发展作出贡献。

(一)坚持用科学理论指导政协工作,着力增强服务科学发展的能力

开展学习是人民政协的一项重要任务和基础性工作。我们要继续深入学习领会科学发展观的科学内涵、精神实质、根本要求,深入学习贯彻中共十七届五中全会精神,深入学习自治区党委九届十三次全会和市委三届十次全会、全市经济工作会议精神,继续深入学习贯彻中共桂林市委《实施意见》。充分运用主席会议、常委会议、专委会议、委员小组会议等形式开展学习活动,使政协组织成为学习型组织,政协领导班子成为学习型领导班子。通过加强学习,切实把科学发展观理论同推进我市人民政协事业结合起来,以科学理论为指导、以科学制度作保障、以科学方法推进政协工作,不断提高政协履行职能的科学化、制度化、规范化、程序化水平。积极探索运用现代管理科学方法,特别是充分运用信息网络技术,不断增强政协工作的时代性和实效性;切实把参加政协的各党派、各团体、各族各界人士的思想和行动统一到中共桂林市委的决策部署上来,把市政协委员的积极性、主动性、创造性引导到推动桂林科学发展上来,注重研究国内外经济环境变化和市内经济运行的新情况新问题,注意选择具有综合性、全局性、前瞻性的重大课题开展专题调研和协商议政活动,多想科学发展大事,多谋科学发展大计,不断提高谋长远之计、建真知之言、献务实之策的本领。

(二)围绕我市发展中的重大问题建言献策,着力推动经济实现平稳较快发展

在建设富裕文明和谐新桂林的进程中,"十二五"规划时期是承前启后的重要时期,制定好、实施好"十二五"规划意义十分重大。我们要认真贯彻落实市委三届十次全会精神,在本次会议上,认真协商讨论《桂林市国民经济和社会发展第十二个五年规划纲要》(草案),提出有价值、有分量的意见和建议。今年是我市实施"十二五"规划的开局之年,做好今年的工作意义重大。为配合市委、市政府做好今年的工作,实现我市的发展目标,要组织动员参加政协的各党派团体和各界人士,促进和维护好我市经济发展大局,维护好深化改革的大局,把思想认识统一到市委三届十次全会和全市经济工作会议作出的工作部署上来,把各方面的积极性、主动性、创造性引导到推动我市科学发展、促进社会和谐上来。围绕推动我市经济发展方式转变和经济结构调整优化、全面提高经济质量和效益,推动我市工业跨越发展、加快发展现代农业,推进新型城镇化建设、加强基础设施建设、生态文明建设和社会建设,深化改革扩大开放等关系我市全局发展的问题,开展深入调研和视察。精心组织专题常委会议、专题协商会议、委员晨会,力求提出有分析、有见解,有针对性、全局性、前瞻性的对策和建议,为市委、市政府科学民主决策、破解发展难题,建有据之言,献务

实之策，为促进我市经济平稳较快发展作出贡献。

（三）充分发挥人民政协的特点和优势，为促进我市社会和谐稳定作贡献

构建社会主义和谐社会既是《中共中央关于制定国民经济和社会发展第十二个五年规划的建议》的重要内容，也是我市"十二五"规划时期的重要任务。市委三届十次全会对做好我市新形势下的群众工作、民生工作提出了新的要求。因此，我们要把履行政协职能的实践与最广大人民的根本利益紧密联系起来，把关注民生、保障民生、改善民生，做好群众工作作为谋发展、促发展的出发点和落脚点，真诚倾听群众呼声，真实反映群众愿望，真情关心群众疾苦，做到情为民所系，言为民所建，利为民所谋。围绕劳动就业、收入分配、社会保障、扶贫开发、文化教育、医疗卫生、保障性住房建设等人民群众普遍关心的热点问题，组织委员运用提案、视察、专题调研、反映社情民意等多种形式，积极反映经济形势变化对民生工作的影响，协助党委和政府做好问政于民、问需于民、问计于民的工作，做好协调关系、化解矛盾、理顺情绪的工作，促进解决人民群众切身利益的问题，使发展成果更多地体现到改善民生上，全力维护全市改革发展稳定大局，不断促进社会和谐。

进一步做好市慈善事业会和市仁济慈善基金会的工作。要创新工作思路，多渠道、多形式地开展筹募活动；加强与海内外慈善机构的联系，争取更多的善款援助和项目支持；运作好市仁济慈善基金会的资金，确保基金保值增值；做好慈善助学定向捐资项目的实施；做好孤、寡、残、重病等特困人群的救助和突发性灾害的救助工作，为促进社会和谐贡献力量。

（四）加强联谊，促进交往，进一步活跃政协工作

要密切与港澳委员和全会特邀贵宾的联系，支持港澳委员为保持香港、澳门长期繁荣稳定以及促进两岸关系和平发展发挥积极作用；进一步完善发挥港澳委员和全会特邀贵宾作用的工作机制，鼓励他们为桂林发展献计出力；发挥政协联系广泛的优势，积极促进我市与港澳台的经贸合作。加强与归侨侨眷的联系，支持海外留学人员回桂林工作和创业；积极为港澳台侨人士在桂林创办的企业服务；支持我市涉侨、涉台部门做好工作。加强与各县、城区政协的联系，适时召开全市政协工作座谈会和专门委员会工作联席会议，总结经验、研究问题、推动工作；加强与外地政协的联系、交流与合作，承办好在我市召开的红军长征沿线市政协联谊会议、自治区政协提案委员会工作联席会议，做好全国、自治区政协和专门委员会以及外地政协到桂林视察、考察、调研的服务和接待工作。要按照《政协全国委员会关于加强文史资料工作的意见》要求，加大桂林文史资料发掘征集力度，继续做好桂林城市建设和环保工程以及中越友谊等史料的征集工作，编辑出版文史资料《世纪之交的桂林建设》。

（五）全面加强政协的自身建设，努力提高政协工作整体水平

要健全和完善各项工作制度，积极探索和把握新形势下政协工作的特点和规律，努力在以科学理论指导、科学制度保障、科学方法推动工作上下工夫，不断提高政协工作科学化水平。充分发挥各民主党派和无党派人士的作用，加强与各民主党派和无党派人士的合作共事，支持各民主党派和无党派人士通过政协全体会议、常委会会议、专题协商会等形式在政协参与重要问题的讨论协商，有计划地邀请各民主党派和无党派人士参加政协组织的重要会议；坚持市政协领导与各民主党派、无党派人士的联系制度，坚持政协秘书长与各民主党派驻会副主委联席会议制度。注重发挥界别作用，以专门委员会为依托，开展界别对口协商活动，提高组织界别活动的实效；从界别委员中聘请信息特邀委员，通过界别渠道联系群众，了解和反映不同阶层的愿望和要求，切实发挥界别作为扩大社会各界有序政治参与的重要作用。加强委员队伍建设，加强与市政协委员的联系和管理；进一步完善市政协领导联系委员的工作制度，组织好委员小组活动，开展主题鲜明、内容丰富、形式多样的委员活动；在委员中开展"四个一"活动，建立委员履行职责的激励机制，评选和表彰优秀委员；建立和完善委员履职情况统计制度和出席会议、活动的请假制度，年末向有关部门通报；加强市政协委员活动中心的建设和管理，为委员开展活动提供良好的平台。充分发挥专门委员会作用，坚持完善专门委员会例会制度和专门委员会工作报告制度，扎实开展好各项工作；坚持和完善市、县、城区政协专委会主任联席会议制度，召

开专门委员会工作座谈会，总结经验，交流工作。加强市政协机关建设，以建设“学习型、服务型、创新型、和谐型”政协机关为目标，全面推进机关的思想建设、组织建设、作风建设、制度建设；做好干部教育培训、选拔使用、考核评价、管理监督工作；开展“创先争优”活动，提高机关干部队伍特别是领导干部的全局观念、服务意识，增强服务能力；加强机关后勤保障建设，为政协履行职能提供服务保障；加强机关工会建设，发挥机关工会在建设和谐型机关中的作用。

各位委员！

同心同德共谋发展大计，群策群力开创美好未来。让我们紧密团结在以胡锦涛同志为总书记的党中央周围，在中共桂林市委的领导下，高举中国特色社会主义伟大旗帜，深入贯彻落实科学发展观，坚定信心，扎实工作，为促进我市经济平稳较快发展，加快建设现代化国际旅游名城、国家历史文化名城和生态山水名城作出新的贡献！

中共桂林市委员会关于制定国民经济和社会发展第十二个五年规划的建议

（2010年11月15日中国共产党桂林市第三届委员会第十次全体会议通过）

“十二五”时期是我市全面建设小康社会的关键时期，是深化改革、加快转变经济发展方式的攻坚时期。科学制定和实施“十二五”规划，对于继续抓住和用好重大发展机遇期，促进经济社会长期平稳较快发展，夺取全面建设小康社会新胜利，具有十分重要的意义。根据党的十七届五中全会和自治区党委九届十三次全会精神，市委就制定国民经济和社会发展第十二个五年规划提出如下建议。

一、加快推动科学发展、和谐发展、跨越发展

（一）“十一五”规划时期经济社会发展取得显著成绩。“十一五”规划时期是我市发展史上极不平凡的五年。面对复杂多变的国内外发展环境和前所未有的严峻挑战，我们在自治区党委的正确领导下，团结和带领全市各族人民，坚持以邓小平理论和“三个代表”重要思想为指导，深入贯彻落实科学发展观，科学谋划，克难攻坚，开拓进取，大力实施“保护漓江，发展临桂，再造一个新桂林”发展战略，坚持走农业稳市、文化立市、旅游兴市、工业强市之路，积极应对国际金融危机的巨大冲击，努力克服历史罕见的雨雪冰冻等自然灾害的严重影响，保持和扩大了经济社会平稳较快发展的良好势头，科学编制和有效实施了科学发展三年计划，胜利完成“十一五”规划确定的主要目标任务，为科学发展、和谐发展、跨越发展奠定了重要基础。

五年来，全市经济建设、政治建设、文化建设、社会建设、生态文明建设和党的建设成绩显著，经济社会发展实现新跨越。经济总量迈上新台阶，地区生产总值突破千亿元大关，实现全社会固定资产投资翻两番以上，财政收入、工业增加值、规模以上工业总产值、社会消费品零售总额、旅游总收入翻一番以上。城镇居民可支配收入、农民人均纯收入大幅增长，是人民群众得更多实惠、生活水平明显提高的五年。经济结构调整步伐加快，工业经济主导地位凸显，成为推动经济增长的主要力量。农村经济稳步发展，县域经济发展强劲，新农村建设成效明显。旅游业质量效益明显提高，现代服务业健康发展。城市建设、交通基础设施建设、园区建设和城乡风貌建设明显加快，城乡面貌明显改观。生态文明建设成绩显著，科学保护漓江取得实效，节能减排目标如期完成。文化事业和文化产业繁荣发展，自主创新能力增强，城市软实力明显提升。深化改革取得新成就，扩大开放迈出新步伐。社会保障和民生工作明显加强，各项社会事业取得新进步。学习实践科学发展观活动成效明显，精神文明建设、民主法制建设和政治文明建设取得新成绩，社会和谐稳定。获得全国科技进步先进市、国家知识产权示范城市创建市、国家科技兴贸出口创新基地（生物医药）、国家园林城市、全国双拥模范城“六连冠”、

全国人口和计划生育综合改革示范市、全国创建文明城市工作先进城市、全国社会治安综合治理最高奖“长安杯”、全国人民防空先进城市等荣誉称号；被国务院确定为建设国家旅游综合改革试验区，被国家发展和改革委员会确定为国家服务业综合改革试点区域。桂林站在了一个新的发展起点上。

回顾“十一五”规划时期的发展历程，成绩来之不易，积累的经验弥足珍贵：必须始终坚持把加快发展作为最大的政治、最硬的道理和最紧迫的任务，一心一意谋发展，聚精会神搞建设，不断开创科学发展、和谐发展、跨越发展的新局面；必须始终坚持加快转变经济发展方式，坚持把工业化城镇化作为加快发展的主导方向和核心战略，发挥优势，做大总量，做强产业，千方百计提升发展支撑能力；必须坚持把项目建设作为拉动经济增长最直接、最有力、最有效的途径，采取超常举措，为加快发展夯实基础；必须始终坚持改革创新，扩大开放，以大开放促进大合作，以大合作促进大发展；必须正确处理保护与发展的关系，在保护中发展，在发展中保护；必须始终坚持把改善和保障民生作为一切工作的出发点和落脚点，共谋发展，共享成果，共建和谐；必须始终坚持求真务实的工作作风，团结拼搏，只争朝夕，创造发展新优势。

（二）“十二五”时期的发展环境。当前和今后一个时期，是我市加快发展的“黄金期”和重大战略机遇期。从国际上看，和平、发展、合作仍是时代潮流，经济全球化趋势不会改变，区域经济一体化深入发展，国际分工调整蕴藏着新机遇。从国内看，我国正处于工业化、城镇化快速推进的重要阶段和经济结构转型的关键时期，国内需求潜力巨大，社会大局和谐稳定，经济社会仍将保持长期平稳较快发展的良好态势；国家深入实施西部大开发战略，更加注重区域经济协调发展，中西部地区、民族地区等将获得国家更多政策扶持。从全自治区看，中国—东盟自由贸易区建成，国务院《关于进一步促进广西经济社会发展的若干意见》全面实施，广西“两区一带”总体布局更加注重优化生产力布局和发挥地区比较优势，我市作为华南与华中、西部与东部、内陆与沿海连接交往的重要节点，将获得更多的发展机遇。从我市来看，发展呈现新的阶段性特征，经济社会转型加快，工业化城镇化快速发展，中央和自治区对我市发展更加重视和关心，建设桂林国家旅游综合改革试验区和国家服务业综合改革试点区域，为跨越发展提供了千载难逢的重大机遇。当前，全市上下富民强市的愿望极为迫切，谋求发展的干劲更为高昂，集聚了加快发展的巨大动力。

（三）“十二五”时期必须树立机遇意识和忧患意识，增强紧迫感和责任感。在总体有利的发展环境下，要清醒地看到，我们也面临诸多风险挑战。我市仍属后发展欠发达地区，经济总量不大，城市发展空间相对不足，城镇化水平偏低；经济结构不够合理，产业竞争力不强，粗放型经济增长方式没有根本转变；区域发展不平衡，城乡发展差距较大；影响发展的体制性障碍和机制弊端依然存在，土地和环境约束日益突出，处理保护与发展的责任越来越大，要求越来越高；维护社会和谐稳定的压力也仍然较大。同时，面临着国内、自治区内各地市加快发展的巨大挑战。我们必须认清肩负的历史使命，切实增强紧迫感和责任感，科学把握发展规律，主动适应环境变化，有效应对各种挑战，始终坚持把科学发展、和谐发展、跨越发展摆在各项工作的首位，开拓进取，推动经济社会发展再上新台阶，不断满足人民群众过上更好生活的新期待，奋力开创全面建设小康社会、建设现代化国际旅游名城、历史文化名城、生态山水名城的新局面。

（四）制定“十二五”规划的指导思想。制定“十二五”规划，必须高举中国特色社会主义伟大旗帜，以邓小平理论和“三个代表”重要思想为指导，全面贯彻党的十七大、十七届五中全会和自治区党委九届十三次全会精神，深入贯彻落实科学发展观，围绕“富民强桂”新跨越的目标要求，坚持以科学发展为主题，以加快转变经济发展方式为主线，深入实施西部大开发战略，深化改革开放，坚持走农业稳市、文化立市、旅游兴市、工业强市之路，全力实施“保护漓江，发展临桂，再造一个新桂林”发展战略，全面推进桂林国家旅游综合改革试验区和国家服务业综合改革试点区域建设，保持经济长期平稳较快发展和社会和谐稳定，保障和改善民生，不断开创建设现代化国际旅游名城、历史文化名城、生态山水名城新局面，为全面建成小康社会打下具有决定性意义的基础。

以科学发展为主题，是我市发展的必然要求，是解决我市所有问题的关键，事关全面建设小康社会全局。围绕自治区实现“富民强桂”新跨越的目标要求，加快建设现代化国际旅游名城、历史文化名城、生态山水名城,必须坚持把经济平稳较快发展作为中心任务,把经济结构调整优化作为主攻方向,把科技进步和创新作为重要支撑,把保障和改善民生作为根本出发点和落脚点,把生态文明建设作为重要着力点,把改革开放作为强大动力,把继续解放思想作为重要保障。

(五)发展战略定位。综合资源禀赋、产业优势、发展基础和文化积淀,我市发展的战略定位是:建设现代化国际旅游名城、历史文化名城、生态山水名城。

——现代化国际旅游名城。桂林国家旅游综合改革试验区、国家服务业综合改革试点区域建设成效明显,城市旅游、文化、休闲功能逐步完善,国际化服务体系健全,城市品质大幅提升,成为国际一流的旅游目的地和旅游集散地。

——历史文化名城。历史文化遗存保护完整,文化基础设施体系和公共文化服务体系健全完善,科教文卫等各项社会事业全面发展。文化事业和文化产业繁荣发展,历史文化底蕴充分显现,现代文化特色彰显。

——生态山水名城。“保护漓江,发展临桂,再造一个新桂林”发展战略基本实现,城市布局合理,功能完善,山、水、城融为一体,资源节约、环境友好,生态宜居,形成以高新技术产业为龙头的现代工业、以旅游业为龙头的现代服务业、以生态农业为龙头的现代农业产业体系,城市综合实力明显增强。

(六)“十二五”时期经济社会发展主要目标。为确保到2020年与全国同步实现小康社会,综合考虑未来发展趋势、有利条件和制约因素,今后五年经济社会发展的主要目标是:

——经济平稳较快发展。保持较快经济增长速度,经济增长质量和效益明显提高,就业持续增加,价格总水平基本稳定,力争到2015年实现地区生产总值比2010年翻一番,财政收入翻一番以上。

——经济结构调整取得重大进展。保持投资较快增长,基础设施支撑能力有较大提升,科技创新能力凸显,工业化城镇化水平明显提高,以旅游业为龙头的现代服务业实力显著增强,三次产业结构更加合理,城乡区域发展更加协调,居民消费结构不断升级。

——城乡居民收入普遍较快增加。努力实现城乡居民收入增长与经济发展同步,劳动报酬增长和劳动生产率提高同步,城乡居民收入差距扩大的趋势得到扭转,人民生活质量明显改善。

——生态文明建设成效显著。资源利用效率显著提高,单位地区生产总值能耗和二氧化碳排放总量控制在自治区下达任务指标以内,生态市基本建成,生态环境质量保持全国领先水平。

——社会建设明显加强。社会事业全面进步,社会保障体系更加完善,公共服务体系更加健全;各族群众思想道德素质、科学文化素质和健康素质不断提高;民主法制、精神文明建设全面加强,社会更加和谐稳定。

——改革开放不断深化。国有企业、旅游业、现代服务业等重点领域和关键环节改革取得明显进展,政府职能加快转变,开放合作深化拓展,开放型经济水平明显提高。

二、保持经济平稳较快发展

坚持把扩大内需战略作为促进经济增长的主要着力点,着力破解体制机制障碍,转变经济发展方式、调整优化经济结构,加快推进项目建设,努力拉动城乡内需,促进经济增长。

(七)保持投资较快增长。发挥投资对扩大内需的重要作用,调整优化投资结构,完善投资体制机制,提高投资质量和效益。“十二五”前期要确保中央扩大内需项目、自治区及市级统筹推进的在建重大项目竣工投产并发挥效益。发挥产业政策和政府导向作用,引导投资进一步向民生和社会事业、农业农村、科技创新、生态环保、资源节约等领域倾斜。严格执行投资项目用地、节能、环保、安全等准入标准,有效遏制盲目扩张和重复建设。促进投资消费良性互动,把扩大投资增长与增加就业、改善民生有机结合起来。规范政府投融资平台管理,拓宽投融资渠道,引进风险投资和创业投资,防范投资风险,发挥企业投资主体作用。健全项目建设责任制,加强项目前期工作和项目储备,着力在关系发展全局、战略性新兴产业、基础设施、创新创业、改善民生、生态环保等重点领域谋划一批大项目、好项目,争取中央、自治区更多支持。

(八)努力拉动城乡内需。完善收入分配制度和社会保障体系,提高城乡中低收入群体收入和保障水平。加快推进城镇化,发展壮大县域经济,大力发展服务业和中小企业,增加就业创业机会,扩大收入增加渠道。建立扩大消费需求的长效机制,稳定消费预期,增强城乡居民消费能力。

优化消费产品供给结构，积极发展新型消费业态，拓展新兴服务消费，合理引导大宗商品消费，推动消费结构优化升级。搞活城乡商品流通，抓好批发市场和农贸市场升级改造，支持大中型流通企业向城镇延伸经营网络，推动城乡联动消费。

（九）大力支持创业创新。强化全社会创业创新精神，激发全社会创业创新热情。切实放宽市场准入，降低投资进入门槛，支持和鼓励民间资本更多进入资源开发、基础设施、公用事业、公共服务、金融服务等领域，参与国有企业重组兼并、桂林国家旅游综合改革试验区和桂林国家服务业综合改革试点区域建设。坚持政治平等、政策公平、放手发展，优化非公有制经济发展环境，培育创业创新主体，鼓励和支持自主创业，营造全社会创业创新的良好氛围，激发经济增长活力。

三、全力建设桂林国家旅游综合改革试验区

深入实施旅游兴市战略，坚持体制机制创新，全力推进旅游综合配套改革，着力把旅游业培育成为国民经济的战略性支柱产业和人民群众更加满意的现代服务业，推进三次产业全面协调发展，探索旅游综合改革新模式，为全国旅游综合改革推动经济发展提供示范。

（十）推进旅游体制机制创新。解放思想，大胆创新，用活用好国家赋予的旅游综合配套改革先行先试权，最大限度地争取国家、自治区在旅游投融资、财税、土地、对外开放等方面的政策支持。充分发挥市场配置资源的基础性作用，推进旅游资源一体化管理，培育高端特色产品，提升旅游产业核心竞争力。改革旅游行政管理体制，统筹全市旅游规划、产业布局、基础设施建设、部门协调、市场监管等宏观调控职能，构建权责对等、协调统一、高效运转的旅游管理长效机制。坚持统一规划、统一开发、统一管理、统一经营原则，改革漓江管理体制，创新完善漓江经营模式，建立合理分配机制，切实使一流的旅游资源产生一流的经济效益、社会效益和环境效益。积极开展旅行社、景点景区、旅游商品交易、旅游投融资等专项改革，加快推进国有旅游企业改组改制，支持民营和中小旅游企业发展，鼓励各类企业跨行业、跨地区、跨所有制兼并重组，培育一批具有竞争力的旅游企业集团，提高旅游产业集约化经营水平。加强旅游人才培养，推进旅游诚信体系建设，完善旅游市场监管和执法体系建设，推进旅游综合执法体制改革，充分发挥行业协会作用，优化旅游发展环境。

（十一）加快旅游发展方式转型。以市场为导向，优化旅游产品结构，大力推进旅游公共服务体系建设，努力把产品做精、产业做强、品牌做响、服务做优，加快实现旅游产业发展由观光型向多元复合型、粗放型向集约型、规模数量型向规模质量效益并重型、满足游客基本消费需求向提供高质量多层次需求、注重经济功能向积极发挥综合功能转型，走内涵式集约化和外延拓展相结合的发展道路。加大资源整合力度，着力提升一批差异化旅游精品，开发一批综合性旅游新产品，策划一批精品主题旅游线路，积极发展旅游新业态，构建多元化旅游产品体系。加大特色旅游商品开发，引导建设旅游商品制造展示园区，促进游客购物消费。实施旅游产业标准化建设工程，加快“数字桂林旅游”网络建设，全面提升旅游产业信息化和国际化水平。鼓励各县（区）发展特色旅游，引导旅游企业积极探索旅游发展新模式，大力推动旅游与文化、体育、房地产、其他现代服务业、农林业、工业等相关产业融合发展，延长旅游产业链条。实施“引进来、走出去”发展战略，全方位开展旅游区域交流合作，深化拓展发展空间。

（十二）构筑旅游发展新格局。按照以产业布局促进旅游业创新发展的思路，充分发挥旅游资源优势，打造国际旅游胜地。强化规划指导，优化旅游产业空间结构，推进国际一流旅游目的地、旅游集散地和旅游交通枢纽建设。进一步提升中心城区（含桂林临桂新区）旅游、商务会展、文化、休闲、疗养、培训、集散等功能，加快从旅游城市向城市旅游转变。加快构建区域性休闲度假旅游目的地，壮大旅游增长极，重点推进漓江黄金旅游产业带、湘桂走廊旅游带、西南通道旅游带建设。发展一批旅游强县、特色旅游小城镇、主题城镇和旅游特色街区，实施一批旅游富民惠农工程。加快旅游基础设施建设，完善主要景区、景点连接交通干线网络通道建设，打造1小时大桂林旅游圈，实现市县旅游一体化发展。

四、全面开展国家服务业综合改革试点区域建设

坚持把发展现代服务业作为产业结构优化升级的战略重点，以市场化、产业化、社会化和国际化为方向，创新生活服务业发展方式，做大做强以旅游业为龙头的现代服务业，全面提高现代服务

业发展质量和水平。

（十三）调整完善现代服务业发展布局。立足区位、政策、人才和金融等优势，先行先试，大胆创新，建立完善各尽其职、统筹兼顾、相互协调的现代服务业工作机制。强化规划引导作用，加快现代服务业发展规划编制，统筹城乡，合理布局，着力策划一批特色产业项目，引进、培育和壮大一批大型骨干企业，推动现代服务业集团化、规模化、品牌化发展。中心城区和桂林临桂新区重点发展生活性服务业和生产性服务业，培育发展总部经济，加快形成服务业发展集群，打造区域性现代服务业基地，实现与我国中部、西部和珠三角服务业联动发展。加快发展县域服务业，重点提升县城服务业经营水平，培育现代服务业发展增长极。探索设立现代服务业发展引导资金，拓宽投融资渠道，形成多元化投资发展现代服务业格局。

（十四）大力发展服务经济。按照系统发展、优化提升、重点培育、创新引领的要求，充分发挥旅游名城优势，改造提升传统服务业，重点发展旅游、商贸物流、商务会展、交通运输、文化创意、保健养老、金融服务、信息服务、房地产等服务业，构建生活与生产、现代与传统、城市与乡村、产业与生态相协调的服务经济发展体系。启动建设桂林市综合物流园区、现代物流配送中心、航空港保税物流园区等重大项目，加快大市场、大卖场规划、建设和运营，积极发展连锁经营、物流配送、电子商务等现代流通方式和经营业态，加快发展第三方物流业，着力打造区域性商贸中心城市。加大会展业配套设施建设，精心打造“中国桂林国际旅游”会展系列品牌，提高会展经济发展水平，着力打造区域会展中心城市。大力引进康复疗养、保健休闲项目，积极探索社会化养老服务产业发展。加快完善金融服务体系、信息市场体系建设，不断拓展服务新领域和新业态。全面深化服务领域改革，建立统一规范有序的服务市场体系，落实鼓励服务业加快发展的政策，营造服务业发展的良好环境。

五、加快完善现代工业体系

深入实施工业强市战略，坚持把新型工业化作为加快转变经济发展方式的主导方向和核心战略，推进信息化与工业化融合，以信息化带动工业化，加快完善以高新技术产业为龙头的现代工业，提升工业主导地位。

（十五）发展壮大优势产业。以技术改造提升优势产业和传统产业，培优扶强，加快完善技术先进、清洁安全、附加值高、吸纳就业能力强的现代产业体系，促进产业结构优化升级。发展壮大电子信息、医药及生物制品、机械、汽车等支柱产业，改造提升食品、石化橡胶、冶金有色、包装与竹木加工、电力、建材等特色产业，利用好国家给予扶持工业的各项优惠政策，力争把我市建设成为信息化与工业化融合示范区、国家新型工业化产业示范基地、广西高新技术产业基地。实施大企业大集团战略，重点在优势产业领域打造一批拥有自主知识产权、知名品牌、实力雄厚、竞争力强的大企业大集团，提高产业集聚度。建立完善中小企业服务体系，鼓励中小企业与大企业协作发展，提高产业关联度，打造产业集群，从根本上改变工业企业结构“小、弱、散”格局，提升企业整体竞争力。

（十六）培育发展战略性新兴产业。围绕经济社会发展的重大需求，把握科技和产业发展方向，充分发挥资源和科研优势，加强财税金融政策支持和规划引导，强化高新技术和前沿技术研究及产品开发，着力提升自主创新能力，推进高技术产业发展项目建设，培育发展新材料、新能源及新能源汽车、节能与环保等战略性新兴产业，加快形成国民经济的先导性、支柱性产业，抢占新一轮产业竞争制高点。

（十七）大力发展园区经济。以现有工业园区（集中区）为依托，加强园区基础设施建设，引导工业项目向园区集中，加快构建以中心城区为核心的高新技术产业中心、以临苏路为纽带的临苏经济产业带、以各县域工业集中区为节点的“一城一带多点”工业发展新格局。进一步办好桂林国家高新技术产业开发区，拓展发展空间，加快提升创新能力和孵化能力，大力推进“二次创业”，充分发挥桂林国家高新技术产业开发区对区域经济发展的引领、示范、辐射、带动作用。加快重点工业园区建设，理顺园区管理体制，建立健全工业园区发展评价体系和考核管理机制，引导园区产业集聚发展，着力把桂林高新技术产业开发区、苏桥经济开发区、西城经济开发区、临苏经济产业带及县域工业集中区，打造成为全市工业发展的主要集聚地，全力打造千亿元高新技术产业开发区和百亿元工业园区。

六、大力推进社会主义新农村建设

深入实施农业稳市战略，在工业化城镇化深入发展中同步推进农业现代化和城乡一体化建设，加快发展以生态农业为龙头的现代农业，发展壮大县域经济，加快农村经济发展，促进农业增效和农民增收，实现由农业大市向农业强市转变。

（十八）加快发展现代农业。按照“钱粮并举、效益优先”的总体要求，实施粮食新增生产能力建设规划，严格保护耕地，稳定粮食播种面积。在确保粮食安全的前提下，抓好“菜篮子”工程建设，积极推进规模农业、品牌农业、设施农业、生态农业、休闲农业建设，促进农业生产经营专业化、标准化、规模化、集约化。大力拓展农业经济功能、生态功能和服务功能，促进农业产业结构优化升级。加快实施“南提北扩”发展战略和漓江、湘江、桂江、资江流域及山区现代农业示范区建设，完善优势农产品规划布局，着力打造我国南方重要的粮源基地，优质果蔬、优质畜禽、优质特色农林产品生产、加工和出口基地。大力推进全国循环农业示范市创建，建立循环农业经济体系，打造一批生态富民示范县。加快完善农业生产标准体系、动植物疫病防控体系建设，推动和提升品牌农业发展。培育壮大龙头企业，规范发展专业合作社，加快农产品加工物流园区建设，提升农业产业化经营水平。完善农业推广体系建设，加大新品种、新技术研发、引进和推广力度，不断提高科技对农业发展贡献率。

（十九）发展壮大县域经济。围绕“富民、强县、奔小康”的目标，加快县域工业集中区建设，以特色农产品加工、优势资源、劳动密集型产业为重点，推进县域经济向特色型、集约型、外向型、服务型发展，进一步扩大县域经济规模。积极发展农村二、三产业，多渠道增加农民收入。落实农业补贴等支持保护政策，促进农民增产增收。加大农民实用技术和职业技术技能培训力度，提高农民科技文化素质和增收致富能力。培育发展劳务品牌，促进农民转移就业，增加工资性收入。大力推动“一村一品”建设，加快培育一批特色专业村镇。深化农村信用社改革，鼓励发展社区银行、村镇银行、贷款公司、农村资金互助社等新型金融机构，加快农村信用担保体系建设，健全农村保险制度，改善农村金融服务。

（二十）加强农业农村基础建设。加大农田水利基础设施和防灾减灾体系建设，加强中小河流和病险水库除险加固等综合治理，增强农业综合生产能力和抗风险能力。加强基层农机服务体系建设，推进农业机械化装备建设，提高农业机械化水平。加快农村基础设施和公共服务建设，实施农村饮水安全工程、农村公路“通达”和“通畅”工程，改造完善农村电网，发展农村沼气，加快普惠制新农村建设，加大农村、库区、矿区、林区危旧房改造，推进农村环卫设施建设，着力改善农村生产生活条件。加大扶贫开发，继续实施整村推进工程，拓宽行业扶贫和社会扶贫渠道。探索多渠道筹措农村基础设施建设资金机制。

七、加快发展支撑能力建设

坚持交通优先，基础设施建设优先，强力推进基础设施建设，加快构建现代化基础设施体系，着力增强经济社会发展的保障能力。

（二十一）全力推进交通基础设施建设。以建设国际区域性综合交通运输枢纽为目标，着力构建公路、铁路、民航、内河航运综合交通运输体系。完善民航基础设施和航线网络，加快桂林机场改造，建成国际旅游机场。推进湘桂铁路扩能工程、贵广高速铁路工程建设，建设桂林北客运枢纽和桂林西货运枢纽；争取南宁至柳州城际铁路延伸至桂林，争取百色经河池经桂林经郴州至赣州铁路、张家界经桂林至玉林铁路列入国家和自治区铁路网规划，充分发挥高铁对城市经济社会发展的带动作用。加快高速公路网建设，兴安至桂林、阳朔至鹿寨、桂林至三江桂林段、灌阳永安关至全州凤凰、荔浦至玉林桂林段高速公路建成通车；争取将资源至兴安、灌阳经恭城至平乐、桂林至河池、兴安至龙胜高速公路列入自治区“十二五”建设规划，拓展出省、出市通道，力争实现县县通高速公路，打造市县1小时经济圈和区域城市2小时经济圈。启动乡与乡联网公路、乡村道连通工程、农村公路路面硬化建设，加快推进路、站、运一体化发展，全面提升交通运输服务水平，构建布局合理、衔接畅通的城乡交通运输一体化网络。加强漓江至桂江黄金水道建设，规划建设门户港口，加快融入西江经济带。

（二十二）加快能源保障体系建设。统筹推进能源基础设施建设，构建开放、多元、清洁、安全、经济的能源保障体系，提高能源安全和保障能力。充分利用风能、太阳能、生物质能等可再生资源，积极发展风电，大力发展清洁高效能源和可再生能源，推进新能源开发，改善电源结构。加快电网建设与改造，重点规划建设桂林电网，扩大电网规模，优化电网结构。切实抓好太阳能光伏、风电场等项目建设，支持兴安创建太阳能光伏示范县，扶持资源、龙胜等县建设清洁能源生产基地。做好国家“西气东输二线”及“中缅”天然气输线管道工程建设，大力发展以天然气为能源的相关产业及管道天然气供气工程。

（二十三）推进公共服务设施建设。大力推进信息基础设施建设，加快新一代移动网络、广播电视综合网、无线网络、公共信息技术创新和服务平台、电子数据共享与交换平台、地理空间基础信息平台、电子商务平台和现代物流信息平台建设，推进广电网、电信网、互联网“三网融合”，积极发展“物联网”，提高城乡信息化发展水平。加快完善城市功能，重点建设和改造一批市政、环卫、园林、文化、卫生、体育、社区服务、农贸市场等公共服务设施。加强路桥及配套设施建设，打通城市主干道环线和断头路，完善城市路网结构体系。大力发展城市公共交通，布局合理停车系统，缓解交通拥堵问题。

八、加快推进城镇化

坚持科学规划、合理布局、完善功能、以大带小的原则，加快形成以中心城市为核心、县域中心为骨干、重点中心镇为纽带，大小市镇分工明确、功能互补、结构合理、协调发展的总体格局，较大幅度提高城镇化水平。

（二十四）做大做强中心城市。以加快建设特大城市为目标，加快推进行政区划调整，全力推进临桂新区建设，加快老城区疏解提升，全面建设苏桥产业新城，拓展城市发展空间，大幅提升中心城市集聚辐射带动作用。临桂新区重点推进市政和公共设施建设，建成一批具有基础性、带动性、标志性重大项目，基本建成功能配套、产业集聚发展、人口初具规模的新城区，成为新的政治、经济、文化、商务中心。老城区按照完善功能、凸显特色、提升品位、优化环境的要求，加快疏解改造，着力推进秀峰区琴潭文化休闲娱乐园、叠彩区商贸物流园、象山区旅游度假园、高新（七星）区产业园、雁山区科教园建设，建设成为布局合理、环境优美、现代服务业高度发达的都市区。苏桥经济开发区要基本形成设施配套的工业产业新城雏形。

（二十五）加快建设中小城市。以建设中小城市为目标，按照统筹规划、合理布局、适度超前的原则，加快县城建设步伐，构建以中心城市为依托的桂北城镇群。临桂、全州、荔浦、兴安、阳朔、灵川、平乐、永福等县城按照中等城市目标建设，着力提高产业和人口集聚能力，完善城市功能。恭城、龙胜、灌阳、资源等县城按照小城市目标建设，加快新区和市政基础设施建设，提高环境承载力。建设一批旅游型、加工型、种养型、商贸流通型、综合型重点特色乡（镇），推动城镇化建设。

（二十六）加强城镇化管理。按照以人为本，节地节能、生态环保、安全实用、突出特色、保护文化和自然遗产的要求，坚持规划先行，强化规划约束力，提高城乡建设水平。加强和改进人口管理，放宽外来人口落户城镇的条件，优先将失地农民、折迁农民及农民工转化为城镇居民，引导农村居民向城镇有序转移。完善农民工社会保障、子女就学、住房租购等制度，保护农民工合法权益。加大保障性住房安居工程建设力度，加快城镇危旧房、城中村和城乡结合部改造，发展公共租赁住房。加强市场监管，促进房地产平稳健康发展。深入实施城乡清洁工程和风貌改造，改善人居环境，建设宜居城市。创新城市管理手段，推进数字化城管建设，提高城市管理效能。

九、加快构建区域协调发展格局

按照要素集聚、土地集约、区域协调、城乡统筹的原则，优化完善经济发展空间布局，实现空间集聚与协调发展。

（二十七）实施“一轴两带”经济发展空间布局。根据市县（区）区位、交通、资源、经济等优势和发展要求，将全市经济发展空间划分为由中心经济轴、东部资源经济带和西部生态经济带组成的“一轴两带”，推进市域经济协调发展。中心经济轴重点推进一批高新技术产业基地及工业产品生产基地建设，发展壮大优势产业，改造提升传统特色产业，培育发展新兴产业，做大做强现代服务业，着力发展特色效益现代农业。东部资源经济带，因地制宜发展特色产业、农林业及其相关产业。西部生态经济带，突出发展观光休闲度假旅游业，大力发展风电、林产工业、矿产品精深加工和生态农业。各县（区）按照“一轴两带”发展布局，明确发展定位、制定发展规划，突出发展重点，实现集约开发,功能互补,协调发展。

(二十八)实施主体功能区规划。根据区域资源环境承载能力、现有开发密度和发展潜力,统筹谋划未来人口分布、经济布局、国土利用和城镇化格局,逐步形成主体功能清晰、发展导向明确、开发秩序规范、经济与环境协调发展的区域发展格局。核心发展区,是未来产业和城市发展的核心区域,要率先加快转变经济发展方式,着力提升经济增长质量和效益,提高自主创新能力,发挥带动全市经济社会发展的龙头作用。重点发展区,是县域经济发展的主要承载区,要增强产业和要素集聚能力,加快推进城镇化和新型工业化进程,逐步建成区域协调发展的重要支撑点。农业发展区,是农林生产区域,要因地制宜发展特色产业。保护发展区,要实行优先保护、合理开发、综合利用、循环发展,加强生态环境整治。建立健全与实施主体功能区相配套的政策体系,引导各县(区)严格按照主体功能定位推进发展。

十、加快创新型城市建设

全面实施科教兴市和人才强市战略,完善科技创新体系,增强自主创新能力,提升科技进步水平,为加快转变经济发展方式提供支撑。

(二十九)完善科技创新体系。以企业创新能力建设为主体,加强科技创新平台建设,着力在重点优势特色产业领域,新建一批国家级、自治区级工程技术研究中心和企业技术中心,推动各类科技资源向企业集中,推进创新要素向企业集聚,提高产业集成创新水平。完善产学研相结合机制,充分发挥高校和科研院所的骨干作用,大力推进产业技术创新战略联盟和知识产权交易平台建设,提高科技成果转化率。进一步提升大学科技园建设水平,加快服务外包基地建设,推进科技服务体系建设,大力培育创新型科技企业,发展中小科技企业和民营科技企业。实施知识产权战略和标准化战略,培育发展一批拥有自主知识产权的国际国内知名(著名)品牌。积极推进区域科技交流合作,拓宽企业创新投融资渠道。深入实施全民科学素质行动计划,提高全民科学文化素质,营造有利于科技创新的社会环境。争创全国科技进步示范市、国家知识产权示范城市,全面推进创新型城市建设。

(三十)加快教育改革发展。坚持教育优先发展战略,全面贯彻落实《国家中长期教育改革和发展规划纲要(2010~2020)》和教育服务广西新发展行动计划,全面推进素质教育,大力促进教育公平,不断提高教育质量。加快城乡中小学布局调整,整合教育资源,重视发展学前教育,加快义务教育学校标准化建设,推进城乡义务教育均衡发展。加强普通高中学校建设和教育质量提升,继续大力发展职业教育。积极支持驻桂林高校建设和发展,不断增强高等教育为我市人才培养、科技创新和社会服务的能力。加快发展继续教育,重视和支持民族教育,关心和支持特殊教育事业。

(三十一)加强人才队伍建设。坚持党管人才,牢固树立人才资源是第一资源的观念,大力实施人才强市战略,加快人才发展体制机制创新,造就一支门类较全、结构合理、素质优良,适应经济社会发展需要的高素质人才队伍。坚持服务发展、人才优先、以用为本、创新机制、高端引领、整体开发的指导方针,统筹推进城乡、区域、产业、行业和不同所有制人才资源开发。加强人才小高地建设,以高层次创新创业人才、工业产业人才开发为重点,加快引进和培养高层次专业技术人才、学术技术带头人、自主创业人才、高层次管理人才及团队,推进高素质党政人才、企业经营管理人才、专业技术人才、高技能人才、农村实用人才、社会工作人才等人才队伍建设。创新人才工作机制,完善人才引进政策,鼓励海外留学人员来桂创业,建立健全人才评价、发现、选拔、任用和激励保障机制,提高人才服务质量,优化人才发展环境,千方百计留住人才,激发人才创造活力。完善人才资源市场化配置机制,建立开放统一的人才市场服务体系,营造人才辈出、人尽其才的社会氛围,建设成为自治区重要的人才高地和人才集聚中心。

十一、大力加强文化建设

深入实施"文化立市"战略,发展文化生产力,培育城市人文精神,提高文化创新活力,塑造历史文化名城新形象,提升城市竞争软实力。

(三十二)加强社会主义精神文明建设。加强社会主义核心价值体系建设,大力弘扬民族精神和时代精神。加强思想道德建设,开展公民道德实践活动,深入推进社会公德、职业道德、家庭美德和个人品德教育,提高城乡人民文明素质。净化社会文化环境,进一步加强和改进未成年人思想道德建设。以创建全国文明城市为载体，积极开展文明城市、文明行业、文明村镇、文明学校等群众性精神文明创建活动，全面推进“和谐建设在基层”活动，培养塑造城市人文精神，构建和谐、健康、文明、进取的社会文化环境。

（三十三）繁荣发展文化事业。实施文化精神工程、文化景观工程、文化精品工程、文化惠民工程、文化管理工程，推动文化大发展大繁荣。加强优秀传统文化保护和传承，加快明代王城、靖江王陵等重大历史文化项目建设，建成桂林大剧院、桂林图书馆、桂林博物馆等标志性文化项目，保护、开发和建设一批历史文化名镇、名街、名村。推进文化艺术精品创作，繁荣发展哲学社会科学。坚持“贴近实际、贴近生活、贴近群众”原则，精心打造群众文化活动品牌，丰富群众文化生活。完善公共文化服务体系，加强城镇数字影院建设，推进文化设施建设和文化资源配置向基层、农村、社区转移，不断满足人民群众日益增长的精神文化需求。实施全民健身工程，完善各类体育设施，实现群众体育与竞技体育共同提高。完善文化市场监管体系，加强新闻出版和广播影视工作。深化文化体制改革，加快经营性文化事业单位转企改制步伐，激发文化创造活力。

（三十四）加快发展文化创意产业。坚持“企业主导、市场运作、政府扶持、协调发展”原则，培育发展文化休闲旅游业、艺术品业、文艺演出业、软件开发业、文化会展业、传媒和影视生产等产业集群，加快构建特色文化创意产业体系。优化文化创意产业空间布局，完善文化产业政策，加快推进桂林高新技术产业开发区创意产业园、雁山动漫文化产业园区、叠彩滨江沿岸文化休闲观光带、秀峰区文化休闲广场建设，提升壮大《印象·刘三姐》、愚自乐园等特色文化产业项目，培育发展一批文化创意企业和企业集团，着力将桂林建设成为国际旅游演艺之都、区域性动漫产业基地和书画影视基地。

十二、加强生态文明建设

树立“生态优先、持续发展”的理念，加强环境保护，构建生态文明，加快推进资源节约型、环境友好型社会建设，实现经济社会全面协调可持续发展。

（三十五）科学保护漓江。按照在发展中保护，在保护中发展的要求，全面实施百里漓江绿化美化果化花化工程、百里漓江环保设施建设工程、百里漓江富民工程、百里漓江产业结构优化升级工程、百里漓江城市化工程等五大工程，构建科学保护漓江长效机制。制定保护漓江综合性规划，力争《广西壮族自治区漓江生态保护条例》早日出台。全面建成桂林市防洪及漓江补水枢纽工程，建立完善漓江生态补偿机制，加强上游水源林区建设保护和漓江水生物种修复保护，有效推进漓江综合监管体系、漓江旅游经营体系、漓江保护补偿体系建设。加强集中式饮用水源地保护，加大漓江及其支流水环境综合整治力度，加快漓江流域县城、小城镇及农村污水处理系统建设。大力实施“绿满八桂”造林绿化工程，继续开展封山育林，植树造林，保护森林植被。加强城市园林绿地系统建设，加大自然保护区、风景名胜区、森林公园、生物多样性保护区和湿地保护区保护力度，推进临桂会仙湿地规划建设。完成两江四湖二期工程建设。推进生态市创建，积极创建国家生态园林城市，建设一批生态县、生态乡镇和生态村。

（三十六）大力发展低碳经济。围绕打造低碳经济产业的要求，加快调整产业结构，积极发展低碳产业和循环经济，着力构建生态产业体系，推动经济绿色增长。加快发展新型工业，推进工业企业清洁生产，促进资源循环利用和综合利用。积极推广循环农业发展模式，建设生态农业。大力发展生态旅游、绿色旅游。完善废物回收利用机制，加大新能源新材料应用，探索绿色低碳城市建设新模式。加强土地、水、矿产等资源保护与合理开发，强化资源节约集约和综合利用。

（三十七）强力推进节能减排。健全完善节能减排工作责任制和问责机制，扎实推进节能减排和科技创新。严格执行工程项目能源消耗评价和环境影响评价制度，提高高耗能高污染行业市场准入条件，禁止引进和建设不符合国家产业政策和落后生产能力以及严重污染环境和破坏生态的建设项目。深入开展节能减排全民行动，大力推广应用节能节水技术和产品，推行使用清洁能源，强化新建建筑、大型公共建筑节能。加快完善城镇污水、垃圾处理及工业集中区污水处理设施建设，开展生态乡镇污水处理设施建设，提高污水和垃圾处理能力。加大大气污染、工业废水污染治理、城市内湖及支流整治力度，加强机动车污染排放管理，抓好中水利用。加强环境监管能力建设，构建完善环境监测预警体系和执法监管体系。

十三、建立健全基本公共服务体系

坚持以促进公平为原则，建立健全基本公共服务体系，提高政府保障能力，推进城乡基本公共服务均等化，着力保障和改善民生。

（三十八）促进充分就业。实施更加积极的就业政策，大力发展劳动密集型产业、服务业和小型微型企业，多渠道开发就业岗位。加强人力资源市场建设，完善公共就业服务体系。健全完善职业技能培训机制，不断提高劳动者就业技能。加强择业观念教育，重点解决高校毕业生、农村转移劳动力、城镇就业困难人员和零就业家庭人员的就业问题，积极做好军队转业人员和退役军人就业工作。加强劳动执法，完善劳动争议机制，改善劳动条件，保障劳动者权益。发挥政府、工会和企业作用，建立和谐劳动关系。

（三十九）合理调整收入分配。坚持和完善按劳分配为主体、多种分配方式并存的分配制度。注重公平，逐步提高最低工资标准，建立健全企业职工工资正常增长机制和支付保障机制。拓宽居民收入来源渠道，创造条件增加居民财产性收入。规范分配秩序，加强税收对收入分配的调节作用，保护合法收入，有效调节过高收入，缓解收入差距扩大趋势。完善公务员工资，深化事业单位收入分配制度改革。

（四十）健全覆盖城乡的社会保障体系。坚持广覆盖、保基本、多层次、可持续的方针，加快推进覆盖城乡居民的社会保障体系建设。实现新型农村社会养老保险制度全覆盖，完善城镇职工和居民养老保险制度，推动机关事业单位养老保险制度改革。提高社会保险统筹层次。制定实施社会保险关系转移接续办法。扩大社会保障覆盖范围，重点解决非公有制经济从业人员、农民工、被征地农民、灵活就业人员和自由职业者参加社会保险问题。健全城乡最低生活保障制度，对符合条件的困难群体实行应保尽保。完善社会救助体系，健全自然灾害应急救援机制，切实提高灾害救助水平。积极发展社会福利事业，加强社会帮扶、社会优抚、临时救助、慈善互助工作。

（四十一）加快基本医疗卫生服务能力建设。按照保基本、强基层、建机制的要求，增加财政投入，深化医药卫生体制改革，调动医务人员积极性，把基本医疗卫生制度作为公共产品向全民提供，优先满足群众基本医疗卫生需求。加强公共卫生服务体系建设，大力推进防艾攻坚工程、地中海贫血防治工程，扩大基本公共卫生服务项目。做好城镇职工和居民基本医疗保险、新型农村合作医疗、城乡医疗救助制度的政策衔接，健全覆盖城乡居民的基本医疗保障体系，逐步提高保障标准。建立完善以国家基本药物制度为基础的药品供应保障体系，确保药品质量和安全。加快城乡医疗卫生服务体系建设，加强医学人才培养，完善鼓励全科医生长期在基层服务政策。稳妥推进公立医院改革，加强综合性医院和专科医院建设。坚持中西医并重，支持中医药事业发展。积极预防重大传染病、慢性病、职业病、地方病和精神病。鼓励社会资本以多种形式举办医疗机构，加强监管，满足群众多样化医疗卫生需求。

（四十二）提高人口服务水平。坚持计划生育基本国策，全面做好人口和计划生育工作。健全完善计生家庭奖励帮扶政策，继续实施“诚信计生”工程，稳定低生育水平。坚持男女平等，切实保障妇女合法权益，加强未成年人保护，促进妇女儿童事业全面发展。积极应对人口老龄化，加快以家庭为基础、社区为依托、机构为支撑的社会养老服务体系建设。支持残疾人事业发展，健全残疾人社会保障和服务体系，切实保障残疾人合法权益。

（四十三）推进社会管理创新。按照健全党委管理、政府负责、社会协调、公众参与的要求，完善社会管理体制机制，深入推进平安桂林建设，确保社会和谐稳定。健全基层管理和服务体系，加强和改进基层党组织工作，发挥群众组织和社会组织作用，提高城乡社区、街道自治和服务功能，形成社会管理和服务合力。健全维护群众权益机制，坚持领导干部接待群众制度，强化信访工作责任制，深入开展社会矛盾“大排查、大接访、大调解、大防控”，完善人民调解、行政调解、司法调解联动的工作体制，建立调处化解矛盾纠纷综合平台。畅通和规范群众诉求表达、利益协调、权益保障渠道，建立重大工程项目建设和重大政策制度的社会稳定风险评估机制，正确处理人民内部矛盾，有效解决群众反映强烈的突出问题，把各种不稳定因素化解在基层和萌芽状态。加强安全生产，健全对事故灾难、公共卫生事件、食品安全事件、社会安全事件的预防预警和应急处置体系建设。推进食品药品监管能力建设，保障食品药品安全。做好流动人口服务管理，加强特殊人群帮教管理和服务工作，加大社会管理薄弱环节整治力度。完善社会治安防控体系，推进社会管理信息化，加强城乡社区警务、群防群治等基础设施建设，加强政法队伍建设，严格公正廉洁执法，提高公共安全和社会治安保障能力。严密防范、依法打击各种违法犯罪活动，切实保障人民生命财产安全。

十四、全面深化改革开放

坚定不移深化改革，勇于创新，扩大开放，最大限度地解放和发展生产力，努力为推动科学发展、和谐发展、跨越发展提供制度保障和动力源泉。

（四十四）推进行政体制改革。加快转变政府职能，提高社会管理和公共服务水平，着力建设法治政府和服务型政府。完善科学民主决策机制，增强公共政策制定的透明度和公众参与度，健全决策失误责任追究制度和纠错改正机制。进一步理顺完善桂林临桂新区、苏桥经济开发区的体制机制，完善城区政府职能，配合做好扩权强县改革工作。深化投资体制改革和行政审批制度改革，规范审批手续，精减办事程序，提高行政效能。

（四十五）深化经济体制改革。坚持公有制为主体、多种所有制经济共同发展的基本经济制度。深化国有企业改革，优化国有经济布局和结构，健全国有资产监管体系，确立国有资本有进有退、合理流动机制，国有资本原则上从一般竞争性领域退出，国有独资和国有控股资本原则上向参股转变，国有经营性资产原则上向社会资本拍卖，推进企业国有资产通过资本市场证券化工作，建立完善国有资本经营预算和收益分配制度。深化财税体制改革，完善公共财税体系，推进公共财政均等化。推进金融管理体制改革，健全金融组织体系，创新金融产品，激活金融市场，加强金融监督协调，改善金融服务。规范发展土地市场，完善国有土地使用权出让制度，建立经营性用地集约利用机制。深化农村综合改革，坚持和完善农村基本经营制度，建立健全土地承包经营权流转市场，完成集体林权制度改革。

（四十六）推进社会事业领域改革。按照政事分开、事企分开、管办分离的原则，推进科技、教育、文化、卫生、体育等事业单位分类改革。推进非基本公共服务市场化改革，利用社会资本加快社会事业发展。实施城乡一体化改革试点，在有条件的区域，探索城乡基本公共服务和基础设施一体化建设新模式，建立健全以工促农、以城带乡长效机制，有效缓解城乡二元结构矛盾。

（四十七）全面提高开放水平。充分利用“中国桂林国际旅游”品牌优势，加强国际交流合作，精心办好联合国世界旅游组织/亚太旅游协会旅游趋势与展望国际论坛、中国桂林国际山水旅游文化节、中国桂林国际旅游博览会、桂林创新创意文化节和桂林国际动漫节，推进旅游与文化、科技融合发展，提升城市国际化水平。充分利用中国—东盟博览会、泛珠论坛、桂台经贸论坛等平台，主动融入泛北部湾、珠三角、长三角、广西“两区一带”等多区域合作，拓展与欧美、东盟等国家和中国港澳台地区的交流合作，力求在高新技术产业、旅游、物流、农产品加工销售等领域取得突出成效。改善投资环境，加强市县（区）联动，搞好协调服务，加大招商引资力度，实施“招大引强”战略，抓好央企入桂、民企入桂、引金入桂工作。加快建设国家科技兴贸创新基地（生物医药）、广西科技兴贸（橡胶工业）出口创新基地，培育壮大一批对外投资企业集团和海外发展基地，积极拓展国际市场，扩大对外贸易规模，优化出口结构，提高出口产品档次、附加值和竞争力。创新利用外资方式，提高利用外资规模和质量。

十五、为实现“十二五”规划发展宏伟目标而努力奋斗

（四十八）加强和改善党的领导。实施“十二五”规划，胜利完成各项发展任务，必须切实加强和改善党的领导，全面提高各级党组织统揽全局、协调各方、领导经济社会发展的能力和水平。坚持党要管党、从严治党，以改革创新精神全面推进党的思想建设、组织建设、作风建设、制度建设和反腐倡廉建设。各级党委要准确把握发展趋势，科学谋划发展蓝图，努力创新发展模式，加强对发展的统筹协调，为经济社会发展提供强有力的政治保证。加强党的基层组织建设，深入开展“创先争优”活动，充分发挥基层党组织在推进科学发展、和谐发展、跨越发展中的战斗堡垒作用和广大党员的先锋模范作用。加强党的作风建设，密切联系群众、求真务实、艰苦奋斗，做到权为民所用、情为民所系、利为民所谋。严格遵守党的政治纪律，确保政令畅通。坚持反腐倡廉方针，全面推进以完善惩治和预防腐败体系为重点的反腐倡廉建设。坚持和健全民主集中制，努力实现党委（党组）决策的科学化、民主化和制度化。统筹经

济建设和国防建设，坚持拥军优属、拥政爱民，积极开展军民共建，巩固军政军民团结。

（四十九）加强社会主义政治文明建设。坚持党的领导、人民当家做主、依法治国有机统一，发展社会主义民主政治，保障人民知情权、参与权、表达权、监督权。坚持和完善人民代表大会制度、中国共产党领导的多党合作和政治协商制度、民族区域自治制度以及基层群众自治制度。巩固和壮大最广泛的爱国统一战线。发挥工会、共青团、妇联等人民团体作用。切实做好民族、宗教和侨务工作。坚持依法治市，推进依法行政，维护法制权威。强化司法监督，维护司法公正。加强普法教育，形成人人学法守法的良好社会氛围。

（五十）营造良好发展环境。适应形势新变化、按照发展新要求、顺应人民新期待，继续解放思想，坚决破除故步自封、因循守旧、狭隘封闭的思想观念，营造敢于创新、勇于开拓，干事创业的良好氛围，尊重人才、鼓励创新、公平公正、诚实守信的社会环境，严格执法、行为规范、运行高效的政务环境，把全社会的创造活力凝聚到经济社会发展的各项事业中来。

未来五年的任务光荣而艰巨。全市各级党组织、共产党员和各族人民要紧密地团结在以胡锦涛同志为总书记的党中央周围，高举邓小平理论和“三个代表”重要思想伟大旗帜，全面贯彻落实科学发展观，振奋精神，锐意进取，开拓创新，为实现“十二五”规划目标和加快建设现代化国际旅游名城、历史文化名城、生态山水名城而努力奋斗！

关于桂林市全市与市本级2010年预算执行情况和2011年预算草案的报告

——2011年2月11日在桂林市第三届人民代表大会第七次会议上

市财政局

各位代表：

受市人民政府委托，现将全市与市本级2010年预算执行情况和2011年预算草案提请桂林市第三届人民代表大会第七次会议审议，并请政协各位委员和其他列席会议的同志提出意见。

一、关于2010年全市和市本级预算执行情况

2010年，全市各级财政部门在市委的正确领导下，在市人大及常委会、政协的监督支持下，坚持以邓小平理论和“三个代表”重要思想为指导，深入贯彻落实科学发展观，以促进经济发展为主线，统筹财政与经济协调发展，全面推进依法理财、民主理财、科学理财，各项财政工作均取得较好的成绩，圆满地完成了市三届人大六次会议确定的各项财政收支计划，全市预算执行情况良好。

（一）2010年全市预算执行情况

2010年全市组织财政收入121.08亿元，完成年初预算的109.73%，比上年增长24%。预计全市财政总收入225.34亿元，财政总支出187.19亿元，收支相抵，扣除结转下年继续使用的专款等28.25亿元，全市当年财政收大于支9.90亿元。

全市财政总收入的构成是：(1)一般预算收入67.08亿元，完成年初预算的108.36%，增长21.63%。(2)上级补助收入116.30亿元，其中：增值税和消费税税收返还收入7.04亿元，所得税基数返还收入2.91亿元，与自治区分享四税返还收入5.01亿元，成品油价格和税费改革税收返还收入0.97亿元，自治区一般性转移支付收入42.90亿元，自治区专项转移支付收入57.47亿元。(3)上年结余收入38.36亿元。(4)债券转贷收入3.60亿元。

全市财政总支出的构成是：(1)一般预算支出183.59亿元，完成调整预算的148.87%，增长30.21%。(2)上解上级支出3.33亿元，其中：体制上解支出1.74亿元，专项上解支出1.59亿元。(3)调出资金0.27亿元。

由于决算尚未完成，现向各位代表报告的2010年全市预算执行情况与实际执行情况相比会有一些出入。待全市决算编成后再按《中华人民共和国预算法》《广西壮族自治区预算监督条例》的有关规定，报市人大常委会备案。

(二)2010年市本级预算执行情况

2010年市本级组织财政收入41.17亿元,完成年初预算的102.62%,比上年增长15.96%。预计市本级财政总收入65.32亿元,财政总支出51.24亿元,收支相抵,扣除结转下年继续使用的专款等12.93亿元,当年财政收大于支1.15亿元。这个预计数与年度决算数相比会有一些出入,待2010年市本级决算正式编成后,再按照有关法规规定报请市人大常委会批准。

市本级财政总收入的构成是:(1)一般预算收入21.40亿元,完成年初预算的98.46%,增长10.95%。(2)上级补助收入23.02亿元,其中:增值税和消费税税收返还收入2.61亿元,所得税基数返还收入1.18亿元,与自治区分享四税返还收入1.71亿元,成品油价格和税费改革税收返还收入0.38亿元,一般性转移支付补助收入3.08亿元,专项转移支付收入14.06亿元。(3)下级上解收入5.63亿元,其中:城区体制上解和税收增量分成收入4.56亿元,专项上解收入1.07亿元。(4)上年结余收入11.67亿元。(5)债券转贷收入3.60亿元。

在市本级一般预算收入中,税收收入完成13.31亿元,增长11.71%。其中:增值税1.49亿元,增长7.38%;营业税3.13亿元,增长17.34%;企业所得税1.92亿元,增长40.98%;个人所得税0.79亿元,增长29.49%;城市维护建设税1.11亿元,增长12.99%;房产税0.70亿元,降低10.44%(主要是受2009年清理欠税增加一次性收入的因素影响);印花税0.05亿元,增长29.69%;城镇土地使用税0.24亿元,降低27.17%(主要是纳税期限可选择的征收政策影响使该税种收入不稳定以及2009年清理欠税增加一次性收入的因素影响);土地增值税1亿元,增长12.95%;车船使用和牌照税0.01亿元,降低49.68%(主要是2010年保险业代征税收按财政体制规定从市本级向城区调库所致);耕地占用税0.38亿元,降低63.64%(主要是2009年清理欠税增加一次性收入的因素影响);契税2.49亿元,增长38.13%。非税收入完成8.10亿元,增长9.72%。其中:专项收入0.82亿元,增长14.04%;行政性收费收入1.14亿元,降低57.22%(主要是教育收费转为预算外收入所致);罚没收入0.24亿元,降低69.34%(主要是自治区上收交警罚没收入所致);国有资本经营收入4.71亿元,增长300.47%(主要是2010年两江四湖国有资产转让收入一次性增加较多所致);国有资源(资产)有偿使用收入1.08亿元,降低43%(主要是漓江门票收入下降较大所致);其他收入0.11亿元,降低26.99%。

市本级财政总支出的构成是:(1)一般预算支出44.19亿元,完成调整预算的127.89%,增长18.18%,剔除自治区追加各类专项补助14.05亿元,完成调整预算的87.24%(主要是部分项目实施进度慢所致)。(2)上解上级支出2.46亿元,其中:体制上解1.69亿元,专项上解支出0.77亿元。(3)补助下级支出2.61亿元。(4)调出资金0.27亿元。(5)债券转贷支出1.71亿元。

在市本级一般预算支出中,一般公共服务5.53亿元,增长7.03%;国防0.15亿元,增长22.88%;公共安全4.94亿元,增长26.82%;教育6.18亿元,增长11.39%;科学技术0.89亿元,增长11.92%;文化体育与传媒1.27亿元,增长17.01%;社会保障和就业3.56亿元,下降15.64%(主要是2009年自治区拨付齿轮厂1亿元企业改制资金一次性收入影响,剔除此因素,实际增长10.56%);医疗卫生3.80亿元,增长22.44%;节能环保1.42亿元,增长24.22%;城乡社区事务2.72亿元,降低29.41%(主要是部分工程尚未完工结算所致);农林水事务5.61亿元,增长90.37%;交通运输0.91亿元,降低32.77%(主要是成品油价格和税费改革税收返还收入结算方式改变所致);资源勘探电力信息等事务1.18亿元,降低42.39%(主要是2010年科目调剂所致);商业服务业等事务0.40亿元,降低25.26%(主要是2010年航线培育资金支出减少所致);金融监管等事务支出0.05亿元,增长320.51%(主要是2010年上级追加资金较多所致);国土资源气象等事务0.28亿元,增长0.51%;住房保障支出1.27亿元,增长107.51%;粮油物资储备管理事务0.07亿元,增长10.44%;国债还本付息支出1.32亿元,增长146.63%(主要是2010年到期国债较多所致);其他支出2.64亿元,增长3347.06%(主要是2010年增加两江四湖工程还款支出2亿元所致)。

(三)2010年市本级政府性基金预算执行情况

2010年,市本级政府性基金预算总收入31.88亿元,其中,当年基金收入27.77亿元,上年结余2.87亿元,上级补助收入1.24亿元。当年政府性基金预算支出29.25亿元，收支相抵，年终结余2.63亿元。

二、2010年为完成全年预算所做的主要工作

为确保财政预算的顺利完成，我们重点做了如下工作：

（一）狠抓组织收入工作，确保全年收入目标任务完成

2010年，国际金融危机影响持续，国内经济大环境仍在企稳回升阶段，国家继续实施结构性减税政策，清理规范融资平台政策出台，重点建设项目的推进融资困难，我市组织财政收入工作受到了来自国内外经济环境、政策环境的重大考验。面对困难和压力，全市各级财税部门在市委、市政府的坚强领导下，以高度的责任感和使命感，沉着应战，迎难而上，采取有效措施，确保了我市全年财政收入目标任务的完成。

一是加强领导，落实责任，深入分析研究全市税源状况，及时将年初目标任务和调整目标任务分解下达到县（区）和征管部门，明确时间进度要求，强化收入目标责任制，做到组织收入工作早计划、早安排。二是齐抓共管，加强协作，发挥财政部门的牵头作用，强化与税务等部门配合，定期召开全市财税工作会议，及时通报情况，查找差距，共同研究解决税收收入征管过程中出现的新情况、新问题；同时，推进社会综合治税工作，完善委托代征机制，营造良好的社会综合治税环境。三是强化征管，深挖潜力，狠抓税收征管基础工作，加强重点行业、重点企业、重大项目税源监控管理；加强纳税评估，大力整顿税收秩序，加大税务稽查和清理欠税的工作力度；想方设法挖掘非税收入收缴潜力，进一步规范单位收缴行为，重点抓好了两江四湖等非税收入入库工作。四是继续做好企业纳税排名公示，并及时兑现企业各种奖励，鼓励依法纳税、诚信纳税和纳税光荣的社会舆论氛围，创造良好的税收征管环境。

（二）积极争取上级财政资金，增强财政服务保障能力

各级财政部门及时向上级部门反映地方财政收支矛盾情况，并根据中央和自治区扩大内需各类财政资金的投资政策和重点支持领域，准确把握财政投入重点和方向，积极争取上级财政支持，增加地方可用财力，努力提高财政平衡能力。全年通过各种渠道争取上级财力性补助42.90亿元，增长8%，其中市本级1.78亿元，增长37.98%；争取重点基础设施建设、社会保障、医疗卫生、教育科技、农业发展、企业扶持、住房保障、环境保护等各类专项资金64.90亿元，增长53.17%，其中市本级15.23亿元，增长32.15%；争取自治区超调市本级1亿元资金用于城市开发建设，争取自治区超调县级0.50亿元资金用于县域经济发展，有力地支持了我市各项改革和经济社会发展。

（三）调整优化财政支出结构，合理安排地方财力

2010年，我市财政收支矛盾异常突出。一方面，国家医药卫生体制改革深入推进，义务教育教师工资改革全面实行，各项社会保障制度不断扩面，保增长、保民生、保稳定的刚性支出增长较快；另一方面，转变经济发展方式任务艰巨刻不容缓，扩大内需项目建设大量启动，临桂新区建设力度加大，发展建设事业亟待财政哺给。近年来，我市财政收入虽然实现了较快增长，但地方可用财力增长有限，财政收支矛盾依然突出。对此，财政部门认真履行职责，当好政府理财助手。

一是突出重点，统筹经济社会发展，按照公共财政要求和经济社会发展需要，区别轻重缓急，按照有保有压、有进有退的原则，优先确保工资、政权机关运转以及农业、教育、科技按法定比例增长的资金需要，重点保证改善民生资金需要，加大对社会保障事业、医药卫生体制改革、保障性住房建设等民生工作的支持；认真贯彻落实中央、自治区和市委、市政府重大决策部署要求，积极落实中央、自治区确定的经济和社会发展项目配套资金，全力保障市委、市政府确定的2010年政府为民办实事等重点支出需要；落实好偿债资金，确保政府债务的按时归还，维护我市的良好信誉。二是牢固树立全员理财和勤俭办一切事业的思想，大力压缩一般性支出，正视我市的财政状况，及时通报财政面临的困难和问题，从严控制追加支出，硬化预算约束，减轻财政支出压力；同时，认真贯彻落实中办、国办关于厉行节约，严格控制一般性支出的要求，2010年全市购车、出国经费、会议费、接待费、用水用油用电费等一般性财政支出压缩5885万元。

（四）积极筹措资金，全面支持扩大内需

2010年，财政部门抓住国家实施“积极财政政策和适度宽松的货币政策”的有利时机，充分发挥财政职能作用，积极筹措资金，强力支持我市

"扩内需,保增长"重大战略。

一是围绕"四大建设"为重点的项目大会战,积极筹措资金加大固定资产投入,全力服务"项目建设年",以开展"我为临桂新区做什么"大讨论活动为切入点,积极筹资支持临桂新区建设,加快了市政基础设施和创业大厦、"一院两馆"等一批标致性建设项目的进度;积极筹措项目资本金,并拨付自治区资金管理局资本金贷款4亿元,有效发挥了财政资金的引导作用;及时下达中央扩大内需项目资金26.24亿元、中央代地方发行债券资金3.60亿元,保证了中央扩大内需项目的顺利实施。二是发挥财政政策的消费导向作用,启动市场消费热点,全年拨付家电、汽车、摩托车下乡补贴资金1.57亿元,家电下乡补贴量达到508647台(件),财政资金补贴兑付率为98.11%,汽车摩托车下乡补贴数量达到27539辆、财政资金申报补贴率为99.28%,两项补贴率在自治区14个地级市中居于前列。

(五)支持经济发展方式转变,推动工业化建设

一是支持重点企业技术改造。对全市百强工业企业实施重点跟踪,安排市本级技改贴息补助资金5000万元支持重点工业企业技术改造,并争取了桂林福达等66家企业列入自治区千亿元产业和重点产业发展计划,拨付上级财政技改贴息补助资金1.07亿元,大力培育我市新的经济和财源增长点。二是积极筹措企业改制资金,推进银海集团、鲁山水泥厂等8家特困国有企业的改革重组,以及桂林化纤总厂、桂林电缆厂和威达集团政策性破产工作。三是积极支持中小企业发展,拨付国家和自治区中小企业发展专项资金、农产品加工产业扶持资金、地方特色产业中小企业发展资金5500万元,支持企业开展技术改造创新、扩大再生产、节能减排以及专业化协作;积极帮助解决中小企业融资困难,推动桂林市中小工业企业投资担保有限公司和桂林市中小企业融资担保中心合并重组,进一步增强了融资服务能力。四是支持工业园区发展,拨付自治区产业园区专项资金、工业园区标准厂房补助资金4463万元,专项用于产业园区基础设施建设和企业发展。五是支持节能减排及淘汰落后产能工作推进,安排市本级资金2000万元,拨付自治区资金565万元用于节能减排技术改造;拨付淘汰落后产能中央财政奖励资金6322.5万元补助国电永福发电公司,减轻了企业因关停小火电机组受到的损失;拨付关闭小企业中央财政补助资金1334万元,对2010重点关闭的高耗能、污染严重、安全隐患突出的小企业及煤矿进行了补助。

(六)保障民生支出,构筑和谐社会

公共财政"取之于民、用之于民"。财政部门始终把坚持改善民生,推进和谐社会建设作为财政工作的重点之一。

一是加强社会保障资金统筹,支撑"社会保障安全网",加强社会保险基金的调度,拨付社会保险基金29.76亿元,保障了全市13.2万多名离退休人员养老金的按时足额发放和养老保险待遇提标政策落实,保障了全市参保对象医疗、失业、工伤、生育待遇的落实;拨付再就业资金5379万元、返乡农民工创业就业基金1998万元,切实落实就业再就业扶持政策;积极开展新型农村养老保险试点,下达自治区和市本级财政资金2777万元,目前试点县兴安参保人数已达15.56万人;关心弱势群体基本生活,安排财政资金2000余万元,做好慰问困难群体、困难企业职工生活补助和子女入学、困难企业军转干部生活补助等工作;积极帮助解决改制企业职工生活困难,安排国有企业关闭破产补助资金5000万元,支持企业改制,做好职工安置;安排2000万元办理国有困难企业退休人员参加基本医疗保险手续,已有60家企业7600多人办结参保手续享受医保待遇;及时拨付上级和市本级财政资金38457万元,支持城乡低保、医疗救助等社会救助制度实施和完善,构筑"最后一道制度保障线";及时拨付救灾专项资金5891万元,有力地支持了旱灾和洪灾救灾工作,保障了受灾群众基本生活。二是支持医疗卫生事业发展,解决群众"看病难"问题,下达自治区医改补助资金4736万元,支持基本药物制度改革、基层医疗卫生机构综合改革、基本药物零差率改革等2010年医药卫生体制改革重头工作;拨付上级财政资金34890万元,市财政资金3206万元,支持新农合制度扩面提标,安排市财政资金600万元,推进城镇居民基本医疗保险全面实施;积极筹拨资金,支持应对手足口病疫情等事关人民群众身体健康的医疗卫生工作。三是筹资近1.5亿元,支持中小学校舍安全工程、两江四湖二期、市区重要交通节点改造等十项政府为民办实事工作。

(七)加强农业农村工作,积极支持新农村建设

一是积极筹措资金,大幅增加"三农"投入,全年共拨付和下达上级财政支农资金10.5亿元,

水利基础设施建设资金3亿元，防洪及漓江补水枢纽工程建设资金5.5亿元。二是全面兑现惠农补贴政策。及时拨付上级和市本级粮食直补、综合直补、大中型水库移民资金、退耕还林资金等涉农补贴8.23亿元。三是加大农业综合开发力度，2010年争取了国家农发增量资金安排高标准农田建设示范和新增土地治理项目，总投资3620万元；完成6个财政贴息项目申报，贴息贷款额1.5亿元；完成3个新建产业化经营项目申报，总投资1.02亿元。四是支持农村基础设施和文化设施建设，安排资金支持1500个自然村(屯)内道路硬化、村村通广播电视工程及农村饮水、村级公共服务中心示范工程等项目建设，基本完成了各县农村义务教育"普九"化债任务。五是扎实推进村级公益事业一事一议财政奖补试点扩面工作，目前我市12县全部纳入试点范畴，是自治区唯一在所辖的县域中全部开展试点的地市。

(八)稳步推进财政改革，创新财政管理机制

一是继续深化财政国库管理制度改革，2010年市本级国库集中支付资金范围已涵盖预算内资金、专项资金和缴入国库的非税收入，通过集中支付的财政资金41.32亿元，占本级财政支出65.85%，增长17.48%；同时，全面启动了公务卡支付制度改革。二是完善部门预算管理的相关办法，继续推进综合预算，并开展了公用经费综合定额和交通费定额的调研、测算及修订工作。三是积极开展推进国有资本经营预算试编工作，拟定了《桂林市人民政府关于试行国有资本经营预算的意见》。四是深化政府采购改革，大力推行协议供货、定点采购制度，进一步加强对大中型重点工程建设项目的监管，完善工程备案监管制度，努力提高采购效果和效率；2010年纳入政府采购范围的采购预算金额达35.71亿元，实际采购金额30.98亿元，节约4.74亿元，平均节约率为13.26%。五是落实基层政法部门公用经费保障机制，做好政法经费保障体制改革工作。

(九)加强财政财务管理及财政监督

一是强化行政事业单位资产管理，组织开展了全市行政事业资产管理信息系统的实施工作。二是加强国债资金、世界银行项目、外国政府贷款、融资平台担保贷款项目的监管，开展了政府融资平台公司清理工作，加强了政府债务统计监测，切实防范财政风险。三是加强财政专项资金使用的跟踪问效，开展对扩大内需资金、强农惠农资金、社保资金以及国债资金等管理使用的检查。四是狠抓"小金库"专项治理"回头看"工作，查出"小金库"116个，涉案金额3158.42万元，全部督促整改到位。五是加强基本建设财务管理，完善财政性投资评审管理制度，做好重点工程项目竣工财务决算批复，完成各类评审项目921个，送审造价155.[illegible]亿元，审减不合理资金18.9[illegible]亿元，核减率13.81%。六是进一步加大对财务总监的派驻和管理力度，2010年新增派驻项目46个，并加强了培训、考核工作，全面提高财务总监的综合素质。

2010年，全市各级各部门通力合作，共同努力，较好地完成了全年的财政工作任务。但是，我们也清醒地认识到，我市经济社会发展中仍存在一些不足和问题，主要体现在：一是我市企业规模小，易受市场波动影响，产业结构不尽合理，税收增长亮点不多，财政收入增长后劲不足。二是各项政策性支出增长较快，保运转、保民生压力很大，财政收支矛盾依然突出。三是预算执行力有待于进一步加强。这些需要在今后的工作中认真研究并逐步解决。

三、2011年全市和市本级预算草案

2011年是"十二五"规划开局之年，根据自治区和市委、市政府关于财政工作的部署和要求，2011年全市财政预算的指导思想是：

高举中国特色社会主义伟大旗帜，以邓小平理论和"三个代表"重要思想为指导，深入贯彻落实科学发展观，全面贯彻党的十七大、十七届三中、四中、五中全会和自治区党委九届十三次全会、市委三届十次全会及中央、自治区、全市经济工作会议精神，保持财政收入稳定增长，提高财力保障水平；继续实施积极的财政政策，发挥财政政策在稳定增长、改善结构、调节分配、促进和谐等方面的作用；综合运用各种财税政策，加快经济结构战略性调整，全面提高经济质量和效益；优化财政支出结构，严控一般性支出，保证法定支出和重点支出需要；着力支持产业发展，提高财源建设成效；推进重点项目建设，实现项目带动；更加注重改善民生，统筹各项社会事业全面协调发展；继续推进财政管理体制改革，继续加强财政监督，推进财政管理科学化、精细化，支持自治区直管县财政管理方式改革，促进县域经济发展，实现"十二五"规划财政工作良好开局。

按照上述指导思想,2011 年全市组织财政收入比上年增长 13%,实现财政收支平衡,略有结余。

(一)2011 年全市财政预算草案

2011 年全市组织财政收入计划 136.82 亿元,增长 13%。预计全市财政总收入 142.38 亿元,财政总支出 136.28 亿元,收支相抵,扣除结转下年继续使用的专款等 4.21 亿元,预计净结余 1.89 亿元。

全市财政总收入的构成是:(1)一般预算收入 73.83 亿元,比上年增长 10.07%。(2)上级补助收入 58.65 亿元,其中:增值税和消费税税收返还收入 7.39 亿元,所得税基数返还收入 2.91 亿元,与自治区分享四税返还收入 5.01 亿元,成品油价格和税费改革税收返还收入 0.90 亿元,自治区一般性转移支付收入 34.53 亿元,自治区专项转移支付收入 7.91 亿元。(3)上年结余收入 9.90 亿元。

全市财政总支出的构成是:(1)一般预算支出 132.75 亿元,增长 13.50%。(2)上解上级支出 3.33 亿元,其中:体制上解支出 1.74 亿元,专项上解支出 1.59 亿元。(3)调出资金 0.2 亿元。

各位代表,现在报告的 2011 年全市预算是代编的预算,是一个指导性的指标,待各县(区)预算经各级人民代表大会批准后,我们再按有关规定和程序,汇总后报市人大常委会备案。

(二)2011 年市本级预算草案

2011 年拟安排市本级组织财政收入 46.52 亿元,增长 13%。预计市本级财政总收入 39.44 亿元,财政总支出 38.29 亿元,收支相抵,扣除结转下年使用的专款等 0.40 亿元,当年净结余 0.75 亿元。

市本级财政总收入安排情况是:(1)一般预算收入 23.63 亿元,比上年增长 10.42%。(2)上级补助收入 9.14 亿元,其中:增值税和消费税税收返还收入 2.73 亿元,所得税基数返还收入 1.18 亿元,与自治区分享四税返还收入 1.71 亿元,成品油价格和税费改革税收返还收入 0.35 亿元,自治区一般性转移支付收入 2 亿元,自治区专项转移支付收入 1.17 亿元。(3)下级上解收入 5.51 亿元;(4)上年结余收入 1.16 亿元。

市本级一般预算收入中,税收收入 16.10 亿元,增长 20.95%,其中:增值税 1.71 亿元,增长 15%;营业税 3.63 亿元,增长 16%;企业所得税 2.24 亿元,增长 16.40%;个人所得税 0.94 亿元,增长 19.03%;城市维护建设税 1.28 亿元,增长 16%;房产税 0.83 亿元,增长 18.50%;印花税 0.06 亿元,增长 12%;城镇土地使用税 0.29 亿元,增长 19%;土地增值税 1.29 亿元,增长 29%;车船使用和牌照税 0.01 亿元,增长 16.40%;耕地占用税 0.51 万元,增长 33.27%;契税 3.31 亿元,增长 33%。

非税收入 7.54 亿元,下降 6.89%。其中:专项收入 0.95 亿元,增长 16%;行政事业性收费收入 1.31 亿元,增长 14.99%;罚没收入 0.28 亿元,增长 16.50%;国有资源(资产)有偿使用收入 1 亿元,下降 7.96%;国有资本经营收入 4 亿元,下降 14.95%。

市本级财政总支出的构成是:(1)一般预算支出 34.06 亿元,比 2010 年年初预算增长 10.63%。(2)上解上级支出 2.64 亿元,其中:体制上解支出 1.69 亿元,上解补助县级支出 0.3 亿元,专项上解支出 0.65 亿元。(3)补助下级支出 1.39 亿元。(4)调出资金 0.2 亿元。

市本级一般预算支出项目安排情况是:一般公共服务 4.53 亿元,比 2010 年年初预算下降 20.01%(主要是 2011 年基建支出 1.5 亿元转政府性基金支出所致);国防 0.21 亿元,增长 110.9%(主要是 2011 年实行综合预算管理后原属预算外安排的人防支出转为一般预算支出所致);公共安全 3.58 亿元,增长 12.71%;教育 4.38 亿元,增长 18.10%;科学技术 0.59 亿元,增长 13.52%;文化体育与传媒 1.07 亿元,增长 20.94%;社会保障和就业 3.39 亿元,增长 50.26%(主要是将上级提前下达的 2011 年就业专项补助资金和军休人员安置费列入预算所致);医疗卫生 3.45 亿元,增长 4.68%;节能环保 0.43 亿元,增长 3.01%;城乡社区事务 1.50 亿元,下降 11.11%(主要是城市基础设施配套建设项目经费改由基金支出所致);农林水事务 1.35 亿元,增长 16.12%;交通运输 0.46 亿元,增长 556.36%(主要是成品油价格和税费改革税收返还收入结算方式改变所致);资源勘探电力信息等事务 1.60 亿元,增长 100.30%(主要是解决国有企业历史遗留问题增加的支出所致);商业服务业等事务 1.19 亿元,增长 344.96%(主要是落实支持桂林旅游再融资资金以及旅游发展专项资金纳入预算管理所致);金融监管等事务支出 1 亿元(用于商业银行增资扩股);国土资源气象等事务 0.25 亿元,增长 2.13%;住房保障支出 0.65 亿元,增长 0.20%;粮油物资管理事务 0.07 亿元，降低0.16%；储备事务支出0.04亿元；预备费0.80亿元，与去年持平；国债还本付息支出比去年减少1.30亿元(2011年转由政府性基金安排)；其他支出3.52亿元，降低5.34%。

(三)2011年市本级政府性基金收支预算草案

2011年，市本级政府性基金预算总收入安排34.50亿元，比上年完成数增加2.62亿元，增长8.21%；总支出安排31.95亿元，比上年预算增长15.73%，结转下年支出2.55亿元。原由公共预算安排的基建支出和还贷准备金2011年全部转由政府性基金预算安排。

(四)关于2011年市本级预算支出安排保障的重点

2011年市本级按照"继续保增长、保民生、保稳定，保持和扩大经济社会发展良好势头"的目标要求，通过发展不断壮大财政实力。同时，进一步调整和优化支出结构，在保运转、保稳定和"三项"法定增长的基础上，重点加大对经济发展转型、重点项目建设、民生事业发展的支持力度。安排的重点是：

1. 促转型，优结构，做大做强产业基础，推动经济更好更快发展。

一是围绕"工业强市"战略目标，实现工业产业结构升级，推动工业经济跨越发展。改善招商引资环境，增强工业发展后劲；加快园区建设步伐，优化产业空间布局；加快培优扶强，做大做强"五大五小"支柱产业；加强企业融资担保平台建设，解决中小企业发展资金困难；帮助企业实施技术改造，提升企业核心竞争能力；实施品牌战略，发挥品牌经济效益；深入推进国有企业改制和重组，大力支持桂林银行融资扩股工作；推动节能减排和低碳产业发展，淘汰落后产能。二是以建设国家旅游综合改革试验区和服务业综合改革试点区域为契机，加快旅游业转型升级。壮大旅游企业集团，推动优势旅游产业集群发展；加大旅游市场营销力度，拓展国际国内旅游市场；大力开发旅游商品，培育壮大旅游商品生产基地；打造精品旅游项目，提升旅游品位；推动旅游资源整合，转变旅游业运营模式；办好桂林山水文化旅游节等旅游节会，提升桂林旅游形象；安排专项资金，推进"两区"建设。三是启动消费热点，增强经济活力，在加强社会保障和兑现国家提高中低收入人群收入水平政策的基础上，进一步落实家电下乡、汽车摩托车下乡、汽车以旧换新等扩大内需的各项补贴政策，刺激和引导消费，激发本地市场活力。

2. 抓投入，上项目，完善公共基础设施，拉动经济财源建设，促进全年各项经济预期目标的实现。

一是围绕城市建设、园区建设、交通水利建设、城乡风貌建设"四大建设"为重点的项目建设，集中地方财力，争取国家投入，做好融资工作，严格按项目进度时间要求，筹措资金到位，加快资金调度拨付，推进重大项目开工、续建、竣工。二是发挥财政收支政策的引导作用，促进投资结构优化，引导资金投向交通、能源、农林水利、社会民生、高新技术、技术改造、节能环保、现代服务业等重点领域。三是加强项目建设保障。加大项目前期经费投入，支持转方式、调结构、惠民生和创业创新方面的重大项目储备；继续支持投融资平台加强和完善融资职能。

3. 惠民生，保稳定，加快各项社会事业的发展。

一是根据中央和自治区的决策部署，积极推进事业单位分类改革，保障事业单位绩效工资改革资金需要。二是加大投入，逐步提高教育、社会保障支出占财政支出的比重，促进社会稳定和谐。三是加大医疗卫生事业投入，更好地解决"看病难"的问题，保障人民群众身体健康。四是完善廉租住房保障筹资机制，加大保障性房建设投入。五是积极筹措资金重点保障政府为民办实事项目需要，力促政府为民办实事工作出成绩，见实效。

四、抢抓机遇，迎难而上，确保2011年预算的完成

2011年，我市经济发展的内外部环境总体上好于去年。国际金融危机的影响已逐步趋弱，出口市场开始恢复，我国国内经济运行进入常规增长的轨道，国内投资、消费有望实现较快增长，2011年中央决定实施积极的财政政策和稳健的货币政策；近年来，我市抓投入上项目成效显著，园区经济和县域经济发展迅猛，产业优势更加显现，发展空间更加广阔。另一方面，一些影响财政收入增长的制约因素也不容忽视。主要有：重点项目投资受到国家清理规范融资平台政策影响，对经济和财政的拉动势头难以预测；新增投产工业项目不多，对财政贡献有限，现有企业经济效益的提升存在一些不确定性；部分重点税源行业面临节能减排等产业结构调整政策影响；结构性减税政策影响仍存在；非税收入增长空间减小。

综合考虑GDP预计发展水平和各项增收及

减收因素，全市和市本级财政收入预计增长13%是积极稳妥的。

为圆满完成2011年预算任务，要努力做好如下几个方面工作：

（一）抓住国家经济转型的历史机遇，努力做大财政“蛋糕”，进一步提高地方财政的保障和服务能力

一方面，要认真分析财源建设工作中存在的薄弱环节，研究财政支持财税支柱产业发展、支持项目建设拉动经济和财源增长、支持扩大本地消费需求等方面的新办法、新举措，提高财税政策支持财源建设的力度和成效，进一步夯实地方财源基础。另一方面，要用好用足政策，认真研究分析国家实施经济发展方式转变战略中投资政策、财政政策、货币政策宏观调控的方向，积极向上级部门汇报我市财政收支矛盾和发展需要，争取上级加大对我市的一般财力性补助，以及工业、农业、社会保障和就业、环境保护、基础设施建设等重点专项转移支付补助，扩大地方财政支出规模。

（二）切实加强收入征管，确保完成全年收入目标任务

坚持以组织收入为中心，进一步加强收入工作的组织领导，加强财政部门的牵头作用，密切财政与税务、国库等收入部门的协调配合，及时分解落实收入任务，完善收入增长的激励机制和考核办法，调动方方面面组织收入的积极性；抓好收入完成进度统计分析，及时掌握各时段收入工作的重点和难点，积极有效地采取措施；进一步规范市本级与城区收入、市级与相关县收入分享体制，及时协调处理好飞地经济、异地搬迁企业、工业园区企业税收划分中出现的新情况、新问题，维护各级协作建税的积极性；实施依法治税，综合治税，抓好重点行业、重点企业、重点税种税源监控，抓好税收管理信息化、专业化等征管手段改进创新，加大稽查和清欠力度，有效整顿和规范税收秩序，确保应收尽收；严格审核减免税行为，维护税法的权威性；继续做好企业纳税情况公示，实施百强企业排名及奖励政策，鼓励诚信纳税、依法纳税；依法加强非税收入的监缴和稽查力度，努力挖掘非税收入的潜力；充分利用好现行国家土地政策，加紧土地收储工作，适时变现存量土地，确保土地收入任务的完成。

（三）按公共财政要求，继续调整和优化支出结构

按照市场经济规则和公共财政要求，根据财力和公共需求变化，调整优化支出结构，加强资金调度，优先确保政府机关正常运转、工资和生活补贴正常发放的资金需要，确保农业、科技、教育等支出按法定增长以及市委、市政府重大决策的实施；加大对社会保障、就业、扶贫、公共卫生、公共安全、环境保护等民生、稳定方面的资金投入；坚持勤俭办一切事业，厉行节约，推进服务型、节约型政府建设。

（四）深化财政体制机制改革，提高财政支出绩效

在财政收支规模不断扩大的同时，继续推进财政体制机制的改革，不断提高支出绩效，将纳税人的钱花对地方，落在实处，用出效益。一是加强财政预算管理科学化精细化，继续深化部门预算改革，进一步规范和简化预算编制流程，完善基本支出的定员定额管理和项目支出的评审办法，推进综合预算进程。二是提高财政资金运转使用效率，加强支出监管，不断完善财政国库集中收付制度，进一步扩大国库集中支付覆盖范围，继续完善推行公务卡制度，全面实行公务车定点加油与维修制度。三是继续完善政府采购制度，拓展政府采购领域，扩大采购的范围和规模，进一步提高政府采购资金使用效益。四是进一步创新城市建设投融资体制，为城市发展注入新的活力。清理和规范融资平台公司，完善债务风险预警机制，规范政府举债行为，在继续融资搞建设的同时努力防范和化解财政风险。五是积极推进政府性基金预算和国有资本经营预算改革，增强政府财力的完整性和统一性。六是进一步健全财政性项目的投资评审机制，对重点建设项目继续派驻财务总监，提高财政资金使用效益。七是进一步理顺临桂新区、苏桥经济开发区的收入划分，做好核实税源调查和新区企业的确定工作，为促进新区经济发展提供机制保障。八是大力支持自治区直管县财政管理方式改革，促进县域经济发展。

各位代表，做好2011年财政工作，任务艰巨，使命光荣。我们将在市委的正确领导下，自觉接受人大对财政工作的依法监督，认真听取人民政协的意见和建议，牢固树立和落实科学发展观，坚定信心，抢抓机遇，锐意进取，扎实工作，不断开创财政工作新局面，争取全面完成各项财政工作任务，为桂林的科学发展、和谐发展、跨越发展作出更大的贡献。

大 事 记

3月1日，自治区党委书记、自治区人大常委会主任郭声琨（中）在桂林参加植树劳动。 黄雷 摄

2010 年大事

1 月

5 日 中国共产党桂林市第三届委员会第九次全体会议召开。

7 日 全国首个旅游公共服务机构——桂林市旅游公共服务管理处成立。

10 日 桂林市公安局 47 名特警赴新疆执行维稳任务,市委书记、市人大常委会主任刘君出席欢送仪式并为援疆特警授旗。

同日 在北京大学召开的中国经典城市名片颁奖庆典上,桂林市获中国经典城市名片。

15 日 桂林市首届残疾人就业专场招聘会在市人力资源市场举办。60 家用工单位提供近 600 个岗位,1558 人进场求职,198 人达成就业意向。

18 日 市委召开常委扩大会议,学习贯彻国务院《关于进一步促进广西经济社会发展的若干意见》,就建设桂林国家旅游综合改革试验区进行专题学习研究。

20 日 桂林市首个大型农民安置点项目——秀峰区莲花塘社区安置点项目动工建设。

2 月

1 日 临桂新区"一院两馆"(桂林大剧院、桂林博物馆、桂林图书馆)项目开工。该项目占地 11.73 万平方米,其中:桂林大剧院规划面积 1.90 万平方米,桂林图书馆规划面积 3.13 万平方米,桂林博物馆规划面积 3.15 万平方米。

5 日 政协桂林市第三届委员会第五次会议在市直机关小礼堂开幕,7 日闭幕。

6 日 桂林市第三届人民代表大会第六次会议在漓江剧院开幕,8 日闭幕。

17～20 日 全国人大常委会副委员长华建敏视察桂林。

17～23 日 国务院原副总理曾培炎视察桂林。

24 日 市委书记、市人大常委会主任刘君,市长李志刚率桂林市党政代表团到海南省海口市,对海南国际旅游岛建设进行为期 4 天的考察。

28 日 桂林市新一轮城市基础设施建设"1212"工程中的六大项目(芳香路建设工程、建干北路改造工程、滨江北路叠彩区段建设工程、漓东公园城市基础设施建设项目、桂林园林植物园二期项目、芳华路改造工程项目)集中开工建设,投资总金额 13.5 亿元。

28 日～3 月 7 日 全国人大原副委员长盛华仁视察桂林。

3 月

1 日 上午,自治区党委书记、自治区人大常委会主任郭声琨到訾洲公园,与桂林市干部群众一同植树。下午,郭声琨在恭城瑶族自治县考察调研。

3 日 市委在市直机关小礼堂召开全市深入学习实践科学发展观活动总结暨"我为临桂新区建设做什么"大讨论动员大会。

7 日 桂林市第五十三届人才交流大会暨大中专毕业生"双向选择"洽谈会在桂林国际会展中心举办。420 家进场单位提供 1 万余个岗位,求职人数 2.5 万人,签订意向就业协议 6000 余份。

10 日 自治区副主席高雄,市委书记、市人大常委会主任刘君,市长李志刚赴北京向国家旅游局局长邵琪伟等领导汇报桂林国家旅游综合改革试验区建设情况。

11 日 桂林市在漓江沿线的兴安县、灵川县、雁山区、阳朔县同时启动"百里漓江绿化、彩化、花化、果化工程"。

12 日 临桂新区 2010 年基础设施大会战启动,新区基础设施建设项目凤凰西路、环西路、公园北路、平桂西路、经一路5条道路集中开工建设。项目总里程11.89千米，投资总金额7.2亿元。

20日 国家5A级旅游景区城市联盟成立大会在海南省三亚市举行，桂林市当选副主席城市。

25～27日 全国人大常委会副委员长兼秘书长李建国，全国人大常委会委员、内务司法委员会主任委员黄镇东率领的全国人大常委会《中华人民共和国妇女权益保障法》执法检查组到桂林市开展执法检查。

27日 自治区党委书记、自治区人大常委会主任郭声琨对桂林市项目建设、防洪及漓江补水枢纽工程、抗旱救灾等工作进行调研指导。

同日 柳州—桂林成品油管道建成并首次输油。该工程投资4亿多元，工程设计年输送能力为150万吨，线路全长172千米，管道经桂林市区5.5千米。

4月

15日 第三次中美欧日韩五局局长会议在桂林市召开。中国国家知识产权局、美国专利商标局、欧洲专利局、日本特许厅、韩国特许厅的代表出席会议。

17日 桂林市水文水资源局成立揭牌仪式在榕湖饭店举行。

21日 桂林市市直机关、各县(区)、驻桂林部队、中小学校和驻桂林高校等部门、单位和社会各界举行哀悼活动，向青海玉树地震遇难同胞致哀，并举行捐赠仪式。

29日 市委授予秀峰区人民检察院反渎职侵权局副局长杜云为桂林市优秀共产党员。5月8日，市委决定，在全市开展向杜云学习活动。11月10日最高人民检察院授予杜云全国模范检察官称号。

5月

6日 桂林市文学艺术界联合会第三次代表大会在市直机关小礼堂开幕，7日闭幕。

17日 自治区主席马飚到桂林考察桂林市防洪及漓江补水枢纽工程。

22～23日 市委书记、市人大常委会主任刘君率桂林市党政代表考察团一行，到广东省韶关市学习考察。

25日 市长李志刚率团参加在北京召开的第十届世界旅游旅行大会。

31日 桂林市琴潭园区三横三纵主干道路的东安路二期改建工程和中隐南路工程开工建设。其中东安路二期项目道路全长2.7千米，投资总金额3.67亿元；中隐南路项目道路全长0.66千米，投资总金额5840万元。

6月

7日 自治区党委书记、自治区人大常委会主任郭声琨，自治区主席马飚在桂林榕湖饭店分别拜会到桂林出席世界审计组织环境审计工作组第十三次大会的国家审计署审计长刘家义一行、国家环境保护部部长周生贤一行。

8日 世界审计组织环境审计工作组第十三次大会在桂林漓江大瀑布饭店开幕。该会议以“人与自然和谐发展”为主题，有57个国家和国际组织的127名代表参加。

同日 自治区党委书记、自治区人大常委会主任郭声琨在桂林靖江王城景区调研。

10日 桂林市获2008～2010年度广西未成年人思想道德建设工作先进城市。

16日 自治区党委书记、自治区人大常委会主任郭声琨在桂林榕湖饭店九岗岭会见厅会见广州军区司令员、中将徐粉林，广州军区政治委员、中将张阳一行。

23日 第四届桂林读书月活动在市中心广场启动，该活动以“最美的山水，最美的阅读”为主题。

29日 桂林日报社传媒中心、桂林金融大厦、桂林市国土资源综合业务大厦、桂林市交通运输枢组指挥中心大楼、桂林市建设大厦、临桂新区社区卫生服务中心、临桂新区城市管道燃气项目在临桂新区集中开工建设，投资总金额超过10亿元。

同日 自治区人民政府批复桂林市从2010年起列为自治区信息化和工业化融合试点城市。

7月

1～9日 市委书记、市人大常委会主任刘君率桂林市代表团一行39人赴台湾参加2010年桂台经贸文化合作论坛。其间，刘君一行在台北拜访中国国民党副主席蒋孝严、詹春柏。

10日 市委书记、市人大常委会主任刘君率市经贸文化代表团赴香港开展推进建设桂林国家旅游综合改革试验区、临桂新区系列活动。

同日 全市高校暑期"三下乡"社会实践活动、服务万村远程教育行动出征仪式在市中心广场举行。

同日 第五十四届人才交流大会暨大中专毕业生"双向选择"洽谈会在甲天下广场举行。入场招聘单位有390多家，提供就业岗位8300个，求职人数近2万人，5000多名应聘者与招聘单位达成初步意向。

12日 桂林市首个远程教育广场在临桂县金山广场投入使用。该广场配备有300多英寸的LCD电子屏幕等先进设备，辐射群众10.3万人。

13日 第四届中国—东盟社会发展与减贫论坛在桂林开幕。中国及东盟十国社会发展与减贫部门的负责人、该领域的知名专家学者、著名企业家、NGO(非政府组织)代表以及国际组织的代表100余人参会。14日，会议闭幕。

15日 桂林农村青年科学创业活动月启动。1.5亿元小额贷款将扶持全市3000名农村青年及3000个创业贷款项目。

18日 桂林市信访办公室更名为桂林市信访局。同日，桂林市信访接待中心挂牌成立。

23日 海南省委书记、省人大常委会主任卫留成，省长罗保铭率海南省党政代表团到桂林考察。自治区党委书记、自治区人大常委会主任郭声琨，自治区主席马飚陪同考察。

26日 国家杂交水稻工程技术研究中心主任、中国工程院院士袁隆平出席在桂林市农业科学研究所举行的广西第七届"看禾选种，助农增收"活动(桂北现场)启动仪式。

8月

5日 2010"漓泉啤酒·体坛导报"杯五人制足球赛在铁路俱乐部五人制足球场开幕。181支球队分成青年、中年、县队、大学、高中、初中、小学、女子组进行比赛。

8日 2010年"全民健身日"暨"第二届广西体育节"桂林启动仪式在市中心广场举行。

11～16日 桂林市旅游推介团在阿拉伯联合酋长国、土耳其开展旅游推介活动。

15日 桂林市市直机关、各县(区)、驻桂林部队、中小学校和驻桂林高校等部门、单位和社会各界举行哀悼活动，哀悼甘肃舟曲特大山洪泥石流遇难同胞。

18日 桂林市2010年"企业服务月"活动暨企业服务平台正式启动。

同日 中国桂林第二届葡萄节在兴安县银杏广场开幕。

19日 桂林市政府深化医疗卫生体制改革工作领导小组办公室挂牌成立。

同日 川江水库实现大江截流。

20日 "情系八桂——两岸文化联谊行"桂林活动开幕。由101名文化教育界人士组成的台湾访问团和大陆50多名文化界人士进行文化交流、文化参访、文化联谊。

27日 桂林市综合应急救援支队在市公安消防支队成立并挂牌。

9 月

2 日 第四届联合国世界旅游组织/亚太旅游协会旅游趋势与展望国际论坛在桂林香格里拉大酒店开幕。

3 日 2010 中国桂林国际旅游博览会在桂林国际会展中心开幕。此届国际旅游博览会共设置“旅游高峰论坛、城市交流、旅游产品推介、投资洽谈”四大主题活动。

8 日 中国台湾地区花莲县议会访问团到桂林进行参观访问。

13 日 2010 年“华蓝杯”全国围棋锦标赛(个人)开幕式暨文艺晚会在桂林艺术馆举行。

16 日 桂林市新城中心公园在临桂新区开工建设。该项目规划占地 120 公顷,计划在 2012 年完工。

18 日 2010“漓泉杯”第五届中国(桂林)国际市民徒步大会活动在市中心广场启动。

20 日 兴业银行桂林分行开业。

25 日 恭城瑶族自治县干部群众在县民族体育场集会,庆祝恭城瑶族自治县成立 20 周年。

27 ~ 28 日 自治区党委书记、自治区人大常委会主任郭声琨先后到平乐县和荔浦县考察调研。

9 月 桂林市成为国家首批服务业综合改革试点区域,是广西唯一一个试点区域。

10 月

1 日 2010 桂林房·车节在桂林国际会展中心开幕。

14 日 桂林永福第五届养生旅游福寿节在永福县福寿广场开幕。

15 日 中国银行业监督管理委员会批准桂林市商业银行更名为桂林银行股份有限公司。11 月 25 日,桂林银行股份有限公司挂牌成立。

同日 2010 中国(桂林)旅游创意营销论坛在漓江大瀑布饭店开幕。

16 日 第二届中国·桂林创新创意文化节暨桂林国际动漫节在桂林国际会展中心开幕。18 日闭幕。

18 日 市委书记、市人大常委会主任刘君率桂林旅游推介代表团到西班牙马拉加省开展桂林旅游推介活动。20 日,到西班牙巴塞罗那市,举办桂林旅游推介会。

同日 桂林市婚育综合服务中心及市婚育服务中心雁山分点分别举行揭牌仪式。

20 日 安徽省省长王三运率安徽省政府代表团到桂林进行考察。

21 日 市委书记、市人大常委会主任刘君率桂林旅游推介代表团到瑞士日内瓦开展桂林旅游推介活动。

22 日 中国光大银行桂林支行挂牌成立。

25 日 市委书记、市人大常委会主任刘君率桂林旅游推介代表团到奥地利斯太尔市开展桂林旅游推介活动。

26 日 2010 年中国桂林·全州首届湘山文化节在全州县中心广场开幕。

11 月

2 日 桂林市被评为“2010 中国最佳休闲城市”。此次评选由中国旅游协会休闲度假分会、全国休闲标准化技术委员会、人民网等单位联合举办。

14 日 2010 中国桂林·史前文化遗产国际高峰论坛暨中国博物馆协会史前遗址博物馆专业委员会第八届研讨会在桂林甑皮岩遗址博物馆开幕。开幕式上,中国桂林洞穴遗址考古研究中心揭牌成立。同时,广西桂林甑皮岩国家考古遗址公园项目启动。

15 日　中国共产党桂林市第三届委员会第十次全体会议在桂林举行。

16 日　小溶江水利枢纽工程成功截流。

18 日　桂林平乐首届桂江文化旅游节暨第二届柚子节开幕式和文艺晚会在平乐县城举行。

21 日　“2010 中国小姐大赛”华南赛区桂林分赛区决赛暨颁奖仪式在桂林大正温泉假日酒店举行。

22 日　桂林市获国家知识产权工作示范城市。

同日　青海省委书记、省人大常委会主任强卫率青海省党政代表团到桂林考察。

同日　首届“桂林市十大杰出(优秀)青年企业家”颁奖典礼在市少年宫春天剧场举行。

26 日　第二届中国山水画艺术双年展在桂林美术馆开幕。

28～29 日　全国政协副主席王志珍视察桂林。

12 月

3～5 日　第四届荔浦芋美食文化节暨 2010“恒升杯”全国汽车短道拉力赛在荔浦县举行。

10～15 日　中共中央原总书记江泽民视察桂林。

15～17 日　首届中国民族旅游论坛暨中国人类学民族学研究会民族旅游专业委员会成立大会在桂林理工大学举行。

18 日　2010 广西农业休闲旅游启动暨阳朔县第十二届漓江渔火节·第八届金橘交易会在阳朔县遇龙河河畔万景码头开幕。

26 日　灌阳(永安关)至全州(凤凰)高速公路开工仪式在灌阳县文市镇集全村举行。路线全长 47 千米,项目总投资金额 30.39 亿元。

27 日　桂林国民村镇银行揭牌仪式举行。该行是全国首批、自治区第一家地市村镇银行。

28 日　总投资金额约 26 亿元的西二环路、南溪河环境综合整治工程,小东江流域环境综合治理工程在临桂县集中开工。

29 日　临桂新区万平路、新龙路、纬三东路、新中路延长线同时开工建设,4 个项目总投资金额 3.68 亿元。

29～31 日　全国人大常委会原副委员长蒋正华视察桂林。

30 日　总投资金额 20 亿元的中隐路至西二环路道路工程、广西医科大学桂林中加护理学院、桂林康复养生养老基地项目,在临桂县临桂镇塔山村同时开工。

2010 年友好往来

1 月

7 日　市委书记、市人大常委会主任刘君在桂林宾馆会见到访的老挝常务副总理宋沙瓦·凌沙瓦一行。

9 日　副市长巫家世在桂林喜来登饭店会见到桂林考察的日本早稻田大学代理校长谷口邦生一行。

24 日　市长李志刚在桂林榕湖饭店会见家乐福中国区副总裁董仕帆。

2 月

2 日　市长李志刚在桂林榕湖饭店会见前来桂林考察访问的美国驻广州总领事馆总领事高来恩一行。

同日　市长李志刚在桂林漓江大瀑布饭店会见香格里拉(亚洲)有限公司副主席雷孟成。

3 月

1 日　自治区党委书记、自治区人大常委会主任郭声琨在桂林榕湖饭店会见赞比亚总统鲁皮亚·班达一行。

5 日　副市长何良军在桂林宾馆会见到访的新加坡驻广州总领事馆商务副领事黄逸恒一行。

17 日　副市长周卫在桂林宾馆会见以卢旺达共和国北部省省长埃梅·博塞尼邦为团长的卢旺达考察团一行。

19 日　副市长徐锋在桂林榕湖饭店会见到桂林进行商务考察的日本 ICC 公司(日本石川县计算中心)执行董事朝本淳和医疗事业部部长寺西昌治。

4 月

15 日　自治区副主席陈章良在桂林榕湖饭店会见在桂林参加第三次中美欧日韩五局局长会议的欧洲专利局局长艾莉森·布莱梅露、美国专利商标局局长大卫·卡波斯、日本特许厅长官细野哲弘、韩国特许厅长官高廷植等一行。

16 日　市长李志刚在桂林榕湖饭店会见加蓬共和国驻中国大使阿洛。

30 日　市人大常委会副主任韦广雄在桂林宾馆会见以越南国会常委、国防安全委员会主任黎光平为团长的越南国会国防安全委员会代表团一行。

5 月

3 日　自治区党委书记、自治区人大常委会主任郭声琨在桂林榕湖饭店会见到华访问的加蓬共和国总统阿里·邦戈一行。

14 日　市长李志刚在桂林宾馆会见越南总理阮晋勇一行。

同日　副市长巫家世在桂林宾馆会见新加坡总领事馆商务副领事黄逸恒及新加坡悦榕集团客人。

17 日　副市长何良军在桂林宾馆会见到访的日本友人永野义孝。

20 日　俄罗斯列宾美术学院馆藏美术作品展在桂林市博物馆开幕。

27 日　市长李志刚在北京会见出席第十届世界旅游旅行大会的世界旅游旅行理事会总裁鲍姆加藤。

29 日　副市长何良军在桂林榕湖饭店会见到访的赞比亚旅游、环境和资源部长娜穆加拉一行。

6 月

11 日　市人大常委会副主任邓中星在桂林宾馆会见泰国最高行政法院院长阿卡拉通·朱拉叻率领的泰国最高行政法院代表团一行。

26 日　副市长巫家世在桂林榕湖饭店会见由外交部驻澳门特派员卢树民率领的东盟各国驻澳总领事代表团一行。

7 月

4 日　市长李志刚会见印度驻广州总领事馆总领事潘迪。

7 日　日本太田市书道联盟会员作品展在桂林市展览馆开幕。

同日　副市长何良军在桂林宾馆会见到访的非洲驻华使节夫人小组一行。

27～28 日　越南青联主席阮福禄一行到桂林考察中越青年大联欢活动筹备工作。

8 月

29 日　桂林市与波兰托伦市缔结友好城市关系签字仪式在波兰托伦古城市政厅皇家礼堂举行。市长李志刚与托伦市市长米哈乌·扎莱斯基共同签署《中华人民共和国桂林市和波兰共和国托伦市建立友好城市关系协议书》。

9 月

2 日　市委书记、市人大常委会主任刘君和市长李志刚在桂林香格里拉大酒店会见联合国世界旅游组织执行主任马修·法维拉一行。

同日　自治区副主席高雄在桂林漓江大瀑布饭店会见联合国世界旅游组织执行主任马修·法维

拉，联合国世界旅游组织亚太部主任徐京，亚太旅游协会中国区主任常红，菲律宾旅游部副部长西米恩·马尔福瑞，尼泊尔旅游局首席执行官普拉查达·曼·薛尔萨。

3日 市委书记、市人大常委会主任刘君，市长李志刚在桂林国际会展中心会议室会见到桂林参加国际旅游博览会的驻华使节团一行。

同日 市委常委、常务副市长黄俊华在桂林国际会展中心分别会见到桂林参加国际旅游博览会的韩国济洲市副市长朴升奉率领的代表团一行和韩国全州市市长宋河珍率领的代表团一行。

同日 副市长何良军在桂林国际会展中心分别会见到桂林参加国际旅游博览会的加拿大安大略省千岛湖酒店集团执行董事凯瑟琳·克里斯汀一行和日本熊本市代表团一行。

5日 市人大常委会副主任卢火雄在桂林宾馆会见美国众议院多数党副领袖查克·杰斐逊率领的美国伊利诺伊州众议员代表团一行。

18日 副市长何良军在桂林榕湖饭店会见率印度海洋摇滚乐队到桂林演出交流访问的印度驻广州总领事潘迪一行。

19日 市长李志刚在桂林榕湖饭店会见到桂林参加第五届中国（桂林）国际市民徒步大会的土耳其穆拉特帕夏市市长苏莱曼·艾维西尔门，特克洛瓦市市长尤素夫·乌拉斯一行。

28日 副市长周卫在桂林榕湖饭店会见到桂林考察的国际展览局秘书长洛塞泰斯及其夫人。

10月

12日 市长李志刚在桂林榕湖饭店会见印度驻中国大使苏杰生。

17日 市长李志刚在桂林榕湖饭店会见新加坡新闻、通讯及艺术部兼贸易与工业部政务次长陈振泉一行。

20日 市长李志刚在南宁桂景大酒店分别会见新加坡瑞盛国际控股有限公司总裁董荣裕，澳大利亚客商滕翊彪。

23日 副市长徐锋会见由新加坡制造商联合会副会长、东方石油（新加坡）有限公司总裁李雪民任团长的新加坡经贸代表团一行。

27日 市长李志刚在桂林榕湖饭店会见卢旺达爱国阵线总书记弗朗索瓦·恩加兰贝。

30日 市委副书记、组织部部长潘永建在桂林榕湖饭店会见亚太地区法官代表团一行。

11月

8日 副市长徐锋在桂林榕湖饭店会见日本电气株式会社（NEC）常务执行董事峰野敏行率领的NEC公司代表团一行。

10日 市委书记、市人大常委会主任刘君在桂林榕湖饭店会见韩国忠清北道议会访问团一行。

11日 市长李志刚在桂林榕湖饭店会见俄罗斯莫斯科州对外经济部部长国兹列夫及俄罗斯重型装备制造商TMP公司客人一行。

22日 市长李志刚在桂林榕湖饭店会见韩国驻华大使柳佑益一行。

23日 市长李志刚在桂林榕湖饭店会见法国驻广州总领事馆总领事章泰年。

12月

7~8日 以世界工联副总书记阿迪布·米罗为团长的世界工联主席团理事会代表团一行在桂林进行友好访问。

8日 自治区人大常委会副主任刘新文在桂林榕湖饭店会见意大利参众两院各国议会联盟意中关系小组主席巴尔比一行。

20日 市委常委、常务副市长黄俊华在桂林榕湖饭店会见到访的泰国上议院宪法机构事务及监督预算管理事务委员会主席古帝鹏·文力亚若一行。

（陶树青）

桂林市概貌

訾洲公园诗画广场。　　　　李腾钊　摄

建置沿革

先秦时期，桂林为百越地。秦始皇三十三年（前214年），秦王朝统一岭南，设桂林、南海、象三郡，今桂林市大部分为桂林郡地，东北部今之兴安县、全州县、资源县、灌阳县和龙胜各族自治县的一部分属长沙郡地。

汉高祖三年至元鼎五年（前204年至前112年），原桂林郡地属南越国地。

汉元鼎六年（前111年），置始安县，辖地包括今桂林市区和临桂县、灵川县、阳朔县、永福县、柳州市鹿寨县及兴安县、龙胜各族自治县部分地域，县治在今桂林市区，属荆州零陵郡。今之灌阳县、全州县、资源县及平乐县、恭城瑶族自治县部分地域属零陵郡地；今之龙胜各族自治县属武陵郡地；今之荔浦县属苍梧郡。

东汉建武四年（28年）改始安县置始安侯国，治所在今桂林市区。

三国吴甘露元年（265年）十一月，在零陵郡南部设始安郡，辖始安（今桂林市区及临桂县、兴安县、灵川县、阳朔县、荔浦县、永福县地）、平乐（今平乐县、恭城瑶族自治县地）、荔浦、尚安（今阳朔县地）、熙平（今阳朔县地）、永丰（今荔浦县地）等县，今之全州县、灌阳县、资源县属荆州零陵县，今之龙胜各族自治县属荆州武陵郡地。始安郡、始安县治所均在桂林市区，仍属荆州管辖。

西晋，始安郡改属广州，辖始安、平乐、常安、熙平、永丰、荔浦等县，包括今之兴安县、灵川县、临桂县、阳朔县、永福县、平乐县、荔浦县、恭城瑶族自治县、柳州市鹿寨县、梧州市蒙山县境。今之全州县、灌阳县、资源县、龙胜各族自治县的归属同三国时期。

南朝刘宋年间，始安郡属湘州；南朝梁天监六年（507年）析广州之苍梧、郁林郡置桂州，领郡县，大同六年（541年）十二月，州治迁至今桂林市区。

隋大业三年（607年）桂州废改为始安郡，治始安县（今桂林市区），今桂林市区及辖县大部分属始安郡，今全州县、资源县、兴安县、灌阳县地居零陵郡。

唐武德四年（621年）始安郡改置桂州、天宝元年（742年）桂州改为始安郡。唐至德二年（757年）九月，改始安县为临桂县。以后历五代十国、宋、元、明、清至民国2年（1913年）3月1日前均称临桂县，为桂州、广南西路、静江府、静江路、广西行中书省、广西三司（布政使司、提刑按察使司、都指挥使司）、漓江道、桂林道、广西行省治所驻地。唐乾元元年（758年），桂州领临桂、理定（今永福县地）、灵川（今灵川县、龙胜各族自治县及临桂县部分）、阳朔、荔浦、永丰（今荔浦县、永福县地）、建陵（今荔浦县地）、纯化（今鹿寨县地）、永福、临源（今兴安县地）10县。今之全州县、资源县、灌阳县属零陵郡，今之平乐县、恭城瑶族自治县先后属乐州、昭州、平乐郡。

五代十国晋天福四年（939年）增设全州，领清湘县（今全州县）、灌阳县，州治清湘县（今全州县城）；晋开运三年（946年）在今兴安县城增置溥州，辖德昌（今兴安县）、广明（今临桂县、龙胜各族自治县、灵川县地）、义宁（今临桂县地）。

北宋至道三年（997年）置广南西路，包括今广西和雷州半岛及海南岛等地区，治所桂州（今桂林市），广西简称为“桂”自此始。南宋绍兴三年（1133年）二月初一桂州升为静江府，治临桂（今桂林市区）辖临桂、兴安、荔浦、永福、修仁（今荔浦县地）、灵川、义宁（今龙胜各族自治县及临桂县部分）、理定（今兴安县地）、古县（今永福县地）、阳朔10县。全州、昭州辖县治所沿袭唐制。

元至元十五年（1278年）改静江府为静江路，所辖县与宋静江府同。元大德五年（1301年），昭州改为平乐府，府治今平乐县城，辖平乐、恭城、蒙山、昭平4县。

明洪武元年（1368年）六月二十三日静江路复为静江府。洪武五年（1372年）六月，静江府改为桂林府，桂林作为广西东北地区行政区域的名称，从此时开始。初领临桂、兴安、荔浦、修仁、灵川、阳朔、永福、理定、古县、义宁等10县，后领2州7县（全州、永宁州，临桂、兴安、灵川、阳朔、灌阳、永福、义宁县）。洪武九年（1376年）全州府降为全州，隶属湖广承宣布政使司永州府，辖地不变。洪武二十七年（1394年）全州属湖广永州府改属广西桂林府，初领灌阳1县。平乐府初领4县，弘治四年（1491年）增辖荔浦、修仁，次年增辖永安州，明末实辖永安州及7县，今桂林市辖县平乐、恭城、荔浦属之。永宁州于隆庆五年（1571年）升古田县置，领永福、义宁2县。

清前期同明制，乾隆六年（1741年）析义宁县西北地置龙胜厅，属桂林府。光绪三十二年(1906年)析永宁州并永福、融、柳城、雒容4县地置中渡厅，属桂林府。

民国元年(1912年)8月28日，广西省治迁往南宁。民国2年(1913年)改临桂县为桂林县，并废府设道。桂林道辖桂林、全州、兴安、灌阳、灵川、龙胜、义宁、古化、中渡、永福、阳朔、平乐、恭城、荔浦、修仁、蒙山、贺县、昭平、富川、钟山20县。其中古化县为永定县，为避免与四川、贵州、山西等省永定县同名易名为古化县。民国25年(1936年)10月1日广西省治迁回桂林。民国29年(1940年)改桂林县为临桂县，析城区八桂、白龙、培风、义南、东江、凤北6镇及太沙、柘木、东附廓、三合、北附廓、西南附廓6乡置桂林市，治所在今桂林市区，直属广西省政府。民国31年(1942年)设直属行政区，辖桂林市及全州、灌阳、资源、兴安、阳朔、临桂、永福、百寿、义宁、灵川、龙胜11县。民国33年(1944年)改直属行政区为第八行政区。平乐、荔浦、恭城县属平乐区，区治平乐县(今平乐县城)。民国38年8月(1949年9月30日止)广西省治从桂林市撤往南宁市。

1949年12月广西全境解放后，桂林市为省直辖市，桂林行政区专员公署驻今桂林市区，辖临桂、灵川、义宁、永福、百寿、龙胜、兴安、全州、灌阳、资源、阳朔11县。1951年8月，龙胜县改名为龙胜各族联合自治区。1955年9月，改称龙胜各族自治县，义宁县并入灵川县。1952年，百寿县并入永福县，资源县并入全州县，鹿寨县划入桂林专区。1954年，灵川县并入临桂县，恢复资源县制。

1958年6月，平乐专区改为梧州专区，荔浦、恭城、平乐县划归桂林专区管辖，鹿寨县划回柳州专区。1960年7月，桂林地区和桂林市机关合并。1961年5月，桂林地区和桂林市分开。同年，恢复灵川县制，归属桂林地区。1981年7月，阳朔县和灵川县大圩公社的潜经、草坪大队以及茯荔大队的吴家、杨家生产队划归桂林市管辖。1983年10月，临桂县划归桂林市管辖。

1998年8月27日，国务院批复同意桂林市和桂林地区合并。11月8日正式挂牌，组建新的桂林市(地级)。市人民政府驻象山区榕湖南路。新的桂林市辖原桂林市的秀峰区、叠彩区、象山区、七星区、雁山区和阳朔县、临桂县以及原桂林地区的灵川县、全州县、兴安县、永福县、灌阳县、资源县、平乐县、荔浦县、龙胜各族自治县、恭城瑶族自治县。

(市志办)

地理概况

【位置面积】 桂林市位于广西壮族自治区东北部，地处北纬24°15′23″～26°23′30″、东经109°36′50″～111°29′30″之间，境域南北长236千米、东西宽189千米。北部及东北部与湖南省通道、城步、新宁、东安、永州、双牌、道县、江永8个县(市)交界，东南部与广西壮族自治区贺州市富川、钟山、昭平3个县和梧州市蒙山县、来宾市金秀县及柳州市鹿寨县毗邻，西部与广西壮族自治区柳州市三江、融安2个县接壤。总面积27809平方千米(其中市区565平方千米)，占广西总面积的11.75%。

2010年桂林市土地面积

表1　　单位：平方千米

指标	面积
全市土地总面积	27809
市区	565
秀峰区	54
叠彩区	52
象山区	88
七星区	97
雁山区	274
阳朔县	1428
临桂县	2202
灵川县	2287
全州县	4021
兴安县	2344
永福县	2806
灌阳县	1837
资源县	1954
平乐县	1919
荔浦县	1759
龙胜各族自治县	2538
恭城瑶族自治县	2149

(市志办)

【地形、地貌、山系、水系】

地形　桂林市地处南岭山系的西南部，地形总体上呈北高南低的趋势，即北、东、西三面环山，地势较高；中部及南部、东北部为岩溶山地与平原、谷地区，地势较低平。其中，从全州、兴安到灵川、桂林市区、临桂一线有“湘桂走廊”之称，是广西的东北门户。

地貌　桂林市地貌特点是四周山地环绕，山地丘陵面积广大，地貌类型多样，可分为中山、低山、丘陵、岩溶石山和河谷平原五大类。中山主要分布在桂林市的北部、西部和中部海洋山等地；低山主要分布在各大山脉的四周，中山、低山总面积大约占全市面积的一半左右。丘陵多分布于中低山与河流谷地之间。境内石灰岩地层分布广泛，岩层厚、质地纯，加上受地质构造的作用和长期的侵蚀、切割，形成了沿桂江与湘江两岸分布的典型岩溶石山与河流谷地平原。典型的岩溶石山海拔标高200～500米不等，有峰丛洼(谷)地和峰林平原等类型。石峰内或地下多洞穴或地下河。市城区至阳朔县长约80千米漓江沿岸的峰林地貌最为典型，形成了千峰环抱、山环水绕、碧水青山、奇峰倒影、洞奇石美的独特景观，被世人美誉为“山水甲天下”，成为世界闻名的旅游胜地。岩溶石山、丘陵与平原约占全市总面积的47%。此外，在资源县县城向北部和西北的白垩纪红色砂岩分布区，由于地表水系的长期侵蚀，形成了一个沿资江分布，面积达125平方千米的丹霞地貌。

桂林素来享有“无山不洞，无洞不奇”的赞誉，是中国也是世界上洞穴开发利用最早、最多的地区之一，有洞穴1万个左右。早在公元5世纪，颜延之就在独秀峰下辟脚洞为读书岩。七星岩洞口最早的一方石刻是隋开皇十年(590年)所刻的“栖霞洞”，迄今游览历史至少已有1400年。著名洞穴有芦笛岩、七星岩、穿山岩、冠岩、甑皮岩洞穴遗址、银子岩、丰鱼岩、莲花岩、黑岩、永福岩、蟠山安乳洞岩洞穴系统、百寿、龙岩等。

山系　主要为中低山和岩溶山地。山系主要呈北北东走向。北部有猫儿山、越城岭；东部和中部有都庞岭、海洋山；西北和西部有大南山、天平山；南部有驾桥岭和大瑶山。组成山地的岩石除古老地层外，还有大量的花岗岩，形成花岗岩地貌景观。山地长度多在60千米以上，在高度上，除驾桥岭主峰高度较低(海拔1246.9米)外，其余山地主峰均在1700米以上。其中，猫儿山主峰海拔2141.5米，为华南第一高峰；越城岭主峰真宝顶海拔2132.4米，为广西第二高峰。猫儿山、越城岭、海洋山和都庞岭构成了珠江和长江水系的分水岭；在分水岭南北两侧，沿湘江和漓江河谷，分布形成西南—东北走向的兴安—全州河谷平原和西北—东南走向的岩溶山地—河谷平原区。

水系　桂林市河流水系发达。全市共有大小河流100余条，其中流域面积在50平方千米以上河流35条，分属长江流域的洞庭湖水系与珠江流域的西江水系，为典型的雨源型山区河流。分布有桂江、湘江、洛清江、资江与浔江五大河流，其中资江与湘江分属于长江流域资水、湘江水系，桂江、洛清江、浔江属于珠江流域西江水系。分山地型河流与岩溶丘陵平原型河流两大类，山地型河流多位于碎屑岩分布区，区内降雨量充沛，地表水系发达，河流曲折多弯，流域形成树枝状水系网络，河流坡降大，水流湍急、落差大，多峡谷、险滩，是开展漂流等水上运动的良好地域；而岩溶丘陵平原型河流多位于碳酸盐岩分布区，流域内地表地下岩溶发育，致使地表水系不发育，地下多发育有地下河或伏流，地表与地下水系共存。属于长江流域洞庭湖水系的有资江、湘江(包括其支流灌江)，流域总面积约占全市总面积的30%。其中，湘江境内河流长190千米，流域面积7049平方千米；资江境内河流长83千米，流域面积1300平方千米。属于珠江流域西江水系的有桂江、洛清江和浔江，约占全市总面积的70%。其中，桂江平乐县城以上段又称漓江，境内河流长约288千米(漓江长214千米)，流域总面积12669平方千米；洛清江境内河段长103千米，流域面积2806平方千米；浔江境内河段长139千米，流域面积3868平方千米。在湘江和西江两大水系之间，古代修建有著名的灵渠(位于兴安县城西南)将两大水系沟通。另外，在临桂县会仙附近的相思埭，也有一条古运河将漓江水系与柳江水系(通过洛清江)沟通。

(中国地质科学院岩溶地质研究所)

资源·物产

桂林市盛产水稻，是广西主要粮食生产基地之一，又是优质水稻生产基地。粮食作物主要有水稻、玉米、红薯、小麦、黄豆；经济作物主要有苎麻、甘蔗、花生、荔浦芋、荸荠、木薯、烟叶、油菜、西瓜等。蔬菜主要有辣椒、大蒜、番茄、南瓜、苦瓜、豆角、生姜、白菜、萝卜、莲藕等。桂林是广西水果生产基地之一。水果主要有柑橘、沙田柚、月柿、红枣、板栗、葡萄、梨、桃、李、枇杷、石榴、杨梅等。野生果类有中华猕猴桃、山楂、杨梅、酸枣、山葡萄等。名优特产品主要有白果、沙田柚、罗汉果、荸荠、荔浦芋、月柿等。

桂林市的林业资源丰富，是广西的主要林区之一，植物种类有199科564属1415种。国家Ⅰ级保护的珍稀植物有“活化石”——银杉、南方红豆杉、银杏、资源冷杉、桫椤等，国家Ⅱ级保护的珍稀植物有福建柏、黄枝油杉、长苞铁杉、白豆杉、观光木、马尾松、榉木、楠木、水青冈、厚林、小叶红豆（紫檀木等）。用材林主要有杉、松、毛竹等。经济林主要有白果、板栗、油茶、油桐、棕等。主要林产品有杉木、松木、毛竹等商品材，还有白果、板栗、生漆、油菜子、油桐子、棕片、松脂、笋干、香菇、蕨菜等。全市有动物种类1593种，隶属68目295科。国家Ⅰ级保护的珍稀动物有黄腹角雉，国家Ⅱ级保护的珍稀动物有红腹角雉、穿山甲、大鲵（娃娃鱼）、白鹇、毛冠鹿、猕猴、大灵猫、小灵猫等。

桂林市已发现有用矿产40种，其中探明储量的34种。主要矿产有煤、铁、锰、铅、锌、钨、锡、金、钽、铌、萤石、钾长石、滑石、大理石、花岗岩、硅灰石、白云石、石灰石、高岭土、矿泉水等。其中，滑石、铅、锌、锰、重晶石、饰面石材、矿泉水是储量较大的优势矿种，滑石和重晶石是大宗出口矿产品。（市志办）

人　　口

2010年年末，桂林市户籍常住人口1614548户（5城区245370户，12县1369178户），5189562人（5城区757227人，12县4432335人），比上年年末增加17563户，73269人，其中城区人口减少715人、12县人口增加73984人。桂林市总人口中，男性2699090人，女性2490472人，男女性别比为108.38。全市全年出生102306人，出生率11.22‰，其中男性53225人、女性49081人。死亡48431人，死亡率为9.33‰，其中男性28415人、女性20016人。全年迁入66200人，迁出52595人。

表2　　2010年桂林市人口统计表

地区别	总户数（户）	年末总人口（人）		
		合　计	男	女
桂林市	1614548	5189562	2699090	2490472
市辖区	245370	757227	374698	382529
秀峰区	36872	109558	53058	56500
叠彩区	43490	138569	68353	70216
象山区	85640	234509	116196	118313
七星区	60633	197595	99310	98285
雁山区	18735	76996	37781	39215
阳朔县	92088	314745	162955	151790
临桂县	134900	489420	253840	235580
灵川县	116082	377027	192038	184989
全州县	259704	817664	442859	374805
兴安县	130343	379458	196152	183306
永福县	80485	283902	149608	134294
灌阳县	100300	291095	157307	133788
资源县	57904	173004	90360	82644
平乐县	141363	445865	234374	211491
荔浦县	115316	384816	198221	186595
龙胜各族自治县	50756	176864	90661	86203
恭城瑶族自治县	89937	298475	156017	142458

表 3

2010 年桂林市人口年龄结构统计表

地区别	年末总人数(人)	年龄结构(人)			
		18 岁以下	18～35 岁	35～60 岁	60 岁以上
桂林市	5189562	893280	1477022	2002073	817187
市辖区	757227	110379	225698	304960	116190
秀峰区	109558	15197	27557	47630	19174
叠彩区	138569	19939	34383	59580	24667
象山区	234509	33593	65334	98139	37443
七星区	197595	28959	69297	74107	25232
雁山区	76996	12691	29127	25504	9674
阳朔县	314745	54788	91420	122303	46234
临桂县	489420	97906	143256	175971	72287
灵川县	377027	57574	110081	146314	63058
全州县	817664	157233	232433	308395	119603
兴安县	379458	56117	110701	150449	62191
永福县	283902	48444	80903	108398	46157
灌阳县	291095	53403	76985	110579	50128
资源县	173004	31410	47545	67388	26661
平乐县	445865	79936	133384	163656	68889
荔浦县	384816	61773	99938	156444	66661
龙胜各族自治县	176864	27973	45336	73383	30172
恭城瑶族自治县	298475	56344	79342	113833	48956

表 4

2010 年桂林市人口变动统计表

地区别	出生(人)			死亡(人)			迁入(人)		迁出(人)	
	合计	男	女	合计	男	女	自治区内迁入	自治区外迁入	迁往自治区内	迁往自治区外
桂林市	102306	53225	49081	48431	28415	20016	29777	36423	31307	21288
市辖区	9345	4902	4443	4901	2762	2139	9368	7813	13915	8347
秀峰区	1050	562	488	495	256	239	1611	515	1354	867
叠彩区	1691	902	789	892	483	409	392	830	404	431
象山区	2868	1492	1376	933	557	376	2940	3061	1802	1005
七星区	2502	1283	1219	707	397	310	3229	2576	9585	5563
雁山区	1234	663	571	1874	1069	805	1196	831	770	481
阳朔县	7607	3931	3676	9125	5056	4069	1732	2116	1144	833
临桂县	12944	6698	6246	6240	3469	2771	2847	2961	2462	1509
灵川县	6618	3444	3174	2283	1404	879	2645	2195	1579	928
全州县	22854	11968	10886	4365	2869	1496	3372	6079	3027	2148
兴安县	6184	3135	3049	5617	3338	2279	1754	3037	1217	943
永福县	3812	2010	1802	1051	637	414	1156	1204	1391	832
灌阳县	6231	3387	2844	1904	1180	724	1137	1848	1129	1968
资源县	2343	1300	1043	949	564	385	586	418	632	388
平乐县	8502	4516	3986	5435	3049	2386	1838	3291	2095	1544
荔浦县	6112	3084	3028	3393	2081	1312	1357	2094	1132	669
龙胜各族自治县	2853	1405	1448	1191	727	464	806	786	558	346
恭城瑶族自治县	6901	3445	3456	1977	1279	698	1179	2581	1026	833

（唐志红）

行政区划

2010年年末，桂林市下设秀峰区、叠彩区、象山区、七星区、雁山区5个城区及阳朔县、临桂县、灵川县、全州县、兴安县、永福县、灌阳县、资源县、平乐县、荔浦县、龙胜各族自治县、恭城瑶族自治县12个县。区县下辖街道12个，镇64个，乡69个(民族乡15个)。分辖社区212个、建制村1655个。

秀峰区　辖街道3个(秀峰街道、丽君街道、甲山街道)。分辖社区19个、建制村7个。

叠彩区　辖街道2个(叠彩街道、北门街道)、乡1个(大河乡)。分辖社区15个、建制村15个。

象山区　辖街道3个(象山街道、南门街道、平山街道)、乡1个(二塘乡)。分辖社区29个、建制村8个。

七星区　辖街道3个(七星街道、东江街道、穿山街道)、乡1个(朝阳乡)和华侨旅游经济区。分辖社区28个、建制村16个。

雁山区　辖街道1个(雁山街道)、镇2个(雁山镇、柘木镇)、乡2个(大埠乡、草坪回族乡)。分辖社区3个、建制村37个。

阳朔县　辖镇6个(阳朔镇、白沙镇、福利镇、兴坪镇、葡萄镇、高田镇)、乡3个(金宝乡、普益乡、杨堤乡)。分辖社区15个、建制村99个。

临桂县　辖镇5个(临桂镇、六塘镇、会仙镇、两江镇、五通镇)、乡6个(南边山乡、四塘乡、茶洞乡、中庸乡、宛田瑶族乡、黄沙瑶族乡)。分辖社区6个、建制村161个。

灵川县　辖镇6个(灵川镇、大圩镇、定江镇、三街镇、潭下镇、青狮潭镇)、乡5个(潮田乡、海洋乡、灵田乡、大境瑶族乡、兰田瑶族乡)。分辖社区18个、建制村129个。

全州县　辖镇9个(全州镇、黄沙河镇、庙头镇、文桥镇、大西江镇、龙水镇、才湾镇、绍水镇、石塘镇)、乡9个(永岁乡、枧塘乡、咸水乡、凤凰乡、安和乡、两河乡、白宝乡、蕉江瑶族乡、东山瑶族乡)。分辖社区11个、建制村273个。

兴安县　辖镇6个(兴安镇、湘漓镇、界首镇、高尚镇、严关镇、溶江镇)、乡4个(漠川乡、白石乡、崔家乡、华江瑶族乡)。分辖社区10个、建制村115个。

永福县　辖镇4个(永福镇、罗锦镇、百寿镇、苏桥镇)、乡5个(堡里乡、广福乡、三皇乡、永安乡、龙江乡)。分辖社区6个、建制村93个。

灌阳县　辖镇3个(灌阳镇、黄关镇、文市镇)、乡6个(观音阁乡、新街乡、新圩乡、水车乡、洞井瑶族乡、西山瑶族乡)。分辖社区3个、建制村138个。

资源县　辖镇1个(资源镇)、乡6个(中峰乡、梅溪乡、瓜里乡、车田苗族乡、两水苗族乡、河口瑶族乡)。分辖社区3个、建制村71个。

平乐县　辖镇6个(平乐镇、二塘镇、沙子镇、同安镇、张家镇、源头镇)、乡4个(阳安乡、青龙乡、桥亭乡、大发瑶族乡)。分辖社区11个、建制村134个。

荔浦县　辖镇10个(荔城镇、东昌镇、新坪镇、杜莫镇、青山镇、修仁镇、大塘镇、花箦镇、双江镇、马岭镇)、乡3个(龙怀乡、茶城乡、蒲芦瑶族乡)。分辖社区21个、建制村123个。

龙胜各族自治县　辖镇3个(龙胜镇、瓢里镇、三门镇)、乡7个(和平乡、泗水乡、江底乡、马堤乡、伟江乡、平等乡、乐江乡)。分辖社区6个、建制村119个。

恭城县瑶族自治县　辖镇3个(恭城镇、栗木镇、莲花镇)、乡6个(平安乡、三江乡、嘉会乡、西岭乡、观音乡、龙虎乡)。分辖社区8个、建制村117个。　(秦丽萍)

经济与社会发展

【概况】 2010年，中共桂林市委、市政府贯彻国家宏观调控政策，落实国务院《关于进一步促进广西经济社会发展的若干意见》，开展以城市建设、交通基础设施建设、园区建设、城乡风貌建设为重点的项目建设大会战，推动发展方式转变和经济结构调整，加强环境保护和节能减排，着力改善民生，全市经济保持平稳较快发展，各项事业取得新进步，人民生活继续改善。全年全市实现地区生产总值1108.63亿元，(比上年，下同)增长13.8%。其中：第一产业增加值202.60亿元，增长4.8%；第二产业增加值502.04亿元，增长

20.7%；第三产业增加值403.99亿元，增长10.2%。第一、二、三产业增加值占地区生产总值的比重分别为18.3%、45.3%、36.4%。全市人均地区生产总值21611元，增长13.1%。财政收入121.08亿元，增长24%。全社会固定资产投资908.56亿元，增长37.8%。市区居民消费价格上涨2.2%，控制在5%的调控目标内。城镇化率达到39%，提高1.07个百分点。

【农村经济稳步发展】 2010年，桂林市深入实施湘江、资江、漓江、桂江流域产业规划，建设北部山区现代农业示范区，在稳定粮食生产和农产品供应的基础上，发展现代设施农业、生态循环农业、特色效益农业和乡村观光农业。全年实现农林牧渔总产值319.21亿元，增长5.1%。农业增加值202.60亿元，增长4.8%。粮食总产量192.96万吨。肉类总产量49.49万吨，增长3.9%。新增畜禽规模养殖场193个。引进农作物新品种703个，建立各种高产示范点252个。创建国家级农业旅游示范点11个，自治区级农业旅游示范点21个。全市农业产业化龙头企业119家，农民专业合作社1590个，直接带动农户14.71万户。

【工业经济快速增长】 2010年，桂林市贯彻工业强市战略，做大做强工业企业，工业在国民经济的主导地位进一步增强，高科技产业集聚效应凸显。全年实现工业总产值1263.44亿元，增长31.5%，其中规模工业总产值952.01亿元，增长37.1%。规模工业增加值310.26亿元，增长25.7%。工业增加值占地区生产总值比重达38.6%，提高1.3个百分点。年内，重点推进中国化工橡胶桂林有限公司高等级子午线轮胎产业化等投资超1亿元项目建设，加快尚科光伏公司太阳能电池生产线（二期）等高新技术产业化基地和项目建设。实施技术改造项目1589项，完成技术改造投资216.05亿元。

【重点项目建设】 2010年，桂林市优化投资结构，多渠道筹措建设资金，推进重点项目建设，促进投资持续快速增长，投资总量居自治区前列。全年实施重点项目470项，其中新开工重点项目164项，竣工重点项目66项。全市重点项目累计完成投资457亿元，为年度目标任务的124%。重点项目完成投资占同期全社会固定资产投资的50.3%。争取中央和自治区投资16.48亿元，重点支持重大水利、中小学校舍安全、农村医疗卫生服务体系、保障性住房、县城供水、城镇污水垃圾处理设施及污水管网等项目建设。争取国家批准发行企业债券10亿元。采用BT融资形式建设西二环路、南溪河、小东江环境综合整治工程、山口垃圾卫生填埋场，以及“一院两馆”等重大项目。

【国内贸易】 2010年，桂林市坚持市场化、产业化、社会化、国际化方向，引导服务业发展，桂林成为国家服务业综合改革试点区域。落实国家扩大内需政策，完善流通网络，消费市场繁荣活跃。开展家电下乡、农机下乡、汽车下乡等活动。全年全市社会消费品零售总额391.53亿元，增长18.9%；全市金融机构各项存款、贷款余额分别增长23.2%和20%。

【旅游业蓬勃发展】 2010年，桂林市旅游业蓬勃发展，全年接待游客2246.33万人次，增长20.8%，其中入境游客148.62万人次，增长15.2%。实现旅游总收入168.30亿元，增长32.6%，旅游经济效益明显提高。编制完成桂林国家旅游综合改革试验区总体方案和规划纲要，开展旅游质量服务提升年活动，加强旅游促销，拓展旅游合作，整治规范旅游秩序。

【区域合作取得新突破】 2010年，桂林市利用中国—东盟自由贸易区和中国—东盟博览会平台，加强与泛珠三角、长三角等区域的交流合作。加大“央企入桂”、“百企入桂”工作力度，“招大引强”成效显著，区域合作取得新突破。全年新签市外境内项目502个，总投资金额386.46亿元，增长17.9%。实施市外境内项目899个，实际到位资金374.13亿元，增长33.2%。实际利用外资2.5亿美元，增长25.3%。进出口总金额9.03亿美元，增长22.6%。

【节能减排】 2010年，桂林市开展节能降耗、二氧化硫减排、化学需氧量减排、公共机构节能专项行动，节能减排各项目标任务如期完成。万元生产总值能耗降低2.9%，二氧化硫排放、化学需氧量总量控制在自治区下达目标范围以内。加大节能减排资金投入，支持污水处理工程建设，全市

14个城镇污水处理厂全部建成并投入运行，每年可消减化学需氧量3200多吨，结束县城无污水处理厂的历史。推进节能环保产业发展，资源金紫山风电场(　期)建设进展顺利，兴安尚科太阳能光伏产业化规模不断扩大，桂林市热电联产专项规划获自治区批复，项目前期工作取得实质性进展，组织开展生物质发电项目前期规划，龙胜各族自治县南山等一批风电场项目前期工作全面展开。

【社会事业全面进步】 2010年，桂林市优化教育结构与布局，推进义务教育学校标准化建设，促进城乡义务教育均衡发展。投资1.38亿元，基本完成125个中小学校舍安全工程项目，完成培智学校迁建工作，聋哑学校、市第七中学迁建和市职教中心临桂分校建设取得阶段性成效。职业教育攻坚基本完成。推进创新计划和科学技术“355工程”，全社会科学技术投入15.80亿元，加快科学技术成果转化，实施技术创新项目562项。专利授权813件，居自治区前茅。

年内，桂林市就业形势稳定，社会保障率提高。成为全国创业就业示范市，新增就业6.89万人。城镇登记失业率3.95%；社会保险、城镇职工和居民基本医疗保险、失业保险、工伤保险、生育保险五项保险参保人数达230.08万人次。兴安县新型农村养老保险制度试点全面实施，参保覆盖率87.3%。城市和农村低保覆盖面扩大，补助水平达到自治区规定标准。

年内，全市公共文化基础设施建设进一步加强。“一院两馆”、八路军桂林办事处暨桂林抗日文化运动旧址景区基础设施等项目开工建设。新建32个乡(镇)综合文化站。城乡环境卫生不断改善。全面完成1.55万座农村改厕项目和400个文明卫生村创建工作，文明卫生村创建工作取得新进展。

年内，全市推进县级医院、乡(镇)卫生院、村卫生室、社区卫生服务中心建设，争取中央、自治区支持，按标准建设了6个县(区)医院，8个乡(镇)中心卫生院。构建新型城乡医疗卫生服务体系，建立居民健康档案，拓展公共卫生服务项目，共实施106个医疗卫生服务体系建设项目。

【居民生活继续改善】 2010年，全年城镇居民人均可支配收入17949元，增加1728元，增长10.7%；人均消费性支出11477元，增加1028元，增长9.8%；年末人均住房建筑面积38.3平方米，增加0.2平方米。农村居民人均纯收入5487元，增加654元，增长13.5%；人均生活消费性支出3872元，增加319元，增长9%；人均居住面积38平方米，增加1平方米。 (蒋振华)

党政机关、直属事业单位、党派团体和部分自治区直属单位及其领导人

中国共产党桂林市委员会

书记:刘君
副书记:李志刚　潘永建
常委:刘君　李志刚　潘永建　李佑民　黄俊华　徐锦蓉　蒙永福　陈丽华　李文升　石东龙　黄润中(挂职,5月任职)
秘书长:石东龙
副秘书长:孟海天(任至1月)　李晓荣　郭琳　梁兵　蔡泽军　周理胜(3月任职)　李素芬(3月任职)

市委工作部门

市委办公室
副主任:王诗宏(4月任职)　石玉琳(任至4月)　李素芬(任至3月)　王超(6月任职)　刘春燕(6月任职)

组织部
部长:潘永建
副部长:康纪权　王惠琴　秦金敏　李安平　唐修璇

宣传部(挂市委对外宣传办公室、市人民政府新闻办公室牌子)
部长:陈丽华
副部长:麻跃红(任至1月)　唐建林　李继荣　唐述东(4月任职)　刘鹃(4月任职)

市委对外宣传办公室
主任:陈松(任至1月)　龙霖锋(6月任职)

统一战线工作部(挂市委台湾工作办公室、市人民政府台湾事务办公室、宗教事务局牌子)

部长:李文升
副部长:郑伟　林文云　阳行志(9月任职)
台湾工作办公室
主任:刘汉军
副主任:李辉祥(任至1月)　蔡振生
宗教局
局长:庾祥元
政法委员会
书记:蒙永福
副书记:徐昌旺(任至5月)　匡田生(任至1月)　周国新　蒋朝仲　文社教　刘祖军　冯才平(4月任职)　苏纯平(8月任职)
委员:卢火雄　李全义(任至1月)　廖少昆　孟耀军　商云鹏　戴广生(任至8月)　秦益贵　唐恢豪　廖英志　邹玉章　张勋伟
市社会治安综合治理委员会办公室(与市委政法委员会合署办公)
主任:蒋朝仲(任至1月)　刘祖军
副主任:范远明(任至6月)　白永驰
政策研究室
主任:唐庆林
副主任:邓晓强(任至3月)　王清荣　谢凤琼(任至1月)　龚财金
机构编制委员会办公室
主任:谭兴元
副主任:陈强华　唐铭泽　丁银健(6月任职)
直属机关工作委员会
书记:涂卫东
副书记:唐咸康　赵立洪(9月任职)　吴江宁(9月任职)
委员:赵立洪　吴江宁(任至9月)　邓晖　刘成　刘锦辉　石远国　徐军(9月任职)
市委、市人民政府信访局(由市委办领导)
局长:韦名华
副局长:周东青　黄云　蒋海波　万子健
老干部局(由市委组织部领导)
局长:康纪权
副局长:张福良　朱斌　张成平(6月任职)
机要局(在市委办挂牌)
局长:何金莲(任至1月)　王诗宏(4月任职)
副局长:袁石平
督查室(在市委办挂牌)
主任:李晓荣
副主任:唐建琦　张志伟　秦毅民(6月任职)
保密委员会办公室(市保密局,在市委办挂牌)
局长:马齐国
副局长:程正祥　林章廷(6月任职)
精神文明建设委员会办公室(在宣传部挂牌)
主任:刘鹃(4月任职)
副主任:任松林　黄立平　蒋燕钦

市委直属事业单位
中共桂林市委党校
校长:束华(任至7月)　潘永建(7月任职)
常务副校长:唐开国
副校长:伍云　戴爱民　唐炳贵　黄革新
市行政学院(在市委党校挂牌)
院长:唐开国(任至7月)　黄俊华(7月任职)
副院长:唐开国(7月任职)　唐炳贵　康纪权(兼,任至1月)
中共桂林市委党史研究室
主任:赵国宝
副主任:李世民(任至1月)　朱袭旺　王伍益(任至5月)　童庭阶　曾富沅(4月任职)　彭敏翎(9月任职)
桂林日报社
党组书记:毛登峰
副书记:覃澍
社长:毛登峰
副社长:唐茂云(任至1月)
总编辑:覃澍
副总编辑:吕金华　全政红(任至1月)　唐禄贤　覃龙新　蒋桂斌(3月任职)　王学军(2月任职)　郑斌(2月任职)
老龄工作委员会办公室
主任:刘斌
副主任:王西生(任至1月)　陈前仕　陈俐文(6月任职)　陈亚青(9月任职)

中国共产党桂林市纪律检查委员会

书记:徐锦蓉

副书记:张小玲　李建平　肖祥华　杨卫东(12月任职)

常委:蒋述旺　袁小明　李晓华　李永　邹炳林

桂林市人民代表大会常务委员会

党组书记:刘君

副书记:韦广雄

主任:刘君

副主任:韦广雄　熊显元　黄阐　邓中星　汤杰　卢火雄(2月任职)　鲁圣发

秘书长:梁建平

副秘书长:马菊荣　戴小军　侯翔(任至2月)　王嬢(6月任职)　经友新(6月任职)　赵海兵(6月任职)

桂林市人民代表大会常务委员会办公室

副主任:赵海兵(任至6月)　蒙少强　王玲(10月任职)

市人民代表大会专门委员会

法制委员会

主任委员:冯永贤

副主任委员:许礼祥　秦清浥(6月任职)

财政经济委员会

主任委员:秦继虹

副主任委员:李远红　彭建强

城乡建设环境与资源保护委员会

主任委员:侯翔(2月任职)

副主任委员:唐贤江　杨成伍

旅游委员会

主任委员:张海明

副主任委员:闻建成　阳正良

教育科学文化卫生委员会

主任委员:彭振德(任至5月)

副主任委员:陈国忠　唐运国

民族华侨外事委员会

主任委员:袁喜

副主任委员:兰基椿　潘燕(1月任职)　叶卫

农业委员会

主任委员:唐华忠

副主任委员:蒋人明　兰辉

人事代表联络工作委员会

主任:王榕

副主任:陈兰香　黄玲

调查研究室

主任:谢迪辉

副主任:张扬　张国林

桂林市人民政府

市长:李志刚

副市长:黄俊华　陈丽华　巫家世　周卫　黄济贤　徐锋　蒋炳穗　何良军　汪洋(挂职,任至11月)　黄润中(挂职,6月任职)

市政府党组书记:李志刚

党组副书记:粟增林(任至1月)　黄俊华

秘书长:张晓武

副秘书长:齐军　樊伊宁　何年养　唐诚　邓晓强(4月任职)　韦名华(7任职)　黄声奎(4月任职)　李绍政(4月任职)　罗建章(4月任职)　邓晓斌(4月任职)

市政府工作部门

市政府办公室

副主任:黄声奎(任至4月)　罗建章(任至4月)

督查室(在政府办公室挂牌)

主任:夏荣岗

副主任:肖勇辉　李绍政(任至4月)　周凤琴　刘其国

法制办公室

主任:李斌

副主任:刘铁军　张林

处理土地、山林、水利纠纷办公室(在政府办公室挂牌)

主任:黄声奎

副主任:熊跃林　陈立高

打击走私领导小组办公室

副主任:赵文财

旅游产业发展指导委员会办公室

主任:樊伊宁

漓江风景名胜区管委会办公室(漓江风景名胜区管理局)

局长:樊伊宁

副局长:柳茵　秦荣军

爱国卫生运动委员会办公室(在市政府办公室挂牌)

主任:邓恢裕

发展和改革委员会(挂物价局、国防动员委员会国民经济动员办公室、西部大开发领导小组办公室)

党组书记:赵仲华

主任:赵仲华

副主任:李惠民　刘红光　李才银(任至4月)　王志洪　魏黎平(7月任职)　高亮(7月任职)

物价局

局长:刘红光

国防动员委员会国民经济动员办公室

主任:章熙骏

西部大开发领导小组办公室

副主任:李勇

工业和信息化委员会

党组书记:何兵

主任:何兵

副主任:唐俊(4月任职)　杨克林　莫国才　姜路　余剑(3月任职)　周海船(11月任职)

教育局

党组书记:钟平

局长:钟平

副局长:宁小保　蒋平　张建生　时曦

科学技术局(挂知识产权局、科技教育领导小组办公室牌子)

党组副书记:郑钧洪(4月任职)

局长:刘翔

副局长:郑钧洪(4月任职)　杨秦毅　钟可安　廖旺明(7月任职)

知识产权局

副局长:廖旺明(任至7月)　李日辉

民族事务委员会

党组书记:粟卫宏

主任:粟卫宏

副主任:赵天明　潘天秀　唐芳顺(9月任职)

公安局

党委书记:黄济贤

副书记:莫建平

局长:黄济贤

副局长:莫建平　蒋继品　李群锋　李杰　刘小平　孙力军　宁华(挂职,任至10月)　谢坚(10月任职)

监察局(与市纪律检查委员会机关合署办公)

局长:李建平

副局长:袁小明　马友元

民政局

党组书记:刘开仁

党组副书记:韦文功

局长:韦文功

副局长:刘斌(兼)　李荣　刘修祥

司法局

党组书记:商云鹏

副书记:粟志发

局长:商云鹏

副局长:粟志发　吴秀杰　曾忠东　肖刚

财政局

党组书记:钟麟

局长:钟麟

副局长:江冰欣　卫东　黄福岗　钟涛　刘桂峰　黄宏忠

人力资源和社会保障局

党组书记:王惠琴

局长:朱名华

副局长:林年萍　罗学仁　刘卫东　魏承林

公务员局

局长:王惠琴

副局长:黄晓红(3月任职)　唐鑫(3月任职)　蒋方(3月任职)

规划局

党组书记:董林寿

局长:谷海洪

副局长:张克俭

房产管理局

党组书记:伍建民

局长:周卉(3月任职)

副局长:伍建民　张洪伟(任至1月)　宋石柱(8月任职)　杨绍武　刘开成

住房和城乡建设局

党组书记:周卉

局长:周卉

副局长:黄钦　张建(6 月任职)　伍建民(3 月任职)
交通运输局(挂国防动员委员会交通战备办公室牌子)
党组书记:刘克新
副书记:钟德臣
局长:钟德臣
副局长:林亚胜　骆远明　魏海　谭永源
交通战备办
主任:李正毅
水利局(挂防汛抗旱指挥部办公室牌子)
党组书记:叶桂忠
局长:叶桂忠
副局长:俸光义(任至 1 月)　黄东明　唐官荣(7 月任职)
防汛抗旱指挥部办公室
主任:唐官荣(任至 7 月)　仇建辉(7 月任职)
水库移民工作管理局
局长:邓热和
副局长:石自勇　诸葛毅
农业局
党组书记:邓康康
党组副书记:陆国保(6 月任职)
局长:邓康康
副局长:陆国保　邱云　蔡立圭　杨水才(9 月任职)
商务局(挂口岸办公室、整顿和规范市场经济秩序领导小组办公室牌子)
党组书记:李志刚
局长:李志刚
副局长:赵海强(4 月任职)　林冬生　沈秋林　应元胜　苏绍坤
文化局
党组书记:张执雪
副书记:谢文富
局长:张执雪
副局长:谢文富　刘洪伟　杨俊新
卫生局
党组书记:凌霄
局长:凌霄
副局长:陈敏玲　周爱民　裴军(任至 4 月)
人口和计划生育委员会
党组书记:唐春洪
主任:唐春洪
副主任:伍振清　伍华梅　蒋碨鸿(6 月任职)　刘有文(9 月任职)
审计局
党组书记:陆斌
局长:陆斌
副局长:蒋新友　姜方龙　唐正柱
环境保护局(挂环境保护委员会办公室牌子)
党组书记:褚民
局长:褚民
副局长:梁新强　舒忠常　蒋永光
环境综合治理办公室
副主任:陈惠民
广播电视局
党组书记:李滨
局长:李滨
副局长:李汉春
体育局
党组书记:兰茵
局长:兰茵
副局长:朱国瑞　倪伟华　莫智斌(9 月任职)
统计局
党组书记:胡辽光
局长:胡辽光
副局长:黄明贵　傅卫华　李琪
新闻出版局
党组书记:王忠
局长:王忠
副局长:汪卫民　黄晖　吴东才(9 月任职)
林业局(挂绿化委员会办公室、森林防火指挥部办公室牌子)
党组书记:彭志明
副书记:莫卯生(任至 1 月)
局长:彭志明
副局长:蒋海平　蒋若海　孙桂春
森林防火指挥部办公室主任:王焕喜
安全生产监督管理局(挂煤矿安全监察局、安全生产委员会办公室牌子)
党组书记:谢彬
局长:谢彬
副局长:邱小谋　莫若林
旅游局

党组书记:林业江
局长:林业江
副局长:庞铁坚　何明华　陈运春　李娅　张志红

粮食局
党组书记:周开发
局长:周开发
副局长:王蔚　李道勇　秦伟民

园林局
党组书记:何秋明
局长:何秋明
副局长:李剑明　李兰　陈建国　张作伟

市政公用事业管理局
党组书记:于超凡
局长:于超凡
副局长:石明　曾亮(7月任职)　戴大文　王飚(7月任职)

市容管理局
党组书记:陆华军
副书记:李伟明(任至6月)
局长:陆华军
副局长:李伟明　阳建诚　吴晓罡(9月任职)

机关事务管理局
党组书记:吴殷丹
局长:吴殷丹
副局长:赵国安　王宁　李利(10月任职)

外事办公室(挂侨务办公室牌子)
党组书记:江建和
副书记:贺继孟(任至4月)
主任:江建和
副主任:宁松　陈红　陆建林　王晓霞(7月任职)

侨务办公室
主任:贺继孟(任至8月)
副主任:骆丽萍(任至1月)　余治水

接待办公室
党组书记:郭琳
主任:郭琳
副主任:王玲(任至10月)　王春梅(9月任职)

国有资产监督管理委员会
党委书记:秦立伟
副书记:黎家林
主任:秦立伟　龙挥忠(6月任职)
副主任:黎家林　任卫国(任至1月)　陈植功(7月任职)　蓝誉国(7月任职)　肖必忠(7月任职)　蒋春华　陈江(9月任职)

人民防空办公室
党组书记:唐名金
主任:唐名金
副主任:蒋太炳　粟定就(7月任职)

市扶贫开发办公室
党组书记:陈连发
副书记:邓孟纯
主任:陈连发
副主任:邓孟纯　刘忠　霍新奎

市政府直属事业单位

档案局(档案馆)
党组书记:赵荣桂(任至4月)　卿树祥(4月任职)
局(馆)长:赵荣桂(任至4月)　卿树祥(4月任职)
副局(馆)长:周汨(任至4月)　陈剑　全裕胜(9月任职)

市地方志编纂委员会办公室
主任:唐群森
副主任:徐朝凯　韦兰玉(9月任职)

市人民政府发展研究中心
党组书记:邓晓强
主任:邓晓强
副主任:张菊生　欧阳美　曲庭万　刘春燕(任至6月)

市人民政府驻北京联络处
主任:秦彤
副主任:徐冰　唐仕福

市人民政府驻南宁办事处
主任:杨河兰

农业机械化管理中心
党组书记:毛义德
主任:毛义德
副主任:蒋永辉　莫秋冬　文美华(9月任职)

投资促进局(挂非公有制经济发展服务中心牌子)
党组书记:陈哨林
局长:汤桂荔

副局长:肖源　马魁　叶琴　李树生
黄锡亮(9月任职)
非公有制经济发展服务中心
副主任:肖源
市水产畜牧兽医局
党组书记:卢建民
局长:卢建民
副局长:李荣安　韦绍芳　丁道平　韦冰冰
市博览事务局
副局长:周英　梁志勇
桂林图书馆
党总支部书记:丰雨滋
副书记:王洪峰
馆长:丰雨滋
副馆长:杨邦礼　钟琼
环境卫生管理处
党总支部副书记:沈传新
主任:沈传新
副主任:王大云　卢献民　邓安源
旧城改造办公室
党总支部书记:秦伟光
副主任:秦伟光　陈小荣
工业合作联社
党委书记:韦杰
主任:韦杰
副主任:宁文超(1月任职)　唐永斌(9月任职)
供销合作社
党组书记:易建民
主任:易建民
副主任:聂林峰　曾祥君　廖梅影
地震局
局长:莫小云
副局长:王卫平　蔡正林
房屋拆迁管理办公室
党支部书记:莫小云
住房制度改革委员会办公室
主任:陆荣祥
住房公积金管理中心
主任:陈灿(任至1月)
副主任:邓金山　葛长富

法院·检察院

市中级人民法院
党组书记:廖少昆
党组副书记:蒋挺雄(任至1月)
院长:廖少昆(2月任职)
副院长:廖少昆(代院长,任至2月)　蒋挺雄(任至2月)　李高泉　彭卫国
李忠林　黄健康　周安敏(挂职,任至11月)　李永松(10月任职)
县(区)人民法院
院长:李永松(临桂)　俸萍(阳朔)　蒋明华(秀峰)　梁禄森(叠彩)　裴邕(七星)
曾德平(雁山)　麻秋德(象山)　李忠林(全州)　赵祖景(兴安)　杨胜男(资源)　戴波初(龙胜)　安涛(灌阳)
余忠良(灵川)　陈伟辉(永福)　赵卫东(平乐)　李斌(恭城)　张德生(荔浦)
市人民检察院
党组书记:李全义(任至1月)　孟耀军(2月任职)
副书记:王荐(任至1月)　张景源(8月任职)
检察长:李全义(任至1月)　孟耀军(2月任职)
副检察长:孟耀军(代院长,任至2月)　王荐(任至1月)　邓国星(任至5月)
张景源　周鸿广　邹定华(10月任职)　侯天良(10月任职)
县(区)人民检察院
检察长:罗昌勤(临桂)　严平(阳朔)　刘跃飞(秀峰)　胡川平(叠彩)　邹定华(七星)　杨卫东(雁山)　李劲松(象山)
杨新初(城郊)　侯天良(全州)
陶建立(兴安)　王荣利(资源)
唐陆林(龙胜)　刘冰轮(灌阳)
蒋小勇(灵川)　阳莉琳(永福)
龚金长(平乐)　蒋向东(恭城)
秦荣科(荔浦)

中国人民政治协商会议桂林市委员会

党组书记:李文杰(任至1月)　粟增林(1月任职)
副书记:王大平
主席:李文杰(任至1月)　粟增林(2月任职)
副主席:王大平　莫玲玲　袁绪祥　李世荣
蒋廷春　容作信　王德明　雷迅
秘书长:袁湘南
副秘书长:苏甲杏　赵友姣(兼,任至8月)

邓家元　陈亚伦　程海超　谢漓

市政协办公室

副主任:龙镇凯　李绍香

提案委员会

主任:王广平

副主任:唐佳军(兼)　肖振荣(兼)　朱名江　莫尚贵　宁松(兼)　黄旭斌(兼)

经济科技委员会

主任:张瑞清

副主任:李维平　刘满云　李小元　王传爱(兼)　刘翔(兼)　汤桂荔(兼)　李克强(兼)　黄涛(兼,任至1月)　覃丽青(兼)

教文卫体委员会

主任:阳明朗(任至9月)

副主任:陈小珠(兼)　蒋平(兼)　凌霄(兼)　李小明　毛登峰(兼)　唐原(兼)　唐柳林(兼)　秦永川(6月任职)

社会法制委员会

主任:杨湘林

副主任:唐克力　朱丽芬(兼)　李高泉(兼)　张小玲(兼)　赵天明(兼)　莫建平(兼)　徐昌旺(兼)　庾祥元(兼)　蒋挺雄(兼)　林俐

文史资料委员会

主任:周德荣

副主任:王广义　王清荣(兼)　王忠(兼)　何林夏(兼)　林京海(兼)　梁潮(兼)　唐晓敏

联谊委员会

主任:赵友姣(任至6月)

副主任:钟国仕(兼)　王嬢(兼,任至6月)　王晓燕　司筱莉(兼)　刘涛(兼)　李何(兼)　李戊伍(兼,任至6月)　任树东

人民团体·社会团体

总工会

党组书记:张耀中

主席:莫玲玲

副主席:张耀中　丁玫(任至9月)　张强　宋伊宁

中国共产主义青年团桂林市委员会

党组书记:甘永辉

书记:甘永辉

副书记:诸葛亚　卢毅(任至6月)　石小松

妇女联合会

党组书记:闻建成(任至1月)　秦伟(4月任职)

主席:闻建成(任至1月)　秦伟(4月任职)

副主席:桂文英　朱丽芬　莫秋萍　王淑兰

科学技术协会

党组书记:陈礼

主席:陈礼

副主席:秦大臻　莫绍芬　蒋旭明

归国华侨联合会

主席:陈丹娅(任至7月)　林文云(7月任职)

副主席:李戊伍(任至7月)　严月英(兼,任至7月)　黄世辉(兼,任至7月)　李志雄(兼,7月任职)　简桂海(兼,7月任职)

台湾同胞联谊会

会长:吕虹(兼)

副会长:尹惠卿　李会先(兼)　粟林德(兼)

文学艺术界联合会

党组书记:刘纪春

主席:王志梧(任至1月)　刘纪春(5月任职)

副主席:张震　陈滨江　戴延兴(兼,任至5月)　覃国康(兼,任至5月)　何绍连(兼,任至5月)　张贤(兼,任至5月)　张树萍(兼,任至5月)　钟毅(兼,任至5月)　龚桂华(兼,任至5月)　盘文波(兼,任至5月)

中国国际贸易促进委员会桂林市委员会(中国国际商会桂林分会)

会长:赵海强(4月任职)

副会长:王晓树

残疾人联合会

党组书记:潘燕(任至1月)

理事长:潘燕(任至3月)　李何(12月任职)

副理事长:王子桂　吉喆　李孝平

红十字会

名誉会长:雷熹平　吴旭敦

会长:汤杰

副会长:彭振德(兼)　文建洲(兼)　钟国仕(兼)　凌霄(兼)　邓建民(兼)　朱名华(兼)　江冰欣(兼)　秦茹

社会科学界联合会

党组书记:周明忠
主席:周明忠
副主席:邓云波　邓端祥　黄家城(兼)
唐建明(兼)　王达金　欧阳飚(兼)
何林夏(兼)　仙垂龙
卢毅(12月任职)

民主党派·工商联

中国国民党革命委员会桂林市委员会
主委:李世荣
副主委:唐佳军(兼)　梁潮(兼)　吴方　区捷(兼)
中国民主同盟桂林市委员会
主委:王德明
副主委:秦素琼(兼)　李何(兼)　包惠明(兼)　黄旭斌
中国民主建国会桂林市委员会
主委:郑毅
副主委:严慕荣　海强(兼)
中国民主促进会桂林市委员会
主委:容作信
副主委:杨秦毅(兼)　李生英　帅晓菊(兼)
林梅(兼)
中国农工民主党桂林市委员会
主委:雷迅
副主委:邓健(兼)　曾定国(兼)　姚岚(兼)
唐原
中国致公党桂林市委员会
主委:陈仲
副主委:王孃　周顺平(兼)
九三学社桂林市委员会
主委:顾正飞
副主委:朱名日(兼)　张国林(兼)　覃珑
工商业联合会
党组书记:郑仲
主席:汤桂荔(任至1月)　王昕(1月任职)
副主席:周克玉　梁世辉　唐佳军　周霖
蒋海燕　王传爱(兼)　蒋小龙(兼)
谢振元(兼)　邓家辉(兼)　朱毅珏(兼)　李连发(兼)　陆萍(兼)
陈伟民(兼)　陈哨林(兼)　林元琳(兼)　林谋龙(兼)　罗欣(兼)
秦本军(兼)　唐延绪(兼)　诸令文(兼)　黄丽娟(兼)

区、县机构

秀峰区
中共秀峰区委员会
书记:程权
副书记:赵税生　相恒心(5月任职)
中共秀峰区纪律检查委员会
书记:相恒心(任至5月)　宁静(5月任职)
秀峰区人大常委会
主任:阳春昌
副主任:王锡林　廖天福　谢碧芳　李冬林
秀峰区人民政府
区长:赵税生
副区长:蒋育亮(6月任职)　杨玉霜　宁静(任至5月)　王树华(4月任职)
梁军(3月任职)　王海燕(10月任职)　隆斌(12月任职)
秀峰区政协
主席:胡运江
副主席:张建平　谢荣勋　邓健(兼)
秦素琼(兼)

叠彩区
中共叠彩区委员会
书记:李向荣
副书记:黄洪斌　蒋汉平(任至4月)
宛高云(4月任职)
中共叠彩区纪律检查委员会
书记:王芊
叠彩区人大常委会
主任:杨启义
副主任:凌寒生　罗祥颂　阳庆平　张文武
叠彩区人民政府
区长:黄洪斌
副区长:王莉　李玉清　田继阁　孙敬东
郑建国　周云(2月任职)
叠彩区政协
主席:李曼华
副主席:陈邦权　廖成飞　严慕荣(兼)
林梅(兼)

象山区
中共象山区委员会
书记:石春莲
副书记:黄福喜(任至2月)　唐小忠(2月任

职） 袁国华

中共象山区纪律检查委员会

书记：聂国如

象山区人大常委会

主任：李开生

副主任：张凤国　张复查　吴回元　刘宏才

象山区人民政府

区长：唐小忠（3月任职）

副区长：周政英　眭铂生　易立林　潘玲　李志强（2月任职）　周灿（7月任职）

象山区政协

主席：吕继彬

副主席：谢建敏　李慎球　麦永雄（兼）　严从凯

七星区

中共七星区委员会

书记：赵德明

副书记：何运保　郑钧洪（任至4月）　黄文干（4月任职）

中共七星区纪律检查委员会

书记：韦天喜

七星区人大常委会

主任：郑小羽（任至8月）

副主任：赵佑生　唐龙华　冯小洪　阳炳春

七星区人民政府

区长：何运保

副区长：黄文干（任至4月）　钟洪　王芳　肖立华　秦伟（任至4月）　阳明（任至1月）　聂云（任至4月）　莫鹤群（2月任职）　周敏（7月任职）　谢静（10月任职）

七星区政协

主席：陆新元

副主席：曾德云　梁朝德　覃珑（兼）　林昊

桂林国家高新区

工委书记：赵德明

副书记：何运保　王芳（4月任职）

管委会主任：何运保

副主任：唐俊（任至4月）　肖立华　王朝胜　文方辉　阳明（任至1月）　张一新　李飞影（6月任职）　黄岳飞（12月任职）

雁山区

中共雁山区委员会

书记：廖桂生

副书记：杨思情（任至2月）　古保华（2月任职）　石自强（4月任职）

中共雁山区纪律检查委员会

书记：黄社富

雁山区人大常委会

主任：苑兆

副主任：廖发有　袁学成　陆科明　刘永莉

雁山区人民政府

区长：杨思情（任至3月）　古保华（3月任职）

副区长：石自强（任至4月）　赵海强（任至4月）　赵塞经（5月任职）　周收（6月任职）　江基发　李何（任至11月）　李红（任至7月）　唐峰（2月任职）　谭建国（10月任职）　伍运英（10月任职）

雁山区政协

主席：江雨巧

副主席：何昌剑　卢宗全　阳玉凤　林正坚（兼）

阳朔县

中共阳朔县委员会

书记：谭峰

副书记：谢灵忠　刘迎春（任至1月）　陈立华（4月任职）

中共阳朔县纪律检查委员会

书记：陈连生

阳朔县人大常委会

主任：覃自保

副主任：莫连苟　李永健　张猛　蔡龙德

阳朔县人民政府

县长：谢灵忠

副县长：陈立华（任至4月）　黄燕　朱鹊屏（任至5月）　李自军　徐永康　李道军　唐玲凤（10月任职）

阳朔县政协

主席：周永善

副主席：梁孝凤　陈庆武（任至5月）　覃丽虹　海强（兼）　莫永明（7月任职）

临桂县

中共临桂县委员会

书记:叶兆泉

副书记:彭代元　齐军(兼)　何新明　唐小忠(任至2月)　陆桂弟(4月任职)

中共临桂县纪律检查委员会

书记:伍国民

临桂县人大常委会

主任:唐修相

副主任:李常苟　唐德良　韦金养　李燕青

临桂县人民政府

县长:彭代元

副县长:李顺意　刘鹍(任至4月)　朱鹊屏(5月任职)　刘修荣　蒋明　秦艳植琳　秦荣光　邓世文

临桂县政协

主席:张凌发

副主席:阳朝琪　欧翠兰　汪厚章　陈苦源

灵川县

中共灵川县委员会

书记:孔德有

副书记:唐旭东(任至1月)　袁国华(1月任职)　石玉琳(4月任职)

中共灵川县纪律检查委员会

书记:赵国平

灵川县人大常委会

主任:赵成孙

副主任:秦松标　李志仁　刘佩龙　刘甲秀

灵川县人民政府

县长:孔德有(任至1月)　袁国华(3月任职)

副县长:李学文　张洪　蒋永刚(任至5月)　秦德生　经翠艳　吕兴无　唐筱凌(11月任职)　毛永安(11月任职)　张晓阳

灵川县政协

主席:王树军

副主席:秦旺福　申天赐　秦壬娣　包惠明(兼)

全州县

中共全州县委员会

书记:贺志刚

副书记:蒋昌桂　唐超斌(4月任职)

中共全州县纪律检查委员会

书记:唐超斌(任至4月)　李仁山(6月任职)

全州县人大常委会

主任:黄尚华

副主任:朱传禄　邓顺耀　蒋述生　蒋艳娇

全州县人民政府

县长:蒋昌桂

副县长:邓热和(任至1月)　赵奇玲　奉世江　肖必忠(任至7月)　钟明　陆丹　蒋小刚(11月任职)　张永军(11月任职)

全州县政协

主席:欧文忠

副主席:唐继雨　康庚莲　陶韬　经孝端

兴安县

中共兴安县委员会

书记:王建毅

副书记:阳明(1月任职)　秦凌云(4月任职)

中共兴安县纪律检查委员会

书记:秦凌云(任至4月)　姚兴松(9月任职)

兴安县人大常委会

主任:盘祥书

副主任:黄金科　唐社林　韦辉　吴海峰

兴安县人民政府

县长:王建毅(任至1月)　阳明(3月任职)

副县长:丁东弟　文斌　齐桂平　谭建国(任至10月)　蒋世语　薛鸿兴　徐建强　张福垣(11月任职)　黄小桂(11月任职)

兴安县政协

主席:唐卫平

副主席:邓昭贵　莫了标　陈和平　刘婉秋

永福县

中共永福县委员会

书记:文建中

副书记:蒋文明　古保华(任至2月)　唐火祯(4月任职)　唐红文(4月任职)

中共永福县纪律检查委员会

书记:唐沐林

永福县人大常委会

主任:于顺弟
副主任:朱政光　黄显新　徐玉红　卢秀明
永福县人民政府
县长:蒋文明
副县长:唐纪文(任至4月)　唐火祯(任至4月)　雷陈　刘琴(5月任职)　王宜琼　罗代璋　黄在治　赵家维　周昌盛(7月任职)
永福县政协
主席:刘永祥
副主席:梁家世　王承林　黄泽治　姚贵英

灌阳县
中共灌阳县委员会
书记:邹长新
副书记:沈荔芳　邓学云(5月任职)
中共灌阳县纪律检查委员会
书记:吴永合
灌阳县人大常委会
主任:蒋小林
副主任:周日球　宾怀贵　袁高明　唐莉姣
灌阳县人民政府
县长:沈荔芳
副县长:谢小明　范科君　向国庆　余桂兰　邓晓斌(任至4月)　扶桂平　杨小平(11月任职)
灌阳县政协
主席:何运国
副主席:戴增发　魏大政　陆健康　赵桂花

资源县
中共资源县委员会
书记:黄永跃
副书记:陈代昌(1月任职)　韦文周(4月任职)
中共资源县纪律检查委员会
书记:王志明
资源县人大常委会
主任:唐纯武
副主任:唐碑生　容小敏　谢永功
资源县人民政府
县长:黄永跃(任至3月)　陈代昌(3月任职)
副县长:曾富沅(任至9月)　裴军(4月任职)　杨松飞　胡焕忠　区捷　唐忠祥　童远松
资源县政协
主席:程正华
副主席:李芳明　卢盛炳　唐祥林　罗晓君

平乐县
中共平乐县委员会
书记:黄书明
副书记:文飞　卿树祥(任至4月)　蒋伟名(4月任职)
中共平乐县纪律检查委员会
书记:袁天赐
平乐县人大常委会
主任:谢海明
副主任:赖道周　黄家乐　于江　彭钦凤
平乐县人民政府
县长:文飞
副县长:陆智成　唐文(任至10月)　甘坤荣　高建娟　彭鸣　陈利　李钧(11月任职)
平乐县政协
主席:赖焕斌
副主席:何世球　江石清　李子佳(兼)　伍成红

荔浦县
中共荔浦县委员会
书记:罗永东
副书记:陈代昌(任至1月)　刘迎春(1月任职)　韦绍艺(4月任职)
中共荔浦县纪律检查委员会
书记:唐金华
荔浦县人大常委会
主任:胡贵生
副主任:满景灏　张翔　吴土得　高祖斌
荔浦县人民政府
县长:罗永东(任至1月)　刘迎春(3月任职)
副县长:韦绍艺(任至4月)　廖照德(4月任职)　阳行志(任至9月)　罗毅　谢东　雷贵声　谢冰莹　蒋茂利(10月任职)　欧毅翔(5月任职,任至9月)
荔浦县政协
主席:覃舜

副主席:谭军　张元喜　韦玉波　李庆节

龙胜各族自治县

中共龙胜各族自治县委员会

书记:唐天生

副书记:杨通鸣　王少荣(4月任职)

中共龙胜各族自治县纪律检查委员会

书记:黄枝君

龙胜各族自治县人大常委会

主任:王茂超

副主任:侯秋英　李健胜　陆峰　曾瑞玉

龙胜各族自治县人民政府

县长:杨通鸣

副县长:王少荣(任至4月)　贲黄文　韦秋燕　粟宁群　曾小明　马玉生　蒋伟宁(5月任职)

龙胜各族自治县政协

主席:杨建中

副主席:沈姬英　赵桂成　蒋伟宁(任至5月)　梁潮(兼)　秦峰(7月任职)

恭城瑶族自治县

中共恭城瑶族自治县委员会

书记:唐云舒

副书记:林武民(1月任职)　莫振华(5月任职)

中共恭城瑶族自治县纪律检查委员会

书记:蒋战平

恭城县人大常委会

主任:李庆才

副主任:刘功友　陈波(任至12月)　陈忠翠　孟定金

恭城瑶族自治县人民政府

县长:林武名(3月任职)

副县长:林武民(任至1月)　黄强(5月任职)　唐寿元　王桂英　郑建忠(任至5月)　陈义军　文亚军　覃传良　黄韬(10月任职)

恭城瑶族自治县政协

主席:林中贤

副主席:吴艳琴　林堃　蒋述卫　余军

临桂新区

工委班子

书记:黄俊华

副书记:齐军　叶兆泉　彭代元(兼)

管委班子

第一主任:黄俊华

主任:齐军

副主任:张克俭　刘红克　何新明　阳明(任至1月)　袁小明　肖源　秦上六　陈建国　黄福岗　植琳　王小平

苏桥经济开发区管委会

工委班子

书记:文建中(兼,任至4月)　徐峰(4月任职)

副书记:蒋文明

管委班子

主任:蒋文明

副主任:文建中(兼,4月任职)　肖立华(任至4月)　雷陈(任至4月)　王吉才　戴大文　卢秀明　马魁　赵塞经(任至4月)　黄宏思

中央及自治区驻桂林直属单位

桂林市工商行政管理局

党组书记:李涛

局长:周作智

副局长:刘炜明　韦志德　张显意　蒋少海(5月任职)

桂林市国土资源局

党组书记:赖月亮

副书记:刘涛　谭国政　宾帅全

局长:刘涛

副局长:谭国政　宾帅全(任至7月)　姚元富　王小平　张保玉　毛喜才

桂林市质量技术监督局

党组书记:钟显魁

局长:钟永明

副局长:衣鹏　沈祖亮　喻爱民

桂林供电局

党委书记:李昌富

党委副书记兼纪委书记:唐芳碌

局长:党广平

副局长:张晓峰　刘震达

桂林烟草专卖局

党组书记:霍文义
局长(经理):霍文义
副局长:龚家荣　李斌　陈振如
副经理:植文红　余和权
桂林海关
党组书记:胡坚
关长:胡坚
副关长:庾德钊(任至7月)　安文广　王希龙
桂林出入境检验检疫局
党组书记:陈柱坤
局长:陈柱坤
副局长:张潇

金融机构

中国人民银行桂林市中心支行
党委书记:刘靖波
行长:刘靖波
副行长:陆宝江　陈杰(任至4月)　龙新庭(4月任职)　谷壮海
国家外汇管理局桂林市中心支局
局长:刘靖波
副局长:谷壮海
中国银行业监督委员会桂林监管分局
党委书记:熊小军
局长:熊小军
副局长:韦西(任至12月)　莫千葵
农业发展银行桂林分行
党委书记:蒋群星
行长:蒋群星
副行长:范絮桂　曾僖仪(任至3月)　唐海宁(3月任职)　吕文勇(5月任职)
中国工商银行桂林分行
党委书记:瞿东波
行长:瞿东波
副行长:黄德平　陈晓军　唐峰　高海灵　侯小林
中国农业银行股份有限公司桂林分行
党委书记:陈汝雄
党委副书记:胡晓江
行长:陈汝雄
副行长:胡晓江　梁乾观　荣培湖
中国银行股份有限公司桂林分行
党委书记:李云飞(任至9月)　庞新方(9月任职)
行长:李云飞(任至9月)　庞新方(10月任职)
副行长:胡国萍(任至9月)　梁洪星(11月任职)　祝木生(任至9月)　彭继强　蒋向筝(10月任职)
中国建设银行股份有限公司桂林分行
党委书记:王艺民
行长:王艺民
副行长:周广宁　李毅　廖日升　刘世荣
交通银行股份有限公司桂林分行
党委书记:高青(任至9月)　凌颖杰(9月任职)
行长:高青(任至9月)　凌颖杰(9月任职)
副行长:梁小兴　秦士华　王卫东
中国邮政储蓄银行桂林市分行
行长:肖延影
副行长:唐兴星　刘庆宇
桂林市商业银行股份有限公司
党组书记:王能
董事长:王能
监事长:李云
行长:于志才
副行长:李兴华　阳峻屹　卿毅新　吴东
广西壮族自治区农村信用社联合社桂林办事处
党委书记:肖海秋
党委副书记:王成珠(6月任职)　贺语龙(6月任职)　彭辉(6月任职)
主任:肖海秋
副主任:王成珠(8月任职)　贺语龙(8月任职)
中国人民财产保险股份有限公司桂林市分公司
总经理:徐海
副总经理:韦民安　刘春禄　李林
中国人寿保险股份有限公司桂林分公司
党委书记:赵跃(任至7月)　陈小尤(7月任职)
副总经理:张文　沈潜
中国太平洋财产保险股份有限公司桂林中心支公司
总经理:关志明
副总经理:温若玲　刘莉　彭菊英
中国太平洋人寿保险股份有限公司桂林中心支公司
总经理:潘毅
副总经理:余峰

(各单位供稿)

中国共产党桂林市委员会

2月22日，全市宣传思想工作会议在市直机关小礼堂召开。　　何志勤　摄

重要会议

【市委三届九次全会】 2010年1月5日召开。出席会议市委委员49人,候补委员8人,市纪律检查委员会委员和有关单位部门负责人列席。全会学习贯彻中央和自治区经济工作会议精神,听取和讨论市委书记刘君代表市委常委会作的工作报告。

全会肯定市委常委会2009年工作,提出2010年全市工作总体要求和目标任务。总体要求:认真落实中央、自治区的决策部署和国务院《关于进一步促进广西经济社会发展的若干意见》,开展项目建设大会战,增强经济社会发展后劲;推动经济发展方式转变和经济结构调整;着力加快工业、农业、旅游业、现代服务业发展,进一步做大做强支柱产业;更加注重统筹各项社会事业全面协调发展、改善民生、党的建设和干部队伍建设,确保科学发展三年计划和“十一五”规划目标的全面完成。主要任务:一是扎实开展项目建设大会战,推进临桂新区建设、老城改造提升、以交通为重点的基础设施建设、园区建设和城乡风貌建设。二是转变经济发展方式,做大做强优势产业;继续实施“工业强市”战略,全力推动工业跨越发展;夯实“三农”基础,加快发展现代农业;加快旅游转型升级步伐,全面提升壮大旅游产业;努力扩大城乡消费,加快发展现代商贸服务业。三是继续深化改革,扩大开放,进一步增强发展活力。四是扎实推进民主政治建设和精神文明建设。五是切实保障和改善民生,确保社会和谐稳定。六是加强和改进党委对经济工作的领导,全面推进新形势下党的建设新的伟大工程;进一步提高领导经济工作的能力,加强干部队伍、基层组织、党风廉政建设,加强和改进作风建设。

【市委三届十次全会】 2010年11月15日召开。出席全会市委委员46人,候补委员6人。市纪律检查委员会委员、有关单位部门负责人和市第三次党代会部分代表列席。全会学习贯彻党的十七届五中全会、自治区党委九届十三次全会精神,听取和讨论市委书记刘君受市委常委会委托作的工作报告,审议通过《中共桂林市委员会关于制定国民经济和社会发展第十二个五年规划的建议》。市长李志刚就《建议(讨论稿)》向全会作说明。

全会评价“十一五”规划时期桂林经济社会发展取得的巨大成就,分析“十二五”规划时期桂林市经济社会发展面临的内外环境。确定“十二五”规划的指导思想、战略定位、主要目标和重大措施。提出今后五年经济社会发展的主要目标,经济平稳较快发展,力争到2015年实现地区生产总值比2010年翻一番,财政收入翻一番以上,经济结构调整取得重大进展,城乡居民收入普遍较快增加,生态文明建设成效显著,社会建设明显加强,改革开放不断深化。

全会提出,要保持经济平稳较快发展,保持投资较快增长,努力拉动城乡内需,营造创业创新良好环境。要深入实施“旅游兴市”战略,全面建设桂林国家旅游综合改革试验区,推进旅游体制机制创新,加快旅游发展方式转型,构建旅游发展新格局,着力把旅游业培育成为国民经济的战略性支柱产业和人民群众更加满意的现代服务业。要全面开展国家服务业综合改革试点区域建设,调整完善现代服务业发展布局,大力发展服务经济,做大做强以旅游业为龙头的现代服务业,全面提高服务业质量和水平。要深入实施“工业强市”战略,发展壮大优势产业,培育发展战略性新兴产业,大力发展园区经济,加快完善以高新技术产业为龙头的现代工业体系。要深入实施“农业稳市”战略;要加快发展支撑能力建设;要加快推进城镇化;要实施“一轴两带”经济发展空间布局和主体功能区规划;要加快创新型城市建设;要深入实施“文化立市”战略;要加强生态文明建设;要建立健全基本公共服务体系,促进充分就业,合理调整收入分配,健全覆盖城乡的社会保障体系,加快基本医疗卫生服务能力建设,全面做好人口和计划生育工作;推进社会管理创新,确保社会和谐稳定;要全面深化改革开放,推进行政体制改革,深化经济体制改革,推进社会事业领域改革,全面提高开放水平。 (邹祎芹)

重要决策

【开展“我为临桂新区建设做什么”大讨论活动】 2010年3月,市委在全市开展了为期一个月的以“我为临桂新区建设做什么”为主题的大讨论活动，全市138个单位参加。各单位大讨论围绕临桂新区建设，结合单位实际，分别从克服畏难工作情绪、加快项目建设、树立全局意识、改进服务、提高效率等方面开展讨论。全市有27个重点单位分别在市属媒体上作出公开承诺。大讨论活动，提升了各单位的服务意识和工作执行力。

【开展“工作落实年”活动】 2010年3月至2011年3月，市委、市政府在全市范围内开展“工作落实年”活动。工作落实年以市委、市政府中心工作为重点，通过实施工作目标任务分解制度、督促检查制度、信息公开制度、考核奖惩制度“四项制度”，做到工作任务明确到领导、明确到岗位、明确到具体工作人员“三个明确”，实现加快经济发展方式转变、重点难点问题突破、体制机制创新、干部队伍建设、工作作风转变“五个新突破”。工作落实年的开展，全面推进了以“城市建设、交通基础设施建设、园区建设、城乡风貌建设”为重点的项目建设大会战，确保了市委、市政府确定的全年各项工作任务的全面完成，推动了桂林科学发展、和谐发展、跨越发展。

【实施“质量兴市”战略】 2010年8月，市委、市政府在全市范围内实施“质量兴市”战略，并确定“质量兴市”战略的主要目标、工作重点及主要措施。主要目标：到2015年，全市质量总体水平和产业、企业总体素质基本适应市场竞争需要，重点领域的质量水平达到自治区先进水平，工业产品、农业产品、工程、服务、环境质量目标与全面建设小康社会的基本要求相适应，质量工作对社会发展起到重要的支撑作用。工作重点：全面推进标准化体系建设，大力实施名牌发展战略，加强质量保障能力建设，推动诚信体系建设，加大质量安全监管力度。主要措施：切实加强组织领导；强化企业主体作用；加大政策扶持力度；落实政府质量奖励制度；加大宣传力度，提高全民质量意识。

【促进残疾人事业发展】 2010年1月，市委、市政府出台《关于促进残疾人事业发展的实施意见》，提出桂林市残疾人事业发展工作目标。要增强促进残疾人事业发展的责任感和使命感，保障残疾人基本生活，加强残疾人医疗康复和残疾预防工作，大力发展残疾人教育事业，大力促进残疾人就业，大力发展残疾人文化体育事业，努力改善对残疾人的服务，优化残疾人事业发展的社会环境，建立促进残疾人事业发展的长效机制。

（邹祎芹）

组织工作

【概况】 2010年，市委组织部坚持改革创新，带头“创先争优”，领导班子建设、干部队伍建设、人才队伍建设、基层党组织建设和组织部门自身建设等各项工作取得新成绩，提高了组织工作的满意度和科学化水平，为全市经济社会又好又快发展提供坚强的组织保证和人才支持。

【基层党组织建设】 2010年，市委组织部深入开展“党组织建设年”活动，全面推进基层党组织建设。在市直机关党组织全面推行“公推直选”工作，制订出台《桂林市机关基层党组织换届选举“公推直选”实施办法（试行）》，全市3600多名党员、群众参与“公推直选”，373个机关基层党组织开展“公推直选”，占机关总数的43.27%。开展“两新”组织（新经济组织和新社会组织）党组织组建百日攻坚行动，创建一批市、县级非公有制经济党建示范点，培训全市非公有制经济党组织书记110人，全市369家规模以上非公有制企业、222家新社会组织建立党组织，在不具备组建条件的“两新”组织中全部选派党建工作指导员。推进党建带工建、带团建、带妇建工作，党群共建得到新拓展，全市在已建立党组织的“两新”组织中建立工会组织1064个、共青团组织1065个、妇女组织1055个；指导临桂县建立健全党内困难党员帮扶救助体系，筹集资金设立党内关爱金，建立了困难党员关爱保障长效机制。全市选派3495名社会主义新农村建设指导员进驻1654个行政村开展帮扶工作；全面落实全市第三批86个贫困村整村推进农村党建工作，完成第二轮58个新建和413个危、旧、狭小村级活动场所项目建设，招聘100名高校毕业生到村（屯）任职。开展村党组织书记培训工作，培训了151名村党组织书记。

【干部人事制度改革】 2010年，市委组织部按照自治区党委关于“干部交流锻炼千人计划”的有关要求，选送15名年轻有发展潜力的县（区）党政班子副职到自治区直属机关挂职锻炼，接收安置40名从自治区直属单位选派到桂林市挂职锻炼的干部，从市直单位选派49名优秀年轻干部到乡（镇）挂职锻炼。完成干部“公选千人计划”工作，全市公开选拔15名优秀村党组织书记到乡（镇）领导班子任职、7名优秀社区党组织书记到街道班子任职、6名优秀乡（镇）党委书记到自治区直属机关担任副处级领导职务，7名优秀乡（镇）党委书记担任市直机关副处级领导职务。面向全国公开选聘和选拔了37名城区、街道党建工作组织员和49名工业化、城镇化人才。面向市直单位公开推荐选拔9名副处级领导干部，选拔全程由纪检监察部门监督，新闻媒体及时报道，重要环节现场直播，增加“两代表一委员”评分权重、市委常委会和全委会投票表决，整个过程“阳光透明”；对县（区）重要岗位人选任用实行全委会票决制，对7名县（区）党政正职拟任人选和推荐人选，征求市委委员（含候补委员）意见，对推荐参加自治区公选的优秀乡镇党委书记人选，进行市委常委会投票表决。推进市直单位干部人事改革工作，制订出台《桂林市直属机关中层领导干部竞争上岗暂行办法》，做好公安系统公开推荐选拔22名副处级干部及部分市直单位领导班子成员改任非领导职务工作。

【干部队伍建设】 2010年，市委组织部加强干部调整配备，规范干部管理。加大对县（区）领导班子的调整力度，改善县（区）领导班子的年龄结构和文化结构，全年共交流调整配备县（区）领导干部116人，其中提任正处级领导15人、提任副处级领导28人、进一步使用干部67人、改任非领导职务6人，提前退休1人。按照“合理配置、改善年龄和专业结构”的要求，对市直部分单位领导班子进行调整配备，全年考察提拔干部148人，其中提任正处级领导16人、定正处级14人、提任副处级领导64人、定副处级16人、提任非领导职务21人、改任非领导职务81人。完成2009年43名及2010年35名团级军转干部的安置工作。按照《干部任免职办文程序的暂行规定》，全年共办理干部任免职文件410份，干部调配手续200人次。做好干部档案的日常管理，全年接待查借阅干部档案226人次，调阅档案289卷，收集档案材料4645份，接收档案154卷；限时办结2000余人次各类处（团）级干部的工资、津贴变动审核工作。

【党员发展教育管理】 2010年，市委组织部抓好发展党员工作。全年全市共发展党员11745人，其中女性党员6035人，少数民族党员2392人，35岁及以下党员10382人，高中及以上学历党员10281人，生产一线党员3570人，推优党员6048人。继续做好“12371”党员咨询服务专线电话的值守和党员组织关系介绍信的转接等工作，加强党员组织关系介绍信的档案管理。利用电化远程教育、电视专用频、党校、农家课堂、示范基地、手机短信等多种方式，全面开展农村党员大培训。全年全市共举行农村党员大培训24007期，培训人员90.92万人次，培训“两委”干部5201期，培训人员19.02万人次，共落实培训经费1196.85万元。全市5个单位和7名个人分别被评为2007～2010年自治区农村党员大培训十佳单位和十佳个人。

【干部教育培训】 2010年，全市共培训各级各类干部13.8万人次，其中接受培训的厅级干部29人次、县处级干部0.5万人次，科级以下干部8.1万人次、专业技术人员4.8万人次、企业经营管理人员0.4万人次。年内，由市级组织举办的主体班、专题班、自选班、重点班等24期，共培训各级各类干部1355人次。开展全市2008～2012年在职干部全员培训中期评估检查的自检和县级党校办学水平达标评估的自查、自评工作，阳朔县、兴安县、恭城瑶族自治县县委党校通过自治区党委组织部、自治区党校联合工作组的检查验收。配合自治区党委组织部干教处抽调了252名厅级、县处级和科级领导干部参加了由中组部、中央党校、国家行政学院和自治区党委组织部、自治区党校等举办的各类培训班学习。

【干部监督】 2010年，市委组织部制订“一条例四制度”学习计划，结合干部任用条例等相关法规，组织全市1739名处级以上干部进行“一条例四制度”知识测试，举办干部选拔任用工作四项监督制度辅导讲座、知识竞赛，派出检查组对民意调查和“一报告两评议”排名靠后的单位进行重点抽查。完成《关于领导干部报告个人有关事项的规定》《关于对配偶子女均移居国（境）外的国家工作人员加强管理的暂行规定》两项法规制度联系点及市委管理干部出国(境)备案审批工作,重点督促各县(区)以及“一报告两评议”中总体评价满意率低于60%的单位,抓好民意调查和情况的分析整改。开展治理拉票及整治干部选拔任用工作中行贿受贿行为,严格落实“12380”举报电话值班制度,建立健全“12380”举报信息台账,全年共接到群众反映各级领导干部有关问题的信访51件次,对42名有群众举报的单位或领导干部个人发出函询55件次,并认真组织调查;对28名领导干部实行了经济责任审计。

【后备干部队伍建设】 2010年,市委组织部制订下发《2010～2016年桂林市党政领导班子后备干部队伍建设规划》,重点建立了一支年龄在40岁左右、规模在700人左右,不同层次、不同年龄、素质优良、门类齐全、结构合理的县处级后备干部队伍。抓好《关于新提任副职领导干部到信访办工作一段时间的实施办法(试行)》的落实,全年完成3批共18名新提任副职领导干部到信访部门挂职锻炼。完成对2008年从市直单位选派到县(区)直机关挂职干部的鉴定工作。做好2010年选调生考录工作,全市共拿出67个职位面向全国选调优秀应届毕业生、“三支一扶”毕业生及西部志愿者毕业生到基层锻炼,共有588名符合条件者参加考试,有63名大学毕业生被录用为选调生。

【人才工作】 2010年,市委组织部完成《桂林市中长期(2010～2020年)人才发展规划》《桂林市漓江学者制度试行办法》《桂林市拔尖人才评选管理办法》的征求意见,对全市第二批43名拔尖人才进行表彰。依托桂林国家高新技术产业开发区,建设全国产学研合作自主创新示范基地,基地内科技型企业300多家,拥有各类专业技术人才1.2万名。建设桂林科技创业服务中心,为中小型科技企业、留学人员及博士企业提供专业化孵化服务;属地高校、科研院所和市属企业共同参与建设广西医药产业、电子信息产业等3个自治区级人才小高地、3个市级人才小高地。加强高层次人才队伍建设,引进海外高层次人才成效明显,罗科博士入选国家引进海外高层次人才“千人计划”创业人才,实现了广西在该项目上“零”的突破,全市有5人被评为自治区第七批优秀专家,协调第十三批广西“新世纪十百千人才工程”第二层次人选的推荐选拔工作,推荐当选“西部之光”访问学者1名。促成高校科研院所和相关企业联合攻关,引导各方进行产学研合作,提升产业竞争力,1人获“何梁何利基金”,1人获国家科技进步一等奖。

【党员电化教育】 2010年,市委组织部创新远程教育模式,加强远程教育基础设施建设。全市共确定建设第三批远程教育卫星模式终端接收站点346个,已建设电信、卫星模式远程教育终端站点1990个,实现远程教育在乡(镇)和建制村全覆盖。拓宽远程教育服务新领域,全面开展“远教广场”建设,扩大党员群众受教育面,全市共建设远教广场61个。开展“百部系列教材”的拍摄制作工程,制作14部教材、专题片,有5部入选《广西“创先争优”活动基层典型100例》系列电视片优秀节目,其中《检徽闪耀》获特等奖、《党内民主添新技》获一等奖。市委组织部获自治区“百名英模”电视系列片制作组织奖。

【“创先争优”活动】 2010年,市委组织部围绕创建“五个好”(党组织领导班子好、党员队伍好、工作机制好、工作业绩好、群众反映好)先进基层党组织、争当“五带头”(带头学习提高、带头争创佳绩、带头群众服务、带头遵纪守法、带头弘扬正气)优秀共产党员的要求,谋划以“服务四大建设,争当发展先锋”为主要内容的“创先争优”活动载体,加强分类指导、强化上下联动,抓好“五大行动”(结对共建大行动、承诺联评大行动、典型示范大行动、绩效考评大行动、党群共建大行动)。全年全市成立“创先争优”活动领导机构4192个,市、县两级四家班子领导分别建立挂点联系点42个和558个,乡(镇)领导班子成员建立挂点联系点1442个,全市机关基层党组织与城乡各类基层党组织结对共建1747个,机关党员与城乡党员建立帮扶对子13029个,建立“创先争优”示范点481个,树立先进基层党组织587个。全国先进人物王远文、自治区敬业楷模杜云等1936名优秀党员成为“创先争优”的典型人物。全市各级党组织积极“承诺、践诺”,作出公开承诺党组织1.17万个,承诺事项2.76万件,兑现承诺事项2.35万件;作出公开承诺党员15万余名,承诺事项15.2万件,兑现承诺事项12.5万件,为群众办实事好事5.9万件。 (市委组织部)

宣传工作

【概况】 2010年，市委宣传部围绕大局，科学谋划，狠抓落实，开展“服务四大建设先锋行”主题实践活动，组织开展“我为临桂新区建设做什么”大讨论活动。做好项目建设大会战的宣传，开辟专栏专题，助推“四大建设”，桂林大剧院、桂林博物馆、桂林图书馆、桂林市广播电视中心、桂林日报社传媒中心等重点文化项目的建设居临桂新区建设前列。年内，全市建设村级公共服务中心58个、乡（镇）综合文化站32个、农家书屋386家、三级文化信息资源共享工程1021个，完成20户以上通电自然村“村村通”广播电视工程建设任务。完成农村电影公益放映任务19860场。

【理论武装】 2010年，市委宣传部抓好中心组学习，市委和各县（区）委中心组的集中学习均在6次以上。把学习型党组织建设与“创先争优”活动和“工作落实年”、“党组织建设年”、“项目建设年”、“服务企业年”、“城市建设高潮年”活动结合起来，学习型党组织建设活动进一步向深处实处拓展。多种途径扩大理论宣传覆盖面，市四家班子领导分别到各县（区）基层联系点指导学习；市委宣传部、讲师团和市委党校、市行政学院联合举办各类理论学习培训班；市属媒体开辟专栏专题进行理论宣传；组织宣讲团到12县5城区进行宣讲，共宣讲56场次，直接受众达1.5万人。开展理论研究，邀请自治区内知名专家学者就推进桂林国家旅游综合改革试验区建设进行座谈和研讨，出版《社科专家建言专报》文集。发挥智囊作用，组织城市发展研究，出版《一个城市的发展探索——桂林市哲学社会科学规划研究课题文集》。

【新闻宣传】 2010年，市委宣传部继续落实新闻通气会制度、新闻宣传归口管理制度、新闻稿件“三审”制度，开展新闻战线三项学习教育活动，确保导向正确、基调平衡。做好党的十七届五中全会、市委全会等大型会议和“创先争优”活动的宣传；策划“四大建设”、桂林国家旅游综合改革试验区建设、全国文明城市创建、全国卫生城复审和“我为临桂新区建设做什么”大讨论等中心工作、重点工作的宣传。落实第四届联合国世界旅游组织亚太旅游协会旅游趋势与展望国际论坛、2010第五届亚洲超级模特大赛、2010中国桂林国际旅游博览会、第二届桂林创新创意文化节暨桂林国际动漫节、恭城瑶族自治县县庆等活动的宣传。继续开展“十佳记者”、“十佳编辑、主持人”和桂林新闻奖评选活动，加强新闻工作者协会建设，举办新闻对外宣传培训班，队伍建设得到加

2月16日，桂林市举办第九届文艺创作金桂奖颁奖晚会。
何志勤 摄

强。落实“新闻上稿奖励办法”，加强与上级媒体的联系和沟通，全年全市在自治区级以上平面媒体和广播电视媒体上稿 7462 篇条。与市委组织部联办县处级领导干部媒体应对培训班，提升领导干部与媒体打交道的能力。健全和完善新闻发布会制度，规范新闻发布会管理，全年共举办各类新闻发布会 15 场；落实党委新闻发言人，增加党委工作透明度；拟定《桂林市突发事件新闻宣传应急预案》，指导县（区）做好突发事件应急新闻处置，临桂县、灵川县、灌阳县、资源县、平乐县、荔浦县等县发生的 10 余起突发事件均得到及时处置。加强网络舆情的监控和引导，建立人民网网友留言回复机制。

【思想政治工作】 2010 年，全年向中宣部、自治区党委宣传部报送舆情信息 892 篇，被中共中央宣传部采用 41 篇，被自治区党委办公厅、自治区党委宣传部采用 131 篇，报送量和采用量分列自治区第一、第二。党报党刊发行任务如期完成。开展“做一个有道德的人”主题实践活动、“我们的节日”文化活动和文明礼仪活动。年内，推出的王远文和杜云两个先进典型在全国、自治区得到好评。对全市 2090 所中小学校及幼儿园校园周边进行专项整治，为青少年的身心健康营造了良好的校园环境。

【文化工作】 2010 年，桂林市的文化精品创作成效显著，《偷秋》在第四届全国少数民族曲艺展演中获一等奖，同时获得参加全国曲艺最高奖“牡丹奖”的评选资格，为自治区最好成绩；《留守妻子》获第二届广西彩调艺术节一等奖。桂剧《灵渠长歌》二度创作基本完成，在全市及自治区巡演 56 场；参加自治区第二届“我邀明月颂中华”——历代经典爱国诗词配乐朗诵大赛获一等奖。在首届广西舞蹈青年演员大奖赛上，桂林市共获 7 个表演一等奖。群众性文化活动蓬勃开展，启动“和谐文化服务行”群众文化建设年活动；“千团万场”群众文化活动广泛开展；各县（区）的节庆活动丰富多彩；百姓大舞台全年演出 29 场。文化产业加快发展，继续扶持印象 · 刘三姐、愚自乐园等重点文化企业，实施重大项目带动战略；积极推动高新区文化创意产业园、山水玫瑰主题社区、桂林 · 中国丝绸文化产业创意园、桂林 · 香港 3 D 动漫国际城产业园、桂林市文化印刷园等项目建设；制订“桂林国际足球文化产业园”项目发展计划。印象 · 刘三姐和梦幻漓江成功列入全国文化旅游重点项目支持名录——旅游演出类名单，王城景区、龙胜各族自治县黄洛长发瑶寨获自治区文化产业示范基地。文物和文化遗产保护有序推进，第三次全国文物普查资料整理工作通过自治区级验收；八路军办事处旧址及抗战文化旧址景区建设项目改扩建工程正式开工建设；靖江王府及王陵考古遗址公园、甑皮岩考古遗址公园建设项目列入第一批国家考古遗址公园立项名单，为自治区仅有的两个上榜项目。有 25 个项目名列 2010 年公布的第三批自治区级非物质文化遗产名录，居全自治区之首。 （廖严昌）

精神文明建设

【概况】 2010 年，桂林市精神文明建设委员会办公室（简称市文明办）以社会主义核心价值体系建设为根本，不断丰富拓展群众性文明创建内涵，创新公民文明素质和未成年人思想道德建设，全面推进文明城市创建工作，为全市经济社会发展提供精神动力。

【群众性精神文明创建】 2010 年，桂林市的群众性精神文明创建内涵不断拓展。开展“让心灵与山水同美”——优质服务品牌推广行动、优质服务示范活动和“百城万店无假货”示范街、示范店创建活动，开展窗口行业文明服务公众满意度指数调研，表彰命名第三批桂林市文明行业 1 个、文明窗口 57 个。新建 400 个文明卫生村，继续抓好新建的 55 个新农村建设试点，实施以阳朔县、恭城瑶族自治县、临桂县为重点的乡村风貌改造、文化兴村、道德建设、扶危济困、经济强村五大工程，提高“全市精神文明建设城乡共建示范带”的建设水平。全市荣获第十三批自治区文明村镇 9 个、文明单位 40 个、军（警）民共建精神文明先进单位 10 对。组织开展第六批桂林市文明村镇、文明单位评选及桂林市第四批文明风景旅游区示范点的复核和动态管理工作。评选推荐出自治区、市、县（城区）三级“九大和谐建设”联系示范点 150 个。申报自治区和谐乡（镇）14 个、和谐村屯

4 月 24 日，桂林市启动文明交通行动计划志愿服务活动。

市文明办 供稿

12 个、和谐街道 12 个、和谐社区 13 个、和谐邻里 10 个。

【公民文明素质建设】 2010 年，市文明办以提升公民文明素质为目标，深入开展各种主题教育活动。组织全市 2009 年道德模范颁奖晚会，将 5 名道德模范和 15 名道德模范提名获得者的感人事迹，创作成文艺节目，深入到机关、企业、学校、社区、农村巡讲。广泛开展"我推荐、我评议身边好人"活动，组织推荐身边好人候选人 29 人，其中 11 人进入"中国好人榜"候选名单，3 人入选"中国好人榜"。组织青年志愿者开展交通安全劝导、学雷锋、环保宣传及空巢老人关爱等形式多样的大型社会志愿服务活动。七星区毛塘路、象山区将军桥、叠彩区清风、秀峰区东华等社区成为中央文明办社区志愿服务联系点。开展丰富多彩的群众性文化活动，结合"三下乡"组织新春文化月系列活动；举办"树立文明新风尚、建设美好新农村"影视展和社区邻里百家宴等；在清明、端午、中秋、重阳等节庆期间，结合"漓江之声"、"百姓大舞台"、"百姓大讲坛"、"青春艺术节"、"中华美文诵读"等群众文化品牌及红衣节、渔火节、河灯节等地方节庆举办群众性的文化活动及民族民俗活动。

【文明城市创建】 2010 年，市文明办制订《桂林市迎接城市公共文明指数测评工作方案》，加强文明村镇、文明行业、文明单位、文明社区的日常管理，推动基础创建工作走向常态化、规范化；邀请自治区调查队对全市进行 2 次模拟测评，举办了创城工作培训班，召开创城工作推进会、督查会、通报会、布置会等，统一思想，形成合力；通过"桂林文明网"、"桂林精神文明动态"专刊等传媒载体，扩大文明城市创建的社会宣传效应。

【未成年人思想道德建设】 2010 年，市文明办在未成年人思想道德建设工作上实现创新发展。在全市分别开展了清明节 · 网上祭英烈活动、六一儿童节系列活动、以"做一个有道德的人"为主题的第六个广西未成年人思想道德建设日宣传教育、优秀童谣传唱及网上签名寄语活动。组织快乐暑期大行动和孝德好少年演讲比赛等系列活动。成功承办自治区的"做一个有道德的人"主题实践活动调研座谈会。在叠彩区、七星区、灵川县等 9 个县(区)确定 10 个自治区乡村校外活动乐园示范点。率先在广西挂牌成立桂林市未成年人心理健康辅导中心，举办"世界心理健康日"暨桂林市未成年人心理健康辅导大型广场活动。年内，在 2008 ~ 2010 年度自治区未成年人思想道德建设工作评比中，桂林市获先进城市，阳朔县、象山区获先进县(区)；临桂县文明办、灵川县图书馆、桂林电台阳光好少年栏目组获先进单位(集体)；李白燕等 17 人获先进个人。

(唐阳春)

统一战线工作

【概况】　2010年，市委统战部积极开展实践创新，推进“三大统战”（经济统战、文化统战、和谐统战）工作深入开展，制订下发《关于设立“统战工作实践创新奖”的通知》，抓好全市统一战线重要活动的宣传。年内，市统战宣传信息工作被自治区党委统战部评为一等奖，5篇调研文章分别被评为二、三等奖和优秀奖。

【引导非公有制经济健康发展】　2010年，市委统战部围绕“创建学习型机关，争当科学先锋，促进工商联事业快速发展”主题，在全市非公有制企业中开展“创先争优”活动，共派出党建指导员600人，各级建立联系点518个。全市3238家非公有制企业、19121名党员参加活动，795家企业建立党组织，新建党支部145个。引导全市非公有制经济人士践行社会主义核心价值体系，向老革命（即红军失散人员、抗日战争入伍人员）、老党员（新中国成立前入党）、老模范（新中国成立前出生的自治区级劳动模范）等“三老”人员和贫困群众开展结对子帮扶活动。年内，参与活动的企业102家，帮扶“三老”人员61人，帮扶金额34.25万元，捐赠实物折合14.14万元，项目扶贫16.4万元，招工扶贫500人，培训扶贫361人。

【推进多党合作制度建设】　2010年，市委统战部协助市委制订《中共桂林市委员会2010年度政治协商计划》。协助各民主党派市委会做好换届筹备工作，拟定《关于协助各民主党派市委会做好2010年换届工作的总体方案》《市委统战部关于协助各民主党派市委做好2010年换届工作的意见》《各民主党派桂林市委会关于做好2010年换届工作座谈会议纪要》等文件，协调召开换届有关会议。指导各民主党派完成基层组织换届工作。全年选送17批65名党外干部到广西社会主义学院参加培训，举办党外科级干部培训班。加大党外干部培养推荐使用力度，全市有3个县（区）人民法院、1个县人民检察院配备党外副职领导干部，市政府8个工作部门配备10名党外领导干部，有4名党外干部在政府部门和群团组织任正职，选送11名优秀党外干部到基层挂任副乡（镇）长。

【民族宗教工作】　2010年，市委统战部健全三级宗教信息网络机制，对重点目标实施监控，及时发现和制止境外宗教势力渗透活动，全年取缔16个私设聚会点、6个非法传教点和6起非法传教活动，行政处罚19名非法传教骨干分子。开展“创建和谐寺观教堂”活动。制订《宗教活动场所财务监督管理制度》，指导各宗教场所建立健全财务管理制度、财务审批制度、财务监督制度、寺院民主管理制度等，推行“三统一”（统一制度、统一建账、统一审批权限）“三公开”（公开收支情况、公开办事程序、公开办事结果）“三监督”（接受群众监督、接受宗教团体监督、接受宗教主管部门监督）管理。

【海外统战】　2010年，市委统战部协助香港广西桂林市同乡联谊会到桂林开展“桂心·瞳心·护眼睛”活动，先后为兴安县、临桂县、龙胜各族自治县、阳朔县等1600名学童免费检测视力，为118名患眼疾学童免费配镜和跟踪治疗，赠送近2万元的学习用品给学童，捐资30万元建小学教学楼1栋，为贫困农村建篮球场5个。

年内，市委统战部在中国台湾地区举办“桂台旅游合作交流研讨会”，组织台商参加“2010中国桂林国际旅游博览会”、“首届桂林国际商务及休闲旅游展”等活动。交流方式由经贸交流、民间往来上升到中高层领导频繁接触和党际交流常态化。7月上旬，以市委书记、市人大常委会主任刘君为团长的桂林代表团一行39人，随自治区经贸文化代表团到中国台湾地区开展“深化交流合作宝岛行”活动，参加两岸产业高峰会议，举办桂台旅游合作恳谈会，签订旅游合作协议。9月，中国台湾地区花莲县派出以议长为团长的议会代表团到桂林参观访问。　（颜晴）

政策研究

【概况】　2010年，市委政策研究室加强理论学习，创新工作机制，突出文稿写作，强化课题调研，狠抓刊物阵地建设和政策研究队伍建设，切实为党委决策和推进发展服务。全年共完成调研课题11个,在各类报刊发表论文、调研报告30篇;完成各类文稿写作十多篇;出版市委机关刊物《今日桂林》12期,刊登各类文章300余篇。获自治区党委政策研究室2009年度工作先进单位。

【开展课题调研】 2010年,市委政策研究室共完成调研课题11个,内容涉及科学保护漓江、教育事业科学发展、企业自主创新、临桂新区建设、党的建设、旅游业、城市建设和管理、社会建设等诸多领域,其中《以科学发展观为指导构建科学保护漓江长效机制》是2010年市委的重点研究课题。完成市委交给市政协的《关于桂林国家旅游综合改革试验区建设的调研报告》的写作任务及《桂林市加快物联网建设的对策研究》的课题立项申请和项目标书的写作。全年在各类报刊发表论文、调研报告30篇,其中省级以上报刊发表8篇。共有5项成果分获自治区、市级奖励,其中《临桂县构建城乡党建一体化新格局的调查与思考》获自治区党委组织部一等奖;《推进广西与东盟旅游合作的若干思考》获自治区社会科学界联合会、自治区政府发展研究中心主办的"中国—东盟自由贸易区建成后广西深化与东盟合作与广西企业走向东盟战略"研讨会优秀论文一等奖。

【文稿写作】 2010年,市委政研室参与领导的各类会议讲话和市委的决策性文件等文稿写作。全年完成市委关于"十二五"规划建议的专题调研;直接参与市委三届九次、十次全会报告的写作;参与起草《中共桂林市委关于制定第十二个五年规划的建议》、市委市政府《关于加快桂林市教育事业科学发展的决定》(征求意见稿)以及《关于贯彻落实全区教育工作会议精神和〈广西中长期教育改革和发展规划纲要(2010~2020年)〉的实施意见》(征求意见稿);完成市委书记刘君代表市委向国家副主席习近平作的题为《实施五大工程着力构建科学保护漓江长效机制》汇报材料的起草;牵头组织有关部门完成桂林市对自治区党委政府加快经济发展方式转变的决定和自治区党委"十二五"规划建议征求意见稿的修改意见的起草;完成市委向自治区汇报的经验总结材料《科学保护漓江　建设美好桂林》(讨论稿)及市委考察组《关于北京密云水库生态保护的考察报告》的写作等。

【办好市委机关刊物《今日桂林》】 2010年,市委政策研究室按时按质完成市委机关刊物《今日桂林》的编辑、出版和发行任务。加强与县(区)党委办公室的联系,扩大稿源,提高来稿质量。加大对专家学者的约稿力度,围绕市委中心工作,全年共出版《今日桂林》12期,刊登各类文章300余篇。 (刘泽兴)

党校工作

【概况】 2010年,市委党校通过个人自学、集中授课、举办讲座、跟班学习、外出培训等形式,开展"创建学习型党组织模范单位"实践活动。结合"创先争优",开展"内强素质,外树形象"活动,党校形象整体提升。

【干部培训】 2010年,市委党校共举办主体班17期,培训学员837人次。其中:县处级领导干部进修班4期172人,县处级领导干部专题研讨班6期290人;中青年干部培训班1期46人,乡科级干部培训班2期79人;县(区)人大领导干部培训班1期32人;女干部培训班1期43人;少数民族干部培训班1期38人。举办非主体班8期765人。

【教学工作】 2010年,市委党校完善备课试讲制度、听课评教和学员评教制度,加强教学评估,改进激励机制,制定教学奖励暂行办法。开展培训需求调查,实行按需教学,在继续开展菜单式教学的同时,对菜单加以改进、分类,增强教学内容的针对性和教学效果的实效性。现场教学实现新突破,在操作中增加由当地领导以"答记者问"形式答复学员疑问,让学员们对当地工作经验掌握更彻底。教改课由多人共上向一人单上方向转变,采取用分段式视频代替讲解、学员分段讨论、教师分别点评等方式,将学员更多地吸引到课堂互动中来,激发了教师的教学积极性和学员的学习积极性。做好党校函授学历教育收尾和自治区党校研究生公共管理专业招生报名工作,全年毕业专科学员48人、招收学员35人。

【教学科研】 2010年,市委党校修订完善《教学科研工作管理规定(讨论稿)(试行)》、拟定《科研管理工作实施细则》《科研工作量计算标准与奖励办法》《校级研究课题管理暂行办法》;举办全市党校系统“桂林国家旅游综合改革试验区建设”理论研讨会和优质课评选活动。全年公开发表论文36篇,其中省部级19篇、地市级17篇。41人次参加各级各类研讨会,获奖论文38篇,其中省部级26篇、校级12篇。课题《桂林县域特色产业经济发展研究》结项;编辑出版《中共桂林市委党校学报》4期共4800册,发表论文71篇。

【队伍建设】 2010年,市委党校推荐干部5名参加全市副处级领导干部公选,其中1人得到提拔使用。选派2名骨干教师到县挂职锻炼。从外单位调入2名优秀人才。通过竞争上岗,选配4名正科级、3名副科级中层领导干部,调整充实处室领导班子。面向社会公开招聘引进硕士研究生4名,充实了教师队伍。

【图书信息资源建设】 2010年,市委党校完成网络防火墙的核心固件和杀毒软件的升级,提高网络应用的识别率和安全性;投资2万元购买维普中文期刊数据库和两个数据资源库,采购各类图书270册、订阅报刊330种、装订报纸和期刊1787册、制作专题资料课件33个、收集各种资料783篇。

【县级党校办学水平达标评估】 2010年4月,市委党校协助自治区党委组织部、自治区党校完成对阳朔县、恭城瑶族自治县和兴安县3所党校办学水平的检查验收。7月,组织召开全市县级党校办学水平达标评估工作推进会,为确保达标评估工作顺利开展打基础。 (汪志文)

党史工作

【概况】 2010年,中共桂林市委党史研究室(简称市党史研究室)以征研工作为重点,全面推进党史工作科学发展。全市党史正本编纂工作取得重大进展,完成社会主义时期党史98个专题资料收集;编辑出版《社会主义时期党史专题资料汇编》(第一辑)、《中共桂林地方史2009年度大事记》《新桂林新辉煌》《桂林革命遗址遗迹》。组织召开纪念抗战胜利65周年座谈会。启动《临桂新区建设党史专题资料汇编》项目。

【党史正本编纂】 2010年,市党史研究室完成《中国共产党桂林历史》(第一卷)第三稿的修改。各县(区)在做好大事记编辑出版的同时,进行县(区)党史正本一卷或二卷的编写工作。年内,阳朔县、永福县、资源县完成党史正本一卷编写,全州县、平乐县完成党史正本二卷初稿编写,秀峰区、叠彩区、象山区完成城区党史正本初稿编写。

【党史资料征集】 2010年,市党史研究室的社会主义时期党史专题资料征编工作进展顺利,全市172个专题完成98个,编辑出版《社会主义时期党史专题资料汇编》(第一辑)。各县(区)广泛开展社会主义时期党史专题资料征编工作。制订下发《关于做好征集领导干部个人留存的党史资料工作的实施意见》,发布征集公告和公函,征集老同志留存党史资料工作顺利展开。编辑出版《桂林市2009年度党史大事记》,全书约21万字60幅图片,记载了党在2009年度的重要活动以及政治、经济、文化、教育、社会等方面重大事件。

【党史宣传教育】 2010年,市党史研究室组织原桂林地下党老同志、桂北游击队老队员约100人,祭扫陈光墓,苏曼、罗文坤、张海萍三烈士纪念碑及桂北革命武装斗争纪念碑,缅怀先烈的丰功伟绩。组织抗日老战士、老同志开展纪念抗战胜利65周年座谈会。编辑出版《新桂林新辉煌》,全书50万字,记述1998年桂林地市合并10年来桂林市在社会主义物质文明、政治文明、精神文明和社会文明建设等方面取得的辉煌成绩;编辑出版《桂林革命遗址遗迹》,全书16万字,收录了全市208个革命遗址遗迹。

【党史资政服务】 2010年,市委党史办在全市深入开展“我为临桂新区建设做什么”大讨论活动中,紧扣党史研究资政服务要求,提出编纂“临桂新区建设党史专题资料汇编”课题,报请市委批准后顺利启动《临桂新区建设党史专题资料汇编》项目。同年,协助北京新四军研究会开展“桂林抗战文化题材专题片”拍摄前期调研准备工作。 (全智勇)

保密工作

【概况】 2010年,市委保密委员会办公室、市国家保密局加强保密知识宣传教育与培训,开展执法监督检查,运用保密科学技术,发现和制止涉密计算机的非法外联行为。年内,国家保密局在桂林举办2场技术窃密与泄密现场演示会。

【保密宣传教育】 2010年6月,市国家保密局组织开展全市签订保密承诺书人员知识竞赛活动,发出竞赛试卷3500份,收回试卷2945份,竞赛活动增强了涉密人员和机关工作人员的保密观念及做好保密工作的自觉性。同月,市国家保密局举办保密法规学习班,全市250多名专兼职保密干部参加培训。8月,市、县(区)19名专职保密干部参加自治区保密局组织的保密宣传教育研修班。全年全市参加由市级以上保密部门组织的各种保密法规学习培训班共370多人次。同年,保密课程纳入党校干部教育必修课程,第一批40人的党外青年干部班学员在市委党校接受了保密教育辅导。

【涉密载体清理专项检查】 2010年5月,桂林市保密检查组在全市开展涉密载体清理情况专项检查,对全市党政机关157个涉密单位、部门涉密载体清理情况开展检查。检查组对市区内25个废旧回收站点和网上旧书斋进行专项检查,查获网上邮售涉密教材5册。 (钟燕生)

信访工作

【概况】 2010年,市委、市政府信访局通过组织开展矛盾纠纷排查化解、县(区)委书记公开大接访、领导干部带案下访、信访积案化解等活动,全年信访工作呈现信访总量下降、集体信访下降、赴邕上访(含集体访)下降、进京非正常上访上升的局面。年内,市、县(区)两级信访部门共受理群众来信来访(含电话访)31393件次,降低1.8%,全年没有发生因信访问题处置不当引发在全国、全自治区造成重大影响的群体性事件和恶性案件。

【加强信访维稳力度】 2010年,市委、市政府把信访工作与经济工作同步认识、同步操作、同步发展。市委书记、市长多次听取信访维稳工作情况汇报,研究部署信访维稳工作,对重大活动、重大疑难案件、重大群体上访等信访突出问题,积极参与部署、接访、处理解决问题。落实自治区有关文件要求,全市12县5城区信访局局长全部兼任党委或政府办副主任,市信访局局长任市政府副秘书长;市信访局新增设信息网络科。市、县(区)共投入基础设施建设经费236.7万元,建设以信访大厅为龙头的各项基层基础设施,全市11个县(区)成立人民群众来访接待中心;145个乡镇(街道)成立综治信访维稳中心,增加办公面积768平方米。抓好“大排查、大接访、大调解、大防控”活动,做好上访群众合法合理诉求的彻底解决。坚持开展矛盾纠纷排查化解、县(区)委书记大接访活动,2010年共排查矛盾纠纷978件,其中已落实领导包案606件,已落实责任单位671个,已化解890件,化解率91%。贯彻落实中央开展“信访积案化解”活动的决策部署,年内,共排查信访积案238件,化解191件,化解率80.25%。桂林市本级使用信访专项资金47.16万元,解决42件特殊疑难信访案件。

【提高信访干部素质】 2010年,市委、市政府信访局开展向张云泉、潘作良、李海景、毛成、李洪顺、王建立等信访干部楷模的学习。全年完成信访维稳干部培训1200人次。其中,4月培训基层信访工作人员500人,9月培训基层信访维稳人员300人,参与市委组织部、市委党校举办的各类培训班信访维稳培训400多人。 (李华为)

老干部工作

【概况】 2010年,全市老干部工作在落实老干部政治生活待遇、促进老干部发挥作用、破解老干部工作重点难点问题、提升老干部活动水平和加强老干部工作队伍建设等方面有新突破。6月，全市12县5城区老干部局局长全部兼任同级党委组织部副部长。年末，全市有离休干部1490人，其中市直单位890人、县（区）600人。按参加革命时期分，红军时期3人，抗战前期41人，抗战后期109人，解放战争时期1337人。

【离退休干部思想政治建设】 2010年6月，市委老干部局举办全市离退休干部党支部书记培训班，160多离退休干部党支部书记参加学习。年内，开展“创先争优”活动，印发《在全市离退休干部党支部和老党员中深入开展创先争优活动的实施意见》，全市掀起争创“五好”离退休干部党支部和争当“四好”离退休干部党员热潮。丰富老干部精神文化需求，全年为离退休干部订阅党报党刊和《老年知音》《中国老年》《中国老年报》等各种报刊1.5万份。

【落实老干部政治待遇】 2010年，市委老干部局坚持并完善老干部定期集中学习、阅读文件、听报告、参加重要会议、向老干部通报情况、就近就地参观考察、重大节日走访慰问等基本制度。2010年元旦、春节期间，市主要领导分别带队慰问老红军及部分老领导。抗日战争胜利65周年期间，市委领导、市直各部门负责人慰问抗战老干部132人，共发放39.6万元慰问金。市主要领导主动地向老同志通报桂林经济社会发展情况，全年全市各级老干部系统共组织离退休干部报告会、情况通报会等100多场次。年内，市委老干部局组织市四家班子原老领导到梧州考察及赴上海参观世博会，各县（区）、市直各部门也组织老干部开展了多项考察活动。

【离休干部服务管理】 2010年，市委老干局在离退休干部服务管理“四就近”工作取得新进展的情况下，通过开展“结对帮扶”的亲情化服务活动及对离退休干部的人文关怀，加强与离休干部的沟通联系及排忧解难，不断创新离休干部的服务管理模式。2010年末，全市有条件的社区都建立了居家养老中心，改善了老服务的硬件条件，很多社区还配置、安装大型电子屏幕，解决离退休干部老有所乐的场所。

【规范离休干部生活待遇保障机制】 2010年，全市老干部工作部门抓好离休干部“三个机制”（离休费保障机制、医药费保障机制、财政支付机制）的规范运行，不断提高医药费统筹标准，离休干部离休费、医药费、护理费和生活补贴得到较好落实。全年全市离休干部医药费支出总计6000多万元，市直单位离休干部人均医疗费支出5万元。市财政为破产、困难企业离休干部发放生活补贴1152万元，补助医药费1205万元。年内，市委老干部局完成玉柴工程机械有限公司3名离休干部的接管工作，市财政每年拿出35万

10月16日，桂林市老年人重阳节文艺专场晚会在市中心广场举行。 市老龄办 供稿

元作为安置经费接收正菱第二机床股份集团公司离休干部5人。

【老干部阵地建设】 2010年，全市各级财政继续加大对老干部活动中心、老年大学基础设施建设的投入。市、县两级已建成老干部活动中心总建筑面积1.3万平方米，老年大学面积0.9万平方米。各级老干部活动中心做到日常活动不间断，月月有比赛，重大节日有活动，丰富了老干部的精神文化生活。10月，举办全市第十二届离退休干部门球赛暨市直老干部运动会，1300多名老干部参加运动会。 （汤素华）

机构编制

【概况】 2010年，桂林市机构编制委员会办公室(简称市编委办)以市、县(区)政府机构改革为工作重点，深化乡(镇)机构改革和行政管理体制改革，加强执政资源的优化配置，调整完善结构，强化民生保障工作体系机构设置和社会管理机构设置，为桂林科学发展、和谐发展、跨越发展提供机构编制服务。

【市政府机构改革】 2010年，市编委办依据《市委、市人民政府关于桂林市人民政府机构改革的实施意见》的目标、任务和要求，在转变职能、理顺关系、强化责任、控制机构编制方面对市政府部门的职能进行疏理，集中解决政府在依法行政中存在的职能交叉、重叠等突出矛盾和问题。拟订政府机构改革部门“三定”(定职位、内设机构、人员编制)规定的指导意见，为各部门做好“三定”创造条件。做好调查研究，摸清各部门的内设机构、职责变化、人员编制情况，为市政府审批各部门“三定”规定提供依据；审核各部门“三定”草案，做好“三定”规定的审批呈报工作。

【推进县(区)政府机构改革】 2010年，市编委办多次到县(区)调研，指导县(区)制订《政府机构改革方案》。8月，全市各县(区)《政府机构改革方案》经市委、市政府审批同意，印发各县(区)组织实施。12月，各县(区)按《政府机构改革方案》调整了政府机构设置。

【理顺市与城区权责关系】 2010年，市编委办按照自治区人民政府《关于进一步理顺市与城区权责关系的意见》精神，加大理顺市与城区权责关系力度。12月，市编委办向市政府上报《关于印发〈桂林市人民政府关于进一步理顺市与城区权责关系的通知〉的请示》，对需理顺职能的5大类25项内容所涉及的24个市直单位和5个城区提出具体实施意见。

【完善民生保障工作机构设置】 2010年，市编委办加强和完善民生保障工作体系机构设置。结合桂林市建设规划任务繁重的实际，成立桂林市规划编制研究中心和桂林市规划信息技术中心。根据七星区新分设漓东街道办事处社会发展和保障的需要，成立七星区漓东街道办事处劳动保障事务所，改变该办对下岗职工和退休人员主要是由企业和行业管理为主的模式，实现劳动就业和社会保障向社区延伸和拓展。为缓解劳动保障执法队伍力量薄弱问题，在5个城区成立劳动保障监察大队。为适应人民群众日益增长的医药卫生需求，成立桂林市及5个城区乡镇(街道办事处)新型农村合作医疗管理机构，并重新审核市属5个城区乡镇(街道)卫生院编制。为配合相关部门推进医药卫生体制改革，增加市医改专项事业编制3名。指导检查督促各县编制部门对基层卫生院编制核定工作，年末，4个试点县的卫生院编制全部核编到位。年内，根据市人民政府《关于印发桂林市国土资源系统管理体制改革实施方案的通知》精神，明确国土分局的性质、编制、隶属关系、经费管理形式，并对在职人员的过渡提出明确规定。

【加强社会管理机构设置】 2010年，市编委办在严格控制行政编制总量的前提下，通过盘活存量，多渠道合理调整，给予县级纪检监察机关增加行政编制。为强化维稳工作，成立桂林市委维护稳定工作领导小组办公室，加挂桂林市维稳联动指挥中心牌子，与市委政法委、市综治办、市610办实行四块牌子，一套班子。对市委政法委的内设机构进行调整、撤并和更名，明确各科室的职责和领导职数。下达增加市中级人民法院、各县(区)人民法院、基层司法所政法专项编制。下达增加市人民检察院及秀峰区、叠彩区、象山区、七星区、雁山区人民检察院政法专项编制,用于补充市检察系统一线办案人员的不足。

【加强执政资源优化配置】 2010年,市编委办提出招录公务员使用编制计划意见,为及时做好公务员招录工作创造条件。对职能加强的事业单位在编制调剂上给予适度倾斜,分别给市人事考试中心、市疾病预防控制中心、市青狮潭水库灌区管理站、叠彩区计生服务站、雁山区计生服务站5个事业单位增加编制。审核2010年事业单位使用编制计划。市编委同意市本级及5个城区的186个事业单位使用编制计划730名。重新审核全市中等职业学校人员编制,市编委办通过调研,制订了2套核编方案。

【机构编制管理】 2010年,市编委办重新确定市政府驻北京办事处主要职责、内设机构和人员编制。为提高有关行政管理部门的业务管理水平,对应自治区相关部门"总师"(总工程师、总统计师等)设置情况,及时向自治区编委申报增加市发展与改革委员会、市工业和信息化委员会、市林业局、市规划局、市水产畜牧兽医局5个部门"总师"职数(副处级),并对原有"总师"职数(副处级)进行调整。年内,对市公安局的第一、二强制戒毒所内设机构进行调整,理顺内部工作关系;加强打黑除恶工作力度,设立市公安局刑事警察支队打黑除恶专业大队;整合市公安局内部和外部数据信息资源,设立市公安局警务情报中心;在市纪委监察局增设案件监督管理科,明确职责和领导职数;对市中级人民法院的机构进行调整,增设民事审判第四庭,明确职责和领导职数;对市人民检察院的内设机构和相关职责进行调整,重新明确职责和领导职数;成立市属五城区党员干部现代远程教育管理机构。

【机构编制监督检查】 2010年,市编委将《中华人民共和国地方各级人民代表大会和地方各级人民政府组织法》《中华人民共和国公务员法》《地方各级人民政府机构设置和编制管理条例》《机构编制违纪行为适用〈中国共产党纪律处分体例〉若干问题的解释》等涉及机构编制管理的法律法规及桂林市根据这些法律、法规制定的具体实施细则,编印成《机构编制法规及市进人使用编制规定实用手册》,发放给市编委领导。严格执行编委会"三个一"制度、"一支笔"审批制度、进人使用编制报送计划和审批制度,按照规定程序研究和解决机构编制问题。要求各县落实督促检查制度,对县乡的机构编制使用情况每年检查不少于2次,并进行一次清理吃"空饷"人员工作。

【事业单位登记管理】 2010年,市编委办将事业单位年检分为受理、审核、审查审批、粘贴年检合格标签及证书的打印四个程序进行。着重对"自查项目"中自查情况的审查和"开展业务活动情况"的审查以及开办资金的审查,对事业单位年业务活动及资产状况等进行有力监管。在《桂林日报》对年检情况进行公告,全市有133个单位进行151项次变更登记并年检合格,设立登记20个,注销登记11个,补领证书3个。同时将449个单独年检并合格的事业单位在互联网工作站点上予以公告。年内,市编委办对事业单位年检通过严肃"自查",强化"检查",辅以"询查"等方式加强对事业单位的监督管理。年初在《桂林日报》上刊登公告,自动废止17个单位的事业单位法人证书,同时将公告和举办单位同意自动废止的回函存入其档案备查;办理16个单位的申请,保留其事业单位法人证书,并将其举办单位申请保留事业单位法人证书的函存入该单位档案备查;接待外来人员查询法人登记档案7次。

(刘彬芳)

市直机关工委

【概况】 2010年,市直机关工委以"服务四大建设先锋行"主题实践活动为载体,深入开展"党组织建设年"活动,把服务中心、建设队伍两大任务贯穿机关党组织活动,促进市直机关党建工作整体水平的不断提升,为推动桂林经济社会科学发展、和谐发展、跨越发展提供思想和组织保证。

【思想理论建设】 2010年,市直机关工委确定把创建学习型党组织作为推进理论武装工作的载体。3月,在市委党校举办市直机关党组织书记培训班,就学习型政党和学习型党组织的提出、学习型党组织着眼的主要目标、怎么来开展学习型党组织建设等方面的知识进行重点辅导，市直机关在职党组织书记和部分县（区）机关工委书记150多人参加培训。6月，结合在市国税务局召开“创先争优”活动现场会，对开展创建学习型党组织进行再动员再部署。3~11月，先后两次组织8个调研组到机关各党组织开展创建学习型党组织工作检查调研，组织编印党的十七届五中全会、自治区党委九届十三次全会、市委三届十次全会精神《学习资料》、中国共产党党和国家机关基层组织工作条例《学习资料汇编》、桂林市直机关党组织“创先争优”活动推进会《经验交流材料》等学习辅导资料，机关工委党课讲师团在深入调查研究的基础上，编排学习课题，为基层党组织授课辅导30场次，党员受教育达2000人次。全年累计刊发了市直机关各单位开展创建学习型党组织有关文件、讲话、简报、征文、新闻报道、理论文章等信息、图片600余条（张）。

【机关基层党组织建设】 2010年，市直机关工委围绕“创先争优”活动，不断规范机关党的组织建设。3月，对2009年市直机关基层党组织组织生活创新活动进行表彰，5个党组织开展的主题实践活动被评为最佳主题实践活动、12个党组织开展的党日活动被评为最佳党日、6个党组织的党课活动被评为最佳党课。4月，举办入党积极分子培训班，对市直单位700多名入党积极分子进行党的基本知识、基本理论培训，全年共发展新党员293名。“七一”期间，举办纪念建党89周年专场文艺晚会和“结对共建、先锋同行”活动，市直机关各单位及部分二层单位的129个党组织与144个农村基层党组织结成共建对子。8月，召开市直机关党组织换届选举“公推直选”工作经验交流会，市直机关100多个基层党组织负责人和14个县（区）直机关工委书记参加“公推直选”工作经验交流会。全年有38个党组织换届选举中实行“公推直选”工作，其中党委11个、党总支部9个、党支部18个。12月，组织举办党内统计培训班，共培训市直单位统计工作人员100多人。

【党风廉政建设】 2010年，市直机关工委以开展“信访举报工作质效年”活动为载体，深化党风廉政建设和反腐败工作。建立科学的信访举报机制，按照“属地管理，分级负责”和“谁主管，谁负责”的原则，建立健全信访举报工作领导责任体系；畅通信访举报渠道，在保障现有渠道畅通的基础上，依托《桂林机关党建网》平台，开通信访网上举报渠道，降低信访成本；突出抓好市直机关单位案件检查和信访举报工作，全年接受群众来电来访和咨询业务12人次、受理群众的来信来访和举报8件。

【群团组织建设】 工会工作。春节前开展慰问机关特困职工活动，市直机关工会工委拨出5万多元用于慰问市直机关64户特困职工，各级工会筹集慰问金共计21万元，对300多名困难职工家庭进行慰问。2月，市直机关各级工会为4500名职工办理了职工互助保障，市直机关工会工委为100名所属各基层工会主席或副主席办理职工互助保障。全年，审批了20个基层工会组织的换届选举。

共青团工作。2月，机关团工委在共青团桂林市委员会组织的桂林市系统片区“先进团委”评比中获得优秀奖。3月，举办了“共青团基本信息管理系统”软件推广使用培训班，对市直机关30多名基层团干部进行培训。5月，市直机关团工委组织了50多人的队伍参加桂林市第十九届青春艺术节举办的各项比赛，在“舞动青春”桂林市青少年舞蹈大赛中获季军；在“动感桂林”热力啦啦操大赛中获优秀奖。全年，团工委组织所属团组织开展抗洪救灾、抗旱救灾、扶贫村建设捐款2万多元。

妇女工作。3月，组织机关单位参加全市“五好文明家庭”评选表彰活动。通过评选推荐，市直机关有10户家庭获五好文明家庭、6户家庭获学习型家庭、3户家庭获孝老爱亲家庭、1户家庭获绿色环保家庭，2个单位宿舍区获五好文明楼院。“三八”节期间，特邀全国“三八红旗手”先进集体获得者、桂林市妇女儿童医院产科医务人员代表，自治区“三八红旗手”先进个人获得者、桂林市环卫处甲山垃圾运转站职工谭小珍等人给市直机关妇女作主题为“新时代、新女性、新业绩”的先进事迹报告会；举办市直机关纪念“三八”妇女节100周年暨机关第五届女子气排球比赛。

（张加胜）

桂林市人民代表大会

10 月 22 日，市人大常委会领导视察滨江路与芳华路改造工程。　　覃积礼　摄

重要会议

【第三届人民代表大会第六次会议】 2010年2月5~8日举行。出席代表426人。会议听取和审议了《政府工作报告》《桂林市人大常委会工作报告》《桂林市中级人民法院工作报告》《桂林市人民检察院工作报告》,审查和批准了《关于桂林市2009年国民经济与社会发展计划执行情况和2010年国民经济与社会发展计划(草案)的报告》《关于桂林全市与市本级2009年预算执行情况和2010年预算草案的报告》,批准了桂林市2010年国民经济与社会发展计划、桂林市2010年市本级预算,并相应作出决议。

【第三届人大常委会议】 2010年,共召开7次常委会议。

第三十次会议 1月21日举行。会议听取和审议了《桂林市人民政府关于市三届人大五次会议代表建议、批评和意见办理工作情况的报告》《桂林市人大常委会人事代表联络工作委员会关于桂林市三届人大五次会议代表建议、批评和意见办理工作情况的报告》,审议和表决通过了《关于桂林市第三届人民代表大会第六次会议列席人员的决定》,表决通过了有关人事任免,并向受任命人员颁发任命书。

第三十一次会议 2月2日举行。会议听取和审议了《桂林市第三届人民代表大会常务委员会代表资格审查委员会关于代表资格审查情况的报告》《关于代表出缺和补选代表情况的报告》《桂林市第三届人民代表大会第六次会议筹备工作情况的报告》,听取和审议了市长李志刚提议的《桂林市人民政府关于提请授予塔勒布·瑞法依桂林市荣誉市民称号的议案》,表决通过了《桂林市人民代表大会常务委员会关于授予塔勒布·瑞法依桂林市荣誉市民称号的决定》《桂林市人大常委会公告》及有关人事任免名单。

第三十二次会议 4月23日举行。会议听取和审议了市人民政府关于贯彻落实《桂林市人大常委会关于加强消防基础设施建设完善城市消防安全体系的议案的决定》《中华人民共和国中小企业促进法》《中华人民共和国大气污染防治法》《桂林生态市建设规划》《桂林市人民代表大会常务委员会关于批准〈桂林生态市建设规划〉的决定》,审议通过了有关人事任免。

第三十三次会议 6月29日举行。会议听取了《桂林市人民政府关于实施“五五”普法规划情况的报告》《桂林市第三届人民代表大会财经委员会关于2009年桂林市本级决算的审查报告》《关于〈市政府提请审议2010年地方政府债券使用计划及本级使用地方政府债券预算调整方案(草案)的议案〉的审查报告》《关于2009年桂林市本级财政决算的报告》《关于提请审议2010年地方政府债券使用计划及本级使用地方政府债券预算调整方案(草案)的议案的说明》《关于2009年度市本级预算执行和其他财政收支的审计工作报告》《关于贯彻执行〈中华人民共和国气象法〉情况的工作报告》《关于建设桂林国家旅游综合改革试验区工作情况的报告》《市人大常委会执法检查组关于检查〈中华人民共和国传染病防治法〉贯彻实施情况的报告》。表决通过了《桂林市人大常委会关于批准2009年市本级决算的决议》《桂林市人大常委会关于批准市人民政府2010年地方政府债券使用计划及本级使用地方政府债券预算调整方案的决定》《桂林市人大常委会关于进一步推动桂林国家高新技术产业开发区发展的决定》《桂林市人大常委会公告》。表决通过了有关人事任免,并为受任命的工作人员颁发任命书。

第三十四次会议 8月27日举行。会议听取和审议了《桂林市第三届人民代表大会常委会代表资格审查委员会关于代表资格审查情况的报告》《关于桂林市2010年上半年国民经济和社会发展计划执行情况的报告》《关于桂林市2010年上半年预算执行情况的报告》《关于桂林市集体林权制度改革工作情况的报告》《关于贯彻落实〈中华人民共和国台湾同胞投资保护法〉〈广西壮族自治区人民政府关于支持台资企业发展的若干政策措施〉情况的报告》《关于开展〈中华人民共和国行政诉讼法〉执法检查情况的报告》《关于对桂林市2010年上半年国民经济和社会发展计划与预算执行情况的评价与建议》。表决通过了《桂林市第三届人民代表大会常务委员会代表资格审查委员会关于代表资格审查情况的报告》。审议通过了有关人事任免,并为受任命的人员颁发任命书。

第三十五次会议 10月28日举行。会议听取审议了《桂林市中级人民法院审判监督工作情况报告》《关于桂林市国民经济和社会发展第十二个五年规划纲要（草案）编制工作情况的报告》《桂林市人民政府提请审议2010年桂林市本级财政预算调整方案（草案）的议案》。表决通过了有关人事任命名单。审议通过有关人事任免，并向受任命的人员颁发任命书。

第三十六次会议　12月30日举行。会议听取和审议了《市人大常委会执法检查组关于〈广西壮族自治区水文条例〉执法检查情况的报告》《关于我市全面实施职业教育攻坚情况的报告》《市人大常委会人事代表联络工作委员会关于市三届人大六次会议代表建议、批评和意见办理工作情况的报告》《市政府关于市三届人大六次会议代表建议、批评和意见办理工作情况的报告》。审议了《关于召开桂林市第三届人民代表大会第七次会议的决定（草案）》《桂林市人大常委会关于表彰市三届人大六次会议代表优秀建议和承办建议先进单位的决定（草案）》。表决通过了《桂林市人大常委会关于召开桂林市第三届人民代表大会第七次会议的决定》《桂林市人大常委会关于表彰市三届人大第六次会议市人大代表优秀建议和承办建议先进单位的决定》，审议通过有关人事任免，并向受任命的人员颁发任命书。

重要工作

【加强和改进人大工作】　2010年，市人大常委会切实推进自治区党委和市委作出的关于进一步加强和改进人大工作决定精神的贯彻落实，解决部分贯彻执行“两个决定”中存在的困难和问题，使市各级人大代表的综合素质、履职能力及活动经费保障得到较大提高，各级人大常委会机关的办公条件、办公经费有明显改善，各级人大常委会机关干部的培养、交流、提拔和使用力度得到增强。

【推进经济平稳发展】　2010年，市人大常委会围绕桂林发展的全局性、长远性重大问题，发挥职能作用，推进全市重点工作。一是高度关注全市经济运行态势，听取和审议桂林市国民经济和社会发展计划、财政预算执行情况的报告，预算调整方案以及财政预算执行和其他财政收支情况的审计报告，审查批准市本级财政决算，并作出相应决定。二是加强对“十二五”规划编制工作的监督，听取和审议了《桂林市国民经济和社会发展第十二个五年规划纲要（草案）》，提出要抓紧重大课题研究，抢抓机遇、促进现代服务业发展，健全城乡社会保障体系、加强保障和完善民生等方面内容的审议意见，充实和完善了“十二五”规划纲要（草案）。三是支持“四大建设”（大平台、大产业、大项目、大企业）顺利推进，审查和批准了市政府《关于2010年地方政府债券使用计划及市本级使用地方政府债券预算调整方案（草案）的议案》，作出了《关于进一步推动桂林国家高新技术产业开发区发展的决定》，为保障市重点基础设施、公益性项目建设的资金筹措和促进桂林国家高新技术产业开发区的发展提供支持；组织有关专委会人员和部分市人大代表分别对桂林国家高新技术产业开发区、“两江四湖”二期工程、“1212”（1座桥、2个公园、12条路）工程、在建高速公路以及农村公路建设养护管理情况进行视察，组织驻桂林的全国人大代表、自治区人大代表对全市“城市建设、交通设施建设、城乡风貌建设”重点项目及工业园区建设情况进行专题视察和调研。四是支持桂林国家旅游综合改革试验区建设工作开展，听取和审议了市政府关于桂林国家旅游综合改革试验区建设工作情况的报告，要求加快推进各项工作，解决影响市旅游产业发展的重点和难点问题。五是推进桂林市外向型经济发展，组织对中央直属机关驻桂林机构执法工作情况的调研，为市对外经济发展营造良好的行政执法环境。开展《中小企业促进法》《台湾同胞投资保护法》以及自治区人民政府《关于支持台资企业发展的若干政策措施》执行情况的检查和调研，促进了中小企业和台资企业发展的各项政策措施的落实。

【督促决议、决定的贯彻执行】　2010年，为推动市人大及其常委会作出的决议、决定的贯彻执行，市人大常委会通过组织专题调研的方式，分别对市人大及其常委会近年来作出的《关于进一步推动桂林国家高新技术产业开发区发展的决定》《关于批准〈桂林生态市建设规划〉的决定》《关于加强消防基础设施建设完善城市消防安全体系的议案的决议》《关于加强桂林市城区道路交通基础设施建设改善道路交通拥堵状况的议案的决议》等的落实情况进行调研，听取并审议了市人民政府的相关工作报告，强化对人大决议、决定执行情况的监督。

【维护社会和谐稳定】 2010年，市人大常委会强化监督力度，保障和改善民生、维护社会和谐稳定。听取和审议了市人民政府关于集体林权制度改革工作情况的报告，要求市人民政府及有关部门加强指导，严格管理，加大纠纷调处力度，确保集体林权制度改革顺利推进。组织开展大气污染防治法、传染病防治法、气象法、广西水文条例等法律法规的执法检查，听取审议了市人民政府关于贯彻落实市人大常委会《关于加强消防基础设施建设完善城市消防安全体系的议案的决议》情况的报告，对"国家卫生城"复审迎检工作情况进行专项视察，有关专委会还对各县城镇饮用水安全保障和生活垃圾及污水处理设施建设情况进行专题调研，提出了建设性意见和建议。听取和审议了市人民政府关于职业教育攻坚工作情况的报告，强调要完善职教规划，加强职教资源整合，创新办学模式，推动职业教育持续快速发展。组织开展行政诉讼法执法检查，听取和审议市人民政府关于"五五"普法依法治理工作情况、市中级人民法院关于审判监督工作情况的报告，促进了"一府两院"依法行政，公正司法。协助配合全国、自治区人大常委会开展妇女权益保障法、防震减灾法、禁毒法、广西壮族自治区桂林漓江生态环境保护条例的立法调研以及现代农村流通服务网络建设、水资源开发利用、民族乡基础设施建设情况的专题调研。

【来信来访受理】 2010年，市人大常委会建立领导分工责任制和信访信息网络，执行《桂林市人大常委会信访工作相关规定（试行）》。共受理群众来信261件，接待群众来访751批1758人次。群众来访中，有集体访56批1090人次。其中，直接办复841件（批），转（交）相关部门办理信访件171件。

【国家机关工作人员任免】 2010年，市人大常委会严格依法办事，执行有关任免制度，及时任免国家机关工作人员，为地方国家机关的正常运转提供组织保证。年内，共依法任免市人大机关和市"一府两院"工作人员57人次。并组织被任命人员共191人进行法律知识培训。

【加强和改进代表工作】 2010年，市人大常委会坚持和完善人大代表培训制度，举办市三届人大代表第四期培训班，200多名代表参加。召开了市人大常委会代表工作第四次座谈会，60多名代表参加。举办桂林市县（区）人大领导干部培训班，30多人参加学习与考察。完善代表建议督办机制，及时办理并答复了市三届人大六次会议收到的98件代表建议、批评和意见，答复率100%。开展评选表彰人大代表优秀建议和承办建议先进单位活动，评选出人大代表优秀建议12件，承办建议先进单位10个。

【加强与各级人大联系】 2010年，桂林市人大常委会协助全国人大常委会、自治区人大常委会对科学立法、民主立法等法律法规开展立法调研；协助自治区人大常委会在桂林市开展行政诉讼法执法调研；协助自治区人大常委会对桂林市开展促进高校毕业生就业工作进行专题调研、贯彻实施《传染病防治法》情况开展执法检查等工作。参加自治区人大常委会在桂林进行的《漓江资源环境保护条例》《自治区乡、民族乡、镇人民代表大会工作条例》执法检查组的活动。主持召开广西十四市人大法制委员会、教科文卫委员会、民族华侨外事委员会、调研室联席会议。

加强与县（区）人大的联系和工作指导，应邀在临桂县、阳朔县、雁山区等9个县（区）举办的人大代表和人大干部培训班作专题辅导，培训人数800多人；实行邀请县（区）人大常委会负责人、市人大代表、市民代表列席（旁听）市人大常委会会议制度，全年共邀请102人次列席常委会会议。

（张国林）

桂林市人民政府

2月9日，市长李志刚（右一）慰问困难群众。　　何平江　摄

重要会议

【全市性重要会议】

1月27日，市委、市政府召开全市农村工作会议、全市林业工作会议。

2月3日，市政府召开三届七次全体（扩大）会议、廉政工作会议、2010年经济工作布置会议、全市发展和改革工作会议。

2月9日，市政府召开全市国土资源管理工作会议。

2月25日，市政府召开全市食品药品监管工作会议、全市卫生工作会议。

2月26日，市政府召开全市教育工作会议。

2月27日，市政府召开全市住房和城乡建设工作会议。

3月3日，市政府召开全市民政工作会议、全市审计工作会议、全市财政金融工作会议、全市环境保护工作会议。

3月4日，市委、市政府召开全市工业和信息化工作会议。

3月5日，市政府召开全市商务工作会议。

3月9日，市政府召开全市"三大纠纷"调处工作会议。

3月16日，市政府召开全市旅游工作会议。

3月17日，市委、市政府召开全市人口和计划生育工作会议。

3月17日，市政府召开全市投资和项目工作推进会。

3月18日，市政府召开全市招商引资暨大兑现工作会议。

3月19日，市政府召开全市人力资源和社会保障工作会议。

3月25日，市政府召开全市文化工作会议暨村级公共服务中心建设工作会议。

3月26日，市政府召开桂林市水产畜牧兽医工作会议。

4月30日，市政府召开全市统计工作会议。

6月21日，市政府召开全市上半年经济指标分析会。

6月28日，市政府召开全市旅游市场整顿工作会议。

7月2日，市政府召开全市优化投资软环境工作会议。

7月6日，市政府召开全市打击和处置非法集资工作会议。

7月8日，市政府召开全市"十二五"规划编制工作会议。

7月9日，市政府召开全市深化医药卫生体制改革工作会议。

7月19日，市政府召开全市节能减排工作会议。

8月25日，市政府召开全市主要经济指标分析会。

9月29日，市政府召开全市工业经济运行工作会议。

10月12日，市政府召开全市秋冬季森林防火工作会议。

10月27日，市政府召开全市集体林权制度改革暨绿化工作会。

12月28日，市委、市政府召开全市经济工作会议。

【市政府常务会议】 2010年，桂林市第三届人民政府常务会议共召开18次。

第八十三次常务会议　1月20日召开。会议审议《政府工作报告（送审稿）》、2010年市政府为民办实事项目、调整桂林国际山水文化旅游节举办时间、桂林市创建"世界图书首都"、参加评选全国水库移民后期扶持工作先进集体和先进工作者推荐人选、增加叠彩路公安大院综合楼项目业主、2009年新增贷款资本金配套、桂林旅游股份有限公司1998年至2009年6月缴纳税款及相关国有股分红和免交航运基金问题、市国有企业部分退休领导人员反映养老金偏低问题、2010年市主要经济目标及全社会固定资产投资责任分解目标任务、2010年市财政收入目标任务分解、市城市基础设施重大项目开工时间及融资模式和前期工作责任目标任务、《桂林市大中型企业定点扶贫工作意见》《桂林市驻军部队参与扶贫开发工作意见》等事宜。

第八十四次常务会议　2月2日召开。会议审议并原则通过《政府工作报告（讨论稿）》《关于桂林市2009年国民经济和社会发展计划执行情况及2010年国民经济和社会发展计划（草案）的报告》《关于桂林市全市和市本级2009年预算执行情况及2010年预算草案的报告》，研究桂林市2010年项目建设年活动系列方案、推荐自治区水利系统记集体和个人二等功表彰对象、公布征地统一年产值标准等事宜。

第八十五次常务会议　2月22日召开。会议审议并原则通过《桂林国际贸易展览中心用地控制性详细规划》《桂林市高新综合产业配套服务园区控制性详细规划》《桂林市2009～2011年环境保护工作规划》《桂林市城市地下管线管理办法》，研究抗战路铁路地块调整为经营性建设用地、桂林电子科技大学危旧房改住房建设用地、2009年度全市环境保护目标责任制考评及表彰、表彰2009年度全市工业发展先进单位及优秀企业家、市本级中小学校舍安全工程2009至2011年总体规划和实施计划、桂林漓佳金属有限公司吸收广西有色集团有限公司增资扩股有关问题等事宜。

第八十六次常务会议　3月4日召开。会议听取人口计生、巩固国家卫生城市工作汇报，审议并原则通过《桂林市公安局金鸡岭地块控制性详细规划》《桂林市2010年城乡风貌改造工程实施方案》《桂林市五城区地质灾害防治规划》《2010年桂林市主要污染物总量减排计划》，研究中国人民解放军总政治部联络部二局函专题会议纪要、变更六合路金鸡路改造工程项目业主、表彰安全生产先进集体和个人、明圆饭店改制遗留问题及职工安置、桂林百货纺织批发总公司改组为有限责任公司、市纸制品包装总厂国有产权整体出让等事宜。

第八十七次常务会议　4月2日召开。会议专题研究部署创建自治区未成年人思想道德教育工作先进城市、政府系统开展建设学习型党组织活动工作，审议2009年度市水产畜牧兽医工作先进县(区)表彰、桂林师范高等专科学校申报中央财政支持的职业教育实训基地、市国民经济和社会发展"十二五"规划基本思路、《桂林客车工业集团有限公司增资协议》、市中小工业企业投资担保有限责任公司与市中小企业融资担保中心合并方案、市国有资产投资经营有限公司修订章程、市信托投资公司处置沙河仓库资产收益安置市化工建材总公司职工、处置桂林味精食品总厂位于七星区铁路东站仓库用地、办理桂林星火机械制造有限公司厂区部分道路土地权属手续有关问题、《桂林市地质灾害防治规划》《桂林市少数民族村寨防火改造实施方案》《东莞市美翔航空俱乐部有限公司"一〇一四"热气球事故调查报告》并结案等事宜。

第八十八次常务会议　4月16日召开。会议审议推荐2010年度享受政府特殊津贴人选，《桂林桂江流域特色效益农业产业提升规划》、桂林市地名规划中地名通名的使用规则和地名专名的采词规则、城市重大基础设施项目有关问题、桂林市中小企业融资担保中心有限责任公司董事长和总经理人选、桂林大宇客车有限公司"退二进三"搬迁改造等事宜。

第八十九次常务会议　4月26日召开。会议审议并原则通过《桂林市2010年至2011年市容环境提升行动计划》《桂林市"十二五"口岸发展规划》，研究推荐自治区科普工作先进单位和先进个人、推荐2010年享受政府特殊津贴高技能人才候选人等事宜。

第九十次常务会议　5月10日召开。会议听取"五五"普法检查验收工作情况汇报，审议保留和撤销重点工程指挥部归口主管单位、广西师范大学附属外国语学校和桂林长盛置业发展有限公司联合新建铁山园新校区项目用地、挂牌出让桂林航修厂以西厂区地块、广西师范大学雁山校区东侧桂阳公路西侧地块招拍挂出让方案、青狮潭等水库2010年防洪抢险应急预案、《桂林市驻军单位随军未就业军官家属生活补助发放办法》、开展局部修改《桂林市临桂县临桂镇总体规划(2008～2025)》等事宜。

第九十一次常务会议　5月24日召开。会议审议桂林市商业银行定向募股增加注册资本金、《银海集团毛巾厂及其周边地块控制性详细规划》《桂林客车厂及周边地块控制性详细规划》、桂林旅游发展总公司优免现役军人到景区参观游览、城区部分道路和广场命名等事宜。

第九十二次常务会议　6月9日召开。会议听取恭城瑶族自治县20周年县庆筹备工作情况汇报，传达学习国家环境保护部部长周生贤在桂林调研时的指示精神并研究部署贯彻落实工作，审议并原则通过《关于新形势下加强环境保护工作促进桂林经济社会发展的若干意见》《桂林市建设项目环保管理办法》《桂林市重点污染源环境监管办法》《桂林市饮用水水源保护区环境管理办法》《临桂县土地利用总体规划(2006～2020年)》《资源县土地利用总体规划(2006～2020

年)》《平乐县土地利用总体规划(2006～2020年)》《荔浦县土地利用总体规划(2006～2020年)》《恭城瑶族自治县土地利用总体规划(2006～2020年)》《灌阳县土地利用总体规划(2006～2020年)》《桂林市矿产资源总体规划(2008～2015年)》《桂林市人民政府依法行政工作制度》《桂林市琴潭组团控制性详细规划》,研究管理维护广西真龙烟草集团公司馈赠桂林市政府漓江客运游船、广西师范大学附属外国语学校和桂林长盛置业发展有限公司联合新建铁山园新校区项目用地、广西师范大学申请共建MPA(公共管理硕士)实习基地及联合培养MPA学生等事宜。

第九十三次常务会议　7月5日召开。会议审议并原则通过《桂林市2010年度节能减排工作目标责任制考核办法》《桂林市坚决完成"十一五"规划节能减排工作目标实施方案》《关于加快推进桂林生态市建设的意见》《桂林市国民经济和社会发展"十二五"规划基本思路(送审稿)》《桂林市森林火灾应急处置预案》《桂林市医药城控制性详细规划调整规划》,研究2009年度节能减排工作目标责任制考核奖励、2010年桂林市万元生产总值能耗下降任务及县(区)目标任务分解计划、2010年退役士兵安置工作、2010年新增市属关闭破产企业及国有困难企业退休人员参加基本医疗保险有关问题、广西商业高级技工学校扩建校园建设用地、市土地储备交易管理中心桂普地块控制性详细规划、"十二五"专项规划编制工作、进一步理顺中山路置业公司管理体制等事宜。

第九十四次常务会议　8月3日召开。会议部署贯彻落实自治区、市年中工作会议精神有关工作,审议并原则通过《2010年桂林市造林绿化工作方案》《桂林市保障性住房建设规划(2010～2015)》《桂林市城市棚户区改造建设规划(2010～2013)》《桂林市拥军优属若干规定》《全州县土地利用总体规划(2006～2020年)》《龙胜各族自治县土地利用总体规划(2006～2020年)》《永福县土地利用总体规划(2006～2020年)》《阳朔县土地利用总体规划(2006～2020年)》《兴安县土地利用总体规划(2006～2020年)》《灵川县土地利用总体规划(2006～2020年)》《桂林市机床铸铁厂地块控制性详细规划》,研究取消委托代收市辖区内(自备水源)水资源费、桃花江截污工程开挖城市道路收费、市医药卫生体制五项重点改革2010年主要工作计划,市空明东路东南侧、雁山区科教园、银海集团毛巾厂等地块国有建设用地使用权挂牌出让方案,举办2010年"全民健身日"暨"第二届广西体育节"有关活动等事宜。

第九十五次常务会议　8月16日召开。会议审议扩大廉租住房保障范围、市水泵厂地块控制性详细规划、《关于实施质量兴市战略的决定》、对桂林市国有资产投资经营有限公司政府非税收入专项检查情况处理、向自治区政府请求设立桂林师范学院、桂林市红星印刷厂被桂林金鼎房地产开发有限公司承债式收购(兼并)进行改制有关问题、2010年市科学技术进步奖奖励等事宜。

第九十六次常务会议　9月14日召开。会议研究部署全市节能减排工作,审议并原则通过《桂林市漓江上游生态保护与旅游发展规划》《桂林市工业园区企业(项目)入园管理试行办法》《市政府与广西金融投资集团签订中小企业融资担保合作协议书》,研究推荐全国粮食系统先进集体和劳动模范(先进工作者)、桂林市五城区乡(镇)广播电视网络整合方案、叠彩区站前路片区及滨江片区土地收益分配安排意见、公布实施城区土地级别和基准地价更新成果等事宜。

第九十七次常务会议　10月8日召开。会议审议并原则通过《桂林市金融服务支持诚信计生工作指导意见》《桂林市城市园林绿化管理办法》《桂林市违法建筑处理暂行办法》《桂林市人民政府突发事件总体应急预案(2010年修订稿)》,研究桂林城北体育文化城(暂名)项目采用项目法人招标的模式产生项目法人、湘桂铁路扩改工程免交开挖城市道路修复保证金、桂林市第二水源建设有关问题、将桂林遇龙河作为南方喀斯特第二期世界自然遗产申报预选项目、桂林市职工大学资产处置等事宜。

第九十八次常务会议　11月3日召开。会议传达学习党的十七届五中全会和自治区党委九届十三次全会精神,审议并原则通过《桂林城市地名总体规划》《市无线电一厂生活区(东、中区)职工回迁安置问题方案》《桂林市新建普通商品住房配建廉租住房暂行办法》《桂林市对"十一五"规划节能减排工作行政过错责任人问责办法》,研究原桂林电力电容器总厂改制过渡期利润及改制或有负债有关问题、第二届中国桂林国际旅游博览会有关事项等事宜。

第九十九次常务会议　11 月 22 日召开。会议审议推荐全国防汛抗旱先进集体和先进个人、《桂林市防洪及漓江补水枢纽工程建设征地安置补偿标准》、挂牌出让象山区环城南三路 F-060 地块国有建设用地使用权出让方案、桂林市代表团参加广西第十二届运动会奖励办法、西二环路和南溪河及小东江综合整治工程 BT 合同、招录交通协管员协助市区道路交通管理工作、规范性文件清理结果等事宜。

第一百次常务会议　12 月 16 日召开。会议审议 2011 年桂林市经济社会发展计划目标、《桂林市创业促就业活动的意见》、推荐 2010 年度广西“金绣球奖”候选人、开展市属国有企业负责人业绩考核和薪酬管理工作、桂林微笑堂桂林地方国有股权对大连大商集团实施转让意向协议有关问题、试行国有资本经营预算、《桂林市贯彻〈广西壮族自治区老年人优待规定实施办法〉》、广西桂政高速公路投资建设有限公司建设用地问题、划拨国有土地使用权给桂林市房产局作为廉租房项目用地、出让国有土地使用权给桂林市振合资产经营有限公司使用、挂牌出让猫儿山东南 M 1 -7 地块国有建设用地使用权、挂牌出让铁山园国有建设用地（Z -31、Z -32、Z -33 地块）使用权等事宜。（周海荣）

重要政务

【推进“四大建设”】　2010 年，市政府开展以“城市建设、交通基础设施建设、园区建设、城乡风貌建设”为重点的项目建设大会战，全年完成全社会固定资产投资 908.56 亿元，（比上年，下同）增长 37.8%，是“十五”计划时期的 1.41 倍。在建投资 1000 万元以上项目 1796 项，重大项目建设数量和投资规模创历史新高。以临桂新区和老城区基础设施为重点的城市建设完成投资 200 亿元，机场路等一批重大城市建设项目竣工使用，城市基础设施和公共服务设施进一步完善。交通水利基础设施建设完成投资 120 亿元，贵广高速铁路和湘桂铁路扩能改造工程征地搬迁基本完成，兴安至桂林高速公路超额完成年度投资计划，阳朔至鹿寨高速公路加快推进，灌阳至凤凰高速公路开工建设，小溶江、川江水利枢纽工程实现大江截流。工业园区完成固定资产投资 90.80 亿元，桂林国家高新产业开发区完成土地平整 106.67 公顷，新建标准厂房 2 万平方米；苏桥经济开发区完成征地 374.47 公顷，新建标准厂房及服务楼 3.71 万平方米；秧塘产业园外扩 330 公顷，新建标准厂房 5.50 万平方米。以桂柳、桂梧、桂黄及桂阳公路沿线、漓江两岸和 12 县城为重点的城乡风貌改造完成投资 43 亿元，桂林市、阳朔县获自治区城乡风貌改造优秀组织奖。

【工业结构调整】　2010 年，市政府以工业园区建设为主战场，调整优化工业结构，围绕重点产业上下游产业链配套，加强与中国化工橡胶集团等中央企业和世界 500 强、国内 500 强企业合作，打造橡胶、客车、新型建材、光电通信、成套设备等相互配套、优势互补的特色产业生产基地和集群，实现工业经济平稳较快发展。全年全市共完成工业总产值 1263.44 亿元，增长 31.5%，其中规模工业总产值 952.01 亿元，增长 37.1%。规模工业增加值 310.26 亿元，增长 25.7%。完成工业固定资产投资 283.66 亿元，增长 29.4%。桂林福达集团比亚迪曲轴生产线等 1343 个项目开工建设，中国化工橡胶桂林公司高等级子午线轮胎产业化等 85 个超 1 亿元项目加快推进，桂林尚科光伏公司太阳能电池生产线（二期）等 1158 个项目竣工投产。完成技术改造投资 216.05 亿元，实施技术改造项目 1589 项。食品饮料、机械电器、汽车及零部件、电子信息、锰业及橡胶制品、医药及生物制品、竹木加工、建材、电力等“五大五小”工业产值 724.69 亿元，占规模工业产值的 76.1%。新增入园企业 109 家，园区工业增加值增长 50.1%。建立市中小企业服务平台，整合组建中小企业信用担保公司，引进自治区金融投资集团，为 50 多家中小企业融资 10 多亿元，推动了中小企业发展。桂林市被列为自治区信息化与工业化融合试点城市，荔浦县获“中国衣架之都”称号。

【农业结构调整】　2010 年，市政府深入实施湘江、资江、漓江、桂江四大流域和北部山区现代农业示范区建设，农业区域布局逐步完善，规模化、标准化、产业化和品牌化建设进一步加强，现代设施农业、生态循环农业、特色效益农业和乡村观光农业稳步发展。全年全市实现农林牧渔业总产值319.21亿元,增长5.1%,农业增加值202.60亿元,增长4.8%。市级以上农业产业化龙头企业119家,农民专业合作社1590家,直接带动农户14.71万户。新增畜禽规模养殖场193个,引进农作物新品种703个,建立各种高产示范点252个,获"绿色食品标志"产品45个,形成灵川县小平乐村、临桂县西版屋村等一批"一村一品"特色乡村。全州县提子获全国中早熟优质葡萄评比金奖,平乐县沙田柚获中国国际林博会金奖。实施农村公益事业项目1569个,新增农机总动力30.93万千瓦,完成冬春水利项目1527个,新增、恢复有效灌溉面积1.12万公顷,改良农田6.30万公顷。完成农民科技培训100万人次,农村劳动力转移培训9.50万人次。资源县被评为中国果菜无公害十强县,临桂县、灌阳县获全国粮食生产先进县。

【推动旅游及第三产业转型升级】 2010年,市政府以旅游为龙头,扶持农村消费,鼓励城市消费升级,第三产业在全市经济结构中的地位增强。编制完成桂林国家旅游综合改革试验区建设总体方案及规划纲要,开展旅游服务质量提升年活动,加强旅游促销,拓展旅游合作,整治旅游秩序。全年接待游客2246.33万人次,增长20.8%,其中入境游客148.62万人次,增长15.2%。实现旅游总收入168.30亿元,增长32.6%。愚自乐园二期、全州湘山寺景区等67个项目加快推进。新增国家4 A级旅游景区7个、国家和自治区级农业旅游示范点4个。桂林成为国家服务业综合改革试点区域。全年,全社会消费品零售总额391.53亿元,增长18.9%。成功举办第四届联合国世界旅游组织/亚太旅游协会旅游趋势与展望国际论坛、首届中国桂林国际旅游博览会、桂林国际动漫节、"漓泉杯"2010第五届亚洲超级模特大赛颁奖礼,支持县(区)举办特色节事活动,会展节事成为第三产业新亮点。阳朔县被确定为首批全国旅游标准化试点县,秀峰区被评为全国养老服务示范单位。推进家电下乡和万村千乡市场工程建设工作,家电下乡销售额增长148.3%,居全自治区第二。全社会货运量增长25.3%。房地产投资118.01亿元,增长27.9%。深圳农村商业银行、兴业银行、光大银行入驻开业;桂林国民村镇银行正式揭牌,成为全国首批地市级村镇银行。全市金融机构存、贷款余额分别增长23.2%和20%。

【节能减排】 2010年,市政府严格控制高耗能、高污染和产能过剩行业过快增长,建立适时分析预警制度,相继对18家水泥企业、54家锰业(铁合金)企业及多家重点企业耗能大户采取停产或限产预警干预。全年规模以上工业万元增加值能耗降低11.04%,超额完成自治区指标6个百分点;新建14个城镇污水处理厂并投入运营。重点推进热电联产、风力发电、太阳能光伏、电动汽车等产业项目以及汽车加气站、充电站等设施建设,节能与环保产业快速发展。灌阳县、恭城瑶族自治县获国家首批绿色能源示范县。

【推进改革开放】 2010年,桂林市政府机构改革有序推进,三定方案基本落实。市本级和临桂县、兴安县、永福县、恭城瑶族自治县等县级基层医疗卫生机构综合改革试点全面启动。集体林权制度改革任务基本完成,年度林地勘界面积9.73万公顷,发证面积6.88万公顷。深化国有、集体企业和供销体制改革,引进香港溢达、南方建材等集团或企业并购重组桂林市企业。主动融入广西"两区一带"(指广西北部湾经济区、西江黄金水道和西江经济带以及百色、河池、崇左等资源富集区),推进磨盘山客运港、平乐印山和阳朔旅游码头工程。开辟桂林至新加坡、银川经桂林至三亚、临沂经桂林至海口3条航线,恢复桂林至曼谷航线,增加桂林至中国台湾地区航班。与波兰托伦市结为友好城市。

【保障和改善民生工作】 2010年,市政府加强就业和社会保障工作。免费培训下岗失业人员1.38万人次,提供公益岗位4856个,城镇新增就业6.89万人,城镇登记失业率3.95%。基本养老保险、基本医疗保险、工伤保险、失业保险、生育保险等5项社会保险参保人数230.25万人次,5项社会保险基金征缴36.10亿元,创历史新高。兴安县新型农村养老保险制度试点全面实施,参保率87.28%;按自治区标准筹发补助城乡低保对象38.99万人;改造农村危房8550户,解决救灾专项资金3066万元;经济适用房竣工26.99万平方米。扎实推进惠民工程。筹资18.73亿元,全面完成教育惠民、医疗卫生保障、社会保障、文化惠农、安居惠民、农村基础设施建设、城乡社会服务、蔬菜安全检测、城市水环境和交通环境综合整治等10项惠民工程。发放各类助学金8060.95万元，惠及高中阶段学生24.82万人次；完成125个中小学校舍安全工程项目，完成培智学校迁建工作。建设村级公共服务中心58个、乡镇综合文化站32个、农家书屋386家、三级文化信息资源共享工程1021个。实施医疗卫生服务体系建设项目106个，完成农村改厕1.55万座，创建文明卫生村400个，完成农村体育健身工程示范点153个。

【完善社会治安防控体系】 2010年，市政府积极推进社会矛盾化解、社会管理创新、公正廉洁执法工作，社会综合防控体系进一步完善，刑事案件侦破率和治安案件查处率显著提高，其中命案侦破率92.98%。开展学校及周边治安环境综合整治，学校及师生的安全得到有效保障，在自治区学校及周边治安环境群众满意度调查中，桂林市居自治区第一。开展大接访、大排查、大调解、大防控活动，化解各类矛盾6万多起，突发性、群体性事件得到依法妥善处置。“五五”普法通过“全国普法先进城市”验收。 （方晓辉）

【反走私综合治理工作】 2010年，全市打私执法部门共查获各类走私贩私案件23起，案值124.33万元(不含毒品走私案值)。立案查办行政案件19起，案值1.34亿元。查获主要走私物品香烟208.09件，毒品海洛因1470.6克，K粉215.75克，冻品20吨。抓获涉案嫌疑人23人。检察机关批捕走私犯罪嫌疑人3人。法院审理走私毒品犯罪案件4件7人，已审结判决3件6人；以非法经营犯罪判刑4人。 （赵文财）

【“三大纠纷”调处】 2010年，桂林市共发生“三大纠纷”1416起，已调结1345起。其中：土地纠纷419起，调结396起；山林纠纷961起，调结917起；水利纠纷36起，调结32起。跨省纠纷12起，调结6起；跨市纠纷7起，调结4起；跨县纠纷27起，调结22起。化解正激化矛盾7起，避免群体性械斗3起，挽回经济损失498万元。处理群众来信975件，接待群众来访13.88万人次。全年没有因“三大纠纷”调处不及时或处置不当引发群体性械斗和进京赴邕上访事件。 （王建平）

政府法制

【规范性文件审查】 2010年，市法制办公室共审查规范性文件42件，主要有《桂林市市区土地管理联合执法暂行办法》《桂林市实施“平改坡”工程管理暂行办法》《桂林市依法没收的违法用地上的建筑物和其他设施处置暂行办法》《桂林市城市园林绿化管理办法》等。对2008年4月发布的《桂林市公园管理规定》实施情况进行评价，对法规、规章草案提出修改意见和建议23件，向自治区备案规范性文件9件，审查县(区)及市直部门报送备案的规范性文件100多件。

【行政复议和应诉】 2010年，市法制办公室共收到行政复议案件175件，其中立案受理173件、不予受理2件。审结148件，其中维持120件、撤销12件、驳回申请1件、终止13件、中止2件。代表市政府出庭应诉3件。年内，市法制办公室行政复议应诉科、资源县法制办公室获自治区行政复议工作集体二等功，3人获个人二等功。

【政府法制监督】 2010年，市法制办公室制订《行政执法监督检查方案》，组织各县(区)法制办公室、市直各行政执法单位法制机构的负责人及行政执法人员1500多人，培训学习《广西行政执法监督办法》及相关的行政执法基本知识。完成对全市行政执法人员(含行政复议人员)的资格考试，发放行政执法证件3000多本。对市县(区)50个行政执法部门的500多份行政执法案卷进行检查，对检查出的问题要求在年底前完成整改。

【处理涉法事务】 2010年，市法制办公室对构建市中小企业融资担保平台事宜，向市金融办公室申请筹建小额贷款公司事宜，在桂林市建设再生资源市场事宜，申请“桂林米粉”注册地理标志证明事宜，市化建总公司、市无线电一厂等国有企业因破产改制安置职工等事宜提供法律论证意见60多件。办理西二环路、南溪河、小东江综合整治BT项目的谈判，灌阳县大竹凹垃圾工程项目开工问题，桂林山水高尔夫度假酒店有限公司有关问题，叠彩区桂林国奥体育文化城项目法人招标，叠彩区林达木材市场占地问题，两江四湖工程二期经营权问题等法律事务 19 件。办理市政府交办的涉及企业改制、下放支农、出嫁女利益分配、集资建房、修建铁路拆迁、支前民兵等方面的信访复查复核事项 107 件。　（陈小华）

政务督查

【决策性督办】　2010 年，市政府督查室围绕市政府中心工作，对市政府重要会议、重要文件所作的重大决策、重要部署的贯彻落实情况进行跟踪督办，共办理市政府常务会议决定事项 118 项，并及时以书面形式反馈市政府领导。对桂林市 2010 年主要目标任务完成情况进行跟踪检查。将全市 10 项重特大安全隐患整改纳入督查工作重点，实施全程跟踪，责成事故隐患整改单位按要求及时进行整改。

【为民办实事工程督办】　2010 年，市政府督查室会同有关部门制订下发《桂林市人民政府办公室关于做好为民办实事项目落实及统计汇报工作的通知》《桂林市 2010 年度为民办实事工作考评奖惩办法》《关于印发 2010 年度为民办实事专项考评工作方案的通知》等文件，完善为民办实事工作目标责任、考核验收、奖惩方式等跟踪检查督办制度。协助市政府领导到阳朔县、全州县、兴安县、灌阳县、平乐县、荔浦县、恭城瑶族自治县等县实地检查指导工作，到叠彩区、七星区、雁山区、临桂县等县（区）及市直部门负责的福利路、桃花江二期改造工程、阳江南路建设等项目现场实地检查工作。对为民办实事项目进行督查，督促有关县（区）和市直牵头部门采用倒计时的方式推进项目进度。全年自治区为民办实事涉及桂林市的 36 个项目和桂林市为民办实事 22 个项目均按计划完成任务，其中桂林市为民办实事 22 个项目有 15 个项目超额或提前完成任务。

【重点项目建设督办】　2010 年，市政府督查室贯彻落实全市“项目建设年”活动要求，会同有关部门加强对全市投资和项目建设督促检查，采取定期督查、不定期督查和跟踪督查方式，重点督查重点项目前期工作进展情况、工程建设情况、项目存在的问题及解决落实情况。同时对市委和市政府专题会议议定事项、自治区领导和市领导关于重点项目的批示要求、部门和县（区）政府对重点项目的服务承诺等落实情况进行督办，确保年度投资目标任务的完成。配合有关部门对“1212”工程项目、实施中央扩大内需投资项目、860 亿元固定资产投资完成情况、“我为临桂新区做什么”践诺工作进展情况进行督查。

【人大代表建议和政协提案的督办】　2010 年，市政府督查室协助制订、下发关于市人大代表建议和市政协委员提案续办件督查工作的通知，对人大代表建议、政协提案进行再审、分类，拟定承办单位，及时筹备召开交办大会。全年协助市政府共办理自治区人大代表建议 1 件、自治区政协提案 8 件，办理市人大代表建议 98 件、B 类续办件 46 件，办理市政协提案 285 件、B 类续办件 197 件，办结率 100%。参加市人大代表建议和市政协提案督查督办 23 次，督办 26 个政府部门承办单位完成办理任务。

【专项督办】　2010 年，市政府督查室承办自治区党委、政府领导及自治区有关部门交办桂林市的督办事项共 25 件。参与国务院办公厅督查组对桂林市全民科学素质行动计划纲要的督查工作。办理自治区党委第四巡视组交办的各类信访督办件 19 件。按照自治区政府督查室关于落实自治区主席马飚重要批示精神的督查通知要求，收集整理桂林市的落实情况，形成《桂林市贯彻落实自治区第二次项目联合审批现场会精神的情况报告》。参与自治区政府对桂林市在建病险水库安全度汛、节能减排的督查工作等。按照市政府领导工作要求及批示意见，开展迎接“全国卫生城”复检自查自评工作、全市强基惠农春季大行动暨万名工作队员下乡活动检查、创建“全国文明城市”实地督查等专项督办工作 32 项。

（林炎钊）

发展研究

【概况】　2010 年，桂林市人民政府发展研究中心在课题研究、刊物编辑、信息情报收集及研究等方面取得新进展。完成2010年政府工作报告及重大课题、专题调研报告等重要文稿近100篇。完成《市长李志刚在全市领导干部转变经济发展方式研讨会上的报告》《桂林市贯彻落实国务院〈关于进一步促进广西经济社会发展的若干意见〉对策研究报告》《桂林市融入广西西江经济带发展研究》《桂林市“十一五”规划终期评估报告》《桂林市“十二五”旅游产业转型研究》《建设“桂林国家旅游综合改革试验区”思路》《建设桂林国家旅游综合改革试验区启动方案》等重点课题和研究报告。参与完成市委重大课题《关于构建科学保护漓江长效机制的调研报告》《市委关于编制全市国民经济和社会发展“十二五”规划的建议》《关于做强做大桂林市商业银行调研报告》;完成《西部城市生态文明城市建设指标体系》《漓江生态保护亟待解决的问题及需要的政策支持》《让桂林成为名副其实的生态山水城市》等重要文稿。编辑出版发行《桂林发展研究》6期、《决策参考》24期、《领导参阅》11期,完善桂林调研咨询网和电子资料库建设。

【《桂林融入广西西江经济带发展研究》】 该课题根据自治区西江经济带发展战略,结合桂林市在西江经济带中所处的地理位置优势及城市性质、发展战略,提出桂林市融入西江经济带发展的指导思想、基本原则、发展目标和发展重点、具体对策措施,以及需要自治区、国家层面给予的政策支持和帮助解决的一些突出问题。提出桂林市融入西江经济带发展的重点是将桂林打造成西江经济带旅游龙头城市、高新技术产业中心、交通运输枢纽中心、现代服务业核心城市、绿色模范城市、现代生态农业示范区。

【《桂林市“十一五”规划纲要实施情况终期评估报告》】 该课题对桂林市“十一五”规划纲要提出的61个主要指标完成情况进行重点评估,并围绕新农村建设、实施工业强市战略、加快发展服务业、加快推进城镇化、基础设施建设、资源节约和环境保护、改善民生、科技、教育、体制改革和对外开放等重大任务完成情况和重点项目实施情况进行客观评价及问题分析。该课题分析了桂林市在“十二五”规划时期所面临的国内外发展环境,提出“十二五”规划时期工作的基本要求和应把握的八大战略重点,为编制“十二五”规划奠定了基础。

【《桂林市“十二五”旅游产业转型研究》】 该课题在深入调查研究基础上,通过定性和定量分析,对桂林市旅游产业发展现状进行客观评估,找准制约桂林旅游产业发展的突出问题,正确研判“十二五”规划时期桂林旅游产业发展所面临的内外环境,以及加快推进桂林旅游产业转型的战略意义,对旅游产业转型升级的新路径和新模式进行探索,提出桂林“十二五”规划时期旅游产业转型的基本思路和主要建设任务。

【《桂林环保能力建设调研报告》】 该课题在对广西及桂林市环境保护能力建设现状充分调研的基础上,全面归纳分析面临的主要问题和困难,提出桂林作为国家环境保护模范城市,环保能力建设却明显落后于自治区内外同类城市,环境保护部门现有的能力难以适应新形势下环境保护工作的需要等意见,并建议参考先进城市做法,加强桂林市环境保护能力建设。

【《桂林华侨农场改革与发展研究》】 该课题对当前全国华侨农场改革发展的背景进行归纳分析,在详细分析桂林华侨农场现状基础上,提出将桂林华侨农场建设成“行政区划和经济活动相协调、统筹城乡发展和配套改革、资源节约型和环境友好型改革试验区”的基本构想。并在体制改革、经济发展、产业布局、生态保护、统筹城乡发展等方面提出加快桂林华侨农场改革与发展的具体路径和措施,为桂林市进一步实施华侨农场改革提供决策思路。（蒋桂珍）

地方志编纂

【概况】 2010年,桂林市地方志编纂委员会办公室(简称市志办)全面推进第二轮地方志书编修工作。《桂林市志》通过自治区终审验收,进入出版印刷阶段;各县(区)志编修稳步推进,有3个县(区)志相继完成三级综合评稿。如期完成《桂林年鉴(2010)》的编纂出版和发行。加大地方志资源开发利用力度,建设并开通桂林地情网站。

8月11日，市志办召开《桂林年鉴》2010卷评稿会。 李春瑜 摄

桂林地方志工作获全国和自治区地方志系统多项表彰。

【《桂林市志》通过自治区终审验收】 2010年，市政府确立《桂林市志》编纂出版为政府工作主要目标任务，市志办加快推进《桂林市志》编修工作进程，制订《2010年〈桂林市志〉编纂工作目标任务实施方案》，将编纂工作目标任务分为统稿总纂阶段、终审验收阶段、修改处理阶段、设计制作阶段、出版印刷阶段，明确每个阶段任务及时间要求。同时建立编辑工作责任追究制，坚持质量第一的编纂原则，实行倒计时，确保《桂林市志》编纂工作有序进行。同时，专门制订《桂林市志》建设成就彩色图片专辑、内文图片征集整理和版式设计方案，完成内文插图及彩色图片专辑照片的编辑及排版。11月，《桂林市志》终审验收会在南宁市召开，《桂林市志》志稿通过自治区地方志编纂委员会办公室审核验收。

【编纂出版《桂林年鉴(2010)》】 2010年11月，《桂林年鉴(2010)》由方志出版社正式出版发行。至此《桂林年鉴》已连续编纂出版16卷。《桂林年鉴(2010)》着重记载2009年桂林市经济和社会发展的基本情况及大事、要事、新事，个别重要内容有上溯或下延。该卷年鉴设特辑、特载、大事记等39个类目，235个分目，彩色插页56页，辑封和内文插图110幅。年鉴版面字数99.6万字，配备双重检索系统，并随书配送电子版光盘，方便读者使用。

【县(区)修志编鉴工作取得突破】 2010年，阳朔县启动一年一鉴《阳朔年鉴》编纂工作。市志办确定阳朔县为年鉴编纂试点县，多次到阳朔县指导年鉴编纂，为全市县级编修年鉴探索思路，积累经验。加强县(区)志编修指导，市志办深入县(区)了解修志进展，研讨和解答修志业务问题，指导修志工作，并对修志人员进行业务培训。年内《雁山区志》《象山区志》《叠彩区志》《龙胜各族自治县志》续志、《荔浦县志》续志完成三级综合评稿，其余9个县的续志和2个城区的区志在进行资料收集和编写工作。

【桂林修志工作获多项荣誉】 2010年12月，在全国地方志系统先进集体和先进工作者表彰大会上，市志办获全国方志系统先进集体，象山区志办甘鸿文获全国方志系统先进工作者。在自治区第一轮修志总结表彰中，桂林市获得7项大奖：市志办获自治区十佳方志办，《桂林市志》获自治区十佳志书，《桂林年鉴》获自治区十佳年鉴，颜邦英获自治区十佳总纂，唐群森获自治区十佳编辑，李志刚获自治区十佳领导组织奖，谢小英、蒋彦秀等8人获自治区特别荣誉奖。年内《桂林年鉴(2009)》获中国地方志指导小组组织评选的全国地方志系统第二届年鉴奖一等奖。

【桂林地情网站开通】 2010年3月8日，桂林地情网站正式开通。地情网站网址为 http://www.glsdqw.com，地情网站设首页、机构设置、法规文件、方志动态、地方志书（年鉴）、公告通知、名人简介、名胜古迹、荣誉榜九大板块。图文并茂地集中展现桂林市基本情况、旅游资源、风景名胜、民俗风情。市志办还将已出版的《桂林年鉴》2004～2009卷上传在网上，供读者阅读。桂林地情网站是自治区14个地级市最早、桂林市唯一一家地情资料网站，并加入广西地情网站的链接。

（曾荣平）

档案工作

【概况】 2010年，桂林市档案局（馆）继续加大乡（镇）、村档案室建设，做好档案服务工作，加强对档案工作的业务指导和重点工程建设项目档案工作的监督指导，严格执行重点工程项目登记备案制度，加大到期档案移交进馆接收工作力度，加强档案执法、宣传教育和业务培训。对移交进馆的60多个单位的现行文件进行整理，对部分文件进行扫描和数字化处理。市档案馆全年接待查档1270人次，调卷2100卷。全市档案馆（室）共接待查档9532人次，调卷20949卷。

【业务指导培训】 2010年，市档案局对民营企业的档案员进行业务培训，对社保中心、医保中心、房改办等部门档案工作进行指导。加强对重点工程建设项目档案工作的监督指导，对已开工的重点工程项目严格执行项目登记备案制度，与项目建设同步指导。对自治区重点建设项目灵川至三街、全州至兴安高速公路施工项目档案进行指导、验收。6月，市档案局举办市直机关企事业单位档案员业务培训班，培训单位110个，培训学员130余人。10月，举办12县5城区档案局相关工作人员业务培训班，并派出业务骨干协助县（区）档案局举办业务培训班。全年全市共举办档案业务培训班28期，培训1285人。

【农村档案建设】 2010年，市档案局在完成全市农村建档的基础上，继续加大乡（镇）、村档案室的建设，扩大覆盖面，增加档案收集归档的范围。围绕小城镇建设、新型农村管理医疗、村务公开等问题，做好档案服务工作。同时，对全市林改档案管理情况进行摸底调查。

【到期档案接收】 2010年，市档案局加大对到期档案移交进馆接收工作力度，共接收老方法立卷的永久档案102卷、长期档案129卷，新方法立卷的档案1106卷，电子目录20846条，七星区、叠彩

6月，市档案局举办全市档案干部培训班。
市档案局　供稿

区婚姻档案4990件。

【档案资料征集】 2010年,市档案局加强重大活动的备案及特色档案资料的征集工作,征集了2010年度市人大、市政协年会档案资料。现场采集、接收第七届中国—东盟博览会(桂林代表团)、2010年首届桂林国际旅游博览会照片、文件和新闻报道材料一批。开展非物质文化遗产档案资料征集,收集到列入国家非物质文件遗产名录的广西文场唱腔、唱词、照片一批。

【档案信息资源开发利用】 2010年,市档案局协助策划《桂林日报》副刊改版,开辟发表“桂林城市记忆”板块,连续刊发有关桂林老照片的系列文章。编辑印制《桂林古街区古民居》图册。完成《建国以来档案事业的发展》撰写工作,并交市委党史研究室结集出版。

【档案执法】 2010年,市档案局开展对全市机关档案违法、违规情况的摸底调查。进驻政务服务中心,开展档案行政审批工作。5月,与市民政局联合组成检查组,对5城区婚姻登记档案和收养登记档案工作情况进行检查。各县档案局对县民政局婚姻登记档案和收养登记档案进行检查,规范婚姻、收养登记档案管理。 (莫菡栖)

机关事务管理

【概况】 2010年,桂林市机关事务管理局完成临桂新区后勤综合服务中心大楼建设的土地预审和项目选址工作。抓好公共机构节能管理和监督工作,实现全市公共机构水、电、油消耗量分别比上年降低5%以上的目标。健全完善财务制度,加强国有资产管理,完成机关部分国有资产的产权明晰等工作。年内,桂林市获自治区2010年度公共机构节能工作先进单位,市机关事务管理局获自治区2010年度公共机构节能工作一等奖,机关幼儿园唐燕群被自治区人民政府授予“八桂名师”称号。

【公共机构节能管理】 3月22日,市机关事务管理局下发2010年桂林市公共机构节能工作要点的通知,明确2010年全市节能工作的目标要求、工作思路和工作重点。4月下旬,组织召开12县5城区机关事务管理部门、市本级公共机构行政主管部门节能工作暨能耗统计培训会议。8月6日,下发2010年市本级、各县(区)公共机构能源资源降耗分解指标的通知,对市本级、各县(区)公共机构能耗指标进行分解。10月,组织开展全市公共机构节能专项行动,正式启动全市节能目标预警调控机制,实行“红色、黄色、蓝色”三级预警,并按预警等级分别采取相应的调控应急处理措施。对市直机关小礼堂和市委会议室的中央空调进行节能改造,每年节电约6万千瓦小时;对市委办公楼全部卫生间用水设施进行节能改造,每年节水1300多吨;对榕湖北路机关综合楼的通道照明灯安装30个智能控制装置,每年节电7000多千瓦小时;对榕湖北路综合机关办公楼用水管道进行节能改造,每年节水2.7万吨。全年全市公共机构水、电、油消耗量分别比上年降低5%以上,桂林市通过了自治区公共机构节能绩效考评验收。

【加强国有资产管理】 2010年,市机关事务管理局建立健全资产购置、使用、处置机制及相应的管理办法,加强资产管理,规范购买登记和处置审批手续,防止随意处置资产。组织41个经口单位召开桂林市市直机关经口单位国有资产管理工作会议,并以资产清查、信息录入为抓手,使国有资产管理逐步走上规范化、程序化、制度化的轨道。

【机关会务保障】 2010年,市机关事务管理局共完成1263场会议的保障任务,制作横幅575条,水牌92块,打印桌卡、贴条20092张,摆放会议和庆典活动用花1800多盆,排除音响设备故障16次,对电梯进行维修保养230多次,确保设备的正常运转。

【临桂新区后勤综合服务中心建设项目开工】 2010年10月30日,临桂新区后勤综合服务中心建设项目开工。该项目位于万平路以北、经二路以西临桂新区创业大厦西南600米,占地1.49公顷,项目预算1.3亿元,总建筑面积3.9万平方米,计划建设工期3年。该中心集会议服务、餐饮服务、印刷服务、维修服务、业务培训、公务接待等功能于一体。 (王爱民)

中国人民政治协商会议
桂林市委员会

2月5日，中国人民政治协商会议桂林市第三届委员会第五次会议开幕。

唐侃　摄

重要会议

【政协桂林市第三届委员会第五次会议】 2010年2月5~7日举行。会议应出席委员426人,实到委员398人。驻桂林市的全国政协委员和自治区政协委员及特邀嘉宾列席会议。市委书记刘君在会上作重要讲话。

会议听取并审议通过市政协副主席王大平代表政协桂林市第三届委员会常务委员会所作的工作报告,副主席蒋廷春代表政协桂林市第三届委员会常务委员会所作的提案工作情况报告。与会委员列席了桂林市第三届人民代表大会第六次会议,听取并协商讨论政府工作报告及其他报告。各民主党派、市工商业联合会、市总工会、共青团桂林市委、市妇女联合会及市政协有关专门委员会就桂林市经济社会发展的19个专题进行大会发言。会议通过了各项决议。会议同意李文杰辞去政协桂林市第三届委员会主席职务,补选粟增林为政协桂林市第三届委员会主席,增选刘明昱为政协桂林市第三届委员会副主席,增选马学钦等8人为政协桂林市第三届委员会常务委员。会议期间,市领导刘君、李志刚、潘永建、黄俊华、徐锦蓉、蒙永福、陈丽华、李文升、石东龙分别参加市政协委员分组讨论,听取委员们对政府工作报告的意见和建议;市领导刘君、李志刚、李文杰、韦广雄、粟增林、潘永建、石东龙、周卫、王大平、莫玲玲、袁绪祥、蒋廷春会见了市政协港澳委员、特邀委员和特邀贵宾,刘君通报了桂林市经济社会发展情况。

【政协桂林市第三届委员会常委会议】 2010年,政协桂林市第三届委员会常委会议共召开5次。

第十四次常委会议 1月21日召开。会议决定2010年2月4~7日召开政协桂林市第三届委员会第五次会议。会议审议通过《关于召开政协桂林市第三届委员会第五次会议的决定》《政协桂林市第三届委员会第五次会议议程、日程》《政协桂林市第三届委员会常务委员会工作报告》和报告人、《政协桂林市第三届委员会常务委员会关于政协三届四次会议以来提案工作情况的报告》和报告人、《政协桂林市第三届委员会第五次会议秘书长、副秘书长名单》《政协桂林市第三届委员会常务委员会关于王莉等同志不再担任政协桂林市第三届委员会委员的决定》《政协桂林市第三届委员会增补委员名单》《政协桂林市第三届委员会常务委员会任命名单》。

第十五次常委会议 2月6日召开。市委副书记、组织部部长潘永建出席会议并作关于市政协人事变动情况的说明。会议审议通过有关人事决定事项草案,审议了补选市政协主席、增选市政协副主席、常务委员的建议名单(草案);审议通过了政协桂林市第三届委员会第五次会议选举办法(草案),选举总监票人、监票人建议名单(草案);审议了政协桂林市第三届委员会第五次会议各项决议(草案)。

第十六次常委会议 2月7日召开。会议通过了提交政协桂林市第三届委员会第五次会议选举的主席、副主席、常务委员正式候选人名单(草案);通过了提交大会通过的选举办法(草案),总监票人、监票人名单(草案);通过了提交大会通过的各项决议草案。

第十七次常委会议 6月30日召开。会议通过市政协《关于桂林国家旅游综合改革试验区建设的调研报告》《关于张劲松等同志不再担任政协桂林市第三届委员会委员的决定》《政协桂林市第三届委员会增补委员名单》《政协桂林市第三届委员会常务委员会任免名单》《关于王嬢同志不再担任政协桂林市第三届委员会常务委员的决定(草案)》。

第十八次常委会议 10月12日召开。市委常委、常务副市长黄俊华,副市长周卫,市中级人民法院院长廖少昆,市人民检察院检察长孟耀军应邀出席会议。会上,黄俊华通报了2010年全市经济社会发展情况和市政府办理市政协提案的有关情况;周卫通报了桂林市开展城市综合管理工作的情况。会议审议通过《关于加强桂林城市综合管理的调研报告》,并就市政府关于全市经济社会发展情况和提案办理情况以及市中级人民法院、市人民检察院执法工作情况进行了协商讨论;通过了《政协桂林市第三届委员会常务委员会关于石强同志不再担任政协桂林市第三届委员会委员的决定》《政协桂林市第三届委员会增补委员名单》《政协桂林市第三届委员会常务委员会免职名单》《关于阳明朗、赵友姣等同志不再担任政协桂林市第三届委员会常务委员的决定(草案)》。 (苏甲杏 龙镇凯)

重要工作

【提案办理】 政协桂林市第三届委员会第五次会议期间，市政协委员、各民主党派、工商联、人民团体、政协各专门委员会围绕市委、市政府中心工作以及人民群众关心的热点问题，履行人民政协职能，积极建言献策，共提交提案310件，其中大会提案292件、闭会期间提案18件。经提案委员会审查立案291件，立案率93.87%。在立案的提案中，委员提案240件，民主党派、工商联、人民团体提案51件。年内，市政协及时将提案送交有关部门办理。至年末，政协桂林市第三届委员会第五次会议提案全部办复，办复率100%，提案被市委、市政府及各承办单位采纳，所提问题已经解决或列入计划逐步解决的占提案数的87%，提案者反馈意见满意率98%。

【专题调研】 2010年，市政协深入开展调查研究，提出建议和意见，为市委、市政府决策提供依据。抓住重点问题开展专题调研，开展建设桂林国家旅游综合改革试验区专题调研，形成《关于桂林国家旅游综合改革试验区建设的调研报告》，并召开桂林国家旅游综合改革试验区建设专题协商会，推动桂林国家旅游综合改革试验区建设；开展城市综合管理专题调研，形成《关于加强桂林城市综合管理的调查报告》，提出创新管理体制、组建城市管理行政执法单位，明确城市管理职责权限，增强社会自我管理能力，加强规划改造，完善城市综合管理软硬件环境，加大城市管理执法队伍力量，加大宣传力度，营造公众参与城市综合管理氛围，建设数字城市等建议。组织专门委员会和各民主党派、工商联、人民团体开展专题调研，全年围绕工业、农业、旅游、文化、教育、科技、高新技术产业发展等方面问题开展专题调研活动，形成19篇调查报告，提出了很多建设性的意见和建议。协助自治区政协调研组做好在桂林市开展的自治区“十二五”规划、小城镇发展、西江经济带建设、新的社会阶层发展等专题调研工作。年内，市委、市政府领导对调研报告反映的问题和建议高度重视，指示有关部门认真研究，有不少建议纳入市委、市政府工作决策。

【委员视察】 2010年，市政协围绕全市中心工作，组织市政协委员开展视察活动，协助和督促市政府职能部门做好工作。为配合市委、市政府抓好城市基础设施和城乡风貌建设，市政协组织委员到叠彩区政府、滨江北路建设工地、火车始发站站前路建设工地、雁山区新城中心道路建设工地、污水处理工程建设工地、叠彩区大河乡社塘新村等地进行视察，针对存在的问题向有关部门反映，促进相关工作的落实。推进临桂新区和两江四湖

5月12日，市政协主席粟增林（前排右二）率政协委员视察城市基础设施建设和城乡风貌建设。　程海超　摄

二期工程建设，组织市政协委员深入到临桂新区管委会及临桂新区建设工地、桃花江建设工地进行视察，对视察中发现的问题督促有关部门解决。促进桂林市农村水利建设，组织市政协委员深入到全州县、永福县就如何加强农村水利建设开展视察，并提出意见和建议。年内，组织市政协委员对桂林市的县域工业、城区环境卫生、家政服务、文物保护、农村体育、食品安全、律师队伍建设、农民工子女义务教育、居家养老、残疾人保障等方面进行视察，促进相关问题的解决和工作的实施，较好地发挥政协委员资政建言、民主监督的作用。

【召开桂林国家旅游综合改革试验区建设专题协商会】 7月26日，市政协在榕湖饭店举行专题协商会，就建设桂林国家旅游综合改革试验区进行商讨。市政协主席粟增林，副主席王大平、莫玲玲、袁绪祥、刘明昱、李世荣、蒋廷春、王德明，市政协党组成员余秋平、黄福喜等出席会议。市领导刘君、李志刚、潘永建、黄俊华、陈丽华、李文升、石东龙、黄阐等出席会议。阳朔县、灵川县、兴安县、平乐县及五城区、市直机关部门、市政协机关、各民主党派、工商联负责人参加会议。会议分析了桂林市旅游业所取得的成绩和存在的问题，并对建设桂林国家旅游综合改革试验区提出建议。会上，委员们与参会的市领导、有关部门的负责人进行互动交流，及时沟通情况，交换意见。

【委员晨会】 2010年，市政协围绕完善社会保障体系、农村水利建设、历史文化保护开发、义务教育均衡发展、传染病防治等8个专题召开7次委员晨会，共有94名政协委员出席。每次委员晨会，市政府相关副市长及市委、市政府职能部门负责人都到会听取意见，解答委员提出的问题，促进了相关问题的解决。

【委员论坛】 2010年，市政协围绕如何加快临桂新区建设、加强城市综合管理和驻桂异地商会建设等专题，在桂林电视台开办《政协委员论坛》节目3期。为市政协委员及时参与市委、市政府的决策协商提供平台，同时利用政协委员在界别群众中的代表作用向社会各界做好宣传解释工作，促进市委、政府重大决策的贯彻落实。

【文史资料征集】 2010年，市政协做好桂林城市建设和环境保护工程以及中越友谊等文史资料的征编、抢救工作。全年征集到桂林城市建设和环境保护工程史料35万多字，图片3万多张，并对已征集到的文史资料进行编辑加工和完善；征集抢救越南在桂林开办学校的文史资料3万多字，珍贵历史照片70张。

【联谊工作】 2010年，市政协加强与市政协港澳委员、特邀委员、桂林籍在外地工作的知名人士的联系，组织港澳委员和政协委员全体会议特邀贵宾到桂林市进行考察，让他们了解桂林的投资环境；走访港澳台侨人士在桂林市创办的企业，了解他们的生产经营情况，协助他们解决实际问题；加强与香港广西桂林市同乡联谊会的联系，到深圳市、珠海市等地召开港澳委员座谈会，通报桂林市经济社会发展情况，听取意见，通过他们带动更多的海外同乡和朋友到桂林投资发展。加强同涉侨部门的联系，承办桂林市"五侨"联席会第三次会议，探讨做好新形势下的侨务工作。加强与市各民主党派、工商联、群众团体的联系，定期听取他们对市政协工作的意见和建议；与民革桂林市委会、黄埔同学会及黄埔后代联谊会共庆黄埔军校建校86周年；"两航起义"纪念日前夕，慰问在桂林的"两航起义"人员的遗孀。参加湖南省长沙市召开的全国历史文化名城政协联系会第二十次会议，作《疏解老城，提升桂林历史文化名城地位》的交流发言；参加福建省龙岩市召开的红军长征沿线政协联谊会第七次会议，作《弘扬长征精神，开发红色旅游》的交流发言。

【慈善救助】 2010年，市政协抓好市慈善事业会和市仁济慈善基金会的工作，开展多种形式的善款募集和社会救助活动。全年共募集各类慈善资金281.19万元。出资166.39万元用于全市扶贫济困和救灾，受益群众1万多人；捐资132.14万元支持青海玉树地震灾区和甘肃舟曲特大泥石流灾区，帮助灾区人民重建家园；举办"热心慈善，共建和谐"为主题的慈善书画笔会，有52名国内著名书画艺术家参加，募集到书画作品55幅，扩大了市慈善事业会、市仁济慈善基金会在社会上的影响，促进了桂林市慈善事业发展。

（苏甲杏　龙镇凯）

纪检·监察

2月2日，中国共产党桂林市第三届纪律检查委员会第七次全体会议召开。

张明志　摄

纪　　检

【概况】　2010年,中国共产党桂林市纪律检查委员会(简称市纪委)把反腐倡廉建设融入全市“工作落实年”、“项目建设年”、“服务企业年”、“城市建设高潮年”活动之中,惩防体系建设取得新进展。1月,市委对全市2009年度惩治和预防腐败体系建设与责任制落实情况进行全面检查和重点抽查。市委书记、市长等市领导分别到县(区)、市直有关单位进行检查。同时,抽调人员组成7个检查组,对各县(区)和部分市直单位进行重点检查。1月21日,市委常委、纪委书记徐锦蓉在全市召开市惩治和预防腐败体系建设检查工作会议上强调,对检查中发现的问题要严督导、真问责。

【中国共产党桂林市第三届纪律检查委员会第七次全体会议】　2010年2月2日召开,市委书记、市人大常委会主任刘君出席会议并讲话。市委常委、纪委书记徐锦蓉代表市纪委作《加快推进惩治和预防腐败体系建设努力开创全市党风廉政建设和反腐败工作新局面》工作报告。会议审议并通过《中国共产党桂林市第三届纪律检查委员会第七次全体会议公报》。桂林市纪委委员33人出席会议,各县(区)委书记、市直各单位党组(党委)书记及纪检组长(纪委书记)、县(区)纪委书记及监察局局长、党组织关系在桂林的中央、自治区驻桂林单位党组(党委)书记及纪检组长(纪委书记)、市各纪工委书记、市纪委监察局机关副主任以上干部、市监察局特邀监察员共241人列席大会。

【学习贯彻《廉政准则》活动】　2010年3月2日,市委中心组召开学习《中国共产党党员领导干部廉洁从政若干准则》(简称《廉政准则》)扩大会议,学习贯彻中央和自治区党委关于加强反腐倡廉建设的决策部署。市委书记、市人大常委会主任刘君主持会议并作重要讲话,市委副书记、市长李志刚从《廉政准则》出台背景、主要内容和精神实质、时代特征等方面,对《廉政准则》进行解读。3月3日,市纪委监察局中心组召开学习《廉政准则》扩大会议,学习贯彻中央、自治区党委和市委关于反腐倡廉建设的决策部署。市委常委、纪委书记徐锦蓉主持会议,并对《廉政准则》进行了逐条解析。她要求各级纪检监察机关要率先垂范,带头提高认识、带头学习《廉政准则》、带头执行《廉政准则》、带头监督检查。3月30日,全市学习贯彻《廉政准则》报告会在市直机关小礼堂召开。市委书记、市人大常委会主任刘君在报告会上强调,全市各级党员领导干部要率先垂范、身体力行,经受住执政、改革开放和发展社会主义市场

4月30日,桂林市纪委、监察局召开“我为临桂新区建设做什么”大讨论活动承诺大会。
张明知　摄

经济的考验，任何人都决不能“越雷区、触高压”。市委常委、纪委书记徐锦蓉主持报告会，并就贯彻落实刘君书记的讲话精神提出要求。各县（区）党委相关负责人和市直机关、人民团体副处级以上领导干部共500人参加报告会。

【全市农村党风廉政建设和党务公开工作座谈会】 2010年9月13日在灵川县召开，市委常委、纪委书记徐锦蓉在会上强调，要紧紧围绕社会主义新农村建设，增强党组织的凝聚力和战斗力，加快推进惩治和预防腐败体系建设，为农村改革发展稳定提供有力保障。会议要求：要以改革创新精神推进党务公开工作；突出党务公开特点，尊重党员主体地位；抓住关键环节，务求规范有序；着眼长效机制建设，健全完善相关制度；积极探索实践，勇于改革创新；坚持求真务实，着力抓基层打基础。

【加强监督检查】 2010年，市纪委加大对中央、自治区和市委、市政府重大决策贯彻落实的监督检查。围绕市委、市政府推进的临桂新区建设，组织深入临桂新区建设第一线开展调研，重点对临桂新区14个重点推进建设项目实施跟进服务，并将情况及时报告市政府，为政府决策提供参考。加强对全市1777个中央扩大内需项目实施情况进行监督检查，共调查处理5起扩大内需项目违反建设程序问题，给予行政警告处分1人、行政问责2人，免职1人。

【解决突出问题】 2010年，市纪委认真解决人民群众反映强烈的突出问题。一是严肃查处违纪违法案件，年内全市各级纪检监察机关接受群众信访举报2485件次，初步核实线索513件，新立案332件，结案362件，给予党政纪处分351人，移送司法机关9人，通过办案挽回经济损失480.14万元；立案查处商业贿赂案件37件，结案21件，刑事处理21人，涉案金额478.54万元，挽回经济损失200.99万元。二是抓好领导干部廉洁自律，全市44名厅级领导干部、12名县委书记的报告材料全部上报自治区党委组织部；1825名处级干部如实上报了住房、投资、配偶子女从业及移居国（境）外等情况；查处领导干部违反规定收送现金、有价证券、支付凭证共计金额7.49万元；查处领导干部在住房方面的违规违纪问题，查处面积1600平方米；查处违反规范津贴补贴工作有关政策规定行为，涉及违规金额114.3万元，给予党纪、政纪处分2人；全年减少因公出国团组3个，减少出国境23人，压缩出国境经费56万元；查处5起公务用车配备管理违规行为，公务用车购置及运行费用比上年同期减少863万元；全年纪委负责人同下级党政主要负责人谈话634人次，领导干部任前廉政谈话684人次，诫勉谈话51人次，领导干部述职述廉7561人次，函询26人次。三是深入开展党政机关、事业单位“小金库”专项治理“回头看”工作，全市新清理“小金库”37个，涉及金额413.86万元，受行政处罚4人，受党纪政纪处理3人，移交司法机关处理2人；在社会团体和国有及国有控股企业“小金库”治理工作中，全市清理“小金库”29个，涉及金额606.4万元。

【惩治和预防腐败体系建设】 2010年，市纪委坚持改革创新，扎实推进惩治和预防腐败体系建设，一是以开展“学习《廉政准则》、促进廉洁从政”主题教育活动为载体，不断创新反腐倡廉教育形式和方法，开展重点环节、重点岗位、重点人员的岗位廉政教育；全市形成主要领导带头上党课的教育机制；制作《做党的忠诚卫士、当群众的贴心人——风采纪检》电视片及《廉政三字经》动漫片和《漓江清风》画册，打造廉政文化精品，增强教育的说服力、感染力；在各级党报党刊发表文章423篇，营造良好的反腐倡廉舆论氛围。二是推进廉政风险防范管理工作，在全市有行政审批权、决策权、政府经济资源调配权等的20个重点部门推行廉政风险防范管理工作，推广试点和试行单位成功做法，查找出廉政风险点17150个，制订防范措施4915条，修订制度173个，新增加制度75个。三是强化党风廉政建设责任制“抓手”作用，推进惩防体系建设，抓好责任分解、责任考核、责任追究三个关键环节，明确反腐倡廉7个方面72项工作任务及对应的23个牵头单位和45个协办单位的责任；全市检查考核了99个县（处）级单位，989个乡（科）级单位。四是加强制度建设及对党风廉政建设和反腐败中存在的重点、难点和热点问题的研究，组织编印《桂林市惩治和预防腐败体系建设工作创新资料汇编》，全市各级纪检监察机关共完成调研课题197个。

【基层党风廉政建设】 2010年，全市各级建立以

4月20日，市监察局对全程跟踪督办推进的临桂新区14个重点建设项目开展调研活动。
张明知 摄

纪检监察机关为牵头部门的农村党风廉政建设联席会议等工作协调机构152个，在全市推广"会计核算中心"、"村财民管乡指导"、"农事村办直通卡"等经验，有4个县8个乡（镇）被评为全自治区农村党风廉政建设先进单位。抓组织、教育、制度、监督、服务等关键环节，推进城市社区党风廉政建设，秀峰区、象山区南门街道、象山区新竹社区、七星区毛塘路社区4个单位被授予全国和谐社区建设示范单位。拓展党风廉政建设进"两新"组织（新经济组织和新社会组织）的有效途径，自治区纪委在荔浦县召开自治区党风廉政建设进"两新"组织经验交流会。

【干部队伍建设】 2010年，市纪委制定下发《市纪委监察局关于进一步加强和改进纪检监察干部队伍建设的实施意见》，开展创建学习型、服务型、创新型、效能型、廉洁型"五型"机关活动，加强思想、组织、作风、能力、纪律和制度建设。全市各级纪检监察机关领导班子围绕建立学习型班子，健全和完善"三个一"（每季度组织一次中心组学习、每年召开一次务虚会、委局主要领导每年为机关干部做一次讲座）集体学习制度。以开展"我为临桂新区建设做什么"大讨论及"做党的忠诚卫士、当群众的贴心人"主题实践等活动为载体，加强对纪检监察干部的政治思想教育和引导。注重干部的教育和培养，全年培训纪检监察干部954人次。推行委局中层干部竞争上岗和试行市纪委常委会提任干部票决制，建立科学公开透明选人用人机制。落实中纪发〔2009〕9、10号文件精神，新增县级纪检监察机关编制73名，县级纪检监察机关建设得到进一步加强。 （王健）

行政监察

【概况】 2010年，桂林市监察局履行行政监察职责，以推进惩治和预防腐败体系建设为重点，全市行政监察和反腐败工作取得新成效。年内，全市各级纪检监察机关接受群众信访举报2485件次，初步核实线索513件，新立案332件，结案362件，给予党政纪处分351人，移送司法机关9人，挽回经济损失480.14万元。

【全市廉政风险防范管理推行工作现场会】 2010年5月20日召开，12县5城区监察局局长、综合室主任，20个具有审批权的市直单位局长（主任）、纪检组长、监察室主任共100多人参加会议。与会人员观看了恭城瑶族自治县、灵川县、市国税局试行工作专题片以及市国税局"廉政风险防范预警软件"演示，市纪委副书记、监察局长李建平对全市推行廉政风险防范管理工作进行部署，市委常委、市纪委书记徐锦蓉作讲话。

【桂林市监察学会第二次会员代表大会】 2010年9月3日召开，市监察局，中央直属、自治区直属、市直属单位和县（区）监察局的监察学会会员代表参加会议。会议通过了桂林市第二届监察学会《章程》，选举产生了桂林市监察学会第二届理事会、常务理事会成员，选举马友元为理事会会长，李晶为秘书长，聘任李建平为名誉会长。市委常委、市纪委书记徐锦蓉到会祝贺并发表讲话。

【工程建设领域突出问题专项治理】 2010年，全市共排查政府投资和使用国有资金的投资总额500万元以上工程建设项目176个，总投资额210.94亿元，排查非政府投资且投资额在3000万元以上工程建设项目93个，投资总额147.14亿元。排查出各类问题16个，涉及项目13个。在排查出的16个问题中，无环境影响评价的5个，无施工许可证的5个，土地手续不齐全的2个，预算资金不足的2个，无规划许可的1个，无施工图审查备案的1个。查处工程建设领域违法违纪案件，全市共受理案件线索76件，核查76件，立案42件，结案20件，涉及县（处）级干部案件5件，给予党政纪处分5人，移送司法机关处理5人。其中，检察机关立案23件，涉及国家机关工作人员11人。

【开展执法监察“四大战役”】 2010年，市监察局一是推进“经济增长攻坚战”，重点对新增中央投资项目进行监督检查，加大对扩大内需促进经济增长项目和治理工程项目建设方面督办力度，全市共挂牌督办5个项目，实行责任追究10人（给予行政警告处分1人，免职1人，诫勉谈话8人），其中县（处）级领导干部5人。二是推进“耕地农田保卫战”，加强对规范和节约用地政策、土地出让收支管理政策落实情况的监督检查，耕地保护责任全面得到落实；整改查处违法用地74宗，涉及土地面积70.36公顷，其中耕地11.44公顷；立案查处66宗，涉及土地面积61.65公顷，其中耕地11.00公顷，落实罚款189.61万元，没收违法建筑物面积1.71万平方米，拆除违法建筑物面积1.27万平方米，复耕土地面积1.48公顷，复绿面积12.06公顷；查处土地违法违规案件28起，结案28起，涉及土地面积29.69公顷。三是推进“环境保护持久战”，加强节能减排和环境保护政策措施、污水及垃圾处理设施项目、饮用水源保护区监督检查；开展整治违法排污企业保障群众健康环保专项行动，对56家重金属排放企业进行全面排查；全年全市共查处环境违法违纪案件9起，结案9起。四是推进“安全生产防御战”，加强安全生产法律法规和安全生产责任制落实情况的监督检查，对1145项安全隐患为自治区、市、县、乡、村五级重点监督的重特大事故隐患进行全面整改；调查处理重大生产安全责任事故30起，办结18起，追究责任人员责任6人，给予党纪、政纪处分3人。

【重大项目监督检查】 2010年，市监察局主要监督检查有：参与漓江防洪及补水枢纽、中隐路廉租房、桃花江整治等工程的监督检查；加强对大中型水库移民后期扶持政策落实情况的监督检查；会同市人口普查办对全国人口普查工作在全市开展进行监督检查；会同林业、建设、劳动人事、银监等部门，对林业生态保护、农民工工资、国家开发银行贷款建设项目资金使用和管理情况进行监督检查；加强对《招标投标法》贯彻执行情况的监督检查等等。

【构建预防腐败工作机制】 2010年，市监察局一是进一步规范政府采购工作，加强对临桂新区重点项目建设政府采购的监督检查，加大对采购单位和委托代理公司在政府采购中存在违法违规行为的查处力度，对有违法违规的委托代理公司记入不良记录；全年全市预算采购资金35.71亿元，实际采购资金30.97亿元，节约资金4.74亿元，节约率13.27%。二是加强对经济责任审计的监督检查，全年明确经济责任审计项目29个，审计经济责任人28名，全部完成审计进点工作，审结项目17个（含2009年13个），查出违规金额1.36亿元，管理不规范金额10.24亿元。三是开展“三公开”（政务公开、厂务公开、村务公开）工作落实，做好市级政府信息公开和政务服务工作，制订和修订《政务信息公开》《政务服务》工作制度；完善市监察局“自治区政府系统智能通讯及数据交换平台”和“自治区政府系统信息共享平台”信息的更新录入和公开内容工作；督促牵头的市民政局、市总工会分别做好村务公开、厂务公开工作。四是开展商业贿赂专项治理，全市共立案查处商业贿赂案件37件，涉案人员43人，其中

9 月 18 日，全市纪检监察部门举行“迎国庆、扬正气”文艺晚会。
张明知　摄

受贿 32 件 38 人，行贿 5 件 5 人，大案 24 件，要案 1 人。结案 21 件，刑事处理 21 人，涉案金额 478.54 万元，挽回经济损失 200.99 万元。

【纠风“五安工程”专项治理】 2010 年，市监察局会同市有关部门开展纠风“五安工程”专项治理。一是加强对“安农工程”的监管，针对市委办、市政府办《关于 2009 年农民负担检查的情况通报》中指出的损害农民利益的 27 个问题进行跟踪督查，全部整改到位，并立案处理了违规人员，清退和追缴违规金额约 200 万元；对在农机购置补贴中有关单位和个人收取的 120 多万元违规金额实行收缴，其他存在问题全部整改。二是促进“安康工程”健康发展，对全市 11 所县医院、14 所乡（镇）卫生院、14 个县（区）“新农合”管理办公室的“新农合”资金管理等工作进行督导检查；在全市餐饮服务行业开展 2800 余家次“地沟油”和“一次性筷子”专项整治工作；开展药品、医疗器械专项整治工作，共检查药品生产企业 49 家次，药品经营企业 200 余家，医疗器械生产企业 39 家次，医疗器械经营企业 103 家次，医疗机构 71 家次，监测药品、医疗器械违法广告 20 个，立案查处药品、医疗器械违法案件 39 件，下发行政处罚决定书 34 份，罚没款 20.6 万元。三是保证“安心工程”安心，加强对救灾救济资金物资管理使用情况的监督检查，实行有关资金物资下拨分配使用情况抄送纪检监察机关备案制度；开展对防火、抗旱救灾保春耕款物的发放、使用情况的监督检查，确保 6582.28 万元的防火、抗旱救灾保春耕资金及时下拨到位和使用安全。四是力保“安保工程”安全。对全市 200 多家医疗机构和药店的医疗保险基金管理使用等情况进行专项检查，4 个违规问题得到整改，立案查处违规案件 1 件，收回社保基金 500 多万元。五是促进“安教工程”稳固，会同教育、物价、财政等部门对学校收费及校舍危房资金使用等情况进行监督检查，对全市各学校校区周边的涉及学生人身安全等情况进行专项检查，增加警察及保安人员 178 人，加强了对全市 50 多所学校的安全保卫工作。

【提高行政效能】 2010 年，市监察局发挥电子监察作用，充分履行行政效能监察职责，全市 17 家政务服务中心有 4107 项审批服务事项纳入电子监察系统监控，平均承诺提速为 33.3%。各级政务服务中心共受理群众咨询事项 1150 件，申请事项 145864 件，受理 145559 件，办结 144026 件，办理提速为 84.6%。调查处理了 21 件审批超时事项。受理效能投诉和外商投诉，畅通投诉渠道。建立和完善多平台受理的投诉网络，畅通行政效能和外商投诉渠道，引导投诉人依法依规投诉。做好投诉件的查办、转办、督办工作，综合分析投诉情况，向政府和相关单位提出合理化建议。

（周首权）

民主党派·工商联

3月14日，民革桂林市第十一届委员会第五次全体(扩大)会议召开。

王文彬　摄

中国国民党革命委员会桂林市委员会

【概况】 2010年,中国国民党革命委员会桂林市委员会(简称民革桂林市委)发展新党员18人,年内,完成基层组织换届,新组建桂林电子科技大学等4个支部和阳朔县小组。至年末,全市共有基层组织26个,其中有城区总支部4个、支部21个、小组1个,党员总数为502人。民革桂林市委科技一支部获得民革全国先进基层组织,党员区捷被评为民革全国优秀女党员;民革桂林市委医学院支部等4个支部获民革全自治区先进基层组织,秦明群等25名党员获民革全自治区基层工作先进个人,向惠玲等10名党员被评为民革全自治区优秀女党员。

年内,民革桂林市委把学习、树立和践行社会主义核心价值体系作为深入开展政治交接教育实践活动的新载体,在桂林民革各级组织和党员中广泛开展学习、树立和践行社会主义核心价值体系活动。全年共举办和参加10场次不同形式的专题学习会、座谈会,党员撰写20篇学习心得和论文投稿《团结报》《团结》及其他媒体,得到不同程度的采用。与广西师范大学历史文化与旅游学院联合举办桂林民革创始人之一的万仲文教授100周年诞辰座谈会,编辑出版有30余篇回忆文章近10万字的《万仲文百年诞辰纪念文集》。

【参政议政】 2010年,民革桂林市委领导及民革党员参加中共自治区党委、中共桂林市委、市人民政府及有关部门、市中级人民法院、市人民检察院等邀请召开的各种协商会、通报会、征求意见会16人次,对桂林市"十二五"规划、桂林临桂新区建设、桂林城市管理、机关工作作风、行业风气、反腐败斗争等以及重大经济社会发展问题提出了建设性意见和建议,一批意见和建议得到好评和采纳。年内上报社情民意29件,被采用18件次。其中《关于恢复李宗仁故居原貌的建议》被民革中央及全国政协采用。

在年初召开的各级人大、政协会议上,民革桂林市委和民革党员中的人大代表、政协委员共提交提案(建议)151件。其中以民革桂林市委集体提案的形式向市政协三届五次会议提交9件,市人大代表、政协委员提交提案(建议)82件,县(区)人大代表、政协委员向县(区)级两会提交提案(建议)共43件,自治区政协委员向自治区政协全会提交提案10件,全国人大代表向惠玲向十一届全国人大三次会议提交建议7件。《关于强化我市农村粮食仓储管理,减少储粮环节损失的建议》在市政协三届六次大会作为发言;民革桂林市委集体提案《关于做大做强高新产业,推进高新区工业化进程的建议》被市政协定为重点办理提案,市长李志刚、副市长巫家世分别作批示,要求高新区、市工业和信息化委员会、市科学技术局根据提案建议提出措施;《保护和开发端午文化旅游资源》等11篇建议被市政府发展研究中心主办的《决策参考》刊载;《加快发展桂林现代农业的建议》被民革自治区委员会用作集体提案提交自治区政协十届三次会议;民革桂林市委提交并宣讲的《关于加强我区民族民间文化的保护、开发和利用的建议》,获民革自治区委员会参政议政成果讲评一等奖。年内继续开展"一支部一提案,一党员一建议"活动,全年共收集建议(意见)215件,其中支部提案17件。

【促进祖国和平统一工作】 2010年,民革桂林市委积极开展促进祖国和平统一工作。一是定期组织黄埔同学支部党员和社会联系人士学习,使其领会中共中央对台湾工作各项方针政策和民革中央对台湾工作"四个转变"(工作的重心向参政议政转变,工作的领域向多向性转变,工作的渠道向多元化转变,工作的主题向和平发展转变)精神,并组织学习海峡两岸关系协会主办的《两岸关系》及民革中央印发的《台湾研究》中的相关文章,请专家作台湾局势的专题讲座,增强祖国统一工作的把握能力;与桂林黄埔同学会、桂林黄埔同学后代联谊会联合举行清明祭扫抗日"三将军"及"八百壮士"墓活动。二是做好桂林籍或在桂林活动的辛亥革命人士及其后裔情况史料调查、走访、取证工作,收集到靳永芳、靳汝端、李任仁、马君武等多位辛亥革命人士及其后裔的资料,并按要求整理好材料上报民革自治区委员会。三是接待中国台湾新同盟会大陆参访团一行36人,并赠送桂林民革书画院创作的国画《漓江情》。

【服务社会】 2010年,民革桂林市委组织党员开展文化、科技、卫生“三下乡”活动112人次。到中小学开展预防艾滋病教育、法制教育讲座和“绿色证书”培训，受益学生2000多人次。开展关爱社会送温暖活动。全年组织党员到雁山区大埠、栖木养老院，市福利院，全州邓吉村等地慰问孤寡老人87人次，发放慰问金3000元，价值2000元慰问品一批，并进行养老健康指导。资助困难学生6人，捐赠包括书包、文具在内的价值1000元的学习用品。年内，桂林民革书画院先后举办“南宁中秋之夜艺术品收藏与鉴赏”讲座和“桂林民革书画院郑发生、刘益之书画展”；组织书画艺术家参加民革中央书画院“支援汶川震后建设笔会”和市社科联组织的“社会科学走进千家万户”文化普及活动。（林正坚）

中国民主同盟桂林市委员会

【概况】 2010年，中国民主同盟桂林市委员会（简称民盟桂林市委）发展新盟员33人。年内，完成基层组织换届。至年末，全市共有基层组织12个，其中8个总支部，4个支部，共有盟员699人。民盟桂林市委、民盟广西师范大学总支部获民盟中央先进集体。民盟桂林市委8个基层组织、23名盟员分别获民盟自治区委员会2007至2009年度先进集体、先进个人。民盟桂林市委获民盟自治区委员会2009年度参政议政工作先进集体。

【开展社会主义核心价值体系学习活动】 2010年，民盟桂林市委组织全市盟员，开展树立和践行社会主义核心价值体系活动，并将社会主义核心价值体系学习活动与政治交接学习实践活动和民盟重大节庆纪念活动结合起来。年内举办新盟员培训班和基层骨干培训班，通过邀请专家教授作讲座、开展黄姚古镇实地参观考察活动和纪念费孝通百年诞辰金秀行等学习参观活动，加强社会主义核心价值体系教育，引导盟员学习继承民盟前辈的政治信念、优秀品质和高尚风范，取得良好的教育效果。民盟桂林市委有4个基层组织和15名盟员分别获民盟自治区委员会授予的树立和践行社会主义核心价值体系活动先进集体、先进个人。

【盟员业绩】 2010年，全市盟员在本职工作岗位上建功立业，取得丰硕成果，为经济社会发展作出显著成绩。盟员张师超入选国家引进海外人才“千人计划”，实现了广西在国家“千人计划”创新项目上“零”的突破。王德明的著作《广西古代诗词史》获得第十一次广西社会科学优秀成果一等奖。钟仕聪创作的广西大鼓《寒梅凝香》获得第七届广西曲艺文学奖一等奖，同时由他作词的广西大鼓《牛县长建房》获桂林市第九届文艺创作“金桂奖”。由陈梅晞主持的项目《Toll样受体相关信号通路对OSAS合并高血压大鼠脂肪细胞因子的调控》获得科技部国家自然科学基金项目资助25万元。

【参政议政】 2010年，在桂林市政协三届五次会议上，民盟桂林市委作题为《发掘历史文化资源，促进桂林旅游发展新跨越》的大会发言和《树立产业链思想加快桂林产业积聚式发展步伐提升桂林优势产业水平》的书面发言。在年内市人大、政协两会期间，共向桂林市政协提交提案28件，向人大提交建议1件。民盟桂林市委《关于加快桂林产业积聚式发展步伐的建议》《关于请求桂林市人民政府加大对雁山高校园区发展支持力度的建议》分别获桂林市政协三届四次、五次会议优秀提案二等奖和三等奖。自治区政协委员、桂林民盟盟员何骅《关于加快解决自治区直属企业、中央驻桂企业退休人员计划生育政策待遇问题的建议》的提案，获自治区政协2010年度优秀提案奖。盟员谭建国《关于进一步做好全市老市场提升改造工作的建议》提案获市政协优秀提案二等奖。34名担任县（区）政协委员的盟员共向各县（区）人大、政协两会提交提案、建议30余件。年内，民盟桂林市委承担和完成中共桂林市委下达的《桂林导游收入问题与对策研究》《关于我市大学生社会实践基地建设》的调研课题，民盟自治区委员会下达的《农村职业教育与技能培训的问题》调研课题任务以及市政协下达的2个调研课题。

【服务社会】 2010年，青海玉树地震发生后，民盟桂林市委及时发动盟员和基层组织向灾区捐款，捐款达8000多元。“六一”儿童节前夕，民盟桂林市委组织民盟桂林电子科技大学支部到全州县石塘镇兴坪小学开展“烛光行动”及“六一”慰问活动，为该校师生送去4200元慰问金及800套衣物。年内，民盟桂林市委组织桂林中医院支部盟员医疗专家组赴兴安县华江瑶族乡开展送医下乡活动，免费为瑶族群众看病，提供体检和健康咨询，赠送价值1000元的药物一批，服务群众达100余人次；组织民盟桂林师范高等专科学校支部前往荔浦县双江镇中心小学开展农村教师培训活动，对该镇近百名教师进行培训；组织了赴灵川灵田乡、青狮潭镇分别开展有关长岗岭古文物保护、瑶民生活文化习俗及生存环境保护的考察活动。 （林玉洁）

中国民主建国会桂林市委员会

【概况】 2010年，中国民主建国会桂林市委员会（简称民建桂林市委）共发展会员27人。年内完成换届工作，新成立雁山总支部。至年末，全市共有基层组织35个，其中总支部6个、支部29个，有会员553人。民建桂林市委直属总支部获民建全国先进基层组织，驻会副主委严慕荣获民建全国优秀会员；民建叠彩总支部、象山三支部、秀峰四支部获民建自治区先进基层组织，14名会员分获民建自治区优秀会员。

【提案建议】 2010年，在市政协三届五次会议上，民建桂林市委作题为《抓住结构调整机遇加快完善我市工业产业体系》大会发言，向大会提交了《加强我市工业园区建设促进“退二进三”政策实施》书面发言。在年内的市人大、政协两会期间，民建桂林市委共提交集体提案8件、个人提案31件、人大建议2件，其中工业类5件提案全部被列为A类提案，个人提案《加快我市汽车电子产业发展的建议》被列为市政协重点督办提案。5月，市政协领导蒋廷春、唐厚军率队对该提案进行重点督办。11月，市政协对2009年后的28件优秀提案进行表彰，民建桂林市委的《关于加快我市汽车电子产业发展的建议》获得优秀提案一等奖，有5件提案获得不同等级的优秀提案奖。12月，个人提案《关于加大政策调控加快我市工业产业体系建设的议案》（转为建议）被市人大评为优秀建议。

【课题调研】 2010年9月，民建桂林市委完成《建设桂林国家旅游综合改革试验区财政政策研究》《桂林市中小企业发展存在问题及对策研究》课题，并上报中共桂林市委统战部。年内，参与撰写民建自治区委员会的参政议政招标课题，上报了5项课题，其中《进一步完善社会保障问题研究》《提高我区劳动者报酬占国民收入比重问题研究》《打造桂北城市圈，振兴柳州、桂林老工业基地——探讨振兴广西传统产业和发展新兴产业之路》《高校师资教育资源整合优化配置问题研

11月25日，民建桂林市委召开促进中小企业发展课题座谈会。
秦胜忠 摄

究》课题中标。已中标的4个课题中，有3项被民建自治区委员会选中上报，作为自治区政协大会入选发言材料，1项被列为民建自治区委员会的集体提案。

【会员业绩】 2010年，民建桂林市委直属总支部主任周继样撰写的《分析新形势研讨新问题探索新方法——对民建自身建设中老龄化问题研究》获得民建中央委员会重点理论研究课题优秀成果二等奖。民建桂林市委副秘书长秦胜忠撰写的《关于加快我区工业化与信息化“两化融合”的建议》获自治区发改委、自治区“十二五”发展规划编制工作领导小组办公室联合举办的“我为广西‘十二五’规划建议献策大型征文活动”三等奖。秦胜忠与他人合写的论文《推进广西与东盟旅游合作的若干思考》获自治区社会科学界联合会、自治区政府发展研究中心联合主办的“中国—东盟自由贸易区建成后广西深化与东盟合作与广西企业走向东盟战略”研讨会优秀论文一等奖。

【服务桂林临桂新区建设】 2010年年初，民建桂林市委下发《关于开展“我为桂林临桂新区建设做贡献活动”的通知》，提出“六个一”主题活动，即“为桂林临桂新区建设做一份好的调研报告、出一个金点子、引进一个项目、引进一些资金、参与一项工程、服务一个企业”。5月，民建桂林市委组织会员中的专家学者、企业家及机关专职干部、基层骨干50余人，到桂林临桂新区管委会进行参观座谈，互动交流。在桂林临桂新区创业大厦设计评审会上，民建桂林市委会员的8条建议得到采纳。

【服务高新产业】 2010年4月，民建桂林市委联系中国风险投资研究院副院长、教授吴西镇走访桂林市金融办公室、市科技局，并会同桂林国家高新技术产业开发区管委会举办桂林市首届风险投资研讨会，20多家高新技术企业参加。6月，民建桂林市委配合桂林国家高新技术产业开发区管委会组织8家高新技术企业参加由民建中央委员会、科技部和广东省政府联合举办第十二届中国风险投资论坛。7月，民建桂林市委主委郑毅在自治区人大十一届三次会议上提交《关于举办“中国风险投资论坛”，促进我区高新产业发展的建议》，获得自治区博览事务局采纳。

【救灾济困】 2010年4月，民建桂林市委会员企业桂林高新珠宝有限责任公司通过民建自治区委员会向河池、百色市旱区捐赠10万元建抗旱工程。6月，荔浦县暴雨成灾，全县13个乡(镇)458个自然村受灾，民建桂林市委争取上级支持，获爱德基金会援助款100.2万元，用于购置大米、蚊帐、棉被等救灾物资运往灾区，共有3000户农民在该项目中受益。9月，民建秀峰总支部组织会员捐款近万元到辖区敬老院开展关爱活动。11月，民建桂林市委会员企业桂林绿洲办公用品公司的熊伟国为龙胜各族自治县贫困山区学校捐助价值8000余元的文具和体育用品等。12月，会员唐世峰向阳朔县葡萄镇垌村、仁和两个村捐赠20吨水泥。 （徐子南）

中国民主促进会桂林市委员会

【概况】 2010年，中国民主促进会桂林市委员会(简称民进桂林市委)发展新会员26人。至年末，全市共有总支部5个，基层支部38个，有会员606人。年内，民进桂林市委积极参政议政，加强组织建设，开展社会服务活动，为桂林的经济社会发展作出了积极的贡献。

【参政议政】 2010年，民进桂林市委完成民进自治区委员会的参政议政招标课题《加快科技中介机构建设，促进科研成果有效转移》，向中共桂林市委、市政协提交《加强科教基地建设提高公民科学素质》《加强市县合作，加快县域旅游业发展》调研课题。在市政协三届五次会议上，民进桂林市委作《关于进一步加强青少年科教基地建设的建议》的大会发言，并提交《关于充分利用好我市县(区)合校并点后原有闲置校舍(不动产)的建议》《关于在我市特殊教育学校增设盲童学习班的建议》《关于解决秀峰区甲山街矮山塘村村民饮水安全问题的建议》《关于桂林市地方税务局修正对本市旅行社单项服务税收的建议》《关于对市内开挖工程建设进行告示的建议》《关于加强我市青少年科技教育基地建设，提高公民科学素质的建议》《关于搭建市县合作平台，加快

5 月 31 日，民进桂林市委慰问资源县中峰乡大庄田完全小学。

民进桂林市委　供稿

县域旅游业发展的建议》7 件集体提案，其中《关于在我市特殊教育学校增设盲童学习班的建议》被市政协列为重点提案。在中共桂林市委组织民主党派领导就《中共桂林市委关于制定国民经济和社会发展第十二个五年规划的建议》（征求意见稿）征求意见座谈会上，民进桂林市委主委容作信提出关于发展民族风情特色旅游和加强旅游资源的开发与保护相结合的建议。年内，民进会员中的各级人大代表、政协委员共提交提案、议案 50 件。民进桂林市委向中共桂林市委、市政府提交社情民意信息 4 篇，其中《关于加强我市小学及幼儿园学生人身安全保障的建议》引起市政府的高度重视。

【基层组织建设】　2010 年，民进桂林市委继续开展基层组织重点建设工作，共有 19 个支部参与，其中原自治区级重点建设支部 5 个、新增自治区级重点建设支部 3 个、市级重点建设支部 4 个、结对子带动加强建设支部 7 个。结合重点支部建设和“广西基层组织生活范例”的撰写工作，民进桂林市委组织全市各基层支部开展主题活动，民进各基层支部共向民进自治区委员会提交“广西基层组织生活范例”文稿 10 篇。

【民进桂林市第十八中学支部成立】　2010 年 4 月 6 日，民进桂林市第十八中学支部成立，桂林市政协副主席、民进桂林市委主委容作信，桂林市第十八中学的领导，民进基层支部代表共 30 多人参加成立大会。该支部有会员 9 人，均为本科以上学历的中、高级知识分子，是桂林市第十八中学各学科的教学骨干或学科带头人。

【服务社会】　2010 年 5 月 31 日，民进桂林市委到资源县中峰乡大庄田完全小学慰问全校师生，向学校捐赠电脑 1 台，向学生赠送小食品和学习用具 150 多份。9 月 18 日，民进桂林市委与桂林医学院的领导及桂林医学院附属医院的专家，到桂林市雁山区大埠乡，为当地群众开展义诊活动，并到大埠乡敬老院进行慰问，为院内老人进行义诊。11 月 5 日，民进桂林市委派专家会员为全市小学艺术教育教师作有关教育科研讲座，同日，民进阳朔总支部组织教育和医务一线的 30 多名会员，到阳朔县高田镇民族学校开展支教等活动，为学生上语文、英语和数学等示范课，为老师进行义诊，免费做 B 超和测量血压等检查以及其他医学咨询。12 月 12 日，民进桂林电子科技大学支部和中共桂林电子科技大学统战部领导，走访慰问了桂林市益寿养老院的老人。　（邓宗永）

中国农工民主党桂林市委员会

【概况】　2010 年，中国农工民主党桂林市委员会

(简称农工党桂林市委)发展新党员 16 人。至年末,全市共有基层组织 18 个,其中总支 6 个、支部 11 个、小组 1 个,有党员 494 人。农工党桂林市委中医院总支部获农工党中央 2007 至 2009 年全国社会服务工作先进集体,党员姚岚获农工党中央 2007 至 2009 年全国社会服务工作先进个人,农工党桂林市委、农工党医学院总支部和农工党人民医院总支部及 5 名党员分别获农工党自治区委员会授予的 2009 至 2010 年“心系百姓健康百千万活动”先进市级组织、先进基层组织和先进个人。

【参政议政】 2010 年,农工党桂林市委领导参加各种通报会、征求意见会、政协晨会、专题论证会以及桂林市“十二五”规划征求意见会等十余次;农工党桂林市委提交人大、政协大会发言 2 篇,集体提案 8 件,社情民意信息 10 件,统战信息 16 条;党员中各级人大代表、政协委员共递交提案和建议 45 件。年内,集体提案《关于在我市各乡镇建立农村社会保障机构的建议》被列为重点督办提案,集体提案《关于在我市各乡镇卫生院实施人才工程的建议》《加强会仙湿地保护》《遏制艾滋病在我市流行与扩散的建议》和个人提案《关于在我市设立高危孕产妇基金的建议》等 7 篇提案分别在《桂林发展研究》《决策参考》《领导参阅》上发表。关于保护会仙湿地的建议列入市政府 2010 年的工作部署,《关于建立桂林市“免费婚检婚姻登记服务中心”的建议》得到全面落实,党员周长山的个人提案《关于加快我区事业单位养老制度改革的建议》被自治区政协评为优秀提案,调研报告《尽快出台配套政策促进国家级旅游综合改革试验区又好又快发展》在自治区政协十届三次会议发言,个人提案《以农村及农民工为监控工作重点,控制我市艾滋病流行》获市政协三届五次会议优秀提案三等奖。

【举行纪念农工党成立 80 周年活动】 2010 年,为纪念农工党成立 80 周年,农工党桂林市委开展了系列纪念活动:出版纪念活动专刊、纪念板报,在农工党桂林市委网站开辟了纪念专栏,开展征文、摄影、知识竞赛、慰问老党员以及为邓演达纪念园捐款活动,表彰农工党桂林医学院总支部等 8 个先进基层组织和 31 名优秀党员,召开纪念大会暨文艺演出,组织基层骨干及机关专职干部到上海市农工党第一次全国干部会议会址参观接受传统教育等。通过开展形式多样的纪念活动,农工党桂林市委党员普遍接受一次党史教育和优良传统教育。

【服务群众】 2010 年 4 月 14 日,青海玉树发生强烈地震,农工党桂林市委组织和发动广大党员通过各种方式和途径支持抗震救灾,共捐款 4000

8 月 2 日,农工党桂林市委召开庆祝中国农工民主党建党 80 周年大会暨文艺专场演出。
罗鸣 摄

多元。5月26日,组织党员专家在桂林临桂新区开展以"土壤环境与健康"为主题的第三届中国环境与健康宣传周活动,开展义诊、健康咨询、环境保护宣传。11月12日,与桂林市口腔医院联合在临桂六塘镇举行以"绿色、自然、健康、和谐"为主题的第二十二届国际科学与和平周活动。开展"心系百姓健康百千万活动":农工党中医医院总支部与社区卫生服务站建立了医疗帮扶点,为他们提供医疗援助和培训;党员为相关机构医务人员进行医疗纠纷防范、药械不良反应事件监测技术培训。(秦思)

中国致公党桂林市委员会

【概况】 2010年,中国致公党桂林市委员会(简称致公党桂林市委)发展新党员7人。至年末,全市共有支部11个,有党员336人。年内,致公党桂林市委贯彻中共十七届四中、五中全会精神,加强学习,牢固树立和践行社会主义核心价值体系,圆满完成各项工作。

【党员立足岗位作贡献】 2010年,致公党桂林市委党员立足本职岗位,创造新的业绩。致公党桂林市委主委、桂林电器科学研究院院长陈仲当选为中国电器工业协会副会长,促成中国机械工业集团有限公司总投资10亿元的电工电子新材料产业基地落户桂林。致公党桂林市委副主委王嬿被任命为桂林市人大常委会副秘书长;致公党桂林市委常委马国钧当选为广西旅游协会副秘书长、广西景区协会秘书长;致公党桂林市委常委蒋向筝被提拔为中国银行桂林分行副行长;党员曾明华获第十三届广西青年五四奖章,并当选为中华全国青联中央委员;党员叶芳贵获国家自然科学基金资助及广西自然科学二等奖;党员陈卓琳获自治区卫生厅"科技推广奖"。

【开展基层组织建设年活动】 2010年,致公党桂林市委贯彻落实致公党中央关于开展基层组织建设年活动的精神,在全市各基层组织中开展树立和践行社会主义核心价值体系活动,发挥好基层支委班子的骨干带头作用和主观能动性,促进他们参政议政工作、社会情感的联络和基层组织活动的开展。11月,致公党桂林市委主委陈仲带领党员骨干到致公党北海市委参观学习,与致公党北海市委交流基层组织建设的做法和经验。同时,致公党桂林市委采用组织党员骨干学习培训、召开支部会议、听专家讲座、选送骨干到社会主义学院学习等形式,不断提高党员的思想认识和自身素质。年内,致公党桂林市委共组织党员骨干培训活动2次,每个支部均召开了4次以上会议。

【参政议政】 2010年,致公党桂林市委围绕中共桂林市委、市政府的中心工作建言献策。3月,致公党桂林市委在全市范围内开展"我为桂林临桂新区建设做什么"大讨论活动,发动党员为新区建设提建议。年内,致公党桂林市委发动党员开展"一人一议"、"一支部一调研"活动。年内,致公党桂林市委主委、全国人大代表陈仲向全国人大提交1件议案,此议案在网上引起热议,得到了全国人大常委会的高度重视,并将列入全国人大常委会2011年执法检查工作计划中。致公党桂林市委及其党员向自治区政协提交4件提案,其中《关于对桂林国家旅游综合改革试验区实施财税政策扶持的建议》提案得到自治区财政厅高度重视,并予以答复和督办;向市人大提交2件议案,向市政协提交22件提案,向城区政协提交9件提案。至12月中旬,致公党桂林市委完成了致公党自治区委员会的重点调研课题《关于加快广西旅游地产业发展的建议》,中共桂林市委2个重点调研课题以及在市政协三届六次大会上的发言材料——《关于促进桂林旅游方式转型的建议》《关于加快桂林市旅游地产业发展的建议》的撰写工作,为2011年的人大、政协两会召开做好准备。

【海外联谊活动】 2010年,致公党桂林市委充分发挥涉"侨"、涉"海"优势,先后接待了以苏丽湘为团长的"世界广西妇女联谊总会"代表团和致公党中央"海外及岛内洪门中青年人士研讨班"访问团。致公党桂林市委副主委王嬿参与策划、组织台湾花莲县议长杨文植带领的访问团对桂林进行经济文化考察。党员郑晓敏在其工作岗位上接待海外来访人员数百人次,其他党员多人次出国探亲、访问。致公党桂林市委各种接待和访问为祖国的统一和桂林市经济社会的发展作出积极贡献。

【救灾助学】 2010年,致公党桂林市委积极开展社会服务活动,致公党桂林市委向青海玉树灾区捐款10740元,向甘肃舟曲灾区捐款6040元,向环江县川山镇纳龙小学捐赠8470元的课桌椅。5月,致公党桂林市委登彩一、二支部到龙胜各族自治县和平中学开展"情系教育爱心支教"助学活动,向和平中学捐赠价值6000元的书籍。

(致公党桂林市委)

九三学社桂林市委员会

【概况】 2010年,九三学社桂林市委员会发展新社员17人。至年末,全市共有17个支社,有社员412人。年内,举办新社员培训班、基层骨干培训班各1期,组织政治理论学习13次,组织社员开展了"我为桂林临桂新区建设做什么"大讨论活动。开展纪念九三学社成立65周年等各种纪念活动,召开专题学习座谈会、报告会4次,举办气排球比赛,开展征文、书画征集活动等。各支社组织各种理论学习、考察调研、助学、联谊等活动70次。

【参政议政】 2010年,桂林市人大、政协"两会"期间,九三学社桂林市委员会社员中的各级人大代表、政协委员共提交提案、意见建议82件,集体提案7件。《关于加快桂林综合旅游改革试验区建设的建议》被列为自治区政协主席督办提案和优秀提案,集体提案《关于进一步完善桂林市农业专业经济合作组织的建议》和个人提案《关于加快桂林市农村危房改造的建议》被列为市政协2010年重点督办提案。《关于加快改造桂林市中小学危房的建议》等3件集体提案,《关于进一步加强我市农村"三大纠纷"处理力度的建议》等2件个人提案获市政协三届四次、五次会议优秀提案奖,《关于在桂北建立面向东盟的出口水果标准化示范基地的建议》等3件建议获市三届人大六次会议代表优秀建议奖。年内,完成九三学社自治区委员会中标课题3个,中共桂林市委调研课题2个,七星区政协调研课题1个。年内,九三学社桂林市委员会领导和各级人大代表、政协委员参加中共桂林市委、市政府及中共市委统战部、市政协和特邀单位组织召开的各种协商会、座谈会、情况通报会58人次。全年九三学社桂林市委员会领导、特邀人员参加各种协商会、征求意见会、座谈会、情况通报会71人次,广泛征求各方面的意见和建议,反映社情民意,切实履行民主监督职能。

【开展树立和践行社会主义核心价值体系活动】 2010年,九三学社桂林市委员会开展树立和践行社会主义核心价值体系活动,采取多种形式,开展各种"学"与"行"活动,共开展专题学习6次。4月中旬,召开专题座谈会。9月,举行"践行核心价值体系,弘扬九三优良传统"专题报告会。12月,邀请九三学社自治区委员会树立和践行社会主义核心价值体系巡回宣讲报告团成员到桂林举行专题报告会。年内,九三学社桂林市委员会组织社员撰写文章6篇,参加九三学社自治区委员会"树立和践行社会主义核心价值体系"活动征文,并在会上作经验交流。10月20日,九三学社桂林市委员会在永福县尚水村建立"政治交接教育实践活动基地"和"树立和践行社会主义核心价值体系实践基地",为九三学社市委会组织履行职能、服务社会搭建新平台。

【社员立足岗位作贡献】 2010年,九三学社桂林市委员会社员立足岗位创造佳绩:有3人被评为九三学社中央优秀社员;社员科研成果获奖8项,其中省(部)级4项、市级4项;社员获国家发明专利7项;社员在国家中文核心期刊发表论文61篇。3人获省级"先进个人"奖,39人获市级"先进个人"奖,2人获"国务院特殊津贴专家",1人获广西高校人才小高地"八桂学者"荣誉称号,1人被评为"桂林市劳动模范"和"广西优秀专家"。

【服务社会】 2010年,九三学社桂林市委员会组织科技下乡、社会服务活动5次,社员参加、组织开展"科普进乡村、入学堂"活动3次。4月,组织社员通过各种途径共向青海玉树地震灾区捐款2.89万元。各支社及社员为桂林市村级学校和贫困家庭捐款2.2万元,捐助教学设备一批价值1万余元。

(赖慧云　韦征)

桂林市工商业联合会

【概况】 2010年,桂林市工商业联合会(简称市工商联)下辖17个县(区)工商业联合会,131个乡(镇)商会,32个行业协会,4个直属商会。年内,新增加企业会员128个,个人会员277个。至年末,全市有会员1.47万个。

【参政议政】 2010年,市工商联会员中有自治区、市、县(区)级人大代表260人,有自治区、市、县(区)级政协委员593人。在市政协三届五次会议上,市工商联主席王昕作题为《桂林锰业发展的思考与建议》大会发言;市工商联整理提交集体提案5件,其中《关于我市开展培养民营企业家接班人的建议》的集体提案,被市政协列为9件重点办理提案之一。在2010年市政协召开的优秀提案表彰会上,市工商联集体提案《关于加强桂林市国有企业高级管理人员薪酬监管的建议》获优秀提案二等奖,2件个人提案获优秀提案三等奖。向中共桂林市委、市政府提交《提升会展业竞争力,促进桂林现代服务业的发展》《桂林市非公有制企业科技融资途径研究报告》调研报告,其中《桂林市非公有制企业科技融资途径研究报告》调研课题获市科学技术局立项。5月,市工商联与中共市委统战部、市经济委员会、市统计局、市工商行政管理局合作,共同完成了《2010年桂林市非公经济发展报告》。11月,创刊内部资料性刊物《桂林市总商会商界》年内出版1期。

【组织建设】 2010年1月11日,市工商联召开三届六次执委会,会议选举王昕为市工商联主席、市总商会会长,增补王明奖、周新春、杨年坤为市总商会副会长,吸收桂林优利特电子集团有限公司等7家企业和桂林湘商商会入会。7月22日,市政府授权市工商联为全市性社会团体业务主管单位。8月18日,市工商联举办全市工商联商(协)会组织专题培训班,全市县(区)工商联、商(协)会组织负责人等70多人参加培训。

【服务会员】 2010年4月26日,市工商联、市投资促进局、桂林湖南商会在桂林大瀑布饭店举办2010全国湘商桂林投资考察暨投资环境推介会,签约项目15个,资金总额37.66亿元。6月,组织12名民营企业家参加北京大学第六届民营企业投资与发展论坛。同月,市工商联与市检察院、市中级人民法院、市监察局3家单位分别建立促进民营企业健康发展工作机制、民营企业法律风险防范工作机制、服务民营企业联合工作机制,并聘请君健律师事务所为桂林市非公有制经济法律服务单位。8月,市工商联举办非公企业产权交易与融资论坛,邀请北京产权交易所专家讲解如何利用产权交易平台来为企业融资、现有资产增值等方面的知识,100多名非公企业的高层管理人员参加论坛。9月15日,市工商联与桂林银行签订《桂林市非公经济金融服务战略合作协议》,桂林银行授信市工商联会员企业30亿元的信用额度,为会员企业贷款搭建平台。全年动员400多名会员参加北京大学民营经济高级管理(广西)研修班的学习。

【举办民营企业招聘周活动】 2010年5月21～26日,市工商联与市人力资源和社会保障局、市教育局、市总工会,在桂林市人力资源市场联合举办桂林市2010年民营企业招聘周活动。期间,秀峰区就业中心和高新(七星)区分别组织了2个专场的民营企业招聘会。招聘周期间,共有230家企业(其中民营企业187家)提供了4629个就业岗位,进场求职的人数6000余人,有2332人报名求职,其中915人达成就业意向。

【开展扶贫工作】 2010年,市工商联给扶贫点龙胜各族自治县和平乡摆岭村送去20多套办公桌椅、100多册书籍,市工商联与桂林桂冶实力有限公司共同向该村捐款1.68万元,解决全村人的饮水问题。为摆岭村争取自治区扶贫办专项扶贫资金70万元,主要用于9千米村级公路的修建、130户村民的电网改造、26户村民的危房改造及14户村民的沼气池修建,同时还用于发展农业,扩种杉木、毛竹、油茶树等经济林木35.33公顷,扩种辣椒、罗汉果、百香果等经济作物14.27公顷。会员企业还向摆岭村捐赠水泥180吨,硬化道路2000多米,使摆岭村的面貌得到改变。

(唐佳军　崔建国)

人民团体

11 月 22 日，团市委组织青年志愿者参加桂林市第十七届“解放杯”长跑赛。

团市委　供稿

桂林市总工会

【概况】 2010年,桂林市有工会委员会4577个,比上年增加362个;基层工会涵盖法人单位9593个,工会会员640313人。年内,市总工会突出抓好"两个重点"(就业创业、维权维稳),推进"三项工程"(素质提升、科技创新、活力工会),打造"四大品牌"(技术比武、依法维权、职工文化、帮扶关爱),实现"五新目标"(解放思想有新飞跃、制度机制有新突破、工会工作有新活力、职工素质有新提升、服务保障有新作为)。7月1日,桂林市总工会职工律师团成立,为全市广大职工、农民工提供法律咨询服务和法律援助。年内,市总工会被自治区总工会授予工会"创先争优"活动特别贡献奖、工会重点工作一等奖、工会工作优秀创新成果奖,连续五年获自治区工会职工医疗互助保障五星级办公室。

【桂林市总工会成立60周年】 2010年5月1日,桂林市总工会成立60周年,市总工会开展了一系列庆祝活动。4月28日,在市工人文化宫举办"开拓奋进60年"图片展开幕仪式,展出照片360幅。4月29日,在市体育馆举行庆五一暨市总工会成立60周年晚会。5~9月,编辑出版桂林市总工会成立60周年纪念专刊和纪念画册,共收集图片500多幅、文章16篇,集中反映市总工会60年来在不同的历史时期所取得的辉煌成就。6~8月,举办桂林市第四届职工运动会,460个基层工会组队,4000多名职工参加。

【送温暖工程】 2010年,市总工会的送温暖工程做到制度化、经常化和规范化。元旦春节期间,筹集慰问金322.13万元,慰问全市困难企业77家、困难职工5127户、困难劳动模范320人、农民工2011人。开展日常救助活动,全年对1932户困难职工家庭发放帮扶资金60.44万元,对130名特困职工发放日常生活救助金20.8万元。针对市部分县(区)遭遇的旱灾和洪涝灾害,争取上级帮扶资金10万元,对兴安县、良丰农场等单位给予帮扶。

【平安度夏保健康活动】 2010年7~9月,全市各级工会筹集资金75.84万元,深入车间、工地,走访企业314家,慰问职工和农民工6508人次,发放防暑降温用品52.85万元。其中:市总工会慰问企业9家,慰问高温作业的一线职工、农民工5647人,使用帮扶资金近10万元。

【"金秋助学"活动】 2010年,市总工会开展"金秋助学"活动,全市各级工会筹集资金163.59万

4月29日,桂林市总工会举办庆五一暨桂林市总工会成立60周年庆祝晚会。 李飞燕 摄

元，发放助学款160.27万元，其中：小学生和初中生1.99万元，高中生和中专生33.62万元，大专以上学生124.66万元。资助困难职工子女(含农民工)1316人，其中：小学生和初中生39人，高中生和中专生433人，大专以上学生844人。市总工会本级筹集资金80万元，发放资助金75.274万元，其中：小学生和初中生39人，高中生和中专生204人，大专以上学生226人。

【就业创业培训】 2010年，桂林市各级工会开展农民工援助行动，全年参加就业培训农民工33828人，其中：技能培训17223人，基础性培训16605人，培训下岗失业人员实现再就业10191人，培训下岗失业人员和农民工创业225人。帮扶创业189人，创业成功人员70人。

【职工红丝带健康行动】 2010年三八妇女节期间，市总工会邀请妇科专家为职工进行30多场有关生殖健康及防治艾滋病方面的知识讲座，参加授课4500多人次。7～12月，市总工会到临桂新区建筑工地，为1100多名农民工进行预防与控制艾滋病宣传，免费赠送避孕套1000多个。11月，举办全市女职工干部培训班，邀请专家讲授艾滋病流行的形势、面临的挑战和机遇等防控艾滋病知识，全面提升女工干部防控艾滋病的责任意识。

(李飞燕)

共青团桂林市委员会

【概况】 2010年，共青团桂林市委员会(简称团市委)有基层团工委45个，基层团委382个，团(总)支部5042个。全市14～35周岁青年人数121万人，其中14～28周岁的青年人数83万人，团员总数24.38万人。全年发展新团员23224人，团员加入中国共产党2459人，经推优加入中国共产党的团员1999人。年内，团市委获第八届中国青年志愿者优秀项目奖、广西青年创业信贷扶持计划先进单位及广西五四红旗团委等荣誉。

【文化艺术活动】 2010年，团市委举办了第十九届桂林市青春艺术节、桂林首届十大杰出(优秀)青年企业家评选、工业强市青企论坛等各类活动78项(次)。第十九届青春艺术节通过开展"十大青年歌手大赛"、"首届青年书画名家成就展"及"旅游青春形象大使选拔赛"等项目11个，进一步提升具有桂林特色的青年文化节庆品牌。

【党团共建"创先争优"】 2010年，全市各级团组织以"青春建功，争当先锋"为总体目标，大力开展"桂林十万青年岗位'创先争优'促发展大行动"。一是开展"党团共建百日攻坚"活动，成绩位居自治区前列，团市委获自治区党团共建"创先争优"百日攻坚行动先进单位。二是开展"立足岗位'创先争优'"、"结对共建服务青少年行动"、"千名团干年终点评大行动"等系列主题"创先争优"活动。三是开展全市"青"字号品牌党团共建"创先争优"公开承诺暨群众评议活动，全市有24个行业、17个系统的窗口单位及760个青年集体参与。四是把"创先争优"与全市共青团年度工作目标管理考核工作结合，进一步强化对各县(区)、部门共青团工作的指导、支持、督察力度。共青团阳朔县委获2010年度桂林共青团工作年度工作目标管理考核金奖，共青团永福县委、共青团临桂县委获银奖，共青团平乐县委、共青团秀峰区委和共青团雁山区委获铜奖，共青团临桂县委获创新奖。

【服务青年就业创业】 2010年，团市委推进青年小额信贷扶持计划，与市银监局、中国农业银行桂林分行、中国邮政储蓄银行桂林分行等金融机构开展"团银"合作，全年为7312名青年创业提供信贷支持，信贷金额达22566万元，带动18109名青年致富。全年新建基地163家，新增见习岗位2300个。推进桂林青年上山下乡创业计划，通过开展农民工技能培训活动，为青年创业就业提供服务。全年组织农民工参加就业技能培训390场次，培训农民工25200人次；开办青年SYB、KAB培训200场，培训学员9210人次；订单式培训城市社区青年1825人次，90%获得上岗就业。建立"桂林青年能人信息库"，入库青年能人2140人。

【服务"两区"建设生力军工程】 2010年，团市委带领全市广大团员青年在服务桂林国家旅游综合改革试验区和临桂新区建设中建功立业、争当先锋。按照"我为临桂新区建设做什么"大践诺活动要求，开展临桂新区建设青春建功先锋行活动。以“细管理、树品质、感宾客”为主题,在全市旅游行业开展青工岗位技能大练兵创先争优活动,选树青年岗位能手,同时加大青年文明号创号帮扶、优号检查、整体升级的力度。开展“保护漓江——为国家旅游综合改革试验区建设服务”桂林十万青少年造林绿化行动,承办市委、市政府“百里漓江四化”工程行动、“十大便民工程”訾洲义务造林绿化行动,累计募捐 43.2 万元、种树 219 万株。在全市主要施工项目和重点项目建立青年突击队 127 支,同时通过实施“项目建设大会战青年工程建功竞赛行动”,引导团员青年展现青春风采。

【维护青少年合法权益】 2010 年,团市委进一步整合社会资源,开展预防青少年违法犯罪行动、青少年维权岗和未成年人网络文明工程等系列主题活动,维护青少年合法权益。建立广西首个市级青少年禁毒法制教育基地,帮扶各县(区)落实预防青少年违法犯罪工作专职工作人员及专项经费。拓宽青少年利益诉求反映渠道,开展市、县共青团与人大代表、政协委员面对面活动。健全“12355”青少年服务台运行机制,推动“12355”青少年服务台向互联网延伸,开展网络青少年维权工作。

【创新希望工程品牌】 2010 年,团市委筹集希望工程资金 200 万元,援建希望小学 2 所。“圆梦大学行动”资助贫困大学新生 405 名并开通免费“圆梦号”列车。创新希望工程项目,筹资 126 万元开展希望书屋、爱在山水间——留守儿童游桂林、桂林青年农民工和青年农民工子女公益体检基金等公益项目。筹资 50 万元与广西希望工程办公室、广西师范大学团委联合开展“希望教师”项目。

【深化志愿者行动】 2010 年,团市委筹建桂林市青年志愿者公益基金,推进青年志愿者项目化、事业化、社会化建设。开展桂林国际旅游博览会等大型活动的志愿服务。开展“爱心手牵手”关爱留守少年儿童大行动和关爱农民工子女志愿服务行动等志愿活动,全市青年志愿者与 313 所学校的 54566 名农民工子女结成帮扶对子。

【青少年对外交流】 2010 年,团市委组织完成中越青年大联欢桂林分会场、中国—东盟青年营呵护漓江主题行动和少年宫“小桂花”艺术团访问韩国济州市等重大青少年外事工作。全年接待韩国济州联合青年会、日本无线通讯青年交流团、加拿大魁北克省华人华侨商会代表团及东盟等 13 批外国青年组织访问,接待上海、浙江等省市团委、青年联合会、青年企业家协会到桂林访问 58 批。 (冯晓霞)

桂林市妇女联合会

【概况】 2010 年,桂林市妇女联合会(简称市妇联)创新思路、大胆实践,各项工作扎实推进。年内,桂林市获全国创建学习型家庭示范城市,市妇联获全国维护妇女儿童权益先进集体。“创先争优”活动、小额贴息贷款等工作经验在自治区妇联会议上交流推广。

【“创先争优”活动】 2010 年,市妇联组织开展“服务四大建设,争当发展先锋”,“创建先进妇联组织、争当优秀妇联干部”和“双百双扶巾帼先锋行”等“创先争优”活动,激发各级妇联组织、妇联干部及广大妇女的上进心、荣誉感以及干事创业的热情和活力。年内,发动党员女企业家、党员女能人与创业就业妇女开展“一对一”、“一对多”结对帮扶,共结对 691 对,实施致富项目 706 个,帮助帮扶对象新增收入 600 万元;为帮扶对象解决帮扶资金 3000 多万元,受益妇女 1000 多人。全市各类以妇女为主的经济合作组织发展到 965 个,辐射带动 10 多万人共走致富路。树立了全国维权先进潘家芬、万头养猪大户张玉芳、灵田妇女提子协会会长莫红英、全州县李叔美等一批先进典型。

【小额信贷工作】 2010 年,市妇联与财政局等部门相互协调配合,深入推进小额信贷工作,全市小额信贷发放工作名列自治区第二。全年全市共有 1.2 万名妇女向妇联提出贷款申请,申请贷款金额 5.8 亿元。各级妇联及劳动部门推荐 1 万名妇女申请小额信贷,推荐贷款资金 4.8 亿元。中国农业银行桂林分行审批贷款 1.8 亿元,发放贷款近 1.7 亿元,在一定程度上解决了部分妇女的创业资金问题。

【“妇女之家”建设】 2010 年，市妇联成立桂林市“妇女之家”创建工作领导小组及其工作机构，下发《关于进一步推进“妇女之家”创建的实施意见》。创新思路，把“妇女之家”建设与“两新”组织（新经济组织和新社会组织）创建工作结合起来，在妇女集中的非公经济组织和新社会组织中创建一批“妇女之家”。坚持党建带妇建，以“党政搭台、妇女唱戏”为目的，把村（社区）“妇女之家”建设融入党的基层组织建设，整体推进妇联基层组织强基固本工程。年内，全市 100% 的建制村和社区建立了“妇女之家”，实现基层妇女工作“有组织、有阵地、有队伍、有活动、有成效”。建立县级以上示范点 73 个，“妇女之家”成为服务妇女的新平台。

【城乡妇女发展】 2010 年，市妇联联合有关部门开展女农民工培训、城镇妇女技术技能培训，完善实用新技术、绿色证书等教育培训，全年分级分类培训城乡妇女 15 万人次。开展春风送岗位、就业援助和高校毕业生就业服务等系列活动和女大学生创业导师行动。各级妇联打造“漓江嫂”巾帼家政服务品牌，累计对 2 万人次妇女开展家政服务技能培训，帮助其中 80% 以上妇女实现就业。以“巾帼示范村”创建为载体，组织农村妇女参与现代农业生产，发展“妇”字号龙头企业和专业合作社，帮助农村妇女加快增收致富步伐。

【妇女儿童权益维护行动】 2010 年，为提高广大妇女依法维权的意识和能力，全市各级妇联利用“三八”、“六二六”、“一二・一”、“一二・四”等活动日，开展法律维权服务宣传咨询活动，重点宣传贯彻《广西壮族自治区实施〈中华人民共和国妇女权益保障法〉办法》。同时，做好信访接待工作，关注失业失地妇女、留守流动妇女儿童和老龄妇女等弱势群体的权益保护问题。年内，全市各级妇联共接待来信来访 2235 件次，其中市妇联共接待处理各类来信来访 607 起，处置率达 98% 以上。

【新“两纲”编制准备工作】 2010 年，市妇联配合市人大对妇女权益保障法执法情况开展专项调研，开展“两纲”（桂林市妇女发展纲要、桂林市儿童发展纲要）终期评估准备工作，并启动新一周期“两纲”编制工作。11 月，召开全市妇儿工委工作会议，总结分析妇女儿童工作取得的成绩、存在问题及困难，并就“两纲”全面终期评估工作提出要求，为新一轮妇女儿童发展规划编制工作如期完成做好准备。

【和谐家庭创建行动】 2010 年，市妇联实施和谐家庭创建行动。通过举办“孝老爱亲，文明出行”家庭才艺大赛和主题摄影巡回展，将第四届相聚书香家庭活动与百万妇女文明交通宣传员行动结合起来，实现文明交通、家庭美德和社会公德教育的融合与升华。举办桂林市 2010 年节能减排公益宣传暨节能减排家庭社区行“低碳家庭・时尚生活”主题活动，发放宣传资料 1600 多份，举办文艺演出 3 场，参与活动人员近万人。推进家庭教育工作，开展“争做合格家长，培养合格人才”100 场家庭教育大讲堂八桂行活动，在市、县（区）举办讲座 10 场，近 5000 名家长受益。（郑远健）

桂林市归国华侨联合会

【概况】 2010 年，桂林市归国华侨联合会（简称市侨联）指导和协助阳朔县侨联、印尼华校桂林校友会、印尼巨港桂林校友会成功换届。春节举行桂林市侨界和谐之春联欢会和茶话会，500 人参加。接待来信来访 120 人次，协助归侨侨眷和侨商解决生活困难、疾病求助、法律援助等问题。6 月 17～18 日，与桂林市侨务办公室联合举办侨务理论研讨会暨全市侨务班干部培训班，参加培训人员 60 人。

【桂林市第三次归侨侨眷代表大会】 2010 年 9 月 7～8 日，市侨联召开桂林市第三次归侨侨眷代表大会，出席大会代表 138 人，自治区侨联主席韦干，中共桂林市委常委、市委统战部部长李文升，副市长巫家世出席大会。大会审议通过了《加强内外联谊，发挥侨联的优势，为实现桂林科学发展、和谐发展、跨越发展作出新贡献》的工作报告。选举产生桂林市归侨华侨联合会第一届委员会委员 33 人，常委 13 人，选举林文云为主席，叶涛、李志雄（兼）、简桂梅（兼）为副主席，张跃进为秘书长。

【举办海峡两岸书画交流】 2010年10月29～30日，市侨联与中华国际书画艺术教育研究会、中国台湾地区中国古文字学会、桂林炎黄书画艺术研究院联合在桂林炎黄书画艺术研究院科教艺术馆举办桂林——台湾两地书画交流展，参加活动的两地书法家、画家共70人，展出书画作品100幅。

【慰问困难归侨侨眷】 2010年，市侨联开展“献爱心、送温暖”活动，慰问困难归侨侨眷100户，发放慰问金2万元。自治区华侨爱心基金会资助桂林市侨眷贫困优秀大学生4名，资助款7500元，给桂林华侨农场小学、阳朔中南俪颖小学捐赠图书价值12万元。

【帮扶侨资企业】 2010年3月，市侨联结合桂林市“服务企业年”活动，组织侨联干部走访了桂林泛普生物科技发展有限公司等涉侨企业，对侨资企业进行帮扶解困及提供政策法律的咨询。6月25日，到桂林市芦笛社区组织召开庆祝印尼归侨回国50周年暨《中华人民共和国归侨侨眷权益保护法》颁布20周年座谈会，深入开展侨法宣传活动。

【接待及交流工作】 2010年，市侨联接待美国、马来西亚等国家和中国香港、澳门、台湾地区及各省市侨联考察团12批共150人。7月13日，前美国佛罗里达州参议员一行10人，在中华全国归国华侨联合会原副主席、联合国原副秘书长冀朝铸陪同下到桂林考察。10月11～13日，市侨联接待美国“飞虎队”华裔老兵及亲属一行14人到桂林重温战地、寻访史迹，到临桂县博物馆及“飞虎队”遗址公园参观，并向临桂县博物馆捐赠二战“飞虎队”文物9件。10月20日，接待美国广西同乡会副会长吴永平。年内，市侨联组织侨联干部赴上海、苏州等地学习考察，赴梧州市参加侨联工作经验交流会。（张永坤）

桂林市台湾同胞联谊会

【概况】 2010年，桂林市台湾同胞联谊会（简称市台联）以团结、联谊和服务台胞为宗旨，扩大桂林和中国台湾地区的经济文化交流和合作。年内，市台联开展专题调研活动，撰写《开展新时期台联工作、促进海峡两岸同胞关系和谐》《发挥统战优势、服务科学发展》论文2篇。

【考察联谊活动】 2010年，市台联接待了福建省、昆明市台联考察交流团，就信息资源共享、台联业务协作等问题达成共识。8月，参加在南宁市举行的自治区台联七届二次理事会。9月，赴江苏、浙江、上海考察交流，并参观上海世博会。

【服务台胞工作】 2010年3月，市台联会长吕虹被自治区党委统战部列入台胞事务重点联系人物名单。6月，市台联会同市台办到永福县苏桥工业园区，协商解决台商土地纠纷问题，使台商、村民和当地政府得到比较满意的处理结果。8月，市台联调查统计桂林台胞参加社保、医保等情况，并上报自治区台联。（尹惠卿）

桂林市红十字会

【概况】 2010年，桂林市红十字会开展救灾、救助、救护、造血干细胞捐献和灾后重建项目实施等工作。启动桂林市红十字会备灾救护培训中心项目，加强应急救护培训，壮大应急救援队伍，开展高危行业重点人群救护培训，在青少年中普及自救互救知识，面向城市和农村社区群众开展应急救护培训。年内，在自治区红十字会100年大庆表彰会上，全州县红十字会获集体二等功，桂林三金药业股份有限公司获奉献之星表彰。

【基层组织建设】 2010年，全市各县（区）均设立红十字会组织机构及专职人员，基层组织建设进一步完善。年内，全市建立志愿服务分队12支，在册登记志愿者500多人，组织各类志愿服务活动20多次。

【旱灾募捐】 2010年，广西发生旱灾，桂林市红十字会及时启动应急预案，成立市红十字会旱灾募捐工作领导小组，落实旱灾募捐值班制度，开展旱灾募捐工作。期间，桂林市红十字会共收到社会各界捐赠的旱灾募捐款118.12万元，物资3吨。所捐物资除部分捐赠单位直接与广西旱灾地区所在红十字会交接外，其他募捐款项均按自治区红十字会统一要求用于灾后重建项目。

【玉树地震募捐】 2010年4月14日，青海玉树发生地震。桂林市红十字会按照应急预案要求，启动玉树地震募捐工作。成立募捐工作领导小组，与媒体对接，及时向社会公布市红十字会募捐账号和阶段性募捐情况，宣传募捐典型。期间，市红十字会共收到地震募捐款431.68万元，并把捐款汇到自治区红十字会指定账户。

【博爱救心八桂行义演募捐】 2010年，桂林市红十字会配合自治区红十字会筹备和开展“红色真情，人间有爱”红十字天使计划博爱救心八桂行义演募捐晚会工作。共收到社会各界募捐的救心专项救助资金104万元，帮助解决桂林市部分心脏病患儿的治疗经费。全年，桂林市有6人得到该项资金的救助。

【造血干细胞捐献工作】 2010年初，市红十字会召开会议，培训人员，组织力量深入院校、县（区）和人员密集区宣传造血干细胞采样捐献的基本程序和捐献要求，争取群众的理解和支持。与市中心血站进行对接，开展造血干细胞采样工作，全年采样784份，超额完成自治区下达的500份入库任务。年内，桂林市红十字会获自治区会造血干细胞捐献先进集体。

【援助项目建设】 2010年，市红十字争取上级红十字会支持和境内外援助项目43个，项目资金443万元。其中，农村改水项目230万元，支持学校建设项目43万元，市红十字会备灾中心新建项目140万元，市县红十字会能力建设项目30万元。 （王怀武 马金宝）

桂林市残疾人联合会

【概况】 2010年，桂林市残疾人联合会（简称市残联）为7318名残疾人提供专项康复或社区康复服务，扶持农村贫困残疾人1655户，资助贫困残疾学生和贫困残疾人子女上学1508人，安置残疾人就业546人。市、县（区）两级法律援助机构为残疾人提供非诉讼案件法律援助15件，民事诉讼法律援助2件，接待法律咨询服务1247人次。市、县（区）两级残联共接待残疾人来信来访4607人次，办理自治区转达的信访信件6件，来信来访的处结率达95.5%。元旦、春节和“全国助残日”期间，市、县（区）两级党、政领导走访残疾人服务机构15家，慰问贫困残疾人家庭3335户，送慰问金共计82万多元。帮助50户农村贫困残疾人维修住房，共投入维修费20万元。与市委组织部、市财政局共同实施“党员扶残，温暖同行”工程，投入资金165.5万元，在每个行政村扶持一户贫困残疾人，全市共扶持农村贫困残疾人1655户。

【“两个体系”建设】 2010年，桂林市残疾人社会保障和社会服务两个体系得到进一步完善。资源县、灌阳县、雁山区党委政府颁布了《关于促进残疾人事业发展的实施意见》，资源县制定了《资源县贫困残疾学生教育资助暂行办法》，龙胜各族自治县制定了《龙胜各族自治县农村最低生活保障制度和扶贫开发政策有效衔接试点工作实施方案》，平乐县颁发了《关于资助贫困残疾人受教育工作的通知》，兴安县制定了《兴安县贫困残疾人就业扶持暂行办法》，象山区制定了《象山区残疾人优待暂行办法》。

【启动“阳光家园计划”】 2010年，市人民政府把为智力残疾、精神残疾和重度残疾人提供日间托养照料和居家服务的“阳光家园计划”建设项目列入政府为民办实事项目之一，投入资金77.21万元，在秀峰区、叠彩区、象山区、七星区、雁山区、兴安县、灌阳县、资源县、龙胜各族自治县、恭城瑶族自治县10个县（区）建立10个托养照料机构，为161名智力残疾、精神残疾和重度残疾人提供服务。投入180万元，为1854名智力残疾、精神残疾和重度残疾人提供居家服务。

【“健康快车”复明工程】 2010年2月，桂林市争取到国家卫生扶贫项目——“健康快车”（白内障复明手术专车），该项目列入政府为民办实事项目之一。市残联配合市卫生局做好项目实施的宣传和病员筛查工作，共发放宣传资料1.5万份，报名登记的疑似白内障患者4400人，筛查初步确定适合手术的1839人，经市第二人民医院复检确定手术对象，10月12日～12月23日，“健康快车”共为1165名贫困白内障患者免费做了复明手术。

【“真挚关爱，共创和谐”专题康复服务】 2010年，市残联组织开展“真挚关爱，共创和谐”专题康复服务。培训康复人员1940人，为各类残疾人提供社区康复服务7318人。实施白内障复明手术1353例，为63名低视力患者验配助视器，培训低视力儿童家长13人，组织60名盲人定向训练；组织95名聋儿语训，培训聋儿家长72人；组织93名智残儿童康复训练，培训智残儿童家长93人，组织73名肢残、脑瘫儿童康复训练；实施麻风畸残矫治手术16例；康复救助6岁以下贫困残疾儿童46名；康复救助精神病人543名；为残疾人提供辅助器具2330件，其中免费配发867件。

【扶残助学】 2010年，市残联实施“扶残助学项目”和“彩票公益金助学项目”。资助市培智学校、市聋哑学校、荔浦县特教学校、灵川县培智学校残疾学生250名，资助升入大中专院校残疾学生20名，资助普通高中（职高）残疾学生28名，资助5城区贫困残疾学生和贫困残疾人子女入学1210人次，共发放助学金51.56万元。

【“就业援助月”活动】 2010年，市残联开展以“就业援助进家入户帮您解决就业困难”为主题的残疾人“就业援助月”活动，对1470名待业残疾人进行登记，走访待业残疾人家庭538户，向用人单位推荐残疾人就业456人，帮助残疾人自主就业336人。实施《桂林市残疾人创业就业扶助暂行办法》，扶助5城区残疾人创业118人，发放扶助金45.6万元。在乡镇（街道）和村（社区）配备残疾人工作专职委员和协管员1706人，对残疾人进行职业培训188人次。

【无障碍设施改造】 2010年，市残联在五城区为65户贫困下肢残疾人进行家庭无障碍设施改造，桂林市的城市无障碍设施建设延伸到残疾人家庭。12月27日，国家城市无障碍设施建设检查验收组对桂林市市区面上和部分残疾人家庭的无障碍设施建设进行检查验收，检查组组长、中国残联党组书记、理事长王新宪对桂林无障碍设施的改造情况给予了高度评价。

【文体活动】 2010年，桂林市残疾人运动员参加全国比赛，杨金龙获游泳金、银、铜牌各1枚，叶斌获铜牌2枚；黄梦萍获乒乓球比赛金牌1枚；冯宗海获羽毛球比赛银牌1枚，阮文健获铜牌1枚；辛顺、归玉娜、黄甜甜各获田径比赛金牌1枚，陆玉象、刘翠青、归玉娜各获银牌1枚，刘翠青、樊江彬各获铜牌1枚；黄汉升、陆勇贤、李宗山获团体射箭比赛银牌；女子轮椅篮球队取得参加2011年第八届全国残疾人运动会比赛资格。组团参加第五届全国特奥运动会，虞云韬获金、银、铜牌各1枚，蒋易忠获银、铜牌各1枚。组团参加第七届全区残疾人运动会暨第二届特奥会，获金牌33枚、银牌20枚、铜牌20枚，13个项目打破自治区纪录，团体总分各列自治区第三名。

组团参加广西残疾人事业好新闻评比，刘倩撰写的《轮椅上创办网络公司》获报纸类一等奖，韦玉文、蒋玲撰写的《新技术带来新起点》）获广播类一等奖，刘倩撰写的《做梦也没想到能有今天》、刘洪波撰写的《5000元心意献给残疾人——残疾人郭锐身残志不残》分获报纸类、电视类三等奖，韦玉文、蒋玲撰写的《新技术带来新起点》获广播类二等奖。智力残疾人石乐参加第四届香港国际艺术节获金奖。 （熊建新）

政　法

8月21日，自治区"五五"普法检查验收团在中国石油天然气第六建设公司检查"五五"普法工作。　郑法　摄

社会治安综合治理

【概况】 2010年，桂林市深入开展社会矛盾化解、社会管理创新、公正廉洁执法等重点工作，强化基层基础建设，落实综合治理各项措施，构建社会治安防控体系，严厉打击各种刑事犯罪活动，维护社会稳定，实现了“八个上新台阶”（维护国家安全和社会政治稳定工作上新台阶，预防和化解社会矛盾工作上新台阶，社会治安综合治理基层基础工作上新台阶，公正执法水平上新台阶，政法综治和平安建设工作机制建设上新台阶，公共安全监管工作上新台阶，政法综治工作保障机制建设上新台阶，政法队伍建设上新台阶）、“七个不发生”（不发生在全市造成恶劣影响和严重后果的群体性事件和非正常上访事件，不发生造成恶劣影响和严重后果的邪教组织顽固分子聚集进京进邕滋事案件或事件，不发生在全市造成恶劣影响的重特大人员伤亡和巨额资财损失的刑事案件，不发生在全市造成恶劣影响的涉黑涉恶团伙犯罪案件，不发生在全市造成恶劣影响的区域性治安混乱或突出治安问题，不发生在全市造成恶劣影响的群死群伤恶性治安灾害、火灾、交通、安全生产事故，不发生敏感时期、重大活动、重要目标和要害部位安全保卫工作重大事故）的平安建设工作目标。

【加强基层建设】 2010年，市社会治安综合治理委员会（简称市综治委）巩固和加强基层综治组织建设，全市乡（镇、街道）全部建立综治信访维稳中心，社区、村（居）委会建立综治信访维稳工作站。在人口200人以上的自然村（屯）和治安复杂的自然村（屯）成立综治工作站，负责村（屯）的普法、帮教、调解和治安防范工作。乡（镇、街道）的综治信访维稳中心建立健全各项制度，实行了“矛盾联调、治安联防、问题联治、工作联动、平安联创”的工作机制，做到小事不出村、中事不出乡（镇）、大事不出县（区）。在大中型企业成立综治委，主任由企业法定代表人担任，配备3~5名工作人员。机关事业单位和非公有制经济组织成立综治领导小组，组长由主要领导担任，并确定综治联络员。50人以上的机关、企事业单位设有1名以上的信息员，200人以上的自然村（屯）和治安较复杂的人数不足200人的自然村（屯）配有1~2名信息员，每条街道、每个社区配有2名以上信息员，全市共有信息员36543人。

【技术防控】 2010年，“天网工程”建设取得突破性进展，“三级监控平台”已成规模，全市所有县（区）建成视频监控系统并与市一级平台联网。全市在公路主次干道，重点治安复杂场所、要害部位、单位内部安装视频监控，形成了以监控系统为龙头，路面动态巡防力量为基础，无线通讯工具为辅助的主体型防控模式。加强重点要害部位自动报警体系、居民小区技术防范、机动车防盗防劫系统、治安管理信息系统建设，形成了专门机关和群众路线相结合，人防、物防和技术防控相结合，治安巡逻警察、专职治安巡防队、规范化的保安队伍、单位内部的保卫人员和社区、村（居）委会群防群治组织互为补充的治安防范体系。

【预防和调处各类矛盾】 2010年，市综治委在坚持矛盾纠纷定期排查和专项排查制度的基础上，健全包案调处机制。坚持就地解决的原则，一般的纠纷由社区、村（居）调解委员会调处，大的纠纷，乡（镇）调解委员会及时介入，做到小矛盾不出村，一般的纠纷不出乡（镇）。同时实行分级管理，归口调处，对突出的矛盾纠纷一律实行“五包”责任制（一个问题、一名责任领导、一个工作班子、一个调处方案、一个解决时限），属县（区）的，由县（区）党政班子包案调处，属跨县（区）、跨行业的，由市党政班子包案调处，做到问题不解决不放过，矛盾不化解不放过。建立社会稳定风险评估机制，下发《关于建立桂林市社会稳定风险评估机制的意见》，对有可能影响社会稳定的项目进行风险评估，从源头上预防矛盾纠纷的发生。开展“大排查、大接访、大调解、大防控”活动，实行领导定期接访、领导包案、约访、下访制，面对面解决群众的诉求。对信访突出问题，按照“谁主管、谁负责”的原则，由主管领导牵头处理，直至问题解决。开展信访积案化解工作，全市排查出信访积案196件，化解信访积案161件，占信访积案总数的82.1%，解决了一批老大难问题。利用特殊疑难信访问题专项资金解决疑难信访问题，用中央下拨的特殊疑难信访问题专项资金和自筹资金解决疑难信访积案24件，用市级特殊疑难信访问题专项资金解决疑难信访积案42件。

年内,全市共排查矛盾纠纷12151起,调处10464起,调处率86%;调结9222起,调结率88.1%。排查治安混乱地区71个,整治68个,整治率96%;排查突出治安问题562个,整治524个,整治率93.2%。全市没有发生因矛盾纠纷处置不当引发大规模群体性事件,没有发生因局部问题处置不及时演变成全局性问题,没有发生因非对抗性矛盾处置不当而演变成对抗性矛盾。

【社会治安管理】 2010年,市综治委推进社会治安管理创新。一是创新安置帮教工作模式,由司法行政系统、民政系统与社区居委会联合推行“四位一体”(谈话教育、技能培训、基地过渡、推介就业)的刑释解教人员安置帮教工作模式。5月18日,市综治委在平乐县召开全市刑释解教人员安置帮教经验交流现场会暨社区矫正工作会议,推广平乐县“四位一体”的刑释解教人员安置帮教工作模式,得到社会各界的广泛关注。二是创新流动人口服务管理方法,推出“以证管人、以房管人、以业管人”的流动管理新模式,对流动人口实行“旅店式管理”,做到人来登记,人走销户;完善市、县、乡三级流动人口管理体系,提升流动人口管理水平。三是深入开展多种形式的平安创建活动,推进平安创建工作向基层延伸,相继开展平安县(区)、平安乡(镇、街道)、平安村(社区)、平安单位、平安校园、平安大道、平安医院、平安景点,平安企业、平安家庭、平安文化市场等平安创建工作;年内,命名“平安乡(镇、街道)”143个、“平安村(社区)”1843个。四是推进治安和安全生产管理制度创新,市消防、交通管理部门、市安全生产监管部门创新管理制度和工作方法,加大了对安全隐患的督查整治力度,把重大恶性事故隐患消除在萌芽状态;消防部门整治了一大批火灾隐患,火灾发生数、火灾死亡数和受伤数分别降低10.16%、83.33%和50%。年内,全市没有发生在全国、自治区造成重大影响的群死群伤事故,没有发生在重大活动会议期间的重大安全事故,没有发生因火灾、交通和危险品等引发的重大治安灾害事故。

【建立维稳工作新机制】 2010年,市政法部门深入开展“严打”活动,遏制犯罪,建立起“情报、打击、防范、应急”一体化维稳工作新机制。突出打击重点,开展命案侦破、网上追逃、打黑除恶、打击“两抢一盗”、打击毒品犯罪、打击市场经济秩序犯罪、打击拐卖妇女儿童犯罪、“扫黄打非”等专项行动,破获了一批危害社会的刑事案件。加大对突出治安问题和治安混乱地区的排查、整治力度,建立滚动排查、打出整治和管理建设有机结合的排查整治工作机制,全市整治重点县1个,整治重点乡(镇)39个,整治重点村65个,整治其他重点单位45个。加强学校、幼儿园安全防范工作,为重点学校增派保安,安装交通信号灯,设置斑马线,安装视频监控,通过排查,整改各类治安安全隐患1020个,净化校园周边治安环境。加大对传销的督查整治力度,市综治办、公安机关组织对临桂县开展多次集中清理整治行动,捣毁传销窝点465个,教育、遣散传销人员1.68万人。

【法制宣传教育】 2010年,市政法部门建立和完善社会治安教育和管理体系,净化社会治安环境,采取电视专题、报刊专版、网络专页、宣传画册、普法长廊、流动图版等形式,广泛开展法制宣传教育,接受教育群众5.24万人次。在学校开展法制宣传教育活动,提高未成年人的法制道德意识,预防青少年违法犯罪。成立法制文艺宣传队166个,开展法制文艺演出520余场,开展法制电影进千村活动,放映法制电影400余场。

(唐小明)

审　　判

【概况】 2010年,市、县(区)人民法院围绕公正与效率工作主题,维护社会公平与正义,为社会发展提供司法保障。全年共受理各类案件31709件,降低8.6%;审结30996件,结案率97.8%。其中,市中级人民法院受理各类案件6810件,审结6525件,结案率95.8%。年内,有32个集体和139名个人受到自治区和市级表彰奖励,7个案件被自治区高级人民法院评为精品案件。

【打击刑事犯罪】 2010年,市、县(区)人民法院依法严惩故意杀人、故意伤害、强奸、抢劫、抢夺、盗窃、诈骗等侵犯人身权、财产权案件,共审结严重暴力犯罪、侵犯财产犯罪案件2497件,判处罪犯4111人。深入开展“打黑除恶”专项斗争，依法惩治黑恶势力犯罪。依法惩处经济犯罪和职务犯罪，净化市场环境和促进反腐败斗争，共审结贪污、贿赂、渎职案件110件，判处犯罪分子162人。坚持“教育、感化、挽救”方针，做好涉及未成年人犯罪的刑事审判工作，全年审理未成年人犯罪案件降低12.5%，未成年人犯罪率和重犯率均低于自治区平均水平。年内，共审结一审、二审和再审刑事案件4076件，增长9.92%，其中审结刑事一审案件3644件，增长11.1%。判处犯罪分子5880人，增长8.15%。

【化解民商事纠纷】 2010年，市、县(区)人民法院发挥司法调节作用，及时审理经济领域的各类纠纷案件，化解矛盾，维护正常经济秩序。年内，共审结各类民商事案件18883件，解决争议标的金额7.76亿元。审理涉及经济开发、合作交往中的各类合同纠纷案件8845件。审理劳动就业、教育、医疗、消费、拖欠农民工工资等涉及群众切身利益、影响群众生活的案件6808件。受理企业破产案件，推进企业改制，保障经济结构调整顺利进行。审理存款、借贷、融资、证券、保险、信托、信用卡等各类金融纠纷案件，走访商业银行和金融管理机关，提出司法建议，堵塞管理漏洞，维护金融安全。审结各类知识产权案件63件，保护自主创新和智力成果。

【开展审判质量效率年活动】 2010年，市、县(区)人民法院深入开展“审判质量效率年”活动，强化法官的质量效率意识、工作措施和责任追究制度。依照案件质效评估指标体系，对全市各基层法院和市中级人民法院各业务庭的审判工作实行按月排名通报制，对落后的基层法院和市中级人民法院业务庭进行责任倒查，限期整改。开展办案质量评查工作，邀请市人大代表、政协委员和群众代表参与，随机抽查全市基层法院2009年审结的1885件案件，根据评查标准，被评为优秀案件1660件、良好案件157件、合格案件68件。

【清理信访积案】 2010年，市、县(区)人民法院共排查出涉诉涉执信访积案97件，积案数居自治区各中级人民法院之首。全市法院系统对排查出的信访积案，实行领导包案，成立专门工作组，责任到人，带案下访，限期解决。至年末，化解信访积案79件，化解率81.4%，完成中央政法委确定的阶段性工作目标。

【加强队伍建设】 2010年，市、县(区)人民法院通过召开队伍建设工作会议，分析队伍状况，查找不足，明确工作重点和目标。开展“党组织建设年”、“争先创优”等活动，以党建促队建，树立良好风气。加强教育培训工作，全年组织法官参加各种业务培训1500余人次。结合工作实际，开展岗位练兵、业务竞赛活动，提高法官执法办案、化解矛盾的实际能力。深化干部人事制度改革，实行业绩考评与职级调整挂钩、空缺岗位竞争上岗、上下级法官交流等制度，增强队伍活力。推进法院文化建设，弘扬“公正、廉洁、为民”的核心价值观。加强党风廉政建设，健全教育、监督、预防、查处机制，推行廉政监督员和司法巡查等制度，针对重点岗位、重点工作环节实行重点监督防范。

【接受监督】 2010年，市、县(区)人民法院邀请人大代表、政协委员参与视察法院工作、旁听评议庭审案件、现场监督案件执行等活动，增强接受监督意识，全年共邀请人大代表、政协委员旁听案件695人次、视察136人次，全年共办理市人大常委会转办、督办案件38件。与检察机关建立了检察长列席审判委员会会议制度等工作机制，依法办理检察机关提出抗诉的案件，接受检察机关的监督。畅通社会监督渠道，举办“法院开放日”活动，邀请普通民众到法院参观考察，旁听案件审理，了解工作流程，听取民众意见。开通网站，在网上发布生效裁判文书，公布诉讼程序、诉讼制度、相关公告和各种信息，建立法院工作对外公开、接受监督新平台。 (程锦)

检　　察

【概况】 2010年，桂林市两级人民检察院依法履行法律监督职能，开展社会矛盾化解、社会管理创新、公正廉洁执法等重点工作，开展“创先争优”和“恪守检察职业道德、促进公正廉洁执法”等主题实践活动。全年共受理侦查机关提请批捕刑事犯罪案件4071件6373人，经审查批准逮捕3535件5280人；受理移送审查起诉刑事犯罪案件

3920件6319人，经审查提起公诉3708件5857人；受理贪污贿赂和渎职侵权等各类职务犯罪案件线索130件，立案侦查120件155人，移送起诉120件156人；查办涉农职务犯罪案件33件54人，商业贿赂犯罪案件40件46人，工程建设领域案件29件29人。年内，象山区人民检察院获全国模范检察院，阳朔县人民检察院获全国先进基层检察院，秀峰区人民检察院反渎职侵权局副局长杜云被最高人民检察院追授为全国模范检察官，市人民检察院蒋涛、秀峰区人民检察院陈炜获全国优秀公诉人。

【依法打击各类刑事犯罪】 2010年，桂林市两级人民检察院共受理侦查机关提请批捕刑事犯罪案件4071件6373人，经审查批准逮捕3535件5280人，批准逮捕人数降低3.4%。其中：故意杀人、强奸、绑架等侵犯公民人身权利的暴力犯罪案件206件307人，毒品犯罪案件287件395人，抢劫案249件443人，抢夺案73件116人，故意伤害案545件733人，盗窃案1154件1630人，诈骗案138件207人，破坏市场经济秩序案81件151人，破坏金融管理秩序犯罪案7件14人，金融诈骗犯罪案11件21人，破坏环境资源保护犯罪案67件100人。共受理移送起诉刑事犯罪案3920件6319人，经审查提起公诉3708件5857人，分别增长12.5%和10.4%。其中：杀人、抢劫、绑架等多发性侵犯人身安全和侵犯财产犯罪嫌疑人2774人，“涉黄涉赌涉毒”犯罪嫌疑人535人，起诉破坏市场经济秩序犯罪嫌疑人155人，破坏金融管理秩序犯罪嫌疑人13人，破坏环境资源保护犯罪嫌疑人176人，“涉黑”犯罪嫌疑人20人，“涉恶”犯罪嫌疑人63人，“涉邪”犯罪嫌疑人6人。共收到法院审结判决3327件5155人，有罪判决率100%。在审查批捕、审查起诉工作中，贯彻宽严相济刑事司法政策，对轻微犯罪、未成年犯罪等案件坚持从宽原则，依法不批捕525件1079人，不起诉130件185人。纠正漏捕（追捕）150件217人，纠正漏诉（追诉）107件174人；发现公安机关应当立案而不立案183件250人，要求公安机关立案143件，向公安机关提出纠正意见35件49人。向侦查机关提出侦查程序方面的检查建议8件，纠正违法通知6件。介入重大刑事案件现场勘查13件，提出意见16条。向人民法院提出量刑建议332件。

【查办和预防职务犯罪】 2010年，市检察机关重点查办发生在党政领导机关和领导干部、司法人员、行政执法人员中的贪污贿赂案件，突出查办商业贿赂犯罪和涉农、涉及国家和桂林市重点投资领域的贪污贿赂、渎职侵权等职务犯罪案件。全年共受理各类职务犯罪案件线索130件，立案侦查涉嫌贪污贿赂、渎职侵权犯罪案件120件155人。其中：贪污案28件50人，贿赂案48件54人，挪用公款案17件18人，私分国有资产案1件3人，玩忽职守案17件18人，滥用职权案6件7人，故意泄露国家秘密案2件3人，非法搜查案1件2人。决定逮捕职务犯罪嫌疑人48件57人，移送起诉120件156人，移送不起诉5件6人，提起公诉111件154人，不起诉12件15人（含积案）。为国家和集体挽回经济损失1029.51万元。查办的案件中有重特大案件75件，处级干部犯罪案件2件2人，涉嫌行政机关、司法机关工作人员职务犯罪51件62人。年内，市检察机关开展“职务犯罪预防年”活动，与有关部门共同建立预防职务犯罪工作机制，开设预防职务犯罪课，建立警示教育基地。共开展预防咨询1138次，开展警示教育432次，接受警示教育2万人次。

【开展“四走进四服务”实践活动】 2010年，市检察机关推进社会管理创新工作，开展“四走进

8月19日，市人民检察院开展侦查监督实务竞赛活动。 市人民检察院 供稿

四服务”活动(即:走进企业、走进社区、走进农村、走进基层,服务经济、服务社会、服务基层、服务群众),了解群众诉求,服务社会发展。阳朔县人民检察院在白沙镇设立检察室,与乡(镇)党委政府、基层执法部门、村级组织配合联动,加强法律宣传,接待群众来访、申诉,化解群众矛盾纠纷20多起。永福县人民检察院在桂林苏桥经济开发区成立检察室,为经济建设一线提供法律服务。平乐县人民检察院与平乐县司法局在全县10个乡(镇)建立预防职务犯罪机构,形成了基层预防职务犯罪工作新格局。

【维护司法公正】 2010年,市检察机关加强对刑事立案、侦查活动、刑事审判、民事审判、行政诉讼、刑罚执行活动的法律监督,依法监督纠正群众反映强烈问题。共向市中级人民法院提出刑事抗诉案10件,法院审结10件,其中改判3件,发回重审5件,维持原判2件。对各级人民法院的民事行政判决和裁定依法向市中级人民法院提出抗诉17件,人民法院再审结案13件,其中改判5件,调解3件;向自治区人民检察院提请抗诉46件,自治区人民检察院支持抗诉18件。通过检察建议监督,共向审判机关、执法机关发出检察建议62件,被采纳32件。共检察监管场所报请罪犯减刑、假释、保外就医、暂予监外执行、留所服刑材料1372份,纠正减刑、假释、监外执行不当96人,纠正刑期计算错误案件5件5人。立案查处监管场所职务犯罪案件2件2人。聘请人民监督员对检察机关执法行为进行监督。做好信访工作,共受理群众来信来访1052件,受理刑事申诉案件502件,立案复查办结41件,受理刑事赔偿案件6件,办理5件,给予赔偿4件。全年共办理检察技术检验鉴定案件1089件,其中法医检验514件、文件检验15件、司法会计检验鉴定52件、视听技术398件、其他110件,出具证据材料1136份。

(赵解生)

公　　安

【概况】 2010年,桂林市公安机关强化治安管理,严厉打击刑事犯罪活动,维护社会政治稳定。年内,全市破获刑事案件8425件,查处治安案件96504件,查处治安案件涉及违法人员71237人。全市共发生火灾事故126起,降低8.03%;发生交通事故267起,死亡189人,分别降低30.83%和2.07%。完成各类大型活动、党和国家领导人、重要外宾到桂林视察、访问等重大任务和各类警卫任务49批次。开展“一教育三整顿”(加强理想信念教育,整顿思想、整顿纪律、整顿作风)活动,加强队伍素质教育。全年共有2个集体、5人受到公安部表彰;有54个集体、185人受到自治区公安厅表彰;有12个集体获二等功,1人获一等功,12人获二等功。

【维护社会政治稳定】 2010年,市公安机关加强情报信息网络建设,建立“情报、打击、防范、应急”一体化维稳工作新机制。全年共收集各类情报信息5420余条,破获邪教案件11起。2月,桂林警方联合北京警方抓获冒充国家领导人亲属在桂林市诈骗的杨某等人,并捣毁其参与的设在北京的非法组织。3月,发现并查获了1起公安部、自治区公安厅督捕的邪教案件,抓获在逃12年的邪教头目及其他邪教骨干成员24人。5月,抓获公安部要求协查的新疆籍涉恐人员2人,移交昆明警方。妥善处理灌阳县生活垃圾处理厂阻止施工事件、“七三”灵川县800余名村民上访事件等一批社会影响较大的群体性事件。圆满完成上海世博会、广州亚运会、第七届中国—东盟博览会等重大活动安全保卫任务。

【严厉打击刑事犯罪】 2010年,市公安机关破获刑事案件8425件,破获拐卖妇女儿童案件30件,解救儿童妇女9人,查处治安案件96504件,打掉黑恶势力团伙58个。命案破案率93.33%,先后侦破了“四二五”抢劫杀害职教中心学生案、“八四”绑架案、“九八”杀害临桂计生干部抛尸案、公安部督办“九三〇”电信诈骗案、盗窃高档小汽车案等一批影响恶劣的大案要案。开展禁毒斗争,严惩毒品犯罪,破获各类毒品案件390件,其中重特大案件96件,逮捕毒品犯罪嫌疑人396人,缴获各类毒品共计358.51千克,共收治戒毒人员278人。严厉打击经济犯罪,整顿和规范市场经济秩序,全年破获经济犯罪案件482件,抓获犯罪嫌疑人595人,逮捕127人,挽回经济损失6008万元。加大打击网络犯罪力度,破获太阳城赌博团伙案件、皇冠赌博团伙案件、永利高赌博团伙案件等一批利用互联网组织赌博活动的大案要案，摧毁市内外勾结组织网络赌博活动的赌博团伙。

【强化治安管理】 2010年，市公安机关开展“治爆缉枪”专项行动，确保危险物品管理安全，督促危险物品单位严格落实安全管理制度和人防、物防、技术防控管理措施，共检查摸排涉爆单位566家次，涉枪单位42家，发现各类隐患30起，整改28起，收缴炸药839.6千克，雷管1518枚，索类爆炸物品5348米，各类非法枪支2870支，管制刀具4971把，军用子弹4560发。在全市推广应用民用爆炸物品配送“一体化”管理模式，全市所有民用爆炸物品都实行由保安服务公司统一配送。强化人口管理，加强对流动人口管理，落实以房管人、以证管人工作措施。年内，各级治安管理部门共检查娱乐场所650个，发现整改隐患97处；开展废旧金属收购业清理整治的专项行动2次，排查清理站点1006家，停业整顿34家，取缔18家，治安处罚10家，行政拘留6人；收缴赌博游戏机2000余台，并进行集中统一销毁；开展打击非法刻制印章专项行动，清查刻章摊点共202家次，取缔无证摊点22家。开展“扫黄打非”专项工作，全年公安机关共组织各种清查行动2494次，清查文化市场978家、经营摊点2509个，查获淫秽书刊47本、淫秽光碟1251张、非法出版物6件。开展“百日行动”（校园及周边治安整治行动），督促指导学校落实各项安全管理防范措施，排查整治各类安全隐患。

【加强公安行政管理】 2010年，桂林出入境管理部门共完成境外人员临时住宿登记73.85万人次，境外人员常住登记1.43万人，办理境外人员各类签证（注）0.54万人次，处置涉外案（事）103件起，受理各类出国（境）申请5.54万人次，复核（审批）出国（境）申请5.80万人次。交通管理部门加强道路交通管理力度，提高路面管控能力，全年纠正、查处各类交通违法行为35.36万次，拘留严重交通违法嫌疑人80余人次，收缴盗抢嫌疑车辆15辆，抓获网上逃犯7人，全年共发生道路交通事故267起，死亡189人，受伤366人，直接经济损失114.38万元，死亡人数降低2.07%，受伤人数降低16.63%。消防工作不断加强，全年共检查社会各单位3452个，发现整改火灾隐患4786处，责令当场改正违法行为4424处，行政处罚46起，责令“三停”（停产停业、停止使用、停止施工）2家，临时查封2家，政府挂牌督办重大火灾隐患单位1家，拆除易燃可燃装修装饰材料6700平方米。全年全市共发生火灾126起，死亡2人，受伤1人，直接财产损失667.55万元。火灾起数降低8.03%，死亡人数降低77.78%，受伤人数降低50%。

【社会监督管理】 2010年，市公安局加强公安机关职能作用，创新社会管理，完善内部监督管理措施。积极推动户籍制度改革，初步建立实有人口信息系统、房屋信息系统、从业人员信息系统、外国人管理信息系统，构建“以房管人、以证管人、以业管人”的人口管理新模式，解决了一大批因出生、超生、事实领养、复员退伍、“二劳”（劳动改造、劳动教养）释放等原因未落户人员的问题。规范执法标准化建设，开展执法信息系统建设，初步形成执法信息网上录入、执法流程网上管理、执法活动网上监督、执法质量网上考评的工作体系。完善跨区域协作等侦查破案工作新机制，充实城区分局的办案力量。完成了监控探头建设和固定卡点建设，形成了派出所巡片、巡警巡面、交警守线、责任区刑警控点的整体巡逻防控格局。加强社会治安管理，完成旅馆业线路改建1491家，电脑升级1200家，完成网吧二代身份证读卡器安装455家，通过改造后的旅馆业系统抓获网上逃犯95人。完善道路交通安全和消防管理方式，把经常性管理与专项性整治行动结合起来。开通“网上公安局”、“网上派出所”、“网上警务室”，推出了一大批便民利民惠民措施，方便群众办事。建设社会信息综合采集平台和移动警务通系统，完善信息中心技术体系建设和公安信息网络安全管理工作，全面完成了“天网”工程一期、二期建设任务。

（唐志红）

司法行政

【概况】 2010年，桂林市司法行政部门启动法治城市、法治县（区）创建活动，加强普法工作，开展法制宣传，推进司法所规范化建设，提高法制服务，维护社会和谐稳定。年内，七星区、龙胜各族自治县被评为全国首批法治县（市、区）创建活动先进单位,秀峰区丽君街道办事处丽君社区人民调解委员会被评为全国模范人民调解委员会,桂林市律师协会被自治区民政厅评为自治区先进社会组织。全市有6个法律援助中心被评为自治区法律援助工作规范化建设达标单位,40个司法所被自治区司法厅评为“五好所”(队伍建设好、职能发挥好、管理规范好、硬件设施好、群众评价好)。有3名调解员被评为全国模范人民调解员,1名律师被评为第八届中国青年志愿者优秀个人。

【“五五”普法工作通过验收】 2010年,桂林市全面启动法治城市、法治县(区)创建活动,市、县(区)分别召开创建法治城市、法治县(区)工作动员大会,在全市全面开展法治城市、法治县(区)创建活动。推动法制文化建设,全市成立法制文艺宣传队166个,开展法制文艺演出520余场,举办全市法制文艺汇演。积极开展法制电影进千村活动,共播放法制电影400余场。创建开通桂林普法网,全面加强与广播、电视、报刊等新闻媒体的合作,营造法治城市创建的浓厚氛围。7月,自治区在桂林市召开全自治区“五五”普法检查验收工作现场观摩暨迎检工作汇报会,8~9月,桂林市“五五”普法工作先后通过自治区和全国检查验收。

【法律服务】 2010年,市司法局组建临桂新区建设矛盾纠纷调解指导小组、临桂新区建设法律服务团、临桂新区法律援助工作站和法制宣传队等专业队伍,深入开展服务临桂新区建设活动。成立市政府法律专家组、重大突发事件应急法律服务团、涉法信访法律服务团、社区矫正帮教志愿者法律服务团等专家法律服务团,为全市重点领域、重点工程和重点项目建设以及维护社会稳定提供法律服务。组织律师与基层单位结对子,帮助基层司法所、街道、社区和企业开展法律知识培训、提供专业法律咨询。组织12县公证处为新农村建设征地、土地承包等提供法律服务和保障。全年全市律师在530个企事业单位担任常年法律顾问,办理各类案件6231件,提供法律援助489件,参与市领导涉法涉诉信访处理32件,参与县(区)党委政府涉法涉诉信访案件处理54件,为企事业单位避免或挽回经济损失7.67亿元。全市公证机构办理公证25241件,为当事人避免或挽回经济损失25.93亿元。司法鉴定机构共办理鉴定案件2007件。

【人民调解】 2010年,桂林市推进在行业、企业、社区建立人民调解组织工作,建立健全覆盖全社会的人民调解组织网络。加强人民调解员和基层维稳骨干培训,全市共举办培训班166期,培训人员9681人次。贯彻调解优先原则,建立人民调解、司法调解、行政调解对接联动的“大调解”工作格局。开展人民调解加强年和“大排查、大接访、大调解、大防控”等活动,组织律师和公证员参与涉法、涉诉案件调处和各级党委、政府大接访活动,配合各级人民法院开展庭内调解、庭外和解以及以其他非诉讼手段消除各类纷争。全市人民调解组织共调处各类民间纠纷75493件,调解成功73879件,成功率98%,防止民间纠纷转化刑事案件515件4398人;全市律师参与非诉讼调解成功102件,庭前调解成功93件,庭内调解成功233件。

【完善安置帮教和社区矫正制度】 2010年,市司法部门建立全市刑释解教人员信息化管理系统,实现电子化管理和信息联网,加强与监狱、劳教所、看守所的衔接配合,实现监狱内外的无缝对接管理,全市刑释解教人员重新犯罪率控制在1.8%以下。在平乐县召开全市刑释解教人员安置帮教工作现场会,总结和推广平乐县“谈话教育—分类培训—过渡安置—推介就业”的安置帮教工作新模式,创造了安置帮教工作“平乐模式”和“桂林经验”。成立桂林市社区矫正工作领导小组,制订《社区矫正工作实施方案》和相关工作制度,召开全市社区矫正工作会议,全面启动社区矫正工作,全市有9个县(区)试点接收社区矫正人员168人。

【提升法律援助能力】 2010年,市司法部门全面启用法律援助信息化管理系统,实现法律援助管理信息化。开通自治区联网的“12348”法律援助服务热线,实施中央专项彩票公益金法律援助项目工作,扩大法律援助覆盖面。开展“法律援助便民服务”主题实践活动,做到应援尽援,尽援优援。建立和完善市法律援助中心接待大厅,严格落实专人值班制度。年内,全市办理各类法律援助案件4752件,接待各类法律咨询8931人次,为受援人挽回经济损失2385.3万元。（覃宁）

军　　事

6月16日，自治区党委书记、自治区人大常委会主任郭声琨（前排右一）在桂林会见广州军区首长一行。　　黄雷　摄

桂林警备区

【概况】 2010年,桂林警备区以有效履行军队新的历史使命为动力,推进部队和民兵预备役全面建设协调发展,完成上级赋予的各项任务,部队和民兵预备役建设保持稳步发展势头。年内,7名官兵立三等功,50人次受到通令嘉奖,1人获广州军区通令表彰,2个团级单位和3人获广西军区通令表彰。

【思想政治建设】 2010年,桂林警备区狠抓科学发展观、推进学习型党组织等专题理论学习的落实,深化官兵对科学发展观、学习型组织建设等党的创新理论的学习理解,并紧密联系部队和民兵预备役建设实际,开展群众性学习实践活动。推进基层党组织"创先争优"活动,搞好试点先行和教育配合活动;加强营区政治文化环境建设,营造浓厚氛围,使"创先争优"活动深入人心。突出抓好党委班子和干部队伍建设,采取集体谈话、岗前培训、经验交流、挂钩帮扶、全程指导等多种方法,强化履职尽责意识和能力。落实干部考核考评制度,坚持奖优罚劣,注重典型引导,抓好风气建设,进一步增强部队凝聚力、执行力。

【部队和民兵预备役建设】 2010年,桂林警备区组织警备区机关和国防动员委员会各专业办公室对辖区重点目标和主要道路进行现地勘察,充实完善各类方案计划。县(区)人民武装部在广西军区组织的人民武装部首长机关带民兵分队应急拉动演练中成绩优良。桂林警备区组建现役官兵应急机动分队,组织应急演练,增强完成多样化军事任务的能力。抓紧战备基础设施建设,预备役通信团完成作战室和训练场建设,龙胜各族自治县人民武装部完成民兵训练外场建设和改造,改善训练条件。6月,组织60名新任专职武装干部集训,组织营级教练员"四会"(会讲、会教、会做、会做思想工作)能力考核评比,4人获广西军区优秀四会教练员。7月,组织桂林警备区机关、人民武装部、预备役通信团的现役干部进行半年军事考核;参加广州军区组织的预备役部队军事训练优质课教学评比,预备役通信团2个课目均被评为优质教学课目。开展年度军事训练考核,干部的军事素质有明显提高。组织国防后备力量整组点验,抓好民兵应急分队建设,增强完成多样化军事任务的能力。

【综合保障能力】 2010年,桂林警备区开展落实后勤法规专项整治活动,提高后勤规范化建设水平。逐步推广公务卡支付结算、物资集中采购、军人保障卡使用等改革。开展经费"增收节支"活动,实现各项经费结余的目标。抓军车号牌清理

4月25日,桂林警备区组织民兵应急分队进行警棍盾牌操考核。
桂林警备区 供稿

整治，完成住房清理工作，桂林警备区被广州军区评为住房清理工作先进单位。加强民兵装备仓库规范化建设，组织武器装备普查和巡回检修。完成民兵报废弹药的调运和销毁任务，实现“无违章操作、无危险苗头、无安全事故、无军民纠纷、无遗留隐患”的工作目标，荔浦县、恭城瑶族自治县人民武装部被广西军区评为民兵报废危险品销毁处理工作先进单位。

【拥政爱民】 2010年，桂林警备区组织协调驻地部队和民兵预备役3万多人次参与抗洪抢险、抗旱保收、植树造林、森林灭火、应急维稳等行动。兴安县人民武装部被自治区评为拥政爱民先进单位。协调驻地部队投入帮扶资金150多万元，帮扶扶贫点42个。开展“一帮一、三帮一、班帮一”助学活动，共资助贫困学生160名。

（吴四平）

桂林空军学院

【概况】 2010年，桂林空军学院各级党组织和广大官兵认真学习贯彻党的十七大和十七届四中、五中全会精神，团结奋斗，扎实工作，较好地完成以教学为中心的各项任务，实现评价达优目标，桂林空军学院获中国人民解放军四总部教学工作优秀单位。

【思想政治建设】 2010年，桂林空军学院深入开展“创先争优”活动，学院党组织建设水平有新提高。打造“席棚炮校”文化，开展“热爱空军、建设空军、献身空军”教育实践活动，举办“祖国蓝天我守卫”文化活动周，建成“使命广场”、兵种文化石刻长廊、英模人物塑像和“名帅谱”、“桃李苑”等墙面文化，开展“每月之星”和“感动官兵人物”评选，展示学院优良传统和官兵精神风貌，营造浓厚的校园政治氛围。学院被空军党委评为新闻报道先进单位，学院党委被空军党委评为先进师旅级党委。

【教学科研】 2010年，桂林空军学院按照“以评促建落实年”任务部署，推进办学转型和评价建设。突出抓好课堂教学质量工程，组织教学能力训练、授课质量达标创优和“人人过关、堂堂过硬”活动，严格课堂教学质量监控，抓一线教学规范，推进任职教育创新发展。开展科研学术工作，全年共出版多部学术专著，获多项军队级科研成果和多项全军政治理论研究优秀成果奖。

【后勤保障】 2010年，桂林空军学院改善教学条件，建成一大批专业教室等教学场所。全面实施暖心工程，引进地方知名品牌餐饮服务公司，加强饮食保障社会化监督管理，搞好伙食调剂。完成

2月9日，市委书记、市人大常委会主任刘君（右二）率团慰问桂林空军学院官兵。

桂林空军学院　供稿

学员区营房整修、营区环境综合整治和家属区服务中心改建工作，启用学员综合服务中心和经济适用住房建设。改进个性化医疗保健模式，完成了大项任务中卫勤保障工作。加强经费预决算管理，学院被评为空军财务管理先进单位。

【拥政爱民】 2010年，桂林空军学院发挥教学科研优势，积极参与地方建设。组织官兵参加“同心杯”歌咏比赛、百姓大舞台“漓江之声”颁奖晚会和“我爱中华”历代经典诗文朗诵大赛等文艺活动，促进军政军民团结。发挥院校人才和科研资源优势，组织“党的创新理论讲师团”到地方机关、学校、企事业单位进行国防教育，促进驻地精神文明建设。开展学雷锋和便民助民活动，参加植树造林、抢险救灾、卫生整治等工作。开展“爱心献灾区”捐款活动，全年全院教职员工共捐款34万余元。 （赵振中）

75120部队

【概况】 2010年，75120部队坚持以邓小平理论和“三个代表”重要思想为指导，深入学习实践科学发展观。围绕部队建设要求，按照“固牢根本，狠抓中心，夯实基础，安全发展”的基本思路，突出以党的建设、核心军事能力建设和基层建设为重点，狠抓各项工作落实，部队建设呈现稳步发展态势。

【思想政治建设】 2010年，75120部队以大项活动成果为抓手，着力提高思想政治工作的针对性、时效性和主动性，推动部队思想政治建设全面进步。结合创建学习型党组织活动，抓好党委中心组带机关理论学习、评选“理论学习之星”、基层干部理论轮训等活动，掀起真学真信真用党的创新理论热潮，所辖75121部队战士张倍榕被广州军区评为“战士理论学习之星”，工兵连政治指导员郑溢祥被评为第十一届“全军学习成才先进个人”。完成深化培育当代革命军人核心价值观主题教育试点、卫生干部培养试点、战时政治工作课目演示、战时党委会和作战会试点等任务，推广一批可学可用的试点经验和成果。

【战备训练】 2010年，75120部队狠抓战备训练落实。组织开展“军事训练先进机关”、“军事训练过硬连队”、“优秀参谋”、“优秀教练员”、“神枪手”、“神炮手”、“技术能手”等11类兵种专业的评比竞赛活动，促进基础训练全面落实。上半年，参加上级组织的比武竞赛，12个优胜单位、65名优胜个人受到通报表彰。8月，赴粤西湛江吴川、茂名茂港、茂名电白、阳江阳西等沿海地区进行海训和“塔山－26号”演习。11月，参加中国人民解放军四总部军事训练一级师定级考查，所考课目全部优秀，部队被中国人民解放军四总部评为军事训练一级单位，实现连续7年军事训练一级的目标。完成2次非战争军事行动，有效锤炼和提高部队遂行多样化军事任务能力。3月，出动部分兵力完成支援广西崇左、河池地区抗旱救灾任务。9月22日～10月16日，分8个批次出动部分官兵参加茂名“九二一”抢险救灾。所辖75122部队被全国防汛抗旱总指挥部、人力资源和社会保障部、中国人民解放军总政治部评为全国防汛抗旱先进集体。

【后勤保障】 2010年，75120部队推进现代后勤建设，狠抓后勤战备训练、日常管理和服务保障落实。摸索基层伙食管理和营办饭堂管理模式，对营办饭堂和连办饭堂统一规范，促进基层伙食由温饱型向营养型转变。抓好所辖75123部队营区综合配套整治和75125部队示范性营区建设等重点项目，改善部队训练和生活条件。全面提升装备建设水平和保障打赢能力，开展装备保障比武竞赛活动，培养一大批专业技术能手。6月，参加广州军区组织的“十一五”规划期间装备建设达标检查验收，成绩名列第一。

【基层建设】 2010年，75120部队抓好部队经常性基础性工作，开展“帮建基层党组织、帮带基层干部”活动，提高基层组织建设的整体水平。所辖75121部队9连被广州军区评为基层建设标兵单位。开展群众性谈心活动和“互帮、互学、互教”活动，依托思想骨干做工作，把经常性思想工作做到每个兵、每台车、每门炮。注重解决官兵的心理问题，组织120名干部参加心理咨询师培训考核，部队医院和各单位卫生队都建立心理咨询室，开展心理疏导服务。开展军营文化活动，初步形成以“腰鼓队”、“舞龙队”、“战神雄狮队”等为代表的操场特色文化节目。协调桂林市文艺团体到军营演出，组织部队军乐队到基层巡演，开展黑板报评比、DV 展播、书画评选、电影晚会等活动，丰富官兵精神生活，缓解官兵工作压力，促进基层官兵的思想稳定。（屈焱）

76140 部队

【概况】 2010 年，76140 部队深入学习实践科学发展观，紧紧围绕中心，狠抓工作落实，完成年度各项工作任务。党委班子和思想政治建设不断加强，遂行多样化军事任务的能力持续提升，后勤服务保障质量稳步提高，抓基层打基础保稳定工作成效明显，全面建设呈现稳步上升的良好态势。

【思想政治建设】 2010 年，76140 部队坚持把思想政治建设摆在首位，抓好培育当代革命军人核心价值观主题教育活动，总结推广全州油料仓库教育先进经验。开展征文评选和“看红色影片、唱红色歌曲、读红色书籍”活动，增强教育实效。建设学习型党委，持续深化中国特色社会主义理论体系武装，加强思想作风建设，开展教育整顿，通过警示教育、对照检查、整改提高等方式，取得较好成效。抓好各项政治工作落实，组织 115 名干部参加副团职以下领导干部选拔、147 名干部进行职称评审。开展隐蔽斗争、预防职务犯罪、党史军史等教育，年内，76140 部队获广州军区党史军史工作先进单位，所辖 76153 部队、76146 部队获广州军区联勤部预防犯罪综合治理先进单位。

【军事战备训练】 2010 年，76140 部队根据形势任务，及时修订完善各类战备方案和非战争军事行动保障预案，重点抓好应急机动保障力量建设和军事斗争后勤准备检验评估。76141 部队、三〇三医院、应急兵站承办全军军事斗争后勤装备准备达标建设试点和集训观摩。坚持按纲施训，突出抓首长机关业务学习训练、带兵骨干集训和入伍训练，新兵承训课目合格率均在 98% 以上。组队参加广州军区联勤部岗位练兵比武竞赛，24 人获表彰。所辖 76153 部队等 3 个单位获广州军区联勤部军事训练先进单位。定期开展紧急抽组、快速机动等使命课题训演练，提高保障能力。完成中泰反恐联训保障任务，参加亚丁湾护航伴随保障任务。

【后勤业务建设】 2010 年，76140 部队严格控制行政消耗性开支，在白岩山、万寿巷干休所推行经费预算与资金收付相分离制度改革，全面推开医疗单位全成本核算管理改革，医疗成本减少 1600 多万元。加大审计监督力度，共审减施工单位不合理收费 2250 万元，对 6 名领导干部进行经济责任审计，提高经费使用效益。严格工程质量监督和营区房地产正规化管理，完成第二次军用土地调查工作，开展住房专项清理，腾退住房 226 套。加强医院内涵建设，获全军科研课题 1 项、省级以上课题基金 43 项、军队医疗成果三等奖以上 7 项，医疗设备总值突破 8 亿元，实现医疗收入 12.6 亿元，比上年增长 23%。三〇三医院成功创建“全军心理卫生指导中心”，一八一医院中心实验室跻身广西重点实验室，分部药供站通过中国人民解放军四总部业务达标建设检查验收。加强油库精细化管理，突出抓油库设备设施的更新改造、维护保养以及资料室正规化建设。加强军交运输正规化建设，建成动态监控指挥所，规范修理所业务建设，提升运输保障能力。加强军需物资业务建设，推进区域联合采购，提升农副业生产效益。坚持面向部队，服务官兵，全年共收发军需物资 770 多个车皮、油料 12.5 万吨、军械物资 3200 多吨，接诊军队伤病员近 20 万人次，接收疗养员 3800 人次，补贴部队医疗经费 9300 多万元。年内，76140 部队军需物资处获全国军粮供应管理先进单位。76140 部队所辖 76158 部队获全军先进后方军需仓库，76156 部队业务规范化建设试点获全军后方军械仓库业务建设与管理先进单位。

【正规化建设】 2010 年，76140 部队坚持依法从严治军，部队安全发展基础进一步巩固。开展“新条令学习月”活动，组织军事行政干部进行新条令集训，分片开展新条令知识竞赛，强化官兵条令意识。组织队列会操、军容风纪检查，规范办公保密秩序。突出抓小散远直单位正规化建设，开展经常性管理现实问题调研，加强士官队伍建设，分级组织士官岗位培训，6 名士官获全军士官优秀人才三等奖。加大人员、车辆、涉密军事信息和要害部位、重点目标的管控力度，对 417 名涉密岗位人员进行政治考核。（曾庆文）

75660 部队

【概况】 2010 年,75660 部队按照“围绕‘三个确保’(确保从思想上、政治上、组织上军队始终成为党绝对领导下的人民军队,确保国防和军队建设科学发展,确保有效履行新世纪、新阶段军队历史使命)时代课题固牢根本,瞄准培训需求推动教研改革,扭住‘两个经常’(经常性思想工作、经常性管理工作)夯实安全基础”的思路,完成以教学为中心的各项工作任务,部队保持安全稳定,获广州军区先进教导(训练)机构。

【思想政治建设】 2010 年,75660 部队加强部队官兵思想政治建设,深化中国特色社会主义理论体系武装,打牢部队官兵高举旗帜、听党指挥的思想根基。开展培育当代革命军人核心价值观主题教育,深化部队官兵对核心价值观的理解认同。开展经常性思想教育和党史军史等教育,强化部队官兵的军魂意识、宗旨意识和使命意识。

【学术科研】 2010 年,75660 部队广泛开展群众性学术科研活动,全年发表学术文章 120 余篇,完成中国人民解放军四总部、军区教材 4 部,制作全军电教教材课件 5 部,其中 2 名教员获军队科技进步成果三等奖,1 部教材获广州军区优秀电教教材一等奖。在《新华社内参》《解放军报》等媒体上发表文章 130 余篇,在中央电视台播发新闻 16 条。

【后勤保障】 2010 年,75660 部队紧贴中心任务抓保障,加大改革力度,规范管理行为,积极开源节流,综合保障能力不断增强。创建集约型后勤保障模式,深化后勤社会化保障改革,加强经费物资管理,改善官兵工作生活条件,后勤保障质量和效益明显。

【国防教育】 2010 年,75660 部队发挥自身资源优势,组织驻地党政机关和高校 600 余人次过军事日,先后派出 40 多人次为驻地高校师生进行国防教育,增强地方干部群众和青年学生的国防意识。7 至 8 月,组织完成中南五省 13 所高校 900 多名签约国防生的暑期基地化集训任务。

(刘爱华)

75160 部队

【概况】 2010 年,75160 部队坚持“抓根本、打基础、严标准、保稳定、促发展”的基本思路,抓基层打基础,抓安全保稳定,圆满完成各项工作任务。年内,75160 部队获中国人民解放军四总部依法从严治军先进单位、全军物资采购改革先进单位、“十一五”规划期间全军创建文明卫生军营先进单位,获广州军区基层建设先进旅团。

【思想政治建设】 2010 年,75160 部队探索和改进思想政治工作。以创建学习型党组织为牵引,注重在结合渗透中开展“创先争优”活动,党委(支部)战斗堡垒作用进一步增强,部队涌现出一大批先进党委(支部)和优秀共产党员。抓好创新理论学习,开展理论夜校,抓好机关“一二三”读书活动(机关每名干部月读 1 本书、年内完成 2 篇优质调查报告或研讨文章、结合工作写出 3 篇以上优质新闻报道或内部材料)和基层“四小活动”(理论小讲堂、文化小舞台、知识小板报、学习小体会),打牢官兵的理论基础。抓好思想政治教育,利用现代传媒和手段,改进思想工作方式方法,创办《铁骑周报》;发挥 DV、广播、网络和饭堂视频系统作用,注重守好“三个阵地”(板报墙报、学习园地、饭堂广播),官兵思想基础进一步夯实。

【战备训练】 2010 年,75160 部队狠抓战备训练工作落实。深入研究部队作战任务,制订战备方案和应急处理突发事件预案,并组织部队进行野外拉练。按照标准化、规范化、配套化的要求,细化规范战备物资携运行标准,投入 40 余万元,对机关、分队各类库室进行改造、更换,基本实现存放箱柜化、功能野战化、管理科学化。依据实战进程构设训练课目,夯实训练基础。立足现有装备和条件,推进基于信息系统体系作战能力建设,引进可视化通信网络平台,拓展信息化装备功能,推动部队训练向战斗力生成。深入开展群众性比武竞赛活动,3 名官兵被集团军评为优秀“四会”(会讲、会教、会做、会做思想工作）教练员。

【基层建设】 2010年，75160部队狠抓部队正规化建设，基层建设秩序不断正规。开展群众性学条令、用条令活动，官兵条令意识不断增强。开发运用基层建设信息系统，对基层8项经常性工作进行规范统一，探索实行网上互动管理，促进基层建设水平提升。投入100余万元建设军营"绿色网吧"，安装互联网出口监控系统，并制订管理规定，解决部队官兵上网问题。投入20余万元，将心理咨询室扩建为心理咨询站，并配备14名营、连职心理辅导员，拓宽解决官兵现实思想和心理问题渠道，缓解部队官兵的心理压力；开发应用集购物、上网、外出、门禁等功能于一体的"营区一卡通"，提高管理工作效益。

【后勤装备保障】 2010年，75160部队按照"战备建设标准化、后勤训练规范化、依法管理经常化、供应保障精确化"的原则，抓好后勤保障工作。狠抓物资采购科学化、精细化和标准化，组织"先进食堂"、"过硬菜"评比活动，分期对司机、卫生员、司务长等后勤骨干进行集训，提高后勤保障水平。完成部分营房、训练场、车库新建和维修等7项工程建设；投入60余万元为基层分队安装空气能热水器，建立30万元的官兵大病医疗统筹补助基金，解决官兵冬天随时用热水、在外看病或直系亲属就医困难等问题。投入70余万元，重点对部分修理间、仓库等进行改造，完善库室配套设施；对轮式车辆进行整修保养，为全部队兵器室安装指纹门禁系统和视频监控系统，达到联防联控目的；培训技术骨干60余人次，有效提高装备技术骨干队伍业务水平。 （喻志高 艾艺）

武警桂林市支队

【思想政治建设】 2010年，武警桂林市支队抓好核心价值观主题教育，不断筑牢官兵的忠诚基础，开展读好《践行当代革命军人核心价值观英雄模范故事选》《壮乡卫士情》《红土地上旗帜红》书籍和"当代革命军人核心价值观引领我成长"等群众性主题实践活动。注重活跃基层文化生活，组建威风锣鼓队，组织核心价值观主题文艺汇演和战地文艺演出。支队获武警广西总队人才培养先进单位，2名官兵获自学成才先进个人。

【完成中心任务】 2010年，武警桂林市支队抓好执勤力量体系建设。贴近任务实际开展军事训练，抓好机动分队驻训，严密组织勤训轮换，搞好新装备训练，开展机关前指带机动分队拉动和远程抽组训练，完成"卫士—10"抽组演习。组织支队军事尖子比武，参加武警广西总队狙击手比赛、教练员集训和军事训练标兵竞赛，获得2个第一、

1月29日，武警桂林市支队组织官兵参加冬修水利建设。
武警桂林市支队 供稿

1个第二的成绩。整治执勤隐患，完成桂林监狱新监区，桂林市第二看守所，兴安县、全州县、灌阳县、资源县、阳朔县、恭城瑶族自治县看守所等13个目标单位的隐患治理。年内，完成警卫、押解、抓捕、武装巡逻等各类临时勤务137起。4月，支队完成从广东省监狱调遣800名犯人至桂林监狱和英山监狱的交接区桂林火车北站现场警戒及途中押解任务；12月10～15日，支队完成中共中央原总书记江泽民一行在桂林活动期间的驻地警卫、随行保障、游船守卫和机动备勤等任务。

【基层建设】 2010年，武警桂林市支队派出7批工作组对基层中队进行考帮建。调整大队编制，将县中队纳入大队管理范畴。新机关建设初见成效，反恐综合训练基地纳入临桂新区规划建设，灌阳县中队营房建设竣工。投入8万余元，将船艇中队迁至岸上居住，解决安全隐患短板问题。"创先争优"活动开展有效，年内，武警阳朔县中队获武警广西总队基层建设标兵中队。

【后勤保障】 2010年，武警桂林市支队开展"了解真实情况，解决存在问题"活动，坚持人力、物力、财力、精力向基层倾斜，帮助基层办实事、解难题。与地方党委政府和目标单位协调解决隐患整治等难点问题，坚持硬件建设与软件管理两手抓，提高后勤综合保障能力。投入经费对部分基层单位进行营房改造、营院整治，完善基层中队基础设施建设，落实计价挂账制度，加强炊事员培训，实行分餐制，坚持抓伙食质量，官兵对伙食满意率98%。 （王竹富）

人民防空

【概况】 2010年，桂林市人民防空办公室较好地完成年度工作目标任务和"十一五"规划建设目标任务，全面建设呈现良好发展势头。桂林市人民防空办公室纳入政府工作部门，各县人民防空办公室在县建设规划局（或政府办）挂牌，并落实人员编制。年内，桂林市获全国人民防空先进城市，桂林市人民防空办公室、桂林市人民防空工程设计院、兴安县人民防空办公室获自治区人民防空先进单位。

【组织指挥】 2010年，桂林市新录入人民防空工程目标2700个，人民防空专业队目标720个，重要目标18个，警报目标50个，共录入各项数据5万多个，市人民防空指挥信息数据库达到规定标准。县级城市防空警报器全部普及，12县共安装警报器41台，11月30日，组织市区及12县进行防空警报试鸣，鸣响率100%。对人民防空专业队伍进行调整，重组通信、抢险抢修、医疗救护、防化防疫、交通运输5支专业队共650人。11月25日，自治区人民防空办统一组织"桂防－10"演习，市人民防空办获"桂防－10"演练先进单位。

【工程建设】 2010年，桂林市共完成人民防空行政审批XX项，审批建设防空地下室XX平方米，新增防空地下室面积XX平方米。19个人民防空坑道施工点为全市新增人民防空坑道面积XX万平方米，完成全市预定的山体坑道人民防空工事开挖任务。市人民防空地下指挥所建设进展顺利，年内完成一号口伪装房主体工程和地下指挥所地质勘察工作。

【人民防空宣传】 2010年，桂林市组织开展"庆祝新中国人民防空创立60周年"纪念宣传活动。市人民防空办制作36块移动展板及组织演出团深入全市街道、社区及12县进行巡回演出、展览。利用网络、广播、电视、报纸等媒体进行人民防空宣传。年内，永福县、兴安县、荔浦县等人民防空重点县先后举办"庆祝新中国人民防空创立60周年"大型专题文艺晚会，并采取知识竞赛、开辟新闻栏目、板报画廊等群众喜闻乐见的形式，开展一系列形式多样的宣传活动，宣传人民防空性质职能、人民防空法律法规、人民防空建设成就。

（刘海科）

人力资源和社会保障

2月23日，自治区2010年“春风行动”启动仪式暨桂林市永福县农村劳动力转移就业现场招聘会召开。　　市人力资源和社会保障局　供稿

概　　述

2010 年,全市人力资源和社会保障部门坚持民生为本,人才优先,促进就业和再就业。完善社会保障体系建设,优化人才发展环境,加强人才队伍建设,推进人事制度改革,构建和谐劳动关系,圆满完成"十一五"规划各项目标任务。全年全市就业局势稳定,城镇新增就业人数 68880 人,下岗失业人员再就业人数 18151 人,安置就业困难人员 5412 人,城镇登记失业率 3.95%。实施人才强市战略,各类技能人才队伍不断壮大。全市各类企业劳动合同签订率 96.29%,全市签订工资集体协议企业 1745 家,涉及职工 16.39 万人。全市受理劳动争议案件 1786 件,结案 1758 件;劳动保障监察立案 1169 件,结案 1153 件。社会保障体系建设取得突破,全面实施城镇居民医疗保险制度,推进兴安县新型农村养老保险制度,医疗保险、生育保险实现市级统筹。落实养老保险关系、医疗保险关系转移接续办法和医疗保险异地就医管理服务等政策措施,推进城镇居民基本医疗保险门诊统筹工作,社会保险待遇继续大幅提高。至年末,全市基本养老保险、基本医疗保险、失业保险、工伤保险、生育保险参保人数分别为 37.19 万人、112.78 万人、25.51 万人、28.91 万人、25.86 万人,五项社会保险参保总人数 230.25 万人;五项社会保险基金征缴总收入 36.10 亿元,(比上年,下同)增长 50.23%,创历史新高。全市养老、医疗、失业、工伤、生育五项社会保险资金基本实现统一筹集、统一使用、统一管理的"三统一"目标。

人力资源

【人才培养和引进】 2010 年,市委、市政府实施人才强市战略,制定桂林市中长期人才发展纲要。市人力资源和社会保障局积极推进各类人才队伍建设,实施特别职业培训计划,全市完成再就业培训 11880 人,创业培训 1980 人,农村劳动力转移培训 54080 人,水库移民培训 6550 人,职业技能培训鉴定 22593 人,技师、高级技师培训 400 人;开设创业培训班、高级营销师、物流师和会展师资格培训班等 9 期,培训人员 224 人;组织企业人力资源管理员、秘书、物业管理员、营销师等从业人员参加国家职业资格全国统考,参加考试人数 4871 人。做好"三支一扶"(支农、支教、支医、扶贫)毕业生招募培养工作,年内新接收"三支一扶"人员 55 人。开展智力引进工作,全年桂林市获国家外国专家局引进国外技术、管理人才项目 12 项,获自治区级引进国外技术、管理人才项目 3

12 月 16 日,桂林市人力资源和社会保障系统宣传信息工作会议召开。 市人力资源和社会保障局　供稿

项，获引智专项拨款22万余元，实际执行项目6项。市人才市场全年人才引进5316人，首次突破5000人。

【公务员管理】 2010年，市人力资源和社会保障局、市公务员局完善公务员录用考试和管理，做好2010年公务员录用考试工作。年初，完成全市参加考试录用公务员的考生网上报名和网上资格审查13448名，参加笔试考生9711名。贯彻自治区人力资源和社会保障厅、自治区公务员局因公务员笔试试题泄题组织重新考试的相关精神，4月25日，再次组织全市公务员考试录用公共笔试，完成7837名考生的重考资格确认、补贴发放和退费等相关工作，并在规定网站上公示招考各类信息，接受考生及社会各界的监督。6月11～16日，组织完成桂林市有史以来第一次公务员考试职位调剂，全市共有16个招录单位42个职位因未达开考比例参加自治区调剂，计划调剂69人，有416名考生参加调剂报名，289名考生通过资格审查，实现调剂34人。加强公务员管理，年内，审核符合参照公务员法管理条件事业单位149个，并报市政府和自治区人民政府审批。市人力资源和社会保障局与市委组织部制订出台《桂林市市直机关中层干部竞争上岗暂行办法》，规范市直机关中层干部的选拔使用。

【军队转业干部安置】 2010年，桂林市完成上年度180名军转干部安置，并开展2010年军转干部档案审查与培训。年内，自治区下达桂林市接收安置军转干部162名。其中：正团职16名，副团职19名，营职以下和专业技术干部108名，自主择业19名。市人力资源和社会保障局详细审查军转干部档案，并建立2010年度军转干部数据库，实现纸质和电子化双重备案，同时对162名计划安置军转干部进行了为期30天的专业技能课程培训。

【事业单位公开招聘】 2010年6月，市人力资源和社会保障局制订2010年桂林市事业单位公开考试招聘人员简章，编制事业单位公开考试招聘职位计划表，全市共有996个事业单位的管理岗位、专业技术岗位、工勤岗位实行公开考试招聘，报名人数10160人。经审核有119个职位因报名人数不足被取消，有877个职位开考，8899人参加事业单位公开考试笔试。桂林市事业单位公开招聘管理工作逐步规范化，从申报招聘计划到命题、笔试、面试、体检、考核、聘用以及办理聘用手续等程序均进行规范化操作管理，收到良好社会效果。

【专业技术人员职称管理】 2010年，是桂林市各级职称评审委员会换届年。市人力资源和社会保障局与相关部门组织对高级工程师、中学高级教师职称评审委员会及市直18个中级职称评审委员会进行换届调整。全年全市经各级职称评审委员会评审通过的中、高级职称有3571人，其中正高职称22人、副高职称598人、中级职称2951人。共办理职称证书3446本，其中中级职称2951本、初级职称495本；各类考试获得职称资格证书3570本；办理高级职称证书476本；职称注册验证7545本；重新确认职称28人，其中高级职称4人、中级职称13人、初级职称11人。共办理大中专毕业生转正定职417人。

【各类人事考试】 2010年，全市共组织各类人事考试报名26项，报名人员达10万余人次。市人力资源和社会保障局组织六类人事考试共2000余场次，有10万余人次参加考试，其中组织专业技术人员计算机应用能力考试534场次39605个模块18526人次。办理及发放职称计算机考试、职称外语考试、二级建造师增报专业合格证书共3万余本。年内，共处理各种人事考试违纪事件100余起。

【事业单位绩效工资改革】 2010年，桂林市推进事业单位绩效工资改革，依照公共卫生与基层医疗卫生单位绩效工资水平与当地事业单位工作人员平均工资水平相衔接的原则，桂林市制订《桂林市公共卫生与基层医疗卫生单位绩效工资实施办法》。同时启动其他事业单位绩效工资改革的基础性工作，按照取消资金来源不合法、不合规项目的原则，全面清理事业单位在国家规定的津贴补贴外发放的津贴补贴和奖金，掌握事业单位工作人员平均工资水平，为事业单位绩效工资改革打下基础。

【机关事业单位工资审核】 2010年，市人力资源和社会保障局加强机关事业单位工资审核。全年

3月30日，桂林市人力资源社会保障法制建设暨劳动关系协调工作座谈会召开。
市人力资源和社会保障局　供稿

完成审核市直386个机关事业单位20512人的2009年度年终奖金、年度滚动调资，共办理公务员（含参照公务员法管理人员）年限到杠晋升级别工资1149人次，级别工资档次、岗位工资档次滚动5551人次；事业单位薪级工资晋升工资档次14961人次。审核义务教育学校2009年奖励性绩效工资1492人次。完成各类新进市直机关、事业单位人员的查档定资600多人次。完成各类晋升工资审核，全年办理公务员晋升职务调资207人次，事业单位管理人员晋升职务调资234人次，事业单位专业技术人员聘任专业技术职务调资332人次，机关事业单位工人晋升工人技术等级调资289人次。

劳动就业

【城乡统筹扩大就业】　2010年，市人力资源和社会保障局积极做好下岗失业人员再就业、城镇新增劳动力就业和农村富余劳动力转移就业工作，推进城乡统筹就业。举办专项活动促进城乡就业，全年全市举办各类大型人才交流大会58场、“就业援助月”专场招聘会35场、“春风行动”专场招聘会78场，促进高校毕业生等各类人员实现就业，高校毕业生首次就业率超过80%。发挥创业促就业作用，吸纳城乡富余劳动力，全年全市举办2场创业项目推介会，有制造、批发零售、饮食服务、农林牧渔等行业的121家企业的186个项目参展，达成创业合作意向项目529个。推进农村富余劳动力有组织转移就业，在加强向沿海地区输送劳动力的同时，利用桂林市固定资产投资扩大的契机，促进农村富余劳动力就近就地转移就业，全年农村富余劳动力转移就业新增人数94318人。

【筹措资金促进就业再就业】　2010年，市人力资源和社会保障局以帮助就业困难人员再就业为重点，积极筹措资金促进就业再就业。全市累计开发公益性岗位4856个，发放小额担保贷款3902笔1.6亿元。全年市本级岗位补贴、社会保险补贴、职业培训补贴、职业介绍补贴、职业技能鉴定补贴、小额贷款贴息、公共就业服务费用等各类就业再就业资金支出5380万元。

【劳动关系协调】　2010年，市人力资源和社会保障局加大劳动关系协调和维权维稳工作力度，在全市全面推行劳动用工备案制度，提高劳动合同签订率。全市各类企业劳动合同签订率96.29%，其中农民工劳动合同签订率93.21%。完善集体合同制度，提高集体协商的针对性和实效性。加强对企业实行特殊工时制度的指导和管理，督促企业执行最低工资标准，健全工资集体协调机制，全市已签订工资集体协议企业1745家。

完善农民工工资保证金制度，健全农民工工资长效保障机制，全年共有66个水利施工单位新存入农民工工资保证金468万元，办理审核退还建筑行业161家单位农民工工资保证金3394.36万元。依法审批改革改制企业职工安置方案，从源头上预防和减少群体性事件的发生。与相关部门开展“共同约定行动”、“劳动关系和谐单位”、“和谐工业园区”活动，强化劳动关系协调，鼓励和引导劳动关系双方共同稳定就业局势。

【劳动人事争议处理】 2010年，桂林市劳动人事争议处理机构构建基层调解网络，在县(区)劳动保障事务所增设劳动争议调解办公室，指导企业设立劳动争议调解委员会，强化基层调解力度和效果。同时加大劳动人事争议仲裁办案力度，妥善处理群体性争议案件。全年全市共受理劳动争议案件1786件(市本级立案受理1134件)，结案1758件；裁决事业单位专业技术人员辞职案件1件。

【劳动保障监察】 2010年，全市劳动保障监察部门加大执法力度，依法受理和查处举报投诉案件，集中开展专项行动，打击各类违法行为。全年全市劳动保障监察年检单位9383家，日常巡查和走访用人单位4883家，涉及劳动者人数10.91万人；受理群众举报投诉立案1169件，结案1153件，其中实施行政处罚案件45件；督促233家用人单位申报、补缴社会保险费658.72万元；责令用人单位依法补签劳动合同1.25万份；妥善处理企业职工、农民工群体性上访和突发事件16件；为城镇职工和农民工追回被克扣、拖欠的工资1879.39万元，维护了劳动者合法权益。

【基层劳动保障机构建设】 2010年，市人力资源和社会保障局加大对县(区)级人力资源市场建设扶持力度，推进公共就业服务机构建设，强化基层平台建设，畅通工作网络。在已建成50个乡镇(街道)星级劳动保障事务所的基础上，2010年规划开展了74个乡镇(街道)星级劳动保障事务所建设。同时将社会保险、劳动关系调整等职能纳入乡镇(街道)和社区劳动保障工作平台，为统筹城乡就业和社会保障公共服务奠定基础。

社会保障

【新型农村社会养老保险试点】 2010年，桂林市加快健全社会保障制度，推进城乡统筹社会保障体系建设。1月，在全国首批新型农村社会养老保险工作试点县——兴安县启动全面实施新型农村养老保险制度。至年末，兴安县农村居民参保率87.28%，基础养老金发放率100%，两项指标在全自治区14个试点县(区)中均位居前列。年

2月23日，自治区2010年“春风行动”启动仪式暨永福县农村劳动力转移就业现场招聘会在永福县召开。

市人力资源和社会保障局　供稿

1月27日，市人力资源和社会保障局对部分企业劳动关系进行协调。 市人力资源和社会保障局 供稿

内，桂林市向自治区申报平乐县、恭城瑶族自治县、临桂县为新型农村社会养老保险试点县，其中平乐县、恭城瑶族自治县获自治区第二批新型农村社会养老保险工作试点县。

【企业离退休人员和失业人员基本生活保障】 2010年，全市企业离退休人员达16.72万人，增长14.52%；共发放基本养老金22.64亿元，增长27.26%。年内，市人力资源和社会保障局根据国家政策对全市企业退休人员养老金进行上调，人均比上年增加120元每月，人均养老金达1220元每月。加强社会保险经办管理服务，企业退休人员社会化管理服务率100%。加强对失业人员的基本生活保障，全年共为15262人次失业人员发放失业保险金及相关待遇5734万元。

【减轻企业负担】 2010年，市人力资源和社会保障局贯彻落实减轻企业负担的“五缓四减三补两协商”（“五缓”是指对暂时无力缴纳社会保险费的困难企业，在一定条件下允许缓缴养老、医疗、工伤、失业、生育五项社会保险费；“四减”是指阶段性降低除养老保险外的四项保险费费率；“三补”是指使用失业保险基金为困难企业稳定岗位支付社会保险补贴和岗位补贴，以及使用就业资金对困难企业开展职工在岗培训给予补贴；“两协商”是指困难企业不得不进行经济性裁员时，对确实无力一次性支付经济补偿金的，在企业与工会或职工双方依法平等协商一致的基础上，可签订分期支付或以其他方式支付经济补偿协议，支持困难企业职工通过集体协商，采取缩短工时、调整工资等措施，共同应对困难，稳定劳动关系）优惠政策。一是阶段性降低城镇职工基本医疗保险、失业保险、工伤保险费率及市本级企业医疗保险、工伤保险费率，全年共为1753家企业27.27万名职工减轻失业保险负担2372万元，为1785家企业33.90万名职工减轻医疗、工伤保险负担5195.7万元。二是使用失业保险基金为困难企业稳定岗位支付社会保险补贴和岗位补贴，共为45家企业3.31万名职工发放社会保险补贴4143.6万元。三是推进企业与工会或职工平等协商，稳定企业就业岗位，帮助企业减轻国际金融危机带来的冲击。 （秦太平 冯磊 莫兵）

外事·接待

11月19～20日，中共中央组织部副部长王尔乘（前排右二）在阳朔县考察调研。

黄雷　摄

外　　事

【概况】 2010年,桂林市外事办公室配合国家总体外交战略,坚持外事为地方经济建设服务和外事为民服务原则,圆满完成2个外国元首接待、首届桂林国际旅游博览会、中越青年大联欢活动等各种外事接待任务。加强与国外友好城市交流,协助相关部门妥善处理多起涉外事件。年内,争取到日本"利民工程"资源县河口瑶族乡卫生院业务综合楼和龙胜各族自治县瓢里镇思陇村卫生室项目,获援助资金72万元。

【外宾来访】 2010年,桂林市外事办公室共接待外交部、中联部、中国人民对外友好协会等单位交办外国团组93批,2038人次。其中:国家元首级团组2批110人次,副总理级3批75人次,部长级团组9批76人次。主要批次有:1月7日,老挝副总理宋沙瓦·凌沙瓦一行6人;3月1~2日,赞比亚共和国总统鲁皮亚·布韦扎尼·班达携夫人一行40人;5月2~3日,加蓬共和国总统阿里·邦戈携夫人一行70人;5月14日,越南副总理阮善仁一行23人;6月11日,泰国最高行政法院院长阿卡拉通·朱拉叻一行6人。

【承接举办国际会议】 2010年,桂林市外事办公室共承接在桂林举办的6次国际会议,并完成各次会议的接待、会务保障和翻译工作。主要国际会议有:2月24~27日,外交部国际司主办的中澳《经济、社会及文化权利国际公约》履行报告研讨会;4月15日,第三次中美欧日韩专利局局长会议;6月7~11日,世界审计组织环境审计工作组第十三次大会;7月13日,第四届中国—东盟社会发展与减贫论坛;9月2~3日,第四届联合国世界旅游组织/亚太旅游协会旅游趋势与展望国际论坛;9月3~5日,首届桂林国际旅游博览会。

【举行中越青年大联欢活动】 2010年8月25~28日,中国、越南两国建交60周年系列活动的"中越友好、青春携手、世代相传"联欢活动广西桂林分会场在桂林举行。自治区中越青年大联欢活动组委会安排桂林市接待越南代表700名,中国青年代表50名。为做好中越青年代表相聚桂林活动,桂林市举行欢迎仪式、欢迎晚宴和文艺表演;组织中越青年代表游览观光漓江风景、阳朔西街;观看越南抗美救国时期,越南伤病员在广西壮族自治区南溪山医院治伤疗养的幻灯片、《胡志明与桂林》展览;参观广西壮族自治区南溪山医院、八路军办事处、胡志明曾经工作过的地方、广西师范大学越南育才学校纪念馆,并与广西师范大学青年学生联欢。

【国际友好城市交流】 2010年,桂林市外事办公室开展友好城市交流19批248人次。其中:出访7批67人次,到访12批181人次。缔结友好城市1个,完成预缔结友好城市申报程序1个,签约缔结友好意向城市2个,对宣传推介桂林,提高桂林市在国际上的知名度起到积极的推进作用。

与波兰托伦市交流　2010年6月23~27日,桂林市文化交流团赴波兰参加"托伦日"展览,加深两市的了解和友谊。8月28~29日,市长李志刚率团访问托伦市,与托伦市市长米哈乌·扎莱斯基共同签署《中华人民共和国桂林市和波兰共和国托伦市建立友好城市关系协议书》,并为"桂林市友好城市纪念牌"揭幕。

与日本熊本市交流　2010年6月4~7日,熊本市市民生活局原局长原幸代子访问桂林,桂林市外事办公室为她颁发"友好交流贡献奖"。5~9月,日本慈永会理事长永野义孝2次到访桂林,与桂林市外事办公室、市卫生局和市中医医院举行工作会谈。7月31日~8月5日,桂林市高中生代表团访问熊本市,与对方开展夏令营活动。9月5~6日,熊本市市民生活局次长一行3人参加首届桂林国际旅游博览会。

与韩国济州市交流　2010年2月25日~3月3日,桂林市小桂花艺术团访问济州市,参加济州市正月十五野火节演出。9月5~6日,济州市副市长朴昇奉率团参加首届桂林国际旅游博览会。

与美国奥兰多市交流　2010年3月27日,桂林市与奥兰多市相约共同参加"地球一小时"活动。

与新西兰黑斯廷斯市交流　2010年5月5~13日,桂林市副市长蒋炳穗率桂林市农业考察团访问黑斯廷斯市,考察当地水果种植业和加工业,寻求两市在农业方面的交流与合作。8月13～15日，上海世界博览会新西兰馆举办“霍克湾周”主题活动，桂林市副市长何良军率团出席开幕活动并与黑斯廷斯市市长劳伦斯·尤尔会晤。9月24～30日，黑斯廷斯市教师代表团访问桂林，黑斯廷斯市女子中学与桂林市中山中学续签了合作协议。

与日本西桂町交流　2010年8月12～17日，灵川县政府友好代表团和中学生代表团出访西桂町，会晤西桂町町长和议长，与西桂町各部门负责人进行会谈，参观西桂町中学，两地的中学生还进行了文艺、书法、体育等交流。

与土耳其穆拉特帕夏市交流　2010年9月18～19日，桂林市外事办公室邀请穆拉特帕夏市市长苏莱曼·艾维西尔门访问桂林。市长李志刚会见穆拉特帕夏市市长苏莱曼·艾维西尔门，双方均表示愿意在旅游等领域的开展交流合作，共谋发展。

与韩国全州市交流　8月31日～9月5日，韩国全州市代表团访问桂林市和全州县，韩国全州市市长宋河珍与全州县签署友好交流意向书，就双方在各领域开展交流合作、促进共同发展达成一致意见。

与加拿大安大略省加纳诺克镇交流　2010年11月下旬，桂林市外事办公室利用出访机会，促成龙胜各族自治县与加拿大安大略省加纳诺克镇签署友好交流意向书。

【因公出国(境)审核审批管理】　2010年，桂林市外事办公室共审核审批130批、317人次出国(境)团组材料。其中：出国团组120批，赴中国香港、澳门特别行政区10批。批数、人次数(比上年，下同)降低10.95%和5.65%。其中厅级人员17人次，处级人员130人次，其他人员170人次。同时审核审批通知签证函材料130批、175人次，批次和人次数分别增长4.83%和1.74%，涉及29个国家和地区。　(舒恒茂)

接　待

【概况】　2010年，桂林市接待办公室共接待国内、中国香港、中国澳门、中国台湾地区、海外华侨到桂林学习、考察、访问及经贸活动等各类团组共4158批，53781人次。其中：接待副总理级以上党和国家领导人9人次，省(部)级领导438人次(部队副军级及以上领导61人次)，厅(局)级领导2102人次，中国香港、中国澳门、中国台湾地区、海外华侨知名人士387人次，重要新闻团体666人次。

【国家各部委团组】　1月：全国人大教科文卫委员会主任委员白克明率调研组；国家工商行政管理总局副局长刘凡率慰问团；中央联席办成员、公

8月24日，市委书记、市人大常委会主任刘君(右)会见国家文物局局长单霁翔(左)。
唐侃　摄

安部纪委原书记祝春林率工作组；国务院军队转业干部办公室副主任李建新率调研组；国家广播电影电视总局党组副书记、副局长赵实率检查组。2月：中国证券监督管理委员会主席尚福林一行；国家邮政局局长马军胜一行。3月：中国农业银行党委副书记、副行长孟献斌一行；国防科技工业局副局长虞列贵、航天科技集团公司总会计师吴艳华率工作组；国家文化部党组成员、部长助理高树勋率全国文化人事工作团；中国农业银行党委书记项俊波一行；国家林业局纪检组长陈述贤率考察团；国家文物局局长单霁翔率检查组；国务院办公厅离退休干部局局长张永民率老干部考察团；中央综合治理委员会副主任、中央政法委副秘书长、中央综合治理办公室主任陈冀平率检查组；国家质量监督检验检疫总局党组成员、中国认证认可协会会长王凤清，国家认证认可监督委员会主任孙大伟率考察团；全国人大常委会常委彭祖意、国家驻中国香港商品交易所主席杨孟欣率调研组；中国体制改革研究会副会长袁绪程一行。4月：国家国防科技工业局科技委员会主任栾恩杰率调研组；山西省副省长牛仁亮，国家质量监督检验检疫总局纪检组长王炜，北京市副市长丁向阳，黑龙江省人大常委会副主任刘海生，山西省政协副主席郭良孝，国家气象局副局长王守荣，内蒙古自治区党委常委、包头市委书记莫建成等中央省部级考察团一行；国家民族委员会纪检组长杜鹃率检查组；文化部党组副书记、副部长欧阳坚率公共文化服务建设检查组。5月：全国政协常委、民革中央副主席钮小明率调研组；国务院参事葛志荣率调研组。6月：民盟中央副主席张宝文一行；国家审计署审计长刘家义、副审计长董大胜出席世界审计大会；环境保护部部长周生贤率工作组；国家档案局局长李和平率国家档案立项会议团；中国银行业监督管理委员会副主席、中央治理“小金库”领导小组成员郭利根率中央小金库检查组。7月：公安部消防局少将许北亭一行；十一届人大常委会农业和农村委员会副主任委员房凤友，副部级巡视员郭林、谢秀兰率中央巡视组；国务院扶贫办副主任郑文凯率工作组。8月：国家进出口银行副行长朱鸿杰率调研组；文化部副部长李洪峰一行；中国冶金地质总局局长闫学义率调研组；中国地震局副局长修济刚率调研组；国家文物局局长单霁翔率工作组；工业和信息化部党组书记、部长李毅中率工作组；中央政府驻香港联络办副主任黄兰发一行。9月：国务院办公厅督查室副主任刘钊率督查组；中华全国供销合作社党组成员、理事会常务理事于培顺率西部农村经济论坛代表团；中国进出口银行副行长李郡率调研组。10月：全国政协民族和宗教委员会副主任马庆生一行；中国体制改革研究会副会长袁绪程率调研组；财政部副部长李勇率工作组；全国人大教科文卫委员会副主任委员程津培、全国人大教科文卫委员会委员王文荣、中国地震局副局长阴朝民等减震防灾考察团一行；科学技术部党组成员张景安一行；国家海关总署副署长吕滨，中国远洋运输集团总公司党组书记张富生，福建省委常委、福州市委书记袁荣祥，辽宁省人大常委会副主任李英杰，国务院扶贫办党组成员蒋晓华，中国气象局纪检组长刘实，中华全国工商业联合会专职副主席孙安民，广西壮族自治区党委常委、纪委书记石生龙等中央党校省部级培训班一行；国家公务员局副局长吴云华一行；国家新闻出版总署纪检组长宁明昌率中央扩大内需检查组；卫生部副部长陈啸宏率调研组；国家林业局副局长张建龙率检查组；国务院侨务办公室副主任马儒沛一行。11月：中共中央办公厅副主任由喜贵一行；全国总工会副主席、书记处书记王炯率先进事迹报告团；国家测绘局纪检组长张荣久一行；中共中央组织部副部长王尔乘率调研组。12月：全国政协科教文卫委员会副主任张耕，国家国有资产监督管理委员会监事会主席翟立功，陕西省人大常委会副主任罗振江、刘维隆、桂中岳，陕西省政协副主席刘石民，新疆维吾尔自治区高级人民法院党组书记赵祥娃，新疆维吾尔自治区原常务副主席王友三，宁夏回族自治区人大常委会原副主任张位正，济南军区装备部部长、少将冯育军，兰州军区联勤部原部长、少将樊根深，兰州军区装备部副部长、少将张廉鸿，海军兵种学院政委、少将张永刚，甘肃省委常委、武警甘肃总队原政委、少将谢曙辰，甘肃省军区原参谋长、少将季志民，少将徐珠宝，上海宝钢集团执行总裁赵周礼一行；民政部副部长李立国一行；卫生部副部长、健康快车管委会主任黄洁夫，中央直属机关工作委员会原常务书记伍绍祖，中央统战部原副部长田鹤年，健康快车创会主席方黄吉雯，中国石油化工集团公司原副总经理张家仁，健康快车基金会副秘书长刘英霞率“中华健康快车”探访团；全国人大外事委员会委员金矛一行；国务院侨务办公室副主任许又声率工作组；国家旅游局副局长杜江一行；中国残疾人联合会党组书记、理事长王新宪率检查组；中国残疾人联合会副主席吕世明率全国残疾人联合会理事会培训团；全国工商联合会原副主席、国务院参事室特约研究员保育钧，全国政协常委、中央党校原副校长李君如，十一届全国人大常委、内务司法委副主任嘉晔阳出席“城乡一体化”论坛。

【自治区领导团组】 1月：自治区人大常委会原副主任黄嘉一行；自治区党委常委、统战部部长黄道伟率调研组；自治区政协副主席彭钊率调研组；自治区政协副主席蒋培兰一行；自治区人大常委会副主任莫永清率工作组；自治区副主席李康率慰问团；自治区党委常委、宣传部部长沈北海率检查组。2月：自治区副主席高雄一行；自治区政协副主席李达球率慰问团；自治区政协副主席蒋济雄一行；自治区政协主席马铁山率慰问团；自治区政协原副主席姜兴和一行；自治区人大常委会副主任刘新文一行；自治区人大常委会副主任覃瑞祥率考察团；自治区副主席陈章良一行；自治区政协副主席蒋培兰一行；自治区党委书记、人大常委会主任郭声琨，自治区党委常委、秘书长余远辉率工作组。3月：自治区人大常委会副主任文明率调研组；自治区人大常委会副主任莫永清一行；自治区党委原副书记杨基常一行；自治区人大常委会原副主任张慕洁一行；自治区党委常委、政法委书记温卡华率工作组；自治区党委书记、人大常委会主任郭声琨，自治区党委常委、秘书长余远辉，自治区副主席陈章良率项目建设及抗旱救灾检查组；自治区党委常委、政法委原书记彭祖意一行。4月：自治区党委原书记曹伯纯一行；自治区政协副主席蒋济雄一行；自治区政协原副主席侯德彭一行；自治区人民检察院党委书记、检察长张少康率调研组；自治区政协原副主席潘鸿权一行；自治区副主席陈章良一行；自治区人大常委会原副主任袁凤兰一行；自治区副主席高雄、自治区政协原副主席张文学率工作组；自治区人大常委会副主任吴恒率检查组。5月：自治区党委书记、人大常委会主任郭声琨，自治区党委常委、秘书长余远辉率工作组；自治区人大常委会原副主任陈光明一行；自治区政协原副主席潘鸿权一行；自治区副主席高雄一行；自治区主席马飚率考察团；自治区党委顾问委员会原主任黄云一行；自治区政协原副主席姜兴和一行；自治区政协主席马铁山率督查团；自治区副主席李康率工作组；自治区政协原副主席龙川一行；自治区人大常委会副主任吴恒、文明率考察团。6月：自治区党委书记、人大常委会主任郭声琨，自治区主席马飚，自治区副主席林念修出席世界环境审计大会；自治区人大常委会原副主任潘琦一行；自治区党委书记、人大常委会主任郭声琨，自治区党委副书记陈际瓦，自治区党委常委、政府常务副主席李金早，自治区党委常委、秘书长余远辉，自治区副主席梁胜利等工作组成员；自治区副主席高雄率工作组；自治区政协原

10月14日，自治区党委常委、宣传部部长沈北海（前排右二）在恭城瑶族自治县调研。

唐侃　摄

副主席龙川一行。7月：自治区党委副书记陈际瓦率考察团；自治区人大常委会副主任刘新文一行；自治区政协原副主席姜兴和一行；自治区人大常委会副主任吴恒率考察团；自治区副主席梁胜利一行；自治区政协原副主席侯德彭一行；自治区政协原副主席袁正中一行；自治区人大常委会副主任莫永清一行；自治区党委书记、人大常委会主任郭声琨，自治区主席马飚，自治区党委常委、自治区常务副主席李金早，自治区党委常委、秘书长余远辉，自治区人大常委会副主任吴恒，自治区政协副主席蒋济雄陪同海南党政考察团；自治区人大常委会原副主任邵博文一行；自治区人大常委会原副主任张慕洁一行。8月：自治区政协副主席林国强率调研组；自治区政协副主席彭钊一行；自治区政协原副主席侯德彭一行；自治区人大常委会副主任覃瑞祥一行；自治区政协原副主席莫虞光一行；自治区人大常委会副主任刘新文一行；自治区政协副主席蒋培兰率检查组；自治区副主席李康率调研组；自治区政协副主席李达球率工作组。9月：自治区人大常委会副主任刘新文、自治区副主席高雄、自治区政协副主席蒋培兰出席中国桂林旅游博览会；自治区副主席陈章良率考察团；自治区党委常委、秘书长余远辉，自治区人大常委会副主任荣仕星，自治区副主席高雄，自治区政协副主席李彬，广西军区副政委、少将白念法出席恭城瑶族自治县成立20周年。10月：自治区人大常委会原副主任邵博文一行；自治区政协副主席李彬率工作组；自治区政协主席马铁山、自治区政协副主席蒋济雄、李达球、黄日波、彭钊、李彬率政协常委考察团；自治区政协主席马铁山、自治区政协副主席李达球、彭钊率政协提案督办团；自治区党委顾问委员会原主任黄云一行；自治区政协副主席蒋济雄一行；自治区副主席李康一行；自治区党委原常委、政法委书记彭祖意一行；自治区政协主席马铁山、自治区政协副主席梁春禄率工作组。11月：自治区党委常委、秘书长余远辉，自治区副主席林念修陪同中央办公厅领导一行；自治区副主席高雄一行；自治区副主席李康一行；自治区政协副主席李达球一行；自治区人大常委会副主任莫永清一行；自治区党委副书记陈际瓦、自治区政协副主席李达球率调研组；自治区副主席林念修率考察团；自治区副主席梁胜利率维稳督查组；自治区副主席李康一行；自治区政协原副主席姜兴和一行；自治区党委常委、组织部部长周新建一行；自治区副主席李康一行；自治区党委书记、人大常委会主任郭声琨，自治区党委常委、秘书长余远辉陪同青海省党政考察团；自治区副主席高雄一行；自治区政协副主席蒋培兰一行；自治区党委常委、宣传部部长沈北海率调研组；自治区党委副书记陈际瓦率检查组。12月：自治区人大常委会副主任刘新文一行；自治区政协主席马铁山，自治区政协常务副主席林国强，自治区人大常委会原副主任袁凤兰，自治区政协原副主席王汉民、袁正中出席全国陕西英才暨市县经济论坛大会；自治区政协副主席林国强率考察团；自治区党委常委、宣传部部长沈北海率检查组；自治区副主席高雄一行；自治区人大常委会副主任吴恒一行；自治区副主席陈章良一行；自治区副主席高雄一行；自治区人大常委会原副主任黄嘉一行。

【外省(直辖市、自治区)团组】 1月：天津市人大常委会原副主任王述祖、王德惠，天津市原副市长张昭若率高尔夫球协会考察团；新疆维吾尔自治区人大常委会原副主任吐尔巴叶尔、阿米娜·阿帕尔、胡吉汉·哈克莫夫、哈德斯·贾那布尔，新疆维吾尔自治区政协原副主席玉素甫·艾沙、迪牙尔·库马什、帕夏·依夏率省部级老干部考察团。2月：新疆维吾尔自治区政协党组书记、政协主席艾斯海堤·克里木拜率考察团。3月：福建省人大常委会副主任郑道溪率考察团；新疆维吾尔自治区政协副主席阿尤甫·铁衣甫率考察团；上海市人大常委会副主任周禹鹏一行；浙江省人大常委会副主任刘奇一行；四川省人大常委会党组书记、副主任韩忠信率考察团；黑龙江省省委常委、常务副省长杜家毫，黑龙江省副省长孙尧，黑龙江省军区副司令员张力杰率政府考察团。4月：辽宁省政协原副主席沈显意一行；黑龙江省政协原副主席刘文津一行；辽宁省人大常委会原副主任丛正龙一行；青海省政协副主席韩玉贵率考察团；宁夏回族自治区政协副主席曹维新一行。5月：山东省人大常委会常务副主任高新亭一行；浙江省省委原书记、人大常委会主任李泽民率考察团；重庆市人大常委会副主任胡健康、贵州省人大常委会副主任傅传耀率西南地区人大财经考察团；内蒙古自治区人大常委会副主任云秀梅一行；甘肃省兰州市原政协主席左灿湘一行。6月：浙江省委统战部部长汤黎路率党外人士考察团；内蒙古自治区政协原副主席刘芝兰一行；河北省人大常委会原副主任龚焕文一行。7 月:陕西省委常委、宣传部部长胡悦率考察团;福建省政协原副主席苻震华一行;海南省委书记、人大常委会主任卫留成,省委副书记、省长罗保铭,省政协主席钟文,省委副书记于迅,省委常委、纪委书记王为璐,省委常委、三亚市委书记江泽林,省委常委、秘书长许俊,省委常委、海口市委书记陈辞,省委常委、组织部部长楼阳生,省委常委、宣传部部长、副省长谭力,省人大常委会副书记、副主任吴昌元,副省长姜斯宪、陈成、符跃兰、李国梁,省政协副主席张力夫、赵丽莎、王路,省长助理贾东军、陆志远,省委统战部部长王应际率党政考察团;山东省政协副主席李德强率考察团。8 月:海南省委常委、组织部部长楼阳生一行;贵州省人大常委会副主任林明达一行。9 月:陕西省政协副主席、党组副书记,省委统战部部长周一波率港澳台人士考察团;湖南省人大常委会原副主任罗海藩率考察团;海南省政协原主席王广宪,省人大常委会原副主任王学萍、秦醒民、陈孙文,省政协原副主席林安彬、符气浩率老干部考察团。10 月:福建省政协副主席叶家松率考察团;重庆市副市长刘学普率政府考察团;安徽省省长王三运、副省长花建慧率政府考察团;西藏自治区人大常委会副主任张跃平率考察团;西藏自治区政协副主席罗松多吉率一行;江苏省政协副主席、党组书记任彦申率考察团。11 月:北京市政协副主席张和平一行;江苏省政协原副主席孙安华一行;黑龙江省人大常委原副主任马淑洁率市长协会培训班;湖北省政协原副主席董玉森、穆常生、韩南鹏、杨斌华率考察团;北京市政协主席阳安江率考察团;四川省政协副主席解洪率考察团;新疆伊犁哈萨克自治州政协主席沙吾提别克一行;青海省委书记、人大常委会主任强卫,省委常委、秘书长沈何,省委常委、政府常务副省长徐福顺,省委常委、组织部部长齐玉,省人大常委会副主任刘晓,省政协副主席李忠保率党政考察团;贵州省政协原副主席李元栋、刘也强、马文骏、许乐仁、伍席源、何永康、李嘉琥、王录生、吴若秋、程天赋、王惠业率省政协常委考察团。12 月:山西省人大常委会副主任安焕晓率考察团;辽宁省政协常务副主席胡晓华一行;重庆市政协副主席于学信率考察团。

【部队团组】 1 月:广州军区副参谋长、少将周瑞华率检查组;中国人民解放军原副总参谋长、上将钱树根,陆军航空兵学院原副院长、少将邵新一行。2 月:广西军区副政委、少将黄深根一行。3 月:广州军区政治部原副主任、少将邓正明一行;广西军区政委、少将李文潮一行;中国人民解放军总政治部纪检部原部长王秉伦一行。4 月:中国人民解放军第二军医大学校长、少将王登高一行。5 月:内蒙古军区副司令员、少将牛华松一行。6 月:广西军区司令员、少将王玉仁,广西军区政治委员、少将李文潮率工作组;广州军区司令员、中将徐粉林,广州军区政治委员、中将张阳,广州军区副司令员、少将王治民,广州军区副政治委员、中将田义功,广州军区参谋长、少将贾晓炜,广州军区政治部主任、中将郑卫平,广州军区装备部部长、少将阎力平,驻中国香港部队司令员、中将张仕波,广州军区政治部副主任、少将周为民,广州军区联勤部副部长、少将刘检成,四十一集团军军长刘小午,四十二集团军军长、少将尤海涛,湖北省军区司令员、少将汪金玉,湖南省军区司令员、少将张永大,广东省军区司令员、少将辛国荣,海南省军区司令员、少将黎仕林,广西军区司令员、少将王玉仁,广西军区政治委员、少将李文潮,驻中国澳门部队司令员、大校祝庆生率考察团;国防大学教授、少将乔松楼一行。7 月:广西军区司令员、少将王玉仁一行。8 月:广西军区原参谋长、少将周德生一行;广西军区副政委、少将白念法一行;国防大学副教育长、少将于国华一行。11 月:中国人民解放军空军原司令员、上将乔清晨一行;中国人民解放军全军信息化专家咨询委员会主任、少将张训才,全军信息化专家咨询委员会委员、少将孙刚,少将侯喜贵,少将王晓亮,少将宾晓华,四十一集团军副政委、少将陈杰率全军信息化专家指导组。12 月:北京军区原副司令员、中将粟戎生,北京军区联勤部政治委员、少将杜建林,河北省军区司令员、少将芮福成,二十七集团军军长、少将秦卫江,石家庄机械化步兵学院原政治委员、少将魏东普,北京军区总医院副院长、少将杨蓉娅率北京军区全国人大考察团;广西军区副司令员、少将肖石桥一行;广州军区原副司令员、中将龚谷成一行;广西军区司令员、少将王玉仁一行。

【新闻媒体、院校团组】 2 月:《中国纪检监察报》社长李本刚一行。3 月:《中国日报》总编辑朱灵率调研组;粤、桂、黔省级党报采访团。5 月:广西创建社会和谐稳定模范区大型集中采访报道团；华中科技大学党组书记路纲一行。6月：自治区政协《同舟共进》巡回演出团。7月：《全国省级法治报》社长、总编李峻峰率采访团。8月：《半月谈》杂志社副总编辑张寒一行；中央党校副校长孙庆聚率调研组；《人民日报》副总编辑谢国明一行；国家美术馆党委书记殷福，国家艺术研究院党委副书记、副院长杨化玉出席两岸文化联谊会。9月：中国新闻出版集团公司党组书记王涛一行；新华社副社长鲁炜率调研组。10月：中国新闻出版集团公司党组书记王涛一行；《中国档案报》总编辑郭海缨率调研组；中国城市规划协会会长赵宝江、中国城市建设研究院副院长王磐岩率城市规划审查组。11月：国家画院常务副院长卢禹舜、国家画院副院长解永全、国家艺术研究院画院常务副院长满维起率画院考察团。12月：华中农业科技大学校长、全国人大常委会常委、中国工程院院士邓秀新，西南大学副校长周常勇出席现代农业研讨会。

【知名人士团组】 1月：第四届中国台湾新同盟会大陆参访团。2月：中国化学工程股份有限公司副总经理赵显棣一行；香格里拉（亚洲）有限公司副董事长雷孟成率调研组；中国联合国教科文组织全国委员会秘书长方茂田率考察团。3月：中国电子科技集团公司总经理王志刚率调研组；中国电网集团副总经理杨海兵率考察团；万向钱潮股份公司总经理周建群一行；美中文化经济交流协会主席雷振泽率海外华商考察团。4月：中国化学工程股份有限公司总经理陆红星率调研组；中国工程院院士郭孔辉一行；中国节能投资有限公司党委书记陈津恩率考察团。5月：美国财富集团总裁、世界华商联合会理事长乌巴特尔，世界华商联合会中国秘书处秘书长李钟，美国万通投资银行控股集团董事长徐明，杭州昊风能源科技公司常务副总裁王峰，世界华商生命科学委员会秘书长彭措，世界华商能源投资集团总裁、世界华商联合会副理事长朱荣谦出席世界华商峰会。6月：上海盛源集团董事局主席黄平、上海瑞华集团董事长帅鸿元率考察团；玉柴集团董事局主席晏平率考察团。8月：香港溢达集团总裁车克、总经理田野率投资洽谈组；中国电子科技开发有限公司总经理谢庆华一行；中华文化联谊会副会长侯湘华率两岸文化中国联谊团；“台湾行政院”大陆委员会原主任委员张京育，“台湾外交部”原部长程建人，“台湾内政部”原次长李本仁，台湾著名画家李锡奇，台北市办公室主任范巽绿，台湾美丽岛电子报董事长、民主进步党前主席许信良率两岸文化台湾联谊团。7月：国奥投资发展有限公司董事长、总经理张敬东一行；娃哈哈集团总经理宗庆后一行；银行证券公司投资银行总部董事、总经理刘宁华一行；新疆广汇集团董事局主席孙广信，新疆广汇集团集团董事、副总裁尚边疆一行。9月：中国机械工业集团公司总裁徐建率投资考察团；燕京啤酒集团公司董事长李福成一行；中国国民党中央委员、台湾女企业家协会创会理事长马爱珍率考察团。10月：香港科技大学副校长黄玉山、香港东伟业务促进有限公司董事长蔡素玉、香港新盛国际有限公司总经理王国标、香港绿洲行董事长陈聪聪率投资考察团；台湾妇女参议团；台湾台中市政府委员、台湾中国古文学会理事长叶晋玉，台湾原陆军少将刘肇修率海峡两岸书画交流团；中国钢铁协会党组书记吴建常一行。11月：中国著名画家叶尚青一行；国家海协会副会长王富卿一行。12月：中国国民党中央常务委员洪玉钦、桂台公司董事会主席黄俊钦、香港天盛投资集团副董事长黄绍滨率考察团；台湾佳美集团公司董事长游昭明率考察团；中国休闲旅游协会会长舒惠国一行；中国中铁股份有限公司党组书记、董事长李长进，中国中铁股份有限公司副总裁戴和根率投资组。

（周立明）

旅 游 业

6月29日，市旅游局向市人大常委会汇报建设桂林国家旅游综合改革试验区工作情况。 唐飞鸿 摄

概　述

【概况】 2010年,桂林市旅游行业围绕把旅游业培育成国民经济的战略性支柱产业和人民群众更加满意的现代服务业的目标,深入实施"旅游兴市"战略,推动桂林国家旅游综合改革试验区建设,编制完成了《桂林国家旅游综合改革试验区总体方案及规划纲要》,创新旅游营销手段,旅游质量效益不断提升,项目建设取得突破,客源市场实现新拓展。全年全市实现旅游总收入168.3亿元,(比上年,下同)增长32.61%;接待旅游总人数2246.33万人次,增长20.77%,其中入境旅游人数148.62万人次,增长15.18%。年内,国家发展和改革委员会确定桂林市为国家首批服务业综合改革试点区域。

【《桂林国家旅游综合改革试验区总体方案及规划纲要》通过评审】 2010年4月,桂林市政府委托中国经济体制改革研究会和中国经济体制改革杂志社编制《桂林国家旅游综合改革试验区总体方案及规划纲要》。该总体方案及规划纲要在考察并分析研究桂林现状基础上,提出了桂林国家旅游综合改革试验区在体制改革和发展方面应先行先试,即桂林市应在重点领域和关键环节率先突破,破除旅游业发展的体制性障碍,探索以旅游业为龙头、现代服务业为主导、低碳经济为特色的新路子。桂林国家旅游综合改革试验区规划期限为10年,分3个阶段逐步推进。6月20日,《桂林国家旅游综合改革试验区总体方案及规划纲要》通过由国家发展和改革委员会、住房和城乡建设部、科学技术部、国家旅游局、北京师范大学、武汉大学等单位组成的专家评审会评审。

【《桂林旅游"十二五"发展规划》通过评审】 2010年,桂林市旅游局委托桂林旅游高等专科学校编制《桂林旅游"十二五"发展规划》。该规划注重长期效益和短期效益相结合,通过旅游产业结构的转型升级,增强旅游业的竞争力,突出旅游综合改革试验重点,强调可操作性和可行性,力求面向、符合中国旅游业和世界旅游业发展趋势,结合桂林市旅游发展的外部环境、所面临的机遇和挑战,提出桂林旅游发展的战略思路。12月,该规划通过专家评审。

【《桂林漓江流域富民特色旅游项目规划》编制完成】 2010年1月15日,《桂林漓江流域富民特色旅游项目规划》通过专家组评审。该规划按照市政府提出的"创新以漓江游览为核心的旅游开发模式,推进漓江流域特色旅游区发展,塑造一批主题旅游城镇和农业旅游品牌,让漓江两岸农民脱贫致富"的工作思路编制,客观分析漓江流域旅游对沿岸社区居民脱贫致富的功能与作用,对漓江旅游富民存在的问题、制约因素以及特殊的旅游富民方式问题进行诊断,全面系统地提出漓江旅游富民的资源基础、空间布局、富民战略、富民项目、富民模式、富民的保障政策与措施。年内,有部分富民特色旅游项目获立项并开工。

【开展桂林城市名片征集活动】 为提高桂林市在国际、国内的知名度,2010年9月5日~11月25日,中共桂林市委、市人民政府开展"向社会广泛征集桂林城市名片"活动,征集城市形象标志及中英文宣传口号。共收到来稿13796件(条),其中形象标志389件、中文宣传口号12036条、英文宣传口号1371条。作者遍布全国20多个省(直辖市、自治区)。活动采取网络投票和专家评审相结合的方式,每个征集内容都评选出1名获奖者及9件入选作品。　　(唐飞鸿)

旅游景区(点)

【概况】 桂林市旅游资源丰富、类型多样,拥有世界发育最为完美、最典型、集中而丰富的岩溶地貌。桂林自古享有"山水甲天下"之美誉,是中国乃至世界重要的旅游目的地城市,是国家重点风景游览城市和历史文化名城,被誉为国际旅游明珠。桂林风景秀丽,以漓江风光和喀斯特地貌为代表的山水景观,有"山清、水秀、洞奇、石美"四绝之誉,是中国自然风光的典型代表和经典品牌。

2010年年末,桂林市有国家5A级旅游景区(点)2处:漓江景区、乐满地度假世界;国家4A级旅游景区(点)23处:芦笛景区、两江四湖景区、王城景区、叠彩山伏波山景区、象山景区、南溪山景区、七星景区、穿山景区、尧山景区、冠岩景区、愚自乐园景区、古东瀑布景区、义江缘景区、世外桃源景区、图腾古道—聚龙潭景区、银子岩景区、灵渠景区、龙胜温泉景区、龙脊梯田景区、丰鱼岩景区、荔江湾景区、金钟山景区、千家洞景区；国家3A级旅游景区(点)13处：会仙岩景区、经典刘三姐大观园景区、碧莲峰山水园景区、资江景区、蝴蝶泉景区、十二滩漂流景区、雁山园景区、九马画山漂流景区、鉴山寺景区、龙门瀑布景区、大野神境景区、仙家温泉景区、天河瀑布；国家级风景名胜区1处：漓江景区；自治区级风景名胜区4处：资源天门山、龙脊梯田、青狮潭、八角寨—资江景区；国家级森林公园4处：资源天门山、资源八角寨、龙胜温泉、桂林龙泉森林公园；国家级自然保护区4处：花坪、资源天门山、猫儿山、千家洞自然保护区；全国重点文物保护单位11处：兴安灵渠、靖江王府和王陵、李宗仁官邸和故居、八路军办事处旧址、新石器时代甑皮岩遗址、唐代至清代石刻、秦城遗址、江头村和长岗岭村古建筑群、燕窝楼、恭城瑶族自治县古建筑群、湘江战役旧址；自治区级文物保护单位68处。

两江四湖风光。　　李腾钊　摄

【中心区域景区(点)】 桂林市中心区域旅游景区(点)主要有漓江景区、两江四湖景区、象山景区、七星景区、芦笛景区、叠彩山伏波山景区、南溪山景区、穿山景区、王城景区、经典刘三姐大观园景区、会仙岩景区、虞山公园等。

漓江景区　国家5A级旅游景区。是桂林风光的精华，中国山水风光的典型代表。漓江是喀斯特地形发育最典型的地段，酷似一条青罗带，蜿蜒于万点奇峰之间。从桂林至阳朔约83千米的水程，深潭、喷泉、飞瀑参差，沿江风光旖旎、碧水萦回、奇峰倒影、田园阡陌，美不胜收。兼有“山清、水秀、洞奇、石美”四绝，还有“洲绿、滩险、潭深、瀑飞”之胜。人称“百里漓江、百里画廊”。

两江四湖景区　国家4A级旅游景区。包括以木龙古渡、宋代古城墙为主景，宝积山、叠彩山等为背景的体现城市文化特色的木龙古水道主景区；以山林自然野趣为特色的桂湖景区；以体现“城在景中、景在城中”山水城市空间特征特色的榕杉湖主景区。

象山景区　国家4A级旅游景区。集奇山、秀水、异洞、美石于一身。不论从自然景观和人文景观来看，都是桂林山水文化的精华，在国际上享有很高的知名度。

七星景区　国家4A级旅游景区。是桂林市最大、历史最悠久、景点最多的综合性公园。有典型的岩溶地貌景观，集山、水、洞、石、庭院、林木、文物等精华，其主要景观有花桥、普陀山、七星岩、驼峰、月牙山、桂海碑林、栖霞禅寺以及华夏之光广场等。

芦笛景区　国家4A级旅游景区。是一个以游览岩洞为主、观赏山水田园风光为辅的风景名胜区。芦笛岩洞内有大量奇丽多姿、玲珑剔透的石笋、石乳、石柱、石幔、石花。主要景点有狮岭朝霞、红罗宝帐、盘龙宝塔、原始森林、水晶宫、花果山等景观。被誉为“大自然的艺术之宫”。

穿山景区　国家4A级旅游景区。主要有穿山、塔山、月岩、穿山岩、寿佛塔等胜景。主要景观有天鹅湖、一线天、水帘洞、芭蕾脚、龙戏龟、卷曲石等，“塔山清影”是桂林“老八景”之一。

王城景区　国家4A级旅游景区。主要景观为靖江王府，是全国重点文物保护单位，又称桂林王城。建于明洪武五年(1372年)，洪武二十六年(1393年)筑城墙，是中国历史最长且保存最完好的明代藩王府。位于王城内的独秀峰，孤峰突起，陡峭高峻，气势雄伟，被称为“南天一柱”，宋人王正功的诗句“桂林山水甲天下”就刻在该处。

叠彩山伏波山景区　国家4 A级旅游景区。伏波山因唐代曾在山上修建汉朝伏波将军马援祠而得名，伏波山公园由多级山地庭园组成，有还珠洞、千佛岩、珊瑚岩、试剑石、听涛阁、半山亭、千人锅及大铁钟等景点和文物，集山、水、洞、石、亭、园、文物于不足1万平方米的范围内，成为独特的桂林山水的缩影。叠彩山占地面积约2平方千米，由明月峰、仙鹤峰和四望山、于越山组成，横亘市区，景色优美，景点有叠彩亭、于越阁、瞿张二公成仁碑、仙鹤洞、风洞、叠彩楼、望江亭和拿云亭等，山上历代名人的摩崖石刻多，为文物的精华。

南溪山景区　国家4 A级旅游景区。南溪山双峰并列，故称“南溪玉屏”。南溪山作为古代文化观赏的重要因素，也因南溪山有数量众多的古人题刻，主要景点有“三洞九室”，即白龙洞、顿悟洞天、龙泉美石宫，夕室、丹室和螺窟等。

经典刘三姐大观园　国家3 A级旅游景区，广西首批民族风情旅游示范点。是一座以壮族歌仙刘三姐命名、弘扬广西少数民族文化的大型游乐园。分为前园、后园两个部分。前园主要是刘三姐文化及少数民族风情展示，有侗族的迎宾歌、水上对歌台、壮瑶民俗婚礼大观、侗族大歌、芦笙踩堂、民族绝技等民族风情表演，还有电影刘三姐的场景再现、电影刘三姐资料馆和150余名民族演员表演的精彩纷呈的大型民族歌舞。后园鸟语世界是桂林最大的鸟类生态园。

虞山公园　园内虞山、皇泽潭、韶音洞素有仙山、仙河、仙洞之名。传说华夏文明始祖之一的虞帝南巡曾到此地，秦朝人立庙纪念，延续至今已有2000多年历史。主要景点有虞帝庙、怡沁园、三绝碑、五福塔、闻韶楼、韶音洞、九重天、美泉宫等。

甑皮岩　全国重点文物保护单位。1978年对外开放。是岭南地区唯一一个国家级新石器时代洞穴遗址文物景区。考古发掘出石器、骨器、蚌器、角器、牙器和陶器残片，发现了中国最原始的陶器和新石器洞穴遗址最早的石器加工场，发掘了古人类骨架32具，鉴定出植物孢粉和炭化物近200种。遗址的遗迹遗物记载和展示了距今12000～7000年的桂林史前文化发展轨迹，被考古界称为“华南及东南亚史前考古最重要的标尺和资料库之一”，有“史前明珠”之誉。景区由洞穴遗址保护区、出土文物展示区、独山生态保护区、考古模拟园等园区构成，主要景观有《万年前的桂林人》文物展馆、甑皮岩洞穴、甑皮岩人“复活”、水洞探险、模拟考古、独山奇景、考古碑园等。

李宗仁官邸　全国重点文物保护单位，位于桂林市文明路4号。官邸始建于1942年，1948年4月落成，1948年5月～1949年11月，李宗仁在此进行一系列的政治活动，是李宗仁回桂办公及居住之地，素有“桂林总统府”的称誉。属中西结合别墅式建筑，占地4321平方米，官邸的景点主要由主楼、副官楼、警卫室、附楼、花园、停车坪等组成。

【东部区域景区（点）】　桂林市东部区域旅游景区（点）主要有尧山景区、冠岩景区、古东瀑布景区、靖江王陵、大圩千年古镇等。

尧山景区　国家4 A级旅游景区。主峰909.3米，是桂林市内最高的山峰。尧山冈峦起伏，气势磅礴，植被丰茂，杜鹃遍野，是自然风光和古代陵墓集中的风景名胜区。山上建有索道和滑道。主要景观有茅坪庵、寿佛庵、天赐田、白鹿禅寺遗址、天赐泉、尧山杜鹃、尧山冬雪等。

冠岩景区　国家4 A级旅游景区，地处雁山区草坪回族乡东南部。景区有冠岩地下河游览区、乡吧岛地景艺术园、电动管轨车、重力管轨车、云雾山冠岩饭店等旅游项目及配套设施，形成了以冠岩地下河为中心的集观光、会议疗养、食宿娱乐为一体的大型综合游览区。

古东瀑布景区　国家4 A级旅游景区，位于灵川县大圩镇古东村蝴蝶山麓。瀑群大小不一、宽窄不同、扬沉各异，有鸳鸯、连理、三叠、犀牛、神象、卧牛、仙女、仙台、漂绫、莲蓬、飞马瀑等。飞流喷雾，崖石嶙峋，古树苍翠，气象万千。

靖江王陵　全国重点文物保护单位，国家级大遗址保护重点园区，位于市区东北部尧山山麓。是明王朝分封在靖江（桂林）历代诸王的陵园。靖江王共传13代，有11代葬尧山，墓群规模宏大，为中国最大的藩王群陵，素有“岭南第一陵”之称。

大圩千年古镇　国家历史文化名镇，国家科技小城镇建设示范点，广西重点文物保护单位。汉代形成居民点，北宋是商业繁华集镇，明代为广西四大古镇之首，明清时期，依漓江水路优势，成为沟通桂林、广东、梧州等地的交通枢纽和桂北地区的重要商品集散地。现为桂林著名历史文化旅游景点。

【南部区域景区(点)】 桂林市南部区域旅游景区(点)主要有阳朔西街、遇龙河景区、印象·刘三姐、碧莲峰景区、世外桃源景区、金钟山景区、图腾古道－聚龙潭景区、蝴蝶泉景区、愚自乐园景区、雁山园景区、银子岩景区、丰鱼岩景区、荔江湾景区、大河瀑布景区、阳朔山水园、九马画山漂流景区、恭城文武庙、周王庙、聚龙潭度假公园、鉴山寺景区等。

阳朔西街　位于阳朔县城。全长517米,宽8米。街道两侧房屋建筑古色古香,地方特色浓厚,是阳朔县的标志性景点。西街有浓郁的历史文化气息。荟萃各种旅游纪念品、小吃于街市,其充满异国情调的夜景更是风情万种,风俗浓郁,是闻名中外的"洋人街"、"地球村"。

遇龙河景区　位于阳朔县。全长43.5千米。遇龙河景区包含从白沙遇龙桥到大榕树工农桥区域,水质清澈、水流缓缓,有28道堰坝,景点百余处,没有现代化建筑和人工雕琢痕迹,一片原始、古朴、纯净的自然山水风貌,被国内外专家一致认为是"世界上一流的人类共有的自然遗产"。景区内有广西著名的遇龙桥、仙桂桥、富里桥3座古桥,被誉为"将军府第"、"进士楼阁"的旧县村就在遇龙河畔,河旁有唐代归义县遗址、潘庄遗址、徐悲鸿画室、明清时期留下的古宅民居。

印象·刘三姐　全国文化产业示范基地、广西文化产业示范基地、广西民族风情旅游示范点,位于阳朔县近郊。由著名导演张艺谋、王潮歌、樊跃任总导演,67位中外著名艺术家参与创作,是全国第一部全新概念的"山水实景演出"。表演舞台为长度2千米的漓江水域及12座背景山峰,构成全世界最大的天然剧场,成功诠释了人与自然的和谐关系,创造出天人合一的境界,被誉为"与上帝合作之杰作"。

世外桃源景区　国家4 A级旅游景区,位于阳朔县白沙镇。秀美的山水、田园风光与浓郁的民情民俗相交融,是集吃、住、游、购为一体的综合性农业旅游景区。淳朴的乡间气息和明媚的湖光山色融为一体,古朴的民风与现代气息相结合,游客既可领略到少数民族的风情,也能了解到当地居民的生活习性、农业生产,满足游客回归自然、返璞归真的情思。

金钟山景区　国家4 A级旅游景区,位于桂林市永福县。6.5平方千米的原生态梦幻山林中完美的融合了地方独特的福寿养生文化,是中国首家以福寿养生文化为主题的大型综合度假区。景区拥有桂北地区唯一的大坑景观(乾龙天坑),精巧幽奇的生态钟乳岩洞(永福岩),依山而建的森林矿泉浴场,祈福求寿的长寿仙宫,18洞高尔夫灯光球场,拥有全国首条山地越野王赛车道的疯狂ATV山地越野车场,跑马场,绿色环保度假酒店等观光、休闲度假设施。

图腾古道—聚龙潭景区　国家4 A级旅游景区,位于阳朔县的"十里画廊"。景区展出的有石器、陶器、自然图腾柱、古老的弓弩,再现了12000～7000年前桂林先民居住、生活、宗教、狩猎和史前文化的历史风貌,为世人开启一道远古之门。整个景区具有故事的动态性,视觉的审美性,蕴藏着深刻的文化内容,具有史前文化所特有的神圣原始信念。

愚自乐园景区　国家4 A级旅游景区,位于雁山区大埠乡。该景区是以艺术为本,兼具休闲功能的多元化综合性景区。有47个国家或地区的100多位艺术家创作的艺术作品200多件,风格各异、生动精美。

银子岩景区　国家4 A级旅游景区,位于荔浦县马岭镇。景区包括下洞、大厅、上洞部分,汇集了不同地质年代发育生长的各种类型的钟乳石,特色景点数十个,以音乐石屏、广寒深宫、雪山飞瀑"三绝"和佛祖论经、独柱擎天、混元珍珠伞"三宝"等景点为代表,栩栩如生,形象逼真。

丰鱼岩景区　国家4 A级旅游景区,位于荔浦县三河乡。丰鱼岩全长5.3千米,有3.1千米地下河可乘舟游览。丰鱼岩游览是"陆、水、空"相结合的游览线路,陆路观景2千米,空中高架列车观田园风光1.8千米。

荔江湾景区　国家4 A级旅游景区,位于荔浦县东南部。建有水月庵、红石庙、观音庙、八卦仙宫和八卦山庄。游览项目有象鼻岩、灵芝仙阁、水月庵、天宫岩、阡陌陆上行、中华龙舟楫櫓、竹林氧吧、体验古人劳作朴韵、泛皇家之舟、渔家与鱼鹰捕鱼、瑶池仙女下凡表演等。

蝴蝶泉景区　国家3 A级旅游景区,位于阳朔月亮山风景区。为追溯生态旅游景点,集奇山、秀水、幽洞、田园风光为一体。可开展观赏景观、追溯历史、登山保健、环保科普、休闲度假多项旅游活动，景区游览主要有蝶洞、蝶桥、蝶山、蝶缘、蝶厅和“梁祝表演”等。

九马画山漂流景区　国家3A级旅游景区，位于漓江景区九马画山附近。集漂流、溯溪、露营、徒步、攀岩、野战、滑道、户外拓展的综合型休闲旅游景区，可选择徒步或骑车游览。漂流河道从云涌八仙景点开始，全长3.5千米，落差达180米。

恭城文武庙　全国重点文物保护单位，位于恭城瑶族自治县西山南麓。文庙始建于明永乐八年(1410年)，整座庙宇气势恢弘，是广西规模最大、保存最完整的宫殿式明代建筑，自治区重点文物保护单位。武庙始建于明万历三十一年(1603年)，整座建筑重檐歇山，翼角飞翘，脊山花饰泥塑，龙凤呈祥，明暗八仙，人物花鸟，栩栩如生。

周王庙　全国重点文物保护单位，位于恭城瑶族自治县县城太和街。又名周渭祠，是纪念祭祀当地宋代名臣周渭的祠庙。始建于明成化十四年(1478年)，清雍正元年(1723年)重新修复。面积1600多平方米，整个建筑基本保存完好。祠庙建筑主要由门楼、大殿、后殿及左右厢房组成。

【西部区域景区(点)】　桂林市西部区域旅游景区(点)主要有龙胜温泉景区、龙脊梯田、义江缘景区、资江景区、天门山、十二滩漂流景区等。

龙胜温泉景区　国家4A级旅游景区，位于龙胜各族自治县城东北部32千米的矮岭溪边。温泉地处幽谷，四周碧峰林立，冬暖夏凉，四季如春，是旅游、疗养、保健、消闲、避暑的胜地。

龙脊梯田景区　国家4A级旅游景区，位于龙胜各族自治县和平乡。梯田如链似带，从山脚盘绕到山顶，小山如螺，大山似塔，层层叠叠，高低错落，集壮丽与秀美为一体，堪称天下一绝。

义江缘景区　国家4A级旅游景区，位于桂林市临桂县中庸乡。为休闲观光旅游景区。山庄占地面积5.67万平方米，沿途风景秀丽，水天互映，令人心旷神怡。主要有荡秋千、踏步石戏水、戏鱼池、乒乓球、棋牌乐、大宋沙包、射弩飞镖、垂钓、划艇、森林攀爬、勇往直前、披荆斩棘等。

资江景区　国家3A级旅游景区，位于资源县。由资江、八角寨、宝鼎瀑布景区组成，以典型的丹霞地貌、浪漫的资江漂流、浓郁的民族风情为特点，方圆40千米的八角寨被誉为“丹霞之魂”。资江集幽、险、秀、奇于一体，长40多千米，90多处景点无不神形毕俏。

天门山　国家3A级旅游景区、国家森林公园、国家地质公园、国家级自然保护区、自治区级风景名胜区，位于资源县北部。属丹霞地貌、生态型自然风景区。该景区因天门山而得名，由东线(百卉谷)、西线(一线天)、神仙寨以及桃花岛组成。景区突出自然与文化景观两大主题，有38岩、19洞、2潭、6泉、8石等。百药谷生长着360多种野生中草药，有扁鹊、孙思邈、华佗、李时珍、张仲景等雕像，并建有神龙山庄、茶楼书苑、回廊曲榭、亭台楼阁、群家雕朔。景区还有天脊、天鼠下凡、忘忧泉、银沙滩、半山亭、药师堂等20多处景区。

十二滩漂流景区　国家3A级旅游景区，位于临桂县宛田瑶族乡。漂流河道途经66道河滩，全程13.5千米。主要景观有一仰滩、两跳滩、三抛滩、四筛滩、夹排滩、蚂拐滩、鱼跳滩、牛角滩、门砍滩、滑石滩、黑石滩、平安滩等。

【北部区域景区(点)】　桂林市北部区域旅游景区(点)主要有乐满地度假世界、猫儿山景区、灵渠景区、秦城水街、天湖、湘山寺、炎井温泉、觉山铺、月岭古民居、黑岩、千家洞景区、九如堂、新圩阻击战遗址、灌阳烈士陵园等。

乐满地度假世界　国家5A级旅游景区，位于桂林市兴安县志玲路。集观光、休闲、旅游、度假于一体。主题乐园包括美国大西部、中国城、梦幻世界、港口水上游乐区等特色景观区。设置激流泛舟、过山车、海盗船等惊险刺激的游乐设施。建有18洞标准高尔夫球场。

猫儿山景区　国家级自然保护区，地跨兴安县、资源县和龙胜各族自治县。猫儿山主峰海拔2141.5米，号称“华南第一峰”，是漓江、浔江、资江发源地。景点包括华南绝顶、穿仙洞、通天道、华南虎、猫岳佛光、睡美人、铁杉荟萃、漓江源、杜鹃花廊、龙潭、十里大峡谷、剑崖大瀑布及第二次世界大战期间美国援华飞机(飞虎队)失事之地等。

灵渠景区　国家4A级旅游景区，位于兴安县城东部。有“北有长城、南有灵渠”之称，公元前214年建成。灵渠由大小天平、铧嘴、泄水天平、南北渠、陡门、秦堤等主要工程组成，与都江堰、郑国渠同被誉为秦代三大水利工程。

秦城水街　位于兴安县城灵渠沿岸。沿街建

表 5　　桂林市主要旅游景区景点一览表

区域	主要景区(点)
桂林市区	两江四湖、芦笛岩、叠彩山、伏波山、七星景区、象鼻山、桂海碑林博物馆、愚自乐园、八路军桂林办事处旧址、王城景区、靖江王陵、冠岩、穿山公园、南溪公园、西山公园、尧山景区、刘三姐景观园、虞山景区、甑皮岩、燕京啤酒(桂林漓泉)股份有限公司工业旅游示范点、梦幻漓江、龙脊魂、李宗仁官邸、桂林植物园、桂林美术馆、黑山植物园等。
漓江	自桂林解放桥码头至阳朔码头段，水程 83 千米，称百里漓江，是桂林山水的集中表现和精华所在。主要景点有訾洲、净瓶山、冠岩、黄布滩、九马画山、渔村。
阳朔县	县城景区、大榕树景区、兴坪景区、杨堤景区、福利景区、印象刘三姐、阳朔西街、遇龙河、世外桃源、碧莲峰、历村、月亮山景区、蝴蝶泉、聚龙潭、鉴山寺、莲花岩、龙颈河漂流、图腾古道—聚龙潭景区等。
临桂县	九滩瀑布、雄森熊虎山庄、花坪、十二滩漂流、古桂柳运河、李宗仁故居、刘三姐茶园、义江缘景区、红溪、五通浮州塔、东宅江瑶寨蝴蝶谷、岚岩生态长寿村。
灵川县	古东瀑布景区、青狮潭、大圩千年古镇、东江生态旅游区、世纪探古乐园、海洋银杏林、江头古民居、毛洲三岛农家乐。
全州县	湘山寺、炎井温泉、天湖、三江口、龙岩洞、燕窝楼、溪竹山、童母岩、千年古樟、虹饮桥、觉山铺、关岳庙、凤凰嘴、大坪渡、语录山。
兴安县	乐满地度假世界、灵渠、秦城水街、红军长征突破湘江烈士纪念碑园、超然派度假山庄、秦家大院、世纪冰川大溶洞、古严关、猫儿山、五里峡水库。
永福县	永宁州城、板峡湖景区、金钟山旅游度假区、百寿岩、孔雀山庄、龙江社边农家乐、白马山庄。
灌阳县	九龙岩、赤壁山、灌江山峡、太子山风景旅游区、月岭古民居、千家洞景区、千家洞、九如堂、新圩阻击战遗址、灌阳烈士陵园、米珠山农家乐。
资源县	资江、八角寨、天门山、宝鼎瀑布、五排河漂流、福满园温泉。
平乐县	桂江生态游、千年古镇、仙家温泉、千年古榕、冷水石景苑。
荔浦县	银子岩、丰鱼岩、龙怀文化景区、长滩河漂流、鹅翎禅寺、荔江湾景区、龙皇山、天河瀑布、银龙古寨。
龙胜各族自治县	龙脊梯田、龙胜温泉、龙胜温泉国家森林公园、大唐湾景苑、龙脊古壮寨、岩门峡漂流、彭祖坪、平安壮寨、银水侗寨、玉龙滩、白面红瑶寨、三门红瑶寨、坳背农家乐、红军楼、红军岩、黄洛红瑶寨、金车农家乐、金竹壮寨、勒东农家乐、里排农家乐、细门红瑶寨、玉牙谷。
恭城瑶族自治县	文庙、武庙、周王庙、红岩生态旅游村、湖南会馆、朗山古民居、大岭山桃花源景区、茶江水上乐园、横山瑶寨、社山生态旅游景区、豸游周氏祠堂。

筑古老而富有岭南特色，楼台亭阁、小桥连廊精巧典雅。秦城水街整体分为古建设文化、古桥文化、古石雕木雕文化、古灵渠文化、岭南市井风俗文化主题。主要景观有秦文流觞、娘娘桥、万里桥、七层佛塔、北街里、马嘶桥、湖广会馆、漓江书院、照壁砖雕、白米浮雕、三将军墓等。

天湖　位于全州县才湾镇。海拔 1600 多米，由高山草地、原始森林和 13 座水库组成的湖泊群。是狩猎、避暑、登山、度假胜地。

湘山寺　位于全州县城西湘山之麓。誉称“楚南第一禅林”，系 756 年唐代高僧无量寿佛所建，宋代皇帝五次加封，宋徽宗亲临膜拜。由放生池动物群雕、洗钵岩泉、妙明塔、康熙崖刻、石涛兰花图等石刻、赵炳麟墓等景点组成。

千家洞景区　国家 4 A 级旅游景区，位于灌阳县东部都庞岭山脉。四周高山峻岭，原始森林环绕。千家洞原始森林繁茂，溪涧、飞瀑密布，杜鹃野花漫山开放，风光秀丽，景色迷人。有丰富的动植物资源，有属国家重点保护的二级珍贵植物福建柏，三级保护的长苞铁杉、南方铁杉等；有国家二级保护的珍稀野生动物小灵猫、猕猴、穿山甲、锦鸡、水鹿、大鲵等。　（唐飞鸿）

旅游行业管理

【开展“2010 旅游服务质量提升年”活动】　2010 年，市旅游局在全市范围内开展“2010 旅游服务质量提升年”活动，成立旅游服务质量提升年活动领导小组，落实任务，明确责任。开展桂林市“品质旅游，伴你远行”旅游公益宣传活动，提倡文明旅游、理性消费。组织开展全市星级饭店服务技能竞赛，并选拔优秀选手参加自治区及全国比赛，提高旅游从业人员服务水平。开展全市星级饭店复核，取消不达标星级饭店4家。对旅行社质量进行衡量和星评，推动旅游企业标准化建设，漓江大瀑布饭店和喜来登饭店进入100家“中国饭店金星奖”行列。年内，市旅游行业深入开展行业培训。举办了以安全生产、提升质量服务为内容的培训班54期，参加学习培训18421人次。

【规范整治市场秩序】 2010年，市政府下发《整顿和规范旅游市场秩序实施方案的通知》，抽调公安、工商、物价、漓江管理等行政管理部门人员组建桂林市旅游综合执法大队，对全市范围内的旅游市场开展综合执法。以漓江游览秩序和一日游旅游市场为重点，对旅游市场中的无证经营旅游业务、虚假广告宣传、价格欺诈、“野马”拉客，“野船”载客、欺客宰客和无证导游等扰乱旅游市场的行为进行整顿和规范。对机场路口、车站、码头和一些重点景区进行巡查，有效遏止强行拉客，导游无证揽客等现象。全市旅游环境得到改善，全年未发生重大旅游投诉事件，旅游投诉降低22%。在春节和国庆“黄金周”期间，全市实现零投诉，游客满意度保持在97%以上。

【成立桂林市旅游公共服务管理处】 2010年1月7日，桂林市旅游咨询服务中心和桂林旅游网络信息中心合并，组建成立桂林市旅游公共服务管理处，实施桂林旅游行政管理部门对全市旅游公共服务工作组织、指导、监督和管理职能。9月4日，桂林旅游公共信息服务平台项目建设启动，该平台实现了旅游宣传和营销、电子交易、游客服务、行业管理和市场监控于一体，直接带动旅游服务和信息技术服务，促进桂林旅游现代服务的产业化发展。 （唐飞鸿）

旅游开发建设

【旅游营销】 2010年，桂林市在稳定周边市场、拓展中高端市场的基础上，加强国际国内市场开发。组团到西班牙、瑞士、俄罗斯、波兰、匈牙利等十多个国家或地区开展针对性促销活动。组织针对新加坡、马来西亚的自主促销，深度开发穆斯林市场。加大对东南亚国家、日本、韩国及中国香港、澳门、台湾地区市场的促销力度。组织市重点旅游企业的代表到北京、深圳、南京、上海、杭州、成都、太原、西安等地开展“桂林旅游大篷车”促销活动。利用重大会展搞促销，参加境外的德国柏林、法国巴黎、英国伦敦展等具有较大影响力的国际旅游会展，参加国内的西安旅游交易会、第三届华北旅游博览会、2010年广州国际旅游交易

1月8日，中国·大桂林旅游桂湘原生态风情节协议签字仪式暨民族旅游区域合作论坛在桂林市举行。

唐飞鸿 摄

展览会、2010国内旅游交易会、2010中国重庆城际旅游国际交易会、第五届华中旅游博览会。举办"全国百城世博旅游宣传周桂林活动",发动旅游企业组团参观上海世博会。利用网络搞促销,与国内知名旅游机构、旅行商网站进行链接,上传桂林旅游电子宣传册等,加大桂林旅游营销宣传力度。

【县域旅游发展上新台阶】 2010年,桂林市在提升各县节庆活动的同时,加快大桂林旅游圈布局调整,引导、促进县域旅游快速发展。开创县域和乡村旅游新模式,打造一批以民俗、新村、花卉、果蔬为载体的乡村游品牌。加强旅游强县和主题城镇建设,阳朔县和兴安县两个旅游次中心成为直接的旅游目的地。开展旅游标准化示范市、示范县和示范企业创建活动,旅游主题城镇和农村旅游服务基地蓬勃发展,阳朔县和乐满地度假世界被国家旅游局确定为旅游标准化示范县和示范企业试点。建设特色旅游小城镇工作有序开展,兴安县兴安镇获全国第一批特色景观旅游名镇、龙胜各族自治县龙脊村获全国第一批特色景观旅游名村。红色旅游、农业旅游、生态旅游、休闲旅游和农家乐逐步形成群体产品,景点建设、产品推广、旅游线路不断延伸到乡村腹地。

【项目建设助推产业转型】 2010年,桂林市把优质项目建设作为推动旅游产业转型升级的支撑点和突破口,强化招商选资,拓展旅游转型升级空间。6月,桂林举行国家旅游综合改革试验区重大招商项目签约仪式,签约的旅游项目总投资额8.2亿元。10月,第六届中国—东盟博览会桂林专场签下投资总额达8亿元的桂林国家森林公园改扩建项目和投资达5亿元的桂林地质古生物化石博物馆项目。年内,启动了漓江"动感东线"等一批旅游重大项目建设,其中两江四湖工程二期工程新建续建旅游项目67个。各县加大旅游景区、基础配套设施等项目建设。旅游重大项目的建设,改变原有景区经营模式、产品结构、组织结构、资产结构和市场结构,建立符合市场需求和产业发展的高端休闲度假旅游产品,推进旅游产业加速转型升级。

【产品结构升级呈现新格局】 2010年,市旅游局开展景区(点)"精品建设活动"和景点景区创A工作,推进王城景区、愚自乐园创建国家5 A级旅游景区。开展了高A级旅游景区复核和创A旅游景区初评工作,叠彩山伏波山景区、图腾古道—聚龙潭景区、义江缘景区等景区(点)被国家旅游局批准为国家4 A级旅游景区。新增四星级饭店(精通桂林大酒店)1家。打造桂林未来转型升级产品,通过整合景区(点),推出以市中心区域为核心,南北为两翼依次展开,由三条主体旅游线路构成桂林新画中游转型升级产品,重点推介桂林山水风光体验之旅、历史文化追寻之旅、休闲度假浪漫之旅、民俗风情精彩之旅、绿色环保生态之旅、户外运动时尚之旅等精品系列,展示桂林多元化复合型的旅游产品,在大桂林旅游圈内构架起全新的产品结构体系和产品组织体系,为游客打造新的体验型旅游产品组合。

【区域合作】 2010年1月11日,市旅游局与中青旅控股股份有限公司签署旅游战略合作协议,促进桂林旅游向集约化、高端化发展。2月22日,桂林市与北京、上海、杭州、南京、西安、成都、青岛、苏州、无锡、三亚、黄山等11个城市旅游部门在南京市召开旅游品质提升合作会议,成立旅游品质提升联盟,共同发布《旅游品质提升合作宣言》。3月20日,由55个城市加盟的国家5 A级旅游景区城市联盟在海南省成立,桂林当选为联盟副主席城市。3月,桂林市与海口市、三亚市签署旅游合作协议,整合桂林山水文化和海口市、三亚市的海洋文化,在航线培育、资源整合包装、联合促销、信息交流等多方面加强合作。年内,桂林市联合成都、昆明等市建立"西部中国"旅游营销体系,推出精品线路,并形成品牌。

(唐飞鸿)

旅游企业

【星级饭店(宾馆)】 2010年末,桂林市有星级饭店63家,其中市区42家,辖县21家。市区星级饭店中有五星级3家、四星级7家、三星级31家、二星级1家;客房8349间,床位16043张。辖县星级饭店中有五星级1家、四星级5家、三星级8家、二星级7家;客房2381间,床位4679张。年内,新增精通桂林大酒店为四星级饭店。年内,全市星级饭店围绕旅游“桂林服务质量提升年”,开展星级饭店服务质量提升工作。在星级的复核工作中,认真贯彻执行《旅游饭店星级的划分与评定》《星级饭店访查规范》标准,促进饭店进行硬件设施的更新改造。（陆海龙）

【旅行社】 2010年末,桂林市有旅行社130家,其中出境业务社8家、入境业务社122家。年内,市旅游局制订下发《关于认真做好旅游服务质量提升年工作的通知》,召开全市旅行社总经理会议,对旅行社开展精品年建设工作进行动员和部署,并深入旅行社企业,指导旅行社服务质量工作。组织旅行社参加全市旅游行业突发公共事件应急预案演练、参加学习安全管理制度及应急预案的培训,签订了旅游安全生产责任书,提高了安全管理能力。（杨家祥）

【旅游车船企业】 2010年末,全市共有旅游船舶企业68家,旅游船舶231艘(磨盘山至阳朔旅游船190艘,客位数1600个;市区水上游船数41艘,客位数1073个)。桂林市从事旅游汽车运输业单位28家,车辆2400辆,主要企业有桂林旅游汽车运输有限责任公司、桂林骏远交通发展有限公司、桂林美景旅行社、桂林金盛有限责任公司、桂林桂港汽车有限责任公司、桂林丰华运输公司、桂林鑫宇旅游客运公司。（韦翔）

【旅游景区和休闲购物企业】 2010年末,桂林市旅游景区和休闲购物企业协会有在册会员单位77家,其中旅游景区(点)38家、旅游购物企业36家、文艺演出单位3家,从业人数1.5万人,间接从业人员1万余人。

2010年,桂林市旅游景区和休闲购物企业协会对会员单位实行标准化管理,开展行业自律、行业培训、行业服务等工作。在景区会员单位中,通过ISO 9001、ISO 14001国际标准认证的会员企业达20家。获国家5 A级旅游景区(点)1家,国家4 A级旅游景区(点)19家,国家3 A级旅游景区(点)6家,国家3 A级以上旅游景区数量居全国同类旅游城市前列。

年内,桂林市旅游景区和休闲购物企业协会坚持诚信考核标准,培育发展企业诚信机制。4月,开展全市旅游安全大检查。6~7月,对全市18家A级景区进行复核检查。年内,乐满地度假世界等8家会员单位被市政府授予“2010年桂林市先进旅游企业”。（张燕）

表6 2010年桂林市区星级宾馆(饭店)

名称	星级	客房(间)	床位(张)	地址	电话
喜来登饭店	5星	430	760	滨江路15号	2825588
帝苑酒店	5星	333	642	临江路186－1号	5688888
漓江大瀑布饭店	5星	646	1164	杉湖北路1号	2822881
桂山大酒店	4星	607	1136	穿山路42号	5638888
桂林宾馆	4星	268	536	榕湖南路14号	2823950
桂湖饭店	4星	263	494	螺蛳山1号	2558899
观光酒店	4星	271	530	漓江路20号	5882688
金龙大酒店	4星	118	212	漓江路11号	5808888
榕湖饭店	4星	415	785	榕湖北路17号	2893811
精通桂林大酒店	4星	226	450	中山北路1号	2820588
丹桂大酒店	3星	361	722	中山南路77号	3834300
台联酒店	3星	168	310	中山中路12号	2892888
香江大饭店	3星	259	495	西环一路141号	2266666
教育宾馆	3星	115	211	雉山路7号	3816098
环球大酒店	3星	225	435	解放东路1号	2828228
伏波山大酒店	3星	151	290	滨江路121号	2569898
凯宁七星大酒店	3星	197	392	漓江路17号	5881668
新凯悦酒店	3星	282	550	中山南路72	2158888
山水大酒店	3星	184	362	七星路48号	5815151

续表

名称	星级	客房(间)	床位(张)	地址	电话
达尔曼酒店	3星	40	79	红岭路1号	3822333
景秀大酒店	3星	149	267	临桂路8号	2869818
名城大酒店	3星	87	182	正阳路6号	2828331
杉湖大酒店	3星	143	281	中山中路24号	2890089
[illegible]酒店	3星	[illegible]	429	七星路18号	2188888
[illegible]大酒店	3星	[illegible]	[illegible]	[illegible]	[illegible]
翠园宾馆	3星	97	210	安新洲906栋	3850288
金嗓子大酒店	3星	158	310	栖霞路6号	2127186
天鹅宾馆	3星	120	246	苗圃路18号	3559988
新桂大酒店	3星	131	260	银锭路1号	2169988
桂花香大酒店	3星	206	388	中山南路78号	2153666
烟贸大酒店	3星	171	357	瓦窑西路21号	3612028
鸿景大酒店	3星	159	317	中山南路74号	2151888
柏丽商务酒店	3星	56	100	解放东路2号	3111111
中山大酒店	3星	117	233	中山中路2号	2882999
阳光栖霞酒店	3星	108	227	栖霞路48号	5888780
桂响饭店	3星	56	116	翠竹路9号	2151333
金埔大酒店	3星	175	326	解放东路137号	2816188
核工饭店	3星	115	217	漓江路47号	5611188
贵客0773酒店	3星	110	210	文明路31号	2283388
好利来大酒店	3星	118	230	翠竹路15号	3866999
漓峰饭店	3星	100	201	雉山路108号	3556683
泰和饭店	2星	50	115	中山南路65号	3835504

表7　**2010年桂林市辖各县星级宾馆(饭店)**

酒店名称	星级	客房(间)	床位(张)	地址	电话
乐满地度假酒店	5星	431	802	兴安县志玲路	6229898
阳朔新世纪酒店	4星	104	203	阳朔县蟠桃路阳朔公园旁	8829703
龙胜温泉中心酒店	4星	203	428	龙胜各族自治县江底乡矮岭乡温泉	7482888
阳朔唐人街酒店	4星	441	924	阳朔县观莲路	8818989
阳朔桂福大酒店	4星	130	264	阳朔县抗战路2号	8880000
资源盛源大酒店	4星	121	210	资源县城北开发区	4368888
荔浦丰鱼岩宾馆贵宾楼	3星	98	193	荔浦县丰鱼岩旅游度假区	7128568
阳朔丽景假日宾馆	3星	78	142	阳朔西街117号	8817198
全州博宁大酒店	3星	112	206	全州县中心北路1号	8681111
阳朔漓江饭店	3星	105	200	阳朔县蟠桃路93号	8816968
兴安兴怡度假山庄	3星	43	90	兴安县崔家乡长冲村	[illegible]
兴安兴都商务大酒店	3星	54	106	兴安县兴桂中路	6213658
永福金海岸商务酒店	3星	58	118	永福县连江路26号	8513333
龙胜碧莲大酒店	3星	55	106	龙胜各族自治县武装部	7518677
平乐野牛宾馆	2星	62	119	平乐县黄埔路56号	7880333
龙胜宾馆	2星	35	68	龙胜各族自治县盛园路	7512503
龙胜大酒店	2星	36	76	龙胜各族自治县兴龙中路	7517718
兴安鸿源大酒店	2星	33	70	兴安县志玲路	6217882
兴安弘漓大酒店	2星	34	72	兴安县兴桂路11号	6216668
灵川新桂苑大酒店	2星	67	135	灵川县八里街大市场	2177898
灵川北极星星酒店	2星	81	147	灵川县定江镇新民街82号	2175188

表 8　　2010 年桂林市部分旅游景区(点)门票价格表

名称	票价(元/人)	名称	票价(元/人)
芦笛岩	90	聚龙潭	45
七星岩	60	聚龙潭奇石宫	23
七星公园	35	乐满地主题乐园	110
象鼻山	40	灵渠	B 票 60(灵渠)、C 票 140(灵渠、水街游)
伏波山	30	猫儿山景区	80、160(含来回车费)
叠彩山	35	龙胜温泉	98
冠岩	80(市民 40)	资江漂流	98
愚自乐园	200(市民 100)	八角寨	40
尧山索道(单程)	40、双程 75	丰鱼岩	70
尧山滑道	35	古东瀑布	60
雄森熊虎山庄	80	恭城文庙	15
世外桃源	70	恭城武庙	10
十二滩漂流	180	兴安超然派景区	30
阳朔古榕公园	20	龙脊梯田	50
月亮山	15	独秀峰·王城	70
穿山景区	65	经典刘三姐大观园	白天 100、晚上 120
蝴蝶泉	75	大野神境	门票 80、漂流 198
世纪冰川灵佛洞	50	九马画山峡谷漂流	180(市民 100)
红溪景区	40	银子岩	65
龙胜大唐景苑	80		

表 9　　2010 年桂林市旅游文艺演出场所票价表

演出单位	票价(元/人)	演出单位	票价(元/人)
印象·刘三姐	普通票 198 贵宾票 320、238 总统票 680、480	梦幻漓江	150(普通座) 180(VIP)

2010 年漓江水上游览项目价格表

表 10　　单位:元/人

航线	类别		散客 淡季	散客 平(旺)季	团队 淡季	团队 平(旺)季	说明
漓江精华游	桂林—阳朔	超豪华空调船(含自助餐)	380	450	350	400	平(旺)季 4 ~ 11 月
		超豪华空调船(不含餐)	240	270	210	240	
		普通空调船(含经济餐)	190	210	180	200	
两江四湖环城水系游	普通船		190				
	空调船		195				
市区水上游	龙船坪—叠彩山		50				
阳朔水上游	阳朔外事码头—福利		160				

(唐飞鸿)

城乡建设

3月5日，桂林市万福东路、龙门大桥建设工程开工仪式举行。　　黄雷　摄

城乡规划

【概况】 2010年7月，桂林市规划局与桂林市住房和城乡建设局正式分开办公（2009年12月，桂林市规划建设委员会撤销，成立桂林市规划局、桂林市住房和城乡建设局）。桂林市规划局辖规划研究院、测绘研究院，内设办公室、技术科、城市规划科、档案科、建设工程规划科、市政公用和交通规划科、政策法规科、城市景观规划科、村镇规划科，下辖七星高新规划分局、雁山规划分局、叠彩规划分局、秀峰规划分局、象山规划分局、临桂新区规划分局。年内，桂林市城市规划管理部门继续实施“保护漓江，发展临桂，再造一个新桂林”发展战略，以城市建设、交通基础设施建设、园区建设、城乡风貌建设为主线，推进桂林国家旅游综合改革试验区和国家服务业综合改革试点区域建设。编制《桂林市城市总体规划纲要（2010～2020）》和分区规划、专项规划、控制性和修建性详细规划，指导、协助县（区）编制城镇规划及乡村规划。全年市规划局核发规划选址意见书25件，规划用地面积65.48万平方米；发放规划定点通知书354件，规划用地面积1035.9万平方米，规划建筑面积455.15万平方米；核发建设用地规划许可证137件，规划用地面积734.95万平方米；核发建设工程规划许可证437件，建筑面积197.83万平方米；发放建设工程竣工规划条件核实证明271件，竣工建筑面积186万平方米。

【编制《桂林市城市总体规划纲要（2010～2020）》】 2010年10月21～24日，住房和城乡建设部对《桂林市城市总体规划纲要（2010～2020）》进行评审审查，桂林市规划局根据评审会专家提出的修改意见，完善总体规划纲要。桂林市新一轮的城市总体规划纲要的修编工作于2007年年末启动，委托中国城市规划设计研究院负责编制。总体规划纲要文本包括总则、城市发展目标与战略、城乡统筹规划、旅游规划、中心城区综合交通系统、公共服务设施、历史文化名城保护规划、环境保护规划、新区建设与老城改造提升规划以及规划实施等。总体规划纲要在编制过程中，以区域协调与城乡统筹发展为基本思路，保护自然资源与景观环境，贯彻“保护漓江、发展临桂，再造一个新桂林”城市发展战略，推进国家旅游综合改革试验区实建设，协调与统筹桂林市城乡各项建设活动。

【临桂新区规划】 2010年，桂林市规划局参与“我为临桂新区建设做什么”大讨论活动，做好临桂新区项目建设的规划引导和服务工作。2月，确定临桂新区规划设计服务小组人员，加强对临桂新区规划建设项目指导。3月，组织完成《临桂

10月22日，《桂林市城市总体规划纲要（2010～2020）》审查会召开。 汪志勇 摄

新区机场路北侧片区规划》《临桂新区核心区道路整合规划》等相关地块调整的规划方案，完成山水大道等10条临桂新区大道的施工图设计工作。4月，市人民政府通过《桂林市临桂县临桂镇总体规划（2008～2025）》。5月，编制完成《桂林市临桂新区规划管理技术规定》《桂林市临桂新区城市风貌设计导则》（初稿）。

【城市基础设施建设规划】 2010年，桂林市完善城市路网布局，开展新一轮城市交通基础设施“1212”工程的建设，桂林市规划局实施规划前期工作，完成西二环路、万福东路、滨江北路、滨江南路、阳江北路、阳江南路、福利路、芳华路、芳香路、站前路、建干北路、临苏路、龙门大桥的规划设计及选址审批。重点推进两江四湖二期工程建设，完成两江四湖二期工程水系建设、安置用地的规划定点，完成两江四湖二期工程桃花江与桂湖连通水系的规划定点工作。完成桃花江流域综合整治规划新敷污水截污管道、小东江环境综合治理范围新敷污水管道、南溪河综合整治范围新敷污水管道建设工程规划定点的审批工作以及桃花江徐家橡胶坝、肖家橡胶坝、鲁家桥、桃花江1号桥、桃花江武松潭防洪堤等工程项目的选址。

【城乡风貌改造工程规划】 2010年，桂林市规划局完成城乡风貌二期改造村庄规划32个，编制村庄风貌改造规划，结合环境整治、生态建设、改善生产生活条件、村级基础设施和服务设施建设，针对各村不同特点提出不同的规划方案。在开展规划设计过程中，注重历史风貌建筑和历史遗存的保护与传承，体现建筑风格的多样性，体现桂林地方建筑特色和桂林地方建筑文化，对村庄道路硬化、村屯绿化、文化中心、卫生室、图书室、排水沟、垃圾池、篮球场、远程教育终端等改造项目进行综合规划设计。

【小城镇规划】 2010年，全市小城镇总体规划编制工作进展顺利，全年先后完成灌阳县观音阁乡，临桂县南边山乡、六塘镇、四塘乡，资源县两水苗族乡、河口乡、车田苗族乡、瓜里乡等8个乡（镇）总体规划的评审。年内，平乐县县城总体规划完成规划大纲和规划草案的评审。恭城瑶族自治县、资源县、永福县苏桥镇等城镇总体规划已上报市人民政府审批。

【城乡规划监察】 2010年，桂林市规划局加大规划管理执法监察力度，制订《桂林市违法建筑处理暂行办法》，重点对影响城市形象的违法建筑进行清理，全年共拆除市区国有土地上和集体土地上的违法建筑79.5万平方米。加强在建工程的规划跟踪检查和竣工规划验收工作，共纠正、查处违反规划建设行为27件。核实建设工程竣工规划条件305件，核发《建设工程竣工规划条件核实证明》271件，竣工建筑面积186万平方米，发出整改通知34件。向市城管支队发出信访投诉转办单65件。 （桂林市规划局）

城乡建设与管理

【概况】 2010年，桂林市住房和城乡建设局（简称市住建局）围绕“保护漓江，发展临桂，再造一个新桂林”的战略部署和以城市建设、交通基础设施建设、园区建设、城乡风貌建设为重点的城市建设目标；服务临桂新区建设和老城提升项目建设，推动城市基础设施和公共服务向农村延伸，推进城乡结合部和景区周边农村率先一体化发展，促进社会和谐发展。加强房地产市场管理和建筑节能，整顿和规范建筑市场秩序，加强建筑施工质量安全管理，强化建设工程招投标制度，完善投诉举报制度，开展建筑市场监察，依法处理违法违规单位和责任人员。

【推进城乡建设】 2010年，桂林市加快推进城乡建设，以临桂新区和老城基础设施“1212”工程为重点的城市建设完成投资200亿元，机场路等一批重大城市建设项目竣工使用，城市基础设施和公共服务设施进一步完善。临桂新区路网建设全面铺开，创业大厦、“一院两馆”等一批标志性项目相继开工，村民安置工作取得突破。金鸡路、建干北路快车道等一批道路完工通车，滨江北路等11条路加快推进。两江四湖二期完成桃花江、小东江等河流清淤截污及生态河堤岸线建设工程。改造建设无障碍设施项目390多个，创建“全国无障碍建设城市”工作进一步推进。完成城市房屋搬迁、拆除违法建筑100万平方米。訾洲公园建成开放，漓东公园开工建设，黑山植物园二期建设全面展开。秀峰区琴潭旅游文化休闲园路网构

2月28日，滨江北路叠彩段开工建设。
叠彩区志办　供稿

架初步形成，象山区旅游度假园有多个项目进入，雁山区科教园中心环线一期、污水处理厂一期工程投入使用。12县完成县城主要道路硬化、绿化、亮化、美化工程，各县新区基础设施建设进度加快。

【城乡风貌改造】　2010年，市住建局全面实施城乡风貌改造工程。年内，自治区层面房屋立面改造计划18112户，累计完工19658户，占改造计划的108.54%。其中：阳朔县计划改造1654户，实际改造2348户，竣工率141.96%；平乐县计划改造3915户，实际改造完工4109户，竣工率104.96%；全州县计划改造3546户，实际改造完工4179户，竣工率117.85%；叠彩区计划改造827户，实际改造849户，竣工率102.66%；灵川县计划改造2500户，实际改造2503户，竣工率100.12%；七星区、雁山区、临桂县、兴安县、永福县均完成自治区下达任务的100%；恭城瑶族自治县完成县城风貌改造309户。完成自治区层面综合整治项目村屯规划编制32个；垃圾池计划建设96个，竣工99个，占计划的103.13%；屯级道路硬化（含道路两侧排水沟建设）完成49.56千米。市级层面漓江两岸、桂阳公路沿线房屋立面改造计划3813户，开工3813户，完工3659户，分别占改造计划的100%和95.96%。市级层面的县城风貌改造一期房屋立面改造计划2428户，开工2408户，完工2075户，分别占改造计划的99.18%和85.46%。

【村寨防火、农村危房改造】　2010年10月，桂林市少数民族村寨防火改造工程完工（2008年10月启动），全市共完成少数民族村寨防火改造任务167个，项目竣工率100%，完成总投资9074.5万元。12月6日，通过自治区少数民族村寨防火改造验收组验收。全年开展农村危房改造试点工程8550户，至年末，全市农村危房改造工程全部竣工，工程合格率100%。

【城市建设管理】　2010年，市住建局制订《关于进一步加强外来建筑行业企业进桂备案管理的通知》《关于进一步加强外来检测机构进桂备案管理的通知》等文件，规范外来建筑行业企业的市场行为。出台《关于贯彻落实广西工程建设领域突出问题专项治理工作实施方案的具体工作方案》，成立治理工程建设领域突出问题工作领导小组，从项目建设和职责履行情况等方面开展自查自纠，项目建设部门自查和梳理决策、用地、规划、环评、质量、安全生产、招标投标、物资采购和资金安排等环节工作。结合项目单位自查自纠情况，从招标投标活动、工程建设实施和工程质量等方面开展治理工程建设领域存在的突出问题，对2009年10月～2010年9月期间办理的公共建筑工程和市政工程施工许可项目进行排查，共排查项目158个。制订《加强桂林市建设工程质量和施工安全监督管理的若干规定》，对建筑企业在施工过程中出现的质量安全不良行为采用记分机制进行扣分；修改《桂林市外来建筑业企业年度备案管理办法》，要求外来建筑企业在桂林市设立常驻机构，负责处理建筑经营活动，并对外来建筑企业常驻机构人员实行月报告制度。建立完善房地产开发企业资质管理信息网络系统，对全市房地产开发企业的资质申报材料实行原件扫描存档制度，完成房地产开发企业资质初步审核312家，其中申报成立房地产开发企业66家，申报房地产开发资质变更、延期、重新申报、定级的房地产开发企业246家。

【建筑节能】 2010年，市住建局组织一批可再生能源应用试点示范工程推广绿色建筑，开展相关技术课题专项研究。6月，自治区第一个市级农村新型墙体材料示范项目——永福县永福镇银洞村23户村民自建房通过竣工验收，并成为自治区第一批太阳能示范村立项，获奖励资金28万元；临桂新区“建设大厦”获自治区绿色建筑试点示范项目。年内，2009年列入自治区重点建筑工程的23个试点示范项目全部竣工。全年建筑节能5.86万吨标准煤，完成全年目标任务的106%；新建建筑在设计和施工阶段执行节能设计标准率100%。

【建设工程项目招投标管理】 2010年，市住建局整顿和规范建筑市场秩序，加强对建筑和施工现场联动管理，强化建设工程招投标制度，监督重大工程项目的承包发包活动，完善投诉举报制度。全年全市办理的房屋建筑和市政基础设施工程施工招标项目799个，工程造价101.16亿元。其中：公开招标的建设工程项目358个，工程造价61.15亿元，办理邀请招标的建设工程项目441个，工程造价40.01亿元。市本级办理招标的建设工程项目205个，工程造价31.30亿元。其中：办理公开招标的建设工程项目134个，工程造价20.88亿元；办理邀请招标的建设工程项目71个，工程造价10.42亿元。应招标工程招标率和应公开招标工程的公开招标率达100%，工程造价平均降低9.19%，为国家和社会节约资金10.24亿元。

【建筑项目安全管理】 2010年，市住建局开展建筑市场监察，加强建筑项目施工安全及质量安全管理，依法处理违法违规单位和责任人员。全年共办理施工许可196项，项目资金20.38亿元。其中：办理商品房施工许可53项，面积55.4万平方米，造价6.34亿元；办理市政道路、桥梁管线施工许可共36项目，长度为2.6万米，造价4.75亿元；办理其他房屋施工许可共计107项，面积86.1万平方米，造价9.29亿元。办理竣工备案206份，面积126.3万平方米。

（市住建局）

6月29日，桂林市建设大厦开工建设。
汪志勇　摄

9月6日，桂林市新城中心公园开工建设。
李腾钊 摄

房地产业

【概况】 2010年，桂林市房地产业保持平稳健康发展。全市房地产开发完成投资118.01亿元，新开工面积317.8万平方米，施工面积1251.83万平方米，竣工面积191.58万平方米，分别(比上年，下同)增长27.9%、23.9%、31.1%、7.9%。市区新建商品房和商品住房上市面积分别为95.31万平方米和85.58万平方米，分别降低18.71%和17.31%；成交面积分别为115.37万平方米和108.43万平方米，分别降低7.67%和6.66%；成交套数分别为11290套和10019套，分别降低6.51%和8.24%。市区商品房和商品住房成交金额分别为56.11亿元和51.35亿元，分别增长10.92%和16.1%；成交均价分别为4864元每平方米和4736元每平方米，分别增长20.14%和24.38%。市区二手房和二手住房成交面积分别为49.3万平方米和37.46万平方米，分别增长12.46%和12.86%；成交套数分别为4816套和4315套，分别增长10.84%和9.55%；成交金额分别为15.09和11.58亿元，分别增长17.82%和27.78%；成交均价分别为3062每平方米和3093元每平方米，分别增长4.76%和13.22%。房地产业实现营业税收入6.51亿元，增长31.27%。

【房地产市场监管】 2010年，市房产管理局注重管理与引导并行，及时制订房地产开发、销售和中介服务监管新办法，加强市场监管和动态调控，对个别楼盘价格上涨过快新情况，采取专项整治、重点监控、约谈告诫、市场督查等方式，严厉打击房地产开发、销售和中介服务中的违规预售、囤积房源、哄抬房价、虚假交易、价格欺诈、发布虚假信息等违法违规行为，严格市场准入，营造公平竞争的良性发展环境。严格实施差别化的税收和信贷政策，发挥税收和信贷政策对住房消费和房地产收益的调节作用，支持改善性自住型购房消费，打击市场投机行为。加强商品房预售款监管，保护购房人的合法权益，增加群众购房安全感。加快中低价位、中小套型普通商品住房建设，扩大普通商品住房供应。建立以城市住房信息系统建设为重点，以房屋登记数据为基础，市、县一体的住房信息系统网络和基础数据库，商品房预售合同网上备案系统重新升级启用，商品房预售合同网上签约和备案制度全面实行，房地产市场相关信息实现网络即时发布。

【产权产籍管理】 2010年，市房产管理局改进房屋登记服务制度，试行房屋登记工作律师见证制，推行房屋抵押登记注销个件办理立等可取制度。全年完成各类房屋登记54479宗，增加11422宗，增长27%。房地产交易与权属登记规范化管理工作通过自治区住房和城乡建设厅验收,市房产交易所被住房和城乡建设部评为全国房地产交易与登记规范化管理单位。

【实施保障性安居工程】 2010年,桂林市加快实施保障性安居工程,建立以廉租住房、经济适用住房、公共租赁住房为主体的住房保障体系,编制《2010~2015年桂林市廉租住房保障规划》《2011年桂林市廉租住房保障工作计划》《桂林市2010~2015年限价商品住房保障规划》《桂林市2010~2015年公共租赁住房保障规划》。年内,开工建设廉租住房住房项目9个,完成投资7143万元,完成跨年度廉租住房4699套续建任务,全市廉租住房房源累积达6857套。实施实物配租2663套,租赁补贴保障范围扩大到城镇低收入家庭,新增保障对象4789户。开工建设经济适用住房40.36万平方米,竣工26.99万平方米,完成投资2.56亿元。开工建设和改造的经济适用住房项目有万福安居小区、城市和国有工矿棚户区。公共租赁住房新增242套,限价商品住房新建1058套。

【直管公房租赁改革】 2010年,全市有平价房租(政府定价)直管公房9000多套(间)。市房产管理局推进直管公房租赁改革,住宅租赁管理推行租赁合同制,加大租金催收力度;非住宅租赁管理实行市场化租赁管理和社会公开招(竞)租。直管公房租赁经营效益提升,租金收入2131万元,增收208万元。推进直管公房解困工作,坚持整片改造、个体维修同步进行,投入维修经费309.55万元,维修面积14.3万平方米,直接受益承租群众3571户。全市直管公房棚户区改造列入《桂林市城市棚户区改造建设规划(2010~2013)》,列入改造规划的面积2000平方米、住房50套以上的片区有12个,规划建设住房1800多套、建筑面积9万多平方米;分散改造点有26处,规划建设住房490套、建筑面积1.9万平方米。芦笛路南二里直管公房棚户区改造项目已启动。

【物业服务行业管理】 2010年,市房产管理局采取上门督促、专项检查、资质管理、行政处罚等措施,重点解决物业服务管理中存在的服务水平差、业主委员会成立难、维修资金归集难等突出问题,推动物业服务管理行业健康有序发展。至年末,全市注册物业管理企业179家,从业人员1.4万人,管理项目270个,管理面积3300万平方米,物业管理覆盖面超过60%。全年追回欠缴维修资金2122万元,年度正常归集维修资金6244万元,物业维修资金实现年度利息收入377万元,物业维修资金总量达4.1亿元。组织完成25个居民小区无障碍设施改造,改造面积160万平方米,改造节点680个。 (鲍文超)

勘察设计

【桂林市建筑设计研究院】 桂林市建筑设计研究院为甲级建筑设计院。2010年,该院设有综合(建筑、结构)设计工作室7个及规划设计工作室、建筑设备(水、电、暖通)设计工作室、施工图审查机构,3个设计分支机构,新增设园林景观设计工作室及装饰公司。具有建筑施工、建筑监理、高层建筑、园林、景观、室内装修等设计能力和工程施工、建设监理、代理招投标等配套服务功能。全年签订设计合同数237个(单体建筑约600项),施工图审查合同数40个。新承接工程设计项目总建筑面积351.6万平方米,增长58.2%;完成设计面积337.9万平方米,增长52%;实现设计收入4500万元,增长31.4%。 (邢颖)

【桂林市测绘研究院】 桂林市测绘研究院为甲级测绘研究院,主要承担城市平面与高程控制测量、地形测量、大地测量、工程测量、地籍测绘、房产测绘、航测外业、地理信息开发与应用,道路、桥梁、隧道、建筑工程测量和放线、沉降观测、建筑物形变监测,以及各种比例尺地形图、地籍图、综合管线图、专题地图制作等任务。2010年,该院完成各项测绘任务431项,完成测绘服务总值2403万元。完成桂林市城市总体规划纲要修编、临桂新区规划、小街小巷和城市立面改造、廉租房工程等指令性测绘任务41项,测供1:500数字化地形图59平方千米(老城区34平方千米、临桂新区25平方千米),道路放线36千米。完成市场委托测绘任务382项,实现产值916.69万元。完成兴安县、平乐县、荔浦县、恭城瑶族自治县行政区划图编制出版。年内,《桂林市临桂新区城市基础控制网》获广西优质测绘产品银奖,《桂林市数码航拍1:2000正射影像图工程》获广西优质测绘产品铜奖,《桂林市城区图》(新版)获中国测绘学会优秀地图裴秀奖铜奖。 (桂林市测绘研究院)

【桂林市勘察设计研究院】 桂林市勘察设计研究院为甲级勘察设计院,2010年,该院取得ISO 9001:2008质量管理体系认证证书。全年完成工程勘察项及岩土工程项目129项,钻孔38630个,进尺169712.05米。完成的勘察项目主要有:临桂新区路网、桂林市大剧院、博物馆、图书馆、建设大厦、桂林市职教中心临桂分校教学楼实训楼报告厅、新城国奥小区岩土工程,桂林电子科技大学专家楼、活动中心及景观桥、西二环路、万福路东延长线、滨江堤路(灵川段)、莲花塘社区安置房项目A 23#、A 25#地块岩土工程等。所有工程项目合格率100%。 (梁贵儒)

【桂林市综合设计研究院】 桂林市综合设计院为乙级建筑设计院。2010年完成建筑设计、规划设计项目55项,完成设计产值300万元。主要设计项目有:桂林市建设大厦方案设计、桂林市工人文化宫环境改造规划、平乐县南洲新区农贸市场规划及建筑设计(10万平方米)、永福县锦江花园(3.5万平方米)、龙胜各族自治县保障性住房建设规划、柳州市鹿寨县盛世家园(7万平方米)等。所有工程项目合格率100%。

(桂林市综合设计研究院)

市政公用事业

【概况】 2010年,桂林市市政公用事业管理局(简称市政公用局)加快推进市政基础设施项目建设,提高公用事业管理服务水平。年内,市政公用局完成市政重点基础设施建设项目投资3.34亿元。加强市政基础设施和公用事业管理、服务,全年城市道桥市政基础设施完好率、排水水质合格率、路灯亮灯率、自来水水质合格率均达到或超过国家行业标准。

【市政基础设施项目建设】 2010年,市政公用局共承担1000万元以上的市政重点基础设施建设项目14个,项目计划投资18.62亿元,全年实际完成投资3.31亿元。年内,穿山桥泵站工程、雁山污水处理厂新建工程完工,机场路收费站迁建工程机场口收费站投入运营,临桂县城区给水管网改扩建工程完成凯风路、万福路、临桂县人民路等管道建设,东片区、南片区给水管网工程完成东二环路等管道建设,阳江北路、滨江南路和滨江北路(灵川段)工程完成前期投资并移交相关县(区)政府组织实施建设,城区主次干道亮化工程、市区部分路灯安全隐患治理工程完工,建干北路改造工程、福利路新建工程、东区污水处理厂扩建工程、临桂新区污水处理系统工程污水厂部分、桂磨公路污水泵站工程建设均完成年度建设任务。参与“我为临桂新区建设做什么大讨论”活动,完成《桂林市市政管廊建设标准》《临桂新区市政管廊专项规划》编制,开展临桂新区19条新建道路市政管廊建设的技术指导和服务,机场路DN 800管道工程和万福路供水加压站建设提前完工并投入使用。实施奇峰路、芦笛路的维修工程。完成全市86.7%的无障碍设施的改造任务。

【拓展城市供水范围】 2010年,桂林市自来水厂供水范围不断拓展,完成临桂县城区给水管网改扩建工程的凯风路、万福路、临桂县人民路等管道建设29.47千米;完成桂林市东片区、南片区给水管网工程东二环路、桂磨路、桂阳路管道建设13.13千米。至年末,市区共有供水管道660千米,其中新增DN 80以上管道56.88千米。市区供水平均每立方米电耗0.21千瓦小时,降低1.42%。全年市区供水量11060.23万立方米,增长7.59%;售水量9450.8万立方米,增长5.28%;市区自来水普及率98.38%,自来水水源水质达到国家《地面水环境质量标准》II类水标准,自来水出厂水质综合合格率99.9%以上,管网压力合格率99.98%,管网维修及时率100%,客户满意率100%。

【完善城市排水及污水净化设施】 2010年,市政公用局实施安新北路、穿山路、北辰路等路段截污工程,环城西一路(铁西加油站)慢车道内涝、北辰路(火车始发站)内涝整治工程,甲山路、桃花江路、环城西一路井盖更换工程,市区排水管网和城市污水收集系统进一步完善。至年末,市区有城市排水管道457千米,城市排水管网服务人口66万人，管网覆盖率82.5%。全年清捞沙井8.4万个，机械疏通管道28.6千米，维修沙井511个，更换井盖861块，协调解决街道堵冒、积水111起。全年城市生活污水处理量7390.15万立方米，增长9.63%，污水处理厂运行负荷率78.32%，污水集中处理率90.4%，为全年排放计划的90.01%。处理每吨污水耗电0.22千瓦小时，处理污泥11881.24吨，增长了12.35%。

【城市道路、桥梁管理】 2010年，市政公用局加大对城市道路、桥梁的管理维护力度。年内，组织市政工程管理处对新建路、中山路、遇龙路、瓦窑路、上海路、漓江路、七星路、中隐路等路段进行车行道、人行道维修，对漓江桥、栖霞桥、信义路桥等桥梁进行维修。全年维修道路2.6万平方米，维修桥梁52座(次)，完成投资243.43万元。推进无障碍设施增设和改造工作，新增人行盲道3万余米，缘石坡道500余处，完成盲道铺设1.02万平方米，整改坡道292个。

【城市照明保障】 2010年，市城市照明管理处管理维护的路灯、景观照明灯6万余盏，灯杆19800基，线路总长862.6千米，总功率7300千瓦。全年共更换电线电缆116千米、灯泡2.5万支、镇流器2100只、灯具灯罩2300个，灯杆120多基，其他零配件3.8万件，确保路灯亮灯率99.48%。实施节能减排，在保障广大市民夜间出行和电器运行安全的前提下，关停管辖范围内的部分路灯、景观灯、庭院灯和补光灯，全年实际节约电费110余万元。做好城市照明灯智能化工作，全市有监控中心1个，无线专网1个，GPRS网络2个，主发射塔1个，中继站4个，监控基站293个，城市照明灯智能化监控率95%。

【燃气供应】 2010年，全市供应管道天然气1080万标准方，增长32%。取得经营许可的液化石油气企业28家，供应瓶装液化气5.32万吨，与上年持平。全年发展天然气商业用户65户、居民用户66109户，管道燃气新开户53329户。全市用燃气人口约180万人，市区居民燃气普及率98.7%。全年市区及临桂县、兴安县建设管道燃气中压管网223千米、庭院管网368千米，各县城和乡(镇)的燃气普及率进一步提高。

【优化公交线网布局】 2010年，市政公用局落实优先发展公交政策，不断优化公交线网布局。年内，市公交集团公司新开公交线路3条，延伸和调整公交线路23条，新增公交车60辆。全年市公交集团公司共完成客运量1.39亿人次，车厢服务合格率99.7%，车辆整洁合格率99.5%。

【市政热线服务】 2010年，"12319"市政服务热线每天24小时不间断受理市民的咨询查询和投诉建议。全年市政热线联动系统共受理市民来电23.8万个，其中属市政业务来电22.95万个，办结率99.77%；全年为民办结实事3.19万件，增长20.4%。 (市政公用局)

住房公积金管理

【概况】 2010年，桂林市住房公积金归集资金18.01亿元，增长15.28%；职工支取公积金9.20亿元，增长13.92%。至年末，全市公积金缴存单位累计4730个，缴存职工28.78万人，住房公积金覆盖率96.30%。全年发放公积金个人住房贷款5622户，发放贷款10.13亿元，增长28.57%。全年公积金资金使用率81.43%，公积金逾期贷款率0.046‰。当年实现住房公积金增值收益6900余万元，提取廉租住房资金793.8万元。

【住房公积金催建催缴】 2010年，桂林市住房公积金管理中心加大公积金建设的宣传力度，让更多的市民、职工及企事业单位了解公积金建设制度的意义。加强住房公积金管理专项治理工作，对2009年专项检查及审计工作中发现的问题进行整改、梳理、检查。加大对各类企业及相关单位住房公积金的催建催缴，全年发放住房公积金催建催缴通知书200余份，并对全州县各乡镇国土资源管理所、中国人民解放军第一八一医院、桂林香江大饭店等单位公积金缴存进行整改。全年全市新增缴存单位203家、职工19803名，市住房公积金缴存覆盖率96.30%。

【规范公积金支取】 2010年，桂林市住房公积金管理中心调整公积金贷款上下限额，最高额度由2009年的25万元提高至35万元，最低贷款额度市本级由10万元提高至15万元，12县由7万元提高至10万元，同时将重大疾病列入公积金支取条件。全年全市共支取公积金9.20亿元，增长13.92%，其中用于住房消费的支取率占74.49%。全年发放公积金个人住房贷款5622户，发放贷款10.13亿元，金额增长28.57%。年内，公积金贷款执行四级审批制度，严格贷款资格条件审核，降低贷款风险。全面引入贷款担保机制，存量和增量贷款催收工作委托担保公司负责。当年桂林市住房公积金管理中心贷款逾期率0.046‰，低于自治区0.5‰的考核指标标准。

【公积金服务管理】 2010年，桂林市住房公积金管理中心完善各项内控管理制度，严格财务管理，深化内部稽查考核，提高信息管理水平。9月，在丽君路3号设置新业务大厅，桂林市住房公积金管理中心归集、信贷业务科室和3个城区管理部搬至新设置的业务大厅办公。创新服务手段，提升服务管理水平，促进公积金业务健康快速发展。开展公积金联名卡业务，联名卡具有公积金信息查询、支取快捷等功能，方便缴存单位和职工办理公积金业务。 （桂林市住房公积金管理中心）

园林绿化

【概况】 2010年，桂林市继续开展创建“国家生态园林城市”工作，以公园为主要形式拓展城市园林绿地，打造新建道路园林绿化景观，对城市道路绿化、道路节点绿化、滨水绿地进行完善和提升，城市园林绿化水平得到提高。至年末，建成区绿化覆盖率41.68%，建成区绿地率37.54%，城市人均公园绿地面积11.44平方米。

【漓江市区段两岸绿化美化】 2010年，桂林市园林局做好漓江两岸“绿化、彩化、花化、果化”工作，年初组织发动市直机关、城区政府、驻桂林部队和学校等单位1万多人次，对虞山桥到漓江桥全长13千米的漓江两岸进行绿化美化。种植以耐水、花期长的树种为主，竹类和彩色阔叶树相结合，共种植垂柳、丛生竹和夹竹桃等20个品种的乔灌木6.3万株。

【訾洲公园建设】 2010年，訾洲公园建设形成规模，城市中心生态环境和景观质量得到改善和提升。至年末，訾洲公园建设工程完成投资3251万元，公园的绿化景观、文化景观、园路、广场平台、亭台楼阁等风景建筑及桥梁建设完工。新开挖烟雨湖，新建名人与桂林展览馆、诗画广场、烟雨楼、雅竹居、幽兰轩、怡闲馆、訾家洲亭、燕亭、流芳亭等风景建筑；设置柳宗元、裴立行、范成大、张孝祥等历史名人雕像。公园拥有飞瀑落虹、枫叶留丹、烟雨涵碧、竹林幽径、香樟拥翠、银杏尚金、幽篁蔽天等众多景观，恢复了“訾洲烟雨”和“訾洲红叶桂林秋”胜景。

2010年在訾洲公园建设的张孝祥雕塑。
李腾钊 摄

【城市新公园建设启动】 2010年，桂林市推进漓东、桂林园林植物园二期、净瓶山、猫儿山等4个城市新公园项目建设，规划建设总面积达240.0公顷（漓东公园35.0公顷、桂林园林植物园二期10.6公顷、净瓶山公园145.4公顷、猫儿山园林公园49.0公顷），计划投资10.71亿元。年内，确定各公园业主单位，完成项目可行性研究、环境影响评价、规划定点、土地利用指标报批、初步设计及概算审查等前期工作，并开展征地拆迁工作。漓东公园和园林植物园二期列入全市“1212”工程建设项目,3月建设项目开始启动;净瓶山公园和猫儿山园林公园列入“860”工程建设项目。9月16日,临桂新区桂林新城中心公园建设启动。至年末,桂林市新公园建设完成投资0.51亿元。

【机场路园林绿化景观建设项目竣工】 2010年,机场路园林绿化景观建设分两期进行。一期工程从香江饭店至上蔡塘村段约13千米,1月1日开工建设,4月10日完工,采用桂花、银杏、榕树等乡土树种,突出桂林特色,同时辅以热带树种丰富景观,种植秋枫、水杉、红枫香、紫玉兰、香樟、苏铁、蒲葵、山茶、紫薇、银边草等树木和地被植物,共栽种大小树木1.57万株、地被植物20万平方米,形成高低错落的群落式自然生态景观,展示田园风光和自然风光。同时中间隔离绿化带插入欧式模纹造型艺术,色彩上常绿树种与花果树种、色叶林结合,使之春季有杜鹃、桃花、紫玉兰,夏季有黄槐、紫薇、美人蕉,秋季有银杏、红枫,冬季有洋蹄甲、水杉等,构筑“四季有花、常年驻绿”流金映翠的景观大道。二期工程从上蔡塘村到两江国际机场,长14千米,8月开始施工,9月底完工,共种植乔木38431株、灌木75505株、地被植物394770平方米。机场路绿化二期以具有现代气息的大色块为主,线条简洁,并对道路两旁的山体被开挖过的边坡种植草皮和三角梅,进行立体绿化,提高景观效果。经过建设,机场路成为道路景观与自然山水完美融合的现代化生态山水名城景观大道。

【万福路园林绿化景观建设项目竣工】 2010年2月20日,万福路园林绿化景观工程开工建设,3月中旬竣工。万福路园林绿化景观工程全长11.95千米,包括机动车与非机动车隔离带绿化、中央分车带绿化、道路两旁绿带建设等。在道路沿线种植80多个品种的乔木、灌木、地被植物及草皮,大量采用桂花、银杏、香樟、黄葛榕、水杉、秋枫等乡土树种,运用“组团式”生态种植手法,根据各路段自然环境选种不同的植物,通过对落叶、常绿、色叶等植物的合理配置,使不同季节的万福路能呈现出不同的景观效果。

【制订《桂林市城市园林绿化管理办法》】 12月29日,市人民政府下发《桂林市城市园林绿化管理办法》,对桂林城市规划区内园林绿化的规划、建设、保护和管理等工作作出明确规定,启用“绿色图章”制度,加强“绿线”管理,对临时占用绿地、砍伐树木等作出严格规定。规定城市绿化工程的设计方案及附属绿化工程设计方案报市园林部门审核,达标加盖“桂林市城市园林绿化规划审查专用章”,未经审查的以及审查不符合规定标准的项目,市规划部门不得办理规划许可;在建设项目配套绿化工程建成后,要向市园林部门办理验收备案,加盖“桂林市城市园林绿化工程验收合格专用章”。规定建立并严格执行城市“绿线”管制制度,明确划定各类绿地范围控制线,“绿线”内的绿地未经批准一律不得改作他用。规定城市所有树木必须严加保护,不论其所有权归属,任何单位和个人不得擅自砍伐、移植、修剪,如确实需要砍伐、移植、修剪树木,应向桂林市园林局申请获审批同意后方可进行;同时,砍伐、移植、修剪树木要由有资质的园林绿化专业队伍,在市园林局相关部门的监督下方可实施。

【免费公园基础建设】 2010年,桂林市园林局对向市民免费开放的虞山公园、穿山公园、西山公园、南溪山公园、园林植物园继续实施花化、彩化、美化改造,共栽种大乔木1100多株,通过置石、提升植物造景水平等方式,提升改造景观23处。在西山公园种植红梅、骨红梅、宫粉梅、朱砂梅等40多株;对原桃花夹道景观进行巩固和优化,穿插增种碧桃200多株。在南溪河的淤泥上种植芦苇,营造野生芦苇荡,增种晃伞枫。在虞山公园种植金花茶、红豆杉等珍稀植物,增加植物的多样性。在园林植物园引种野生植物20个品种,丰富植物品种。在各公园增种银边草、花叶良姜等10万株地被植物,共改造绿地3万多平方米。

（李腾钊）

市容管理

【概况】 2010年,桂林市实施市容环境提升行动,深化拓展城乡清洁工程,提升市容环境。年内,桂林市市容局(简称市容局)开展大型户外广告专项规划和整治,对城区大街小巷和城乡结合部等重要地点进行检查,维护市容环境卫生和道路的畅通,加大对违法建筑的查处和拆除力度,开展漓江、桃花江周边的环境治理,督促和指导各城区开展创建“门前三包”示范街工作，对县（区）的城市管理工作实行量化指标考核，提高县（区）市容管理水平。

【市容环卫督察考评】 2010年，市容局开展市容环卫督察考评活动，制订考评方案，细化考评指标，对县（区）的城市管理工作实行量化指标考核，把国家卫生城市复审迎检工作列入年度考评的重要内容。成立市容市貌、环境卫生、市容秩序3个考评小组，对各城区的市容环境卫生管理工作进行检查考评。全年全市共召开市容环卫督察考评讲评会12次，下发督察考评整改通知书16期，纠正督办突出问题3560个，督促整改率86%。

【户外广告整治】 2010年，市容局编制《桂林市户外广告专项规划》，开展大型户外广告专项规划和整治工作，做好中心路段和旅游通道大型户外广告点位市容景观规划。加大对违法设置大型户外广告的查处力度，全年共查处违法设置的大型广告牌51块，依法拆除24块，面积4700余平方米。落实牌匾灯箱条幅墙体广告审批制度，全年整治拆除陈旧破损、有碍观瞻及闲置广告牌匾2400多块，面积9600多平方米。联合城区城管部门对以中山路中心的市区主次干道临街店铺活动占道灯箱广告、招贴广告、小广告及活动宣传牌上乱张贴的广告进行集中整治，共发放限期整改通知书854份，规劝占道摆放经营灯箱广告440多个、收缴370多个，清理招贴广告4600多处，清除小广告15000多条。对市区街道两侧及其他公共场所悬挂非公益性条幅、布幅广告的动态管理和专项整治，清除商业布幅广告2600多条，引导布幅广告发布单位改建门头滚动式LED电子显示屏。集中组织对机场路、中山北路等市区主次干道和旅游通道的违法墙体广告及设施开展专项清理整治行动，清除整治墙体广告近1万平方米。

【“城市牛皮癣”综合治理】 2010年，市容局开展“城市牛皮癣”综合治理，加大日常巡查督察力度，发现问题督促各城区政府及时清理。继续加强公共信息栏的建设、维护和管理，集中对30多条主次干道及周边区域的310个公共信息栏进行清理和维护。协调通信部门对非法办证广告电话实行停机，组织县（区）开展小广告专项整治活动，在5个县5个城区集中开展小广告清理整治活动，清除小广告11万多条。

【违法建筑查处】 2010年，市容局组织拆除市区违法建筑79.5万平方米。其中：拆除国有土地上违法建筑9.34万平方米，完成全年任务的265%；配合城区拆除集体土地上违法建筑面积70.16万平方米。对影响新中北市场、桂林理工大学二期雁山校区等重点工程建设及群众反映强烈的中山南路、环城西二路、龙船坪、东边岭、罗汉山、芦笛路、群众路等处的违法建筑实施了强制拆除。

【建筑渣土运输管理】 2010年，市政府下发《桂林市人民政府关于实行建筑垃圾专业化密闭化运输管理的通告》，要求建筑工地设置车辆冲洗设施，渣土运输车辆必须全面实施密闭化运输。市容局对各建筑工地产生的渣土建立综合信息，规范建筑渣土运输管理，渣土排放回收率68%。全年共办理渣土处置证51张，车辆准运证92张。处理违规单位及个人106个（人）次，处理违规车辆79台次。清理历史垃圾150余吨，处置建筑垃圾约17万立方米，建筑垃圾无害化处理率90%。

【整治城市“五乱”】 2010年，市容局强化整治“五乱”（摊点乱摆、车辆乱停、垃圾乱扔、广告乱贴、工地乱象）工作，加强巡查，采取不间断性巡查、蹲守等方式，维护了市容环境卫生和道路的畅通。全年共下发督察整改通知书167份，清理占道经营、超门槛经营35240摊次，纠正非机动车辆乱停乱放16840辆次，说服教育乱扔垃圾人员13000人次，收缴乱贴、乱发小广告33465张，协调清理垃圾卫生死角1036处，整治农贸市场市容172次，清理工地乱象66处，组织协调配合各类专项整治行动125次。

【垃圾处置设施建设】 2010年，市容局推进垃圾处置设施项目建设。11月6日，医疗废物处置项目恢复施工，全年累计完成投资500万元。12月12日，山口生活垃圾填埋场项目复工建设。全年累计落实项目资金3.15亿元（国家开发银行贷款2.30亿元，中央预算内投资0.10亿元，市财政拨款0.75亿元），累计完成投资6668万元。

（杨达珍）

环境保护

4 月 15 日，桂林市环保局举办依法行政知识讲座。　　市环保局　供稿

概　　述

2010年，桂林市环境保护局（简称市环保局）围绕生态示范区建设和污染减排等工作，创新工作思路，转变工作作风，较好地完成了各项工作。桂林市空气质量全年优良率、城市地表水环境功能区水质达标率、生活垃圾无害化处理率、医疗废物集中处理率等均高于全国环境保护重点考核城市平均水平。年内，市环保局获国务院第一次全国污染源普查先进集体，阳朔镇获国家级生态建设示范乡（镇），白沙镇等12个乡（镇）获自治区级生态建设示范乡（镇）。

环境质量

【环境空气】　2010年，桂林市环境空气质量评价项目主要为二氧化硫、二氧化氮、可吸入颗粒物、总悬浮颗粒物，评价标准执行《环境空气质量标准》（GB 3095－1996）二级标准。

一、市区

全年共监测365天，其中151天空气污染指数（API）为一级，全年环境空气质量持续保持优良。

二氧化硫：年平均浓度值为0.039毫克/立方米，符合国家环境空气质量二级标准。全年监测日均浓度值范围为0.006毫克/立方米～0.147毫克/立方米，超标率为零。

二氧化氮：年平均浓度值为0.027毫克/立方米，符合国家环境空气质量一级标准。全年监测日均浓度值范围为0.005毫克/立方米～0.085毫克/立方米，超标率为零。

可吸入颗粒物：年平均浓度值为0.066毫克/立方米，符合国家环境空气质量二级标准。全年监测日均浓度值范围为0.010毫克/立方米～0.240毫克/立方米，超标率为1.6%。

降水：降水pH值年均值为4.39，酸雨频率为90.1%，与上年相比降水pH值年平均值下降0.31，酸雨频率增加32.1个百分点，全年pH值范围3.44～6.94。

二、辖县

桂林市12个辖县的县城的环境空气质量主要评价项目年平均值都达到国家二级标准。

【水环境】　2010年，桂林市地表水水质保护类别依据《桂林市地表水环境功能区划》确定，各水体按《地表水环境质量标准》（GB 383－2002）相应的标准进行评价。饮用水源水质按《地表水环境质量标准》（GB 383－2002）Ⅲ类标准评价，青狮潭水库水质按《地表水环境质量标准》（GB 383－2002）Ⅱ类标准评价，地下水按《地下水质量标准》（GB/T 1484－94）Ⅲ类标准评价。

一、河流水水质

2010年，桂林市地表水水质总体较好，11条河流（干、支流）的19个监测断面的水质达到水功能区划保护标准。

表11　2010年桂林市河流水水质类别评价结果

河流名称	断面名称	保护标准	水质类别
漓江干流	大埠头	Ⅲ	Ⅰ
	大面	Ⅲ	Ⅱ
	大河	Ⅲ	Ⅰ
	磨盘山	Ⅲ	Ⅱ
	阳朔	Ⅱ	Ⅰ
漓江支流—桃花江	伍仙桥	Ⅳ	Ⅱ
	胜利桥	Ⅳ	Ⅳ
	南门桥	Ⅳ	Ⅳ
漓江支流—相思江	渡槽	Ⅴ	Ⅱ
桂江	浮桥	Ⅲ	Ⅰ
桂江支流—荔浦河	扒齿	Ⅲ	Ⅲ
桂江支流—恭城河	乐湾	Ⅲ	Ⅱ
湘江	庙头	Ⅲ	Ⅰ
	界首	Ⅲ	Ⅰ
资江	随滩	Ⅲ	Ⅰ
灌江	文市	Ⅲ	Ⅱ
洛清江	广福	Ⅲ	Ⅰ
	潦潭	Ⅲ	Ⅱ
浔江	交洲	Ⅲ	Ⅰ

二、饮用水源水质

2010年，市区和各县集中式饮用水源均为河流型地表水。全市集中式饮用水源地水质除粪大肠菌群存在不同程度超标外，其他监测评价项目全部达到国家地表水Ⅰ～Ⅲ类水质标准。南方的气候特点使得水体较易孳生各类细菌，粪大肠菌群超标的情况普遍存在于南方城市的水体中。经自来水厂处理后，桂林市水源水中粪大肠菌群指标达到饮用水水质标准要求。

三、青狮潭水库水质

2010 年，青狮潭水库水质良好，为Ⅲ类水质，超过其Ⅱ类水保护标准（Ⅱ、Ⅲ类均为良好）。除部分点位的总氮、总磷项目超过标准外，其余监测项目达到保护标准。年内，青狮潭水库各点位水质营养状态级别为中营养，定性评价为良好。

四、风景湖塘水水质

2010 年 3 月，芳莲池氨氮、总氮、总磷、生化需氧量项目超过保护标准，达到（中度）富营养。市区其余 5 个风景湖塘水的水质除总磷、总氮超过其Ⅳ类水的保护标准外，其他监测评价项目达到保护标准，属于中营养状态、良好水平。

五、地下水水质

2010 年，市区地下水水质良好，超标项目呈点状分布，主要污染物是氮化合物。

【声环境】

一、市区

2010 年，桂林市区域环境噪声平均等效声级为 54.6 分贝，按城市区域环境噪声质量等级划分属于二级（较好等级），（比上年，下同）下降 0.3 分贝。从噪声声源构成情况看，生活噪声居首位，占 64.2%；其次为施工噪声，占 23.3%。生活噪声和施工噪声之和为 87.5%，是桂林市区的主要噪声源。从声源强度来看，施工噪声占首位。

交通干线噪声全年共监测 104.70 千米路段，平均等效声级为 67.8 分贝，按道路交通噪声质量等级划分属于一级（好等级），上升 0.3 分贝。超标路段总长度 18.58 千米，占监测路段总长度的 17.7%。

噪声功能区定期监测一类区和四类区夜间值均超标，其他功能区均达标。夜间超标率 50.0%，最大超标 7.8 分贝。比上年一类区昼间下降，夜间持平；二类区昼间和夜间上升；三类区昼间下降，夜间上升；四类区昼间和夜间上升。

二、辖县

2010 年，桂林市 12 个辖县的县城噪声功能区定期监测结果显示，阳朔县、临桂县、灵川县、全州县、兴安县、永福县、资源县、平乐县、荔浦县、龙胜各族自治县、恭城瑶族自治县的各功能区监测结果均低于国家标准，灌阳县四类区夜间超标。

环境管理

【建设项目环境管理】 2010 年，市环保局继续推进行业规划环境影响评价及工业集中区的规划环境影响评价工作。组织市发展和改革委员会、市工业和信息化委员会、市规划局、市国土资源局等行政管理部门对桂林市铁合金行业规划、兴安县工业集中区溶江产业园规划、广西灵川八里街工业集中区规划、桂林科技新城软件外包与人才培训输出基地（A 地块）规划、临桂县两江镇宝山工业集中区控制性详细规划、阳朔县工业集中区总体规划、桂林市高新综合产业配套服务园区规划的环境影响评价文件进行审查。

年内，市环保局抓好自治区级和市级重点项目的环境保护审批工作，全年共完成各类对环境有影响的 546 个建设项目的环境保护行政许可审批，其中编报环境影响报告书（表）的项目 271 个，填报建设项目环境影响登记表的项目 275 个。对自治区环保局审批的桂林辖区内的 23 个建设项目出具初审意见；对 22 个项目达不到环境保护行政许可条件的企业，不办理环境保护行政许可，建议业主重新选址建设。全年全市共对 547 个建设项目进行环保设施竣工验收，其中市环保局验收项目 76 个，12 个县环保局验收项目 471 个。全市建设项目环境影响评价制度执行率 100%，建设项目主体工程与污染防治工程“三同时”（同时设计、同时施工、同时投产）执行合格率 100%。

【污染源普查动态更新调查】 2010 年，市环保局开展 2009 年污染源普查动态更新调查工作，完成了组织成立、方案编制、入户调查、质量核查、数据录入等工作，共调查对象 1261 个，其中工业源 898 个，农业源 329 个，生活源 18 个，集中式污染治理设施 16 个。年内，市环保局获国务院第一次全国污染源普查先进集体。

【危险废物管理】 2010 年，桂林市危险废物主要有工业危险废物和医疗危险废物，其中工业危险废物主要来自电镀行业，医疗危险废物来源于各医疗机构在服务中产生的临床废物。年内，全市

11 月 12 日，市环保局开展危险化学品污染饮用水源应急演练。
市环保局 供稿

工业危险废物产生量 1319.95 吨，综合利用量 1280.48 吨，处置量 39.47 吨，贮存量和排放量均为 0，处置利用率 100%。全年桂林市加大对医疗危险废物的监管力度，提升对医疗危险废物的处置能力，全市医疗危险废物产生量 2229.93 吨，处置量 2229.93 吨，安全处置率 100%。

【放射源管理】 2010 年，桂林市放射源的类型主要是密封放射源和非密封放射源，放射源核素主要有^{60}Co、^{241}Am、^{192}Ir、^{137}Cs 等。全市涉源单位 35 个，密封放射源共计 155 枚，主要分布在工业、医疗、科研等领域。放射源在工业上用于辐照、消毒、灭菌、基因变异，以及水泥行业的料位计、造纸行业的测厚仪等；医疗行业用于治疗仪以及科学研究等。年内，市环保局开展对涉放射源单位现场检查工作，在检查过程中对发现的安全隐患提出整改措施和要求，规范安全与防护措施，最大限度降低核辐射对公众、社会和环境的影响，全年桂林市没有发生放射源丢失和核辐射安全事故。

表 12　2010 年桂林市密封放射源分布情况表

行业名称	涉源单位数(个)	放射源数(枚)
水泥建材	14	50
医疗卫生	4	15
教育科研	3	15
辐照中心	1	40
其他	13	35
合计	35	155

【应急执法能力建设】 2010 年，市环保局加大应急执法能力建设，提高应对涉及公共危机的突发环境事件的处置能力。严格执行应急包管理制度，加强对应急设备的管理及其使用培训，做到应急设备“拿得出、用得了、作用佳”。编制《桂林突发环境事件应急手册》，纳入城市突发环境应急预案体系。加强应急处置能力实战培训，组织处理环境污染事故演练。11 月 12 日，市环保局组织以“漓江水域遭到危险化学品污染后，饮用水源受到破坏，各单位联动紧急处置事故”为内容的模拟突发环境事故演练，市卫生局、市海事局、市公安消防支队等 8 个单位参加演练。演练从应急指挥、应急处置、应急监测等方面分成 12 个主题，从事故信息接报开始逐一进行演练。

【环保专项资金申报】 2010 年，市环保局积极组织申报中央和自治区环保专项资金项目，并组织有关部门进行审核，确保项目申报工作顺利开展。全年共获得各级财政性环境保护专项资金 8185.3 万元。其中：中央重金属污染防治专项资金项目 2800 万元，中央环境保护专项资金 2000 万元，中央主要污染物减排专项资金补助 474 万元，中央农村环境保护专项资金补助 500 万元，中央主要污染物减排专项重金属监测能力建设资金补助66万元，中央集中排污费资金50万元，中央中西部地区县（区）级环保部门环境监察执法能力建设项目资金345万元，基层环保监测和执法基础能力建设项目资金补助800万元，广西城乡风貌改造二期工程农村生活污水处理试点项目资金补助65万元，生态广西建设引导资金第一批项目资金补助450万元，生态广西建设引导资金第二批项目资金补助100万元，自治区2010年水质自动监测站运行补助经费10万元，广西重点污染源自动监控能力建设项目资金补助17.3万元，自治区生态乡（镇）和生态村创建经费补助193万元，市本级安排环境保护专项资金使用计划项目14个、经费315万元。环保专项资金项目的实施，推动了桂林市污染物减排和各项环保工作，促进桂林市生态环保事业的发展。

【环保监察】 2010年，市环保局开展重金属污染企业专项督察工作，将铅、汞、镉、铬和类金属砷等污染物作为防控重点，对重金属污染排放企业状况及周边区域环境隐患进行排查，严格检查企业偷排及擅自停用污染防治设施的违法行为。年内，市环保局共排查企业56家，其中有12家企业为市级环保专项行动挂牌督办，解决了一批热点难点环境问题。强化对工业污染源的监督管理，建立定期检查制度，对重点污染源每月现场检查不少于1次，一般行业污染源每季度现场检查不少于1次，环保治理设施调试期间每月检查2次以上。全年市环保局出动1914人次检查排污企业650多家次；处理建筑夜间施工申报76次，施工噪声投诉425件，对1723个“三同时”项目执行情况进行现场检查，有效地控制污染源的产生。

【排污登记和收费】 2010年，桂林市环境监察支队加强对污染物排放的监督管理，加强排污申报登记核定工作，确保排污申报数据质量。年内，对226个排污单位进行排污申报登记。做好排污费的征收和管理工作，全年共征收排污单位458个，征收排污费金额590.72万元，做到排污费依法、全面、足额征收。

【噪声达标区、烟尘控制区建设】 2010年，市环保局加强桂林市噪声达标区和烟尘控制区的巩固管理工作，确保噪声达标区覆盖率大于60%。市环保局和各城区政府制订年度计划，加强监督和检查。环境保护执法人员实施动态管理，发现超标单位，采取限期治理或整改、行政处罚等措施督促其噪声或烟尘达标排放。年内，桂林市噪声达标区面积45.60平方千米，噪声达标区覆盖率占全市建成区面积60.79平方千米的75.01%。加强烟尘控制区工作，市环境监测中心站对10%的在用锅炉、窑炉、茶炉随机抽查检测，其烟气黑度、烟尘浓度抽查检测达标率均为100%。全市噪声达标区和烟尘控制区通过了专家评审和市政府的验收。

环境污染治理

【环境污染源统计】 2010年，市环保局加强对环境污染源统计。在工业污染源方面，重点调查企业共369家，非重点调查工业企业的排污情况实行整体估算。年内全市工业废水排放量3526.91万吨，工业废水排放达标量3381.14万吨；工业废水中各污染物排放量为：化学需氧量10041.03吨，氨氮268.2吨，石油类2.19吨，挥发酚0.11吨，氰化物0吨，砷0.04吨，铅0.26吨，汞0吨，镉0.02吨，六价铬0.07吨。全市工业废气排放总量915.05亿标立方米，工业二氧化硫排放量48180.92吨，工业烟尘排放量10513.81吨，工业粉尘排放量7585.78吨。全市工业固体废物产生量262.57万吨，综合利用量238.59万吨，贮存量10.94万吨，处置量12.14万吨，排放量0.90万吨。“三废”（工业废水、工业废气、工业固体废物）综合利用产品产值29521.8万元。全市工业污染治理资金563.5万元，其中工业废水治理45万元、燃料燃烧废气治理355万元、工艺废气治理163.5万元。全年安排治理项目5个，当年竣工5个，全年竣工项目新增设计处理废气能力为1.38万标立方米/小时。2010年，全市生活污水排放量13961.53万吨，生活污水中化学需氧量排放量37449.93吨，生活及其他二氧化硫排放量5359吨，生活及其他烟尘排放量3246吨。

【污染减排】 2010年，桂林市化学需氧量年排放量控制目标为4.75万吨，二氧化硫年排放量控制目标为6.58万吨，市政府确定化学需氧量减排项目共19个，其中污水处理厂项目14个、结构调整项目4个、工程治理项目1个；确定二氧化硫减排项目35个，其中非电力工程减排项目2个、结构减排项目33个。年内，全市完成化学需氧量减排项目23个（超额完成任务），完成二氧化硫减排项目35个。年底前完成项目全部通过阶段性验收，全年化学需氧量减排约2280吨，二氧化硫减排108吨。

【桂林市污染源自动监控中心建成】 2010年，桂林市污染源自动监控中心全面完成自动监控设施的调试、联网及验收工作。桂林市有国家控制重点污染源17家，排污口自动监控设施建设完成率100%，建成联网率100%，建成验收率93.75%。阳朔县田家河水源净化厂（一期）排污口自动监控设施建设完成并实现联网。

【生态环境建设】 2010年，桂林市制定并颁布《关于加快推进桂林生态市建设的办法》，实施桂林生态市建设。各县建立健全生态建设领导机构，强化生态建设工作目标责任制，推进生态乡（镇）和生态村的创建。至年末，阳朔县葡萄镇、高田镇、普益乡，恭城瑶族自治县恭城镇、莲花镇、西岭乡等共35个乡（镇）的环境规划通过专家论证。恭城镇、莲花镇、荔城镇、定江镇、灵川镇、平乐镇、全州镇、湘漓镇、兴安镇创建国家生态乡（镇）通过自治区环境保护厅考核验收。

环境监测与科研

【环境监测】 2010年，市环境监测中心站组织开展"监测质量年"活动，全年共报出水质、空气、噪声等监测数据86316个，其中环境质量监测数据29369个，重点污染源监测数据20135个，一般污染源监测数据29951个，室内监测数据6275个，辐射、放射监测数据586个。环境空气质量日报系统全年发布空气质量日报及预报365期。11月，桂林市环境监测中心站继续通过中国合格评定国家认可委员会（CNAS）监督评审。

【环境科研】 2010年，市环境监测中心站不断完善科研机制。全年共开展科研课题8个，完成科研课题6个，其中市级科研课题《基于3S技术的城区小流域水污染监测调查与评价研究》《环境监测专用电子地图》《桂林市环境噪声适用区域划分》和环境保护部下达的《污染源数据库管理与应用示范》等4个课题，已结题并通过专家组评审。《基于3S技术的城区小流域水污染监测调查与评价研究》获桂林市科技进步三等奖。

桂林市环境保护科学研究所完成的主要科研任务有：《桂林市环境保护"十二五"规划》《桂林市"十二五"主要污染物排放总量控制计划》《桂林市市区饮用水水源地保护区划分技术报告》《桂林市环境保护"十一五"规划终期评估报告》《漓江流域农村和农业环境污染综合整治项目前期研究》《桂林市"十二五"污染物排放总量控制和减排前期研究》《桂林市"十二五"农村环境保护前期研究》。

环境保护宣传教育

【环境保护教育】 2010年4月29日～5月21日，市委组织部、市环保局与市委党校联合举办桂林市县处级领导干部"循环经济与生态桂林建设"专题研讨班，62名县处级领导干部参加培训。年内，市环保局分别到阳朔县、全州县、兴安县、平乐县开展农村环保宣传教育工作的调研活动，了解各县开展农村环保宣传工作的有关情况。

【创建绿色环保系列活动】 2010年，市环保局与市委宣传部、市委精神文明办加强对申报绿色环保系列单位的培训和指导。与市教育局联合举办了1期全市绿色学校的业务培训班，有60多所学校的相关领导参加培训。年内，全市21所学校申报市级绿色学校并通过初步考评；3个绿色环保社区（小区）通过自治区复查命名，6家酒店（饭店）通过自治区复查命名，3人获自治区"首届十大绿色人物"；市环保局、资源县环保局和5名个人分别被自治区评为2009～2010年度自治区绿色环保系列活动创建工作先进单位及个人。

（陈宏　苟斌国　付何彬彬）

交通运输业

12月26日，灌阳至凤凰高速公路开工建设。　　市交通运输局　供稿

概　　述

【概况】 2010年,全市公路、水路交通基础设施建设完成投资43.3亿元,占年度计划109.5%,(比上年,下同)增长24.4%;全市交通运输业固定资产投资完成49.75亿元,占年度计划110.6%,增长37.2%。至年末,桂林市公路总里程11188千米,增长1.4%,其中高速公路里程349千米。公路密度40.23千米每百平方千米。

年内,全市有营运客车9489辆、营运货车22138辆,分别增长5.42%、27.19%。年内,全市完成公路货运量4619万吨、货物周转量80.5亿吨千米,完成客运量1.46亿人次、旅客运输周转量91.2亿人千米。水路运输完成旅客运输总量691.23万人次,其中完成漓江水路运输客运量221.41万人次,增长31.46%;完成旅客运输周转量9578万人千米,增长0.63%;完成货物运输量29.45万吨,增长476.32%(桂江沙石短途运输纳入统计范围);完成货物运输周转量2871万吨千米,增长20.94%。全市道路、水路运输为全市GDP增长贡献了0.5个百分点。

年内,桂林车站全年发送旅客414.4万人次,发送货物146.5万吨;桂林车务段发送旅客218万人次,发送货物591.4万吨。民用航空飞行起降48102架次,共完成旅客吞吐量525.93万人次、货邮吞吐量3.25万吨。

【交通运输"十二五"发展规划编制】 2010年,市交通运输局做好《桂林市公路水路交通运输"十二五"发展规划》《桂林市综合交通"十二五"发展规划》编制工作。至年末,《桂林市公路水路交通运输"十二五"发展规划》已形成第三稿,并经专家评审后上报市政府批准执行。

【交通运输改革】 2010年,市交通运输局完成"三定"(定机构,定编制,定职能)方案的编制和上报工作。抓好事业单位人事制度改革,12月20日,全市交通运输部门事业单位人员完成聘用合同签订。制订并向市政府上报《桂林市成品油价格和税费改革人员安置工作方案》,多渠道、多方式安置人员,至年末,共安置成品油税费改革人员66人。年内,荔浦县、龙胜各族自治县交通运输局完成所属事业单位经费纳入财政供养。

【交通运输安全管理】 2010年,市交通运输局制订《桂林市交通运输局安全生产监督责任暂行办法》等制度,明确部门、单位、人员的安全工作职责;完善安全工作会议制度、事故应急救援预案及防洪抢险预案等,理顺整个系统的管理体制;制订交通运输行业安全生产目标管理考核奖惩办法,形成"横向到边、纵向到底"的工作机制。全年全市共发生道路旅客运输行车责任事故14起、死亡20人、受伤9人,分别降低6.25%、8.07%和30.76%;水运交通事故发生1起,死亡1人;消防安全和交通运输基础工程建设质量责任事故均为零。全年全行业未发生重特大以上事故,各项事故指标均低于上级下达的控制指标。

【交通基础设施项目储备】 2010年,市交通运输局下发《2011年新开工项目前期工作计划》,全市投入项目前期工作经费2220万元,开展项目前期工作223个(其中500万元以上项目101个)。全年完成项目前期工作168个。 (刘静)

公路运输

【概况】 2010年,桂林市新建、续建高速公路5条,建设里程270千米,完成投资17.75亿元,增长19.7%。新建、续建干线及路网公路项目11个,建设里程295.50千米,完成投资5.09亿元,增长121.6%。新建、续建农村公路项目121个,建设里程880.30千米,完成投资5.50亿元,占年度计划的141.3%,新增17个建制村通公路,71个建制村通沥青(水泥)路。道路运输站场建设完成投资6903万元,增长98.48%,建成龙胜龙脊旅游汽车客运站、恭城汽车客运站及荔浦龙口、灵川三街等一批农村客运站和43座便民候车亭。社会交通投资完成11.30亿元,为年度计划的161.4%;交通技工学校新校区已建成10000平方米厂房,完成投资1100多万元。年末,桂林市的公路总里程11188千米,其中高速公路里程349

千米，一、二级公路总里程1125千米，三、四级公路总里程6498千米，等外公路总里程3216千米。公路总里程中农村公路总里程9778千米，实现了100%的乡(镇)通沥青(水泥)路，建制村通达率100%，建制村通畅率52%。全市有道路客运站场70个，便民候车亭151个。

年内，桂林公路管理局管养国道3条、省道6条、县道28条、乡道9条、专用道3条，公路总里程1773.6千米。其管养的公路总里程中：二级以上公路1087.5千米，占管养公路总里程的61.31%；高级、次高级路面里程1738.8千米，占管养公路总里程的98.04%；国省干线公路里程973千米(其中二级以上公路占88.35%，高级、次高级路面里程占100%)；全部路线实现晴雨通车和绿化；管养公路桥梁381座共16578延米，其中大、中桥121座共11731延米，占桥梁总数的31.76%；管养公路隧道2道共320延米。年内，桂林公路管理局获交通运输部全国交通运输行业文明单位，五里排交通稽查站获全国交通运输行业文明示范窗口。 (刘静 杨福凤)

【公路养护】 2010年，桂林公路管理局管养全部路线优良率48.72%，国道、省道干线优良率61.32%，分别比自治区公路管理局下达的任务指标高出1.72个百分点和3.32个百分点；全部路线差路率10.52%，国道、省道干线差路率4.07%，分别比自治区公路管理局计划控制数低1.48个百分点和0.93个百分点。养护工程完成投资12238万元，其中完成公路大中修投资6157万元、公路改建计划投资1153万元、桥梁改建及加固工程投资2492万元，工程合格率100%，优良品率99%以上。完成安全防护工程投资1002万元。响应“绿满八桂”号召，完成绿化美化工程投资145万元，对国省干线进行路树补植，并打造桂林至阳朔生态文明示范路。

年内，桂林公路管理局采用节约环保型养护管理新技术，降低养护成本及提高养护工程质量和工效。在维修国道322线全州至桂林一级公路工程中采用的沥青混凝土就地热再生技术，为全自治区干线公路维修项目中首次使用；在大、小溶江桥桥梁改造工程中采用的同步顶升桥梁更换支座技术，为全自治区干线公路桥梁改造工程项目中首次采用；采用的旧水泥砼路面碎石化施工工艺、水泥稳定基层沥青路面碎石化冷再生修复技术，在全自治区公路系统得到推广。

【路网工程建设】 2010年，桂林公路管理局共管理路网工程建设项目4个，其中续建工程1个、新开工项目3个，建设里程191.7千米，总投资额10.02亿元。全年完成投资1.86亿元、增长130.02%，完成年度投资任务的100%。年内，有1个路网工程建设项目完成验收并交付使用。

【梅溪经资源至龙胜二级公路河口至龙胜段公路通车】 2010年3月25日，梅溪经资源至龙胜二级公路河口至龙胜段公路工程通过自治区公路管理局组织的验收。该工程于2007年11月20日开工建设，始于龙胜温泉景区，途经江底乡、泗水乡、龙胜镇，终于龙胜县城与国道321线相接处，全线采用山岭重丘区二级公路标准设计，全长31.8千米，工程总投资1.7亿元，路基宽8.5米，路面宽7.5米，路面为混凝土路面，桥梁设计荷载为公路—II级设计，行车速度60千米每小时。

【广西公路安全保障工程(桂林段)第八期工程交付使用】 2010年9月29日，广西公路安全保障工程(桂林段)第八期工程通过验收。该工程由桂林公路管理局组织实施，工程总投资1002.3万元，主要对X 103(良丰至永福)、X 160(恭城至龙虎关)、X 122(全州至七宝坑)、X 144(龙胜至资源)等4条县道的151.5千米的急弯、陡坡、视距不良、路侧险要路段进行综合整治。

【路政管理】 2010年，桂林公路管理局全年检测车辆192.64万辆次，检测出超限超载车辆10.02万辆，超限率在5%以下，减少0.15个百分点；卸载超限超载车辆2.25万辆次，卸载货物10.32万吨。查处路政案件643起，查处率100%，追回路产赔(补)偿款203.77万元，疏通人为堵塞水沟3836米，清理非交通标志牌879块，清理堆积物967处4710平方米，拆除违法建筑、临时搭棚390处2852.9平方米。年内，共办理路政许可项目103件。

【桂林路政执法支队正式成立】 2010年12月29日，桂林路政执法支队挂牌成立。桂林路政执法支队为副处级事业单位，由桂林公路管理局管理；下设桂林路政执法支队直属大队，为正科级事业单位。各县设立路政执法大队,为正科级事业单位,由各县级公路管理局管理。原桂林交通征费稽查处人员,除已进入税务部门的部分人员外,其余人员连人带编划转到新组建的路政执法机构。桂林公路管理局及各县级公路管理局现有的在职在编专职路政管理人员也连人带编划转到相应的路政执法支队、大队。

【通行费征收】 2010 年,桂林公路管理局开展"红旗班组"、"岗位之星"、"无差错之星"等评比活动,提升收费文明服务质量和业务水平;整顿收费秩序,联合公安、交警等部门,开展收费秩序专项整顿行动 20 余次,出动稽查人员 700 余人次,查获假冒绿色通道车辆 3200 余辆,补缴通行费 5.33 万元,查获执假证车辆 103 辆。全年共征收通行费 1.68 亿元,增长 19.93%;免征绿色通道车辆 144.24 万辆次,免征绿色通道车辆金额 2556.62 万元。 (杨福凤)

【交通项目建设】 2010 年,桂林市农村公路新建、续建项目 121 个,里程 880.3 千米,桥梁 1514.4 延米,计划总投资 6.21 亿元,年度计划投资 4.09 亿元。其中:自治区下达桂林市 2010 年新建、续建项目 99 个,里程共计 733.6 千米,桥梁 588.5 延米,年度投资责任目标 3.90 亿元(99 个续建项目中,通乡油路 10 个 277 千米、通达工程 21 个 161 千米、通村道路硬化 38 个 177 千米、渡改桥工程 10 个 558.5 延米、零星小项目 20 个 118 千米。);22 个未列入自治区下达计划的遗留项目(22 个遗留项目中,通乡油路 3 个 61 千米、通达工程 7 个 54 千米、通村道路硬化 4 个 31.7 千米、渡改桥工程 2 个、危桥改造 6 个),里程共计 146.7 千米,年度计划投资 1951 万元。至年末,纳入自治区年度目标任务的 99 个项目,完成年度投资 5.36 亿元,占年度目标任务投资的 137.4%。完工项目 84 个,完工率 85%;未列入自治区下达计划的 22 个遗留项目,完成年度投资 1798 万元,占年度计划投资 92.2%,完工项目 18 个,完工率 81.8%。

【农村公路养护管理】 2010 年,市交通运输部门出台《桂林市农村公路附属设施规范标准》,建立年度养护计划资料数据库,将农村公路养护、危桥改造、安保、绿化等列入目标责任考核。年内,桂林市农村公路列养里程 7258.02 千米,其中国道 36.3 千米、县道 1865.76 千米、乡道 4011.44 千米、专用道 20.12 千米、村道 1324.4 千米。养护工程新、续建项目 77 个(其中大中修项目 32 个、改造工程 15 个、安保工程 15 个、过境水泥路面 3 个、危桥加固 12 个)。

至年末,桂林市示范县道好路率 86.05%,一般县道好路率 80.22%,示范乡道好路率 86.96%,一般乡道好路率 58.85%,村道晴雨通车率 100%;县乡道绿化率 75%。养护工程完成投资 1.03 亿元。其中:小修保养完成投资 2354.3 万元,大中修完成投资 1283 万元,绿化美化工程完成投资 328.74 万元,水毁抢修完成投资 5240.693 万元,其他工程完成投资 1094.2 万元。桂林市农村公路建设养护管理综合考核连续 3 年获自治区第一名。

【公路项目资金筹措】 2010 年,桂林市、县(区)政府和交通运输部门争取国家、自治区项目和资金支持,全市列入上级补助计划地方公路项目 76 个,补助资金 3.18 亿元,增长 31.5%。推动交通运输建设由部门主导型向政府主导型转变,大部分县(区)政府制订加快农村公路建设步伐的保障措施,将农村公路建设、养护资金纳入年度预算,履行政府作为农村公路建、养、管责任主体职能,全年各县(区)政府交通基础设施建设列入财政预算资金 2.41 亿元(其中阳朔县、灵川县、资源县财政投入交通建设的资金均超过 4000 万元,临桂县超过 2000 万元),增长 43.7%。通过政府投入部分资金和物资作引导,鼓励沿线受益群众筹资捐助和投工投劳,解决通村公路建设资金筹资困难的问题,全年全州县、兴安县、灵川县、平乐县投入自然村(屯)公路建设的引导资金均超过 100 万元,全市农村公路建设群众自筹资金 1.44 亿元,增长 66.28%。年内,全市新、改建通建制村公路 68 条 411 千米,通自然村(屯)公路 230 条 354 千米。

【农村公路路政管理】 2010 年,全市共办理农村公路路政许可审批项目 93 件,查处涉路案件 542 起,收取赔补偿费及罚款 69.67 万元(其中治超罚款 36.81 万元),增长 32.7%;年内未发生一起因路政案件处理不当而引发的行政复议或行政诉讼案件。

【道路运输站场建设】 2010年，市交通运输局加强道路运输站场建设，实行处领导联系县制度和县运管所领导包干负责制，将道路运输站场建设完成情况纳入县（区）道路运输目标责任考核。全年17个计划新建、续建项目累计完成投资6903万元，增长98.48%，为年度计划的161.06%。年内，龙胜龙脊旅游汽车客运站、恭城汽车客运站、龙门客运站、保宁客运站、黄关客运站、三街客运站、灵田港湾式简易站、葡萄客运站、五通客运站、漠川客运站建成；八角寨客运站、龙胜汽车客运站、西山客运站、两水客运站在建。

【道路运输行业结构调整】 2010年，桂林市交通运输局引导企业实行集约化、规模化、公司化经营。制订实施《关于推进我市旅游客运市场规范发展的意见》，在市场准入时鼓励企业实行公车公营、公司化管理，并有与经营相适应的停车场、办公场所、资金保障和管理人员。年内，市区营运客车公司化经营比例33%，提高8个百分点；营运货车公司化经营比例4.6%，提高1.8个百分点；全年新审批成立的16家货运企业和2家客运企业全部实行公车公营、公司化管理。引导机动车维修企业和驾驶培训机构升级，全年新增一类维修企业2家、二类维修企业14家、三类维修企业20家，其中引导1家维修企业由二类升级为一类、2家维修企业由三类升级为二类；引导1所驾驶培训机构由二级升级为一级，2所驾驶培训机构由三级升级为二级。

【农村客运发展】 2010年，全市新增农村客运车辆245辆，辖区建制村客车通达率87%，提高了1个百分点。年内，市交通运输局结合市场实际，采取灵活发班方式，开行隔日班、周班、赶集班、假日班等，实行客运线路冷热搭配，捆绑经营，涉及线路40条，投入车辆283辆，缓解农村群众出行难问题。

【道路运输市场监管】 2010年，市交通运输局会同有关部门先后开展交通秩序专项整治行动及整顿和规范旅游市场秩序活动，并对市区部分客运班线车辆进站进行调整。组织多个稽查组对非法营运行为多发地段进行集中整治，配合各城区政府继续开展摩的、人力三轮车、正机动三轮车非法营运整治工作。全年全市共检查车辆72430辆次（其中非法营运955辆次），查处运输违章行为6693起。 （刘静）

水路运输

【船舶监督管理】 2010年，桂林海事局以漓江旅游客船和乡（镇）客圩渡口渡船为监管重点，通过

9月19日，恭城汽车客运站建成并正式投入使用。
市交通运输局 供稿

排筏整治、打击“三无”（无船名船号、无船舶证书、无船籍港）船舶、渔艇载客等，强化巡航和现场监督检查，对辖区船舶进行监管。全年共办理船舶进出港签证 24.12 万艘次，旅客总量 691.23 万人次，货物总量 25.13 万吨；办理船舶登记 326 艘次（在册登记船舶 911 艘）；开展安检 657 艘次，查出缺陷 1599 项，缺陷率为 243%。

年内，桂林海事局加强桂江沙石船专项整治，与市交通运输局、航道管理局等单位协调联动，为辖区 38 艘运沙船、8 艘采沙船建立船舶检验登记的资料档案。

【通航秩序管理】 2010 年，桂林海事局加强重大会议和节假日重点时段监控，并与公安、交通等部门开展多次联合巡航执法行动，对漓江旅游通航秩序进行整治。参与桂林市政府开展辖区水上鱼餐馆专项整治，强制拆除、迁移鱼餐馆船 12 艘次。全年出动车、船 1754 车（艘）次，巡航时间 7504.5 小时；出动执法人员 4748 人次，巡航里程 75384 海里，处理违法行为 79 起；审批水工项目 6 个，水工项目通航评估 1 个，发出航行通告 8 份。

【船员管理】 2010 年，桂林海事局共举办 92 期船员培训班，参加培训学习船员 2643 人次；签发船员证书 5425 本。辖区船员在基本安全知识、国家法律法规等方面知识获得学习和更新。年底，桂林辖区在册船员 6616 人，持证书船员 2142 人。

【水上应急搜救】 2010 年，桂林海事局为船舶安全航行提供预警信息保障，通过船舶 GPS 监控系统及时向船舶发送水文信息 365 条、浅滩信息 261 条、雷雨大风预警信息和洪水警报 365 条、其他信息 45 条。结合安全检查，组织开展漓江旅游防抗雷雨大风演习，单项演习船舶 92 艘次。针对水情，4 次调整漓江景区旅游客船游览航线，加强重点航段巡航、现场检查，加强应急值班，及时发布气象、水文及其他安全信息，公布临时航行规定和泊位规定，确保船舶安全航行、漓江游览不间断。全年指挥中心共接到应急报警 7 次，成功救助船舶 8 艘、人员 476 人，搜救成功率 100%。

【防污染管理】 2010 年 1 月 1 日，桂林海事局出台并实施《桂林漓江旅游客船污染物监督管理暂行规定》，对漓江流域旅游客船污染物排放回收作强制性要求。年内，对漓江磨盘山、竹江至阳朔航线的 232 艘旅游船舶实行“铅封”，共有 259 艘次船舶到指定接收点排放油污水。同时，首次开展对辖区航运公司安全和防污染管理的监督检查，检查航运公司 20 家，查出隐患 106 项，发出检查整改通知书 20 份。

【创建文明航线】 2010 年，桂林海事局联合 20 家共建单位，召开联席会议 1 次、航区安全形势分析会 4 次、座谈协调会 7 次，研究漓江排筏非法载客、船舶油污水处理等热点、难点问题。继续落实漓江水上交通安全隐患排查整改和联合执法行动等 9 项工作机制，确保创建成果得到巩固深化。12 月 8 日，桂林海事局被交通运输部海事局评为创建“安全畅通文明”航线先进单位。

（杨茂良）

【水运设施建设】 2010 年，桂林市累计完成水运设施建设及设备购置投资 2665.82 万元，增长 179.2%。其中：磨盘山改扩建工程完成投资 866 万元，便民码头建设完成投资 158 万元，小河支流航道建设完成投资 34.62 万元，分别增长 6.3%、28.6%、103.6%；港口美化绿化完成投资 34 万元；阳朔、平乐旅游码头和平乐黑山脚码头前期工作完成投资 212.9 万元；完成港航设备购置 80.3 万元；引导企业投资 880 万元自建高端游船 3 艘、普通游船 4 艘。

【水运行业监督检查】 2010 年，市交通运输局加强对漓江船舶运输市场秩序的监督管理，全年出动 2000 多人次、车辆 150 台次，共抽查营运船舶 778 艘，完成年度工作指标的 155.6%；查处各类船舶非法运输案件 144 件，罚款约 60 万元，增长 91%，结案率 100%，没有发生行政复议和责任投诉事件。

【水运安全生产】 2010 年 4 月，市交通运输局在竹江码头举行以“迎世博、防恐怖、保安全”为主题的反恐演习，强化水运安全生产。年内，组织开展水运安全生产活动，全市共开展安全执法行动 96 起，排查治理隐患企业单位 91 家，共排查安全隐患 71 个，已整改 71 个，整改率 100%。实现了全市在重大节假日，旅游黄金周期间水运生产安全、有序、畅通、全年无责任事故的目标。

（刘静）

【漓江航道维护管理】 2010年，桂林航道管理局组织5个航道维护小组分别驻守在漓江桂林市区段、黄牛夹段、杨堤段、天鹅吊颈段、滑石滩段等重点部位，加强对出浅滩险的维护和疏浚。全年共完成73条滩次的疏浚维护及39条滩次的航道应急抢通；完成航道维护挖沙25892立方米，扒沙9685立方米，航道应急抢通挖沙24986立方米，补（筑）坝2061立方米，炸礁1220立方米；全年无航道安全责任事故。年内，桂林航道管理局航道疏浚处获中国海员建设工会全国委员会优秀“五型班组”称号。

【航标维护管理】 2010年，桂林航道管理局抓好航道标志日常维护管理，及时恢复漂移、流失、损坏的航标，定期检查标灯，更换航标器材，信号悬挂及时准确，保障船舶航行安全。在桂林市区至杨堤河段进行新型航标实验，设置13座直径0.7至1米大小不等的PE材料水衡式防撞锥形浮标。全年共完成航标维护97939座天，标灯维护23916盏天，标志维护正常率100%，标灯维护正常率100%，未发生航标责任事故。

【航道行政管理】 2010年，桂林航道管理局依法开展航道行政管理工作，加强对已审批施工工程项目的现场监管，联合海事、船检部门开展辖区非法挖沙专项整治行动，加大航道巡查力度及时制止违法采沙、破坏航道行为。全年共完成解放桥上游过江管道工程等资料审查7项、通航水域施工作业许可11项、处理村民零星违法采沙13起；参与政府组织的多部门联合执法行动，依法取缔平乐桂江河段占用航道进行非法捕鱼的网点，净化了航道通航环境。

（郑洁珍）

铁路运输

【桂林车站】 桂林车站位于桂林市叠彩区群众路北二里1-1号，中心里程为湘桂线352.100千米处，下辖桂林站、桂林北站（Ⅰ场、Ⅱ场）、桂林南站（平山）、桂林东站5个站区。2010年，桂林车站行政职能机构设办公室（保卫科、武装部）、计划财务科、劳动人事科（职工教育科）、安全科、技术科、客货运业务科（统计科、路风监察科）、信息技术科和党群工作办公室，下属客运、运转、货运一、货运二（桂林南）车间。全站在册职工729人，其中干部83人、工人646人。

车站主要行车设备为TDCS（铁路运输调度指挥管理信息系统），采用JHT 20 1型、CTT 2000型集中机；进出站（进路）、调车固定信号均为色灯信号机；道岔、信号控制系统桂林北为计算机联锁，桂林站为6502继电联锁，桂林南和桂林东无联锁控制系统；闭塞方式为计轴自动闭塞。

2010年，桂林站日均接发客车213.0列，其中桂林北始发站日均接发客车93.0列。日均货车到达27.9列、出发27.3列；日均装车67.4辆，日均卸车131.0辆。发送旅客414.4万人次、发送货物146.5万吨。运输收入6.78亿元，完成年计划的97.2%，增加2.2个百分点，运输收入中客运收入4.96亿元、货运收入1.82亿元。停时24.4时/车，中时2.8时/车，货物保价收入165.5万元。

年内，桂林车站相继发生“一一·三〇”和“一二·二一”铁路交通一般D类事故，车站安全天数被打破。桂林车站修订完善《安全生产检查监督制度》等8项管理制度，把安全管理的着重点放在现场作业一线，抓好营业线施工、接发列车、调车作业等9个关键环节，实现对现场作业全方位、全过程控制。全年现场检查发现并解决各类问题1779个。年内，桂林车站被铁道部评为文明车站。

（李军）

【桂林车务段】 桂林车务段位于桂林市叠彩区水塔路南巷2号。2010年，行政职能机构设办公室（保卫科、武装部）、劳动人事科（职工教育科）、计划财务科、客货业务科、技术科、安全科、信息技术科和党群工作办公室。全段共有职工1517人，其中干部104人、工人1413人。

桂林车务段全段管辖湘桂线蓝家村—鹧鸪江（不含桂林、桂林北）45个车站，益湛线零陵—长滩19个车站，共64个车站和1个乘务车间。运营里程614.207千米，其中湘桂线348.152千米，益湛线266.055千米。64个车站分布于广西和湖南的4市14县，其中广西境内3市8县49个车站，湖南境内1市6县15个车站。车站按技术作业分区段站1个(贺州站)、中间站63个；按业务性质分客货运站9个、客运站3个、货运站12个、会让站40个；按等级分二等站2个(鹧鸪江、贺州)、三等站5个、四等站53个、五等站4个。

2010年，桂林车务段全年发送旅客218万人次，增长81.7%；发送货物591.4万吨，增长13.7%。运输收入7.1亿元，增长29.1%，运输收入中客运收入1.2亿元、货运收入5.9亿元。装车数9.6万辆，卸车数47.2万辆。停时20.8小时/车，中时10.7小时/车。截至12月31日，全段实现行车无特别重大、重大、较大事故22279天，无一般A类事故11498天，无一般B类事故13219天，无一般C类事故6241天，无一般D类事故1386天。年内，桂林车务段鹧鸪江站货运QC小组被评为铁道部优秀质量管理小组。

(黄志馨)

民用航空

【概况】 2010年，桂林两江国际机场(简称桂林机场)共完成旅客吞吐量525.93万人次，减少6.25万人次，降低1.2%；货邮吞吐量3.25万吨，增加2899吨，增长9.8%；飞行起降48102架次，减少1446架次，降低2.9%。共实现总收入3.26亿元，增加275.8万元；成本支出3.01亿元，减少441.7万元；实现利润总额2544.15万元，增加717.5万元，增长39.3%。年内完成春运、五一、国庆、上海世博会、广州亚运会等重大节假日和重要活动的航空安全保障工作。

【安全体系建设】 2010年，桂林机场完善规章制度和工作流程，加强安全监督检查，严格安全奖惩。全年共安全保障航班起降48102架次，专机保障6架次，处置应急突发事件7起，抓获犯罪嫌疑人11人，查获违禁物品18万余件，发现并排除飞机故障30起，地面安全行车393万千米。杜绝因机场保障原因造成的飞行事故，重大、特大航空地面事故和劫机、炸机事件；未发生机场管理原因造成的飞行事故征候，实现了第二十七个安全年。年内，桂林机场编写、修订完成广西机场管理集团安全管理体系(SMS)建设范本，并与桂林市政府及相关医疗、消防等单位建立并完善应急救援联动机制。6月，桂林机场以96.33%的符合率通过国家民航局对桂林机场的安全审计。

【航空运输市场】 2010年，桂林机场旅客吞吐量、航班架次和在飞航线与上年相比略有下降，货邮吞吐量增长9.8%。年内，桂林市政府成立以分管副市长为组长的桂林航线开发领导小组，并首次批准设立总额1508万元的2010年度航线补贴资金。桂林机场先后与银川机场、临沂机场联合进行航班推荐营销，开辟了银川—桂林—三亚和海口—桂林—临沂航线。“八二四”伊春空难后，东北航空公司停飞了所有自治区内支线航班，为尽快恢复支线航班，桂林机场在起降费和服务保障上为航空公司提供优惠政策，逐步恢复桂林—南宁、桂林—北海航线。引进新加坡捷星航空进入桂林市场，恢复桂林—新加坡航线。全年新开和恢复航线13条，年内在飞航线60条，出发航班客座率78.4%。

【基础建设】 2010年，桂林机场累计投入2256万元对安全和服务保障等各类设备设施进行更新改造和技术革新。A 380备降场和新航站楼建设有序开展，《机场总体规划》获得民航局及自治区人民政府的批复，新航站楼建设重新制订建设方案。强化机场净空保护，先后对两江镇加油站、国电永福发电公司新建烟囱、石门—机场35千伏专用高压线路迁移改线等项目的定点、设计等情况进行勘察测算，并提出建设意见。 (刘晓宁)

信息产业

桂林联通开展服务技能培训。　　桂林联通　供稿

概　　述

2010年,桂林市规模以上电子信息产业完成工业总产值58.96亿元,(比上年,下同)增长34.3%;完成工业销售收入52.46亿元,增长29.8%;完成工业增加值23.3亿元,增长38%。全市年末固定电话76.81万部,移动电话350.29万部。计算机互联网用户39.69万户,增加3.55万户。完成邮政、电信业务总量93.54亿元,增长13.9%。其中:邮政业务总量2.58亿元,增长32.8%;电信业务总量90.97亿元,增长13.4%。桂林网丫网业管理有限公司自主研发的"网丫场在线操作系统",在中国互联网产业年会上获2010中国互联网产业年度最具创新在线操作系统奖,是自治区唯一获得2010年度奖项的企业。

(张长祥)

信息产品制造业和信息化建设

【桂林市被列为自治区信息化与工业化融合试点城市】 2010年6月,自治区政府批复同意,桂林市从2010年起列为广西信息化与工业化融合试点城市。8月,桂林市工业和信息化委员会确定桂林三金药业股份有限公司、燕京啤酒(桂林漓泉)股份有限公司等20家企业作为桂林市2010年信息化与工业化融合示范企业。9月26日,工业和信息化部批复同意,桂林立白日化有限公司列入信息化与工业化融合促进节能减排试点示范重点关注企业。11月5日,市政府成立桂林市推进信息化与工业化融合试点工作领导小组,领导小组办公室设在桂林市工业和信息化委员会。

【桂林翰特软件及物联网产业基地开工奠基】 2010年10月17日,桂林翰特软件及物联网产业基地在桂林国家高新区创意产业园开工奠基。翰特软件及物联网产业基地投资约3000万元,占地6173.33公顷,建筑面积1.5万平方米,包括软件研发大楼、RFID(射频识别)研发大楼。项目建成后,可提供500个软件从业人员就业岗位,形成超2亿元的年产值规模。

【第二届中国·桂林创新创意文化节暨国际动漫节举行】 2010年10月16~18日,由桂林市人民政府主办、桂林国家高新区承办的第二届中国·桂林创新创意文化节暨桂林国际动漫节在桂林国际会展中心举行。文化节以"传播创新文化,聚合创意要素,发展创新创意产业"为宗旨,活动内容包括"专利发明创意展"、"动漫公益广告大赛"、"创意机器人大赛"等18项,3家境外媒体和15家中央级媒体全程跟踪报道,10多万普通市民参观活动。

【实施"千人回归创业计划"】 2010年,桂林国家高新区开始实施"千人回归创业计划",重点引入通信、机电装备、汽车零部件、数显量具、医疗电子、生物医药、新材料、软件、LED光电子九大产业及创意产业,力争在2010年至2015年期间,从发达地区引进1000名能促进新产品开发、技术产业升级、带动地方经济发展或带动科研和学术进步,具有国内领先水平的创业人才。以企业为载体,引进一批具有较强创业愿望和创新能力的高层次人才带技术带项目到桂林国家高新区创业,充分发挥高层次人才的支撑和引领作用。

【电子政务】 2010年2月,桂林市国家税务局全面推广银联POS机刷卡缴税业务,实现了税务、银行、国库间无纸化缴税。3月25日,桂林市公安局大情报平台与自治区公安厅平台初步联调,实现了公安部、自治区公安厅、市公安局三级平台联动。7月,桂林市医疗服务网上预约平台投入使用,桂林市民可通过发送手机短信息、拨打12580免费电话、登录预约网站等途径进行医疗服务预约。11月底,桂林市公安局在自治区率先完成桂林市二、三级公安信息网及212个基层所队接入网的升级改造工作,实现了数据与视频业务的物理隔离、互为备份和对接入网的实时网管监控,保证了电视会议、视频指挥系统网络的稳定畅通。

【旅游信息化】 2010年9月4日,桂林旅游公共信息服务平台项目建设正式启动。该平台实现了旅游宣传和营销、电子交易、游客服务、行业管理和市场监控于一体,直接带动旅游服务和信息技术服务产业链发展。10 月 15 日，2010 中国(桂林)旅游创意营销论坛暨旅游创意展在桂林举行，论坛旨在将创意产业和旅游新模式结合起来，促进中国旅游电子商务落地桂林，推动旅游信息化、数字化和智能化，开创未来休闲度假、自由行旅游新模式。11 月 29 日，在第九届中国信息港论坛上，中国移动桂林分公司的信息化应用项目“旅游电子商务平台”以低碳环保的概念、适应城市旅游信息发展的模式获 2010 年中国通信与信息化应用金奖，是该次论坛上唯一一个以地市名义申报获奖的信息化应用项目。

【农业信息化】 2010 年，中国移动桂林分公司与农业部门合作，建立桂林农业短信服务平台(简称“农信通”)。农业部门负责各项农业信息的收集，通过整合农业信息发布系统，制订“农信通”等信息化解决方案，为广大农民提供农业信息通道，向广大农户、农业企业家提供农业政策、最新农业动态、最新适用农业技术、招工及农产品供求等信息。12 月，桂林电子科技大学与恭城瑶族自治县启动“结队共建、先锋同行”活动，活动以农民专业合作社信息化建设为突破口，着力解决现代农业发展过程中人才缺乏、信息闭塞、信息化设备匮乏等问题，为农民专业合作社信息系统进行设计，构建产供销一体化物流管理系统、溯源管理系统及信息服务系统。 (张长祥)

无线电管理

【无线电频率和台站管理】 2010 年，桂林市无线电管理处对 1.8 G 无线电接入频段进行清理，对民用航空无线电专用通信网 1785—1805 MHz 频段的使用和台站设置情况进行专项调查。至 10 月底，共受理 15 个单位的设台申请，新指配频率 10 个。受理 6 个单位的台站报废申请，报废电台 17 部，收回频率 2 个。发放无线电台执照 214 份(其中 3 G 基站电台执照 100 份，业余电台执照 24 份，对讲机等电台执照 90 份)。敦促设台单位上报 GSM 基站资料 234 份、3 G 基站资料 100 份。

【建立边界无线电协调长效机制】 2010 年，桂林市无线电管理处牵头与贺州、河池及湖南省永州、衡阳、邵阳市的无线电管理机构建立边界区域无线电协调长效机制，相关各方达成信息和资料共享共识，为预防边界区域无线电干扰的发生，共同维护良好的电波秩序奠定了基础。

【无线电管理宣传】 2010 年 6 月 5 日，桂林市无线电管理处在桂林市甲天下广场开展无线电管理宣传活动，并与桂林市无线电运动协会联合进行高考无线电保障技术演练。9 月，在桂林电视台新闻频道进行为期 10 天的无线电管理法规宣传，在《桂林日报》全文刊登《中华人民共和国无线电管制规定》，并连续 4 天连载无线电管理知识问答，在繁华地段的大屏幕进行滚动式法规宣传。同时，在各县协管员的配合下，通过手机短信、悬挂条幅、在当地有线电视台刊登广告等方式，进行无线电管理宣传活动。

【无线电行政执法与监督】 2010 年，桂林市无线电管理处先后查处 6 起非法占用无线电频率进行考试作弊案，3 起非法设置和使用对讲机案，1 起超审批范围使用无线电频率案。年内，共受理中国电信桂林分公司、中国联通桂林分公司、民航桂林空管站等设台单位的无线电干扰申诉 10 起，其

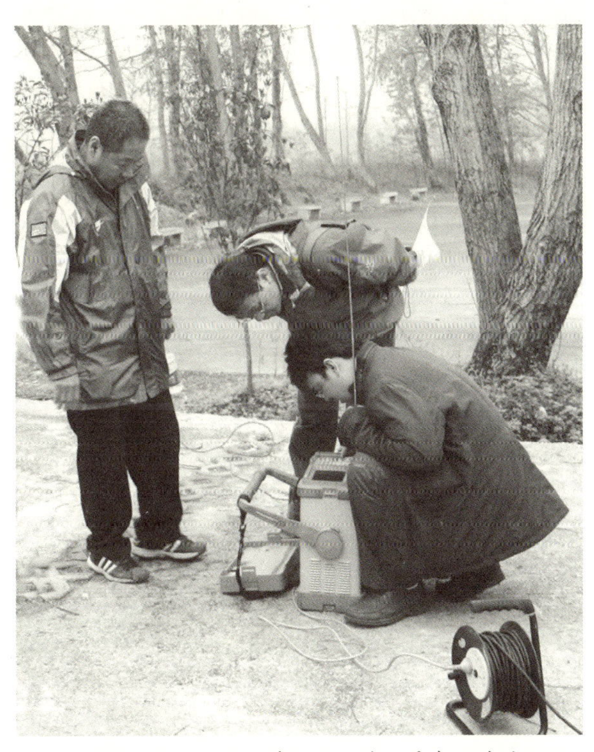

1 月 1 日，市无线电管理处工作人员在野外进行无线电监测演练。 郑建萍 摄

中威胁民航和空军飞行安全的重大干扰3起。对桂林今华通公司、桂林NEC无线通信有限公司等7个无线电发射设备研制、生产企业,开展监督检查,了解无线电发射设备研制、生产动态,掌握生产无线电发射设备申领“型号核准证”情况,做好申领“型号核准证”的初审工作。对已设台站加强监管,确保台站按核准项目工作,督促电台执照到期或即将到期的设台单位,及时续办设台手续。

【无线电监测与服务】 2010年,桂林市无线电监测站采用固定监测和移动监测相结合的方法,有针对性地完成航空、调频广播、无线电视、陆地移动通信、公众移动通信等不同频段的无线电频谱监测工作。每月固定监测不低于150小时,移动监测不低于60小时。严格监测工作程序,规范监测日志,建立监测电子档案,并将监测结果定期报送当地政府。年内的无线电监测中,查明2起较大的非法占用无线电频率案。根据中国移动通信集团广西有限公司桂林分公司的请求,对新建微波站的电磁环境进行测试,共测试微波98跳,制作《微波站站址电磁环境测试报告》98份。

【无线电保障】 2010年,桂林市无线电管理处对重大活动、重要节假日、敏感时期进行无线电保障,并制订一套应急方案,明确处置程序。坚持领导带班值班制度,有针对性地防范和打击不法分子对无线电通信信息的干扰和破坏。年内,桂林市无线电管理处先后组织、实施了全国研究生招生考试、公务员录用考试、高考等各类考试的无线电保障工作13次,出动各种车辆50台次、监测执法人员96人次。破获6起使用无线电通信手段作弊案,涉案人员17人,扣押涉案笔记本电脑5台、涉案手机4部、对讲机4部、接收放大器5个、橡皮状接收器5个、微型耳机1枚、发射机功率放大器5个和其他附属器材若干个。 (郑建萍)

邮　　政

【概况】 2010年,桂林市邮政局下辖12个县邮政局。桂林邮区中心组开自办邮路6条。至年末,全市共设邮政营业网点139个,报刊亭201个,储蓄网点73个,ATM自动柜员机61台。年内,桂林市邮政局继续开展“创新服务理念创建示范窗口”活动,确立15个营业网点为“精品窗口”示范网点,4个营业网点被评为桂林市市级第三批“文明窗口”。桂林市邮政局被市政府行风评议办公室评为桂林市政风行风建设先进部门,并连续第三次获桂林市价格诚信单位荣誉称号。

【商业信函服务】 2010年,桂林市邮政局为客户提供设计、制作、打印、发寄等一条龙商业信函服务。与桂林市安全生产监督管理局合作,在全市开展“安全生产知识答题竞赛”活动,全市共寄发答题卡12万份;与市人口和计划生育委员会开展“计划生育知识有奖答题活动”,向全市育龄妇女寄发计生知识答题卡19.8万份;走访交警部门,共收寄交通罚单13.3万封;与桂林市交警支队联合举办“珍爱生命拒绝酒驾”活动,共回收承诺卡近5万枚,并完成组织公证、抽奖和颁奖活动。

【提升监控中心技术手段】 2010年,桂林市邮政局集中监控中心采用先进的过程监控系统,对生产作业进行实时监控。年末,集中监控范围涵盖市局营业网点和储蓄网点、金库、ATM自动柜员机、邮件处理作业场地、机房、库房、邮运车辆等。年内,对77辆邮运车辆安装了GPS车辆定位系统,市区28个营业网点、9个代办储蓄网点安装了全球眼。通过集中监控,对前台规范经营和收寄邮件验视执行、车辆运行、金库出入库情况进行了实时监督,提高了工作效率,节约了人工成本,服务质量不断提升。

【调整和优化网路运行结构】 2010年,桂林市邮政局加大对现有封发模式的改革力度,逐步实现邮件无纸化封发。同时推进以自办邮运为主、非邮政运力为辅的运邮模式,缩短了邮件发运滞留时间,疏运邮件能力进一步提高。年内,桂林邮区中心局全年邮件转运量222.8万袋。

【举办桂林市集邮文化成果展】 2010年12月16日,桂林市集邮文化成果展在桂林市邮政局营业厅开幕。现场展出15部、50框精品邮集,其中大部分是在全自治区邮展、全国邮展、亚洲邮展、世界邮展中获奖邮集,如《中国邮资信封(1956~1970)》《新中国加字改值普通邮票(1950~

1951)》《四野军邮》《龙》等。此外,桂林市首套童趣主题明信片《桂林童谣》《桂林童年游戏》举行了现场首发。（黄昱）

中国电信股份有限公司桂林分公司

【概况】 2010年,中国电信股份有限公司桂林分公司(简称中国电信桂林分公司)下辖12个县分公司,年末在职职工1950人。年内,中国电信桂林分公司推进全业务经营战略,创新精确营销管理模式,加快固网与C网业务融合,继续进行体制机制改革。中国电信桂林分公司荣获广西通信管理局授予的“人民邮电为人民”先进集体和桂林市2009至2010年度价格诚信单位。

【业务增量和存量协同发展】 2010年,中国电信桂林分公司通过加强宽带品牌宣传,结合宽带免费翻倍提速,融合全公司业务,促进宽带存量保有和增量发展。年内,天翼手机业务除利用融合发展外,利用电信3 G网络优势,通过打造“3 G时代已来临,2 G换3 G”趋势已形成的热点,并通过短信群发、电话营销、主流媒体宣传、组建3 G应用俱乐部、开展3G应用体验营销等方式,引领3 G行业发展潮流,带动业务发展。

【工程基础管理】 2010年2月,中国电信桂林分公司开展资源清查工作。10月,完成本地网县城以上设备安装地址的调查,对本地网城区内交接箱、接入网纯宽带所有机线数据进行核实,对ADSL端口利用情况进行清理,释放虚占端口。面对2010年语音话务量、3 G业务流量快速增长的情况,通过持续的指标监控、大客户跟踪、现场路测、射频优化等手段,使桂林综合网络质量位居全自治区前列。开展为期3个月的“翼路畅通”高速公路和国道沿线网络专项优化工作,提高桂林区域高速公路和国道沿线3 G网络质量。开展高校校园3 G及WLAN热点建设优化专题工作,使高校校园的网络覆盖和容量满足市场发展需求。完成FTTB建设项目566项,为293个住宅小区、办公楼宇、酒店及村庄提供宽带接入能力。“光进铜退”缓解铜缆被盗情况,为提升宽带接入质量打下基础。完成中国电信广西公司重点工程省干10 Gb/sSDH系统、2010年中国电信广西公司桂北地区IP城域网优化与扩容工程桂林单项工程、2010年IP城域网八扩配套传输DWDM系统扩容建设项目桂林单项工程,项目竣工投产后桂林本地网数据出口和承载接入能力大幅提高。响应实施2010年政企客户传输网建设项目桂林单项工程,满足政企专网业务接入提升安全和接入能力。

【服务过程管控】 2010年,中国电信桂林分公司改变原来社区维修手拉手模式,要求所有故障申报必须通过10000号申报故障,防止体外循环,纳入系统管控,通过每周服务通报、每月服务质量检查的精确管控模式,有效管控故障查修历时和服务。加强装移修机投诉工单管控,强化故障首次回应考核,定期对装、移、修机投诉进行通报。加强对各类客户群重复申告故障工单的管控,将公众客户、政企客户、C网用户重复申告纳入日监控并建立台账,每天对产生的重复申告工单进行分析与通报,督促责任部门及时整改。加强对112系统预警工单的管控,每日分两次对112系统预警工单进行通报,督促各单位及时修复故障,同时对政企客户和C网用户故障工单全程进行监控。优化客户服务体系,提升差异化服务水平,做好售前支撑,加强政企客户部的签约工作,加强管控,及时跟进项目售中环节,聚焦高端客户,提升售后差异化服务水平。（蒋芸）

中国铁通集团有限公司桂林分公司

【概况】 2010年,中国铁通集团有限公司桂林分公司(简称中国铁通桂林分公司)贯彻落实“效益经营、效益发展”的总体工作要求,规范管理,稳步推进分公司改革发展步伐。全年运营收入超过4000万元,固定电话用户数超6万户,宽带用户数超4万户。年内,中国铁通桂林分公司每月开展服务时限评比工作,每季度完成一次对所有经营部服务质量的检查工作,实现3天内装移机的服务承诺,用户满意度得到提升,用户投诉处理满意度达100%。

【推进机构改革】 2010年，根据中国铁通集团有限公司广西分公司批复的机构改革方案，中国铁通桂林分公司对机构重新进行了设置。市场营销和建设部更名为市场营销部，其原有职能划归网运部，网运部更名为网络业务部，成立项目中心，经营部按照收入规模分为5个一类经营部，7个三类经营部。中国铁通桂林分公司10月起接管中国铁通贺州分公司。

【提高运营维护质量】 2010年，中国铁通桂林分公司建立互联网质量指数日报机制，对互联网质量进行综合分析和评估，质量指数每日一报；及时完善故障管理办法和互联网、传输、交换及电源的重大故障应急预案，进一步提高了应急抢险能力；开展电缆整治工作，缩短故障延时，提高了维护质量。

【提升人员素质】 2010年，中国铁通桂林分公司组织各类培训班41期，参加培训435人次。参加中国铁通广西分公司组织的互联网、传输、交换、电源、线路等专业技术比武，获得2个第一名、1个第二名、2个第三名的好成绩，15名员工获得每月50至600元不同等级的的技术津贴奖励。年内，中国铁通桂林分公司通过开展“争当协同发展先锋，争当规范管理先锋，争当促进和谐先锋，争当党建创新先锋”活动，从思想上提高了员工爱岗敬业热情。 （蒋秀成）

中国移动通信集团广西有限公司桂林分公司

【概况】 2010年，中国移动通信集团广西有限公司桂林分公司（简称中国移动广西公司桂林分公司）下辖叠彩、七星区分公司和12个县分公司，营业服务网点3447个，年末有员工1702人。年内，公司获自治区文明单位、桂林市企业工会标准化建设达标先进单位、桂林市厂务公开民主管理先进单位等自治区、市级集体奖10项，115名员工获自治区级先进工作者，224名员工获市级先进工作者。

【深化运营管理】 2010年，中国移动广西公司桂林分公司实施全成本考核，开展预算和运营分析精细化管理，深化财务管理变革，开展“增收节资”系列活动，提升公司低成本高效率的运营能力。优化管理流程和组织架构，盘活公司资源与经营活力。落实“三重一大”决策制度，即公司的重大决策事项、重大项目安排、重要人事任免及大额资金运作事项，均召开相关会议集体决策，并严格执行相应的决策制度。开展廉洁风险防范巡讲，推动公司廉政建设和风险防范的纵深发展。坚持党建带团建，加强党、团员队伍建设，创建文

8月17日，中国移动广西公司桂林分公司与桂林国际旅游博览会组委会签约成为战略合作伙伴。

中国移动广西公司桂林分公司 供稿

化阵地，开展创先争优活动，发挥工会职能推行厂务公开组织领导体制和运行机制，构筑党委、工会、团委合力的战斗堡垒，全面提升公司运营管理的精细化和专业化水平。

【加快网络能力建设】 2010年，中国移动广西公司桂林分公司加强市区、县城主干传输管道等基础设施建设，提高应急通信保障的响应速度和能力，加快质量、支撑、安全、技术、管理、人才六大方面建设，网络质量提升明显。非法主叫专项整治效果显著，完成无线工程等各项建设任务。至年底，该公司累计建成GSM基站1958个，TD基站565个。全年完成小区宽带工程建设134个，宽带网络覆盖2.6万户家庭；完成8个热点区域、6大高校和9个分校区的WLAN网络建设，EDGE网络覆盖率87.70%。全年完成政府各项会议、桂林旅游博览会等24项重大通信保障任务。

【信息化服务发展】 2010年，中国移动广西公司桂林分公司围绕“政府、社会、市场”三大结合点，推出“一县一特色”信息化工程，助力地方中小企业的技术创新和专业化发展。结合区域的行业特色与需求，提供车务通、位讯通（通过手机实现位置查寻的一项业务）、企业建站（为企业建立门户网站）等移动信息化业务，全年信息化应用覆盖14个县域、城区共1055家单位。与桂林市卫生局签订战略合作协议，打造广西首家“预约诊疗”服务平台；创新研发基于二维码技术应用的中国移动旅游电子商务平台，在第九届中国信息港论坛上，该信息化应用获2010年中国通信与信息化应用金奖。与各大高校合作，启动“青年就业创业基地”合作计划，依托该平台，为学生提供勤工俭学及创业机会。

【创新客户服务模式】 2010年，中国移动广西公司桂林分公司建立“铁三角保障机制”的服务机制，即通过引导员、台席人员和值班经理三级联动的一体化运作，实现服务厅业务办理零等待。建立大堂经理和服务督导制度，实施“一县一基地”的服务提升模式，通过标准导入和巡检指导、整改复查的闭环管理，全面提升市、县、乡各级服务窗口的服务质量。组织开展“绚烂由晨会开始绽放”、“满意服务我是明星”等服务竞赛活动，以赛促培的方式激发公司比、学、赶、超的服务热情。年内，10086700服务短信评价满意率达98%，客户满意度居全自治区领先水平。

【创新成果显著】 2010年，中国移动广西公司桂林分公司推行一班组一创新机制，在发展创新、提高网络质量和服务质量、提升工作效率、降低消耗、增加效益等方面提出研究课题。公司全年注册57个QC小组，提出1506条创新提案及合理化建议，形成48项QC成果，其中1项成果获第二届“海洋王”杯全国QC小组成果发表赛二等奖。在中国移动广西公司评比中，有2项成果分获二等奖和三等奖，1项管理创新成果获三等奖，15条创新提案获优秀创新提案奖，桂林分公司获优秀创新组织奖。（王琳）

中国联合网络通信集团有限公司桂林市分公司

【概况】 2010年，中国联合网络通信集团有限公司桂林市分公司（简称桂林联通）内设9个部门，下设5个城区销售部门及12个县分公司，营业服务网点2152个，员工共760余人，全年实现收入2.8亿元。荔浦县、灵川县、兴安县分公司被中国联合网络通信集团有限公司自治区公司评为联通全自治区30强县。年内，桂林联通开展“降本增效，节能减排”活动，从5月至年末，累计盘活利用闲置资产净值51.1万元；基站单载频能耗明显下降，节能率18.08%。

【创新体制】 2010年，桂林联通以“责任明确，精简高效，便于对标，提升活力”为原则，对市、县、乡三级机构进行梳理。在保持县分公司整体不变的基础上，县分公司二级机构基本采用“3（公众、集团、综合支撑）+1（县城分部）+N（乡镇分部）”模式，加大了一线营销机构设置。对城区集团客户拓展工作实行承包试点。加强效能监察工作，通过对公司薄弱环节的查处，提出整改措施，督促建章立制，堵塞了经营与管理漏洞。

【推动3G业务发展】 2010年，桂林联通持续完善3G资费与产品体系，量质并重地加快3G业务规模发展。针对3G客户，开展以“终端、应

9月28日，桂林首家iphone会员时尚生活俱乐部揭牌成立。
桂林联通 供稿

用、政策、体验”为主要内容的“四位一体”营销模式，开展以“预存话费送手机”和“购手机送话费”为主要手段的促销活动。加大3 G行业应用推广，通过设立产品示范基地，产品试点奖励等措施，形成“储备一批、开发一批、试点一批、推广一批”的产品开发推广模式，重点推广移动OA、移动视频监控、物流信息化等产品，为行业客户提供“固网+移动+应用+服务”的整体行业解决方案，为社会提供优质特色通信服务产品。

【提升客户感知】 2010年，桂林联通树立“服务领先”理念，提升售前、售中、售后服务水平。通过落实联通上级公司统一部署的窗口服务“零容忍”活动，改善窗口服务短板，及时处理在服务中遇到的热点投诉问题。年内，对10家违规SP商进行了高额罚款，对39家SP商暂时关闭广西端口。7月，参加桂林市人民政府纠正行业不正之风办公室与桂林人民广播电台联合开展的政风行风热线直播活动，对听众反馈的相关意见和建议进行梳理，对争议或投诉问题及时解答、查实。9月，在桂林中山中路新华书店地下一层，建立桂林首个iphone俱乐部，并开展多场以iphone应用为主题的活动。

【提升网络能力】 2010年，桂林联通加大网络健壮度和IT支撑系统建设力度。全年投资6000多万元，新建GSM、WCDMA基站160余个，实现中国联通移动网络覆盖99%乡村；宽带端口累计9万余个，城域网出口扩容至20 G。年内，在中国联通集团总部组织的全国重点城市第三方网络评测中，桂林GSM网络获全国第一名，并获中国联通自治区公司颁发的GSM网络质量提升团队贡献奖；WCDMA网络在评比中获全国第二十三名；贝尔业务区获全国第二名。 （常玲）

工　　业

5月31日，商务部副部长蒋耀平（前排右三）视察桂林市啄木鸟医疗器械有限公司。

陈治新　摄

概　　述

【概况】 2010年,桂林市工业经济继续保持高速发展态势。全年共完成工业总产值1263.44亿元,(比上年,下同)增长31.5%,其中规模工业总产值952.01亿元,增长37.1%;完成工业增加值427.61亿元,增长20.2%,其中规模工业增加值完成310.26亿元,增长25.7%;规模工业完成销售收入860亿元,增长42.50%;实现利税总金额78亿元,增长28.70%;实现利润45亿元,增长41.90%,取得生产、销售和效益同步增长的好成绩。

【优化工业产业结构】 2010年,全市围绕实施"工业强市"战略,优化工业经济结构和转变经济发展方式,加快改造提升传统产业,做大做强优势产业,培育发展高新产业,全市产业结构进一步优化,三次产业结构由18.9∶43.8∶37.3调整为18.3∶45.3∶36.4。产业集聚进一步提高,食品饮料、机械电器产业总产值突破100亿元,太阳能光伏、新能源汽车等战略性新兴产业快速发展。企业规模进一步扩张,新增规模以上企业46家,新增产值1亿元以上企业48家,全市规模企业和产值1亿元以上企业分别达到848家和223家。

【工业投资及项目建设】 2010年,全市完成工业固定资产投资283.7亿元,增长29.4%,其中完成技术改造投资216.1亿元,增长42.8%,工业投入再创历史新高。全年实施技术改造项目1589项,其中新开工项目1343项,增加397项。年内,新开工桂林福达集团有限公司比亚迪曲轴生产线、桂林湘山酒业有限公司年产2万吨白酒生产线等一批重点项目;续建的中国化工橡胶桂林有限公司高等级子午线轮胎产业化、桂林福达集团年产10万吨精密锻造中心等85项超1亿元项目加快推进;桂林尚科光伏技术有限责任公司太阳能电池生产线(二期)、燕京啤酒(桂林漓泉)股份公司年产20万吨啤酒生产线、桂林客车工业集团整厂搬迁改造等100多项重点项目竣工投产。

【园区经济快速发展】 2010年,桂林成立市工业园区建设领导小组,加强对桂林国家高新技术产业开发区、桂林临桂新区、桂林市苏桥经济开发区等园区建设的指导。制订《桂林市工业园区入园企业(项目)管理试行办法》,规范企业入园标准,加大对土地的集约利用。全市工业园区(集中区)新建标准厂房15万平方米,完成基础设施建设投资14.7亿元,增长44.8%,创历史最高水平。加强园区土地储备,拓展产业发展空间,全年工业园区共落实用地指标409公顷。全年新增入园企业109家,完成工业总产值460亿元,增长53.3%;完成工业增加值156.3亿元,增长50%。园区经济占全市工业经济比重35%。桂林国家高新技术产业开发区产值达182.2亿元,桂林临桂新区成为年产值100亿元园区。

【工业招商引资成效显著】 2010年,桂林工业围绕"五大五小"重点产业,以引进中央企业、知名企业为重点,加强与在桂林企业的总部的联系和沟通。年内,全市新签市外境内项目291个,占全市新签项目的58%;实施市外境内项目482个,占全市实施项目的53.6%。新签并实施桂林众阳光能科技有限责任公司众阳光伏电池、桂林鑫友光伏科技公司太阳能电池组件、兴安县太阳能光伏产业园(一期)等1亿元以上工业项目27个,其中10亿元以上项目1个,5亿~10亿元项目1个,1亿~5亿元项目25个。

【创建"两化"融合试点城市】 2010年,桂林市推进创建"两化"(工业化与信息化)融合试点城市和企业"两化"融合示范工作,成为自治区"两化"融合试点城市。全市申报国家物流信息化典型发现和试点示范项目8项、自治区"两化"融合试点企业8家、自治区"两化"融合项目30余项。桂林立白日化有限公司成为自治区唯一一家列入工业和信息化部利用信息技术促进节能减排重点关注企业;桂林网丫进入全国互联网百强企业,并获2010年度最具创新在线操作系统奖。

【服务企业发展】 2010年,桂林市建立市中小企业服务平台,开展企业服务年、市长企业接待日、银企对接会等形式多样的服务企业活动,帮助企业解决各种困难与问题。促成一批工业贷款,全年辖区制造业贷款增加12.4亿元,增长20%。

整合组建市中小企业信用担保公司，引进广西金融投资集团，为全市中小企业解决担保融资12.5亿元。全年争取国家和自治区各类扶持资金2.21亿元，增长30.8%。积极组织企业加强与外界交流，组织企业参加第七届中国—东盟博览会、广州国际中小企业博览会等重大会展，让企业在展示、交流中获得商机。

【推进技术创新】 2010年，全市完成技术创新投资5.6亿元，实施创新项目497个，其中争取国家中小企业创新基金项目23个、自治区级企业技术中心创新能力建设项目6个。新认定自治区级企业技术中心4家、自治区级1000亿元产业研发中心2家、自治区级工程技术研究中心1家，获第三批自治区重点实验室3个。桂林海威科技有限公司自主生产的LED地板屏及高清户外全彩显示屏在广州亚运会的开幕式上，把"创意亚运"推向高潮。桂林客车工业集团生产的纯电动公交车成为中国2010年上海世博会指定用车，并在南宁市、桂林市投入运营。

【节能减排取得优异成绩】 2010年，全市淘汰落后水泥产能43.8万吨、落后造纸产能0.9万吨，全面完成自治区下达的任务。制订实施工业节能降耗预警调控方案，有效遏制高耗能企业能耗过快增长势头，43家重点耗能企业节约标准煤22.9万吨，市规模以上万元工业增加值能耗目标降低11.04%，完成年度降低目标的253.2%。

（周成晖）

电力生产

【概况】 桂林市电力生产包括火力发电和水力发电。唯一的火力发电企业为国电永福发电有限公司，水力发电以各县中、小型水电站为主。2010年，全年发电量共74.71亿千瓦小时，增长25.71%。其中：火力发电41.29亿千瓦小时，增长35.67%；水电发电33.42亿千瓦小时，增长15.24%。

【火力发电】 2010年，国电永福发电公司发电量累计完成41.29亿千瓦小时，其中一期142兆瓦机组发电3.30亿千瓦小时、二期300兆瓦机组发电37.99亿千瓦小时，增加10.86亿千瓦小时。售电量全年累计完成38.48亿千瓦小时，其中一期142兆瓦机组发电3.00亿千瓦小时、二期300兆瓦机组发电35.48亿千瓦小时，增加10.19亿千瓦小时。5月，落实国家关停小火电政策，国电永福发电公司一期2台142兆瓦机组关停。

【水力发电】 2010年，全市拥有水能资源理论蕴藏量约270万千瓦，可开发量150万千瓦。年内，全市新增水电站29处，新增装机9.78万千瓦，全市中小型水电站总数达768座，水电总装机达116.07万千瓦。全市水电站大都偏小，装机5万千瓦以上的中型电站仅有平乐县巴江口水电站（装机9万千瓦）和龙胜各族自治县南山梯级水电站（装机7.2万千瓦），较大的电站还有全州县的天湖水电站（装机3万千瓦）、龙胜各族自治县的银河水电站（装机2.4万千瓦）、青狮潭水电厂（装机4×0.32万千瓦）等。全年全市水电发电33.42亿千瓦小时，增长15.24%。

【风力发电】 风力发电是新能源产业发展的一部分，桂林市北部各县具有较好的风力资源条件。2010年，桂林市唯一的风力发电项目由中国电力投资集团投资的广西资源县金紫山发电场，一期工程于2009年开工，年发电量9000万千瓦小时，预计2011年初建成投产。

（吴冠文）

供电与电网建设

【概况】 2010年，广西电网公司桂林供电局（简称桂林供电局）供电面积2.78万平方千米，营业客户24万户。全局共设有16个职能部室、6个专业管理所（队、中心），并管辖6个县级供电企业。全局拥有变电站45座，其中220千伏线路长度1197.39千米，变电站11座，变电容量2760兆伏安；110千伏线路长度1498.583千米，变电站34座，变电容量2522兆伏安。全年完成供、售电量分别为62.93亿千瓦小时和60.02亿千瓦小时，分别增长17.43%和17.47%，实现供售电量均突破60亿千瓦小时的目标。主营业务收入25.43亿元，增长23.74%。累计完成基建投资

6.60亿元，投资完成率105.8%。主网、配网、农网项目开工率、投产率、固定资产交付使用率均达100%以上。至年末，桂林供电局实现连续无责任事故安全周期365天，跨年度749天，刷新历史纪录。

【开展安全管理年活动】 2010年，桂林供电局颁布安全生产问责规定，强化调度下令及变电、配电操作的规范性。开展全市电缆管沟普查，完善输变电设备防雷措施，完成6个变电站视频监视系统建设，全面完成变电、输电运行标准化工作，线损"四分"管理（采取包括分压、分区、分线和分台区的线损管理在内的综合降损管理方式）通过南方电网公司网级达标验收。开展安全风险管理体系培训，修订各项应急预案并组织演练，持续开展危害辨识和风险评估工作，辨识危害10901个，建立风险评估数据库，安全生产风险体系外审达两钻。对生产车间、变电站、县级供电企业的现场作业、设备状况等进行详细检查，各级安全监督人员共到现场督查2016人次，发现并整改违章22处。查找县级供电企业隐患750项，整改完成率98.4%。服务器、网络设备安全评估等在春秋季信息安全大检查中排名广西电网公司系统第一。

【做好"十二五"电网建设开局】 2010年，桂林供电局充分利用已经建立的协调机制，紧紧依靠政府，推进电网规划建设。完成了"十二五"电网规划修编，协调桂林市规划局等单位进行城市电网专项规划编制。做好前期工作，已取得2011年7项主电网项目的可研批复、初设批复和项目核准。保持与政府的友好合作关系，充分发挥各县域属地化管理作用，有效协调工程受阻问题。在局内部进一步强化各级人员责任。推行"红、黄、绿"灯监控管理模式，推动相关部门及项目属地管理的政府部门及时解决工程建设中存在的问题，保障了项目按计划完成。

【做好电力营销服务】 2010年，桂林供电局以客户为中心，推动营销技术进步。年内，在自治区率先建成营销自动化系统，并通过实用化验收。该系统覆盖所有变电站、电厂、100千伏安及以上专用变压器以及部分公用变压器，远程居民集中抄表覆盖率达45.16%。制订修编50个电力供应应急预案，加强指导客户资产的设备运行管理，成功化解8次220千伏电网运行风险，圆满完成2010年广州亚运会、亚洲残疾人运动会保供电任务。跟踪工业园区、大宗项目、新增客户的用电情况，确保电力供应。启动首辆电力流动服务车，新建数字化营业厅并通过南方电网公司首批A类营业厅达标评比。优化业扩报装流程，客户接电时间平均缩短15.6%。缴费方式从6种上升为10种，银行代扣电费比例从95.12%上升到97.07%，处于南方电网领先水平。

【快速推进农网建设】 2010年，桂林供电局推进农网改造升级工程建设。年内，所有农网改造升级工程全面开工，累计完成投资8469万元，投资完成率48%，在广西电网公司系统名列前茅。

【提升县级供电企业基础管理水平】 2010年，桂林供电局梳理安全生产流程，推行农电月度例会制度，加强安全督查，促使农电安全生产走上良性发展轨道，年内，组织人员参加广西电网公司农电系统安全知识、配网技能等考试，在广西电网公司农电系统排名第一。深入开展基础管理达标创优工作，临桂县、灵川县、城郊3个县级供电企业申报优秀企业评比。指导县级供电企业完成13个信息改造项目，营销MIS（进行日常事物操作的系统）、95598系统、办公自动化系统在县级供电企业实用化，生产MIS完成推广使用，全部实现远程视频会议功能。 （李晨）

医药工业

【概况】 2010年，桂林市规模以上医药企业完成工业总产值47.81亿元，增长16.09%；完成主营业务收入39.62亿元，增长20.80%；完成工业增加值26.37亿元，降低5.38%；实现利税总额7.48亿元，降低12.35%；盈亏相抵后实现利润4.67亿元，降低16.53%。资产总额69.16亿元，年末职工总人数9414人。年内，产值超1亿元的企业由上年的13家增加到16家。桂林三金药业股份有限公司的"一种治疗泌尿系统疾病的药物组合物及其制备方法"和桂林天和药业股份有限公司的"中药贴膏基质、使用该基质的中药贴膏及它们的制备方法”发明专利获第十一届中国专利奖优秀奖。桂林三金药业股份有限公司的“三金”牌和桂林天和药业股份有限公司的“天和”牌成为“新中国成立以来广西60个最具影响力品牌”。

【桂林制药有限责任公司获抗疟药物发明专利】 青蒿素是国内唯一自主研发并对国际医药界产生重大影响的药物，青蒿琥酯则是桂林制药有限责任公司发明并由卫生部批准上市的抗疟一类新药。桂林制药有限责任公司采取相应专利保护手段保护青蒿类药物，围绕青蒿琥酯产业链，申请了多项发明专利。2010年5月12日，国家知识产权局为桂林制药有限责任公司研发的“一种治疗疟疾的药物”颁发发明专利证书（专利号：ZL 200610022599.4）。

【邹节明获何梁何利基金科学与技术创新奖】 2010年10月20日，在何梁何利基金科学技术奖2010年度颁奖大会上，桂林三金药业股份有限公司董事长邹节明等51名科学家获奖，是自治区第一个获何梁何利基金科学与技术创新奖的科学家。何梁何利基金科学与技术创新奖主要授予具有高水平科学技术成就，且通过技术创新和管理创新，并创建自主知识产权产业和著名品牌，从而创造重大经济效益和社会效益的杰出贡献者。每年评奖1次。邹节明致力于中药与民族药创新研究40多年，对中国中药和民族药创新与制药现代化作出突出贡献，主持研发中药与民族药新药32种，20种列为国家中药保护品种，获国家发明专利25项；发表学术论文95篇，专著3部；培养博士3名，博士后2名；创建的桂林西瓜霜、西瓜霜润喉片、三金片等一批具有自主知识产权的著名品牌，产业化程度高，产生了显著的经济效益与社会效益。

【桂林三宝药业一科技项目获国家资助】 2010年，桂林三宝药业有限公司“高效提取纯度积雪草甙的新工艺”获国家科技型中小企业创新基金108万元的无偿资助。该公司是荔浦县一家从事植物有效成分提取与产品研发的科技创新型中小企业。“一种积雪草甙及其制备方法”获国家发明专利。科研项目“高效提取高纯度积雪草甙工艺研究”达到国内先进水平，被评为自治区科学技术研究成果。

【桂林乳胶厂成为联合国人口基金会在中国最大安全套供应商】 2010年3月，桂林乳胶厂（桂林高邦）在联合国人口基金安全套国际订单竞标采购第五轮投标中再次中标，订单总量约3亿只，成为联合国人口基金会在中国最大安全套供应商。该厂自2000年开始，在联合国采购投标中屡屡中标，年度订单总量从当年零的突破到年合同数量超过3亿只，被列入联合国长期采购计划。

【青蒿琥酯注射剂获《柳叶刀》推荐】 2010年11月8日，世界权威医学期刊《柳叶刀》公布一个疟疾研究领域的最新药物临床试验报告，由MORU机构（即泰国热带病研究所）在非洲9个国家开展的AQUAMAT（即非洲奎宁—青蒿琥酯疟疾试验）临床结果显示：注射用青蒿琥酯的疗效明显优于奎宁并向各国建议用注射用青蒿琥酯取代奎宁作为治疗重症疟疾的一线用药。青蒿琥酯注射剂由桂林南药股份有限公司生产，11月4日，桂林南药股份有限公司获世界卫生组织青蒿琥酯注射剂供应商资格。

【桂林三金跻身国家创新型试点企业行列】 2010年，科学技术部、国务院国有资产监督管理委员会和中华全国总工会联合下发《关于确定第四批创新型试点企业的通知》，桂林三金药业股份有限公司被确定为国家创新型试点企业。是自治区被确定为国家创新型试点企业仅有的2家企业之一。国家创新型试点企业是为培育拥有自主知识产权和知名品牌、具有较强国际竞争力、依靠技术创新获取市场竞争优势和持续发展的企业而设立的，在全国各地方和行业选择符合条件的企业进行试点，给予优先支持。

【青蒿琥酯质量标准入选美国药典】 2010年，桂林南药股份有限公司向美国药典（USP）委员会提交青蒿琥酯原料药和青蒿琥酯片质量标准，获美国药典（USP）委员会确认，将作为新的USP标准入选美国药典。美国药典（USP）委员会是美国一个独立的、非营利的法定标准制定机构，通过发布标准和进行相关项目保证药品和食品的质量和安全，从而达到促进公众健康的目的。

【李毅中到桂林三金调研】 2010年8月30日，工业和信息化部部长李毅中率工作调研组到桂林三金药业股份有限公司调研。自治区副主席杨道喜，自治区工业和信息化委员会主任束华，市委书记、市人大常委会主任刘君，市委常委、常务副市长黄俊华，市委常委、秘书长石东龙，副市长徐锋等市领导陪同调研。调研组参观公司展示厅和生产车间，详细了解企业的发展历程、研发和产品的市场营销情况，听取公司负责人关于企业经营和三金中药城项目进展情况的汇报。李毅中希望桂林三金药业股份有限公司以广西资源为依托，不断研发特色新药，提高企业生产工序自动化程度和智能化水平；同时要加强产品的质量管理，把好源头质量关，维护好三金产品的荣誉和质量，做大做强企业，为桂林乃至全国的中药产业发展作贡献。

【一批药品生产企业通过GMP认证】 2010年，桂林有一批药品生产企业通过国家食品和药品监督管理局的(GMP)认证。

表13　2010年通过国家GMP认证的医药企业及认证范围一览表

公告号	企业名称	认证范围	证书编号	认证时间
200号	桂林裕民制药有限公司	片剂、硬胶囊剂(头孢菌素)	桂L 0399	2010-03-26
200号	桂林三宝药业有限公司	颗粒剂、丸剂(水蜜丸、水丸)	桂L 0401	2010-03-26
206号	桂林晖昂生化药业有限责任公司	原料药(多西他赛)	桂L 0415	2010-07-12
212号	桂林大华制药股份有限公司	无菌原料药(头孢噻肟钠、头孢曲松钠、头孢哌酮钠、头孢他啶、头孢拉定、硫酸头孢匹罗)	桂L 0424	2010-10-18
212号	桂林华艺药业有限公司	颗粒剂	桂L 0427	2010-10-18
213号	桂林华信制药有限公司	软膏剂(激素类)、乳膏剂(激素类)、原料药(兰索拉唑、胶体果胶铋)	桂L 0425	2010-10-29

(陈治新)

橡胶·化工工业

【概况】 2010年，桂林市橡胶、化工工业是以橡胶制品业、化学原料及化学制品制造业、塑料制品业为主的产业。全年全市共有规模以上橡胶、化工工业82家。其中：橡胶制品企业有中国化工橡胶桂林有限公司(含桂林蓝宇航空轮胎发展公司、桂林橡胶制品厂有限责任公司)、桂林乳胶厂、桂林中橡泰明胶有限公司、桂林市龙渠橡胶制品有限公司、桂林恒保健康用品有限公司等7家企业；化学原料及化学制品制造业和塑料制品业企业有桂林立白日化有限责任公司、桂林白云化工有限公司、桂林正大有限公司、桂林市红星化工有限责任公司、桂林五丰化学农药有限公司、桂林松泉林化工业有限责任公司、桂林兴松林化有限责任公司等75家企业。全年实现工业总产值62.95亿元，增长10.44%，工业销售产值57亿元，增长11.05%，实现利润总金额1960万元，利税3298万元。其中，橡胶制品业实现工业总产值15.56亿元，增长87.35%；化学原料及化学制品业实现工业总产值41.1亿元，增长29.8%；塑料制品业完成工业总产值6.29亿元，增长46.2%。产值超3亿元以上的企业有：中国化工橡胶桂林有限公司(12亿元)、桂林立白日化有限责任公司(3.98亿元)、桂林白云化工有限公司(3.02亿元)、桂林市阳朔县林威香业有限公司(3亿元)。

(石广)

【中国化工橡胶桂林有限公司迎难而上促发展】 2010年，中国化工橡胶桂林有限公司面对橡胶价格暴涨和其他化工原辅材料持续上涨的不利局面，推进管理变革，狠抓降本增效，加快项目建设不断推动企业发展。全年实现营业收入6.03亿元，增长10.3%，其中主营业务收入5.06亿元，增长55.89%。

推进项目建设　2010年，该公司在桂林苏桥新区年产100万条全钢载重子午胎子项目(一期工程)被列入中国昊华化工(集团)总公司重点计划项目和自治区统筹推进重点项目。年内，子午

8月29日，工业和信息化部部长李毅中（前排左一）视察桂林电力电容器有限责任公司生产车间。

陈治新 摄

胎厂房基础、3条硫化地沟下段工程基本完成。项目累计完成投资7068.7万元。

加强节能减排与降本增效　该公司加强节能减排和降本增效工作，建立健全能源管理组织机构，下发考核标准，开展能源普查。投用2台35吨链条炉，关闭和取消非生产用汽等措施，加强水资源重复利用率，全年各项能耗指标大幅度下降。加强财务预算、费用控制管理，从能耗、成本等模块中细分成30个指标分解，将指标完成情况纳入绩效考核。改进工艺，将部分斜交巨胎胎面、工程胎上胎面由天然胶改为丁苯胶，降低生产成本290多万元；采用调整钢丝圈结构、降低油皮胶厚度等13个降低成本项目，节约成本300多万元。

科技研发　该公司全年共投入科学技术经费2200万元，通过技术创新为企业节约成本718.87万元，新产品销售收入占整个销售收入的17.2%。已竣工投产年产30万条全钢载重子午胎项目经过调整及改进工艺、配方，产品质量逐渐稳定。全年研发7.50 R 16、8.25 R 16等八个规格产品，批量试生产10.00 R 20、11.00 R 20、12.00 R 20等规格产品。完成双工位胎面缠绕生产线改造、BB－270密炼机上辅机控制系统改造等8项技术改造，分别达到预期效果。全年该公司完成新产品、新技术、新工艺共75项（含在研），新产品（项目）鉴定验收7个，向国家和地方申报科研项目24个，获得科技专项拨款779万元。53/80－63（E－4）斜交工程巨胎项目获自治区新产品优秀成果一等奖。年内，该公司申报专利29件，其中发明专利12件、实用新型专利17件；获得授权专利16件（发明专利5件，实用新型11件）。（蒋作宏）

【桂林乳胶厂加强管理增效益】　2010年，桂林乳胶厂坚持管理变革效率优先，在行业整体效益大滑坡的情况下，克服困难，调动各方面积极性，保持企业稳定、健康的发展。全年实现工业总产值2.22亿元，主营业务收入2.24亿元，利润总额402万元。

调整结构优化市场　年内，桂林乳胶厂将多年来以安全套为第一主导的产品销售结构调整为手套类产品为略强的销售结构。该厂凭借医用手套品牌优势，强化品牌宣传，整合重点生产，锁定重点渠道和客户，在加大开发国际国内市场销售渠道外，新开辟“漓江”牌医用手套市场销售新品种，取得明显成效。年内，启动高邦商标“中国驰名商标”申报项目工作。规范高邦产品的包装款式，压缩了高邦品种系列，着力优化品牌，推出新品包装15款。全年实现销售医用手套6209.28万副、检查手套7687.74万只，创历史新高；出口安全套3.45亿只，出口医用手套1348.7万副。

推进科技创新　年内，桂林乳胶厂投入新产品新技术研发费258万元，推进FST 05型防毒手套改型、防毒阻燃手套、轻便型防护手套项目以及高渗油安全套等项目。加强技术改造，投资25万元对3台锅炉操作柜集中控制改造，锅炉“三合一”项目成功运行，每年节约资金26万元；投资40万元更新安全套3#、4#机组的处理干衣机；投资60万元实现17台安全套方包喷码连机一体化，每年节约人力资源成本超过45万元；投资30万元进行医用手套产品液体碳酸钙的工艺试验和机台扩试工作；完成启用高邦安全套新的防伪系统，实现电子扫码发货、防伪、防串货的目标。全年获得国家级发明专利5项，分别为：硅橡胶球囊导尿管和圆尖头的成型方法，自动判定针孔位置的安全套针孔电子检验仪，一高效安全套针孔电子检验仪，高压分流熔断器，性辅助用手指套。获实用新型专利2项：设置有菱形纹和螺纹组合的束腰安全套，一次性B超体内检查探头套。

减员增效工作平稳推进 2010年，桂林乳胶厂完成关联交易企业组织与员工劳动关系的清理。年内，完成对桂林恒保健康用品有限公司股权的清退；完成桂花工贸公司的股份制改造及改造后公司（越美公司）的独立运营。理顺派至恒保公司、桂花工贸公司、SEX 121公司工作员工的劳动关系。

加强企业资金管理和风险控制 年内，桂林乳胶厂实现应收账款账龄分析电子化，建立坏账预警，实现资产负债率控制在53%以下。加强财务成本管理，召开成本分析会，对非常规订单进行成本与价格测算，全年提供各种产品成本测算100多份次，为销售提供定价依据。通过物资采购询价比较、信息管理，提高采购风险意识。全年在煤炭价格上涨的情况下，采购平均价格与上年持平。

【桂林橡胶机械厂生产经营实现持续健康发展】 2010年，桂林橡胶机械厂全年完成工业总产值5.66亿元，增长1.77%；实现销售收入5.90亿元，增长10.99%；实现利税2396.8万元、利润1752.5万元、上缴税金1379.1万元、出口创汇2895.8万美元、实现回款6.70亿元。全员人年均劳动生产率21.40万元，增长5.92%；经济效益综合指数194.09%，增长10.75%。12月，桂林橡胶机械厂第5000台硫化机成功下线，成为国内首家产出5000台硫化机的厂家。

实施战略发展 年内，桂林橡胶机械厂引进生产散件的桂林市新业机械制造有限责任公司入驻，该厂附近形成散件、大件交差加工的生产基地，能及时满足生产临时需求。培育散件厂家具备制作橡胶机械成套件的能力，桂林盛源机械有限公司具备为该厂配套装卸胎的生产能力。开发2家电镀厂家，解决该厂自制中心机构、活络模缸电镀件需到广东省电镀的难题，降低成本完成生产任务。

加大科技研发力度 2010年，桂林橡胶机械厂不断加大科技投入力度，投入研发资金3500多万元，加强新产品、新技术、新工艺开发。其中，投入1000多万元用于购置3.5米数控立车、数控弯管机、激光干涉仪等设备和仪器，并对技术中心软、硬件设施全面进行升级换代。同时，对金工车间的生产工艺布局进行优化改进，对部分旧设备和设施进行了更新改造。年内，完成法国米其林轮胎公司67″高等级液压硫化机及170″、190″大型液压硫化机的设计开发，完成1640机械液压混合式硫化机的设计开发并形成产业化，完成200″机械式硫化机的产业化开发、52″锁环式液压硫化机的试制以及1220电动螺旋硫化机的设计技术储备等。200″硫化机关键技术研究获中国化工集团科学技术二等奖，获广西科学技术进步奖二等奖、市科学技术进步奖一等奖。

专利工作 桂林橡胶机械厂全年共申报科学技术项目12项，获批7项。批复资金2520万元，已拨付557万元。共申报专利31项，其中发明专利4项、实用新型27项。共获授权14项，其中发明专利1项、实用新型13项。 （*石广*）

汽车及零部件工业

【概况】 2010年，桂林汽车及零部件工业形成大各类客车和曲轴、变速箱、同步器、制动器、膜片弹簧离合器、汽车安全玻璃、汽车底盘部件、柴油机及配件、汽车座椅、推窗及车载保险箱等汽车零部件生产体系。全年规模以上企业实现工业总产值45.82亿元，增长80.4%；工业销售产值44.96亿元，增长81.8%；产、销首次双双超过40亿元大关。其中桂林客车工业集团有限公司（含上海万象汽车制造有限公司）各类客车产、销分别完成2737辆和3080辆，实现工业总产值8.46亿元，实现销售收入9亿元,工业增加值1.4亿元;汽车零部件完成工业总产值37.4亿元,完成销售产值36.06亿元,工业增加值3.42亿元。产值超1亿元以上的企业6家:桂林福达集团有限公司(35.05亿元)、桂林客车工业集团有限公司(8.46亿元)、桂林皮尔金顿安全玻璃有限公司(3.78亿元)、万向钱潮(桂林)汽车底盘部件有限公司(2.18亿元)、广西华盛集团桂林英才机械有限责任公司(1.1亿元)、广西广汇低温设备有限公司(1.05亿元)。

【汽车工业项目建设】 2010年,汽车工业固定资产累计完成投资11.03亿元,增长46.2%,其中基础建设完成投资0.64亿元、更新改造完成投资10.35亿元、其他投资0.04亿元。汽车零部件实际完成投资额10.25亿元,增长47.69%。项目新增销售收入51.2亿元,利润10.3亿元,税额10.14亿元。年内,重点推进桂林福达集团有限公司总投资8.29亿元的年产10万吨精密锻造件锻造中心、桂林客车工业集团有限公司总投资1.3亿元的年产8000辆客车及底盘生产线搬迁改造项目建设。促成桂林福达集团有限公司年产10万吨精密锻造件锻造中心(一期)和比亚迪曲轴生产线、桂林客车工业集团有限公司年产8000辆客车和底盘生产线搬迁改造重点项目竣工投产。

【汽车产品结构不断完善】 2010年,桂林有桂林大宇客车有限公司、桂林客车发展有限责任公司、桂林桂联客车工业有限公司、上海万象(桂林)汽车有限公司等整车生产企业4家,桂林福达集团有限公司、万向钱潮(桂林)汽车底盘部件有限公司、皮尔金顿(桂林)公司、巴斯夫(桂林)催化剂有限公司、桂林星火机械制造有限公司等规模以上汽车零部件生产企业18家。8月,桂林锚盾汽车保险箱科技有限公司在平乐县二塘工业集中区落户,项目投资1亿元,兴建厂房面积7万平方米,可实现年产值5亿元,利税1亿元以上。

【汽车及零部件市场销售持续提升】 2010年,桂林客车工业集团有限公司生产的各类客车保持国内领先水平,产品有良好的市场前景,批量的桂林大宇高速豪华座位车服务湖南和四川客运市场。年内,桂林客车工业集团有限公司客车销售3080辆,累计销售量在全国排名第十一名,部分产品出口中东及东南亚地区。桂林福达集团有限公司生产的发动机曲轴、汽车离合器总成、汽车螺旋伞齿轮、汽车变速器总成等零部件,为东风、解放、重汽等40多家汽车及发动机生产企业配套,部分产品出口美国、俄罗斯、印度、越南、古巴等国外市场。万向钱潮(桂林)汽车底盘部件有限公司生产的汽车底盘部件,产品主要为上汽通用五菱汽车股份有限公司、东风柳州汽车有限公司、一汽柳州特种汽车厂、桂林客车工业集团有限公司、一汽海马汽车有限公司、海马(郑州)汽车有限公司、三一重工集团、柳州工程机械厂等企业配套,产品出口美国、澳大利亚、韩国、日本等国家。桂林星火机械制造有限公司生产的星火牌锁销式和滑块式汽车同步器,为浙江东风齿轮有限公司、湖南康益机械发展公司、广东韶关宏大齿轮公司、株洲齿轮有限公司、山东临工汽车桥箱公司、桂林福达集团、第二汽车制造厂等汽车变速箱生产企业配套,并出口美国S&S国际有限公司,在钢基及铝合金同步器齿环锥面反应喷涂金属陶瓷涂层技术的开发,填补了国内空白,可年产各种同步器120万件。桂林皮尔金顿安全玻璃有限公司年产汽车安全玻璃100多万平方米的生产能力,产品质量获得ISO 9001:2000、QS 9000及美国DOT认证(认证制度即联邦机动车辆安全标准),并达到ECE(欧共体法规标准)、JIS(日本工业标准)。

【桂林客车工业集团有限公司强内力抓研发】 桂林客车工业集团有限公司(简称桂客集团)是国家生产客车并拥有整车和底盘生产资质的大型企业之一。2010年,桂客集团有职工1800多人,其中各类专业技术人员300多人;注册资本3.04亿元,总资产13.5亿元,净资产5.2亿元;有上海万象(桂林)汽车制造有限公司、桂林大宇客车有限公司、桂林客车发展有限责任公司等3家全资的直属客车制造、控股、参股客车生产企业。该公司主要产品有传统的大、中、轻型各类燃油公路客车、城市客车、旅游客车,以及10~12米新能源纯电动系列客车,并生产客车底盘。全年共计销售客车3080台,销售收入9亿元。2月,桂客集团再次引进战略合作伙伴进行增资。9月,完成新厂房搬迁并投产,新厂房面积4.4万平方米,办公楼2600平方米,各项工装设备先进,按工位设计日产整车可达14台;并通过国家对汽车生产地址变更、新能源客车生产资质和产品公告、高压容器安装审核(天然气气瓶安装)、3 C 认证、ISO 9001 认证复核等审核工作。

【桂林大宇客车公司提升市场占有率】 桂林大宇客车公司是自治区最大的客车生产企业和交通部重点客车生产企业之一,是中国外商投资企业500强企业和自治区外商投资企业50强企业之一。2010年,该公司在册职工726人,有十多个系列、100多款车型,涵盖公路、旅游、城市客车、旅游客车和单位团体用车。产品遍销全国31个省、自治区、直辖市,并远销波兰、蒙古、菲律宾、越南等海外市场。全年实现工业总产值4.81亿元,增长25.59%,工业销售产值4.94亿元,增长18.42%。11月,该公司与广西玉柴集团合作研发的10米纯电动客车和12米插电式混合动力新能源客车研发项目启动,并开发纯天然气、油气混合等多个技术方向的新能源客车。年内,城市魅力GDW 6126 HG城市客车获2010年CIBC年度客车精品奖。节油产品—新型大容量豪华客车锋行者GL 6129 HC在北京第十届国际交通技术与设备展览会上获"最佳公路客车"大奖。

【桂林星火机械制造有限公司取得新发展】 2010年,桂林星火机械制造有限公司有职工210人,有各种生产、检测设备300多台(套)。全年实现工业总产值5500万元,增长27.9%,销售5000万元,增长36.7%。主要产品是客、货汽车配套并批量出口美国的星火牌锁销式和滑块式汽车同步器,国内产品有1700 E、EQJ 131、LG 528、Q 08等50多个品种,直接为浙江东风齿轮有限公司、湖南康益机械发展公司、广东韶关宏大齿轮公司、株洲齿轮有限公司、山东临工汽车桥箱公司、桂林福达集团等汽车变速箱生产企业配套。年内,该公司采取产、学、研合作研发模式,与武汉理工大学、湖北工业大学等高校开展多个项目的合作,申报的碳纤维布复合摩擦材料及在制造汽车铝合金同步器齿环摩擦层上的应用、碳纤维布复合摩擦材料及在制造汽车粉末冶金同步器齿环摩擦层上的应用、碳纤维摩擦材料及在制造汽车钢制同步器齿环摩擦层上的应用、在碳钢同步器齿环锥面设置Mo*FeB*(金属陶瓷涂层)的方法、在铝合金同步器齿环锥面设置Mo*FeB*(金属陶瓷涂层)的方法等5项国家发明专利,有4项获国家知识产权局专利证书。年内,该公司通过并获德国莱茵公司的ISO/TS 16949:2009的质量管理体系认证证书。年末,该公司通过技术改造成功新建一条生产线和生产车间并正式投入使用,该公司具有年生产120万件汽车同步器的能力。 (石广)

机械·电器工业

【概况】 2010年,桂林市机械、电器行业有规模以上企业98家。全年行业规模以上企业工业总产值146.1亿元,增长38.0%;工业增加值45.1亿元,增长30.2%;工业销售产值136.0亿元,增长38.5%。行业工业总产值增幅38.0%,超过全市规模工业总产值0.9个百分点。年内,工业总产值超1亿元的企业27家,其中工业总产值超过20亿元的企业为桂林国际电线电缆集团、超过10亿元的企业为桂林电力电容器有限责任公司、超过5亿元的企业为桂林电器科学研究院和桂林橡胶机械厂。

【整体经济效益显著提升】 2010年,桂林市机械、电器行业经济效益提升明显,行业利润增长较快,全行业实现利润5.4亿元,增长47.9%,超过全市工业企业利润平均增长率6个百分点。桂林国际电线电缆集团、桂林电力电容器有限责任公司、英格索兰(桂林)工具有限公司利润总额均超过0.5亿元。全行业企业利润增长超过行业平均利润增长的企业达40家,占行业企业数的40.8%。其中桂林利鑫金属制品有限公司、桂林天柱机械有限公司、桂林桂冶实业有限公司利润增幅均超过800%。

【加大建设项目力度】 2010年,桂林市机械、电器行业固定资产投资35.3亿元,增长280.6%。其中:基本建设投资14.5亿元,增长192.5%;更新改造投资20.8亿元,增长504.6%。行业重点推进新开工建设项目有:桂林电器科学研究院总投资10亿元,新建电工电子新材料产业基地项目;桂林机床股份有限公司提高大型特大型数控机床生产能力技术改造项目;桂林五环电器制造有限公司进行电抗器、变压器系列技术改造项目;

桂林毛嘉机床有限责任公司新增生产车间、数控机床生产设备线项目；桂林中核机械厂橡胶轮胎双复挤出联动线搬迁改造项目等。跟踪推进的重点项目有：桂林桂冶实业有限公司建设年产200台大型压机等搬迁改造项目，桂林国际电线电缆集团有限责任公司特种电缆异地搬迁改造项目，桂林电力电容器有限公司新建特高压电力电容器生产基地项目，桂林桂联农业装备有限责任公司技术中心建设及微型水稻收获机械技术创新开发项目等。

【提升技术创新能力】 2010年，桂林市机械、电器行业新产品开发获得突破，部分新产品在全国处于技术领先地位。其中桂林电力电容器有限公司完成特高压串补电容器、66千伏电容器组小型化装置的研制，脉冲电容器的技术研究取得突破，TBB 110－216500/501－AQW并联电容器装置和TYD 1000/√3－0.005 H型电容式电压互感器，是唯一通过国家级鉴定的并联电容器及其装置和1000千伏电容式电压互感器，也是唯一获得国际先进水平评价的电容器及其装置和国际领先水平评价的电容式电压互感器。在2010年度自治区重工业先进工艺工装及优秀设备改造成果评审会上，全市共申报22项成果，增长22.2%。其中先进工艺工装类成果获一等奖2项、二等奖3项、三等奖6项；优秀设备改造类成果获二等奖5项、三等奖6项。桂林桂冶实业有限公司和华力重工机械有限责任公司的技术中心获自治区级企业技术中心。

【桂林电力电容器有限责任公司加强科技创新】 2010年，桂林电力电容器有限责任公司全年生产总值8.52亿元，增长1.24%；销售收入8.68亿元，增长13.23%；实现利税1.55亿元，增长22.29%；实现利润0.7亿元，降低13.03%。年内，该公司完成特高压串补电容器的研制，居世界领先水平；完成CAM 5.63－622－1 W样品设计，设计场强达58.7 MV/m，产品通过试验验证；完成TBB 66－60000/500－AQW小型化装置的研制。11月6日，该公司用于1000千伏晋东南—南阳—荆门特高压交流试验示范工程的TBB 110－216500/501－AQW并联电容器装置产品、TYD 1000/√3－0.005 H型电容式电压互感器产品、AM 6.08－464－1 W、BAM 6.56－501－1 W型并联电容器产品通过由中国机械工业联合会组织的专家评审组鉴定，其中TBB 110－216500/501－AQW并联电容器装置和TYD 1000/√3－0.005 H型电容式电压互感器，是国内唯一通过国家级鉴定的并联电容器及其装置和1000千伏电容式电压互感器，也是国内唯一获得国际先进水平评价的电容器及其装置和国际领先水平评价的电容式电压互感器。

【桂林矿山机械厂深层次开发产品】 2010年，桂

10月14日，自治区政协主席马铁山（前排左二）视察中国化工橡胶桂林有限公司苏桥新区项目建设。

彭峰　摄

林矿山机械厂加强产品的深层次开发。桂矿牌 R 型摆式磨粉机通过试验研究，加工超细粉的能力提高 1 倍，节能 50%。年内，该厂开发了大规格的 6R 型摆式磨粉机，已投入试制阶段。经中国重型机械协会破磨专委会认定，桂林矿山机械厂生产的桂矿牌 R 系列摆式磨粉机产销量，连续 9 年居全国同行业第一，技术水平处于领先地位。该厂仓库物资实行电脑化管理，对销售欠款采取先按比例扣罚收回后返还的方式控制，货款回收率 99%。对采购物资特别是波动大的钢材等实行比价采购，对采购外协物资实行定价后电脑化控制管理，高于定价的未经审批的一律不能直接入账、入库。

【桂林天湖水利电业设备有限公司取得新发展】 该公司为广西水利电业集团有限公司控股 95% 的子公司，前身为广西桂林变压器厂。2010 年，该公司在职员工 135 人。拥有国内先进的生产设备和检测设备，主要产品有 S 15、S 13、S 11 系列的低损耗节能电力变压器，YBW 12 型预装式变电站，美式箱变，式变压器，地变压器，弧线圈，炉变压器，整流变压器，是广西专业生产变压器的骨干企业。全年共生产变压器 3240 台，总容量 62 万千伏安，产值 7000 万元，完成销售额 8561 万元，实现利润 143 万元。7 月，该公司与灵川县政府完成八里街 1 号工业园 6.67 公顷土地购地合同的签订。年内，该公司荣获 2010 年广西企业与企业家联合会颁发的广西优秀企业。

（李少铸）

锰　　业

【概况】 桂林市锰业行业属于高耗能行业，国家有严格的产业准入限制。2010 年，全市锰业行业主管部门组织企业向自治区工业和信息委员会申报行业准入认定材料，取得一定成效。至年末，全市上报产业认定资料的企业 108 家，通过产业认定的企业 98 家。全行业实现生产规模平稳发展、经济效益显著增长的局面，全年全行业规模以上企业工业总产值 56.1 亿元，增长 6.0%；工业销售收入 53.6 亿元，增长 6.4%；工业增加值 23.5 亿元，增长 19.8%。全行业规模企业实现利润 1.3 亿元，增长 263.4%。年内，重点规模企业抓住经济回暖的市场机遇，取得一定的发展，工业总产值超过 5 亿元的企业为桂林康密劳铁合金有限公司。

【结构调整初见成效】 2010 年，桂林锰业受到节能减排调整，固定资产投资 16.6 亿元，降低 1.3%。其中：基本建设投资 3.0 亿元，降低 12.2%；更新改造投资 12.0 亿元，增长 1.4%。全年重点推进新开工建设项目有：桂林康密劳铁合金有限公司锰系合金搬迁及产品升级项目，全州翔云锰业有限公司 20 万吨熔烧还原氧化改造项目，荔浦县锰矿深加工项目，桂林金山化工有限责任公司（金殿冶炼）2×25000 千伏安硅锰合金电炉升级改造和生产硅锰合金整套生产线及厂房改造项目，平乐文华锰业发展有限公司硅锰合金生产线改造项目，灌阳县兴发冶炼厂 3×12500 千伏安矿热炉改造项目，全州县丰源铁合金有限责任公司 25000 千伏安矿热电炉技改项目等。继续跟踪推进的重点项目有：全州县龙华铁合金有限公司 25000 千伏安矿热电炉技改项目，全州县天马铁合金有限公司 25000 千伏安矿热电炉技改项目，广西兆虹锰业有限公司电解金属锰项目，桂林灌阳翔云铁合金有限公司 2×12500 矿热炉改造，灌阳银羽铁合金有限公司 2×12500 矿热炉改造项目等。

桂林康密劳铁合金有限公司　2010 年，桂林康密劳铁合金有限公司全年生产铁合金 10.05 万吨，增长 11.61%，实现工业总产值 6.79 亿元，增长 20.20%。年内，该公司决定企业整体搬迁至三街镇，淘汰落后生产设备，新建以节能降耗、污染治理、综合利用、工艺装备先进适用、产品具有高品质、高附加值为特点，以高碳、中碳、低碳锰铁和锰硅合金为主的多品种锰系合金生产基地。项目占地 51.47 公顷，一期总投资 8.7 亿元（其中固定资产投资 7.56 亿元）。项目分二期建设，项目共设置 25 套除尘装置，涵盖整个工艺流程。设置 9 套水循环系统，全部工业用水循环使用，做到工业和生活用水零排放，水重复使用率达到 98%；项目回收矿热煤气和高温烟气余热，年余热发电量达 1400 万千瓦小时。

桂林翔云锰业有限责任公司　2010 年，该公司全年实现工业总产值 4441 万元，利润 326 万元。年内，该公司投资 1200 万元与清华大学合作研发出氧化锰“还原焙烧系统”的先进专利技术，节能效果达到50%以上。投资300万元建成防渗漏的大型沉淀池，采取中水回用，达到废水零排放。广西永福海丰铁合金有限公司2010年，该公司全年实现工业总产值1.2亿元，利润61万元。年产生产能力为锰硅合金1.2万吨，产品牌号以FeMn 68 Si 18为主，是柳州钢铁股份有限公司的铁合金生产基地。

广西灌阳县兴发冶炼厂 该公司全年实现工业总产值3.6亿元，利润542万元。主要产品以6014国标硅锰为主。年内，淘汰6300千伏安矿热炉3台，技术改造16500千伏安矿热炉2台。新改建的矿热炉全部采用最先进低烟灶矿热炉及负压脉冲除尘器。

龙胜各族自治县大通锰铁有限责任公司 2010年，该公司全年销售收入5300万元，利润总额360万元。

桂林恭城长行冶金炉料有限责任公司 2010年，该公司全年实现工业总产值1.3亿元，利润177万元。

广西桂林大锰锰业投资有限责任公司 2010年，该公司是集投资、矿山开采、高科技及进出口业务为一体的投资性公司，全年实现工业总产值1.6亿元，利润2979万元。从业人数526人。

（李少铸）

轻纺工业

【概况】 2010年，桂林轻纺工业企业加大结构调整力度，加快技术升级和装备更新，增强技术创新能力和新产品开发能力，促进产业的持续快速发展，全市轻纺工业总体呈现“产销两旺，量效齐增”的良好态势。年内，全市共有轻纺工业规模企业389家，完成工业总产值351.69亿元，完成工业增加值113.20亿元。

【经济总量再上新台阶】 2010年，桂林轻纺工业主要经济指标仍保持较高速度增长。一是总体规模扩展显著。全市规模轻纺工业完成工业总产值351.69亿元，增长37.47%，总产值占全市规模工业总产值36.94%。其中：食品饮料工业完成工业总产值182.93亿元，增长39.6%，占全市轻纺业总产值52.02%。二是完成工业增加值113.20亿元，增长27.2%，保持较高水平。三是单位规模明显放大。全市有规模轻工企业389家，比“十五”计划期末增加134家，工业总产值超1亿元的有96家，比“十五”计划期末增加76家。

【经济效益稳中有升】 2010年，轻纺工业生产取得产效并举的可喜成果，效益提升明显，主要经济指标在上年高速运行的平台上继续显现出较强增长的势头。全年规模轻工业主营业务收入352.84亿元，增长40.45%，占全市规模工业主营业务收入41.24%；实现利润22.10亿元，增长22.45%；实现利税总金额38.43亿元，增长20.39%。全年轻工业增加值113.20亿元，增长27.2%，增速快于重工业2.4个百分点。其中：食品饮料工业主营业务收入168.18亿元，增长43.63%，占轻纺工业主营业务收入47.67%，实现利润13.01亿元，增长24.86%，利税总金额21.08亿元，增长19.98%；纺织工业主营业务收入3.93亿元，增长15.55%，占轻纺工业主营业务收入1.87%，行业亏损1827万元，减亏1458万元，利税总金额2634万元。

【重点行业增长加速】 2010年，轻纺工业所属的9个主要行业中，农副产品加工、食品制造、饮料制造、纺织、皮革及羽毛制品业、木材加工业、造纸及纸制品业、印刷业等行业发展较快，总产值分别增长49.3%、29.4%、36.3%、37.7%、66.5%、48.7%、38.4%和44.4%。轻纺工业生产快速增长的同时，支柱产业增长加速，产业结构调整步伐加快。重点企业在整个行业中的主导地位进一步突出，燕京啤酒（桂林漓泉）股份有限公司、桂林娃哈哈食品有限公司、桂林市力源粮油食品有限公司等企业的高速增长，带动大米加工、玻璃制造、包装材料、建筑建材装饰、交通运输等相关企业的发展。

【新产品开发力度加强】 2010年，轻工行业新产品开发硕果累累，新产品产值达65.77亿元，增长85.32%，占全市规模工业新产品产值的47.66%。年内，桂林三花股份有限公司开发中高端产品（含包装改进）19款。新产品销售额增长66.59%。北京王致和（桂林腐乳）食品有限公司针对辣味腐乳、大瓶腐乳在市场上的空白，推出了250克辣味腐乳、610克辣腐乳、90克礼盒装等新产品，取得很好的市场效果。

【技术改造投入进一步加大】 2010年，全市轻工行业技改投入进一步加大，提高了企业的竞争能力。桂林娃哈哈食品有限公司新开发土地33.33公顷，进行第三期投资。桂林三花股份有限公司投资2000万元，完成桂林兴安宏兴公司原酒基地扩建；投资50万元对白酒酿造车间大罐、糖化槽进行更新改造，促进产品质量提升；投资300余万元对象鼻山车间进行改造，已建设成集生产、旅游一体化的窗口车间，被授予广西工业旅游示范点。北京王致和（桂林腐乳）食品有限公司共投入资金近100万元，实施15个技术改造项目。桂林立白日化有限公司对1.6吨/时磺化装置进行优化设计和合理改造，使磺酸产量、原料消耗及能源消耗水平得到提高。

【食品安全监管强化】 2010年，桂林食品生产企业加强对食品质量和安全的控制，10家企业被列为桂林食品工业企业诚信体系建设试点单位。北京王致和（桂林腐乳）食品有限公司制订《车间卫生管理制度》，完善《车间质量过程监控方案》，使产品质量得到稳定。

【节能减排成效显著】 2010年，轻纺工业在经济效益快速增长的同时，节能减排工作取得明显成效。燕京啤酒（桂林漓泉）股份有限公司为消化原辅材料随CPI（消费者物价指数）上涨的压力，围绕啤酒酿造工艺中的消耗指标，实施精细化管理，全年循环经济共创造直接利润7000多万元，占公司总利润的15.3%，成为自治区首个循环经济试点验收企业。桂林娃哈哈食品有限公司加强技术改造，将奶线制瓶机7.5千瓦的电机改为11千瓦，电机损坏率大大下降，产能增加10%。

（任建忠）

建材工业

【概况】 2010年，桂林市建材工业规模以上企业有64家，其中：非金属矿采选业14家，非金属矿物制品业50家。完成工业总产值72.46亿元、工业增加值24.53亿元、工业销售产值68.84亿元，分别增长39.4%、21.9%、39.5%。年内，桂林南方水泥有限公司在恭城瑶族自治县技术改造项目完成并投入生产。

【墙改节能成效显著】 2010年，桂林市墙改办贯彻国家、自治区墙材革新与节能减排的政策法规，狠抓落实淘汰砖厂落后产能的措施，完成市政府墙改节能减排的任务。年内，全市生产新型墙材7.0亿标块、节约标准煤4.34万吨、节省耕地77公顷（以挖深2米计）、减排二氧化硫0.02万吨、利用废渣35万吨。市区推广应用新型墙材比例达90%、各县平均达30%，分别提高3个百分点和5个百分点。淘汰落后产能砖厂15家，技术改造落后砖窑成达标轮窑9座，新建成隧道窑、加汽混凝土等先进生产线5条，墙材业生产工艺和技术设备得到更新换代。

【首条蒸压加气混凝土砌块生产线建成投产】 2010年11月，桂林市首条加气混凝土生产线建成投产，填补了市新型建材产品的空白。该生产线是象山区重点引进项目，位于象山区二塘乡桂阳公路右侧，占地5.33公顷，总投资5000万元，年产加气混凝土砌块30万立方米和墙体粘合剂2万吨。由桂林高锋新型建材有限公司投资兴建。该公司购置国内先进的生产设备和产品质量检测设备，其产品质量经自治区建筑施工材料质量监督检验站检验符合认证标准。该新型墙体产品的特性是轻质、保温隔热、节能、防火、抗渗，加工方便、经济，尤其适用高层建筑推广应用的新型墙体材料。

（周锡玉）

二轻城镇集体工业

【概况】 2010年，桂林市工业合作联社（简称市工业联社）有市属城镇集体工业企业5家，县属城镇集体工业企业31家。全年完成工业总产值5.29亿元，增长9.99%，其中市区1.16亿元、各县4.13亿元；实现工业销售产值5亿元，增长14.63%，其中市区1.03亿元、各县3.97亿元；实现利税4998万元，增长81.97%。非生产型企业实现经营收入9500万元，增长30%。主要产品产量：油漆1442吨，塑料制品3305吨，墨水376万瓶，墨汁44万瓶，木衣架1.34亿支，金属衣架964万支，塑料衣架1260万支，金属配件1345吨，瓦楞纸板5666吨，食品饮料1.23万吨。

【经济增长效益提高】 2010年，市工业联社系统生产经营保持稳步增长势头，工业经济呈现速度提升、质量改善的良好运行态势。全年市属企业完成工业总产值1.16亿元，增长24.85%，完成工业销售产值1.03亿元，增长28.20%，实现利税1492万元。其中：桂林第三塑料厂完成工业总产值8003万元，增长40.16%，完成利税79万元，增长38.57%；桂林德隆股份有限公司完成工业总产值2691万元，增长19.39%，完成利税240万元。年内，市工业联社非生产型企业取得长足发展，完成经营收入9500万元，成为工业联社联社经济增长的一个亮点。

【加快行业特色经济区域发展】 2010年，荔浦县的衣架生产是全自治区二轻行业的四个特色经济区域之一，该县成为全国衣架制品的主要生产地和出口产品生产基地。年内，市工业联社根据荔浦县衣架行业发展状况，与荔浦县工业联社共同制订促进行业发展、争取特色经济区域授名工作计划，并指导计划实施工作。9月，荔浦县通过中国轻工业联合会、中国日用杂品工业协会的审评，获中国衣架之都。全年，荔浦县衣架特色产业完成工业总产值20亿元，增长17.65%；实现主营业务收入19亿元，增长18.75%；完成出口交货值16.5亿元，增长22.22%；完成税收9500万元，增长17.28%；从业人员3.3万人。

【推进集体企业改革改制】 2010年，桂林市城镇集体企业改革领导小组办公室积极推进城镇集体企业改革改制，为企业改制铺路架桥，解决集体企业改制过程中出现的国有资产界定、土地处置、职工安置等具体问题。热心为企业服务，做好改制政策宣传、咨询、指导工作，帮助企业完成改革改制各项程序。年内，完成桂林市皮革塑料工业公司和桂林市红星印刷厂的改制工作；指导和推进桂林市建昌建筑安装工程公司、桂林市玛钢厂、桂林市电动工具厂等8家企业的改制筹备工作。各县城镇集体企业改革工作稳步推进，临桂县工业联社完成了临桂县五金厂、电子仪器厂的改制工作；恭城瑶族自治县工业联社完成恭城瑶族自治县糖果食品厂、恭城瑶族自治县染织厂、恭城瑶族自治县侨联食品厂、恭城瑶族自治县二轻副食品厂的改制工作。

【加大技术改造力度】 2010年，桂林市第三塑料

3月29日，桂林威迈壁纸有限公司生产的丝绒壁纸系列。

杨志沅 摄

厂投入1000万元引进英国设备,完成高档墙纸系列产品的研发和技术改造工作,形成了年产高档墙纸350万卷、产值8000万元的规模。桂林德隆股份有限公司投入10万元改造树脂生产燃油系统,使生产加热用柴油使用量降低20%;桂林德隆股份有限公司下属公司投入50万元,建成标志、标牌制作中心,形成交通设施工程配套所需的标志、标牌、护栏等生产、安装能力。临桂县柳明钢化玻璃有限责任公司投入技术改造资金500万元,开发新产品,实现工业总产值3000万元,利税400万元。

(龙弈芬)

安全生产监督管理

【概况】 2010年,桂林市的安全生产工作坚持“安全第一、预防为主、综合治理”的方针,深入开展“安全生产年”各项工作任务,落实安全生产责任,加大安全生产监管力度,全面排查治理各类安全隐患,防范重特大事故的发生。全市围绕企业建立健全安全培训教育制度要求,加大对企业负责人、安全管理人员及特种作业人员的教育和培训力度,加强乡(镇)、村基层安管人员的培训。年内,全市共举办各类宣传教育活动166场次,开办各类安全生产培训班120期,培训各类人员14289人,复审7689人次。

【安全生产控制指标良好】 2010年,全市安全生产态势稳中有降,各项指标控制较好,总体保持稳定。全年的安全生产控制指标数为264人,共发生各类事故448起,死亡254人,受伤371人,直接经济损失860.1万元,分别降低21.87%、3.92%、16.25%、增长29.04%。其中:道路交通事故死亡189人(含高速公路9人),城乡火灾事故死亡2人,工矿事故死亡33人,铁路路外事故死亡20人,水上交通死亡1人,农机全年无事故。全年节余控制指标10人,安全生产控制指标连续9年持续下降。年内,全市共发生一次死亡3人以上事故9起,死亡32人,3人以上事故起数比自治区下达的指标任务少2起。全市连续9年未发生一次死亡10人以上重特大安全生产事故。

【开展“安全生产年”活动】 2010年,桂林市积极开展“安全生产年”活动。一是全面落实安全生产责任制,按照市、县、乡、村级属地监管权限和职责,安全监管工作形成政府统一领导、部门依法监管、企业全面负责、群众参与监督、社会广泛支持的局面。二是开展安全生产大检查督查活动,在重大节假日和特殊时期,在全市范围内开展全方位多领域安全生产大检查督查活动。三是开展安全生产“三项行动”(安全生产执法行动、治理行动和宣传教育行动),全年全市共进行行政执法532次、行政处罚266次、关闭无证照非法生产经营点336处,隐患排查治理7491项,教育培训168场次。四是全面进行隐患整改治理,在全市确立自治区、市、县、乡、村五级重点监督整改的重特大事故隐患1697项,并由市政府督查办牵头全程负责对重大事故隐患的检查督办工作,至年末,全市1697项五级重大隐患全部整改完成。五是严厉打击“三非”(非法建设、非法生产、非法经营)活动,全年共捣毁16个不具备安全条件的尾矿点65台洗矿机组,罚款70多万元,没收矿产品560吨,拆除变压器12台、电力线1500米、钢水管1000余米,取缔关闭32家不具备安全生产条件的采矿点;查处违章车辆398台次、无证驾驶35人、证照与所驾车型不符29人;查处无牌无证拖拉机599台次、无证驾驶415人次、违法载人937台次;查扣销毁非法营运排筏5艘、收缴非法营运排筏2艘;端掉“黑炮”制造窝点10个,捣毁制造机械6台,收缴烟花爆竹512件,治安拘留8人;查处整治消防设施设备不全、损坏或陈旧过期的196处。

【重点行业领域安全生产专项整治】 2010年,市安全生产监督管理局加大对非煤矿山、道路和水上交通、危险化学品、烟花爆竹和民爆物品、公众聚集场所消防、建筑施工、农机等行业领域的安全生产专项整治力度,把重点行业领域的安全监管作为安全生产工作的主要工作,全年共制订专项整治方案35个,开展重点行业领域专项检查和专项整治活动130余次,排查事故隐患6632处,各相关企业共投入资金2880多万元对排查出的隐患进行了整改。全年各重点领域的安全状况明显好转,重特大安全生产事故得到有效遏制。

(刘德光)

农业·水利

5月4日，市委书记、市人大常委会主任刘君（左一）在资源县马家村考察红提扶贫项目。

市农业局　供稿

概　　述

【概况】 2010年,桂林市的农业和农村经济保持持续稳步发展。全年全市农林牧渔业总产值319.21亿元,(比上年,下同)增长5.1%。其中:农业产值183.47亿元,增长5.1%;林业产值19.42亿元,增长3.7%;牧业产值99.22亿元,增长5%;渔业产值8.07亿元,增长6%;农林牧渔服务业产值9.03亿元,增长7.5%。实现农业增加值202.6亿元,增长4.8%;农民人均纯收入5487元,全市农产品价格物价上涨指数控制在2.5%以内。年内,全市从事种植业的农民专业合作社1239个,农村专业合作经济组织共发展到1590个,其中有10个获自治区"合作之星"、41个被确定为自治区示范单位、4个被确定为全国示范单位。

【种植业生产稳步增长】 2010年,全市粮食播种面积37.07万公顷,(比上年,下同)增加0.16万公顷,增长0.43%;受自然灾害影响,粮食总产量186.17万吨,减少7.13万吨,降低3.69%。水果栽培面积20.75万公顷,增加0.11万公顷,增长5.3%;总产量254.45万吨,增加17.59万吨,增长6.9%,创历史新高。蔬菜复种面积16.39万公顷,增加0.26万公顷,增长1.61%;总产量323.53万吨,增加9.23万吨,增产2.94%。经济作物(不含蔬菜、水果)播种面积6.47万公顷,增加0.31万公顷,增长5.03%。食用菌栽培面积3062公顷,增加241公顷,增长8.5%。

【养殖业取得新成绩】 2010年,全市畜牧业总产值98.74亿元,增长4.55%。全年共出栏生猪410.32万头,增长3.24%;出栏肉牛15.27万头,增长0.26%;出栏肉羊17.76万只,增长1.6%;家禽1.07亿只,增长4.19%。肉类总产量49.48万吨,增长3.85%。水产养殖面积13940公顷,增加80公顷,增长0.58%;水产品产量9.11万吨,增加0.52万吨,增产6.02%。特色养殖蓬勃发展,以竹鼠、亚冷水性渔业养殖为主的特色养殖成为新亮点。地方保护品种申报工作取得新突破,龙胜各族自治县凤鸡、翠鸭被列入国家特有品种资源目录。

【林业稳步发展】 2010年,全市林业总产值178.3亿元,林产工业总产值89.96亿元,逐步形成竹木加工贸易、人造板制造、竹制品加工、木衣架生产四大产业集群。年内,增加造林面积2.63万公顷,森林覆盖率68.15%;花卉苗木面积4380公顷;义务植树1046万株;沼气池16140座,可建池入户率达到78.9%,持续位居自治区第一名。

【落实强农惠农政策】 2010年,全市共发放各类惠农补贴资金合计11.16亿元。其中:直接补贴种粮农户的农资综合直补资金4.20亿元,粮食直补资金0.55亿元,水稻、玉米良种补贴0.92亿元,农机购置补贴资金0.43亿元,退耕还林补贴资金0.80亿元,沼气池建设补贴资金0.06亿元,农村义务教育寄宿贫困生生活补贴0.87亿元,新型农村合作医疗补助资金0.83亿元,家电下乡补贴资金1.17亿元,汽车、摩托车下乡补贴资金1.14亿元,晚稻增施肥补贴0.19亿元。

【农业产业结构优化】 2010年,桂林市的粮食生产与蔬菜、水果等经济作物种植的比例结构调整为49.63:50.37,蔬菜、水果等产业快速发展。农产品品种结构不断优化,形成了一批优质农产品生产基地,其中优质稻占水稻面积94.22%,水果良种覆盖率91.5%,无公害农作物面积23.12万公顷。优质粮、优势果、特色蔬菜、食用菌等主导产业进一步向优势区域集中,形成以雁山区、临桂县、灵川县为主的城郊蔬菜主产区,占全市种植面积的55%以上;以灵川县、永福县、资源县、龙胜各族自治县为主的反季节蔬菜主产区,占全市种植面积的50%以上;以灵川县、全州县、兴安县、资源县为主的葡萄主产区,占全市种植面积的96%;以阳朔县、平乐县、恭城瑶族自治县为主的月柿和沙田柚主产区,分别占全市种植面积的85%和69%;以阳朔县、灵川县为主的金橘主产区,占全市种植面积的82%;以海洋山山脉为主的高山优质桃李主产区,占全市种植面积的90%以上;形成以临桂县、灵川县、全州县、兴安县、荔浦县为主的食用菌主产区,占全市种植面积的90%以上。

【农作物新品种新技术应用加快】 2010年,全市农业生产积极推广应用农作物“三免三避”(水稻免耕、马铃薯免耕、玉米免耕,避寒、避雨、避晒)、间套种、测土配方施肥、水稻免耕抛秧、植保“三诱”(性诱、色诱、光诱)、生猪生态养殖等实用新技术。全市建成农作物新品种展示片196个,推广农作物新品种2520个。

【农业产业化快速发展】 2010年,全市农业产业化发展迅速,通过市级及市级以上认定的农业产业化重点龙头企业有119家,其中通过国家级认定2家、通过自治区级认定11家,农业品牌战略进一步扩展。年内,荔浦县被确定为中国最大木衣架生产基地,灌阳雪梨、荔浦马蹄获农业部农产品地理标志登记保护,“永福香”稻米品牌获自治区粮食行业唯一著名香米商标,永福县龙江乡、阳朔县白沙镇、兴安县溶江镇和华江瑶族乡分别获得广西罗汉果之乡、金橘之乡、葡萄之乡、毛竹加工之乡,灌阳县文市镇瑶上村、资源县中峰乡大庄田村、恭城瑶族自治县莲花乡势江村、灵川县海洋乡小平乐村分别获得广西石材村、红提村、月柿村、桃子村。发展观光休闲农业新产业,全市累计已建成国家级农业旅游示范点13个、自治区级农业旅游示范点19个,创建现代农业科技园、休闲农庄、农业观光采摘园和农家乐449个。全年接待乡村游游客530万人次,旅游收入超过6亿元。

【农产品质量安全建设】 2010年,全市累计创建无公害生产示范基地县10个,无公害农产品认证面积23.33万公顷,获无公害农产品标志使用权产品100个;绿色食品基地认证面积5.8万公顷,批准产量76.3万吨,获绿色食品标志使用权产品45个;有机食品认证面积20公顷,批准产量309吨。年内,桂林市农产品质量安全检测中心建成并投入使用,增加农贸市场蔬菜质量安全检测室19个,乡(镇)农产品质量安全流动检测站104个,确保蔬菜从生产源头到消费市场的质量安全。加强水产畜牧产品“三检制度”(产地检疫、屠宰检疫、农贸市场检疫),严把质量安全关口。

【农村水利建设】 2010年,桂林市共争取上级水利计划投资19.19亿元,增长66.6%;完成固定资产投资19.3亿元,增长54.9%。年内,斧子口水库工程开工建设;完成69座病险水库除险加固;实施农村饮水安全工程536处,解决23.7万农村人口安全饮水问题;增加有效灌溉面积0.11万公顷,恢复有效灌溉面积0.28万公顷。

【农业机械化】 2010年,桂林市农业机械总动力364.8万千瓦,增加30.9万千瓦,增长9.3%;水稻联合收割机发展到2006台,增加332台,增长16.6%;水稻插秧机发展到1564台,增加610台,增长39%;拥有各类拖拉机、耕整机和农用运输机械22.3万台,增加2.96万台,增长13.3%。

2010年,雁山区三合村无公害蔬菜生产示范基地生产的蔬菜。
市农业局 供稿

【新农村建设】 2010年,桂林市新农村建设完成总投资4.39亿元。其中:完成55个自然村(屯)新农村建设试点项目,投资1.38亿元;完成1512个自然村(屯)道路硬化,总里程1946千米,投资1.79亿元;完成155个"普惠制"新农村建设试点项目,投资1.22亿元。建成恭城瑶族自治县红岩村、黄岭村,阳朔县百里新村等一批具有影响力的新农村建设示范村。

【水库移民工作】 2010年,桂林市实施水库移民基础设施建设项目299个,投入移民资金8648万元。新建移民新村34个,移民新村建设完成情况居自治区第一。组织开展恭城瑶族自治县"毛竹低改"、荔浦县"生猪绿色饲养"、临桂县"蝇蛆配方养鸡"三个增收项目示范工作,帮助移民寻求改善生产、生活状况的新途径。

【农村扶贫】 2010年,桂林市通过多种方式筹集各类农村扶贫资金4.44亿元,增长11.3%,累计实施扶贫项目1027个。286个贫困村人均收入达3612元,增长18.0%,高于全市农民人均增收水平4.8个百分点,全市有3万农村贫困人口脱贫。

【农村体制改革】 2010年,全市集体林权制度改革完成外业勘界面积146万公顷,核发林权证面积103.13万公顷。农村土地承包经营权流转试点稳妥推进,全市农户承包地流转面积增加1.8万公顷,增长150%。兽医体制改革、种子管理体制改革全面完成。统筹推进基层农技推广体制改革、稻田耕作制度改革、粮食流通体制改革、供销社体制改革等。 (刘伟)

粮油生产

【概况】 2010年,桂林市遭遇春旱、寒露风及水稻虫害、水稻病毒病等灾害,市农业系统干部职工指导农民开展抗灾自救工作,把灾害损失降到最低。全年全市粮食播种面积37.07万公顷,增加0.16万公顷,增长0.43%,总产量186.17万吨,减少7.13万吨,降低3.69%;粮食平均每公顷产量5022千克,减少212千克,降低4.05%。其中:稻谷播种面积27.88万公顷,减少0.27万公顷,降低0.96%,总产量156.99万吨,减少5.77万吨,降低3.55%;玉米播种面积3.29万公顷,增加0.20万公顷,增长6.47%,总产量14.63万吨,增加0.26万吨,增长1.81%;大豆播种面积1.20万公顷,增加0.06万公顷,增长5.26%,总产量2.95万吨,增加0.16万吨,增产5.73%;红薯播种面积2.96万公顷,增加0.07万公顷,增长2.42%,总产量9.16万吨,减少0.76万吨,降低7.66%;其他粮食作物1.74万公顷,增加0.08万公顷,增加4.82%,总产量2.44万吨,减少1.03万吨,降低29.68%。

【粮食高产创建活动】 2010年,桂林市继续开展粮食高产创建活动,全州县、临桂县、永福县被列为自治区早晚稻高产创建示范县,灌阳县、灵川县、兴安县被列为自治区早稻高产创建示范县,荔浦县、平乐县被列为自治区晚稻高产创建示范县,龙胜各族自治县被列为自治区中稻高产创建示范县,雁山区被列为自治区马铃薯高产创建示范区。年内,全市共建成"水稻万亩高产示范片"12个,"马铃薯万亩高产示范片"1个,"水稻千亩高产竞赛示范片"7个,"百亩以上水稻高产攻关示范点"8个。

【稻田耕作改革】 2010年,桂林市农业部门推广"稻—菜—菜"、"稻—菜—薯"、"稻—灯—鱼—菇"等高效农业(种)养殖模式,创新稻田耕作改革,打造一批"吨粮万元田"(0.07公顷稻田生产粮食1吨以上,农产品总产值达1万元以上)。年内,市农业局在全州县绍水镇、石塘镇,永福县罗锦镇分别建成"稻—灯—鱼—菇"、"稻—菜—薯"、"稻—菜—薯"3个稻田耕作改革试验示范区。市农业局分别与兴安县农业局、临桂县农业局、平乐县农业局合作建成稻田耕作创新示范点,推广农业生产新模式。全年全市共建成面积13.3公顷以上连片的"吨粮万元田"示范片14个,总面积500公顷。

【超级稻推广】 2010年,桂林市各级政府推广超级稻示范种植。超级稻推广面积10.19万公顷,增加1.92万公顷,其中早稻超级稻5.1万公顷、中稻超级稻2.18万公顷、晚超超级稻2.91万公顷。早稻主推品种为株两优819、丰源优299、两优287等,中稻主推品种是中浙优1号、Y两优1号、新两优6号、Q优6号等,晚稻主推品种是淦鑫688、天优998、金优299、珞优8号等。

【优质稻发展】 2010年,桂林市完成优质稻种植面积26.27万公顷,其中早稻优质稻种植12.11万公顷、中稻优质稻种植3.05万公顷、晚稻优质稻种植11.11万公顷。推广的主要品种有优质杂交稻岳优9113、T优207、早优11号、两优287、金优207、岳优华四、岳优360、丰源优299等及常规优质稻美香粘、桂宝粘、力源粘、广东油粘、桂华粘、玉香粘等。

【农作物优良新品种展示】 2010年,桂林市农业科学研究所继续实施自治区农作物新品种展示核心基地建设。基地累计种植各类农作物新品种703个,其中水稻展示品种230个、区域试验品种154个、玉米展示品种82个、区域试验品种119个、西瓜区域试验品种43个、木薯品种55个、大豆品种8个、花生品种12个。7月26日广西第七届"看禾选种助农增收"活动(桂北会场)启动仪式在桂林举行,中国工程院院士袁隆平对"看禾选种助农增收"活动给予高度肯定。

【免耕栽培技术推广】 2010年,桂林市完成水稻免耕面积12.91万公顷,增加0.31万公顷,增长2.47%,占全年计划任务的104.64%;玉米免耕面积0.46万公顷,占全年计划任务的106.15%。全市水稻栽培面积及模式已趋于稳定。除发展免耕抛秧和免用除草剂耕作等技术外,还开发出免耕稻田养鱼、免耕稻田养鸭、绿肥还田免耕栽培、免耕稻草还田等新技术。

【病虫防治】 2010年,全市各级植保部门加强病虫害监测,及时掌握病虫害发生动态,准确发布病虫灾害信息,指导农民开展防治。年内,全市共发布病虫灾害信息270期,成立动力喷雾防虫服务队伍220支,配备各种植保机械1500多台,对农作物病虫害进行统防统治,防治面积2.6万公顷。推广"佳多"频振式杀虫灯、黄板、实蝇诱捕器、小菜蛾性激素诱虫等植保绿色防控技术。

【测土配方施肥技术推广】 2010年,全市粮食作物测土配方施肥技术示范推广面积26.69万公顷,其中水稻23.69万公顷、玉米3万公顷。通过测产验收,采用水稻测土配方施肥技术比传统施肥技术,平均每公顷增加457.5千克,增产7.1%,每公顷增收1014元;采用玉米测土配方施肥技术比传统施肥技术,平均每公顷增加427.5千克,增产8.2%,每公顷增收681元。

【马铃薯生产】 2010年,全市马铃薯收获面积0.41万公顷,每公顷产量21.95吨,总产量约9万吨。主要品种有费乌瑞它、东农303、延薯4号、克新1号、克新4号、克新13号、克新18号等。春收马铃薯的价格平均每千克高于2元,为历年来最高,种植马铃薯经济效益提高,出现一批规模种植大户。

【油料生产稳定增长】 2010年,全市油料作物收籽面积1.91万公顷,增加0.12万公顷,增长6.70%;总产量4.88万吨,增加0.39万吨,增长8.69%。油菜收籽面积0.22万公顷,增加0.05万公顷,增长29.41%;总产量0.29万吨,增加0.06万吨,增产29.06%;油菜主要品种有史力丰、油研7号、中双7号、中油821等。花生播种面积1.56万公顷,增加0.07万公顷,增长4.70%;总产量4.42万吨,增加0.32万吨,增产7.80%;花生主要品种有桂花17号、桂花18号、桂花22号、粤油551等。其他油料作物面积0.13万公顷,总产量0.17万吨。 (阳美秀)

经济作物生产

【概况】 2010年,桂林市经济作物(不含蔬菜、水果)播种面积6.57万公顷,增加0.41万公顷,增长6.72%。种植面积中,中药材播种面积3.34万公顷(罗汉果0.55万公顷),桑树播种面积0.19万公顷,甘蔗播种面积0.56万公顷,木薯播种面积0.69万公顷,茶叶播种面积0.22万公顷,其他经济作物播种面积1.57万公顷。

【中药材生产获良好效益】 2010年,桂林市中药材价格持续大幅度上涨,种植户获得良好收益。全年全市中药材种植总面积3.34万公顷,增加0.07万公顷。其中:"三木"药材实有面积1.55

万公顷(杜仲0.48万公顷、厚朴0.86万公顷、黄柏0.21万公顷),增加0.04万公顷;金银花实有面积0.36万公顷,增加0.03万公顷;槐米实有面积0.24万公顷。部分中药材经济效益快速增长,每千克佛手干片售价在70元~80元,增长40%~50%;每千克百合平均售价36元,持续走高;每千克百香果平均售价2.8元,增长28.6%,全州县、临桂县、永福县、荔浦县、资源县中药材种植户与制药企业合作,形成中药材生产、销售、开发利用的产业链发展模式,促进中药材产业的稳步发展。

【金银花产业良性发展】 2010年,市农业管理部门研究药材市场需求形势,重点发展金银花种植。提高金银花种植经济效益,提供技术服务及物资帮助,组织部分种植户到湖南、柳州等地考察学习,交流种植经验,促进全市金银花产业的良性发展。全年全市金银花实有面积0.36万公顷,增加0.03万公顷,增长8.12%。

【茶叶产业稳步发展】 2010年,桂林市茶叶种植面积1465.9公顷,产量1780.5吨,产值5040万元,主要品种有福鼎大毫、福鼎大白、福云6号、台茶、桂绿1号、临桂宛田种、龙脊种、资源大叶种等。年内,桂林茶叶产业打造拳头产品和知名品牌,扩大桂林茶的影响力和市场份额,引导茶消费、促进产销合作,壮大茶叶新兴优势产业。桂林茶叶科学研究所研制的"特制桂林毛尖"获2010年广西(梧州)春茶节暨六堡茶博览交易会绿茶类银奖。恭城瑶族自治县研发成功的柿叶茶,产品销往北京、上海等国内市场,销往新加坡、马来西亚、韩国等国际市场,实现柿叶变废为宝。

【桑蚕生产逐步恢复】 2010年上半年,桂林市桑蚕业受市场茧价波动、严重干旱和洪涝灾害影响,蚕桑生产受到冲击。下半年,茧丝市场形势好转,茧价止跌走高,持续攀升。各级农业管理部门适时加大对蚕农的培训力度,推广应用桑蚕新技术,全市桑园长势良好,蚕茧产量逐步恢复。全年全市桑园种植面积0.19万公顷,降低5.95%;累计发种2.2万张,减少1524张;累计收茧650万吨,降低11.85%。 (蒋玉梅)

【食用菌生产成规模发展】 2010年,桂林市食用菌市场需求旺盛,全市需求量最大的蘑菇菌种,平均市场收购价格每千克6元,最高时每千克18元,农民收益显著增加。全年全市食用菌栽培面积3062公顷,增加241公顷,增长8.5%。主要分布在全州县(952公顷)、荔浦县(800公顷)、临桂县(410公顷)、兴安县(400公顷)、灵川县(200公顷),逐步形成以桂北的蘑菇生产、桂南的香菇生产的发展格局。全市食用菌鲜品总产量30.12万吨,总产值18亿元。主要品种有蘑菇、香菇、金针菇、黑木耳(云耳)、毛木耳、茶树菇、鸡腿菇、平菇等。其中栽培面积达100公顷以上的品种有4个:分别是蘑菇1730.92公顷,产量16.91万吨;香菇643.38公顷,产量6.42万吨;金针菇211.85公顷,产量1.24万吨;黑木耳(云耳)116.70公顷,产量0.99万吨;毛木耳115公顷,产量0.97万吨。反季节食用菌地栽香菇、黑木耳等栽培面积800公顷。全市种菇农户75674户,食用菌从业人员76898人,生产企业16家,年加工能力3.85万吨,实际加工量2.34万吨,销售额2.38亿元。

年内,桂林市加大食用菌生产示范力度,开展食用菌示范店建设。全州县建立"稻—灯—鱼—菇"生态循环农业种(养)植模式示范点6个,面积266.67公顷,发展双孢蘑菇、香菇、木耳等食用菌品种,年内该县获全国食用菌生产优秀基地县称号。恭城瑶族自治县综合利用果枝、玉米秆(心)、杂木屑等原料,生产出菌棒28万棒,种植菌筒25.68万筒。荔浦县组织开展桑枝香菇、桑枝平菇培养料培养料配比试验等项目。兴安县建成半工厂化周年生产菌种场、反季节食用菌生产基地等一批食用菌生产基地。 (徐春荣)

水果生产

【概况】 2010年,桂林市水果栽培面积20.75万公顷,增加0.11万公顷;水果总产量254.45万吨(含白果、板栗,下同),增加17.59万吨,创历史新高。柑橘类水果9.68万公顷,产量153.49万吨;秋冬熟落叶类水果5.93万公顷,产量46.68万吨;春夏熟水果5.14万公顷,产量54.28万吨。全市葡萄栽培面积1.21万公顷,总产量15.71万吨,分别增加0.3万公顷、3.58万吨,增长33%、

30%。葡萄已成为桂林市继柑橘、柿子之后的第三大水果品种。

表14　2010年各县(区)水果生产情况统计表

县(区)	总面积(万公顷)	总产量(万吨)
城区	0.21	1.83
阳朔县	1.68	22.59
临桂县	1.26	6.38
灵川县	1.83	13.92
全州县	2.78	19.12
兴安县	2.71	21.17
永福县	1.11	7.82
灌阳县	1.45	19.95
资源县	0.59	4.09
平乐县	2.63	49.24
荔浦县	0.96	14.92
龙胜各族自治县	0.58	4.99
恭城瑶族自治县	2.96	68.43
合计	20.75	254.45

【指导果农抗灾救灾】　2010年年初，桂林市出现持续干旱，市水果生产管理部门及时发动果农抗灾自救，指导果农采取在早春雨后及时补施冬肥、种植果苗、春肥施用采取水肥淋施等措施，减少春旱影响。3月10～11日，桂林遭遇罕见的早春霜冻灾害，其中平乐县源头农场的柑橘和恭城瑶族自治区县莲花镇的月柿受灾严重，市水果生产管理部门组织技术力量深入果园调查灾情，制订抗灾救灾方案，指导恢复生产。6月，桂林经历长时间低温阴雨天气，幼果生长发育受到严重影响，市水果办召集有关专家，研讨对策，指导各县(区)的水果生产管理工作。全年全市共举办各种技术培训班2025期次，培训果农及基层技术人员24.42万人次。

【水果生产示范园(点)建设】　2010年，全市水果管理部门按照上级部署，开展各项水果生产示范园(点)建设。开展水果标准园创建活动，全市共创建水果标准园6个，分别是平乐县十里坪66.67公顷连片沙田柚标准园、恭城瑶族自治县栗木镇66.67公顷连片脐橙标准园、阳朔县白沙镇66.67公顷连片金橘标准园、灵川县潭下镇66.67公顷连片南丰蜜橘标准园、临桂县中庸乡66.67公顷连片夏橙标准园、全州县咸水林场66.67公顷连片脐橙标准园。开展葡萄二代同堂一年两熟技术示范点建设工作，在临桂县、灵川县、全州县、兴安县、资源县5个葡萄主产县创建示范点6个，面积46.67公顷，全年葡萄产量13.48吨。开展优势区域优势品种示范点建设，建设资源县猕猴桃示范园、全州县早熟温州蜜柑示范园、兴安县南丰蜜橘示范园、全州县葡萄示范园、灵川县优质桃示范园、永福县百香果示范园等园区建设。

【水果改园扩种】　2010年，全市完成水果改园扩种面积1.44万公顷，其中完成改造老果园0.41万公顷、新扩种水果1.03万公顷。新种水果中，柑橘类品种0.63万公顷，葡萄0.35万公顷，春夏熟水果0.61万公顷，月柿0.1万公顷。重点发展区域集中、优势种植的市场模式，全市三大水果品种(柑橘、月柿、葡萄)改园扩种面积达1.08万公顷，占全市改园扩种面积的75%。实施漓江、湘江、资江、桂江流域农业规划，发挥区域集中种植优势，橙类水果主要集中在南部的临桂县、阳朔县、永福县、荔浦县、恭城瑶族自治县和平乐县，共605公顷，占全市新种橙类面积的59%；月柿主要集中在恭城瑶族自治县和平乐县，共1019公顷，占全市新种月柿面积的98%；葡萄主要集中在北部的兴安县、全州县、资源县和灵川县，共3375公顷，占全市新种葡萄面积的96%。

【技术推广】　2010年，市水果生产管理部门加大水果种植技术推广力度。抓好水果"三避"技术推广应用，推广面积达4万公顷，其中果实套袋1.76万公顷、避雨覆盖1.87万公顷、地膜覆盖0.37万公顷。推广幼龄果园间套种技术，推广面积2.57万公顷，其中间套种西瓜等蔬菜1.64万公顷，间种豆科等粮油作物0.93万公顷。

(张建梅)

蔬菜生产

【概况】　2010年，桂林市蔬菜复种面积16.39万公顷，总产量323.53万吨，其中秋冬菜11.62万

2010 年，市农业局推广的稻田耕作制度改革示范区。

市农业局 供稿

公顷。全市无公害蔬菜建设面积 15.45 万公顷，反季节蔬菜 4.8 万公顷。至年末，全市获无公害农产品产地认定的蔬菜生产基地 15 个，面积 4.43 万公顷；获无公害标志使用权蔬菜类产品 57 个。全年蔬菜销售波动较大，1～11 月，蔬菜销售顺畅，价格持续上升；11～12 月，蔬菜价格迅速下跌，蔬菜市场受到严重冲击。

【稻田耕作改革带动秋冬蔬菜生产】 2010 年，市农业部门在永福县罗锦镇，全州县绍水镇、石塘镇，临桂县会仙镇，平乐县二塘镇，雁山区雁山镇等地组织实施稻田耕作改革示范。通过改变传统的稻田耕作双季稻后种植冬菜、绿肥单一耕作模式，改进蔬菜生产方式，调整蔬菜品种结构，促进稻田生产和秋冬蔬菜生产向规模化、效益化方向发展。全年全市推广发展“稻—菜—菜”、“菜—稻—菜”、“稻—菜—薯”、“稻—灯—鱼—菇”、“稻—稻—菇”等种（养）殖模式，面积 1.75 万公顷，总产值 27.6 亿元，稻田改革带动蔬菜生产取得初步成效。

【优良品种引进】 2010 年，桂林市农业部门与荷兰瑞克斯旺公司等农业科研机构合作，建立桂林瑞克斯旺育种站，对引进蔬菜品种进行种植试验，培育出适合南方地区高温、高湿气候环境下的反季节西红柿、辣椒、黄瓜等系列蔬菜新品种。全年共引进西红柿新品种 73－574 号、红叶莴苣等蔬菜新品种 46 个。临桂县四塘乡引进贺州马蹄良种 1.5 万千克，马蹄品种改良种植面积 667 公顷，马蹄产量大幅提升。

【实用技术推广】 2010 年，桂林市农业管理部门积极推广测土配方施肥、滴灌和微喷、稻草覆盖免耕栽培、利用盖膜和套袋、芽苗砧嫁接等先进技术。通过新技术的应用，实现“一净二少三增”（即净化环境，减少投资、减少病虫害，增产、增收、增效）的目标。全年全市举办各类蔬菜生产技术及实用新技术培训班 180 多期，培训人员 14 万人次。年内，桂林市蔬菜管理部门推广农作物间套种模式和“三避”实用技术，办农作物间套种和“三避”技术培训班 560 多期，培训种植户 12.4 万人次，推广间套种模式面积 7.15 万公顷，增长 17.60%，推广农作物“三避”技术面积 22.16 万公顷，增长 29.82%。

【实施“放心菜”工程】 2010 年，市农业局在市区的铁路市场、七星市场、中北市场、东莲市场、金鸡岭市场和雁山市场新建 6 个蔬菜质量安全检测室，提高蔬菜农药残留检测能力，确保蔬菜质量安全。至年末，全市已建成农贸市场检测室 34 个（市区 21 个、县城 13 个），基层农产品质量安全流动监测站 104 个；累计完成蔬菜样品检测 307.8 万个，合格率 99.94%。全年未发生起重大农产品质量安全问题。 （蒋玉梅）

农业科技

【概况】 2010年,桂林市农业科技教育部门加大农业科技项目申报力度,争取农业科技项目资金和农业教育培训资金,开展农业科学技术培训、农村劳动力转移培训、农业技术干部知识更新培训、基层农技推广体系改革以及农业科技下乡等工作,提高农民群众的科学技术素质和转移就业技能,促进农村富余劳动力转移就业,实现农业增效农民增收。

【农业科技项目】 2010年,桂林市农业科技项目数和项目资金量取得新突破。年内,全市获农业部项目3类共36个,项目资金1493.08万元。其中:获基层农业技术推广体系改革与建设示范县项目资金500万元,参与试点的示范县5个(灵川县、永福县、平乐县、荔浦县、恭城瑶族自治县);获乡(镇)农技推广站基础设施建设项目资金475万元,参与的农技推广站19个(灵川县7个,永福县6个,平乐县6个);获农村劳动力转移培训阳光工程项目资金518.08元,参与的项目县12个。获自治区农业厅农民科技培训项目6个,项目资金45万元。其中:获科技入户项目资金30万元,涉及的项目县(区)3个(灌阳县、资源县、雁山区);获新型农民科技培训项目资金15万元,涉及的项目县3个(灵川县、兴安县、龙胜各族自治县)。获得桂林市农业科学技术研究项目9个,项目资金73万元。

【实施农村劳动力转移培训阳光工程】 2010年,桂林市继续组织开展农村劳动力转移培训,提高农民工的转移就业技能,促进农村劳务经济发展。年内,全市12县全部承担实施农业部的农村劳动力转移培训阳光工程项目,项目补贴资金518.08万元,示范性培训任务13320人。12县共确定33个培训机构(学校)为阳光工程培训基地,开设有12类专业,实际完成培训13336人。其中:完成农机手培训3037人,沼气工培训800人,村级动物防疫员培训486人,机防手培训1121人,乡村旅游服务员培训1042人,渔业船员培训47人,农村建筑工匠培训700人,农民专业合作社负责人培训1318人,畜禽繁育员培训230人,农村经纪人培训1066人,农产品加工培训650人,地方特色职业农民培训2839人。

【实施百万新型农民科技培训素质提升工程】 2010年,桂林市继续组织实施百万新型农民科技培训素质提升工程,开展农业技术培训,提升农民素质,推广普及农业生产新品种、新技术。组织实施百万新型农民科技大培训,提高农民的科技素质。重点围绕农业产业结构调整、

2月5日,市农业科技部门开展农业科技“三下乡”活动。
市农业局 供稿

优势产业和新兴产业发展，集中优势技术力量，采取集中办班培训、田头地头现场指导、农业科技视频点播、“12316”三农服务热线、农业网站、印发资料等形式，进行“一技一训”实用技术培训。全年全市培训农民102.27万人次，完成年培训任务的102%。

【农业科技推广体系建设】 2010年，桂林市继续推进基层农业科技推广体系改革与建设示范县项目建设，灵川县、永福县、平乐县、荔浦县、恭城瑶族自治县5个农业科技推广体系改革示范县共建成科技实验示范基地59个，面积455公顷。选派农业科技干部490人到有关院校、科研院所参加业务培训，组织农业科技进村入户培训1891期次、指导3.43万人次。推进基层农业科技推广体系改革工作，至年末，临桂县、灵川县、全州县、永福县、灌阳县、平乐县、龙胜各族自治县完成基层农业科技推广体系改革，实现乡（镇）农业技术推广站“三权归县”（编制、财政经费、产权归县级农业局主管）。继续组织基层农技推广体系改革项目申报，灵川县、永福县、平乐县的19个乡（镇）农业技术推广站建设项目获自治区发展和改革委员会、自治区农业厅批准。 （曾沛繁）

农业执法

【概况】 2010年，市农业局推进依法治农和依法护农工作，加强对种子、农药和复混肥等农业投入品的监管，做好农产品质量安全执法检查。年内，先后组织开展农资打假专项治理、种子执法年、放心农资下乡进村宣传周、农药监管年等活动，规范农资市场秩序，维护农民利益。

【农资市场专项整治】 2010年，市农业系统开展农资打假专项治理、种子执法年、农药监管年等活动，加大对全市农资市场的检查监管力度，对全市所有种子、肥料、农药生产经营门店进行全面排查和专项整治行动。全年全市共检查农资生产经营单位2474个次，查获违法违规农资产品81.76万千克，货物价值340万元；整顿农资市场921个次，受理举报投诉案件167起，共立案查处552起，罚没款150万元，为农民群众挽回经济损失1000多万元。其中：检查种子市场306个次，生产经营企业697家次，查处立案86起，查处种子数量47.88吨，货物价值73万元，结案65起，罚没款25万元；检查农药市场405个次，生产经营单位1064家次，查处立案393起，查处农药数量68.35吨，货值126万元，结案270起，罚没款98万元；检查肥料市场210个次，生产经营单位713家次，查处立案73起，查处肥料数量701.32吨，货值148万元，结案71起，罚没款27万元。年内，共抽检种子、农药、肥料样品85个。其中：种子样品20个，合格率100%；农药样品45个，合格率96%；肥料样品20个，合格率90%。

【农产品质量安全专项整治】 2010年，市农业系统加强对农产品质量安全的监督管理。加大对蔬菜质量安全监测，固定检测室全年共抽检蔬菜样品595.19万个，不合格样品65个，合格率99.9%，协助工商管理部门销毁蔬菜767.25千克；流动检测站共抽检蔬菜样品8.47万个，不合格367个，合格率99.6%。全市未出现因食用农产品而中毒的现象。 （莫秋军）

林　　业

【概况】 2010年，桂林市林业工作以推进科学发展，建设林业强市为目标，重点开展绿化造林、农村能源建设等一系列林业工程项目，林业产业稳步提升。全年完成造林植树面积2.63万公顷，完成集体林权制度改革外业勘界面积146万公顷，完成集体林权制度改革发证面积103.13万公顷，建设农村沼气池16140座。

【绿化造林】 2010年，桂林市组织开展“全民义务植树”、“百万农户种千万棵树”和“漓江四化工程”（绿化、彩化、花化、果化）等活动，全年完成造林植树面积2.63万公顷，占计划任务的116%，山上造林和山下绿化完成率均居自治区各地市前列。加强林业重点工程实施，山上造林重点工程完成造林7453.32公顷，其中完成珠江流域防护林工程2333.33公顷，石漠化综合治理造林

33.33公顷，退耕还林配套荒山造林4333.33公顷，世界银行贷款造林753.33公顷。调整结构，提高森林生态质量，全年营造马褂木、红豆杉、秃杉等珍贵树种造林666.67公顷，厚朴等三木药材造林1253.33公顷，油茶造林3920公顷，毛竹造林0.39万公顷。开展示范点建设，全市新建造林绿化示范点70个，示范点面积2006.67公顷。扩大绿化范围，全市完成通道绿化带479千米，植树88.11万株；完成城镇绿化面积82公顷，植树25.74万株；完成工业园区绿化面积42.2公顷，植树3.5万株。打造绿化精品，建成漓江两岸防洪林、訾洲公园园林、机场路和万福路绿化带等绿化工程。

【推进集体林权制度改革】 2010年，全市集体林权制度改革按照科学林改、规范林改、和谐林改、惠农林改的原则，健全领导班子挂点联系机制，成立质量审核小组，运用"3 S"系统（地理信息系统、遥感系统、全球定位系统）等技术手段，提高集体林权制度改革速度和质量。全年全市完成外业勘界面积146万公顷，占年度任务的136.88%；完成发证面积103.13万公顷，占年度任务的110.17%。抓好自治区配套改革试点临桂县的试点工作。永福县在全市非试点县中率先启动配套改革。全年完成林权抵押贷款8618万元。

【农村能源建设】 2010年，市政府将农村能源建设工程继续列为惠农项目之一，开展创"两高六好"沼气示范点活动（沼气池入户率高，使用率高；"一池三改"好，服务网点运营好，沼肥利用好，村容村貌好，家居环境好，综合效益好），每县确定示范点2个。明确管理责任，严格管理资金，加强质量验收，确保全市552个村级服务网点沼气设施的正常运行。年内，全市完成农村沼气建池16140座，占计划任务的101.25%；完成大中型沼气池23座，总容积超过1.3万立方米；建立村级服务网点51个。

【林业产业】 2010年，全市竹木加工贸易、人造板制造、竹制品加工、木衣架生产等产业集群不断壮大，林产加工重点投资项目全面推进，林业产业稳步提升。年内，全市共有竹木加工企业2850家，完成木材加工266万立方米，毛竹加工2400万根，人造板产量72万立方米，竹木浆造纸5.2万吨，松香产量4.2万吨，实现林业产业加工总产值89.96亿元。荔浦县、临桂县、永福县林业产业加工总产值均超10亿元，其中荔蒲县24.8亿元。全市年产值超1亿元企业5家，1000万元的林业产业加工规模企业59家，其中有12家被认定为自治区林业产业化龙头企业。全市有森林公园6处，重点森林旅游景点45个，年接待游客量441万人次，森林旅游收入4.39亿元。花卉产业规模不断扩大，全市建成重点花卉示范基地6个，花卉市场2个，花卉生产企业及农户4800多家，从业人员3.2万人，花卉种植面积4380公顷，年产值5.3亿元。发展林下经济，至年末，全市共有林下经济实体4069家，种养规模2万公顷，产值10.76亿元。

【森林资源管护】 2010年，桂林市森林公安侦破刑事案件171起，查处行政案件267起，为国家挽回经济损失约53万元。共审核征占用林地面积977.81公顷，上缴森林植被恢复费7338.48万元，商品材凭证采伐率达100%。开展打击非法走私、贩卖国家保护野生动物行为的清理整顿行动，收缴一批国家二级保护野生动物和广西重点保护动物，组织大型放生活动2次。全市共发生森林火灾34次，其中一般森林火灾23次，较大森

兴安县华江瑶族乡高寨村竹林。 李春瑜 摄

林火灾11次，森林受害面积64.67公顷，森林火灾受害率0.03‰。加大山林纠纷排查和调处力度，全市共发生山林纠纷3385起，接待来访群众4800多人次，办理群众来信580件，调处3135起，调处率93%。

【推进重大项目建设】 2010年，全市加快林业项目建设、优化投资结构，保持林业投资较快增长。全年共争取国家、自治区林业项目资金5.3亿元，增加1.1亿元。重大项目建设林地征占用审核工作进展顺利，市防洪及漓江补水枢纽工程征占用林地项目通过审批，其中川江水库和小溶江水库工程获国家林业局批复，斧子口水库控制性工程获自治区林业厅批复。年内，全市共办理建设征占用林地项目48起，其中自治区、市重大项目13起，审核通过率100%。 （刘资灵）

畜牧业

【概况】 2010年，桂林市畜牧业克服市场异常波动、养殖成本上涨及周边地区动物疫情形势复杂等不利因素，畜牧生产稳步发展，饲料工业持续增长，基础建设不断完善，疫情控制总体平稳。全年畜牧业产值98.74亿元，增长4.55%。全年共出栏生猪410.32万头，增长3.24%；肉牛15.27万头，增长0.26%；肉羊17.76万只，增长1.6%；家禽1.07亿只，增长4.19%。肉类总产量49.48万吨，增长3.85%。年内，桂林临桂凯凯养殖有限公司、临桂县科源家禽养殖有限责任公司等9家企业获自治区水产畜牧行业重点龙头企业；桂林美冠原种猪育种有限责任公司、桂林市临桂县蒙氏食品开发有限公司等8家企业获得桂林市农业产业化重点龙头企业称号；阳朔县获2009年度自治区发展草食动物新兴优势产业先进单位。

2010年桂林市畜牧业生产情况表

表15 单位：万头（只）

项目	当年出栏	上年同期	增减(%)	年末存栏	上年同期	增减(%)
生猪	410.32	397.44	3.24	282.35	274.76	2.76
肉牛	15.27	15.23	0.26	48.07	46.56	3.24
肉羊	17.76	17.48	1.60	14.61	12.93	12.99
家禽	10693.06	10263.28	4.19	3876.23	3801.79	1.96
鸡	8902.60	8519.43	4.50	3144.98	3094.70	1.62
鸭	1675.56	1618.82	3.51	677.57	656.51	3.21
鹅	114.90	125.04	-8.11	53.68	50.58	6.13
兔	71.37	61.79	15.50	29.55	26.35	12.14

2010年桂林市畜牧业产品产量表

表16 单位：吨

项目	当年产量	上年同期	增减(%)
肉类总产量	494768	476447	3.85
禽蛋产量	47987	43449	10.44
奶类产量	2430	2602	-6.61
蜂蜜产量	509	483	5.38

【畜牧规模化养殖】 2010年，桂林市畜牧规模化养殖发展迅速。全市符合备案登记条件的畜禽规模养殖场（小区）7757个，已备案登记4232个，其中万头猪场30个，千头牛场2个，千只羊场1个；竹鼠规模养殖户近1000户，存栏约20万只，能繁母鼠存栏量达6万只。全市共有养殖业农民专业合作社82家，增加46家。

【饲料生产】 2010年，桂林市饲料生产规模不断扩大。全市获生产许可证饲料生产企业18家，其中配合饲料、单一饲料生产企业15家，饲料添加剂和添加剂预混料生产企业5家，交叉获生产许可证企业2家。年内共生产饲料产品87.76万吨，其中配合饲料86.38万吨，浓缩饲料9438吨，添加剂3871吨，添加剂预混料450吨，饲料产品总产值达25亿元。

【标准化建设】 2010年，桂林市获国家扶持资金1520万元，对全市范围内的45个生猪规模养殖场进行标准化改造：改建猪舍33693平方米；改（扩）建沼气池3110立方米，化粪池2430立方米，排粪沟6800米，消毒室、消毒池1366平方米，兽医室485平方米；修建道路7220平方米，围墙500米，雨污棚1200平方米，雨污沟180米，集粪棚350平方米；新建分娩栏60套；采购仪器37套。至年末，全市获国家扶持资金5880万元，累计改（扩）建规模化生猪养殖场205个。其中：年出栏300～499头的50个，年出栏500～999头的110个，年出栏1000～1999头的29个，年出栏2000～2999头的10个，年出栏3000头以上的6个。全市共有无公害畜禽产品产地26个，产品23个。

年内，桂林巨东勤业农牧有限公司、桂林广东温氏家禽有限公司等3家企业获无公害农产品产地认定；桂林巨东勤业农牧有限公司、阳朔县蜂业协会获无公害农产品产品认证；桂林美冠原种猪育种有限责任公司被农业部授予生猪标准化示范场；桂林大发养殖有限公司被农业部授予肉鸡标准化示范场；桂林巨东勤业农牧有限公司、桂林荣发畜牧有限责任公司分别被自治区授予肉鸡标准化示范场。

【龙胜凤鸡获国家农产品地理标志保护】 2010年，龙胜凤鸡通过专家评审，获得国家农产品地理标志保护。其划定的产地保护范围为：龙胜各族自治县境内的和平乡、泗水乡、江底乡、马堤乡、伟江乡、平等乡、乐江乡、龙胜镇、瓢里镇和三门镇等10个乡(镇)119个建制村。保护面积2538平方千米。

【牛品种改良】 2010年，全市共完成牛杂交改良配种6.13万头(水牛2.34万头，黄牛3.79万头)，其中人工授精5.13万头(水牛2.12万头，黄牛3.01万头)，本交1万头(水牛0.22万头，黄牛0.78万头)；产仔3.36万头(水牛1.07万头，黄牛2.29万头)。人工授精的黄牛配种数3.01万头，受胎数2.13万头，受胎率70.76%；人工授精的水牛配种数2.12万头，受胎数1.08万头，受胎率50.94%。

【产品质量安全】 2010年，桂林市继续对饲料、兽药生产(经营)企业和畜禽养殖场进行抽样监测。全年共出动畜牧执法755人次，检查饲料、兽药生产(经营)企业53家，兽医诊疗机构7个，畜禽养殖场275户。年内完成饲料监测任务200个批次。其中：生家企业14家100个批次，合格率99%；经营企业56家73个批次，合格率96.1%；养殖场22家27个批次，合格率96.3%。全年监测猪瘟380份，合格率92.63%；猪口蹄疫380份，合格率68.95%；牛口蹄疫300份；合格率85.67%；禽流感750份，合格率93.07%；新城疫40份，合格率27.5%；高致病性猪蓝耳病40份，合格率92.5%。

【动物防疫检疫】 2010年，桂林市继续对高致病性禽流感、新城疫、口蹄疫、猪瘟、高致病性猪蓝耳病等重大动物疫病进行集中免疫和及时补免。全年禽流感鸡应免6318.74万羽，实免6314.98万羽，免疫密度99.94%；鸭应免1005.5万羽，实免1004.95万羽，免疫密度99.95%；鹅应免40.73万羽，实免40.72万羽，免疫密度99.98%。鸡新城疫应免6170.61万羽，实免6160.76万羽，免疫密度99.84%。口蹄疫猪应免423.5万头，实免423.1万头，免疫密度99.91%；牛应免74.29万头，实免74.25万头，免疫密度99.95%；羊应免37.6万头，实免37.58万头，免疫密度99.95%。猪瘟应免474.75万头，实免474.37万头，免疫密度99.92%。高致病性猪蓝耳病应免312.17万头，实免311.93万头，免疫密度99.92%。

全年全市共屠宰检疫生猪191.4万头，牛、羊8.46万头；共产地检疫生猪212.31万头，产地检疫禽类4417万只，产地检疫牛、羊10.11万头。共处理病害动物6016头，病害家禽12471只，病害动物产品73.78吨。

【中国畜牧兽医学会养猪学分会学术年会在桂林召开】 2010年11月5～8日，中国畜牧兽医学会养猪学分会2010年学术年会在桂林大正温泉假日酒店召开，来自全国各地养猪行业的专家、大型养殖场负责人等近1000人出席会议。该次年会主题为养猪业如何做到和谐、低碳、发展；养猪业走向高效、高端的产业轨道；养猪业的发展与高新技术、互联网技术、自动化控制技术、无线传输技术等的结合；动物福利、低碳经济、环保科技含量在养猪业的生产水平发展中的作用。会议期间，与会专家学者就如何使中国养猪业从数量向质量、高效型转移；从传统养猪业向现代化养猪业转变；从劳动密集型向资本密集型和技术密集型转变等课题进行研讨。 (唐宁)

水产业

【概况】 2010年，桂林市水产系统采取中低产池塘改造、培育大规格鱼种和加强疫病防控等措施，积极发展禾花鲤、亚冷水渔业等特色水产品养殖。全年全市水产养殖面积1.39万公顷，增加80公顷，增长0.58%；水产品产量9.11万吨，增加0.52万吨，增长5.7%；生产鱼苗8.57亿尾，增加

0.18 亿尾,增加 2.15%;投放鱼种 9380 吨,增加 310 吨,增加 3.42%;鱼种产量 9526 吨,增加 350 吨,增加 3.81%;渔业产值 8.13 亿元,增加 0.73 亿元,增长 9.82%。

【亚冷水性渔业养殖】 2010 年,全市亚冷水性渔业养殖继续增产。临桂县、灵川县、兴安县、资源县、龙胜各族自治县的养殖基地鲑鳟鱼类养殖面积合计近 3 公顷,产量 135 吨,产值 945 万元,增长 22.7%。鲟鱼养殖规模不断扩大,灵川县潮田乡,临桂县中庸乡,龙胜各族自治县和平乡、泗水乡,永福县板峡水库等地建成一定规模的鲟鱼养殖基地,鲟鱼养殖面积近 24 公顷,产量 420 吨,产值 1260 万元,增长 14.5%。大鲵规模养殖场达 18 个,养殖产量 83 千克,产值 91.3 万元,增长 21.6%。

【特色水产品养殖】 2010 年,桂林市渔业养殖业发展禾花鲤、光倒刺鲃和倒刺鲃等地方特色优势鱼种养殖,其中重点发展禾花鲤稻田生态养殖技术。全年全市禾花鲤稻田养殖面积 3.79 万公顷、池塘养殖 354 公顷,总产量 1.38 万吨,产值 1.57 亿元,增长 6.8%。光倒刺鲃养殖面积 328.7 公顷,产量 4315 吨,产值 8160 万元,增长 13.4%。倒刺鲃养殖面积 192 公顷,产量 1240 吨,产值 3230 万元,增长 39.8%。

【精品甲鱼养殖】 2010 年,桂林市继续发展精品甲鱼养殖,全年全市甲鱼养殖户共 1078 户,增加 213 户,产量 580 吨,产值 6630 万元,增长 14.2%。经过示范推广,全市逐步建成灌阳县文市镇、阳朔县兴坪镇、临桂县四塘镇、雁山区草厂里村等一批具备一定规模的甲鱼养殖基地。灌阳县文市镇吉田村被农业部列为第三批水产健康养殖示范基地,临桂县四塘乡山枣村利用养殖甲鱼拓展餐饮服务,年营业额在 200 万元以上。

【水产品质量安全管理】 2010 年,桂林市加强水产品质量安全监管,对全市 34 个水产苗种场进行多次检查,查看生产、销售记录,重点检查硝基呋喃类、氯霉素、孔雀石绿和性激素等禁用药物的使用情况。年内,市水产系统增加对市场上销售的水产品抽样送检,抽取 115 个水产品样品和 8 个水产苗种样品送检;自治区水产品质量检测中心组织对全市供应上海地区的鳜鱼进行抽样检查 8 个批次;农业部渔业局组织有关人员对桂林市水产品进行 10 个样品的抽检;在广州亚运会期间,组织对供应广东省水产品的质量跟踪监测。

【科学保护漓江水生物资源活动启动】 2010 年 6 月 6 日,由农业部南海区渔政局、广西水产畜牧兽医局和桂林市人民政府主办,市水产畜牧兽医局承办的科学保护漓江水生物资源活动启动仪式在漓江解放桥景区举行,主办部门的相关人员以及青年志愿者、市民代表等共 500 余人参加活动。活动内容包括漓江护渔碑揭幕、桂林新渔政船首航、漓江生态经济鱼类放养等。当天,共向漓江投放漓江甲鱼、赤眼鳟、光倒刺鲃以及其他鱼苗 250 万尾。

【渔政执法】 2010 年,桂林市渔政执法部门共出动 2330 人次,检查渔船 1435 艘次,查处各类渔业违法违规案件 456 个,缴获电鱼机(具)332 台,收缴用于电鱼的竹排 126 张,查处违反水生野生动物保护法律法规案件 63 个,没收并放生水生野生动物 1150 千克,销毁地笼网 6870 条。全年人工增殖放流各类鱼种 420 万尾,发放柴油补贴 492 万元。 (侯德恩)

农业机械化

【概况】 2010 年,全市农业机械总动力 364.8 万千瓦,增加 30.9 万千瓦,增长 9.3%。其中:耕作机械和运输机械 180 万千瓦、增加 20 万千瓦,增长 11.1%;排灌机械 46.5 万千瓦、增加 2.01 万千瓦,增长 4.3%;植保机械 14.6 万千瓦、增加 1 万千瓦,增长 6.8%;收获机械 7.97 万千瓦、增加 2.55 万千瓦,增长 32%;农副产品加工机械 43.9 万千瓦、增加 0.8 万千瓦,增长 1.8%;其他机械 71.83 万千瓦。拥有水稻联合收割机 2006 台,增加 332 台,增长 16.6%;水稻插秧机 1564 台,增加 610 台,增长 39%;各类拖拉机、耕整机和农用运输机械 22.3 万台,增加 2.96 万台,增长 13.3%。年内,市农机系统争取各级财政农机购置补贴 5957.88 万元(中央财政资金 4990.09 万元),补贴各类农机具 4.73 万台(套),受益农户 4.25 万户。年内,市农业机械化管理中心获自治区农机基本服务体系特殊贡献奖。

【农业机械化水平逐步提高】 2010 年,全市农业机械化水平逐步提高。机耕面积 38.15 万公顷,增长 10.31%;水稻机械收割面积 10.07 万公顷,增长 60.1%;水稻机械栽植面积 1.88 万公顷,增长 107%;农业耕种收综合机械化水平达 29.95%,提高 4.6 个百分点;水稻耕种收综合机械化水平达 45.5%,提高 6.4 个百分点。年内,全市农业机械原值 25 亿元,增长 14.3%;农机作业总产值 35.9 亿元,增长 19.4%。全年全市农民直接投资购买补贴农机 2.5 亿元,农民累计投资购买农机 12.2 亿元。

【农机专业合作社】 2010 年,全市农机专业合作社发展到 255 个,增加 74 个,超额完成自治区农机局下达的目标任务。入社社员 2917 人,注册资金 6336 万元;农机从业人员 47.43 万人;农机经营总收入 36.2 亿元,增长 13.6%。

【农业机械化技术应用】 2010 年,桂林市继续推行水稻种植、收割机械化技术,机插作业水平提高到 6.7%,机收作业水平提高到 35.8%。水果、蔬菜生产机械化,秸秆还田环保技术及新农机具试验示范等应用有新进展。年内,全市 15 所农机培训单位累计培训各类农业机械技术人员 1.53 万人,其中培训农机手 0.63 万人。

【农机安全监管】 2010 年,桂林市农机管理趋向制度化、规范化和法制化。13 个农机安全监理站年均年审拖拉机 2 万台。农机执法部门通过组织田检路查、纠正违章、创建“平安农机”及开展“农机安全日”等活动,为广大农机手提供安全保障。不断完善四级农机安全管理网络建设,全市连续 7 年无农机安全事故发生。 (王滋敬)

农村扶贫

【概况】 2010 年,桂林市通过多种方式筹集各类农村扶贫资金 4.44 亿元,增长 11.3%,其中财政扶贫资金 8557.53 万元、扶贫贴息贷款 2.86 亿元(到户贴息贷款 1.62 亿元、项目贷款 1.24 亿元)、市财政配套资金 300 万元、各部门投入资金 1352 万元、以工代赈 1887 万元、各县(区)配套资金 986 万元、群众自筹资金 2648 万元、外来资金 100 万元。累计实施扶贫项目 1027 个,286 个贫困村人均收入达 3612 元,增长 18.0%,高于全市农民人均增收水平 4.8 个百分点,全市有 3 万农村贫困人口脱贫。

【整村推进成效明显】 2010 年,桂林市按照整村推进的目标要求,开展项目实施与管理、统筹资金监管、督办检查指导等工作,全市群众参与程度、

11 月 23 日,自治区扶贫办领导考察龙胜各族自治县科技扶贫项目——油茶育苗基地。
市扶贫办 供稿

资金投入强度、项目推进速度、贫困群众受益广度等得到明显提高。全市新建、续建和修复扶贫道路348条共计754千米、新建桥梁26座,解决10万多人行路难问题,286个贫困村村委会所在地四级道路通达率达98%以上,20户以上自然村的道路通达率100%。新建人畜饮水工程59处、铺设饮水管道135千米,解决1.5万人饮水难问题。新修农田水利工程6处,"三面光"水渠9.08千米。新建沼气池1440座,贫困村沼气入户率53%。发展特色优势产业4100多公顷。开展扶贫培训班295期,培训贫困群众2.5万人次。

【社会扶贫】 2010年,桂林市制订《桂林市大中型企业参与扶贫开发工作意见》《桂林市驻地部队参与扶贫开发工作意见》,成立桂林市定点扶贫领导小组。全年全市共有142家企业及团以上驻地部队参与扶贫工作,共帮扶贫困村142个,帮扶资金200多万元。年内,增加龙胜各族自治县19个贫困村作为贫困村村级发展互助金试点村,共获得财政扶贫资金285万元,每个贫困村获得财政扶贫资金15万元。

【"两项制度"衔接试点工作完成】 2010年,桂林市成立"两项制度"(农村最低生活保障制度和扶贫开发政策有效衔接制度)衔接试点工作领导小组,制订试点方案,确定龙胜各族自治县为试点县。至年底,龙胜各族自治县共完成119个建制村及居委会的登记,共登记10201户30156人,其中贫困户2245户8041人,五保户1006户1054人,低保户3180户8336人,扶贫低保户3770户12725人。

【第四届中国—东盟社会发展与减贫论坛在桂林召开】 2010年,由国务院扶贫办承办,自治区扶贫办和桂林市人民政府协办的第四届中国—东盟社会发展与减贫论坛在桂林市召开,来自东盟、欧洲的多个国家的扶贫官员、社团组织代表和中国扶贫官员200多人出席会议。会议以"自由贸易与减贫"为主题,旨在深入分析和评估中国—东盟自由贸易区给贫困群体带来的影响,交流各国在贸易自由化和经济一体化过程中推动本国社会发展与减贫进程的成功经验、挑战及应对措施,提出在自贸区时代不断推进区域内减贫与社会发展合作的政策建议,进一步推进中国与东盟各国在减贫领域的交流与合作。 (王善存)

国有农场

【广西国有良丰农场】 2010年,广西国有良丰农场(简称良丰农场)调整经济结构,推进农场经济社会发展。全年实现生产总值4.89亿元,增长237.2%;经营总收入11.37亿元,增长362.2%;固定资产投资8.80亿元,完成自治区农垦局指标任务107.8%;招商引资项目12个,投资金额11亿元,实际到位资金7.64亿元;从业人员人均年纯收入23224元,增长12.7%。

年内,良丰农场抗击自然灾害,提高农业配套服务水平。3月,开展保花保果春季大行动,机关科室人员分别与各分场建立挂钩联系点,指导职工做好果树春季管理工作。与桂北柑橘试验站合作,进行小实蝇的发生与危害研究,掌握小实蝇的发生规律和防治方法;与桂林市检验检疫局合作进行地中海实蝇的危害观测;与桂林市农业局植物保护站合作进行柑橘木虱危害观测。

年内,良丰农场加大园区建设。2月,完成桂林良丰科技新城项目B地块用地的前期工作。5月,项目征地收地工作完成,建成入园主干道及项目A地块临时路网。7月,移植入园大道用地原种植的桂花树、樟树等树木2000多株,保障入园大道顺利施工。10月,玉圭园投资集团入驻现场施工,展开生活区建设施工。

年内,良丰农场增大招商引资力度,积极利用土地资源和区位优势营造发展平台,开展多种方式合作。引进自治区新闻出版局承建管理的广西印刷园桂林分园建设项目,有10家印刷企业(含胶印、包装、制版等行业)计划入驻。 (周喆)

【广西国有源头农场】 2010年,广西国有源头农场(简称源头农场)抗击严重霜灾,推进其他经营管理工作。全年实现社会经营总收入3.64亿元。柑橘总产量3055吨,降低84.7%;出栏育肥猪4925头,降低22.29%;加工马蹄粉1350吨,增长46.74%。年内,源头牌柑橘被评为广西60年最具影响力品牌,获广西著名商标。

年内,源头农场开展抗灾救灾,恢复果树生

10 月 26 日，源头农场柑橘物流中心职工对水果进行加工处理。
廖春翠 摄

产。3 月，源头农场遭遇建场以来罕见的霜冻灾害，全场 867 公顷柑橘树基本绝收，减产幅度达 80%以上，直接经济损失 8000 万元，间接经济损失 1.2 亿元。12 月，源头农场再次遭遇霜冻灾害，全场 70%的果园不同程度受灾。源头农场积极开展灾后救助，对职工抗灾救灾和灾后管理进行帮扶，帮助农户解决融资困难，为全场职工争取到国家小额低息支农贷款 1500 万元，为 300 多户家庭争取到广西妇女创业基金政府贴息贷款 1800 多万元。

年内，源头农场推进柑橘基地标准化建设，完善柑橘质量追溯体系建设，加强对黄龙病等柑橘重大病虫害的研究和防控，承担国家测土配方施肥中心站项目建设，分别在桂柳片区 9 个农场设置 9 个测土配方施肥示范点，完成柑橘 160 公顷、甘蔗 467 公顷示范应用区的测产验收工作。全年共进行 186 个土壤样品采样、1541 个土壤采样品实验室化验及数据库建立工作，制作 2000 多份测土配方施肥建议卡发放给职工。

年内，源头农场做好水果销售工作。利用广西农垦源头柑橘物流中心平台抓好水果销售，稳定客户。加强与客户联系，促成北京、辽宁、福建、广东等地的客户以及国外的客户到农场收购、加工水果。促成与西班牙 AMC 集团等国外老客户的合作，广西农垦源头果业有限责任公司实现自主出口 20 多个货柜，发往加拿大、俄罗斯、东南亚等国家和地区。 （石建林）

水　　利

【概况】 2010 年，桂林市水利工作以水利项目建设为主，推进防洪及漓江补水枢纽工程、农村饮水安全、病险水库除险加固、农田水利基本建设、城市防洪工程等项目建设。全年全市争取上级水利计划投资 19.19 亿元，增长 66.6%；全市共完成计划内水利固定资产投资 19.3 亿元，增长 54.9%。年内，市水利局被评为 2010 年广西防汛抗旱救灾工作先进集体。

【防汛抗旱】 2010 年，桂林市强降雨天气增多，降雨强度大、影响范围广、局部灾情重、部分河流多次出现超警戒水位的洪水，桂林市市各级防汛部门坚持科学防汛，减轻洪涝灾害损失，确保全市 405 座水库安全。年内，全市先后启动洪涝灾害应急Ⅱ级预案响应 2 次、Ⅲ级预案响应 4 次、Ⅳ级预案响应 6 次，投入抢险人员 3850 人次，投入资金 450 万元，转移人员 6800 人次，各类水利工程拦蓄洪水 3.2 亿立方米，减免农田受灾 3.3 万公顷，减免受灾人口 118.8 万人，减免直接经济损失 2.86 亿元。针对旱情，市各级水利部门严格按照“先生活，后生产，先节水，后调水，先地表，后地下”的原则，做好水库蓄水保水工作，合理分配水资源,确保春耕生产用水。

【水利项目建设】 2010年,全市水利系统加快推进水利项目建设,全年共争取各级水利计划投资19.19亿元,增长66.6%。其中:中央水利投资10.17亿元,增长113%;自治区水利投资3.38亿元;市及市以下政府投资和群众自筹投资5.64亿元。共完成水利水电固定资产投资19.3亿元,增长54.4%。年内,推进桂林市防洪及漓江补水枢纽工程建设,小溶江、川江、斧子口3座水库完成投资10.28亿元,完成项目总投资的25%。完成为民办实事农村饮水安全工程536处,解决23.7万农村人口饮水安全问题。加快实施病险水库除险加固工程建设,全面完成列入中央规划内的69座水库除险加固任务。推进临桂新区防洪排涝及湖塘水系工程建设,全部完成项目前期工作,征收土地面积19.13万平方米,完成投资1.6亿元。开展中小河流治理,市水利局组织编制重点地区中小河流治理规划,治理重点中小河流项目9个,累计完成投资5217万元,新建堤防26千米,清淤5.9千米,修建护岸0.76千米。开展冬春农田水利建设,完成冬春水利项目1527个,新增、恢复有效灌溉面积1.12万公顷。开展县城防洪堤工程建设,安排建设资金2000万元,建设县城防洪堤4.29千米、护岸2.83千米、排涝渠4千米。

【水利法治建设】 2010年,桂林市水利管理部门在"世界水日"、"中国水周"期间,开展水利法规宣传活动。开展查处非法取水、打击非法采砂、维护水事秩序等执法活动,组织开展水利执法检查,查处水事违法案件120起,调处水事纠纷65起,维护全市正常的水事秩序。依法征收水行政规费,全年共征收水行政规费810.4万元,其中水土保持设施补偿费212万元、水资源费598.4万元。

【规范中小水电管理】 2010年,桂林市水利管理部门规范中小水电管理,编制"十二五"规划期间水电新农村电气化规划及农村水电增效减排工程规划。年内,全市新增水电站27座,新增装机6.11万千瓦,全市水电总装机达113.24万千瓦。全年共受理审查215座水电站的发电业务许可证申报资料,获得发电业务许可证水电站151座。完成全州县、永福县、龙胜各族自治县和恭城瑶族自治县农村电气化达标验收工作。

【水土保持综合治理】 2010年,全市新开工建设资源县石溪河小流域、恭城瑶族自治县龙岗二期、龙胜各族自治县三门片以及临桂县罗江河小流域水土保持综合治理项目4个,项目总投资427.2万元。种植水保林71.7公顷、经济林70公顷,治理沟渠4.5千米,封育治理1207.6公顷,建成蓄水池2座、拦沙坝2座、防洪堤3.1千米,新增治理水土流失面积13.4平方千米。 (程文华)

水库移民

【概况】 2010年,桂林市有28座水库(水电站)列入大中型水库后期扶持政策范围,涉及12县76个乡(镇),346个村委会,1745个村民小组。年内,桂林市水库移民工作管理局(简称市水库移民局)投入移民资金8648万元,实施水库移民基础设施建设项目299个,加快水库移民新村建设,推进桂林市防洪及漓江补水枢纽工程移民安置工作,下发水库移民后期扶持资金款。投入项目资金222万元,组织开展恭城瑶族自治县"毛竹低改"、荔浦县"生猪绿色饲养"、临桂县"蝇蛆配方养鸡"3个增收项目示范工作。年内,国家下拨后期扶持资金4324.92万元,扶持桂林市大中型水库后期移民72082人,每人平均达600元。

【水库移民安置项目建设】 2010年,桂林市投入移民资金8648万元,实施水库移民基础设施建设项目299个,其中新(改)建村屯道路179.76千米,投资100万元以上的桥梁3座,安装安全饮水项目68处,建设移民增收工程3处。年初,第一批23个水库移民新村建设基本完成。年内,启动第二批34个移民新村建设,完成零散户旧房改造62户。全市水库移民新村建设居自治区首位。

【水库移民资金管理使用】 2010年,市水库移民局加大水库移民资金监管力度,实施水库移民资金管理"安保工程",建立资金监察机构,协助自治区水库移民局开展水库移民资金专项审计活动。积极协调农村合作银行,开办移民补助权利质押贷款业务,优惠贷款利率,为移民建房和生产经营提供融资保障,年内,共有398户移民申请贷款655.18万元。 (余昕)

商业·会展业

10月20日，市长李志刚在第七届中国—东盟博览会会场了解桂林市参展企业情况。
市商务局　供稿

商务贸易

【概况】 2010年,桂林市消费品市场继续保持繁荣兴旺,累计实现社会消费品零售总金额391.53亿元,(比上年,下同)增长18.83%。全年城乡消费同步增长,农村市场消费信心得到恢复。城镇社会消费品零售总金额增长19.71%,乡村社会消费品零售总金额增长15.16%。年内,批发零售和住宿餐饮业消费品市场稳定增长。社会消费品零售总金额中,批发零售业实现零售总金额283.22亿元;住宿餐饮业实现零售总金额50.31亿元,2项共占社会消费品零售总金额的85.19%,成为消费品市场的主导力量。粮油食品类、服装纺织品类、日用品类等基本生活用品实现零售总金额7.78亿元,增长31.69%。

全年居民消费价格温和上涨。受国内外多种因素影响,以农产品为主的生活必需品价格上涨较快,特别是粮食、食用油、猪肉等与居民生活息息相关的食品价格涨幅较大。

年内,市商务局重点做好桂林米粉特色风味小吃的保护和开发,向国家工商行政管理总局申请桂林米粉地理标志证明商标。

【市场运行调控和监测】 2010年,市商务局加强市场运行调控和监测,确保市场繁荣稳定。完善生猪(肉)储备制度,生猪(肉)储备管理日趋规范,完成三轮生猪活体51000头、完成两轮冻猪肉560吨储备任务。落实监测样本单位,扩大监测范围,建立完善的市场运行监测体系,全市建立市场信息服务体系样本企业53家。完成自治区商务厅下达的“2010年桂林市商贸企业节庆促消费活动”和“2010年家电、家居建材促消费活动”项目,营造良好的消费环境和氛围。

【商务综合行政执法试点】 2010年,全市生猪屠宰日常执法共3748次,出动执法人员26884人次,检查定点屠宰厂(场)127个,查处案件255起,打击私宰窝点3个,取缔私宰窝点2个,没收私宰肉9785千克(其中病害肉7615千克移交畜牧部门作无害化处理)。酒类流通日常执法116次,共出动执法人员460人次,车辆116台次,对54家违规经营户下发限期整改通知书,暂扣国产酒2个品种共24瓶,进口酒8个品种共23瓶,查处案件4起,上缴罚没款3800元。“12312”商务举报投诉服务中心全年共受理市民举报、投诉咨询800余件,办结678件,办结率85%。

【成品油流通市场管理】 2010年,市商务局做好加油站行业发展规划,加强加油站行业管理。全年通过验收并准予开业的加油站7座,年审换证加油站264座。做好成品油供应工作,中国石油

8月2日,市商务局领导到商场了解家电下乡经营情况。
市商务局 供稿

化工股份有限公司广西桂林石油分公司销售成品油59万吨，增长19.7%；中国石油天然气股份有限公司广西桂林分公司销售成品油17万吨，增长14.9%。开展打击非法经营成品油专项整治工作，全市共出动车辆30多台次，人员90多人次，查获非法经营成品油改装车2台，关停非法经营柴油加油点13个，取消或暂停一批成品油经营企业经营资格。

【整顿和规范市场经济秩序】 2010年，市商务局开展多项专项整治工作行动，其中包括食品安全专项整治工作、价格秩序专项整治工作、成品油市场专项整治工作、烟草市场专项整治工作、保护知识产权及创建知识产权示范市专项行动等。全年全市共出动执法人员2.3万人次，出动车辆4000多台次，查处了一批假冒伪劣商品，端掉一批非法制售假冒伪劣窝点，规范了市场经济秩序。

【市场体系建设】 2010年，市商务局抓好全市商贸流通业的市场体系建设，抓好项目建设。全年完成商贸流通业固定资产投资20亿元。组织企业申报"农村物流服务体系发展专项资金"项目，至年末获批万村千乡市场工程配送中心9家、农贸市场5家、汽车摩托车配送中心3家，分别获中央财政补助495万元、100万元、60万元。

【抓好企业改制】 2010年，市商务局抓好企业改制工作，对桂林微笑堂实业发展有限公司、桂林百货纺织批发总公司、桂林市纸制品包装总厂实施改革改制。其中，桂林微笑堂实业发展有限公司引进大连大商集团，桂林百货纺织批发总公司完成内部职工持股的有限责任公司改制，桂林市纸制品包装总厂整体转让给浙江一家民营企业。

【实施家电下乡惠农活动】 2010年，市商务局做好家电下乡销售网点的审核、备案登记工作。全市备案登记的家电下乡销售网点1087家，分布全市各县(区)及各乡(镇)，方便农民购买家电下乡产品。加强与市、县的经贸、财政部门的沟通和联系，理顺销售渠道，落实家电下乡补贴兑现工作，同时做好销售网点配套服务设施建设，完成141个家电下乡售后服务网点建设。引导企业开展家电下乡产品促销活动，全年销售家电下乡产品353338台(件)，销售总金额7.2亿元，发放财政补贴资金1.26亿元。

【推动"放心肉"工程】 2010年，市政府调整充实市畜禽屠宰管理工作领导小组，由市商务局牵头成立水产畜牧、卫生、工商等多个部门联合组成的屠宰管理机构。7月，在全市开展为期半年的打击私屠滥宰和病死猪病害肉非法交易专项整治工作，确保肉类食品质量安全。全年定点屠宰生猪140多万头。县城以上定点屠宰率96%，乡(镇)定点屠宰率94%。查处病害生猪3695头，并进行无害化处理，防止屠宰环节疫情的发生以及不合格肉品流向市场。年内，全市获自治区商务厅支持的乡(镇)屠宰场改造项目12个，获扶助资金60万元；县城屠宰场升级改造项目2个，获扶助资金100万元。

【"万村千乡市场工程"建设】 2010年，市商务局继续推进"万村千乡市场工程"建设，在乡(镇)、村推进农家店的建设和改造，使农家店建设覆盖率达到国家要求。做好新建农家店调查摸底工作，并组织配送企业到新建农家店进行指导。全年全市共完成新建和改造农家店320家。至年末，全市共有农家店1243家，覆盖全市所有乡(镇)。

【拍卖、典当行业稳步发展】 2010年，桂林市共有拍卖企业21家(含4家分公司)，从业人员158人，拍卖成交总金额10.17亿元，增长106.29%；拍卖场次206次，增长17.04%。全年全市共有典当企业10家，从业人员65人，年典当总金额1.79亿元，增长41.25%；典当笔数3561笔，增长17.75%。 (蔡俊)

【烟草专卖】 2010年，桂林市烟草专卖局(公司)实现卷烟总销量91亿支，增长5.4%；实现卷烟单箱销售额1.62万元(含税)，增长17%。上缴税金2.63亿元，增长9.58%；资产负债率22.76%。

年内，桂林市烟草专卖局(公司)保持卷烟打假高压态势，打击违法经营烟草专卖品行为，加强对卷烟零售户的服务和管理，提高卷烟市场控制力和净化率。全年共查获立案涉烟案件1104件，其中5万元以上案件24件、案值50万至100万元的网络案件1件、案值超过100万元的网络案件2件。全年共查获各类非法卷烟1121.25件，其中非渠道卷烟412.85件、走私卷烟187.34件、

1月31日，市烟草专卖管理人员查获的违法经营卷烟。

杨斌 摄

假冒商标卷烟521.06件；查获烟叶烟丝3.72吨；移送涉案人员80人，其中刑事拘留34人、逮捕20人、判刑16人，维护了卷烟市场的正常秩序。桂林市烟草专卖局获全自治区卷烟打假工作先进集体。（蒋洪涛）

【盐业专营】 2010年，广西壮族自治区盐业公司桂林分公司购进盐品3.2万吨，销售盐品3.4万吨（其中销售直接食用盐2.06万吨），碘盐合格率、碘盐覆盖率、安全经营率均为100%。

年内，该公司推进食盐零售终端网络建设，发展一级配送，逐步形成县、乡、村三级流通网络体系，共建立食盐配送终端1000多个。

年内，该公司严抓市场管理，规范盐业市场秩序，打击私盐贩销，确保民众吃上放心合格的食盐。做好日常的入户、入企、入校和社区、农村集市宣传，借助"三一五"、"五一五"集中宣传防治碘缺乏病知识和推广多品种盐。5～6月，联合市工商行政管理部门对食盐市场进行拉网式检查，重点检查商品交易市场、食盐零售店、饮食饭店、加工用盐和小工业用盐大户，并对经销商进货检验制度进行查验，防止非碘盐、工业用盐和不合格碘盐流入食盐市场。全年共出动执法人员40多人次，检查食盐经营者500余户，未发现有非碘盐和不合格碘盐。9～10月，针对私盐有所侵销的苗头，该公司联合公安部门侦办涉盐违法案件，共查处涉盐违法案件5起，检查经营户50多家，收缴私盐7吨，罚款1.4万元，震慑了涉盐经营违法行为，稳定了盐业市场。（李荣珍）

【石油供应】 2010年，桂林市的石油供应企业主要有中国石油化工股份有限公司广西桂林石油分公司和中国石油天然气股份有限公司广西桂林分公司，两公司共销售成品油76万吨，其中中国石油化工股份有限公司广西桂林石油分公司销售成品油59万吨。年内，中国石油化工股份有限公司广西桂林石油分公司确保零售稳量增效，解决了永福县城北和荔浦县黄寨站历史遗留问题，使两座加油站正常营业；收购市北门公交、兴安县兴桂和兴安县白竹铺3座加油站；组织形象改造加油站11座、IC卡联网改造加油站10座，提高硬件水平和加油能力；加大对大客户的开发与维护，取得桂林市政府及行政事业单位公务车2年的供油权；推进加油站联网、积分返利系统等工作，新增发卡及充值点17个；推进和优化网点基础建设，实现销售数据信息化管理，2010年便利店年零售额增长54%。（莫文斌）

物资流通

【概况】 2010年，桂林市经济商贸流通业发展较快。全市地区生产总值（GDP）1108.63亿元，增长 13.8%;全年全社会固定资产投资 908.56 亿元,增长 37.8%。经济的快速发展,推进了现代物流业的迅速发展。全年全社会货物运输总量 5389.6 万吨,增长 25.3%。其中:公路运输 4619.0 万吨,增长 25.6%;铁路运输 737.9 万吨,增长 0.7%;水运运输 29.45 万吨,增长 445.4%;民航运输 3.25 万吨,降低 0.5%。全社会消费品零售总额 391.53 亿元,增长 18.9%。

【物流项目建设】 2010 年,桂林市发展商贸物流、商务会展等生产性服务业,建设商务会展产业与旅游产业融合发展示范区,重点推进以七星区为核心的旅游与会展资源整合及产业协同项目。建设以老城区和临桂新区为"双核"的商贸物流聚集示范区,重点推进桂林现代物流园区、桂林市现代物流配送中心、桂林航空港保税物流园区 3 个项目的实施,并组织成立由市发展与改革委员会、市商务局、市国土资源局、市环境保护局等相关部门组成的推进小组。年内,平乐果蔬冷链物流建设项目,桂林灌阳制造业与物流联动发展建设项目,桂林市城北现代物流配送中心,临桂新区物流配送中心,广西全州国家粮食储备库储备仓库建设项目,广西桂果食品有限公司冷鲜牛肉、鲜甜玉米冷链物流项目,荔浦新达现代物流建设项目,桂林市资源县农产品冷链物流服务体系建设项目,广西桂林汇通药业有限公司药品现代物流配送中心项目完成可研编制、规划选址等工作。

【第三方物流企业发展】 2010 年,桂林市积极引导和鼓励第三方物流企业发展,加快推进现代物流业发展。年内,市政府培育一批示范性物流企业发展,重点扶持桂林骏达运输集团、桂林邮政物流、广西玉柴物流集团有限公司等一批物流企业。全年市交通运输、仓储及邮政业增加值 49.46 亿元,增长 17.6%。第三方物流服务企业营业收入 10 亿元以上,其中桂林邮政物流营业收入 2.57 亿元。 (李德平)

集市贸易

【概况】 2010 年,桂林市市场开发服务中心管辖的集贸市场有十多个,商品成交额 2.93 亿元,其中中心集市贸易商品成交额 1.89 亿元,农村集市贸易商品交易额 0.94 亿元。年内,桂林市市场开发服务中心共投入市场改造和维修资金 1062.44 万元,改变市场面貌。加强队伍素质培养,强化对市场的划行归市、经营秩序的管理力度,为广大消费者和经营户提供良好的购物和经营环境。

【市场培育与发展】 2010 年,桂林市市场开发服务中心所辖各集贸市场因地制宜,对市场摊位进行调整改造,提高摊位使用率。利用桂林国际旅游商品批发城一期工程建成投入使用,抓好市场

10 月 10 日,果农在源头农场柑橘物流中心进行水果交易。
石建林 摄

的招商和培育工作,并在市场管理和服务上下工夫,促进市场持续、稳定发展。抓好金地球农机汽配大市场经营,商户进驻率达80%以上。

【市场安全管理】 2010年,桂林市市场开发服务中心所属各市场围绕市场安全开展防火、防爆、防毒、防盗等各项工作。落实责任制,责任到人,将各市场的安全隐患消灭在萌芽状态。定期或不定期对消防安全工作进行全面、深入的检查,发现问题及时整改,全年桂林市市场开发服务中心所属各市场未发生一起安全事故。各市场管理所加强对上市蔬菜管理的宣传、引导和协调工作,积极配合农业部门每天对上市蔬菜进行农药残留检测,确保市民吃上“放心菜”。

(桂林市市场开发服务中心)

供销合作商业

【概况】 2010年,桂林供销合作社系统实现商品购进总金额35.4亿元,其中农副产品收购6.3亿元。销售总金额38亿元,其中消费品零售金额11亿元、生产资料零售金额12.6亿元。实现以各种方式联结农民4.15万户,帮助农民增收3.55亿元。全年实现利润500万元,增长10.38%。年内,桂林供销合作社获自治区供销合作社系统综合业绩考核一等奖。

【“新网工程”建设取得明显成效】 2010年,桂林供销合作社组织申报“新网工程”专项扶持资金,争取自治区财政、中央财政专项扶持资金,全年共有6个农资配送中心项目累计获扶持资金265万元。因地制宜,优化选点,确定“新网工程”,并结合实际,把供销社内部一些资产状况较好的企业作为整合重点,提升服务能力。狠抓农村经营网点、网络改造,以县供销社和直属公司为单位,统一改造、统一牌匾、统一柜台,各个门店的基础设施得到较大改善。

【培育示范农民专业合作社】 2010年,桂林供销合作社系统申报和培育中华全国供销合作总社示范专业合作社4家,自治区供销合作社认定的农业产业化经营农民专业合作社龙头企业1家,市政府认定的农业产业化经营农民专业合作社龙头企业1家,供销社参股领办的较大农民专业合作社9家。10月28日,灵川县潭下黄柏村柏林芳果蔬种植专业合作社兴建的黄柏村农产品交易集散市场落成,该市场占地7000平方米、水泥硬化场1000平方米、果品存储仓300平方米、合作社综合楼400平方米。该交易市场集产品交易、储存及客商食宿等多种功能,是当前桂林市最大的村级农产品交易集散市场。

【项目建设】 2010年,桂林供销合作社系统通过招商引资,积极推动项目建设,取得良好成效。其中,临桂县供销合作社通过招商引资,联合开发建设32层县供销社综合大楼——桂福国际时代广场,成为临桂新区建设的一大亮点;龙胜各族自治县供销合作社、兴安县供销合作社、全州县供销合作社将长期闲置的简陋门面、仓库、市场等改建成上规模、上档次的农产品批发市场、农资配送中心。

【开展“强基惠农春季大行动”活动】 2010年上半年,全市供销合作社系统成立“强基惠农春季大行动”活动工作领导小组,制订活动实施方案。全市供销合作社系统先后抽调400多名工作队员,组织各种优质化肥、农药、农膜等农业生产资料46.7万吨,领办农民专业合作社32个,培训农民专业合作社社员、农产品行业协会会员和农民经纪人2800人,为保障当地春耕生产农民增产增收作贡献。

(谭祥树)

粮油商业

【概况】 2010年,全市国有粮食企业粮食(贸易粮,下同)总购进14.69万吨,减少1.3万吨,降低8.2%;销售16.96万吨,增加2.96万吨,增长21.29%。全年实现销售收入5.66亿元,增加5024万元;亏损119万元,减少263万元。其中:市直国有粮食企业实现销售9130万元,减少6629万元;实现利润622万元,减少90万元。全市粮油饲料工业累计完成主要业务收入45.7亿元,增加19.8亿元,增长43.3%;实现利税1.4亿元,增加8688万元,增长62.1%。全市粮油饲料工业加工大米40.4万吨,增加14.4万吨,增长35.6%;加工面粉4.7万吨,增加1.03万吨,增长21.9%;加工饲料89.9万吨,增加40.5万吨,增长45.1%。

【粮食直补与储备粮订单收购完成】 2010年,全市纳入粮食直补范围的有10个县,直补订单收购计划14.3万吨,粮食直补资金3432万元,占全自治区计划总量的17.8%。年内,全市累计完成粮食直补订单收购13.75万吨,兑付直补资金3302万元,全面完成桂林市粮食直补订单收购计划。

【粮食清仓查库】 2010年,桂林市成立粮食库存检查领导小组和工作机构,制订下发粮食清仓查库工作实施方案。按照"有仓必到,有粮必查,有账必核,查必彻底"的原则,开展自查和复查。全市列入检查范围的库存粮食数量真实,质量良好,账实相符,账账相符,管理规范,储存安全。5月,市粮食局、灵川县粮食局、永福县粮食局获自治区粮食清仓查库先进单位,14人获自治区粮食清仓查库先进个人。年内,永福县粮食局获2010年度全国粮食系统先进集体。

【粮食宏观调控】 2010年,自治区政府新增桂林市市县储备粮规模1万吨。市粮食局会同市财政局制订新增储备粮规模计划的调整分配方案,将新增储备粮规模落实到市级及5个县。年初,西南地区发生特大旱灾,桂林受到不同程度地影响,市、县粮食行政部门加大对粮食市场信息的监测和分析,做好市县级储备粮的轮换计划并合理投放市场,做好对资源县、龙胜各族自治县自治区储备粮的移库调入,并采取加大对全市应急加工企业及应急成品粮油储备检查等一系列措施,保证旱灾期间桂林粮食市场供应和价格基本稳定。1~3月,市粮食行政主管部门向桂林市60多家经营、加工、转化企业,12县5城区580户农户和城镇居民家庭,717家国有和非国有粮食经营(加工)、转化用粮企业进行社会粮食供需平衡调查,为全市全社会粮食综合平衡和宏观调控提供决策依据。

【国有粮食企业改革】 2010年,市粮食行政主管部门针对市本级已基本完成国有粮食企业改革任务的实际,推进县级国有粮食企业改革。年末,全市有11个县完成或基本完成国有粮食企业改革。

【粮食流通监督检查】 2010年,市粮食行政主管部门对全市政策性粮食竞价销售出库情况进行检查,没有发生违法违规的现象。对4家非重点国有粮食企业、9家转化用粮企业建立粮食经营台账和执行粮食流通统计制度情况进行专项检查,全市纳入统计范围的粮食经营者基本建立粮食经营台账。依法开展粮食收购资格许可检查核查,1~3月,对全市原已取得粮食收购资格许可的198家企业和个体经营者的粮食收购资格进行核查,依法注销10家不具备粮食收购资格的粮食收购许可证。全年共进行粮食收购检查99次,出动检查人员515人次,检查收购主体211个次,查处违法违规案件39起,责令改正10起,警告29起,移交其他部门处理1起,协助其他部门没收粮食8.7吨。

【粮食产业化发展】 2010年,市、县粮食行政主管部门注重加强对粮食产业化经营龙头企业的培育和扶持,引导粮食加工企业,走优质谷产业化经营道路,发展优质谷种植,取得较好的社会效益和经济效益。桂林力源粮油食品有限公司在阳朔县、平乐县建立一定规模的种植基地,该公司与农户签订种植协议,引导农户向优质、无公害、绿色种植方向发展,"力源"牌大米取得国家绿色食品认证。永福县每年种植优质稻的面积均保持在1.93万公顷以上,占全县水稻种植面积的80%。永福福寿米业有限公司拥有1.33万公顷无公害优质谷生产基地、6.67公顷优质谷种繁育基地、年产280吨以上的特色产业化富硒稻谷生产基地,该企业注册的"永福香"商标是自治区粮食系统唯一获自治区著名商标称号的品牌。

(张咸忠)

会展业

【概况】 2010年,桂林市博览事务局积极推进品牌展会举办,逐步形成"一展一节一论坛"带动行业发展的格局。以会展吸引各国各地高层领导汇集桂林,吸引国内外资金、技术、信息、人才等生产要素向桂林聚集,促进桂林和国内外、各地区间的

10月1日，2010桂林房·车节开幕。
桂林房·车节组委会　供稿

互利合作，辐射带动了各县（区）旅游业和相关服务业的整体发展，为推动桂林经济结构转型升级，促进桂林经济社会健康发展作贡献。

【培育品牌展会】 2010年，桂林市博览事务局积极培育品牌展会。年内，联合国世界旅游组织亚太旅游协会旅游趋势与展望国际论坛、中国山水画双年展等知名会展相继落户桂林，其中首届中国桂林国际旅游博览会获"2010年度中国十大最具发展潜力展览会"、"十大经贸博览类节庆最具旅游人气奖"。年内，桂林房·车节发展成为桂林市规模、影响力较大的房地产业、汽车业和家装建材行业展示及交易平台，成为桂林市培育的兼具经济效益和社会效益的会展品牌。桂林山水旅游节、桂林创新创意文化节暨桂林国际动漫节、中国漓江摄影展以及阳朔渔火节、恭城桃花节、灌阳农具节、资源河灯歌节等一批依托独特资源的会展品牌影响也日益扩大。

【会展设备设施】 2010年，桂林具有较大商务活动能力的展览场馆5个，分别是桂林国际会展中心、桂林花桥展览馆、桂林博物馆、桂林美术馆、桂林市体育中心。全部场馆建筑面积10多万平方米，展位面积3.8万平方米。其中桂林国际会展中心占地15万平方米，建筑面积5.28万平方米，共有6个展厅，2000个国际标准展位及可设约1600个标准展位的室外展场，拥有16个会议厅，接待能力2000人次，安装有同声传译设备，可召开高级别的国际会议。桂林国际会展中心、桂林漓江剧院、桂林中心剧场、桂林艺术馆均有接待1000人次以上会议的能力。全市共有72家星级饭店拥有会议室130余个，同时能接待会议的总人数5.5万人。全市570余家国内定点饭店、旅馆、招待所，有50%的单位可接待小型会议。

【会展行业培训】 2010年，桂林市首次大规模举办会展行业培训，邀请中国会展经济研究会常务副会长陈泽炎、慕尼黑中国分公司总经理毛大奔、广西国际博览事务局副局长宫起君现场授课，全市会展行业相关部门和企业近200人参会，授课专家对会展业发展现状、趋势、政策等作深入解析，并就桂林市会展行业管理、发展方向等进行研讨。　（袁桂兵）

非公有制经济

4月，市工商行政管理局开展非公有制经济宣传月活动。　　王建明　摄

个体私营经济

【概况】 2010 年,桂林市个体私营经济稳步发展。至年末,全市共有个体工商户 102090 户,从业人员 165019 人,注册资金 68.76 亿元,分别(比上年,下同)降低 32.66%、降低 40.39%、增长 158.11%;私营企业 18401 家,从业人员 206472 人,注册资金 287.46 亿元,分别增长 37.63%、降低 2.1%、增长 106.76%;农民专业合作社 1793 户,成员总数 28893 人,出资总额为 5.38 亿元,分别增长 15.68%、8.99%、35.18%。年内,全市新开业个体工商户 20166 户,新增从业人员 35566 人,新增注册资金 49.05 亿元;新开业私营企业 4032 家,新增从业人员 34965 人,新增注册资金 67.61 亿元;新登记的农民专业合作社 246 户,新增成员总数为 1972 人,新增出资总额 1.23 亿元。

【无证无照经营查处】 2010 年 4 月,市工商行政管理局制订下发《桂林市工商行政管理系统 2010 年查处取缔无证无照经营行为工作方案》《桂林市工商行政管理关于规范查处取缔无证无照经营户告知函的通知》等文件,将查处取缔无证无照经营行为制度化、规范化。重点加强对高危行业的监管,对无照经营实行综合治理。7 ~ 9 月,市工商行政管理局配合市食品药品监督管理局,组织开展对全市无证无照餐饮经营单位调查摸底、监督检查、集中整治的专项清理整治工作,共查处取缔无照无证餐饮经营户 114 户,案值 85.53 万元,罚款 8.26 万元。年内,市工商行政管理局共查处取缔无照经营案件 1958 件,案值 858.77 万元,罚款 159.31 万元。

【扶持农民专业合作社发展】 2010 年,市各级工商行政管理部门探索和研究农民专业合作社登记管理,针对农民是农民专业合作社主体的特点,市工商行政管理局通过政策引导扶持、促进综合职能等方式,全方位培育扶持农民专业合作社健康发展。年内,农民专业合作社 1793 户,成员总数 28893 人,出资总额为 5.38 亿元,分别增长 15.68%、8.99%、35.18%,业务范围从传统的种植业、养殖业,逐步发展到与农产品销售和农业生产资料经营有关的技术、信息等服务领域。

【非公有制经济组织党建工作】 2010 年年初,市工商行政管理局制作《非公有制企业党建工作情况申报表》《非公有制企业党建工作情况年报表》等 3 万份,调查了非公有制经济组织工作中党组织情况、党员情况、流动党员、口袋党员(指该党员转出组织关系后,党员手持组织关系介绍信,装进口袋,自行留存,未到预转入党组织报到,转出

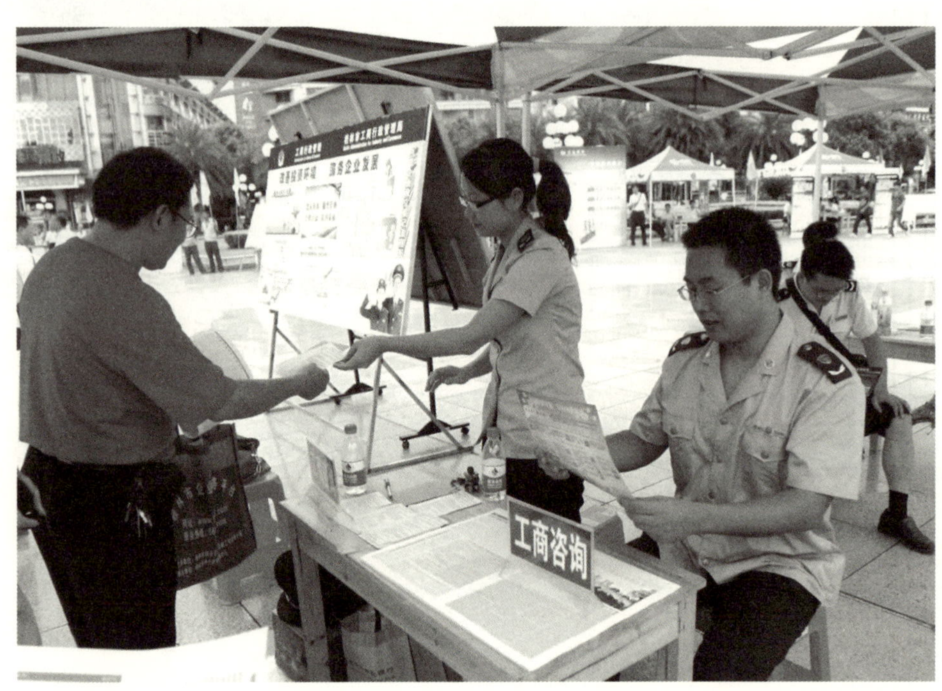

8 月 18 日,市工商行政管理局开展服务企业咨询活动。

市工商行政管理局 供稿

地将此名党员档案转至转入地,但转入地党组织由于无法联系该名党员,无法对该党员实施教育、服务、管理)情况等。同时,利用信息化手段建立党建情况数据库,为各级党委开展非公有制经济组织创先争优活动,提供意见及建议。至年末,共回收《非公有制企业党建工作情况年报表》3172份,完成登记非公有制企业党建情况调查工作3172家,占全市非公有制企业的23.6%。

【促进就业及再就业】 2010年,市各级工商行政管理部门继续贯彻落实国家和自治区有关就业再就业的优惠政策,扶持下岗失业人员、高校毕业生、城镇退役士兵、返乡农民工创办个体工商户、私营企业,促进就业再就业工作。至10月,共有下岗失业人员、高校毕业生、城镇退役士兵、返乡农民工532名,申办个体工商户和私营企业,免收费1.18万元;1721名下岗失业人员、高校毕业生、城镇退役士兵、返乡农民工到个体私营经济行业就业再就业。

表17 2010年桂林市个体工商户分类统计表

行业分类	户数(户)	从业人员(人)	资金数额(万元)
农、林、牧、渔业	1096	2856	16076.80
采矿业	260	1445	6969.42
制造业	6508	20113	190215.10
电力、煤气及水的生产和供应业	53	172	1031.71
建筑业	302	1294	1790.45
交通运输、仓储及邮政业	8808	9589	78249.53
信息传输、计算机服务和软件业	387	931	6465.73
批发和零售业	67478	92505	331872.54
住宿和餐饮业	7949	19210	30666.85
金融业	2	2	12.00
房地产业	51	75	96.93
租赁和商务服务业	831	1416	3078.13
广告业	77	140	148.26
科学研究、技术服务和地质勘查业	34	58	118.10
水利、环境和公共设施管理业	8	25	25.20
居民服务和其他服务业	7709	13684	16875.53
教育	9	20	60.60
卫生、社会保障和社会福利业	78	175	177.20
文化、体育和娱乐业	360	1174	3564.03
其他行业	90	135	80.27
合计	102090	165019	687574.38

表18 2010年桂林市私营企业分类统计表

行业分类	户数(户)	从业人员(人)	资金数额(万元)
农、林、牧、渔业	451	4548	71525.00
采矿业	389	5210	47684.80
制造业	3042	45858	387545.98
电力、煤气及水的生产和供应业	554	9598	98364.99
建筑业	910	10337	143055.70
交通运输、仓储及邮政业	316	3958	36921.00
信息传输、计算机服务和软件业	541	4561	22522.50
批发和零售业	6736	63273	403526.50
住宿和餐饮业	392	5211	56150.00
金融业	41	427	29820.00
房地产业	919	9761	447316.00
租赁和商务服务业	2353	24785	623147.00
广告业	500	5184	14855.00
科学研究、技术服务和地质勘查业	431	4536	50879.00
水利、环境和公共设施管理业	83	1276	25635.00
居民服务和其他服务业	458	4740	29922.00
教育	15	149	365.00
卫生、社会保障和社会福利业	9	363	4320.00
文化、体育和娱乐业	220	2256	375742.00
其他行业	41	441	5298.00
合计	18401	206472	2874595.47

(管致萍)

外商与中国港澳台地区商人投资企业

【概况】 2010年,桂林市外商和中国港澳台地区商人投资企业313家,其中中外合资企业60家、中外合作企业11家、外商合资企业9家、外国法人独资企业27家、外国非法人经济组织投资企业1家、外国自然人独资企业26家、中国港澳台与外国投资者合资企业6家、中国港澳台与境内合资企业63家、中国港澳台与境内合作企业16家、中国港澳台合资企业16家、中国港澳台法人独资企业38家、中国港澳台自然人独资企业39家、中外合资未上市股份有限公司1家。外商和中国港澳台地区商人投资企业投资总额22.23亿美元;注册资本16.07亿美元,其中外商和中国港澳台

6月18日，市工商行政管理局工作人员到外商投资企业开展年检工作。 王建明 摄

地区商人注册资本10.08亿美元；实收资金12.57亿美元，其中外商和中国港澳台地区商人资金8.4亿美元。

年内，桂林市新登记外商与中国港澳台地区商人投资企业14家，其中中外合资企业3家、外商合资企业1家、外国法人独资企业1家、外国自然人独资企业3家、中国港澳台地区与境内合资企业4家、中国港澳台地区法人独资企业1家、中国港澳台地区自然人独资企业1家。新登记企业投资总额5862.2万美元，注册资本3478.2万美元，其中外商和中国港澳台地区商人注册资本3303.9万美元；实收资金226万美元，其中外商和中国港澳台地区商人资金117.3万美元。

【全面推行网上年检】 2010年，市工商行政管理局对桂林市外商投资和中国港澳台地区商人投资企业全面实行网上年检。年内，全市参加网上年检的桂林市外商投资和中国港澳台地区商人投资企业595家（含分支机构企业），网上年检率100%。年检期间，市工商行政管理局为桂林桂澳电线电缆有限公司、桂林桂加房地产有限公司等30余家企业提供专门指导，解决企业遇到的问题，使企业顺利通过年检。

【加强企业出资监管】 2010年，市各级工商行政管理部门通过建立企业出资、企业出资催缴、延期出资期限、黑名单管理等台账，加强对企业的出资管理。对新成立的外商投资企业首期未出资的，在企业出资时间到期之日后10天之内发《限期出资通知书》，督促企业在限期内办理变更登记手续，并在工商红盾系统中将该企业加锁列为黑名单。年内，桂林格拉斯波玻璃有限公司、桂林资源诚豪矿业有限公司、桂林康密劳铁合金有限公司、广西金鼎矿业有限公司等17家企业，办理了实收资金变更登记手续，实际到位外资和中国港澳台地区商人投资1.78亿美元。 （管致萍）

对外开放

3月18日，全市招商引资暨大兑现工作会议召开。　　黄克　摄

招商引资

【概况】 2010年,桂林市投资促进局加大"央企入桂"、"百企入桂"和"引金入桂"工作力度,深化"大兑现,大服务"活动,创新招商方式,招商引资再创新佳绩。全市新签市外境内项目502个,新签项目投资总金额386.46亿元,(比上年,下同)增长17.88%。实施市外境内项目899个,市外境内到位资金374.13亿元,增长33.17%(其中自治区外到位资金282.91亿元,增长17.57%)。实际利用外资2.53亿美元,增长25.2%。内外资实际到位资金391亿元,增长31.6%。年内,全市共实施招商引资项目899个。其中,第一产业项目63个,占总实施项目数7.01%;第二产业项目477个,占总实施项目数53.06%;第三产业项目359个,占总实施项目数39.93%。全年新签订并实施的内资金额1亿元以上项目73个,其中投资金额10亿元以上项目6个、5亿~10亿元项目5个、1亿~5亿元项目62个。中国机械工业集团有限公司、北京大唐电信集团、中国大唐新能源有限公司、中国中铁股份有限公司和浙江省宁波市鑫友光伏有限公司等一批中央企业及知名企业落户桂林。

【开展招商引资项目大兑现工作】 2010年,桂林市投资促进局开展招商引资项目大兑现工作,做到"五个确保"(确保一个项目、一名牵头领导、一个服务协调小组服务机制全面落实,确保大兑现项目推进快实效好,确保大兑现项目进资数字准确,确保大兑现项目进资证据有效,确保大兑现项目合同履约率、开竣工率、资金到位率目标任务超额完成)、"三个到位"(项目全面排查到位,不留死角;责任落实到位,不走过场;监督指导到位,不打折扣)。开展招商引资项目大兑现工作"示范县、示范园区"评选考核活动,临桂县、灵川县、兴安县获招商引资项目大兑现工作示范县,桂林市国家高新技术产业开发区、荔浦县工业集中区、平乐县工业集中区、永福县福龙工业园获招商引资项目大兑现工作示范园区。年内,自治区、桂林市两级大兑现项目共242个。其中,内资项目231个(自治区级71个,市级160个),投资总金额508.25亿元,到位资金332.61亿元,资金到位率为65.44%,已竣工的项目116个(自治区级20个,市级96个);外资11个(自治区级9个,市级2个),合同外资额3.02亿美元,到位资金为2.56亿美元,资金到位率84.77%,已竣工项目6个(自治区级4个,市级2个)。内外资大兑现项目超额完成自治区下达的2010年大兑现项目资金到位率40%的任务。

【招商引资金额创历史新高】 2010年,桂林市投资促进局组织小分队近20批次赴北京、重庆、长沙、合肥市及中国港澳台地区等地考察、洽谈,推介桂林,引进浙江省宁波市鑫友光伏有限公司投资超10亿元的500 MW晶体硅太阳能电池片项目和投资5亿元的浙江众阳光能科技有限公司落户临桂县。举办中国湘商桂林投资考察暨投资环境推介会,世界华商联合会、香港商报桂林投资考察推介会,桂林国际旅游博览会投资环境推介会等活动,探索与商会合作招商引资新方式,强化招商引资的主动性和针对性。4月,举办2010中国杰出湘商桂林投资考察暨项目对接洽谈会,有200多名全国知名湘商参会,达成签约项目15个,投资总金额37.66亿元。组织参加第七届中国—东盟博览会,全市内资签约项目总数105个,投资总金额为502.76亿元,增长18%。其中,合同项目签约77个,投资总金额354.8亿元;协议项目签约19个,投资总金额94.8亿元;意向项目9个,投资总金额53.16亿元。外资签约项目10个,投资总金额19.34亿美元。内外资签约金额均创历史新高,桂林市获自治区颁发的第七届中国—东盟博览会签约项目组织奖。

【区域经济合作】 2010年,桂林市加强与东盟、泛北部湾经济区和东西部经济区成员市、友好城市的联系和沟通,建立区域招商引资合作关系。先后组团参加第十四届中国东西部合作与投资贸易洽谈会、第六届泛珠江三角洲投资贸易洽谈会、中国第十一届西部博览会及洽谈会、第十四届中国厦门投资洽谈会等。加强与各省、自治区、直辖市的经贸合作,推动合作和交流。年内,通过经济区域合作,全市共洽谈项目75个,签约项目17个,投资总金额38.16亿元。

【服务非公有制企业】 2010年,桂林市投资促进局对全市500万元规模以上非公有制企业进行收集、统计、造册,建立和完善536家非公有制企业资料库,掌握全市规模企业的数量和发展现状。全年共为企业和商(协)会协调服务40多次,走访企业30多家。举办桂林市非公有制企业家成功论坛2期,参加培训的人员400多人次。组织桂林市非公有制企业家及商(协)会代表新春座谈会、桂林市外资企业新春座谈会和桂林市首届异地商(协)会联谊活动等活动,密切商(协)会和企业的关系,促进以商招商的开展。(熊小清)

对外贸易与经济技术合作

【概况】 2010年,桂林市对外贸易实现较快增长,进出口总金额9.03亿美元,增长22.6%。其中,出口6.22亿美元,增长20.7%;进口2.81亿美元,增长27.2%。新批准外商投资企业18家。全市合同外资总金额1543万美元(含已批企业增、减资),其中新批项目的合同外资总金额1211万美元。上报全口径实际利用外资总金额2.22亿美元,增长13.4%。完成境外投资项目4个,协议投资总金额1678.57万美元,其中中方协议投资总金额1078.5万美元。

【出口贸易】 2010年,桂林市出口总金额6.22亿美元,增长20.78%。全市有出口业绩企业231家,出口超1000万美元以上的企业有9家,其中桂林国际电线电缆集团有限责任公司超1亿美元,桂林澳华贸易有限公司、桂林漓佳金属有限责任公司分别超4000万美元,桂林橡胶机械厂、桂林皮尔金顿安全玻璃有限公司2家公司分别超2000万美元。主要出口商品及出口金额为:电线电缆14891万美元、木衣架5429万美元、金属硅5309万美元、铜管4789万美元、滑石3224万美元、硫化机2703万美元、安全玻璃2237万美元、重晶石1446万美元、纺织原料及纺织品1129万美元、牙科仪器及器具919万美元、轮胎904万美元、液体泵780万美元、竹制一次性筷子695万美元、避孕套690万美元、首饰661万美元、表带及其零件645万美元、量具621万美元、清水马蹄罐头541万美元、青蒿琥酯524万美元、风动工具521万美元。年内,桂林市贸易出口国别(地区)有152个,其中主要出口国家和地区分别为澳大利亚15006万美元、美国12483万美元、日本6366万美元、泰国3187万美元、英国2029万美元、德国1861万美元、印度1817万美元、荷兰1681万美元、意大利1208万美元、越南1041万美元、中国香港1217万美元。

【进口贸易】 2010年,桂林市进口总金额2.80亿美元,增长29.18%。全市有进口业绩企业98家,进口超1000万美元的企业有8家,分别是桂

10月21日,桂林市政府在第七届中国—东盟博览会期间举办桂林市经济合作项目签约仪式。 黄克 摄

林 NEC 无线通信有限公司 7499 万美元、桂林漓佳金属有限责任公司 3956 万美元、桂林康密劳铁合金有限公司 3554 万美元、桂林国际电线电缆集团有限责任公司 2405 万美元、中国化工橡胶(桂林)有限公司 1441 万美元、桂林全通进出口贸易有限责任公司 1158 万美元、桂林全州鑫昌贸易有限公司 1060 万美元、桂林市世昌工贸有限责任公司 1030 万美元。年内,主要进口商品为锰矿砂及其精矿 7203 万美元、通信设备 7025 万美元、铜及其制品 5984 万美元、橡胶 2071 万美元、机器零件及附件 497 万美元、磁盘 473 万美元、金属加工机床 309 万美元、吹塑机 280 万美元。桂林市贸易进口国别(地区)有 47 个,其中主要进口国家和地区为日本 8604 万美元、马来西亚 3743 万美元、加蓬 3087 万美元、智利 2946 万美元、韩国 2441 万美元、泰国 2083 万美元、美国 1160 万美元。

【利用外资】 2010 年,桂林市新批外商投资企业 18 家,降低 10%;合同外资总额 1543 万美元(含已批企业增加或减少资金),降低 91.6%;实际利用外资为 1.80 亿美元,降低 8.4%。新批准外商投资企业和实际利用外资额在自治区地级市中居第四。在新批准外商投资企业中,中外合资企业 10 家,外商独资企业 8 家。实际利用外资金额超过 100 万美元的县(区)有:临桂县 671 万美元、资源县 180 万美元、龙胜各族自治县 129 万美元、秀峰区 120 万美元、桂林国家高新技术产业开发区 871 万美元。

【参加第七届中国—东盟博览会】 2010 年 10 月,桂林市组团参加第七届中国—东盟博览会,全市参展企业 11 家,设立展位 16 个,展出面积 400 多平方米,共组织 300 多名采购商和专业观众参展参会。参展的商品涉及汽车、工程机械、能源环保产品、工艺品、电线电缆、食品等。与国外客商签订意向协议,协议投资总金额 5000 万美元;与印度尼西亚签订水泥生产、销售投资项目 1 个,项目投资总金额 200 万美元。

【扶持进出口企业】 2010 年,桂林市商务局加大政策扶持力度,为企业提供发展资金支持,全市进出口呈现回升趋势。年内,桂林国际电线电缆集团有限责任公司、桂林澳华贸易有限公司、桂林裕祥家居用品有限公司、桂林啄木鸟医疗器械有限公司等 19 家企业的 32 个项目获得国家对外经济贸易区域协调发展促进资金 635 万元。桂林橡胶机械厂获自治区保持对外贸易稳定增长专项资金项目 1 个,扶持资金 18.2 万元。有 59 家进出口企业获中小企业市场开拓资金项目 257 个,获扶持资金总额 476.92 万元。

【四家企业在境外合资开办企业】 2010 年,全市实现境外投资项目 4 个,中方总投资金额 1078.5 万美元。一是桂林矿产地质研究院在澳大利亚合资设立铜金有色金属矿产资源有限公司,项目投资总金额 428.57 万美元,中方投资金额 300 万美元;二是灌阳县兴发冶炼厂在马来西亚合资设立爱迪尔铁合金有限公司,项目投资总金额 950 万美元,中方投资金额 522.5 万美元;三是龙胜各族自治县大通进出口有限责任公司在马来西亚合资设立实地矿物有限公司,项目投资总金额 100 万美元,中方投资金额 96 万美元;四是桂林安运石化有限公司在印度尼西亚合资设立天泰投资有限公司,项目投资总金额 200 万美元,中方投资金额 160 万美元。

【对外经济合作取得实效】 2010 年,桂林桂冶实业有限公司获境外工程承包经营资格,是继中国石油天然气第六建设公司第一分公司(桂林)之后桂林又一家具有境外承包工程资格的公司。年内,桂林桂冶实业有限公司与越南签订 1035.8 万美元、日产 1000 吨水泥生产线承包工程项目,是自治区最大的水泥行业境外工程承包项目。桂林国际经济技术合作公司获恢复外派劳务经营资格。

(蔡俊)

财政·税务

5月4日，市国税局纳税人学校揭牌成立。　　　　市国税局　供稿

财　　政

【财政收支概况】 2010年,桂林市组织财政收入121.08亿元,(比上年,下同)增加23.44亿元,(比上年,下同)增长24%,为10年来最高涨幅。在财政收入中,按科目分:一般预算收入67.08亿元,增加11.93亿元,增长21.63%;上划中央收入40.57亿元,增加8.13亿元,增长25.06%;上划自治区分享"四税"(增值税、营业税、个人所得税、企业所得税)收入13.43亿元,增加3.38亿元,增长33.64%。按区域分:市级财政收入64.13亿元,增长17.23%;县级财政收入56.95亿元,增长32.63%。全市财政总收入224.81亿元,包括:一般预算收入67.08亿元;上级补助收入115.75亿元,其中返还性收入15.92亿元,一般性转移收入43.46亿元,专项转移支付56.37亿元;地方政府债券转贷收入3.60亿元;上年结余收入38.36亿元;调入资金收入0.02亿元。

全市基金预算总收入71.44亿元。其中:当年组织基金预算收入55.14亿元,增加38.88亿元,增长239.11%;上年结余收入8.40亿元;上级补助收入7.63亿元;调入资金收入0.27亿元。

全市财政总支出187.58亿元。包括:一般预算支出183.59亿元,增加42.60亿元,增长30.21%;上解上级支出3.72亿元;调出资金0.27亿元。收入和支出相抵,年终结余37.23亿元,扣除专款结转27.45亿元,净结余9.78亿元。

【优化财政支出结构】 2010年,桂林市保稳定、保增长、保民生的资金需求不断增长,特别是规范公务员津贴补贴改革的全面实施、义务教育阶段教师绩效工资改革、扩大内需项目建设陆续开工以及社会保障政策的不断完善等因素,导致财政支出压力加大。面对财政收支矛盾突出的情况,全市财政部门调整和优化财政支出结构,优先确保政权机关运转、工资发放以及农业、科技、教育等法定增长和社会保障的资金需要,加大对支农、扶贫、公共安全、为民办实事等重点项目的保障力度;严格预算执行,结合政府采购、部门预算、国库集中支付等支出改革,加强对用款计划的管理,实行财政资金支付全过程的监控。

【参与城市基础设施建设】 2010年,桂林市财政局及时下拨中央扩大内需项目资金26.24亿元,争取到中央代地方发行债券3.6亿元,保证中央扩大内需项目的实施。桂林市财政局充实临桂新区分局机构和人员,成立临桂新区对口服务领导小组,承诺凡市财政局涉及临桂新区建设审批的项目一律优先办理,在最短时限内办结;积极参与城市基础设施"1212"等重点工程建设,科学调度资金,安排5.52亿元专项资金用于"1212"等重点项目前期工作。积极筹措项目资金,协调融资平台与银行的关系,解决部分项目银行贷款到位难问题,保证桂林城市建设提速的巨额资金需要。争取到自治区资金管理局资本金贷款4亿元,并转贷各县(区),发挥了财政性资金的引导作用。协助市商业银行加快推进金融大厦建设,协助市土地储备交易管理中心向银行贷款4.22亿元用于临桂新区土地储备。

【支持企业发展】 2010年,桂林市财政局加大对全市100强工业企业实施重点跟踪,筛选出重点企业技改项目66项,安排贴息和补助资金5000万元。对在经济工作中作出重大贡献的县(区)、企业和优秀企业家奖励1290.36万元。推进桂林化纤总厂、桂林电缆厂和桂林威达集团政策性破产工作,争取自治区财政厅解决破产资金缺口4800万元。支持中小企业发展,申报中小企业发展专项资金、农产品加工技术改造资金等项目96个,项目资金1.60亿元,鼓励企业技术改造和扩大再生产。参与桂林市中小工业企业投资担保有限公司和桂林市中小企业融资担保中心的重建工作,重组后的桂林市中小企业信用担保有限公司注册资本2亿元。

【推进社会事业发展】 2010年,桂林市财政局筹措资金1.50亿元,支持市政府为民办实事工程,确保中小学校舍安全工程、两江四湖二期工程、市区重要交通节点改造等工作的实施。安排拨付资金22亿元,确保粮食直补、综合直补、家电下乡以及各种良种补贴和涉农补贴等相关政策的全面兑现。关心弱势群体基本生活,安排社会保障资金2000余万元,做好慰问困难群体、困难企业军队转业干部生活补助、市区环卫工人岗位补贴和社会保险补贴发放等。安排国有企业关闭破产补助资金5000万元用于缓解国有困难企业生产及职工生活困难,支持企业改制。拨付2000万元用于办理国有困难企业退休人员参加基本医疗保险。拨付失业保险基金9318万元,保障全市2.1万名失业人员的待遇落实。支持再就业工作,推进下岗失业人员小额信贷担保,拨付就业再就业各项补贴支出5700万元,返乡农民工创业就业基金1998万元。关心遭受一季度旱灾、二季度洪涝灾害的受灾群众生活,及时下拨救灾专项资金5891万元。

【财政支农】 2010年,桂林市各级财政部门积极向上级部门争取资金,增加对"三农"的投入。全市共争取财政支农资金10.50亿元,水利基础设施建设资金3亿元,防洪及漓江补水枢纽工程建设资金0.50亿元。加大农业综合开发力度,共完成申报财政贴息项目6个,贴息贷款金额1.50亿元;向国家申报新建产业化经营项目3个,计划总投资1.02亿元。兴安县和灵川县获得自治区仅有的2个国家农村综合开发增量资金安排的高标准农田建设示范项目,并新增永福县和灌阳县2个一般土地治理项目,总投资3620万元。安排资金实施了1500个自然村(屯)内道路硬化,村村通广播电视工程及农村饮水、村级公共服务中心示范工程等项目建设。做好农村义务教育"普九"债务清理化解,至6月底,各县农村义务教育"普九"债务清理化解任务基本完成。推进村级公益事业一事一议财政奖补试点扩面工作,12县全部纳入试点范围,是自治区唯一在所辖的县域中全部开展试点的城市。

【财政改革】 2010年,桂林市继续深化财政国库管理制度改革,市本级集中支付资金范围涵盖预算内资金、专项资金和缴入国库的非税收入。通过集中支付的财政资金41.32亿元,占本级财政支出65.85%,增长17.48%。公务卡支付制度改革全面启动,保证财政资金支付高效透明。完善部门预算管理的相关办法,推进综合预算,并根据物价上涨情况开展公用经费综合定额和交通费定额调研、测算及修订工作。探索推进国有资本经营预算制度,《桂林市人民政府关于试行国有资本经营预算的意见》获市政府常务会原则通过。完善政府采购工作,推行协议供货、定点采购制度,提高采购效果和效率。加强对大中型重点工程建设项目的监管,完善政府采购工程备案监管制度,实现规范、效益双体现。全年纳入政府采购范围的采购预算金额35.71亿元,实际采购金额30.98亿元,节约4.74亿元,节约率13.26%。完成了契税征管职能划转到地税部门的移交工作。落实基层政法部门公用经费保障机制,做好政法经费保障体制改革工作。

【财政监管】 2010年,桂林市财政强化行政事业单位资产管理,组织开展全市行政事业资产管理信息系统的建设工作,将行政事业单位国有资产处置等收入纳入部门预算管理,实行"收支两条线"。加强国债资金、世界银行项目、外国政府贷款项目的监管,提高资金使用效益;编制了2009年已还政府债务情况表和2010年度分月偿还情况统计监测表。开展对扩大内需资金、强农惠农资金、社会保障资金等财政专项资金和国债资金使用的检查,加强财政专项资金使用的跟踪问效。发挥财政监督作用,运行财政专户监管系统;落实"小金库"专项治理"回头看"工作,在"小金库"专项治理工作中,共发现"小金库"116个,涉及金额3158.42万元,全部整改到位。加强基本建设财务管理,完善财政性投资评审管理制度,做好重点工程项目竣工财务决算批复,共完成各类评审项目921个,送审造价155.73亿元,审减不合理资金18.92亿元,核减率12.15%,其中临桂新区建设项目25个,送审造价17.48亿元,核减金额2.15亿元,核减率12.30%。加大财务总监的派驻和管理力度,新增派驻财务总监监管项目46个,至年末,全市共向财政性投资重点项目派驻财务总监41人,实施财务监督管理单位和项目184个。受理行政投诉案件十余起,行政处罚案件3起,复议申请2起,均进行公正处理。

【非税资金管理】 2010年,桂林市政府非税收入管理局以组织收入征收为中心,通过完善规章制度,建立激励机制,规范单位收缴行为,确保行政事业单位非转经资产(门面、场地出租收入)收益管理工作顺利开展,挖掘非税收入收缴潜力。与市市容局共同制订户外广告资源有偿使用收入的征收管理办法,拓宽非税收入范围。将经营性资产出让收入缴入财政非税收入专户。加大稽查力度,实现历年应缴未缴新菜地鱼塘开发建设基金2600万元,并缴入财政专户。使用信息化非税管理系统,实现从票据发放到核销的全程控制。

2010 年桂林市财政收支执行情况表

表 19　　单位:万元

科目	全市	市级			县级
		合计	市本级	城区	
组织财政收入	1210780	641299	411694	229605	569481
一般预算收入	670784	330843	214032	116811	339941
税收收入	442938	218165	133082	85083	224773
增值税	49605	24589	14842	9747	25016
营业税	122769	58461	31337	27124	64308
企业所得税	50001	33311	19228	14083	16690
个人所得税	20756	12584	7894	4690	8172
其他各项税收	199807	89220	59781	29439	110587
非税收入	227846	112678	80950	31728	115168
专项收入	17333	8243	8243	0	9090
行政性收费收入	45378	14454	11373	3081	30924
罚没收入	23110	3328	2370	958	19782
国有资本经营收入	79339	47021	47047	-26	32318
国有资源(资产)有偿使用收入	33998	24477	10819	13658	9521
其他收入	28688	15155	1098	14057	13533
上划自治区收入	134310	69198	39021	30177	65112
增值税	23344	11571	6985	4586	11773
营业税	81846	38974	20891	18083	42872
企业所得税	16667	11104	6409	4695	5563
个人所得税	12453	7549	4736	2813	4904
上划中央收入	405686	241258	158641	82617	164428
增值税 75% 部分	218847	108482	65481	43001	110365
消费税	36636	35566	35566	0	1070
企业所得税 60% 部分	100389	67009	38649	28360	33380
个人所得税 60% 部分	49814	30201	18945	11256	19613
一般预算支出	1835907	601819	440681	161138	1234088
一般公共服务	318970	93447	55155	38292	225523
外交	0	0	0	0	0
国防	3004	1980	1535	445	1024
公共安全	118857	60031	49409	10622	58826
教育	335341	92035	61814	30221	243306
科学技术	19002	11248	8861	2387	7754
文化体育与传媒	28069	13662	12806	856	14407
社会保障和就业	147454	44602	35570	9032	102852
医疗卫生	173711	47701	37958	9743	126010
环境保护	49557	15158	14236	922	34399
城乡社区事务	87803	43757	27235	16522	44046
农林水事务	270127	61789	56123	5666	208338
交通运输	35226	7930	7858	72	27296
资源勘探电力信息等事务	78989	41314	11806	29508	37675
商业服务业等事务	33046	6416	4010	2406	26630
金融监管等事务支出	1129	492	492	0	637
国土资源气象等事务	19604	2989	2754	235	16615
住房保障支出	51014	16492	12710	3782	34522
粮油物资储备管理事务	5434	698	698	0	4736
国债还本付息支出	14168	13569	13281	288	599
其他支出	45402	26509	26370	139	18893

（龚明聪　覃国哲）

国家税务

【概况】 2010年,桂林市国家税务局(简称市国税局)内设15个行政机构、4个直属机构和3个事业单位,下辖12个县国税局和5个城区国税局。全市国税部门有在职干部职工1516人。共管辖全市纳税登记户54216户。其中,一般纳税人户数4614户,占全市纳税人总户8.51%;小规模企业6486户,占全市纳税人总户数11.96%;个体户43116户,占全市纳税人总户数79.53%。

【税收收入】 2010年,市国税局完成税收收入46.79亿元(不含出口退税和进口增值税),增加9.1亿元,增长24.13%;地方政府口径税收42.85亿元,增加8.17亿元,增长23.57%。年初,市国税局加强经济税收分析、税收增减因素分析、税收政策执行效应分析、宏观税负和税收弹性分析,税收质量明显提高。国税直接收入宏观税负为4.93%,上升0.65个百分点,税收弹性系数为2.17。除个人利息所得税因停征下降外,国内增值税、国内消费税、企业所得税、车辆购置税四大税种均快速增长。国内增值税完成29.57亿元,增加3.41亿元,增长13.05%,拉动税收增长9.04个百分点;消费税完成3.66亿元,增加0.90亿元,增长32.48%,拉动税收增长2.39个百分点;企业所得税完成10.07亿元,增加3.96亿元,增长64.90%,拉动税收增长10.5个百分点;车辆购置税收入3.43亿元,增加1.04亿元,增长43.38%,拉动税收增长2.78个百分点;个人利息所得税收入699万元,降低75.44%。

【税收结构优化】 2010年,桂林市国家税收结构优化。企业所得税比重和第三产业比重提高,收入增长由增值税单一拉动到增值税、消费税、企业所得税协同拉动增长,由第二产业单一拉动,到第二、第三产业协同拉动增长。增值税、消费税、企业所得税收入比重由上年的74.89:7.71:17.40优化为68.27:8.45:23.28,企业所得税比重提高5.88个百分点;第二、第三产业税收比重由上年的69:31优化为59:41,第三产业税收比重提高10个百分点。

【依法治税】 2010年,市国税局加强税收专项检查和发票专项整治工作,整治税收秩序。全年检查纳税户187户,完成积案、欠税案件的清理35件,受理举报案件49件次,办理移送司法机关案件19件,累计查补入库收入8124万元(其中查补税款7234万元,罚款625万元,加收滞纳金252万元,没收非法所得13万元),增加1093万元,增长15.5%,选案准确率100%,查结率100%,入库率为111%,各指标值均居自治区先进水平。查处发票违法犯罪活动,打击发票"卖方市场",全年查处违法制售、贩卖假发票案件40件,其中立案30件、移送司法机关4件;打掉犯罪团伙2个,抓获犯罪嫌疑人30人,捣毁犯罪窝点21个,收缴作案机器9台,缴获印章204枚,查处涉嫌问题发票76.56万份。

【纳税服务】 2010年,市国税局规范纳税服务行为,完善纳税人投诉和涉税争议的快速响应及处理机制,妥善解决涉税争议,维护纳税人合法权益。拓宽纳税服务领域,全市国家税务系统共建立纳税人学校18个,举办各类培训班121期,免费培训纳税人6014人次。全面完成办税服务厅标准化建设,将秀峰区国税局和象山区国税局的办税服务厅合并,设立桂林市首个纳税服务中心。改进办税服务方式,全面推广POS机刷卡缴税业务,纳税人通过刷卡缴税21633笔1438万元。深化国家税务、地方税务联合办证,推广各县国税局和地方税务局联合办证,全市国家税务、地方税务部门共实行联合办证1875户,降低纳税人办证费10万多元。在城区国税局各办税服务厅实行涉税业务同城通办,满足纳税人就近办税的需求。推行网上申报、网上认证、短信申报、财税库行横向联网缴税和持卡纳税等多元化申报和缴税方式,全市已有8192家企业开通网上申报、3104家企业开通短信申报,占所辖企业纳税人的73%;实行持卡纳税的个体纳税人28045户,占所辖个体纳税人的65%;实行财税库行横向联网缴税的纳税人9914户,占企业纳税人的65%。

【税收征管】 2010年,市国税局加强一般纳税人管理,依法对2009年应税销售额超过小规模纳税人标准的879户纳税人进行一般纳税人资格认定。扩大委托代征范围,委托公安、林业、市场管理、屠宰机构等行政管理部门代征税款,共签订委

2010年桂林市国家税收收入分征收单位统计表

表20　　单位:万元

指标	全市	市区	12县												
			合计	阳朔	临桂	灵川	全州	兴安	永福	灌阳	资源	平乐	荔浦	龙胜	恭城
税收合计	435935	257311	178624	5397	31086	21811	17576	22726	18461	9048	4317	8359	17185	13483	9175
国内增值税	295662	145381	150281	3921	22677	17708	15334	16447	17575	8361	3373	7434	18452	11392	7607
国内消费税	36635	35399	1236	9	19	24	869	207	11	3	10	10	53	3	18
内资企业	72070	45703	26367	1092	5031	4300	1142	7193	927	610	846	988	1805	1031	1402
外资企业	28620	22848	5772	186	4301	69	45	0	0	0	0	0	142	1029	0
利息个人所得税	699	364	335	17	20	58	57	38	21	22	15	29	24	15	19
车辆购置税	34260	32561	1699	251	228	154	129	94	174	97	73	129	208	22	140
出口退税	-36520	-29454	-7066	-79	-1190	-502	0	-1253	-247	-45	0	-231	-3499	-9	-11
进口增值税	4509	4509	0	0	0	0	0	0	0	0	0	0	0	0	0

2010年桂林市国家税收收入分经济类型统计表

表21　　单位:万元

指标	全市	国有企业	集体企业	股份合作企业	联营企业	股份公司	私营企业	其他企业	个体经营	港澳台投资企业	外商投资企业
税收合计	435935	59386	3815	11577	27	182906	78378	1165	53695	16901	28085
国内增值税	295662	40207	3191	1751	27	123472	74090	339	18616	11684	22285
消费税收入	36635	12520	7	3	0	22881	982	0	134	1	107
内资企业所得税	72070	9212	630	9823	0	38868	12733	804	0	0	0
外资企业所得税	28620	0	0	0	0	0	0	0	0	7564	21056
个人所得税	699	0	0	0	0	0	0	0	699	0	0
车辆购置税	34260	0	0	0	0	1	0	13	34246	0	0
出口退税	-36520	-2700	-13	0	0	-5619	-9564	0	0	-2436	-16188
进口增值税	4509	147	0	0	0	3303	137	9	0	88	825

托代征协议82份,征收增值税税款2152万元。结合桂林市行业税收特点和行业管理规律,摸清行业生产工艺流程、行业关键监控点和税收管理切入点,推进水泥、汽车零售、铁合金、房地产、大米、石材等行业的税收专业化管理。借助第三方信息对家电下乡、采石、林产品、医药等行业实行控管。实施税收专业化管理的行业税收增收2913万元,增长60.57%。强化大企业税源管理,对燕京啤酒(桂林漓泉)股份有限公司、桂林供电局采取由市国税局直接管理的模式,减少行政管理层级,提高办税效率。

年内,市国税局累计平均准期申报率达99.80%,准期申报率新增的税种登记率、逾期申报责令限改率、年度内二次以上逾期申报处罚率均达100%,累计平均当月入库率99.97%(不含城区局稽查查补欠税),累计平均欠税增减率为-2.39%(不含城区局稽查查补欠税),累计平均滞纳金加收率按户次、金额均达100%。清理呆账税额501万元,清理陈年欠税132万元,清理当年度新欠税121万元,年度累计新增欠税为零。

【预警软件开始运行】 2010年1月,市国税局自主开发的廉政风险部门内控预警软件(税收执法部分)开始正式运行,年内共对税收管理员岗、发票管理岗、申报征收岗、稽查检查岗4个重点执法岗位发出预警信息617条,降低了执法风险。

【落实税收政策】 2010年,市国税局落实增值税转型政策、企业所得税减免等国家实施的结构性减税政策,发挥税收在扩大内需、保持经济平稳较快发展中的积极作用。全年共为229家出口企业办理出口货物退(免)税3.65亿元,其中税收免抵调库1.47亿元;为民政福利、软件等企业办理减免增值税退税手续1163户(次),减免退税1.76亿元;为一般纳税人办理抵扣固定资产进项税额1.85亿元,增长140%。落实1.6升及以下的小排量乘用车减税政策,共为22815辆乘用车减税3174万元。　(周勇)

地方税务

【概况】 2010年,桂林市地方税务局(简称市地税局)内设9个科室、3个直属机构、1个直属事业单位,下辖12个县地方税务局和5个城区地方税务局,有正式职工1170人。管辖地方税纳税户121292户,其中:国有企业2646户,集体企业2844户,私营企业4826户,个体工商户82749户,联营企业177户,股份有限公司641户,股份合作企业817户,有限责任公司23760户,外商投资企业305户,港澳台商投资企业331户,其他纳税户2196户。

【组织收入】 2010年,市地方税务部门共组织各项收入61.42亿元,增加17.24亿元,增长39.03%。其中:实现市(县)级收入(不含金融保险营业税、文化事业建设费、防洪保安费、地方教育费附加、工会经费和残疾就业保障基金)56.99亿元,增加16.26亿元,增长39.91%;实现一般性预算收入(不含文化事业建设费、防洪保安费、地方教育费附加、工会经费和残疾就业保障基金)59.37亿元,增加16.71亿元,增长39.18%。代收教育费附加1.47亿元,增加2670万元,增长22.26%;文化事业建设费848万元,增加32万元,增长3.92%;防洪保安费5055万元,增加1329万元,增长35.67%;地方教育附加7383万元,增加796万元,增长12.08%;工会经费6306万元,增加3008万元,增长91.21%;残疾就业保障基金914万元,增加145万元,增长18.86%。

【税收特点】 2010年,桂林市地方税收呈现新的特点:一是全市地方税收单月税收均实现增收,其中4月增幅87.73%。二是主体税种大幅增收,其他地方各税种综合增幅超过全市地方税收平均增幅,营业税、企业所得税和个人所得税三大主体税种共实现税收37.93亿元,增加9.98亿元,增长35.7%,对全市地方税收增长的贡献率达60.7%。其他地方各税种共实现税收19.97亿元,增加6.46亿元,增长47.83%,高出全市地方税收增幅8.18个百分点。三是第二产业税收所占比重有所增加,增幅高于第三产业。全年第二产业和第三产业税收的比值为36.17:63.83,第二产业税收比重增加了0.79个百分点;第二产业和第三产业税收增幅比为32.17:27.72,第二产业高于第三产业4.45个百分点。四是十七个行业大类"十二增五减",占全市税收收入比重近七成的四大主体行业对税收收入增长的贡献率超九成;第二产业中采矿业增长22.01%、制造业增长9.4%、建筑业增长55.31%、电力燃气及水的生产供应业降低2.18%;第三产业中交通运输仓储及邮政业增长18.64%、信息运输计算机服务和软件业增长5.99%、批发和零售业增长23.23%、住宿和餐饮业增长15.51%、金融业增长48.65%、房地产业增长48.95%、教育增长46.31%、卫生社会保险和社会福利业增长7.38%、其他行业增长109.81%、租赁和商务服务业降低4.37%、居民服务和其他服务业降低28.82%、文化体育和娱乐业降低12.64%、公共管理和社会组织降低9.7%。五是重点税源为稳定全市地方税收增长起到积极作用,纳入自治区、市、县(区)层面监控的重大项目实现税收8.17亿元,同口径比较增加4.48亿元,增长120%;纳入自治区地方税务局重点税源监控的1459家重点企业全年共缴纳一般性预算收入28.38亿元,增加4.22亿元,增长17.46%,占全市一般性预算收入的47.8%。六是市区税收增幅与县域税收增幅相差较大,县域税收增幅比市区税收增幅高出28.68个百分点。

【税收征管】 2010年,市地税局加强税收监管。推进社会综合治税,完善社会综合治税信息交换、联席会议、督查督办机制,重点建立和完善车船税"三点一线"、土地税收"源泉控管"、二手房税收"先税后证"、国家税务地方税务"联合办税"、税警"联合治税"等税收征管模式。推进纳税评估,开展房地产业专项评估,推行应税物价格鉴定办法、"炸药定税"、"以电定税"等管税办法。强化行业税收和分税种管理,制订实施《桂林市旅行社税收查验征收管理暂行办法》,推广应用企业所得税汇算清缴系统、个人所得税代扣代缴系统等软件,加强非居民企业、个人以及个人转让股权、上市公司限售股所得的税收管理,建立了土地增值税"预征—先税后证—清算"征管模式等。接管契税征管职能,完成契税征管职能从财政局划转到地税局,全年共入库契税4.53亿元,增长

41.56%。加强重点税源监控，将年投资额1000万元以上的重大建设项目和年缴税10万元以上的纳税户纳入重点税源监控范围，年内，重点监控的1459户纳税户入库税收28.38亿元，占全市地方税收总额的47.8%。

【税务稽查】 2010年，市地税局加大大案要案查处力度，形成以市地税局统一协调、稽查局为龙头、征收单位为骨干、部门密切配合、上下左右联动的大要案查处工作格局。年内，共查处大案要案7起，其中移送公安机关2起，查补入库税款3105万元，占全市地税稽查收入的30%；组织对房地产、建筑安装、交通运输、药品经销、物业管理、土地二级市场等行业、企业进行税收专项检查；打击发票违法犯罪活动，全年共查处发票违法企业96家，其中移送公安机关2家，涉税违法发票12万份，查补入库税款、滞纳金和罚款130多万元。全年共检查纳税户585户，查补入库各项收入1.73亿元，增长74.24%。

【纳税服务】 2010年，市地税局投入800多万元，完成对17个基层办税服务厅的标准化改造。制订出台《办税服务厅规范化实施手册(试行)》和征管业务流程。利用办税窗口服务评价器，开展办税事宜、纳税服务评价。建立纳税人学校，开展税收宣传、纳税辅导、“百千万服务纳税人”、下访接访等活动。推广“银税通”业务，开通“网上报税”，开发“自助缴税”业务，至年末，全市财税库行联网企业签约率61.21%，通过联网入库税款的入库率83.95%；602家企业实行“网上报税”；全年通过“银税通”划扣税款24.76亿元，占全年地税收入的40.31%。

2010年桂林市地方税收收入统计表

表22　　　　单位:万元

指标	全市	市区	阳朔	临桂	灵川	全州	兴安	永福	灌阳	资源	平乐	荔浦	龙胜	恭城
收入总计	614222	317544	33230	65260	46876	22059	35003	16088	8115	5747	12888	23106	12877	15429
税收收入合计	578963	296538	32386	62851	44590	20845	33601	14640	7631	5315	12290	21631	12051	14594
营业税	228398	113255	9350	22805	21650	8947	11649	8202	2533	3106	4648	9416	6263	6574
企业所得税	67896	43777	927	5852	3948	1694	2610	1407	513	447	1217	3334	932	1238
个人所得税	83013	50324	2089	7391	3057	2418	4441	1110	1418	987	1776	3025	2623	2354
资源税	3824	0	73	226	627	204	1293	127	33	56	209	232	238	506
城镇土地使用税	10254	4483	164	1881	1160	688	528	472	71	10	59	476	121	141
固定资产投资方向调节税														
城市维护建设税	27985	17843	531	1731	1635	934	1120	1117	468	288	492	976	362	488
印花税	5490	3388	74	675	502	66	177	103	29	36	63	242	62	73
土地增值税	30966	19816	822	2992	2505	781	1017	308	194	115	600	1311	180	325
房产和城市房地产税	17138	12442	927	711	577	472	502	185	75	74	257	452	217	247
车船税	4435	2535	149	241	384	179	162	101	61	44	155	227	66	131
烟叶税														
耕地占用税	54249	3827	16201	12603	2879	3686	7752	502	1683	44	2048	657	708	1659
契税	45315	24848	1079	5743	5666	776	2350	1006	553	108	766	1283	279	858
教育费附加	14662	7736	355	1122	1087	635	745	756	284	208	299	712	341	382
文化事业建设费	848	728	17	13	12	10	6	9	2	4	19	15	8	5
其他收入	91	26	0	0	0	0	0	0	0	64	0	0	0	1
防洪保安费	5055	2367	207	592	548	130	259	219	57	60	100	171	168	177
地方教育附加	7383	5055	116	374	363	198	248	242	84	50	102	311	113	127
工会经费	6306	4446	138	292	208	209	129	183	46	44	78	230	183	120
残疾保障基金	914	648	11	16	68	32	15	39	11	2	0	36	13	23

(王军)

银行·证券·保险

11 月 25 日，桂林银行揭牌成立。　　桂林银行　供稿

概　　述

【概况】 2010年,桂林市辖区金融业继续贯彻落实国家适度宽松的货币政策,采取有效措施,支持地方经济建设,各项业务持续发展。

银行业　2010年,桂林市辖区银行业金融机构在经营效益方面,累计实现利润20.69亿元,(比上年,下同)增加6.08亿元,增长41.58%。在资产质量方面,年末不良贷款余额18.43亿元,较年初减少2.47亿元,下降11.83%,不良贷款率为2.35%,下降0.83个百分点,实现了不良贷款与不良率双降。年末,桂林辖区银行业金融机构本外币存款余额1376.67亿元,增加257.85亿元,增长23.05%。本外币各项贷款余额789.34亿元,增加132.2亿元,增长20.12%。其中人民币存款余额1368亿元,增加258亿元,增长23%;人民币贷款余额784亿元,增加131亿元,增长20%。外汇存款余额13706万美元,增加618万美元,外汇贷款余额为7789万美元,增加2295万美元,外汇收支继续保持顺差格局,结售汇顺差45575万美元,增长64.48%。

保险业　2010年年末,桂林市保险业金融机构保费收入累计完成25.49亿元,累计增长8.3%;保险业金融机构已决赔款累计3.54亿元,增长10.2%,承保额累计6308.70亿元,增长12.0%。

证券业　2010年,国海证券阳朔县营业部和国泰君安证券桂林营业部开业。至年末,桂林辖区有12家证券营业机构。

【引银入桂】 2010年,很多银行业金融机构在桂林市设立分支机构,“引银入桂”使桂林市银行业得到大发展。1月16日,广西临桂国民村镇银行有限责任公司开业,这是桂林辖区第二个村镇银行。5月28日,深圳农村商业银行股份有限公司广西临桂支行举行开业庆典。9月20日,兴业银行股份有限公司桂林分行开业。10月22日,中国光大银行桂林支行举行开业典礼。12月27日,由宁波鄞洲农村合作银行为发起人的桂林国民村镇银行挂牌成立,这是广西第一家地市级村镇银行。

【跨地域兴办银行】 2010年7月15日,桂林银行股份有限公司(桂林市商业银行股份有限公司更名而成)在梧州市设立分行,这是该行首家异地分行。9月28日,以兴安县农村合作银行为主要发起人的田阳兴阳村镇银行在广西田阳县揭牌开业,兴安县农村合作银行成为广西90家农村合作银行中第一家跨地域兴办银行的农村合作银行。

【储蓄存款大幅增长】 2010年,桂林辖区人民币储蓄存款余额772亿元,比年初增加130亿元,增幅20%。增长的主要原因:一是居民收入特别是农村居民工资性收入提高较多,如11月,农民工资性收入人均1894.8元,增加257.8元,增长14.4%。二是高速铁路、高速公路建设的征地补偿款陆续发放到居民手中,如中交第二公路工程局有限公司支付征地款0.97亿元、桂林市秀峰区甲山街道办分配给居民的拆迁补偿款0.84亿元、兴安县移民补偿资金专户支付土地补偿款0.35亿元。

【跨境人民币结算】 2010年9月29日,交通银行桂林分行为桂林中青旅国际旅游有限公司办理了29万余元的跨境人民币结算业务,这是桂林市首笔跨境人民币结算业务。随后,辖区其他商业银行陆续开办这项新业务。年内,全辖各商业银行办理跨境贸易人民币结算业务15笔,总金额0.88亿元人民币。其中服务贸易2笔,金额42.87万元人民币;进口货物贸易13笔,金额0.87亿元人民币。付汇银行为中国银行桂林分行、中国工商银行桂林分行、中国农业银行桂林分行、中国交通银行桂林分行。

【改善农村支付服务环境试点工作】 2010年,桂林将兴安县作为辖区银行业改善农村支付服务环境工作的试点县。全县增加ATM机8台,新增POS(消费终端机)82台,银行卡发卡量新增97813张,个人网上银行用户1.35万户;设立农村金融服务示范点1个,创建信用村示范点2个、信用屯示范点1个。

【打击利用银行卡犯罪行为】 2010年,桂林辖区银行业金融系统和公安机关联合开展打击利用银行卡犯罪的专项行动。银行卡案件立案25起,破案11起,缴获银行卡34张。净化了辖区银行卡市场环境,对遏制利用银行卡犯罪起了很大作用。

(任新东)

中国人民银行桂林市中心支行

【概况】 2010年,中国人民银行桂林市中心支行(以下简称人行桂林市中支)围绕桂林市的中心工作,贯彻适度宽松货币政策,加大金融对实体经济的支持力度。通过发放再贷款及开办再贴现业务,引导辖内银行业金融机构加大对中小企业及涉农信贷的支持力度。年末,再贷款限额17.5亿元,其中最短期贷款0.5亿元;支持中小金融机构专项再贷款4亿元,累计发放1.9亿元;支农再贷款限额13亿元,累计对辖内12家农村合作银行和1家村镇银行发放再贷款19.3亿元,增加10.8亿元;下批县支行支农再贷款限额11.4亿元。再贴现限额2亿元,全年累计对工商银行桂林分行、农业银行桂林分行、建设银行桂林分行和桂林银行办理再贴现业务29笔,金额1.04亿元。制订2010年民贸民品优惠利率贴息贷款推进方案,加强与桂林市民族事务委员会和贴息企业的沟通联系,引导银行业金融机构加大对民贸民品定点生产企业的扶持力度。年内,辖内民贸民品贷款余额2.88亿元,贴息额0.07亿元。

【维护地方金融稳定】 2010年,人行桂林市中支建立健全金融风险监测指标体系,完成2009年末、2010年前三个季度金融风险监测指标数据的采集工作。加强对单个法人金融机构和农村合作金融机构的风险监测工作,全年开展风险监测工作4次。建立农村合作金融机构风险监测点制度,注重分析和预测其风险点,并完成相应的监测报告。加强对桂林地方政府投融资平台的日常监测,将政府融资平台贷款总额、类型、投向、方式、期限、利率等要素纳入日常监测工作,关注风险变化趋势。加强金融稳定再贷款管理。深入辖内各乡(镇)财政和农村基金会管理部门,加强对清理农村基金会专项借款的使用、管理、清收及归还情况的调查力度,并针对存在问题提出相关建议,配合人民银行南宁中心支行做好金融稳定再贷款管理系统的测试工作。

【开展“亮点”工作评选活动】 2010年,人行桂林市中支开展“2010年亮点工作”评选活动。全辖有16个项目申报“亮点工作”,经人行桂林市中支劳动竞赛委员会审核评比,评出“构筑沟通桥梁,实现金融统计监测管理系统国库数据自动转换”等10项工作为“2010年十大亮点工作”,并对此进行表彰。年内,人行桂林市中支的“创新监督机制显成效案防经验被总行推介”工作项目被人民银行南宁中支列入2010年度人民银行广西区各中支的“亮点”业务工作项目。

【贷款监测分析系统投入使用】 2010年3月始,人行桂林市中支通过深入调查、前期论证、征集意见、程序开发及试点运行等方式,对政府投融资平台企业及其贷款建立了一个真实、全面、灵敏、超前的风险监测模式,以实现对投融资平台公司贷款的风险监测和评估。11月末,该系统正式投入使用。

【完善反洗钱工作机制】 2010年,人行桂林市中支修订和完善《中国人民银行桂林市中心支行涉嫌洗钱信息举报制度》等制度,规范反洗钱工作操作程序。加强与公安机关等成员单位的沟通与协作,利用反洗钱平台共同打击各类洗钱犯罪行为。加强反洗钱知识宣传,提高社会公众对反洗钱工作的认知度。全年开展反洗钱相关法规宣传5次,向社会公众发放《反洗钱知识26问》等宣传资料1.25万份。

【做好征信管理工作】 2010年,人行桂林市中支共发放贷款卡467户,贷款卡年审合格876户。将有信贷业务的43万户农户纳入农户数据库,入库率达100%。与市工业信息委员会、市环保局等单位建立信息共享机制,构建推进诚信中小企业工作长效机制。按时完成辖区中小企业信用信息的征集、更新和上报工作。配合上级行开展有关征信机构情况的调查研究,完成《桂林市担保机构信用评级情况调查》。做好应收账款质押登记公示系统用户审核工作。创新非银行信息采集工作,辖区住房公积金缴存数据22万条实现按月更新,并将进出口企业通关、企业认证、企业产品质量抽查等信息纳入系统。

【国库业务加快“无纸化”进程】 2010年,辖区国库税票入库工作除少量特殊税种还需用纸质税票处理外,绝大多数税款都通过“广西财税库行横向联网系统”入库,国库业务“无纸化”进程明显加快。税款“无纸化”绿色通道的构建,人行桂林市中支处理纸质税票的日高峰下降到100余笔,减少了工作量,提高了税款入库速度。

【加强发行基金和流通人民币管理】 2010年,人行桂林市中支累计现金投放104.21亿元,累计回笼144.97亿元,确保了辖内现金供应。年内,深化发行基金物流化管理系统运行,改善商业银行缴存款交接程序,做好人民币流通状况监测预警工作,加强流通中人民币管理,做好反假货币信息系统试运行工作和反假网络建设,配合公安机关开展反假币工作。全年人行桂林市中支组织辖内1115人参加反假货币资格证考试,全辖收缴各类面额假人民币407.98万元。 (任新东)

国家外汇管理局桂林市中心支局

【概况】 2010年,国家外汇管理局桂林市中心支局(以下简称外汇局桂林市支局)落实国家外汇管理局关于外汇管理方式从“五个转变”(重审批向重监测分析转变,事前监管向事后管理转变,重行为监管向重主体管理转变,“有罪假设”向“无罪假设”转变,正面清单向负面清单转变)的要求,强化外汇管理与服务,推进辖内外汇管理改革进程,加强异常跨境资金流动监管。年内,成立了跨境人民币结算试点工作领导小组,负责统一规范、组织、协调和推进桂林辖区跨境贸易人民币结算试点各项工作。12月,实施了进口付汇核销制度改革。

2010年桂林辖区结售汇统计表

表23　　单位:万美元

项目	金额	比上年增幅%
结汇	72694	28.22
货物贸易	54318	45.66
服务贸易	6180	-1.67
收益和经常转移	8944	16.88
资本和金融项目	3252	-40.50
售汇	27119	-6.44
货物贸易	16867	-14.12
服务贸易	7141	25.21
收益和经常转移	1138	-60.21
资本和金融项目	1973	151.98

【签订信息共享备忘录】 2010年10月12日及2011年1月25日,外汇局桂林市支局先后与市商务局、桂林海关签订了信息共享备忘录,并成立了由桂林市中心支局、市商务局、桂林海关分管领导、对应科室领导等成员组成的领导协调小组,确定了信息联络员。签订信息共享备忘录推进了外汇局与商务部门、海关的信息交流,增强共同监管效力。

【外汇检查】 2010年,外汇局桂林市支局开展外汇现场检查工作2次,专项检查及调查2次,立案查处违规案件7件,结案7件,结案率达100%,累计收缴罚没款27.5万元人民币,维护了辖内外汇秩序稳定。

【外商投资企业外汇年检工作】 2010年,桂林辖区通过直投系统提交年检信息的外资企业197家,参检率98%。年检期间,通过举办培训班、电话咨询和QQ群在线咨询等方式为企业200余人提供外汇年检技术支持及疑难解答,对部分无法运行系统的企业,提供专用电脑并现场指导企业人员填写年检信息,切实提高外汇年检数量及质量。

【国际收支新系统上线运行】 在国家外汇管理局统一部署下,2010年3月,桂林辖内7家外汇指定银行实现外汇金宏系统上线工作。5月,实施《金融机构进行国际收支统计申报业务操作规程》,银行的申报行为得到进一步规范。12月,外汇局桂林市支局通过对桂林银行金宏系统上线运行的技术及业务加强指导,对其系统接口进行了验收。

【外汇业务指定金融机构管理】 2010年,外汇局桂林市支局加强对外汇业务指定金融机构的管理。2月,上线运行“银行执行外汇管理规定考核系统”,并利用系统对银行上年外汇业务执行情况进行考核,完成2010年考核信息的录入,提高了考核效率。加强对辖内金融机构市场准入管理,完成中国人民财产保险股份有限公司桂林市分公司继续经营外汇业务的资格审查及6家新外汇代兑机构审批工作。做好对桂林银行、深圳农村商业银行广西临桂支行、光大银行桂林支行申请开办外汇业务的指导及市场准入审批工作。

（任新东）

中国银行业监督管理委员会桂林监管分局

【概况】 2010年，中国银行业监督管理委员会桂林监管分局（简称桂林银监分局）贯彻落实国家宏观调控政策，引导辖区银行业金融机构调整信贷结构，改进金融服务，全力支持地方经济建设。至年末，桂林辖内银行业金融机构各项业务稳步增长，资产总额1675.85亿元，增长36.61%；各项贷款余额789.35亿元，增长20.12%；各项存款余额1376.67亿元，增长23.05%；不良贷款率2.35%；全年实现盈利17.42亿元。

【日常监管】 2010年，桂林银监分局共办理银行业金融机构行政许可事项139件，其中机构设立、变更和终止事项78件，业务审核6件，董事和高管任职资格55件。全年对辖区各银行业金融机构开展现场检查22项，派出检查组33个，投入工作量3917人次，检查机构217家，检查业务金额240.37亿元，提出整改意见129条。

【推广落实贷款管理暂行办法】 2010年，桂林银监分局重点推广和落实《固定资产贷款管理暂行办法》《流动资金贷款管理暂行办法》《个人贷款管理暂行办法》《项目融资业务指引》的实施。年内，与市银行业协会组织各类培训会议7次，参训人员和转培训人员830人次。至年末，辖区银行业金融机构已全部推行贷款新规，确保信贷资金真正进入实体经济。

【完善银行体系】 2010年，桂林银监分局继续实施“引银入桂”战略，引进股份制银行到桂林设立分支机构，完善桂林银行体系。9月20日，兴业银行股份有限公司桂林分行正式开业。10月22日，中国光大银行桂林分行正式开业。12月27日，全国第一批、广西第一家地市级村镇银行——桂林国民村镇银行正式揭牌。年内，协调兴安县农村合作银行在全市唯一一个金融服务空白乡（镇）——兴安县湘漓镇设立金融服务网点，解决了全市金融服务空白问题。

【小企业金融服务】 2010年，桂林银监分局制定《桂林银监分局推进小企业金融服务工作方案》，通过重点推进实施差异监管、增强服务覆盖、营造诚信环境、完善配套政策四项措施，推动银行业金融机构落实针对小企业执行“四单”（单列信贷计划、单独配置人力资源与财务资源、单独客户认定与信贷评审、单独会计核算）原则。至年末，桂林银行业金融机构的小企业贷款余额171亿元，比年初增加48亿元，增长38.87%，比同期信贷增长高18.75个百分点。达到中国银行业监督管理委员会要求的“两个不低于”（小企业信贷投放增速不低于全部贷款增速，信贷投放增量不低于上年度增量）目标。

【规范和化解政府融资平台贷款风险】 2010年，桂林银监分局对辖区金融机构政府融资平台贷款风险进行重点防控。结合辖区实际，制定印发了《桂林银监分局关于政府融资平台“解包还原”工作方案》，督促各银行按照“逐包打开—逐笔核对—重新评估—整改保全”的工作流程，做好融资平台贷款分类处置工作。10月15日，辖区银行业金融机构完成与政府平台公司关于抵押担保落实、现金流、补充项目资本金等问题的约谈工作。至年末，全市23.65%的政府融资平台贷款项目已经转化为一般公司类贷款进行管理，相关风险得到有效管控。年内，桂林各银行业金融机构向39户各级地方政府融资平台发放贷款142.49亿元，其中信用贷款38.25亿元，抵质押贷款44.76亿元，保证贷款59.48亿元。

【房地产行业信贷风险防控】 2010年，桂林银监分局加强对房地产市场变化的监测分析，督促辖区银行业金融机构特别是法人机构严格贯彻执行国家房地产调控政策措施，加强土地储备贷款、房地产开发贷款和个人住房按揭贷款管理，控制房地产贷款风险。开展对辖区房地产业情况调查，了解辖区银行业房地产贷款情况和房价变化情况。多次组织各家债权银行对存在风险的房地产项目进行维权协商。至年末，桂林辖区房地产开发贷款余额47.45亿元，占贷款总余额的6.01%，下降1.53个百分点，不良贷款率3.49%。

【启动"银行业内控与案件防范执行年"活动】2010年，桂林银监分局启动"银行业内控与案件防范执行年"活动，开展对桂林辖区120个乡(镇)156个网点银行业金融机构安全保卫状况和枪弹管理等情况现场检查，督促各银行业金融机构落实案件风险排查制度，重点督促辖区农村合作金融机构落实案件防控规划。全市银行系统连续五年保持零案件水平。（张力）

中国农业发展银行桂林分行

【概况】 2010年，中国农业发展银行桂林分行(简称农发行桂林分行)拓展政府融资平台贷款，多方组织存款抓收入，清收不良贷款，推进创先争优活动，全行各项工作取得新进展。年末，各项贷款余额37.37亿元，(比年初，下同)净增8.37亿元，增长28.8%，贷款总量、增量均创历史新高；各项存款余额18.43亿元，增加7.7亿元，增长71.8%，创历年新高；全年实现账面利润6980万元，增长55.6%，居自治区农发行二级分行第二位。

【拓展平台贷款】 2010年，农发行桂林分行以政府融资平台为抓手，以土地储备为重点，以担保创新为契机，按照"大营销、快投放、多样化"的思路，推动业务快速增长。"大营销"方面，实行"一个项目、一名领导、一套人马"，市县两级行联动一体化营销。全年营销项目贷款32个、金额36.13亿元，获批项目贷款14个，21.3亿元。"快投放"方面，落实"一名领导、一套人马、一抓到底"责任制，实行营销、评估、审批、投放"一条龙"服务。全年投放政府平台贷款10.6亿元，其中一季度投放4.2亿元。年末，政府平台贷款17.06亿元，增加9.51亿元，增量居自治区农发行二级分行第二位。"多样化"方面，在自治区农发行系统率先投放两笔民营企业的农村基础设施贷款、两笔自治区和中央级仓储设施贷款，丰富贷款品种，拓宽支持领域。年末，中长期贷款余额18.84亿元，增加9.89亿元，增长110.5%，占贷款总额的50.42%，上升19.54个百分点。短期贷款余额由年初20.05亿元下降至18.53亿元，占比由年初69.12%下降至49.58%，贷款结构持续优化。

【多方揽存款抓收入】 2010年年末，农发行桂林分行人年均存款任务完成1296万元，是上年同期的2.15倍，超额完成自治区分行下达的指标任务。资金自给率52%，提高18个百分点，存款对利润贡献度38%，成为创利"大户"。企业存款方面，抓好资本金存款、派生存款两大重点。年末，企事业单位存款8.86亿元，增加3.55亿元，增长66.9%。同业存款方面，实现了与自治区农信社桂林办事处、工商银行桂林分行、农业银行桂林分行、桂林银行的全面合作，在自治区农发行系统率先吸收工商银行桂林分行存款6.2亿元、农业银行桂林分行存款8000万元。年末，同业存款余额7.2亿元，增幅67.4%，居自治区农发行二级分行第2位。财政存款方面，市、县两级均取得重大突破。市财政局在该行开立社保基金专户，吸收一年期存款1000万元。年末，非专项财政存款1.05亿元，是自治区农发行二级分行3个非专项财政存款超亿元的行，其中阳朔一个县的非专项财政存款就达6500万元。咨询顾问业务迅速发展，中间业务收入成倍增长。全年实现中间业务收入396.5万元，居自治区农发行二级分行第2位，增长2.94倍。其中咨询顾问业务实现收入357.89万元，超额完成年初300万元目标值，是2009年的8.24倍。贷款利息收回率100.33%，创历史新高。全年实现账面利润6980万元，增长55.6%，居自治区农发行二级分行第二位。

【风险防控】 2010年，农发行桂林分行大力清收不良贷款，全额清收桂林恭城宏鑫果业发展有限公司不良贷款36.6万元，对全州县桂源米业有限责任公司诉讼获得胜诉，查封了担保人股份及采矿证。全年实现了不良贷款双降目标，不良贷款率为0.24%，达到考核优秀值。继续化解风险贷款，成功退出多家存在风险隐患的企业，商业性流动资金贷款的抵押率从88%提高到100%。规范政府融资平台贷款管理，严守资本金到位、资金支付两条红线。以监管部门落实贷款新规，清理政府融资平台贷款为契机，对商业性中长期贷款进行全面清理核实，通过与政府约谈增加担保措施，增强现金流。全年到期的政府平台贷款应收利息7052.58万元、本金8900万元如期全额收回。推广运用信贷信息核查系统开展风险排查分析，提高信贷风险监测能力。年末，按内部考核口径，正常贷款37.28亿元，占比99.76%，资产质量保持优秀水平，未出现新增不良贷款。

【队伍建设】 2010年，农发行桂林分行完成二级分行平台建设基础性工作，以平台为中心，统一调配信贷人员，提升了营销层次，提高了办贷效率。年内对县支行正副行长按季考核，促进了支行经营前台作用的有效发挥。全年组织信贷业务知识专题培训7期，举办信贷业务知识抢答赛。在全自治区农发行系统考试中，3名员工进入自治区前10名，5名员工进入前20名，全辖117人取得平均分92.71分(不含加分)的优异成绩，无不及格员工。推进人事制度改革，在市本级分行机关进人和中层干部选拔中，引入考试、演讲和民主测评相结合的机制，人才队伍年轻化、知识化趋势明显。通过开展全员排查，签订廉洁从业承诺书，与贷款客户全面建立银企廉政共建机制，与当地检察机关建立预防职务犯罪协作机制，每月开展反腐倡廉警示教育，廉政建设得到加强。建设和谐银行，坚持行长接待日制度，及时化解矛盾。

(秦聪)

中国工商银行股份有限公司桂林分行

【概况】 2010年，中国工商银行股份有限公司桂林分行(简称工行桂林分行)结合辖区市场资源特点，整合营销资源，推进产品创新，全力筹措资金，支持桂林经济和社会建设，取得了自身业务快速稳健发展与推动地方经济建设的双重成效。年末，各项存款余额180.16亿元，增加13.35亿元；各项贷款余额83.63亿元，增加7.8亿元；实现拨备前利润3.06亿元。年内，工行银行桂林分行被中国工商银行总行授予“中国工商银行财富菁英团队”荣誉称号，是工行广西分行唯一获得该项荣誉的二级分行。

【拓展信贷市场】 2010年，工行桂林分行积极调整信贷结构，加大贷款营销和投放力度，从支持城建及能源化工等重大项目建设、支持旅游行业发展、扶持中小企业入手，支持桂林地方经济建设。全年共发放各类贷款34亿元，其中发放个人消费贷款8.04亿元，发放个人住房贷款7.22亿元。

【拓宽增收渠道】 2010年，工行桂林分行在抓好传统结算、代理等业务的基础上，将信用卡、分期付款、国际贸易融资、投行业务、贵金属等产品作为新的增长点予以强势推进，开辟投资理财新市场，满足客户多元化金融需求，拓宽中间业务收入渠道。全年信用卡分期付款业务发生额1.89亿元，成为全行的标杆业务；开立自治区第一笔98万美元的内保外贷业务，办理自治区第一笔“远期结汇+出口发票融资”组合产品业务，获工行广西区分行国际贸易融资产品组合创新奖。

【创新金融业务】 2010年，工行桂林分行与桂林市社会医疗保险管理中心合作投产“电子银行代理城镇居民基本医疗保险”项目，在全市每个社区投放“银医通”系统代收医保费，办理城镇居民医保卡10万余张。与住房公积金管理中心合作，率先在自治区推广网上银行平台查询住房公积金项目。通过网银收费站、缴费机代收管道燃气费及充值，推进代收桂林新奥燃气有限公司燃气费项目，年交易量50000笔。与海南天涯在线网络科技公司签署战略合作协议，在电子商务、旅游联名卡、网上联名E卡、电子门票等开展项目合作，参与桂林市“数字桂林旅游”建设进程。“银税通”、“银医通”项目获工行广西区分行2010年度产品创新奖荣誉。

【提升服务能力】 2010年，工行桂林分行推进以“专业化经营、系统化管理”为核心的个人金融专业“两化”改革及以远程授权为代表的运行专业三大改革，全年对9个营业网点进行装修改造，使全辖网点改造率达82%，电子银行分流率54.61%，客户满意度明显提高。同时以开展亚运金融服务为契机，抓优质文明服务，年内获得自治区优质服务检查评比综合成绩第一名，辖内临桂支行营业部被中国银行业授予2010年度文明规范服务千佳示范单位。 (冯颂武)

10月16日，工行桂林分行在第二届中国·桂林创新创意文化节期间开展营销活动。
李铁英 彭仕平 摄

中国农业银行股份有限公司桂林分行

【概况】 2010年，中国农业银行股份有限公司桂林分行（简称农行桂林分行）实施“提升能力，加快发展，打造核心竞争能力，提高经营发展质量”的经营策略，推进城乡两个市场发展，各项业务持续发展。1月26日，中国农业银行股份有限公司挂牌，7月15日、16日，农行在A+H股同步上市，标志着农行桂林分行成为公众持股上市公司。至年末，人民币各项存款余额243.68亿元，（比年初，下同）增加42.43亿元，增长21.08%；人民币各项贷款余额120.84亿元，增加17.30亿元，增长16.71%；全行实现拨备前利润3.64亿元，增加0.89亿元。年内，农行桂林分行获桂林市政府颁发的“支持三农发展成就促进奖”。

【深化三农服务】 2010年，农行桂林分行深化三农（农业、农村、农民）体制改革，县域业务经营良好。9月26日，辖区12个县三农事业部挂牌，实现县域经营体制的转变。在灵川县试点“惠农新农合卡”运行成功，此举为全国首创。年内，农行桂林分行三农分部全面完成经营指标计划。12月末，人民币存款余额147.38亿元，增加27.15亿元，增长22.59%；人民币各项贷款余额为68.10亿元，增加16.74亿元，增长32.59%；实现拨备前利润2.59亿元，增加4461万元，增长20.8%；惠农卡发卡总量98.87万张；农户授信总户数7.47万户；农户小额贷款总量13.69亿元。惠农卡发卡量、农户小额贷款授信量、小额贷发放量、农村产业金融业务综合考评均在广西农行系统内排名第一。

【改善农村金融服务】 2010年，农行桂林分行以“机器网点”、“虚拟网点”逐步填补大型国有银行撤点后农村金融服务空白。在全市部署1.5万部转账电话，供用户免费使用。其中，县域9889部，没有农行网点的乡（镇）1836部，平均每个自然村有2~3部。安装商户POS（消费终端机）868台、ATM（柜员机）113台。在县域共拥有100多万的短信通、网上银行等电子金融产品用户。1000多个自然村农民不必到农行网点也能用惠农卡办理一些基本转账、消费或小额现金流转业务，基本实现“足不出户，人不出村”能办理简单金融业务的目标。

【经营战略转型】 2010年，农行桂林分行加快城区业务管理转型步伐。“一转四化”（一转：转变桂林城区现有的以层级管理为主的经营管理模式，四化：经营专业化、服务差别化、机构扁平化、管理规范化)的新型组织构架和运作机制基本成型。经营机构的专业化和客户经理队伍专业化使营销能力和服务水平得以提高,基本解决城区支行间恶性竞争的现象。私人银行业务体系初步建立。网点建设进一步加强和规范,服务环境得到进一步改善。全年完成全辖118个网点的标准文明服务导入和城区38个网点营销技巧导入,成为广西农行率先完成这两项工作的大行。中间业务品种更加丰富,竞争力进一步增强,市场份额有所提升。加快低端客户退出,客户结构持续优化。

【风险防控】 2010年,农行桂林分行构建信贷审批和风险主管体系,共派驻支行独立审批人4人、风险经理14人。贷款到期收回率、潜在信贷风险客户退出任务全面完成。全年实现安全营运,无刑事、经济、重大违纪违法案件及重大安全事故。

(伍文悄)

中国银行股份有限公司桂林分行

【概况】 2010年,中国银行股份有限公司桂林分行(简称中行桂林分行)深入实施存款、服务、内控"一把手工程",调整优化业务结构和客户结构,加强风险和内控建设,推进基础建设,提升持续发展能力。年末,本外币存款余额86亿元,各项贷款余额49亿元,实现账面净利润8182.85万元。

【创"中银财富管理"品牌】 2010年,中行桂林分行努力发展高端客户,全力营销做大金融资产配置总量,提高高端客户贡献度,开展特色服务,积极创建"中银财富管理"品牌。通过举办留学咨询讲座、汽车自驾游、徒步游、高尔夫邀请赛等活动,加强与客户的互动和情感交流。安排理财师在《桂林日报》财经周刊开设基金、证券、黄金、出国留学系列理财专栏,向广大市民传递中银理财知识,介绍操作技巧,整合服务模式,引领市民关心理财新风尚。通过活动,提升了"中银财富管理"品牌的知名度。

【国际结算业务亮点】 2010年,中行桂林分行的国际结算市场占有率达55%,较上年末上升5个百分点。12月末,中行桂林分行叙做贸易融资业务量3763.27万美元、人民币55944万元,分别增长68.51%和39.28%。年内,中行桂林分行努力推广国际结算新产品融易达业务及跨境人民币结算业务,实现新产品零的突破,同时也成为桂林首家叙做跨境贸易人民币结算的商业银行。

【夯实服务素质基础】 2010年,中行桂林分行分期、分批开展英语口语、星级柜员评定管理、服务礼仪等一系列培训,夯实搞好文明优质服务的人力基础。在自治区分行组织的业务技能测评中,全行取得个金项目能手率94.52%、其他项目能手率96.84%的较好成绩,达到并超过自治区分行下达的各项考核指标任务。抓好服务"一把手"工程与参与市创建全国文明城市活动、各项劳动竞赛活动、青年文明号等各类创建活动相结合。9月,在中国银行总行服务检查中,营业部的服务形象和整体服务水平得到较高评价。年内,中行桂林分行营业部、阳朔支行、解放东路支行、国展中心支行等4家网点获桂林银行业协会颁发的桂林银行业"优质服务网点"奖项,分行财富管理中心获桂林银行业"卓越理财团队"奖项。

(莫燕华)

中国建设银行股份有限公司桂林分行

【概况】 2010年,中国建设银行股份有限公司桂林分行(以下简称建行桂林分行)积极推进战略转型,各项业务获得又好又快发展。在中国建设银行总行评选中成功入围"全国百强中心城市行",在市政府举办的支持桂林地方经济发展评比中获"突出贡献奖"。年末,本外币全口径存款余额163.37亿元,其中储蓄存款新增11.22亿元。全年各项贷款余额79.08亿元;不良贷款余额和不良贷款率实现双降,资产质量持续向好。

【服务水平不断提升】 2010年,建行桂林分行以网点转型为载体,优化服务管理机制,推进服务差别化,持续提高客户满意度。建行桂林分行营业部获中国银行业2010年度文明规范服务千佳示

范单位。 （陆屹）

交通银行股份有限公司桂林分行

【概况】 2010年，交通银行股份有限公司桂林分行（简称交行桂林分行）加大对全市经济建设的支持力度，主要业务稳步发展，品牌形象进一步提升。全年本外币资产规模（比年初，下同）增长17.05%，本外币存款增长15.77%，本外币贷款增长20.17%，拨备后利润同比增长66.63%，创利水平大幅提高。

【支持企业发展】 2010年，交行桂林分行在风险可控前提下加大信贷投入。全年累计实现贷款投放36.5亿元，新增贷款12亿元（含卖出的资产），在市区当地金融机构中名列首位。信贷主要投向电力、机械制造、食品等行业和高等院校，支持了桂林当地支柱产业的发展壮大。年内，对桂林市思奇通信设备有限公司、桂林光隆光电有限公司、桂林三宝药业有限公司等22家小企业进行了贷款支持。9月，在荔浦县举办交通银行荔浦县中小企业政银企专场对接会。会上交行桂林分行向中小企业主介绍了中小企业服务品牌“展业通”，并实现了与桂林周氏顺发食品有限公司、桂林三宝药业有限公司等多个新客户的贷款投放，支持了大桂林圈小企业的发展壮大。

【零售业务再上台阶】 2010年，交行桂林分行零售信贷业务获得完成率和市场占比双丰收的良好成绩，市场占比在上年基础上持续提高。个人金融业务以打造当地最佳财富管理品牌为目标，以客户营销为主线，以财富管理、高端客户互动活动为平台，增进客户对交行沃德财富、交银理财、快捷理财等三大品牌业务的认知。全年交行沃德客户、交银理财客户、快捷理财客户数量三项指标均在交行广西分行全辖排名前列。

【创新金融产品】 2010年，交行桂林分行通过手机银行等载体，在桂林推出系列业界领先的“无卡取现”、“无卡消费”、“手机号转账”等功能，突破传统的金融终端束缚。客户到ATM取款或刷卡消费，只需凭预约手机号码、预约号及预约银行卡的取款密码，即可实现无卡取款和消费，使持卡人在忘带银行卡（或银行卡遗失）时通过该功能实现应急取现和消费，同时，也能为在远方急需使用现金或消费的亲友提供便利的金融服务。年内，还推出国内首创的贷款电子化服务渠道—“e贷在线”，通过将贷款方式电子化、网络化，引发贷款形式新的风潮，其“网络贷款专家”的服务理念，受到众多贷款客户的关注。9月29日，交行桂林分行成功为桂林中青旅国际旅游有限公司办理桂林市首笔跨境人民币结算业务，成为全市跨境人民币业务首发银行。

【增强风险防范能力】 2010年，交行桂林分行会计条线依托“会计操作技能竞赛”、“争先进位我能行—会计示范行摘星行动”等系列竞赛活动，强化技能训练和岗位练兵，平稳实现钞币押运外包工作，风险管理达成年度目标。在上级行的各项审计工作中表现合格，贷后管理工作质量有所提升。 （黄开贤）

桂林银行股份有限公司

【概况】 2010年，桂林银行股份有限公司（简称桂林银行）坚持“中小企业伙伴银行”和“市民银行”的市场定位，以差异化、特色化经营为导向，以实施精细化管理为抓手，主要业务指标再创历史新高，各项监管指标全面动态达标。成功实现更名，发展成为一家跨区域经营的股份制商业银行。年末，总资产255.25亿元，（比上年，下同）增长73.39%；各项存款209.65亿元，增长62.30%；各项贷款102.65亿元，增长33.43%；实现总收入9.26亿元，增长59.20%；利润总额4.17亿元，增长100.61%；资产利润率1.56%，资本利润率21.97%，股本利润率50.80%，效益指标达到财政部划定的优秀银行标准；上缴各类税金1.43亿元，位居桂林市纳税大户第四名，荣获“桂林市2010年度纳税特别贡献企业”称号。年内，桂林银行定向募集新股3.53亿股，资本充足率13.35%；不良贷款率0.81%，不良贷款余额和比例实现“双降”；拨备覆盖率、贷款专项准备充足率、流动性比率分别为259.18%、485.34%、42.63%，均好于全国城商行平均水平。在权威媒体《银行家》杂志发布的商业银行竞争力排名中，桂林银行跃居泛珠三角地区城商行第一名。桂林银行董事长王能获“2010全国支持中小企业发展先进个人”称号，行长于志才获“桂林十大杰出青年企业家”称号。

【成功更名为桂林银行】 2010年10月15日，经中国银行业监督管理委员会批准（银监复〔2010〕483号），桂林市商业银行正式更名为桂林银行股份有限公司，并启用了由桂林山水、桂花花瓣和钱币造型巧妙结合的新标识。6月29日，桂林银行总部大楼金融大厦在临桂新区开工奠基。年内，桂林银行制定完成《2010～2012年战略发展规划》，将以此为蓝本，通过跨区域经营，打造地方政府、企业、市民满意的银行，广西有特色的银行和广西最具竞争力的银行。

【中小企业及农村金融服务】 2010年，桂林银行围绕“中小企业伙伴银行”深耕细作，与桂林80%以上的中小企业都建立了合作关系。年末，中小企业贷款82.61亿元，占全部贷款余额的80.48%，增长29.28%；小企业贷款54.99亿元，占全部贷款的53.57%，增长61.02%。以事业部制管理的“小企业金融部”为平台，打造先进小额信贷银行。年末，小企业金融部贷款余额突破6亿元，同比增长136.15%，不良贷款率0.38%，实现利息收入5850万元，成为广西小企业金融服务的标杆和知名品牌。年内，桂林银行被中国中小企业家年会组委会评为“2010年度全国支持中小企业发展十佳商业银行”。在农村金融服务方面，桂林银行主动邀请德国IPC公司专家深入兴安县农村调研，开发出适合当地特点的“小额农贷”产品。发起设立广西藤县、横县、容县3家村镇银行。

【社区银行建设】 2010年，桂林银行以产品和服务树品牌，不断丰富和完善社区银行服务体系。以漓江卡、漓江理财、漓江财富联盟为代表的“漓江”系列产品为依托，创新产品功能和服务。全年漓江卡发卡量超过50万张，占市区人口的70%以上。重视服务工作，以“漓水春风”服务行动为载体，通过加强大堂经理队伍培养，加大自助银行和电子银行建设，以及“零钞银行”、“夜间银行”等特色服务，推动服务质量和水平有效提升。年内，桂林银行辅星路支行获中国银行业2010年度文明规范服务千佳示范单位。

【管理能力提升】 桂林银行将2010年确定为“管理提升年”，通过“查漏洞、找问题、促管理”等一系列主题活动和配套措施，将精细化管理逐步贯彻到全行工作的各个层面，推动管理能力提升。年内，围绕“四大特色”做足文章，即打造广西先进的小额信贷银行、广西优秀的社区银行、桂林旅游服务特色银行和全国知名三农金融服务平台，

8月18日，桂林银行开展小企业金融服务活动。

桂林银行 供稿

逐步形成桂林银行的比较优势与核心竞争力。

【IT 升级取得重要突破】 2010 年,桂林银行启动 IT 升级工作,累计投入 4000 多万元。9 月 13 日,核心业务、综合前置、财务管理、图形前端、事后监督等五大系统成功上线运行,业务处理能力极大提高,为提高管理水平和构建服务体系提供了强有力的科技支撑。 (邓荣)

广西壮族自治区农村信用社联合社桂林办事处

【概况】 2010 年,广西壮族自治区农村信用社联合社桂林办事处(简称自治区农信社桂林办事处)围绕建设现代金融企业目标,抓改革、促发展、强管理、带队伍、保平安,辖内 13 家农村合作银行实现了速度与质量,规模与效益协调发展。年末,辖内 13 家农村合作银行各项存款余额 318.26 亿元,(比年初,下同)增加 77.51 亿元,增长 32.19%,存款在桂林银行业金融机构中率先超 300 亿元;各项贷款余额 230.04 亿元,增加 45.87 亿元,增长 24.91%,其中三农贷款余额 174.50 亿元,增加 50.92 亿元;全年实现各项收入 16.98 亿元,实现利润 5.87 亿元,增加 1.01 亿元。

【深化改革】 2010 年,自治区农信社桂林办事处指导辖内农村合作银行机构继续加快深化改革进程。9 月 28 日,由兴安县农合行异地发起设立的广西田阳兴阳村镇银行挂牌开业,为桂林辖区农合行实现走出去发展战略迈出了第一步。12 月 18 日,桂林县级农合机构最后一家改制组建的广西全州农村合作银行挂牌开业,标志着“农村信用社”这一名称在桂林成为历史,桂林辖内 13 家农村合作金融机构迈进农村合作银行行列,内控管理、业务发展、法人治理等方面均迈上新台阶。

【金融服务】 2010 年,自治区农信社桂林办事处加大银行(桂盛)卡发行,全年新发行桂盛卡 26.15 万张,发卡总量 75.92 万张,余额 43 亿元。加快金融产品推介,开通网上银行、电话银行等新业务。根据地方经济发展特点和客户需求,为广大客户提供小额农户信用贷款、农户联保贷款、小企业联保贷款、林权抵(质)押贷款、收费权质权贷款等一系列信贷产品,方式灵活多样,能有效满足各类客户的融资需求。

【服务三农】 2010 年,自治区农信社桂林办事处以开展强基惠农活动为契机,组建强基惠农工作队,深入农村开展调查,开展送贷下乡、送贷上门,开辟三农贷款绿色通道,简化贷款审批程序,提高办贷效率,尽力满足三农资金需求。年末,三农贷款余额 174.50 亿元,占贷款总额比例达 75.86%,

12 月 18 日,广西全州农村合作银行挂牌成立。

自治区农信社桂林办事处 供稿

增加 50.92 亿元，增长占总贷款增长的 111.01%，农贷比例比上年同期增长 8.76%。

【内控管理】 2010 年，自治区农信社桂林办事处成立稽核特派办专职负责稽核工作，增加稽核检查的深度和频度。规范重要岗位和敏感环节工作人员八小时内外行为，实施行为规范监察制度，有效防范和化解风险。根据业务发展需要，对操作流程和规章制度进行修订及完善，全年修订及完善操作流程 216 条、规章制度 683 项。新出台制定操作流程 32 条、规章制度 89 项。开展信贷、财务、安全保卫、案件专项等方面检查，做好高级管理人员任期经济责任审计和离任审计，全年无案件和经济责任事故发生。

【网点建设】 2010 年，自治区农信社桂林办事处加快营业网点布局调整改造、亮化工程，优化服务环境，加大网点文明优质服务检查和考核。辖区桂林漓江农合行中南支行获中国银行业 2010 年度文明规范服务千佳示范单位、资源农合行城北支行等 7 个网点获自治区农村合作银行系统优质文明规范服务示范单位。 （蒋群清）

中国邮政储蓄银行桂林市分行

【概况】 2008 年 2 月 28 日，中国邮政储蓄银行桂林市分行挂牌成立（其为二级分行）。至年末，中国邮政储蓄银行桂林市分行共有营业网点 96 个，ATM 自助金融机具 106 台，与全国 36000 个邮政储蓄银行网点实现了互联互通互兑。开办有本外币个人储蓄存款和对公存款为主体的负债业务，以国内国际汇兑、转账业务、储蓄卡、信用卡、代理证券、代收代付等多种形式的中间业务，以中小企业贷款及小额信用贷款、个人商务贷款等个人贷款为主的资产业务，以及 95580 电话银行、个人网银和企业网银。全年全辖各类存款超过 67 亿元，业务规模、收入规模均较 2008 年翻了一番，其中信贷业务、公司业务完成收入 1620 万元，占自营总收入的 25.32%。

【企业定位】 中国邮政储蓄银行桂林市分行以“完善城乡金融服务体系，为城市社区和广大农村地区居民提供基础金融服务”为发展战略，以“服务城乡大众，支持三农”为服务宗旨，以“与其他商业银行形成良好互补关系，不断满足社会金融服务多元化需求”为市场定位，秉承“进步与您同步”的服务理念，按照邮政储蓄体制改革的方向和现代企业制度要求，建立符合市场经济规则和金融企业内部风险控制要求的管理体制和运行体制，实现邮政金融业务的规范化经营和可持续发展，逐步建成一个资本充足、内控严密、营运安全、竞争力强的全功能大型零售二级商业银行。

【企业优势】 中国邮政储蓄银行桂林市分行具有“百年邮政”品牌优势的同时，还具有强大的网点优势、庞大的客户优势。至 2010 年年末，桂林全辖 96 个营业网点与全国 36000 个网点互联互通互兑；有 200 多万元存贷款客户遍布市区及辖内 12 个县，与全广西 1500 多万户，全国 4 亿多客户共同享受邮政储蓄银行的优质服务；另外，还具有全国系统一点接入、互联互通、一秒到账等方便快捷的网络优势。

【主营业务】

个人业务　2010 年年末，中国邮政储蓄银行桂林分行储蓄余额 62 亿元，较银行成立之初增长 65.75%；各种理财产品累计销售 2.45 亿元。储蓄业务主要有个人储蓄存款、“商易通”业务、各种银行卡和信用卡业务、代销各种基金等。年内，中国邮政储蓄银行桂林市分行获中国邮政储蓄银行广西区分行银行卡业务优秀发展一等奖及理财类业务优秀发展三等奖，并获自治区邮政金融业务技能竞赛组织奖；全州县、灵川县、阳朔县 3 个县支行获中国邮政储蓄银行广西分行 2010 年储蓄业务发展十强县支行；肖红英获中国邮政储蓄银行总行首届“十佳理财经理”大赛优秀理财经理奖。

公司业务　中国邮政储蓄银行桂林市分行于 2008 年 6 月获中国银行业监督管理委员会批准开办对公业务，为企事业单位提供单位活期存款、单位定期存款、单位协定存款、单位通知存款等对公存款业务，及提供票据、汇兑、委托收款、企业网银等多样化的对公结算服务。2010 年年末，桂林全辖公司网点覆盖范围遍及桂林市区及 12 个县，业务存款结余 5.1 亿元。

信贷业务　2010 年，中国邮政储蓄银行桂林市分行主要的贷款产品有四大类："好借好还"小额贷款，是针对个体工商户、农户发放的最多不超过10万元的经营性信用贷款，其特点是无需抵押，最快3天放款；"好借好还"个人商务贷款，是在房产抵押的基础上向商户、农户发放的额度最高可达300万元的经营性贷款，其特点是贷款期限长，支用便捷，借款人获得授信额度后，在额度内可随借随还；"佳信家美"房屋按揭贷款，是一款为购房群体量身打造优惠、贴心贷种；小企业贷款，旨在向各类企业提供及时、适合的融资服务，最高可贷500万元，抵押成数高。

【风险管理】 2010年，中国邮政储蓄银行桂林市分行积极开展常规检查和专项检查，重点开展对信贷业务新品种和公司新业务的专项检查，做到业务发展到哪里，风险管控就跟进到哪里。建立健全合规管理组织体系，开展各种形式的合规征文、合规访谈、合规知识竞赛、信贷公司业务评估、合同评估等活动。完善安防设施，确保各项资金安全，落实好反洗钱管理和法律事务工作。至年末，小额贷款逾期率1.41%、不良贷款率1.34%，实现"双降"。全年无资金案件发生。

（蒋钦柱）

证　券

【国海证券有限责任公司桂林中山中路证券营业部】 2010年，营业部秉承"忠诚、勤俭、专业、创新"的经营理念，确立"以管理求效益、以服务树品牌、以创新图发展"的经营方针，树立"客户至上"的服务理念，通过座谈会、报告会、国海财富生活大讲堂等形式开展多种多样的投资咨询服务。全年实现(股基权债)总交易额651亿元，代理交易额总量列国海证券广西壮族自治区营业部之首，占有率在全国市场为0.58‰。新增客户数1.30万户。全年开展系列基金的销售工作，共销售基金10161万元。年内，营业部获2010年度广西证券期货业协会评选的"优秀营业部"称号。

营销工作　2010年，营业部先后组织开展虎年新春"开门有礼"、"世博100"营销竞赛、"金秋开户有礼"等营销活动，这种以赛代练的方式，既提升业绩又锻炼了营销队伍。年内，营业部经营班子亲自带队与市内7家银行及桂林电信领导班子联系，开发和维护营销渠道。营业部采取上门拜访、电话拜访等方式，为银行营销渠道工作的开展奠定了基础。

投资者教育活动　2010年，营业部根据客户的投资风格及风险承受能力，先后42次深入到广场、企业、厂矿、学校、小区举行投资者教育及营销展业活动。每周五定期做好股市沙龙，每月做一次新股民培训，年内参加营业部投资者教育活动的人数约3万人次。组织广播、电视播放专题节目及新闻报道265次。与《桂林晚报》合作，设投资者教育专刊，加强投资者教育，扩大投资者教育覆盖面。

挖掘区域内综合业务　2010年年初，营业部配合公司投行部为桂林上市公司桂林旅游10亿元的定向增发项目做了配合、协助及沟通工作。年内，在做好基础工作的同时，积极实施营业网点规模扩张，做好桂林辅星路营业部的筹建及开业工作。2011年1月，辅星路营业部顺利开业。

（唐倡梅）

【东方证券股份有限公司桂林中山中路证券营业部】 2010年，营业部根据公司总部总体部署，夯实营运工作基础，注重合规经营，强调风险控制，全力打造咨询和营销两支队伍。年内，经纪业务交易总额255亿元，市场份额明显提升。

提升营运水平　2010年上半年，营业部对场地进行局部改造，将柜台开户区域作为改造的重点区域，从客户进入营业部到办完业务离开营业部，从方便客户、节约客户时间的角度出发，梳理了业务流程，改善了硬件条件。在交易大厅设置大堂经理岗，负责客户的接待、咨询、引导，维持柜台大厅的良好环境。服务标准化建设方面，在柜台服务、电话咨询、回访等方面建立高标准服务标准，加强对员工的标准化服务培训，以高标准服务展现在客户面前。

系列投资者教育活动　2010年，营业部持之以恒地开展"中国红、东方红"系列投资者教育活动。针对性地开展融资融券、股指期货等系列专项投资者教育活动。邀请公司总部相关部门专家到桂林做专题报告会，相关业务专员做专题讲座，每周以投资沙龙、讲座等形式常态化地开展投资者教育活动。利用周末和节假日在市中心广场等处，以投资者教育、理财讲座为主要内容，结合理财产品推介、企业形象宣传等，做好证券投资知识普及和投资者教育工作，树立公司品牌形象。

打造咨询营销团队　年内，营业部对不同需求的客户群体进行细分，依托公司“东方赢家”咨询品牌和咨询体系支持，为客户提供多层次的咨询服务，咨询形式有短信、视频、期刊、报告等，内容有“东方交易提示”、“东方视点”、“早盘提醒”等。同时，采取员工化模式建设一支高标准的理财顾问营销队伍，录用的理财顾问基本要求本科以上学历和通过投资咨询资格考试。通过咨询和营销两支队伍的建设，该部综合竞争力得到了明显提升。　（赵艳）

保　　险

【概况】　2010 年，桂林保险业围绕“转方式、调结构、防风险、促发展”的主线，开拓创新、扎实工作，市场规模不断扩大，业务结构持续优化，整体实力迈上新台阶。全年实现保费收入 25.49 亿元，（比上年，下同）增长 18.34%，其中财产险保费收入 6.78 亿元，增长 25.04%，寿险保费收入 18.71 亿元，增长 16.08%。年内，鼎和财产保险股份有限公司桂林中心支公司进入桂林，至年底，桂林保险主体增加到 21 家，各级保险公司分支机构（含保险营销服务部）218 家，保险兼业代理机构 34 家。全市保险从业人员 8000 多人，其中保险营销人员近 7400 人，形成一个广泛覆盖城乡，竞争氛围较为活跃的保险市场体系。

年内，桂林保险业不断扩大保险覆盖范围和保险服务领域，三农保险发展取得新突破。在兴安、全州等县开展扩大农村金融改革保险试点工作，以总结推广的方式探索保险业服务三农新思路，建立多层次农房保险保障体系、推动政策性农业保险、农村小额人身保险、新型农村社会养老保险、计划生育系列保险等三农保险业务。全年农业保险保费收入 9240.94 万元，已决赔款 7789.14 万元，为促进新农村建设提供有力的保险保障服务。保障功能增强，经济补偿作用进一步发挥。全年共为社会提供各类风险保障 5311.4 亿元，累计支付各类赔款和给付 3.55 亿元，其中财产险赔付额 2.88 亿元，寿险赔付额 0.68 亿元，有效发挥保险业的功能作用，为桂林市的经济社会发展作出贡献。

【中国人民财产保险股份有限公司桂林市分公司】　2010 年，公司坚持“促发展、保效益、防风险”的主基调，全辖员工抢抓机遇，挖潜增新，取得较好的经营业绩。年内，累计完成实收保费 3.12 亿元，（比上年，下同）增长 9.6%，完成年计划的 102.9%；支付赔款 1.58 亿元；未决赔款净额 0.77 亿元；应收保费余额 238.8 万元，应收保费率 0.77%，是自治区系统应收保费管控最好的分公司。

销售渠道管理　2010 年，公司带头规范保险市场行为，加强销售渠道管理，合理布设经营网点，推行车险专管专营，加强与 4S 店代理合作，细

表 24　　2010 年桂林非寿险业业务统计

公司名称	合计（万元）	企财险（万元）	机动车险（万元）	意外险（万元）	其他险（万元）	同比增长（%）	产险占比（%）	总保费占比（%）
中国人民财产保险股份有限公司桂林市分公司	31141.48	1679.02	23563.33	1578.90	4320.23	12.22	45.92	12.21
中国太平洋财产保险股份有限公司桂林中心支公司	15005.84	893.15	11690.30	1259.74	1162.65	29.24	22.13	5.89
中国平安财产保险股份有限公司桂林中心支公司	8910.63	1491.95	7291.12	127.56	—	37.26	13.14	3.49
华安财产保险股份有限公司桂林中心支公司	3749.02	245.26	3442.70	64.38	-3.32	28.56	5.53	1.47
天安保险股份有限公司桂林中心支公司	1369.62	56.04	1122.01	16.39	175.18	-7.60	2.02	0.54
中国大地财产股份有限公司桂林中心支公司	1049.87	—	1035.80	10.60	3.47	98.86	1.55	0.41
都邦财产股份有限公司桂林中心支公司	1031.11	150.33	696.15	40.61	144.02	-51.28	1.52	0.40
阳光财产保险股份有限公司桂林中心支公司	2829.56	53.60	2716.87	37.93	21.16	110.40	4.17	1.11
安邦财产保险股份有限公司桂林中心支公司	811.82	5.92	791.80	10.04	4.06	22.78	1.20	0.32
渤海财产保险股份有限公司桂林中心支公司	1075.03	—	1063.83	4.42	6.78	213.21	1.59	0.42
永城财产保险股份有限公司桂林中心支公司	847.69	23.75	813.54	6.18	4.22	—	1.25	0.33

表 25

2010 年桂林寿险业业务统计

公司名称	合计（万元）	银行代理（万元）	个人寿险（万元）	团体保险（万元）	同比增长（%）	寿险占比（%）	总保费占比（%）
中国人寿保险股份有限公司桂林分公司	106132.66	30664.90	69381.50	6086.26	-0.02	56.71	41.63
中国太平洋保险股份有限公司桂林中心支公司	16783.45	2324.52	13511.32	947.61	-16.17	8.97	6.58
中国平安人寿保险股份有限公司桂林中心支公司	8745.10	1510.00	7235.00	0.10	19.32	4.67	3.43
新华人寿保险股份有限公司桂林中心支公司	11080.32	6755.15	4021.53	123.64	111.77	5.92	4.35
泰康人寿保险股份有限公司桂林中心支公司	15875.90	12280.90	3025.96	569.04	59.70	8.48	6.23
中国人民人寿保险股份有限公司桂林市分公司	16052.65	12176.89	2267.54	1608.22	27.98	8.58	6.30
太平人寿保险股份有限公司桂林中心支公司	5191.97	4469.46	722.12	0.39	112.36	2.77	2.04
民生人寿保险股份有限公司桂林中心支公司	1172.79	577.50	595.29	—	233.35	0.63	0.46
合众人寿保险股份有限公司桂林中心支公司	6111.00	5399.61	711.39	—	—	3.27	2.40

表 26

2010 年桂林各会员公司承保、赔付一览表

公司名称	承保额（亿元）	赔付额（万元）
总累计	5311.40	35513.44
产险累计	4391.05	28758.11
中国人民财产保险股份有限公司桂林市分公司	1865.78	15771.45
中国太平洋财产保险股份有限公司桂林中心支公司	1982.03	5436.92
中国平安财产保险股份有限公司桂林中心支公司	78.90	3106.59
华安财产保险股份有限公司桂林中心支公司	96.50	1344.71
天安保险股份有限公司桂林中心支公司	166.74	656.79
中国大地财产股份有限公司桂林中心支公司	56.70	370.58
都邦财产股份有限公司桂林中心支公司	33.73	736.70
安邦财产保险股份有限公司桂林中心支公司	25.50	382.85
阳光财产保险股份有限公司桂林中心支公司	59.80	641.48
渤海财产保险股份有限公司桂林中心支公司	15.48	186.64
永城财产保险股份有限公司桂林中心支公司	9.89	123.40
寿险累计	920.35	6755.33
中国人寿保险股份有限公司桂林分公司	556.04	4880.52
中国太平洋保险股份有限公司桂林中心支公司	67.63	593.15
中国平安人寿保险股份有限公司桂林中心支公司	218.03	657.00
新华人寿保险股份有限公司桂林中心支公司	20.30	85.46
泰康人寿保险股份有限公司桂林中心支公司	20.51	251.41
中国人民人寿保险股份有限公司桂林市分公司	22.24	275.10
太平人寿保险股份有限公司桂林中心支公司	12.24	11.24
民生人寿保险股份有限公司桂林中心支公司	2.10	1.42
合众人寿保险股份有限公司桂林中心支公司	1.26	0.03

说明：表中数据由各会员公司财务部门提供。

（黎露燕）

化管控措施，优化业务结构，实行承保、理赔限时服务，切实提升优质客户续保率。在市、县政府公务用车保险招标中全部中标胜出，车险业务保费达 2.36 亿元，在自治区系统车险经营业绩综合评比中被评为 A 类。在非车险业务方面，加强市场调研分析，坚持客户分类管理，落实重点项目跟踪服务，巩固银保代理关系，注重发展分散性效益业务，巩固企财险传统地位，积极发展房贷险、借款人意外险，拓展工程险和责任险，做好政策性能繁母猪险，为服务三农作出了贡献。公司营业部、恭城瑶族自治县支公司在责任险、意外险业务实现了规模、效益“双丰收”。

承保管理　2010 年，公司加强承保出单管理，严格验标承保和风险评估，严控和改良高风险业务，承保质量得到提升。开展“车险保效益工程”，强化理赔环节精细化管理，建立复勘复查长效管理工作机制，加大理赔效率的考核力度。加强大客户服务前置，在全辖推广“理赔顾问”，加快理赔结案速度，提高了客户满意度，促进业务有质量的快速发展。加强与市公安交警支队、市公安局经济犯罪侦查部门的合作，开展保险反欺诈工作，全年拒赔欺诈案件 12 件，涉案金额 61 万元。

企业建设　2010 年，公司积极开展“创先争优”活动，建立“机关为基层，后台为前台、员工为客户”的服务承诺。健全监督检查问责和业务风险管理制度，强化对业务环节和销售渠道的风险管理。制定和完善相关管理办法和考评细则，档案管理在自治区系统检查中被评为第一名。加强企业文化建设，推进公司战略转型，全面落实员工社会保障和福利待遇，在自治区系统率先召开职代会，增强员工的归属感。注重公司职场和职工之家建设，开展多形式、多载体的员工文体娱乐和晨、夕会等主题活动，提升公司企业形象和社会地位。（熊龙泉）

【中国人寿保险股份有限公司桂林分公司】 2010 年，公司全年保费规模 10.20 亿元，占据桂林寿险市场 57.15%，其中长期险首年保费完成 4.19 亿元，首年期交保费完成 1.87 亿元，10 年期及以上期交保费完成 1.03 亿元，增长 41.2%，业务结构进一步优化。

保险理赔　2010 年，公司坚持“快速、主动、优质”理赔，全年处理理赔案件 2.6 万件，开展理赔进度电话通知 2 万余件。组织“爱心天使”探视住院客户，与市第二人民医院合作，完善“医保通”实时赔付系统，提高理赔时效和理赔质量。推行柜面服务标准化操作，每月开展“柜面岗位大练兵”、“柜面之星”评选等活动，开展理赔培训进职场近 30 次，培养业务熟练的综合型柜员。

服务活动　2010 年，公司举办以“诚信·沟通·维权”为主题的 3·15 系列活动，推进“国寿 1 + N”品牌建设，继续开展特约商家签约和鹤卡发卡工作，先后组织 VIP 客户免费体检、“国寿健康深呼吸之快乐徒步”、“国寿超市大赢家”、“国寿大讲堂”、“VIP 高尔夫尊享之旅”等客户服务活动，提高客户满意度。年内，公司还深入开展公益事业，加强扶贫点及冰雪受灾区援助工作。

三农保险　2010 年，公司抓住扩大农村金融改革试点的契机，进一步拓展农村小额保险工作，

5 月 8 日，中国人寿保险股份有限公司桂林分公司组织 VIP 客户开展“国寿健康深呼吸之快乐徒步”活动。
吕毅林　摄

全年累计实现农村小额保险保费790万元，覆盖承保人数26.8万人。计生系列保险、建工险、民政低保户人员意外险、老年人意外伤害保险等深入民心，为广大农民群众提供保险保障。

队伍建设　2010年，公司创新队伍发展模式，完善教育培训等队伍支持体系，全面提高整体竞争能力和可持续发展能力。公司通过开展客户回访活动，全面推行绩效激励体系改革，出台了一系列考核办法和管理规定。年内，公司加大培训力度，融合新人育成、主管培养及销售支持工作于一体，开展全年育成导师培训暨新兵训练营运作培训班，帮助育成导师提升管理技能和培训方法，从而提高销售队伍稳定性。加强风险管控，深入开展"诚信我为先"主题活动，加强营销员依法合规教育。（黄丽丝）

【中国太平洋财产保险股份有限公司桂林中心支公司】 2010年，公司围绕"转方式、调结构、防风险、促发展"的总体要求，练内功，夯基础，力求突破自我、创新工作。全年实现保费收入1.50亿元，承保金额达1982亿元，累计支付赔款5436.92万元。

承保彰显实力　2010年，公司为客户提供全面的财产保险产品和服务，承保业务涉及金融、电力、国内外旅游、工程建设、汽车制造、水陆路客货运输、航空航天等各行各业，承保的大型项目如市本级行政用车保险政府采购项目、漓江游览航线年200万人次游客保险、桂林骏达运输公司年400万人次乘客意外保险、桂林两江国际机场财产及航空客货运输保险、桂林航天电子有限公司、广西桂东电力集团等大型企业综合保险，为社会经济建设保驾护航。

理赔服务　2010年，公司经过多年的网点铺设及队伍建设，理赔服务更加适应市场需求：一是网络齐全，人员到位，客户就近理赔方便快速。二是理赔条线垂直管理，人员、资源调配及时，为快速理赔创造了有利条件。三是拥有一支责任心强、清正廉洁的理赔队伍，深受客户信任。四是坚持案件回勘制度，小额赔款现场赔付，保证客户车辆修理质量。

防灾防损　2010年，公司通过风险提示、防灾培训、重点切入等方法，帮助客户树立风险防范意识，提高风险防范技术。通过防灾应急预案的建立和启动，给企业提供及时有效的抗灾帮助。在4月、6月的两次洪灾中，以防灾紧急预案为核心，全员参与、深入一线，协助客户转移受灾财产6000多万元、降低了洪灾损失。年内，公司防灾防损科获中国太平洋财产保险股份有限公司广西分公司"双十佳"服务团队称号。（何晶晶）

【中国太平洋人寿保险股份有限公司桂林中心支公司】 2010年，公司以客户需求为业务发展导向，配合上级公司实行产品结构调整，采用业务条线精细化、后援条线专业化的管理模式，推动公司各项工作稳步发展。全年保费总收入1.68亿元，市场份额居桂林寿险市场第二；总赔付额530.76万元，比上年下降33%。

年内，公司完成领导班子调整，多家县支机构迁址开业。公司业务经营坚持"两个聚焦"（聚焦营销、聚焦期缴），创新销售模式。坚持"以客户需求为导向"，针对客户细分市场，通过差异性的产品组合，挖掘客户需求，增加客户信任度扩大市场。坚持创新发展，在销售方式及销售活动的内容上积极创新，促进发展。加强财务集中管理，深化全面预算管理，细化各类费用控制指标。"零现金"工作达标，通过太保系统会计达标验收小组验收。11月，公司后援条线全面上线，运行全国实时联网的P10系统。组织开展《合规手册》学习，参加总公司组织的线上考试，公司满分率98%。（黄珺）

开发区建设

1月26日，副市长徐锋(左二)考察秧塘园区建设情况。

桂林市西城经济开发区　供稿

临桂新区

【概况】 2010年,临桂新区紧紧围绕"保护漓江,发展临桂,再造一个新桂林"的战略部署,深入开展"我为临桂新区建设做什么"大讨论活动,临桂新区建设取得新进展。年内,临桂新区累计完成固定资产投资25.2亿元,增长73.8%。实际到位资金12.66亿元,增长142.2%,其中外资项目3个、到位外资1838.2万美元,增长933.04%。

【规划实施】 2010年,临桂新区将机场路西北侧约10平方千米的用地纳入规划管理范围。年内,共完成中心公园等66个项目的规划选址。核发桂林市中心医院等27个项目的规划设计条件通知,总用地面积约255万平方米。

【项目建设】 2010年,临桂新区继续实施"一个建设项目、一名主管领导、一个工作机构、一个计划目标、一抓到底"的工作机制。成立招商科技大厦建设领导小组、临桂新区项目推进协调工作领导小组、临桂新区项目施工及供水供电工作领导小组,加强项目统筹协调服务工作。加强交通路网建设,全面完成28条道路、市政综合管线等修建性详细规划编制,组织实施24条道路的基础设施项目,道路全长35千米,施工路段长度25千米。抓好重大项目建设,继续推进创业大厦、中心公园、"一院两馆"、广电大厦、新城商务酒店、新城国惠村及景观水系建设,发展投资商务大厦、广电大厦、日报社传媒中心、金融大厦、桂林市职教攻坚项目(一期)等项目进展顺利。

【居民搬迁安置】 2010年,临桂新区居民搬迁安置取得突破。年内,实施总投资33.68亿元的居民搬迁安置工作,率先启动崴陂村、庄里村、大律村三组、小律村、岭上村、翻山底村、岩塘村居民的搬迁安置住房及小区配套建设,共完成投资3488万元。

【土地征用报批】 2010年,临桂新区中心区规划总用地面积1396公顷,获批用地1205.87公顷,已征地781公顷。临桂新区中心区基础设施(道路)占地214.1公顷,公益事业(绿地、水系等配套)占地523.3公顷,已出让220公顷,新区中心区实际可用于出让或安置用地248.5公顷。

【招商引资】 2010年,临桂新区制订出台各项招商引资政策和优惠合作条件,加强软环境建设。年内,与桂林港华燃气公司签订2.2亿元的城市管道燃气项目,与澳门恒和企业集团签订五星级酒店投资合作意向;进一步落实湖南湘源投资有限公司的中心公园BT项目、上海城建集团的桂林新区环城水系项目和桂林新区水系与公园结合项目、广西国海置业公司的商业开发项目工作,确保跟踪到位、协调到位、服务到位。

【资金筹措】 2010年,临桂新区依托桂林市临桂新区建设投资有限公司投融资平台,拓宽融资渠道,争取融资额度。年内,获上海浦东发展银行股份有限公司土地收储贷款2.0亿元、中国农业银行桂林分行前期周转贷款3.0亿元、兴业银行股份有限公司土地收储贷款2.2亿元。国家开发银行贷款0.2亿元。 (临桂新区管委会)

桂林国家高新技术产业开发区

【概况】 桂林国家高新技术产业开发区(简称高新区)位于漓江东岸,与七星区实行两区合一体制。2010年实现技工贸总收入389.45亿元,(比上年,下同)增长20.95%,工业总产值430亿元,工业增加值131.22亿元,分别增长14.65%、19.24%,上缴利税48.29亿元,增长13.95%,实现利润22.24亿元,出口创汇5.88亿美元,增长8.29%。

【园区建设】 2010年,高新区完成综合园控制性详细规划的审批及信息产业园一、二期规划调整,完成英才科技园二期、桂磨路高新产业带等16个项目的规划工作。年内,取得土地征用指标64公顷,完成征地56.2公顷,平整土地40公顷,完成信息园产业二期等7个项目的土地证办理工作。全年完成基础设施建设投资1.71亿元,铺设给水管网1500米、供电线路1500米、道路建设1950米等。创意产业园的7栋标准厂房(面积4.5万平方米)建成,并完成配套的水、电、路、通讯等设施建设。

【招商引资】 2010年,高新区引进市外内资52.54亿元,实现外资到位0.8亿美元。全年项目大兑现履约率100%,开竣工率80.5%,资金到位率63.7%。参与第七届中国—东盟博览会,共签约项目20个,其中内资项目14个、签约金额55.5亿元,外资项目6个、签约金额4.85亿美元。举行第二届中国·桂林创新创意文化节暨桂林国际动漫节,共签约项目12个,其中内资项目9个、外资项目3个,签约金额20.88亿元。项目主要涉及绿色能源、通信系统、总部经济、网站建设、动漫制作以及软件人才培训等。其中投资超亿元的项目有:桂林君泰福建设开发有限公司投资12亿元的绿色能源电气产业园项目、大唐电信科技产业集团投资2亿元的国标地面数字电视和数字音频广播通信系统研发项目、海南天涯在线网络科技有限公司投资1.5亿元的天涯旅游桂林研发结算中心项目等。年内,高新区被评为自治区招商引资项目大兑现工作示范园区。

【科技创新】 2010年,高新区高新技术产业企业共55家,高新技术产业增加值占工业增加值的31%,占全市高新技术产业的80%。年内,高新区七星区先后制订《桂林国家高新区七星区关于鼓励企业进一步加强知识产权保护及利用的奖励、补助和扶持暂行办法》《桂林国家高新区七星区技术研究与开发经费管理办法》《桂林国家高新区科技型中小企业技术创新基金管理办法》《桂林国家高新区七星区高新技术企业认定奖励办法》等鼓励自主创新的相关政策措施,争取上级科技部门资金支持,全年共争取上级资金支持2400万元,增长150%。加大财政对科技的投入,全年共投入800万元,增长15.9%。组织申报2010年科技部科技型中小企业技术创新基金项目8项,申报2011年科技部科技型中小企业技术创新基金项目5项,获得科技部立项资金955万元。申报自治区科技厅及市科技局项目(课题)130项,获自治区科技厅立项28项,项目资金750.5万元。获市科技局立项41项,项目资金524万元。申请专利470件,增长13.3%;获授权专利382件,增长51.6%。全年新增入孵企业32家(总数232家),新增留学人员、博士企业4家(总数70家)。创业中心获自治区科技厅公共技术服务平台专项建设经费150万元。4家在孵企业获政府资金资助167.5万元。 (黄健)

苏桥经济开发区

【概况】 2010年,苏桥经济开发区贯彻落实市委、市政府确定的"城市建设、工业园区建设、以交通为主的基础设施建设和城乡风貌改造建设"四大建设工作目标,开展"工作落实年"活动,推进园区建设与发展,掀起项目建设新高潮。全年完成招商引资12亿元,完成全社会固定资产投资12.6亿元。

【开发区规划编修】 2010年,苏桥经济开发区继续抓好开发区总体规划修编。2月,市规划审定委员会同意苏桥经济开发区总体规划。组织完成开发区集中供热专项规划,开展开发区水资源综合利用、开发区农村安置改造规划和西河供水项目建议书编制等各项前期工作。组织苏桥园、福龙园分别编制苏桥园C区控制性详细规划,汽车及零配件产业发展规划、福龙园C区控制性详细规划等,为开发区可持续发展打下基础。

【项目建设】 2010年,苏桥经济开发区列入自治区重点项目建设8个。年内,成立项目活动年领导小组,将目标任务细化分解,落实到人。每个项目有领导负责,有联络员现场跟踪,协调解决建设中存在的问题。组织参加市政府的集中审批活动,推进各项目如期开工建设,考评各项目、各单位工作进展情况,抓好项目前期工作和项目储备工作。全年完成全社会固定资产投资12.6亿元。

【基础设施建设】 2010年,苏桥经济开发区苏桥园共完成基础设施建设投资2.82亿元。其中:完成道路建设1.7千米,雨水、污水、给水管网5.3千米,电力管网1千米,标准厂房及服务楼3.71万平方米,完成农民新村场地平整50.7公顷。福龙工业园开工建设苏桥至黄洞二级公路;完成配套综合楼2栋、标准厂房3栋共7600平方米。2010年上半年,苏桥园完成征地114.5公顷,福龙工业园完成征地260公顷。

【招商引资】 2010年，苏桥经济开发区完成招商引资12亿元，其中外资1000万美元。市外到位资金11.72亿元，其中外资到位资金425.74万美元；引进1亿元以上工业项目3个；新签项目14个，签约项目合同投资总金额44.65亿元。完成项目前期工作费用420万元，储备项目25个。

（苏桥经济开发区管委会）

桂林市西城经济开发区

【概况】 2010年，桂林市西城经济开发区实行一区多园管理，下辖鲁山工业园、秧塘山水科技园及临桂县各乡（镇）工业集中区（临桂镇、两江镇、五通镇、会仙镇4个工业集中区和四塘乡、南边山乡2个工业小区），为自治区30个重点扶持发展的工业园区。全年完成工业总产值141.4亿元，首次突破百亿元大关，增长53.2%，完成工业增加值47.6亿元，增长31.9%；完成规模以上工业总产值121.7亿元，增长94.4%，完成规模以上工业增加值41亿元，增长69.4%。完成固定资产投资16亿元。

【招商引资】 2010年，桂林市西城经济开发区采取上门招商、以商招商的形式，在深圳市举办招商引资推荐会，全面展示园区优势、突出园区投资机遇。全年新引进项目21个（秧塘山水科技园13个、工业集中区8个），合同投资总额近50亿元。争取园区基础设施建设扶持资金1200万元，工业用地指标20公顷。

【基础设施】 2010年，桂林市西城经济开发区完善鲁山园区绿化、道路及电信通信、广播电视等管线统一下地建设。完善秧塘园区排污管网、供水、供电支线建设，电信通信、广播电视等线路施工建设；秧塘园区总建筑面积达5万平方米的8栋标准厂房全部建成投入使用。启动110千伏嘉园变电站及秧十八路（三期）建设，完成修建秧八路、秧塘园区航空输油管道迁移工程，完成平整土地面积133.3公顷，新修道路近4000米，敷设供电、供水、排污等管网近5000米，不断拉大园区框架，增强园区竞争实力。

【项目推进】 2010年年末，桂林市西城经济开发区秧塘山水科技园有签约入园项目53个，其中1亿元以上项目22个、合同投资总金额近120亿元。在建项目26个，建成投产项目14个，试产项目1个，上市公司3家。园区已形成以桂林福达集团有限公司年产10万吨精密锻件项目、桂林华力重工、广汇低温设备、桂林桂冶实业、鑫友光伏、众阳光能科技、深圳嘉润茂电子、普中通信、桂林三金药业、桂林天和药业、汇通药业、桂林莱茵生物等为支柱的工业、电子、医药产业。 （马键斌）

7月19日，投资8.3亿元的福达集团10万吨精密锻件项目生产厂房竣工。

桂林市西城经济开发区 供稿

行政管理

11 月 9 日，桂林市药品检测暨稽查人员培训班开班。

市食品药品监督管理局　供稿

宏观经济管理

【概况】 2010年,桂林市发展和改革委员会(简称市发改委)采取一系列措施加强经济社会管理与调节,全市经济平稳较快发展,社会各项事业全面进步。全年全市地区生产总值1108.63亿元,(比上年,下同)增长13.8%,高于预期目标1.8个百分点。三大产业全面发展,分别增长4.8%、20.7%和10.2%,其中工业增加值增长20.2%。全市财政收入121.08亿元,增长24%。城镇居民人均可支配收入17949元,农村居民人均纯收入5487元,剔除物价因素影响,分别增长11.0%和13.2%。

【投资和项目建设】 2010年,市发改委围绕城市建设、交通基础设施建设、园区建设、城乡风貌建设,加强统筹协调,创新工作方法。一是超前谋划全市投资和项目工作。年初,组织调研组赴贺州市考察学习,通过调研制定一系列投资方案和项目分解一揽子计划,为市委、市政府布局全年投资项目提供翔实材料。二是创新推进项目建设工作模式。组建综合推进项目建设的860办公室和项目前期工作站,整合力量,联动推进项目建设。年内组织全市项目联合集中审批活动4次,共受理项目404项,总投资额794.38亿元,其中现场完成审批366项。开展55个重大项目的前期攻坚,将过去需10个月才能完成审批的825项审批事项在3个月内完成审批。牵头组织"1212"工程等一批重大项目建设,做好重大问题和关键环节的协调工作。三是创新申报机制,首创项目打包申报方式。将临桂新区9个市政道路项目和"一院两馆"(桂林大剧院和桂林图书馆、桂林博物馆)项目打包申报,得到自治区发改委的理解和支持。全年全市共有40个重大项目被安排进自治区级统筹推进的重大项目方案中,投资总额225.68亿元。其中,属自治区重大新开工建设项目30项,总投资额146.31亿元,年度计划投资额27.8亿元;属重大前期项目10项,总投资额79.37亿元,项目数和年度投资额均排自治区第一。四是强化投资运行监控和动态管理。在自治区首创策划项目信息台账、新开工项目信息台账、在建项目信息台账等制度,对所有重点开工项目、续建项目、前期项目的进展情况进行实时监控。实行每日晨会汇报制度,定期召开投资项目工作分析会。五是拓宽融资渠道。落实中铁集团支持的桂林西二环路、南溪河、小东江等建设项目26亿元BT融资方案。促成桂林市经济建设投资总公司发行10亿元企业债券项目,并获得国家批准。六是加强重大项目策划和储备。组织策划"十二五"规划重点项目1131项,总投资额6219亿元,是"十一五"规划时期的6倍。争取和协调落实项目前期资金1.13亿元,是上年的8倍多,为历年之最。开展项目储备"双千"(储备投资1000万元以上的1000个项目)计划,全年共策划和储备重点项目1123项,总投资额6038.74亿元。2010年,桂林市社会固定资产投资总额908.56亿元,增长37.8%,投资总额是"十五"计划时期的1.41倍,全社会固定资产投资再创历史新高。

【调研与规划取得重要成果】 2010年,市发改委围绕富民兴市目标,立足桂林实际开展调查研究,提出"一城二区三中心四基地"的战略构想。"一城"即以中心城区特大城市为核心的桂北城市群,"二区"即桂林国家旅游综合改革试验区、桂林国家服务业综合改革试点区域,"三中心"即国际旅游目的地和游客集散中心、国际区域性综合交通运输枢纽(中心)、广西文化创意产业和演艺中心,"四基地"即国家高新技术产业基地、西南现代装备制造业基地、广西节能环保产业基地、广西特色农业产业基地。并提出要精心谋划空间布局和功能定位,引导县(区)特色经济发展,强化发展园区工业经济,打造千亿元创新型特色产业园区,发展四大支柱产业(电子信息、医药及生物制品、机械、汽车)和六个传统产业(食品、石化橡胶、冶金有色、包装与竹木加工、电力、建材)以及新材料、新能源等一批战略性新兴产业;突出"两区"建设,大胆创新旅游业、服务业发展新模式,改造和提升全市第三产业发展水平;规划建设特大城市目标,扩大城市空间和产业承载能力,提高城镇化发展水平;优先发展交通基础设施建设,构建国际区域性综合交通运输枢纽城市;强调节约能源和环境保护,注重改善和保障民生。

年内,市发改委提出的桂林市综合交通运输体系"十二五"规划发展思路得到市委、市政府和自治区党委、政府的高度重视。同时，市发改委还对桂林市“十二五”规划纲要进行细化，选择工业和信息化、服务业、综合交通运输、漓江保护和开发等57个领域和行业，编制“十二五”专项规划。

【节能减排】 2010年，市发改委加强节能减排工作。一是科学制定节能减排方案，及时下达全年节能减排目标任务。二是加大投资建设项目节能审查，组织开展高耗能企业优惠电价清理整顿，严把节能减排关，从源头控制高能耗、高污染行业的过快增长。三是加强节能减排的部门协调及预警预案制定实施，联动进行指标动态监控，把住节能减排工作的主动权。四是大力推进循环经济建设，编制《桂林市循环经济产业示范基地规划》和《苏桥经济开发区循环经济发展规划》。年内，全市万元生产总值能耗、化学需氧量、二氧化硫排放量三项约束性指标完成情况居自治区前列。

【重点领域改革】 2010年，市发改委编制上报国家服务业综合改革试点区域申报方案和战略规划，经过自治区层面的三轮激烈角逐和全国180多个城市的竞争，桂林市成为全国37个、广西唯一一个国家服务业综合改革试点区域。稳步推进医药卫生体制改革，组建医药卫生体制改革机构，第一批改革试点县（临桂县、兴安县、永福县和恭城瑶族自治县）成为自治区先进典型，兴安县的医改经验在自治区推广。扎实推进城乡统筹、扩权强县改革，起草开展统筹城乡综合配套改革试点工作意见，通过争取，兴安县、阳朔县列入自治区第一批扩权强县改革试点县。 （蒋福光）

国有资产管理

【概况】 2010年，桂林市国有资产监督管理委员会（以下简称市国资委），继续深化国企改革，不断拓展融资渠道，加快招商引资步伐。全年组织、策划、启动11家国有企业进行改革改制工作，引入市外到位资金12.05亿元，完成项目和产业投资16.58亿元。

【拓宽临桂新区融资渠道】 2010年，市国资委积极参与临桂新区建设，不断拓宽新区融资渠道。整合市中小企业融资担保中心和市中小工业企业投资担保公司，并于5月组建桂林市中小企业信用担保有限责任公司，至年末，共办理担保业务71笔，融资2.64亿元，解决了一批中小企业资金短缺难题。12月28日，市经济建设投资总公司发行10亿元企业债券，完成临桂新区路网建设投资8.85亿元。

【推进企业改革】 2010年，市国资委全力推进劣势企业退出市场，积极扶持壮大优势骨干企业，通过改制重组、招商引资、引入战略投资者等手段，盘活国有资产，让企业焕发新活力。桂林化纤总厂、桂林电缆厂、桂林齿轮厂破产清算工作稳步推进；桂林威达集团政策性破产工作已全面启动；桂林百货纺织公司内部职工持股改制、桂林纸制品包装厂国有产权出让获市政府批准；市菜篮子工程发展中心已完成职工安置工作，地面资产正按规定程序处置；市台胞接待处的职工安置费用通过市人力资源和社会保障部门审核；市化建总公司职工安置费完成测算；市煤建总公司、市信息技术公司进行内部职工持股改制，已基本完成审计评估工作；桂林市能源开发总公司采取内部职工持股方式改制，市国企改革办已下达改制筹备批复文，审计评估工作接近尾声。同时，香港溢达重组桂林银海集团、四川广胜集团重组桂林内燃机配件厂、桂林矿山机械厂改制重组、桂林优利特公司重组桂林无线电一厂等一批国企改革重组项目正在实施。整合旅游资源，年内重启桂林旅游股份有限公司整体收购环城水系公司经营性资产、桂林漓江大瀑布饭店和承接福隆园3个项目，并保留国有股权在桂林旅游股份有限公司控股地位，制定桂林旅游股份有限公司定向增发新股再融资资产重组方案。

【国有优势产业发展壮大】 2010年，桂林市抓住优势产业，充分利用和整合资源，扶优扶强，发展和壮大国有经济。桂林客车集团引入柳州五菱集团和上海中静集团增资现金各6000万元，在苏桥客车工业园一期投资1.48亿元，于8月完成新厂房搬迁并正式投产；桂林客车发展公司在苏桥客车工业园一期投资1亿元，新厂房于8月竣工；桂林市漓佳金属材料公司引入广西有色集团现金增资7500多万元，并投资1400万元完成海水淡化管生产线续建项目，年底实现利税和产值均比上年翻一番的目标。

【国有资产投资运营管理】 2010年5月,桂林市国有资产投资经营有限公司(简称市国投公司)成立,负责全市国有资产专业化管理。年内,市国投公司清理核实38家改制、破产企业的非经营性资产总额共计3.8亿元,接管6家改制企业的资产移交,办理桂林橡胶厂、桂林建筑材料厂、桂林第二制砖厂和桂林毛纺厂的土地处置工作。1至10月,市国投公司完成资产处置收入800万元,清收债权501.6万元。全面掌握和监管参股企业年度利润和股红分配情况,收取国有股分红1043.76万元。化解国有企业债务风险,以850万元收购市信达资产管理公司的1.79亿元债权包,保障企业发展稳定。

【加强国企监管】 2010年年初,市国资委印发《桂林市国有及国有控股企业负责人经营业绩考核暂行办法》《桂林市国资委履行出资人职责企业负责人薪酬管理暂行办法》及其实施细则,并在15家符合条件的企业开展业绩考核和薪酬管理试点。对桂林煤建总公司等5户企业领导人进行经济责任审计。实施企业监事会主席及外派兼职监事向市国资委报告工作制度,每月上报企业财务状况分析表及重大决策、重要干部任免、重要项目安排和大额资金使用情况,加强对企业重大决策的监管。

【维护国有出资人权益】 2010年,市国资委开展国有资产产权界定、登记、划转和交易工作。办理桂林市中小企业融资担保中心等3家企业的资产划转,完成60个单位的公有住房出售(房改)审核及评估结果核准,对桂林市木材公司等9家企业的资产处置事项进行审批。加强企业国有资产评估项目管理,规范国有资产评估行为,组织中介机构对桂林煤建总公司等4家拟改制企业进行资产审计、评估,修正桂林旅游股份有限公司收购桂林环城水系公司经营性资产和漓江大瀑布饭店交割审计结果。规范国有产权交易行为,依照程序办理全州县内燃机配件厂国有产权协议转让、桂林市纸制品包装总厂和桂林百货纺织批发总公司国有产权进入产权市场公开交易等项目。

【督促企业安全生产】 2010年6月,市国资委与市安全生产监督管理局联合举办企业安全生产管理培训,对26家企业的104名安全生产管理人员进行培训,提高企业管理人员的安全生产意识和管理素质。9月初,市国资委邀请有关县(区)安全生产监督管理局、行业管理部门及企业有关专家组成联合督查组,对系统内企业进行安全生产大督查。查出问题的企业被限期整改,整改落实情况与企业年度绩效考核挂钩。10月,市国资委制定《桂林市国资委监管企业安全生产管理暂行办法》《桂林市国资委监管企业安全生产考核实施细则》和《桂林市国资委监管企业安全生产考核程序与办法》,对所监管企业安全生产工作进行制度化管理和标准化考核。

(赵祖俊　莫小海)

物价管理

【概况】 2010年,市物价局密切关注国家宏观经济政策的调整,研究提出桂林市稳定农产品供应、降低农产品流通成本等12条措施。加强对粮、油、肉、蛋、菜等居民生活必需品和重要商品价格监测和预警预报。严厉打击相互串通、哄抬物价等价格违法行为,及时处置部分菜市摊位集体抬高价格事件,全年共查处重大价格违法案件36起,查处违法金额551万元。居民消费价格指数(CPI)全年累计上涨2.2%,分别低于全国、自治区平均水平1.1和0.8个百分点。

【价格调控】 2010年,市物价局努力保持市场物价的基本稳定;创新监管方式,注重事前防范,积极应对市场价格风波。1月,采取多项防范措施,成功预防全市米粉价格的异常上涨。5月,面对市场绿豆价格大幅上涨情况,采取加强价格监测、市场巡查,组织价格诚信商家多渠道采购,按保本微利原则定价供应市场等措施平抑市场高价,通过价格调控,全市绿豆市场价格由16元每千克逐步回落到12元每千克左右。落实国家粮食最低收购价格政策,保持农产品价格基本稳定;做好价格调节基金征收工作,提高政府调控市场物价的经济能力;制定桂林市区物价上涨与低收入居民临时价格补贴联动机制。10月后,针对市内部分农副产品价格、居民日用消费品价格出现上涨情况，及时启动应急预案，向米粉、食盐、成品油、瓶装液化石油气等商品经营者发出价格政策提醒告诫函，防止出现商家相互串通抬价、捏造散布涨价信息、掺杂掺假、以假充真等价格违法行为。12月，针对部分集贸市场提高市场设施租赁费情况，召开政策告诫会，要求各市场业主不得擅自提高市场设施租赁费，已提高的要恢复到2010年11月19日国务院下发《关于稳定消费价格总水平保障群众基本生活的通知》时的收费水平。及时规范集贸市场收费行为，并出台《桂林市集贸市场设施租赁费管理规定》，维护了正常的市场价格秩序。

【价格监管】 2010年，市物价局抓住桂林作为国家旅游改革综合试验区的机遇，积极探索、实践新的管理模式和方法。围绕打造精品旅游战略思路，积极推进旅游精品景点优价工作，完成两江四湖、印象·刘三姐、龙脊、猫儿山、灵渠等景区的定、调价工作。继续深化水、电、油等价格管理，组织完成全市12县趸售电价审核、汇总和上报工作；审批阳朔县、资源县、灌阳县小水电上网电价；调整青狮潭灌区供水价格，制定新增用户供水管道安装价格；落实国家成品油调价政策，合理制定出租车、客运车票价。促进医药价格管理，做好药品价格审核上报工作。按照医改试点要求，协助阳朔县、临桂县、兴安县和恭城瑶族自治县四个试点县实施国家基本药物零差率改革工作。继续在医院推行单病种限价工作。规范学校收费管理，按照自治区的规定，取消中学校园安全管理费、水电费、内宿内膳生工友费、微机使用费四项代收项目，学生家长每生每年减轻负担310元；调整公办幼儿园和学前教育收费标准，规范公办小学午托收费行为。调整非机动车停放保管收费标准，整顿非机动车停放保管收费秩序。开展2009年行政事业性收费综合年审工作，共审核收费许可证近500个，审验收费金额5亿多元。2009年全市因取消、降低行政事业性收费等政策因素而减少收费588万元。

【价格检查】 2010年，市物价局组织开展教育价格、医疗价格、交通运输价格、化肥价格、种子价格专项检查，并对质量监督收费、检验检疫收费、行业协会收费、涉农收费等进行专项检查，全年查处价格违法案件18件，查处违法金额415.09万元。检查并调解处理市自来水公司因空气原因引起水表空转造成多收费、某私人门诊部镶烤瓷牙多收费、某门诊部价格欺诈等案件，全年受理价格举报87件，办结87件。

【价格服务】 2010年，市物价局开展公共价格服务年活动。年内，共完成59家价格诚信单位的申报和审核工作；在做好各类价格鉴定业务的同时，启动应税物价格认证工作；加强对公物拍卖中心的组织领导，开拓公物拍卖业务，分别获得桂林法院系统拍卖资质的入围资格和市非税收入管理局的拍卖业务。 （林国友）

工商行政管理

【概况】 2010年，桂林市工商行政管理局（简称市工商局）全面实施服务经济、监管市场、维权维稳、基层建设的工作战略，促进全市经济社会平稳较快发展。年内，市工商局被人力资源和社会保障部、公安部和国家工商总局三部门联合授予“2010年全国清理整顿人力资源市场秩序专项行动取得突出成绩”并通报表彰，被自治区政法委、自治区高级人民法院授予“协助执行清理积案先进集体”，自2001年起连续十年保持桂林市“行风动态管理先进单位”荣誉。

【企业登记管理】 2010年，全市内资企业（不含私营企业）共9658家，注册资本（金）343.38亿元。其中：新登记内资企业542家，注册资本（金）13.73亿元。全市外商投资企业实有数313家，投资总额22.23亿美元，注册资本16.07亿美元。

【消费维权】 2009年，市工商行政管理部门共建立“12315”联络站1274个，其中城市社区73个、行政村759个、超市和市场370个、学校49个、景区15个。灵川县实现农村100%全覆盖，聘请“12315”联络站维权监督员或志愿者1464人。全年全市共受理“12315”咨询投诉电话2.64万个，为消费者挽回直接经济损失164.55万元。年内，全市消费维权律师志愿团成立，增强了全市消费维权工作的法理性。全年全市共发布消费提示30余篇，受理消费者投诉1100余件，成功调处

表 27 2010 年桂林市内资企业行业分类统计表

行业分类	企业总数(家)	注册资本(万元)
农、林、牧、渔业	227	35558
采矿业	74	29383
制造业	1120	944583
电力、煤气及谁的生产和供应业	254	250226
建筑业	457	344047
交通运输、仓储及邮政业	417	48044
信息传输、计算机服务和软件业	289	9308
批发和零售业	3617	256313
住宿和餐饮业	327	69718
金融业	899	411436
房地产业	424	332923
租赁和商务服务业	810	558335
科学研究、技术服务和地质勘查业	272	47899
水利、环境和公共设施管理业	78	24471
居民服务和其他服务业	219	22177
教育	5	181
卫生、社会保障和社会福利业	8	4229
文化、体育和娱乐业	88	31505
其他行业	73	13415
合计	9658	3433751

表 28 2010 年桂林市外资企业行业分类统计表

行业分类	企业总数(家)	注册资本(万美元)
农、林、牧、渔业	22	3305.75
采矿业	10	4138.71
制造业	129	31434.19
电力、煤气及水的生产和供应业	14	3881.40
建筑业	4	417.93
交通运输、仓储及邮政业	2	181.60
信息传输、计算机服务和软件业	1	13.42
批发和零售业	7	5429.46
住宿和餐饮业	37	19294.80
房地产业	23	14763.11
租赁和商务服务业	17	47585.39
科学研究、技术服务和地质勘查业	8	4717.44
水利、环境和公共设施管理业	8	1064.03
居民服务和其他服务业	7	10054.70
教育业	1	10.00
卫生、社会保障和社会福利业	1	1400.00
文化、体育和娱乐业	22	13014.47
合计	313	160706.40

985 件。市消费者权益保护委员会获中国消费者协会消费与发展先进单位。

【食品安全管理】 2009 年 9 至 12 月,市工商局共发放“食品流通许可证”587 家。至年末,全市共建立农村食品安全示范店 1538 家,分布于全市 1342 个建制村,初步实现 100% 建立农村食品安全示范店的工作目标。年内,共查处制售假冒伪劣食品案件 189 件,查获假冒伪劣食品 2900 余千克,案值约 200 万元。

【打击非法传销】 2009 年,全市工商行政管理系统参与打击传销专项执法行动,共出动执法人员 1.35 万人次,端掉传销窝点 836 个,刑事拘留传销人员 305 人,行政拘留 78 人,清理遣散传销人员 1.2 万余人,解救受骗群众 75 人,立案查处传销案件 57 件,查获涉案金额 368 万余元。

【食品安全管理】 2010 年,全市获食品流通许可证的经营户共 7160 户。年内,市工商局加强对土特产品、节日食品、酒类、食用油、乳制品等重点食品进行质量监测,全年共计抽样 1166 组。加大对“食品安全示范店”的监管力度,组织开展“创建食品安全示范街(市场)”活动,年末全市共有食品安全示范店 2133 户,比上年增加 429 户。严格市场监督执法,全年市工商行政管理系统共出动执法人员 9859 人次,检查经营户 25568 户次,查处食品类案件 280 件,查获假冒伪劣食品约 6 吨。

【打击企业虚假注册虚假出资行为】 2010 年,市工商局加大对企业“两虚一逃”(虚报注册资金、虚假出资和抽逃资金)经济违法行为的监管力度,把市区内注册资本 50 万元以下的企业年检和日常监管权限下放至城区工商所,并制定“登记—回访—监管”的信息传递制度,将工商所有效纳入到对辖区企业的监管体系中。全年全市工商行政管理部门共查处“两虚一逃”案件 27 件,涉案金额 1.35 亿元。

【查处假冒伪劣商品】 2010 年,市工商局共查处商标侵权案件 105 件,其他制售假冒伪劣商品案件 794 件,案值超过 200 万元。其中灵川县工商局查处假冒“都乐”牌金嗓子喉片案,涉案金额 54

万元,数额巨大,已移交公安机关处理。

【护农专项整治】 2010 年,市工商局开展"灾后重建"和"保春耕""保秋收"等专项整治工作,加强对农资商品的抽检,保护农民利益不受损害。全年抽检农资商品 431 组次,商品合格率 80.36%;查处各类农资违法案件 256 件,查获不合格农资商品价值 268.4 万元。

【查处非法传销】 2010 年,全市工商行政管理部门共查处非法传销案件 104 起,比上年增长 82.46%;捣毁传销窝点 1743 个,清理处罚出租屋 32 户,教育遣散传销人员 2 万余人次。

【查处无照经营及不正当竞争行为】 2010 年,全市工商行政管理部门共查处取缔无照经营 2151 户,引导办理营业执照 4437 户。查处商业贿赂案件 4 件;查处 2 家盐业分公司搭售营养盐等限制竞争的违法行为;查处某县电信公司散布虚假消息,中伤竞争对手商业信誉的违法行为;查处桂林某汽车销售有限公司雇用他人,进行欺骗性销售行为;查获多起串通拍卖案、非法销售按摩床案。涉案金额较大的,已移交公安机关处理。

(管致萍)

审　　计

【概况】 2010 年,桂林市审计局依法履行审计监督职责,全年完成审计项目 1115 个,查处违规金额 6.61 亿元,管理不规范金额 42.54 亿元,促进全市财政增收节支 5.77 亿元。2010 年 6 月 7 ~ 11 日,在桂林召开世界审计组织环境审计工作小组第十三次大会,市审计局抽调 80 余人,与市公安局、卫生局、环保局等 20 个单位配合,圆满完成大会服务保障工作。

【财政预算执行审计】 2010 年,市审计局深化财政预算执行审计,将社会保障资金、扩大内需项目、政府投资重大项目及投资资金等内容纳入年度预算执行审计范围,构建财政审计大格局。审计查处出应缴未缴财政收入、部门挤占挪用财政资金、预算编制不完整、项目预算执行缓慢、闲置财政资金等一批违法违规问题,引起市人大常委会和市政府的高度重视。针对存在问题,督促各被审计单位制定整改措施,限时整改。

【重点投资项目审计】 2010 年,市审计局加强重点建设项目跟踪审计,促进对建设项目的严格管理,堵塞漏洞,提高建设资金的使用效益。年内,组织对桂林市南洲大桥建设、临桂新区新中路、临桂新区山水大道、市临苏路、市滨江北路叠彩段、市中隐路二期改造等 32 项重点投资项目实施全过程跟踪审计。全年共完成政府投资审计单项工程 946 个,审计工程项目金额 54.59 亿元,节约资金 2.21 亿元。

【惠民项目审计】 2010 年,市审计局加大对社会保障、"两基"(基本普及九年义务教育、基本扫除青壮年文盲)教育、扶贫移民、廉租住房、校舍安全、救灾救济、新农舍、农村饮水等惠民项目资金的审计力度。全年完成审计和调查项目 76 个,涉及专项资金总额 22.97 亿元,促进拨付和归还资金 930 万元。

【经济责任审计】 2010 年,市审计局形成以任中审计为主,任中审计与离任审计相结合的领导干部经济责任审计运行机制。全年共审计经济责任人 90 人,查出违纪规违金额 1.58 亿元,管理不规范金额 10.76 亿元。

【资源环境审计】 2010 年,市审计局对市生活垃圾处理系统建设、山口垃圾卫生填埋场建设、上窑污水处理改造、东区污水处理厂扩建、雁山区污水处理系统建设、临桂新区污水处理系统建设、西城区污水处理系统建设等 7 个生活垃圾及污水处理改扩建工程项目进行跟踪审计,发现部分项目存在招标控制价偏高、质量控制不到位、材料采购以次充好、资金不到位等问题。

【审计业务管理】 2010 年,市审计局建立健全审计项目管理信息数据库,实现审计项目全过程动态监管。制定《审计项目审理制度》《优秀审计项目评比细则》《审计项目时限管理责任追究制度》《计算机辅助审计考评办法》等绩效管理配套制度。组织全市优秀审计项目评比,参与自治区级优秀审计项目申报,开展审计项目质量检查和质

2月5日，桂林市经济运行情况新闻发布会召开。

市统计局　供稿

量分析。其中，桂林市集资建房处财务收支审计项目、桂林市经济干校经济责任审计项目分别获自治区优秀审计项目二等奖和三等奖。

【审计学会工作】　2010年，市审计学会加强内部审计工作指导。开展内部审计调研工作，共调研内部审计单位10个；开展评先树优活动，评选出先进单位2个，先进个人2名；组织开展内部审计优秀论文征集活动，上报内部审计论文30篇。年内，市审计学会分别被桂林市社科联评为“先进学会”，被全国大中城市社科联授予2009～2010年度“全国大中城市社科联先进学会”称号。

（王达佳）

统　　计

【概况】　2010年，桂林市统计局开展统计方法制度改革，加强统计基层基础建设，不断提升统计服务质量，为市委、市政府宏观决策提供翔实的统计数据依据。组织开展全市统计人员从业资格培训、统计继续教育和统计职称培训共17期，培训2194人。组织开展工业、农业、投资、城镇住户调查、计算机网络应用知识等业务培训，共培训县（区）及企业统计人员300多人。圆满完成第六次全国人口普查入户登记调查和数据录入编审工作。年内，市统计局获自治区各市统计工作综合评比第二名，有22个专业荣获自治区统计工作单项奖。

【第六次全国人口普查启动】　2010年，桂林市第六次全国人口普查各项准备工作全面展开。此次人口普查的对象为在桂林境内居住的自然人，调查内容包括性别、年龄、民族、受教育程度、行业、职业、迁移流动、社会保障、婚姻生育、死亡、住房等多种情况。人口总量、出生死亡人口、流动人口、就业人口等重点指标，也属于桂林市要全力核准核查的内容。由于桂林市地域广、人口多且居住分散，人口普查任务十分艰巨。市政府与各县（区）签订《桂林市第六次全国人口普查工作目标责任书》，市、县（区）、乡（镇）三级政府落实人口普查机构、人员、经费、办公场地和工作责任，全市选调、选聘普查指导员和普查员约2.8万人；公安机关完成户口整顿工作；市统计局举办普查员培训班200多期，制作桂林市第六次全国人口普查网页，编印工作简报34期。在全国第六次人口普查标准时点——2010年11月1日零点，桂林市开始人口普查入户登记。至年底，已完成普查表格光电录入和数据编审工作。

【提高统计数据质量】　2010年，市统计局严格执行国家新的核算方法规定，按照新规定认真核算全市GDP数据，同时将新旧方法进行核算的数据结果进行对比分析，形成数据差异分析报告。强化GDP、工业、农业、投资、农民收入、工资等重要统计指标的数据评估审核制度，落实县（区）级数据先上报审核后公布使用的规定。规范和改进专业、行业数据的收集整理程序，加强专业、行业数据的协调性、匹配性和趋势一致性的审核，分析研究部门间统计数据的内在联系和相互间的协调、匹配关系，充分利用财政、税收、金融、电力、运输、通信、就业等部门数据，对GDP、工业、投资、收入、能耗等重要统计指标数据进行评估验证。加强经济增长指标与收入、效益指标，生产指标与生产要素配置指标之间的协调性审核，确保各项统计指标数据真实反映桂林市经济社会发展实际。

【建立国民经济核算部门统计联席会议制度】 为加强对国民经济核算部门统计工作的统筹协调，2010年5月，桂林市印发《桂林市人民政府办公室关于加强国民经济核算部门统计工作的通知》，明确桂林市人民政府建立国民经济核算部门统计联席会议制度，由分管副市长担任召集人，市发改委、市工信委、市财政局、市住建局、市交通局、市农业局、市林业局等18个单位分管领导为成员。联席会议办公室设在市统计局，办公室主任由市统计局局长兼任。联席会议每季度召开一次，重点分析国民经济核算部门主要指标运行态势，预测发展趋势，探讨存在问题，研究地区生产总值等主要指标与相关指标之间的协调性和匹配性等问题。联席会议制度建立后，市统计局加强与各部门的合作，构建政府综合统计与上述部门的信息交流共享平台，发挥部门统计数据在国民经济统计和核算中的重要作用。

【加强服务业统计工作】 为便于跟踪服务业发展动态，全面客观地反映桂林市服务业发展的规模、结构和效益，给科学决策提供基础资料和依据，2010年6月28日，桂林市印发《桂林市人民政府办公室关于加强全市服务业统计工作的通知》，将交通运输及仓储和邮政业、信息传输及计算机服务和软件业、金融业、房地产业、租赁和商务服务业等12个门类39个行业大类180个行业中类339个行业小类，纳入服务业统计内容范围，由市政府综合统计部门和相关行业主管部门按照“统一部署、条块结合、分级实施”原则组织实施。年内，市统计局加强对服务业统计工作的指导，定期对全市服务业统计单位进行检查，全面监测全市服务业的发展状况。

【统计监测】 2010年，市统计局开展项目投资监测，继续推行固定资产投资部门信息抄送制度和固定资产投资当月统计制度，从4月份开始定期编印《投资统计监测专报》，全年共编印10期。做好单位GDP能耗核算和规模以上工业能耗数据监测工作，编印6期《节能降耗统计监测专报》，及时通报全市节能降耗进展情况。不断加强对GDP等主要经济指标剩余工作量的监测，分析全市主要经济指标在自治区的排名，并研究其发展趋势，提出可行性意见和建议。围绕“工业强市”目标，年内对影响全市工业增长主要因素（如价格、综合增加值率等）的变化及影响程度进行测算，并随时监控其变化趋势。

【统计服务】 2010年年初，市统计局召开2009年桂林市国民经济和社会发展新闻发布会，并在2月11日《桂林日报》专版刊登《2009年桂林市国民经济和社会发展统计公报》。3月，市人大、政协“两会”期间，市统计局开展统计咨询服务，为《政府工作报告》提供统计数据；在“两会”现场组织统计法规知识抢答赛，向与会代表发放2009年桂林市国民经济和社会发展情况资料光盘。在《桂林国家旅游综合改革试验区方案》进行专家评审期间，市统计局为专家调研组提供大量的统计光盘、年鉴和数据资料。与市人大财经委、市地税局、市国税局、市旅游局、市非税收入管理局联合讨论通过《全市旅游收入对财政贡献的测算调查方案（草案）》，并提交测算调查报告。年内，市统计局提供各类统计分析文章34篇、统计咨询服务1000多次；印发《桂林要情手册—2010年》600本、《桂林市统计信息月报》和《统计快报》等刊物3000册；被国家统计局、自治区统计局统计信息网，市政府信息网，市电台、电视台，《桂林日报》《桂林晚报》等多家媒体采用信息50多条次。

【统计法制建设】 2010年，市统计局结合“五五”普法活动，组织干部职工深入学习《统计法》《全国人口普查条例》《统计违法违纪行为处分规定》等法律法规。加强统计法规宣传，12月4日，在市中心广场组织开展统计法规宣传日活动。加大执法检查力度，联合国家统计局桂林调查队、市监察局、市司法局等部门,对部分单位贯彻落实《统计法》和《统计违法违纪行为处分规定》的执行情况进行大检查,全年全市共检查单位573家,立案查处违法案件30起。

【信息化建设】 2010年,市统计局加快市本级统计数据库建设速度,明确其组织机构、工作程序和建设步骤。邀请自治区统计局数据管理中心专家进行技术指导。抓好市、县(区)、乡镇(街道办)三级联网工作。至年底,全市17个县(区)已开通光纤专线或电话线路,所有乡镇(街道办)都安装VPN(虚拟专用网络)系统,可以安全、可靠接入统计专网。启用新的电子邮箱系统,为市、县(区)统计局和乡(镇)统计站分别设置部门及个人邮件账户,提高统计资料报送的有效性和保密性。 (龙海)

国土资源管理

【概况】 2010年,桂林市国土资源管理工作取得自治区五个第一。一是全年新增建设用地的申报量和获批率居自治区第一,均创历史新高;二是耕地保护检查综合评分排名居自治区第一;三是争取土地整治项目数及资金量居自治区第一;四是争取中央和自治区地质灾害治理专项资金量居自治区第一;五是土地"卫片执法"(运用卫星遥感监测开展土地执法)检查实现"零约谈、零问责",居自治区第一。

【用地保障取得显著成效】 2010年,全市共组织上报用地材料137宗,申请用地面积4174.89公顷。经自治区批复用地100宗,面积3067公顷,创历史新高,数量居自治区第一。全市应保障土地供应建设项目1777个,完成土地供应手续1759个,建设项目土地供应率98.99%。

【耕地保护】 2010年,桂林市在自治区组织的耕地保护目标责任考核中获得好成绩,连续第三年位居自治区第一名,连续第九年完成耕地占补平衡任务。全年全市共实施土地开垦项目198个(总面积600.03公顷),新增耕地面积547.83公顷;完成确认土地开发项目414个,补充耕地1262公顷;耕地保有量保持在38.65万公顷,比上年增加1500公顷。

【土地整治取得新突破】 2010年,桂林市争取土地整治项目数及资金量居自治区第一。上半年获批2010年整治项目21个,实施面积1.27万公顷,争取资金4.75亿元,占自治区总投资的四分之一;下半年获批2011年整治项目16个,实施面积1.05万公顷,资金3.93亿元。全年累计获得资金8.68亿元。

【土地出让市场】 2010年,全市完成土地出让收入51.18亿元,增长103.66%,占全市财政总收入的42.27%。全年共出让土地14宗,面积178.66公顷,成交价款21.72亿元,增长267.16%,占全市财政总收入17.94%。

【国土基础工作取得新进展】 2010年,全市乡镇土地利用总体规划修编、城镇地籍调查工作和农村宅基地确权登记发证工作均完成既定目标任务。全市国土资源信息化建设全面提速,已完成电子政务系统功能开发178项、建立和规范业务办理流程54个,系统网络进入全面试运行。同时,初步建立市级国土资源数据库中心,为全市"一张图"工程(应用遥感技术保障土地调查数据现势性、服务国土资源批后监管的系统工程)提供数据保障。

【"卫片执法"检查成绩突出】 2010年,桂林市土地"卫片执法"检查实现市长、县(区)长"零约谈、零问责"的双零目标。全年全市"卫片执法"检查查处违法用地74宗,已整改到位并结案68宗;立案率100%,查处率100%,结案率95%。

【矿产资源整合有序推进】 2010年,桂林市有17个矿区被确定为整合主体,并划定整合范围。市国土资源部门积极争取国家和自治区资金支持,提高矿山企业资源利用效率和矿产品精深加工,促进产业升级换代。年内,国土资源部给恭城瑶族自治县栗木锡矿拨款100万元,自治区国土资源厅分别给恭城瑶族自治县矿产公司和龙胜各族自治县龙广滑石矿拨款各200万元。

【地质灾害防治成效明显】 2010年,桂林市国土资源部门加强地质灾害防治，成功转移群众2600余名。年内投入230万元，完成全市地质灾害易发区和隐患普查工作，全年共完成地质灾害隐患点治理工程24个，有效解除威胁1.5万人的地质灾害安全隐患。争取中央和自治区专项治理资金1.27亿元，对市区铜鼓山、永福县凤山等60余处隐患点和全州县雷公岭等锰矿区恢复治理项目进行整治。 （李刚）

质量技术监督

【概况】 2010年，桂林市质量技术监督局（简称市质监局）推进质量兴市工作战略，提高服务把关能力，全年全市未发生重特大食品和特种设备安全事故。一批重点项目工程进展顺利，国家橡胶及橡胶制品质量监督检验中心大楼建成并投入使用，广西饮料产品质量监督检验中心大楼奠基，龙胜各族自治县质监局综合办公楼建成并投入使用。

【完善行政审批和执法监督】 2010年，市质监局继续开展行政服务工作及时率、行政服务工作差错率、年度工作目标完成率、行政执法结案率、顾客满意率、行政行为在行政复议或诉讼中的撤销和变更率"六率"达标活动，落实纪律监督、技术监督、法规监督、事务监督，对所有行政审批和立案的行政执法事项实施全程实时监控。全年行政事务完成及时率为96.3%，行政审批完成及时率为100%，行政审批工作差错率为0，行政执法差错率为0，年度目标完成率为100%，行政复议及诉讼败诉率为0，行政处罚案件结案率为97%，顾客满意率为96.5%。加强行政审批的监督管理，将行政执法"三分离"（立案调查、审理、集中执行）工作拓展至县质监局，规范技术审查程序，充实技术审查人才队伍，优化行政审批业务办理流程，提高了审批效率。

【推进"质量兴市"工作】 2010年，市质监系统在全市12县5城区启动"质量兴市"工作。一是开展"质量提升年"活动，制订"质量提升进万企"活动方案。二是加强监督管理，对25家生产企业进行体系检查和日常巡查，帮助企业建立健全质量管理体系、完善各种台账；抽查县局"三抓手"（一抓督促指导企业建立质量管理体系，二抓建立以网络互联索证索票索表和现场检查相结合的查验制度和企业质量档案报送溯源信息系统，三抓建立分类识别管理、定期媒体通报、市场化质量保险相结合的社会大监督机制）工作开展情况；突出抓好对机动车安检机构监管、特种设备监察等方面的工作检查。三是实施名牌战略，建立全市名牌、地理标志产品企业数据库，全市完成产品目录申报的企业62个、产品品种99个，62家企业的72个产品获得名牌产品称号。四是开展产品质量分析工作，建立全市98家饮料企业的电子数据库，全市112家企业获得工业生产许可证。

【标准化体系建设】 2010年，市质监局做好企业标准化体系建设工作，指导国家旅游标准化示范单位阳朔县、桂林乐满地旅游开发有限公司建立标准化体系，帮扶桂林福达有限公司等3家企业获得"标准化良好行为企业"称号。组织标准备案业务培训，并进行标准清理。清理后，有效备案企业标准1078项，执行标准登记1667项次。开展农业标准化示范区建设，形成阳朔金橘、恭城月柿等优势特色农产品标准化生产示范区。9月27日，阳朔县金橘示范区通过市质监局验收。

【开展民生计量工作】 2010年，市质监局在全市开展"推进诚信计量、建设和谐城乡"活动。共制作宣传材料4700多份、宣传光碟10张，组织培训320人次；有11个集贸市场和56个加油站签订了诚信计量承诺书。市质监局对农产品收购用汽车衡、燃油加油机、出租汽车计价器等6类重点民生计量器具进行强制检定，检定率达95.5%。深入城区主要集贸市场和部分特困社区、乡镇卫生机构，开展强制检定计量器具检定收费减免活动，全年累计减免收费65.7万元。

【特种设备安全监察】 2010年，市质监部门组织开展气瓶充装检验专项整治、起重机械专项整治活动；对高层住宅和重点公共场所电梯进行清查，制订实施电子监管方案。抓好定期检验工作，全市特种设备定检率、持证上岗率、使用登记率、事故结案率都达到100%。全年市质监部门共出动监察人员1369人次，检查特种设备使用单位630家，发现安全隐患279处，下达安全监察指令书

260份,整改完成90%,确保全年全市未发生重大特种设备安全事故。

【食品生产企业质量监管】 2010年,市质监部门加强对食品生产企业的质量监管,确保全市621家食品生产加工企业全部取得食品生产许可证,同时对这些企业全部建立质量档案,对所使用的食品添加剂全部进行备案。全年全市未发生一起食品安全事故。

【打假治劣】 2010年,市质监部门重点开展农资、食品、絮用纤维制品、家电下乡产品、烟花爆竹产品等执法打假专项治理活动。全年共出动执法人员12859人次,出动执法车辆4538辆次,检查(巡查)生产销售企业4796家;查处各类案件1681起,立案895起,结案868起,查获违法产品货值725.29万元;捣毁制假窝点4个,受理质量投诉71起,为消费者挽回经济损失95.32万元。全年无行政复议和行政诉讼案件。

【推进人才队伍建设】 2010年,市质监部门事业单位通过公开招聘,共引进大专以上学历专业技术人员17名,其中硕士研究生2名,工程师3名。年内,市质监部门选派42名技术人员到企业实习。 (章长洲)

食品药品监督

【概况】 2010年,桂林市食品药品监督管理工作以保障公众饮食用药安全、促进经济社会协调发展为中心,开展食品药品安全专项整治,严厉打击制假售假违法行为,整顿和规范食品药品市场秩序,推动全市医药经济和餐饮行业健康发展。

【餐饮食品安全监管】 2010年,市食品药品监督管理部门加强餐饮食品安全监管,年内开展了十余次专项整治,出动检查车辆268辆次,执法人员2430人次,共检查4259家餐饮服务单位。对使用地沟油、不合格一次性筷子、不合格一次性塑料餐盒,以及在食品中添加非食用物质、滥用食品添加剂等情况进行检查;对餐饮服务环节食品原料中的粮油类、禽畜类、水产类等高风险食品3大类21个品种318批次产品进行抽检,并与4259家餐饮服务单位签订食品安全承诺书,督促餐饮服务单位落实食品采购验收、储存加工、建立台账等制度。全年受理许可材料1790份,发放餐饮服务许可证1662份,对不符食品安全要求和无证经营餐饮单位下发《餐饮服务食品安全监督意见书》3160份、下达《责令整改通知书》和《关于取缔无证经营餐饮单位告知书》1239份;对各类餐饮提供现场指导563次,受理群众投诉335起,处理335起。全市全年无重大餐饮食品安全事故发生,确保了创建"国家卫生城市"复审工作的顺利通过。

【创建餐饮服务食品安全示范县(街)】 2010年,市食品药品监督管理局严格按照餐饮服务食品安全"三项制度"(食品原辅料进货台账登记和索证索票制度、监督检查公示制度、承诺制度)和"六个统一"(统一亮证、亮照和监督公示,统一食品加工操作区域和设施设备分类标识,统一张贴关键环节操作指南,统一使用食品原辅料进货台账,统一管理健康证和培训合格证,统一管理要求)的规范,积极创建餐饮服务食品安全示范县、示范路和示范街,并确立阳朔县、七星区七星路、秀峰区信义路、象山区联达商业街、叠彩区龙珠路、雁山区草坪街为桂林市首批餐饮服务食品安全示范县(街)。

【药品医疗器械监管】 2010年,市食品药品监督管理局加强药品医疗器械市场日常监督检查,做好药物不良反应监测,加大对特殊药品流通使用环节规范管理。共检查药品批发企业及分支机构34家次,体外诊断试剂经营企业13家次,药品零售连锁总部17家次、店铺284家次,单体零售药店164家次;检查药品生产企业85家次,特殊药品经营企业12家次;检查医疗器械生产企业86家次,经营企业189家次;检查药品零售(连锁)企业448家次。监测并移送工商行政管理部门药品违法广告37起、医疗器械违法广告23起。年内,对全市医疗机构使用的分子筛制氧设备和人工器官、25家经营企业的植入材料、9家生产经营企业的口腔定制式义齿进行专项检查,通报城区卫生局医疗器械不良事件156例,发放麻醉药品精神药品邮寄证明188份。市食品药品监督管理局在药品生产企业全面推行质量受权人制度,并

市食品药品监督管理局集中销毁假劣药品。　市食品药品监督管理局　供稿

向高风险药品生产企业派遣驻厂监督员。

为维护正常的药品医疗器材市场秩序，桂林市建立健全打击药品制假售假局际联席会议制度。年内开展打击生产销售假药百日集中整治行动，共立案、查处违法药械案件63件，下发行政处罚决定书55份，销毁假劣药品和医疗器械80多个品批，金额达58万元；检查经营、使用单位1800余家，筛查药品2000多批次。

按照基本药物质量保障"零容忍"要求，市食品药品监督管理局建立全市基本药物生产质量管理数据库，完善生产企业质量安全档案；完成15家基本药物生产企业231个品种注册信息的整理和生产质量档案建立，并对生产的基本药物品种处方和工艺进行核查；强化对基本药物质量安全的监测和管理，实现基本药物全品种监管，并对11家生产企业的41个品种进行逐一检查。2010年3月底，基本药物电子监管网正式运行，全市基本药物生产企业全部登记入网，确保基本药物的安全监管。

【农村药品供应监督网建设】 2010年，市食品药品监督管理局积极推进农村药品供应和监督网络建设。有农村药品协管员246人、药品信息员1832人，农村药品监督网络县、乡、村三级覆盖率100%，农村药品供应网络覆盖100%。全市形成以批发企业为主，零售连锁企业为辅，药品经营企业与农村卫生、食品网点有机结合的乡村药品供应网络。一批通过GSP（药品经营质量管理规范）认证的药品批发、零售连锁企业以直配式、代购式及设点经营等方式，将药品供应扩展到乡村。至年末，全市共有县级以下药品零售企业914家。

（周玉璟）

口　　岸

【概况】 2010年，桂林航空口岸有桂林—韩国首尔、桂林—泰国曼谷、桂林—马来西亚吉隆坡、桂林—新加坡、桂林—中国香港地区、桂林—中国台北地区6条国际（地区）定期航线。2月2日，泰国曼谷航空公司曼谷至桂林定期航班复航；11月3日，新加坡捷星亚洲航空公司新加坡至桂林定期航班开通；12月1日，中国东方航空公司桂林至韩国首尔航班，由每周2班增加至每周4班。年内，桂林口岸共验放国际航班及出入境飞机2188架次，其中保障临时包机146架次，增长21%。共验放和乘运国际旅客及机组员工32.98万人次，降低9%，其中：外籍旅客14.5万人次，占全年入出境旅客人数的44%；中国台湾地区旅客10.27万人次，占全年入出境旅客人数的31%；中国香港和中国澳门地区旅客4.08万人次，占全年入出境旅客人数的12%。共监管进出口货物9.5万吨，总货值5275万美元；检验检疫出入境货物15188批次，货值3.83亿美元。

（麻耀麒）

【海关】 2010年，桂林海关共监管进出口货物9.5万吨，货值5275.4万美元，分别增长166倍和99.3%；征收税款5005.5万元，增长122%；监管进出境航班2381架次，进出境人员32.9万人次；审批减免税货值1683万美元，减免税款1279万元。查获各类走私案件21起，案值1.33亿元；抓获毒品走私犯罪嫌疑人2人，缴获毒品海洛因1464.3克；查获各类违禁印刷品和音像制品804本（份）；查获违禁动植物产品300千克。

税收监管 2010年，桂林海关依托业务信息平台，制定重点敏感商品价格审核制度，强化对重点税源商品和相关纳税企业的规范管理。加强税收监控自查，采取每日监控和定期核查相结合的方式，及时调整价格资料数据库。执行报关单自查复核，实行减免税审批报备报核制度。构建以风险管理为导向的“大征管”工作模式，加强关税、风险、稽查、缉私等部门的联系配合，充分发挥税收核查和专项稽查的作用，全年组织常规稽查12家、专项稽查8家，开展贸易调查1家，稽查追征税款入库6万元。

打击毒品走私 2010年，桂林海关缉毒工作重点放在情报采集上，不断拓展情报信息来源，严防布控，有效打击毒品走私犯罪。针对毒品走私日益呈现“多头入境、全线渗透、弱化陆路、改走航空”的新特点，桂林海关通过检查旅客舱单，分析进出境证件等手段，及时掌握进出境旅客实时动态，并从各种信息渠道中筛选有价值的动态情报，提高缉查预警能力。全年共查获2起境外毒犯通过人体藏毒和行李夹藏毒品海洛因入境案件，缴获毒品海洛因1464.3克。

服务地方经济 2010年，桂林海关全面落实“24小时属地报关、口岸验放”制度，网上支付，预约通关，设立客户协调员，限时办结等多项便利措施，减少企业通关成本。加大海关优惠政策宣传力度，增强企业规范守法经营意识。全年全市外贸进出口总值9.02亿美元，增长22.6%，进出口规模居广西第七位。搭建海关与地方党政机关信息互通平台，发挥海关统计预警监测作用。改善旅检现场硬件设施，开设进出境专用通道，提高通关现场窗口服务质量。年内，桂林海关圆满完成第七届中国东盟博览会及投资峰会、上海世博会、广州亚运会、桂台经贸文化合作论坛、“情系八桂”两岸文化联谊行活动、第四届联合国旅游趋势与展望国际论坛协调会、第一届中国桂林国际旅游博览会等大型会议活动的监管和服务工作。

（李多之）

【边防检查】 2010年，桂林边防检查站提高边检服务水平，全力打造模范边检站。全年全市共检查出入境人员329845人次，出入境航班2188架次，查获在控对象4人，查处违法违规案件20起

5月8日，桂林海关工作人员接待出入境旅客申报。

桂林海关 供稿

22人，完成加蓬共和国总统阿里邦戈一行出境检查任务。

执勤训练 2010年，桂林边防检查站创新工作思路，提高边检服务水平。上海世博会、广州亚运会召开期间，该站成立安保领导小组，出台30项具体措施，制订安保执勤方案，科学调配警力，严密组织勤务，开展实战轮训，提高应对突发事件的处置能力，圆满完成世博会和亚运会出入境安保任务。年内，桂林边防检查站采取“以谋定标”、“以论促学”、“以考促训”、“以强扶弱”的训练方法，营造浓厚的军事训练氛围，提高检查员业务能力。7月，在广西边防总队第六届军事业务竞赛中，桂林边防检查站获执勤业务科类业务理论团体第一、录入和人像识别团体第二的好成绩。

特色服务 2010年，桂林边防检查站努力争创全国模范边检站，构建桂林特色的口岸服务模式，不断完善“四分四定两挂钩”培训体系（即：分层、分时、分类、分岗，有效地区分所属干警业务水平层次，有针对性地进行相关的培训；定教材、定教员、定课时、定档案，保障培训循序渐进的开展；与目标管理挂钩、与量化考核挂钩，督促培训顺利地进行），创新双“WARM”服务理念，即：双“W”（Warmth，Warning）言行定式，双“A”（Advanced，Anticipation）组织定式，双“R”（Reflection，Regulation）理念定式，双“M”（Merriness，Military）心态定式，边检服务质量逐年提升。年底，该站被公安部评为“三年提高边检服务水平成绩突出单位”。

部队管理和基层建设 2010年，桂林边防检查站狠抓部队正规化管理，维护部队正规化秩序。始终抓好军事练兵，坚持按纲施训，规范训练内容，创新训练方法，全年全站军事练兵达350余课时。开展业务练兵，重点突出对业务理论、“梅沙”流转、卡片录入、应急处突等项目的技能训练，坚持每周进行两次业务综合考核。组织政工练兵，组建比武集训队参加广西边防总队首届政工岗位大练兵竞赛，并获竞赛团体三等奖、1个单项第一名和2个单项第二名，1人被公安部边防局表彰为岗位练兵先进个人。

拥政爱民 2010年，桂林边防检查站官兵先后为西南旱灾、玉树地震等受灾地区捐款60544元。开展“关爱无助儿童”活动，设立困难儿童基金，建立长期帮扶机制。参与桂林市创建文明城市活动，累计出动警力500余人次。走访出入境旅客近3000人次，为旅客办实事解难事，挽回经济损失21.5万元。连续五年开展义务献血，累计献血量58000毫升。（于乐维）

【出入境检验检疫】 2010年，桂林检验检疫局共检验检疫出入境货物15188批次，货值3.83亿美元，分别增长16.8%和26.9%。其中检出出境货物不合格2批次，货值2万美元；不合格入境货物1批次，货值34万美元。签发出入境货物证单17139份，增长13.6%；签发产地证书4077份，金额9227万美元，分别增长27.4%和2.5%。检疫出入境交通工具2859架次，对1429架次入境飞机实施检疫处理；检疫出入境人员42.2万人次，增长17.3%，其中检出发烧病人67例，检出传染病及病毒携带者197例，进行传染病监测健康体检2214人次，预防接种396人次。截获出入境旅客携带动植物及其产品173批次，其中从入境旅客携带的水果中检出活体害虫4次。

“质量提升”活动 2010年，桂林检验检疫局开展“质量提升”活动。一是规范对辖区出口生产企业的检验监管及疫情监测制度。二是开展对出口含乳食品生产企业的监督检查，指导企业开展自查原料验收记录、自查辅料验收记录、自查产品检验记录和提交企业自查报告“三查一报告”工作。三是开展出口食品生产企业的清理检查，对辖区全部生产经营企业的数量、规模、分布、质量管理、检验监管等基本情况进行清查、整理、建档。同时，加大处罚力度，对辖区内5家1年内没有出口注册范围内食品和2家逾期没有申请换证的获证企业上报自治区检验检疫局，注销其获证证书；并对其中2家问题较多的企业暂停报检、限期整改。四是对原料基地备案管理情况进行全面检查。针对海南“毒豇豆”事件，加大对辖区出口速冻青刀豆原料种植基地的突击检查，检查基地2008年和2009年的农业化学品采购、保管、发放及使用管理情况，进行农药残余量随机抽样送检，均未检出超标情况；对辖区4家出口食品原料备案基地继续进行清查，检查是否具备持续备案的条件，并按照相关规定对3家基地的备案资质作出注销处理。五是组织对辖区出口企业管理体系认证情况进行摸底调查，并制定监督检查计划。六是推动出口蔬菜种植基地示范区建设。年内，实行“公司+农户+基地+标准化”管理模式的雁山区出口蔬菜种植基地示范区通过验收。七是推进检验监管模式改革，形成“风险分析、分类管

6月21日，桂林检验检疫局开展口岸突发公共卫生事件应急处置演练。　谢成就　摄

理、动态监管、快速放行”的科学监管模式。对辖区内40家出口工业产品生产企业进行分类管理评定；建立健全科学的检验检疫监管新体系，组织开展出口马蹄罐头风险分析评估；推进电子监管工作，对木衣架和电子显微镜两类产品实施电子监管试点，对符合条件的企业试行先放行、后集中审单的工作程序。八是完善出境水果果园区域化管理，引进龙头企业，推行“公司+农户+基地+标准化”的管理模式，全市实行这种管理模式的出境水果果园共有5个，以种植恭城月柿为主，种植面积约67公顷。

口岸疫病疫情防控　2010年，由桂林检验检疫局负责建造的桂林口岸入境通道负压隔离室完成施工并通过验收，同时在口岸大楼规划出300多平方米用房，建成病媒生物标本室及配套实验室。年初，桂林进境水果指定口岸设施建设完工；3月，通过国家检验检疫总局验收。在口岸卫生检疫查验通道安装和配备更先进的检测设备，航空口岸疫病疫情防控基础建设得到进一步完善。同时，桂林检验检疫局加强与卫生、环保、海关、边检、疾病控制、医疗急救等部门的协作，建立联防联控的防范机制；组织开展口岸突发公共卫生事件应急处置，生物、核辐射及反恐应急处置培训和演练；加强口岸卫生监督和管理，建立和完善航空口岸疫病疫情防控工作机制。

服务外贸经济　2010年，桂林检验检疫局在获得注册登记和质量许可准入资格的木衣架生产企业中推行集约化管理模式，对参与集约管理的企业实行同一套检验检疫监管程序，提高报检效率。指导永福新桂野生动物养殖有限公司实验猴出口检验检疫工作，严把质量标准，该公司全年共出口实验猴9批次718只，均未收到进口国任何不良反应报告。组织开展国外技术性贸易措施对全市出口企业影响的调查，研究解决策略。（覃幼凌）

教　育

11 月 16 日，全市教育工作会议召开。　莫珏　摄

基础教育

【概况】 2010 年，全市普通中小学共有专任教师 35206 人，其中 35 岁以下（含 35 岁）14513 人，占总数 41.22%。专任教师中，小学教师 19051 人，专科以上学历占 72.80%，学历合格率 99.29%，（比上年，下同）降低 0.11 个百分点；初中教师 11036 人，本科以上学历占 71.30%，学历合格率 99.23%，提高 0.23 个百分点；高中教师 5119 人，研究生同等学力占 4.75%，学历合格率 94.12%，提高 0.75 个百分点。幼儿园有专任教师 3711 人，特殊教育学校有专任教师 107 人，工读学校有专任教师 12 人。全市小学高级职称专任教师 12615 人，中学高级职称专任教师 2163 人。

年内，桂林市完善控辍保学“双线目标责任制”，巩固“普九”（基本普及九年义务教育）成果，明确县长、乡（镇）长、村委会主任和县教育局长、校长为控辍保学第一责任人；实行县长、县教育局长包乡（镇），乡（镇）长、校长包校，村委会主任、教师包学生的“三包”责任制，层层签订责任状，严格控制学生辍学。全市义务教育阶段学校学生辍学率控制在国家规定的范围内。

2010 年 9 月，桂林市培智学校搬迁到新址雉山路原市第七中学校址办学。桂林市聋哑学校新校址项目争取到中央预算内专项资金 280 万元。

表 29　　2010 年桂林市基础教育学校及学生情况

<table>
<tr><th>类别</th><th>数量（所）</th><th>在校生（人）</th><th>入学率（%）</th><th>辍学率（%）</th><th>每万人有在校生（人）</th></tr>
<tr><td>幼儿园</td><td>500</td><td>110123</td><td></td><td></td><td>215</td></tr>
<tr><td>小学</td><td>1218</td><td rowspan="3">280952</td><td rowspan="3">106.84</td><td rowspan="3">0.6</td><td rowspan="3">549</td></tr>
<tr><td>小学教学点</td><td>515</td></tr>
<tr><td>九年一贯制学校</td><td>13</td></tr>
<tr><td>普通初中</td><td>175</td><td>136076</td><td>112.71</td><td>2.5</td><td>266</td></tr>
<tr><td>普通高中（含高完中）</td><td>57</td><td>74187</td><td></td><td></td><td>145</td></tr>
<tr><td>特殊教育学校</td><td>6</td><td rowspan="2">1231</td><td rowspan="2"></td><td rowspan="2"></td><td rowspan="2"></td></tr>
<tr><td>特教班</td><td>40</td></tr>
<tr><td>工读学校</td><td>1</td><td>12</td><td></td><td></td><td></td></tr>
</table>

注：数据中学校包括民办学校，幼儿园在校生人数包括学前班幼儿人数。

【学校建设管理评估】 2010 年，根据桂林市学校布局调整需要，市第五中学由完全中学剥离进行独立高中学校建设。阳朔县中学、灵川县中学、全州县高中、兴安县中学通过自治区示范性普通高中复查验收评估，永福县中学、龙胜各族自治县中学通过自治区示范性普通高中验收评估。阳朔县幼儿园、兴安县第二幼儿园通过自治区示范性幼儿园验收评估。市培智学校建立健全特殊教育管理办法，向自治区申报该校立项建设自治区示范性特殊教育学校。年内，市教育局对全市义务教育学校常规管理达标县（区）创建工作进行市级评估验收，共评估验收义务教育阶段中小学 217 所。灵川县成为自治区内首个通过自治区级评估的县。至年末，桂林市 12 县 5 城区义务教育学校全部通过自治区评估验收。

【教育技术装备建设】 2010 年，桂林市加大教育技术装备建设工作力度。一是改善设备状况，全市各县（区）共投入 800 多万元资金改善实验室和多媒体设备，各县（区）共有 39 所学校 89 个单科实验室达标验收。二是完成全国教育科学“十一五”规划教育部重点课题《中小学实验动手能力关系的研究》实验操作测试。三是启动第三批中小学示范性图书馆创建活动，组织部分学校图书管理员业务培训，并在中华路小学、乐群小学开展图书馆示范性中期评估。四是启动自治区教育装备中心在灵川县、七星区实施的装备信息化统计和管理试点工作，为所有乡（镇）初中、中心校以上试点学校配备计算机管理软件。

【推进中小学德育工作】 2010 年，市教育局多措并举推进德育工作。构建起学校、家庭、社会“三位一体、全员育人”的德育网络。授予桂林逸仙中学和宝贤中学桂林市中小学德育工作示范学校。开展“桂林市中小学师德师风建设年”活动，组织参加中国教育学会举办的班主任工作培训和广西教师培训中心举办的德育论坛；召开全市师德师风建设巡回报告会，宣传桂林市中小学教师的先进典型和模范事迹；开展桂林市第二届班主任基本功大赛；评选推荐 2010 年自治区、桂林市优秀班主任，并为连续 12 年担任班主任且无违反师德规范的教师颁发荣誉证书。举办第三届桂林市中小学校园读书月活动，开展“做一个有道德的人”主题教育、“传唱优秀童谣——做有道德的人”网上签名寄语和“弘扬和培育民族精神月”等德育活动。加强师生心理健康教育,以“做一名阳光少年”为主题,开展中小学生心理健康教育教学辅导活动;以“我轻松,我快乐”为主题,加强教师的心理健康教育;组织桂林市心理健康教育讲学团到阳朔县、临桂县、灌阳县、平乐县进行第三期心理健康教育送教下乡活动;举办心理健康教育专、兼职骨干教师培训班,培训中小学心理健康教育教师170名。开展家庭教育,配合市妇女联合会等部门办好学校、家庭教育指导中心,帮助和引导家长树立正确的教育观念,提高教育子女的能力;邀请全国著名家庭教育专家到学校作家庭教育专题报告。开展中小学德育评优评先工作,从2010年开始,市一级评优的范围由中学阶段(含初中、普通高中、中等职业学校)扩大到小学阶段。年内,全市获自治区优秀学生4名、三好学生137名、优秀学生干部68名、先进班集体35个。桂林市评选表彰市优秀学生20名,三好学生5147名,优秀学生干部2684名,先进班集体1075个。

【保障进城务工人员子女接受义务教育】 2010年,桂林市继续完善进城务工人员随迁子女接受义务教育的保障机制,全年全市义务教育学校共接收进城务工子女34499人。年内,各城区共有小学毕业学生7875人,其中市区外户口学生2810人(进城务工农民子女1492人,个体工商户子女362人,不符合安置分配政策子女956人);市区普通初中共接收学生7005人,其中市区外户口学生2049人(进城务工农民子女1492人,个体工商户子女362人,不符合安置分配政策子女195人);另有99名市区户口或市外户口学生到外地或回原籍就读。

【中考招生】 2010年,全市初中毕业学业考试和高中阶段招生工作比上年有以下改变:暂停与百色市联合命题,由桂林市独立命题;数学科的书面考试不准使用计算器;毕业生的“综合素质评价”等级评定以整个初中3年的综合素质评价为依据;中等职业学校招生计划占初中毕业生的比例,由上年43%提高到45%;普通高中招生计划构成中,全市中考招生指标指令性计划和指导性计划(择校生招生人数)比例由7∶3调整为77∶23(即指导性计划不得超过指令性计划的30%);中考录取取消学科等级的限制,只要总成绩等级和综合素质评价等条件符合要求即可进入相应的学校;体育测试评分标准进行部分调整。

年内,桂林市制定初中毕业学业考试违规处理办法,其中规定:凡认定为考试违纪的,扣除该考生本科目考试成绩的30%;凡认定为考试作弊的,取消该考生本科目考试成绩。全年全市共有初中应届毕业生44618人,中考报名37457人(其中市区报名7577人),实际参加考试37098人。自治区下达桂林市2010年普通高中招生任务为28670人,普通高中计划招生26295人(含保送生、学区生、特长生),实际招生24205人,完成计划招生数84.43%;市区招生4700人,完成计划招生数100%。市区高中招生录取采用现场报名、现场录取的模式进行。中考享受计划生育加分政策3969人,享受少数民族及其他加分政策7550人。

【普通高考】 2010年,全市普通高考报名34392人,实际参加考试33733人。全市高考本科上线人数17438人,上线率51.69%。其中:一本上线3194人,上线率9.5%;二本以上上线9630人,上线率28.6%;三本以上上线17438人,上线率51.69%。每万人口一本上线率实现连续4年居自治区第一。全市本、专科合计录取25180人,录取率74.65%。其中:一本录取2639人,二本录取6661人,三本录取2291人,专科录取13589人。桂林市尖子生群继续居自治区榜首:理科考生,实考分自治区前10名中桂林市占5名(第一、第二、第七和并列第四),前30名中桂林市占18名;总分前100名中桂林市占26名;桂林中学王道蕴以总分707分获自治区理科状元。文科考生,实考分前15名中桂林市占3名(第四名、第十三名、第十四名);总分前100名中桂林市占21名。广西各科尖子生前10名中桂林市共有67名。全市获清华大学录取17人,北京大学录取10人,民航录取飞行员15人(该项人数及录取比例连续9年在自治区排名第一)。2010年高考桂林市获计划生育加分约2600人,少数民族及其他加分约10400人。

【临桂新区教育建设】 2010年,市教育管理部门继续推进临桂新区建设一所优质中等职业学校(市职业教育中心学校临桂分校)、一所优质普通高中(桂林中学临桂校区)和一所优质小学(冠信远辰实验学校)工作,优化临桂新区教育资源。年内,市职业教育中心学校临桂分校一期建设工程和冠信远辰实验小学建设进入施工阶段;桂林中学临桂校区建设的可行性研究报告编制完成并通过评审,临桂新区管委会为桂林中学临桂校区建校划拨建设用地20公顷。

【"校舍安全工程"项目建设】 2010年,市政府将56个"校舍安全工程"项目列为2010年"为民办十件实事"之首。至年末,56个项目工程全部竣工,完成投资0.59亿元,占投资计划100%。当年,全市共实施中小学"校舍安全工程"项目125个,建筑面积12.87万平方米。年末,除灵川县第三中学项目报经自治区教育厅审批给予调整外,其余124个项目工程全部竣工;工程计划投资1.38亿元,实际完成投资1.36亿元。

【教师队伍建设】 2010年,市教育管理部门继续抓好教师队伍建设。安排市教育局直属学校党政领导11名进行校际交流,选派县(区)学校领导、中层干部15人到市教育局直属学校、市教育局机关挂职锻炼;组织2期中小学校长提高培训班和2期中小学校长任职资格培训班,培训中小学校长289人;选派校长272人参加自治区中小学校长高级研修培训;开展农村骨干教师学科教学能力提高培训项目远程培训,培训教师4700余人;推荐、选派教师参加国家教育培训计划骨干教师研修培训165人,参加自治区中小学骨干班主任培训142人;组织特级教师分批到临桂县、兴安县、灌阳县、永福县、恭城瑶族自治县讲学,发挥特级教师的引领作用。年内,桂林市有6人获自治区人民政府授予八桂名师称号,4人获评为自治区优秀乡(镇)中心校校长,28人获评为八桂优秀乡村教师,10人获评为自治区中小学优秀班主任。

【校园安全工作全面升级】 2010年第一季度,国内接连发生伤害在校学生和幼儿园儿童的恶性案件。年初,桂林市政府完善《桂林市平安校园创建工作实施方案》,规定全市教育行政部门和学校、幼儿园的工作职责、任务,完善中小学校的内部安全管理制度。加强学校及周边综合排查治理,由市社会治安综合治理、公安、教育、文化等行政管理部门组成专项督查组,督查各县(区)学校及周边安全工作,全年共组织对全市学校及周边安全隐患大排查6次。各县(区)学校共排查出隐患751项,其中治理622项。全年全市投入资金2311.5万元,配备安全协管员1776人,230所公办学校和幼儿园安装视频监控探头。学校重点抓好防溺水、防交通事故、防校园暴力事件、防火、防盗及食品和饮用水安全、校舍和设施安全等教育,开展自护自救技能演练,增强师生处置突发事件和自护自救能力。各学校每学期举行一次安全演练。全年全市中小学开展各类应急演练1732场,举办专题报告会637场,全市1970多所中小学校近60万名学生参与各项安全教育活动。

【规范学生资助管理】 2010年,市教育局出台《桂林市中等职业学校国家助学金统发工作实施方案》,从2010年秋季学期开始,市中等职业学校国家助学金由市学生资助管理中心实施统一发放,受助学生银行储蓄卡由市学生资助管理中心统一办理。各县(区)根据当地实际情况建立生源地信用助学贷款贷后管理机制,并制订相应管理细则,形成各具特色的学生毕业还贷或提前还贷的催收催还的管理模式。全年发放中等职业国家助学金2951.91万元、中等职业免学费补助资助1755.23万元、中等职业特定专业学生第三年生活费资助198.76万元、普通高中库区移民子女学费资助金71.49万元、广西普通高中助学金2121.54万元、2010~2011学年中央彩票公益资助金338.1万元;下拨国家扶贫开发工作重点县(龙胜各族自治县)就读普通高中学生免学费补助金138.57万元;资助家庭经济困难大学新生4678人,资金485.37万元;生源地信用助学贷款共签订贷款合同13535份,合同金额8002.19万元。

【规范教育收费】 2010年,市教育局与县(区)教育局、直属公办中小学签订治理教育乱收费工作责任状。全年共派出检查人员47人次,对开学教育收费和减轻农民负担中存在教育乱收费的4类12个方面问题进行检查、督查与整改。禁止教师从事有偿家教,先后17次对直属学校在补课高收费和教师从事有偿家教等方面进行明察暗访。至年末,全市教育系统共清退各种不合理违规收费金额60.60万元(含"减负"清退金额5.85万元),8 人受到政纪处分或其他处理。

【勤工俭学】 2010 年,全市共有勤工俭学基地(校办产业)1763 个,其中农林牧渔基地 1040 个。全市正在建设的勤工俭学劳动实践基地示范点 24 个,其中市级示范点 2 个、县级示范点 22 个。全市开展勤工俭学活动的中等学校和初等学校共有 1225 所,全年勤工俭学纯收入 2633 万元,其中 64% 的资金用于补助教育经费,36% 的资金用于勤工俭学基地的发展。全年共扶助贫困生 19595 人。

【校园文体活动】 2010 年,市教育局对《桂林市初中毕业学业考试体育测试方案》及评分标准进行修订。举行全市中小学生乒乓球、排球、篮球、足球、羽毛球、游泳、象棋、围棋等项目的比赛,开展第二届中小学生现场绘画书法作品比赛活动,举办桂林市第七届童声合唱节。并与团市委联合举办校园之星才艺大赛。举办全市 2010 年中小学生田径运动会和第十二届重点中学学生篮球赛及市属学校群体项目测试活动,开展《国家学生体质健康标准》测试数据的上报、统计和质量分析工作。2010 年全市小学生体质健康达标合格率为 93.85%,提高 0.14 个百分点;初中生体质健康达标合格率 81.42%,提高 0.04 个百分点;高中生体质健康达标合格率为 87.83%,提高 1.76 个百分点。

【学生参加比赛获佳绩】 2010 年,桂林市组织学生参加自治区科学技术创新大赛,获一等奖 7 项、二等奖 20 项、三等奖 28 项。参加全国青少年科学技术创新大赛,获一等奖 1 项、三等奖 5 项。选派 513 名选手参加第十六届全国青少年信息学奥林匹克联赛广西赛区竞赛,获全国一等奖 10 名、自治区一等奖 45 名。选派 20 支队伍 123 名选手参加 2010 年广西青少年机器人竞赛,桂林市囊括灭火、足球、篮球项目的高中、初中、小学组别冠军,其中小学组足球比赛参赛队伍代表广西参加第十届中国青少年机器人竞赛获三等奖。报送作品 306 件参加 2010 年中小学电脑作品评选活动,获自治区一等奖 4 个、二等奖 26 个。

【推广普通话】 2010 年,各城区全面采用计算机辅助普通话水平测试,以人机对话形式开展普通话水平测试,全年共测试 6687 人次。市语言文字工作委员会办公室完成对灵川县、兴安县、龙胜各族自治县的语言文字工作评估任务,使桂林市通过国家三类城市语言文字工作评估的县达 5 个。组织开展形式多样的推广普通话宣传活动:一是组织桂林市幼儿参加 2010 年广西幼儿经典诵读大赛,获银奖 1 人、铜奖 3 人。二是组织桂林市中小学生参加第二届全国学生规范汉字书写大赛,获国家级奖励 7 人、自治区级奖励 11 人。三是组织广大教师参加全国第四届教师语言文字基本功大赛暨优秀论文评选活动。四是组织开展市第三届中华经典诵读大赛,推荐优秀选手参加自治区中华经典诵读大赛,获二等奖 1 人、三等奖 6 人。

(莫珏)

中等职业教育和成人教育

【概况】 2010 年,全市有中等职业学校(含技工学校)52 所,其中自治区直属中等职业学校 4 所,自治区直属技工学校 1 所,市劳动部门办技工学校 5 所,市教育部门办学校 16 所,行业办学校 8 所,民办中等职业学校 18 所。开设有商贸与旅游、信息技术、加工制造等 13 大类共 80 个专业,基本覆盖全市主要行业和产业。全年市属中等职业学校招生 29956 人,其中技工学校招生 4386 人;中等职业学历教育在校生 6.74 万人,毕业 1.43 万人,毕业学生就业率 97.6%。全市有成人文化学校 137 所,共为城镇人员开展各类培训 60.9 万人次。

【推进职业教育项目建设】 2010 年,市教育局以抓好市卫生学校雁山新校区、市交通技校临桂会仙新校区、市职教中心临桂分校为重点,推进职教攻坚和项目建设。全年市、县两级财政投入职教攻坚专项建设经费 1.25 亿元,完成自治区下达任务的 135%。全市中等职业学校新增校园面积 14.2 万平方米,新增校舍面积 3.1 万平方米,新增设备价值 1136 万元,新增图书 3.73 万册,新增数据的学生平均值全部达到自治区职教攻坚验收规定标准,2010 年,全市完成中等职业招生 29956 人,占自治区下达任务的 137.4%。

【加强职校内涵建设】 2010 年,市教育局做好职业教育专业发展规划，申报的旅游、商业服务、农业机械化等16个新专业招生获自治区教育厅批准。桂林林业学校、灵川县职业中等专业学校列入自治区立项建设示范性职校。8所职业学校的7个实训基地、12个专业申报自治区示范实训基地、示范专业，其中4个基地、12个专业获得认定。桂林市组织学生参加2010年广西中等职业教育技能比赛暨全国赛广西区中等职业选拔赛，获一等奖13个、二等奖36个、三等奖37个，居自治区前列，其中12名学生入选自治区队参加全国技能大赛，获二等奖1个、三等奖6个。

【成人教育】 2010年，全市共开展农村劳动力转移培训6.95万人次（新增劳动力培训1.81万人次，富余劳动力培训5.14万人次），绿色证书培训3.83万人次。全市137所乡（镇）成人文化技术学校开展农村先进实用技术培训、农村致富骨干培训60.9万人次。全市成人高考报名10659人，其中报考高中升本科、高中升专科共6663人，报考专科升本科3996人。自学考试开考3次，全市共报考15229科次，实考12582科次，及格7296科次，及格科次占实考科次58%；专科以上毕业323人，其中本科185人、大专138人。（莫珏）

【桂林市职工大学】 2010年，该校占地面积2.45公顷，校舍建筑面积1.69万平方米。藏书5.64万册。有教职工90人，其中专任教师63人。教职工中副高级以上职称11人。开设大专、本科两个层次的学历教育。大专学历教育共有经济管理、法律、计算机信息管理、文秘、房屋建筑工程、机电一体化、财务管理，市场营销、工商管理、电子商务10个专业，有班级19个，学生445人。该校根据社会需求，分别与中南民族大学、广西工学院联合办学，设本科函授教学点，开设专业6个，有班级11个，学生177人。2010年，该校大专共毕业398人、本科毕业89人；大专招生292人、本科招生98人。该校继续落实工会干部、工会会员、农民工等身份的学生应享受的学费补贴政策，全年发放学费补贴27.33万元。年内，该校在少儿兴趣培训、电脑、美发、美甲、美容、彩妆培训、成人高考补习、成人外语等培训项目上，共开设70多个班次，培训1200多人次。针对临桂新区建设、服务企业和职工的需要，组织开展对特困职工和农民工的免费职业技能培训。其中：酒店服务基础培训102人，美容业创业培训53人，养殖户养鸡技术培训240人，农民工职工岗位基础培训329人。（龙云枝）

【桂林市广播电视大学】 2010年，该校西、北2个校区总占地面积1.31万平方米，建筑面积1.09万平方米，固定资产3890多万元。有教职工81人，其中专任教师40人。教职工中，高级职称15人，中级职称33人，初级职称13人。同时，聘请30多名普通大学教师组成兼职教师队伍。2010年，招生649人，其中研究生招生27人、开放教育本科招生102人、开放教育专科招生328人、开放教育“一村一”（即：由教育部启动，中央广播电视大学组织实施，依托全国广播电视大学系统，通过现代远程开放教育形式开展的“一村一名大学生计划”项目）专业招生28人、网络教育学院招生164人；毕业448人，其中研究生30人、试点本科生112人、开放教育专科生226人、“一村一”专科生18人、网络教育学院本科生62人。年末各类在校生1494人，其中研究生64人、试点本科生276人、开放教育专科生847人、“一村一”专科生54人、网络教育学院本科生253人。年内，该校教师撰写教育教学论文在国内核心刊物上发表共21篇。该校与北京大学、北京师范大学、北京航空航天大学等12所高校建立远程教育桂林学习中心。（阳继华）

普通高等教育

【广西师范大学】 2010年，该校有育才、王城、雁山3个校区，校园面积273万平方米，校舍面积84.75万平方米。教学科研实验设备总值2.25亿元，图书馆藏纸质图书258.76万册，电子图书5500 GB。设二级学院25个（其中2010年新增设马克思主义学院和设计学院），独立学院1所，校属研究所28个，附属中学2所，附属幼儿园1所。有国家文科基础学科人才培养与研究基地（汉语言文学）、中小学骨干教师国家级培训基地、国家大学生文化素质教育基地、教育部高校辅导员培训和研究基地等11个国家级和省级人才培养与研究基地。有博士后科研流动站1个，二级学科博士学位授权点3个，一级学科硕士学位授权点5个,二级学科硕士学位授权点88个,专业学位授权点11个。设置普通高等教育本科专业52个,涵盖哲学、法学、经济学、教育学等学科10大门类。教职工2175人,其中专任教师1340人。教职工中有正高级职称282人、副高级职称540人,有博士学位325人、硕士学位642人,获国家级人才、专家称号16人次,获省级人才、专家称号65人次,获全国先进荣誉称号14人次。年内,毕(结)业学生11026人,招收学生15732人;年末共有学生38589人。截至9月1日,该校的本科生就业率90.86%,硕士研究生就业率85.27%。

2010年,该校实施"独秀人才培养计划",加强应用型人才培养力度;继续实施第二期"质量工程",获一系列标志性成果:法学专业新增为国家特色专业建设点,化工与制药专业新增为自治区级紧缺专业建设点,马克思主义理论、化学2个一级学科博士点和应用经济学、法学、教育学等13个一级学科硕士点通过自治区学位委员会评审,新增应用统计硕士、翻译硕士、工程硕士(电子与通讯工程领域)、公共管理硕士(MPA)、旅游管理硕士、工商管理硕士(MBA)6个专业硕士学位点,新增民族传统体育、动画、机械制造与自动化3个本科专业,新增国家级双语教学示范课程1门、自治区级精品课程6门,普通高等教育"十一五"国家级规划教材1种、国家级教学团队1个、自治区级教学团队2个、自治区级教师教育教学团队3个、广西创新人才培养教学团队6个,获广西高校"人才小高地"创新团队3个、广西创新人才培养基地项目3个,物理、化学等9个教学实验中心被确定为广西高校重点教学实验中心。年内评为广西优秀专家3人,获"八桂名师"称号4人。年末,该校拥有国家级特色专业建设点7个,自治区级精品专业2个、自治区级重点专业2个、自治区级优质专业11个,国家级精品课程2门、国家级双语教学示范课程1门、自治区级精品课程27门、自治区级教师教育精品课程14门,国家级规划教材8种、自治区级立项教材17种,国家级实验教学示范中心1个、自治区级实验教学示范中心8个、广西高校重点教学实验中心9个,广西创新人才培养基地3个,国家级教学团队2个、自治区级教学团队8个,全国教学名师1人、广西教学名师6人。

年内,该校共获科研项目345项,项目经费5357万元。科研项目中:国家社会科学基金项目13项,国家自然科学基金项目28项,"973计划"前期研究项目1项,全国教育科学"十一五"规划课题3项(含国家青年基金项目1项、教育部重点课题2项)。全年获各类科研成果1890项。66项成果获省(自治区)级以上奖励,其中广西自然科学奖二等奖2项、三等奖1项,广西技术发明奖三等奖1项,广西社会科学优秀成果奖一等奖4项、二等奖16项、三等奖42项。该校的教育部重点实验室——药用资源化学与药物分子工程重点实验室被科学技术部批准为省部共建国家重点实验室培育基地。国家体育总局批准在该校设立国家社会体育指导员培训基地并于年初挂牌。该校与钦州、北海、防城港、南宁和桂林市的灌阳县以及解放军第一八一医院签订科学技术合作协议,同时面向农村开展银杏、罗汉果、油茶等种植技术及生态猪养殖技术指导,开展教师教育、客家文化、环北部湾区域历史及生态、区域特色产业集群等领域的研究,参与地方政府及企事业单位"十二五"规划、生态及旅游规划的编制,参加合浦市汉墓、汉代窑址的发掘和南流江流域文物普查等。

年内,该校依托国家大学生文化素质教育基地、国学堂、"独秀大讲坛"等平台,开展多种形式的文化素质教育活动,举办校园学术科技节、校园文化艺术节,"一院一节一特色"的科技文化活动品牌得到彰显。研究生优秀学位论文总数和优秀率第五次名列自治区第一。年内,该校学生参加各类学术科技竞赛获得优异成绩,其中参加国际比赛获第一名2项、第三名1项、第五名1项,在全国性的学术科技竞赛中获一等奖14项、二等奖29项、三等奖17项、优胜奖6项,参加省级学术科技竞赛获一等奖31项、二等奖54项、三等奖79项、优胜奖9项。年内,该校获全国学校艺术教育工作先进单位。

全年为贫困生提供1600多个勤工助学岗位,设立奖学金、助学金26项,资助学生6134人次1930多万元。

年内,该校与9个国家的14所高校和教育机构签订合作交流协议,接待20多个国家和地区共60批1600人次的到访。培训80名国际汉语教师志愿者,选派36名国际汉语教师志愿者到泰国、菲律宾、孟加拉国的友好学校担任汉语教师。在海外设立的第二所孔子学院(与印度尼西亚玛琅国立大学共建)获国家汉语国际推广领导小组办公室批准,第三所与越南河内大学共建的孔子学院进入筹备阶段。全年派出100余名师生到12个国家和地区交流学习。该校筹建的越南学校纪念馆于5月14日落成开馆。中外合作办学规模持续扩大,年末有在校留学生1017人,其中博士生4人、硕士生143人、本科生380人、长期进修生490人。以中外合作办学项目的中外学生有828人。

年内,雁山校区建设继续推进,完成二期学生宿舍A区工程、音乐综合楼、体育综合楼等工程的建设任务。正在建设的有建筑面积0.78万平方米的标准体育场、建筑面积5.3万平方米的第三期学生公寓、建筑面积3.33万平方米的美术大楼、建筑面积1.83万平方米的综合体育馆、建筑面积0.8万平方米的濒危动植物保护重点实验室大楼、全长1500米的二期道路二阶段工程。年末,图书馆、行政楼、大学生活动中心和校前区域道路桥梁工程等项目已启动。（冯建和）

【桂林电子科技大学】 2010年,该校有西校区、东校区、尧山校区和北海校区,占地面积234万平方米,教学行政用房面积43万平方米,学生宿舍面积25万平方米。有固定资产8.8亿元,其中教学科研设备总值1.8亿元;图书204万册,中外文电子文献数据库51个,中外文期刊2900种。设学院18个,直属教学部3个,校属研究所18个,附属中学1所;共有本科专业50个、高职专科专业24个;硕士学位授予学科34个,工程硕士领域11个,联合培养博士点1个;省部级重点学科15个;拥有国家软件与集成电路公共服务平台(CSIP)广西分中心1个,省部共建教育部重点实验室1个,广西重点实验室4个,广西重点实验室培育基地1个,原信息产业部重点实验室3个,广西高校重点实验室6个,广西高校重点建设研究基地1个;国家实验教学示范中心2个,自治区级实验教学示范中心7个,自治区级实验教学示范建设中心1个。有教职工1509人,其中专任教师1268人。教职工中,有教授156人,副教授378人;正高级专业技术职务25人,副高级专业技术职务46人;具有博士、硕士学位教师888人;享受国务院特殊津贴教师32人,国家“百千万人才工程”人选1人,教育部“新世纪优秀人才支持计划”人选2人,全国杰出专业技术人才1人,“八桂学者”、广西优秀专家、广西新世纪十百千人才等各类人才70余人。全年引进博士、博士后、教授共27人,培养返校博士18人,新增博士生导师4人。派中青年教师赴国外研修28人,其中获国家留学基金资助6人,获广西财政资助8人。教职工获全国优秀科技工作者称号1人,获“八桂名师”称号1人,入选广西高等学校优秀人才资助计划5人,入选广西高校骨干教师资助计划1人,获自治区科技特派员先进个人1人,获中国科技期刊青年编辑骏马奖1人。年内,毕业学生4187人,招收学生8871人;年末共有学生25610

11月20日,桂林电子科技大学举行建校50周年庆典大会。
王源林　摄

人。毕业生一次性就业率92.77%。

年内,该校获国家级双语教学示范课程1门;该校新增国家精品课程1门,国家级精品课程达3门;获自治区级精品课程4门,自治区级精品课程达25门;获教育部、财政部批准高等学校特色专业建设点2个,国家级特色专业达5个;评为自治区级教学团队3个,自治区级教学团队达10个。获国家、自治区教育科学"十一五"规划课题及教改课题36项,获教育部主办的"第十届全国多媒体课件大赛"一等奖1个,二等奖4个。在第二届自治区高校思想政治理论课青年教师教学基本功大赛中获一等奖1个,三等奖1个。该校实施学生科研能力培养及训练计划,获国家级大学生创新性实验计划项目经费40万元。全年科研经费突破1亿元,科研项目立项263项(其中国家自然科学基金项目22项,教育部人文社科项目9项,国家社科基金项目3项),新增国防预研项目27项。获科研奖励成果17项,其中国防科技进步二等奖1项、自治区科技进步奖3项、自治区优秀社科成果奖13项。获发明专利授权8项,实用新型专利授权10项,外观设计专利授权4项,软件著作权46项。年内,该校承担广西千亿元产业和新兴产业6个,有13个重大科技攻关工程项目,超低频瞬变探地仪成果获自治区千亿元产业重大项目立项。该校选派科技特派员进驻企业开展科技合作30人,合作项目12项,合同金额1300多万元。该校与钦州、防城港、北海、南宁等4市签订校市合作协议,与钦州市科学技术局联合建立海洋研究所,与桂林国家高新产业开发区、右江矿务局签订共建桂林电子科技大学科技园协议,与北海市政府签订建设北海校区的补充合作协议,与桂林国际电线电缆集团有限责任公司等7家企业签订产学研合作协议。

2010年,该校2008~2015年新增博士学位授予单位立项建设规划经国务院学位委员会同意并推进落实。列入"十一五"期间自治区博士点立项建设的机械制造与自动化学科、计算机软件与理论学科通过自治区验收,材料加工工程学科通过自治区中期检查。新增工程硕士专业学位授权领域3个,广西高校重点学科1个。获中央财政支持重点学科3个。有一级学科博士点7个、一级学科硕士点11个,列入2011~2015年广西高校学位授权点建设规划,并获自治区财政专项资助1500万元;有专业学位13个、工程硕士专业学位8个,列入2010~2015年广西高校硕士专业学位授权点建设规划。年内,该校进行专业划转,调整设置部分学院,将计算机与控制学院更名为计算机科学与工程学院,电子工程学院更名为电子工程与自动化学院;并成立生命与环境科学学院。

年内,该校设立学风建设专项研究课题,成立思想政治教育传媒中心和辅导员发展研究中心。做好贫困生资助工作,为2812名学生办理中国银行助学贷款,为学生助学贷款贴息243万元,支付学生助学贷款风险补偿金300万元;安排学生参与勤工助学7000多人次,发放勤工助学金140万元;给5866名学生发放国家助学金,资助金额2137.1万元;为50名学生争取到"建设银行少数民族成才计划助学金"15万元;为学生发放物价生活补贴190万元。

该校在各级各类竞赛中获省部级以上奖励100多项。其中,获第四届全国大学生机械创新设计大赛二等奖2个,第五届全国大学生交通科技大赛一等奖和二等奖,外研社杯英语演讲大赛全国总决赛二等奖,第十一届全国大学生英语竞赛总决赛银牌2枚,2010年第九届全国信息化核心技能大赛暨微软办公软件技能世界大赛中国区选拔赛Excel 2007组冠军、Word 2007组亚军,2010美国大学生数学建模竞赛一等奖4个,2010年全国大学生工业设计专业优秀毕业设计展二等奖5个,全国青年科技创新竞赛一等奖1个、二等奖1个,第三届国际书画艺术教育成果邀请赛一等奖1个、二等奖7个,2010中国(广州)大学生金锄奖原创动画大赛二等奖2个,第三届全国大学生节能减排社会实践与科技竞赛三等奖6个,第七届"挑战杯"中国大学生创业计划竞赛铜奖3个,首届全国软件专业人才设计与开发大赛三等奖3个,全国三维数字化创新设计大赛三等奖2个,第三届全国大学生创新论坛"我最喜爱的10件作品奖",自治区软件设计大赛一等奖,第四届"高教社"杯广西大学生电子设计竞赛一等奖2个和本科组"高教社"杯,第四届"挑战杯"广西大学生创业计划竞赛金奖3个、银奖1个,自治区创业营销模拟实践比赛团体总分冠军,第七届全国研究生电子设计竞赛中南赛区团体二等奖和三等奖。该校国防生暑期参加广州军区签约高校国防生军政集训,获军事训练先进单位、文化活动先进单位,实现四连冠。

年内,该校举办一系列建校50周年庆典活动,500多家单位1000多名嘉宾以及2000名校友出席校庆庆典活动。

年内,该校派员分别赴越南、日本、韩国、爱尔兰、英国、美国、加拿大等国进行交流访问,并组织2个团组赴越南多所高校进行专业交流。该校在外进行中长期学术交流的教师有26名。接纳到校交流的合作院校教师60多人次,接待外方校长级到访人数52人次。以联合培养和承接培养的模式,派自费留学人员151人,其中:本科层次124人(中外交流项目104人、外国语学院交换生20人),硕士及以上层次27人。采用合作培养和交换课堂的方式新招收留学生100多人,使该校长短期留学生增至344人。举办中外合作高校校长论坛,20多个国家和地区、7个驻华使馆、44所海外高校共200多人参加,签订合作协议6个。承办第六届材料与热加工物理模拟及数值模拟国际学术会议、2010国际智能计算与集成系统会议等国际学术会议和全国学术会议,邀请20多位院士来该校作学术报告。

年内,该校获网球高水平运动队资格。年内承办了第十五届全国大学生网球锦标赛、首届广西高校校长杯网球赛、首届广西高校教职工羽毛球赛、首届广西高校校长杯乒乓球赛和第五届银校杯广西高校网球邀请赛等赛事。该校运动员获广西定向公开赛成年男子组、青年男子组、青年女子组所有项目冠军,获2010年世界定向排位赛暨第十七届全国定向锦标赛中年组短距离赛第一名。

年内,尧山校区完成校舍建筑面积10多万平方米,科技广场、喷泉广场、水体工程、尧山校区二期和三期工程配套设施基本完工,尧山校区四期工程开工建设。北海校区西区完成校舍建筑面积10万平方米,教学楼5栋、学生宿舍楼2栋和后勤服务楼等全部竣工并交付使用。 (周芳莉)

【桂林理工大学】 2010年,该校有桂林屏风、雁山和南宁3个校区,占地面积180万平方米。有固定资产12.99亿元,其中教学科研实验设备总值1.93亿元。图书馆藏纸质图书156.83万册,电子图书7455 GB。设二级学院18个、本科专业61个、一级学科硕士点12个、二级学科硕士点56个、专业学位类别3个、工程硕士授权领域11个、博士学位授权建设学科3个、博士学位授权建设支撑学科3个。有自治区级重点学科7个、国家重点实验室培育基地1个、教育部重点实验室1个、教育部工程研究中心1个、自治区重点实验室6个、自治区高校重点建设实验室2个;有国家级实验教学示范中心2个,自治区级实验教学示范中心5个;有国家双语示范课程1门,国家人才培养模式创新实验区1个,国家级特色专业5个,自治区级优质专业21个;有国家级精品课程4门,自治区级精品课程27门;有国家级教学团队2个,自治区级优秀教学团队5个。有教职工1630人,其中专任教师1105人。教职工中,有教授147人、副教授402人。年内,毕业学生7655人,招收学生10480人(含新招收外国留学生113人);年末共有学生28878人,其中全日制学生22362人。2010年毕业生初次就业率为91.3%。

年内,该校科研项目新增国家级项目35项,其中国家自然科学基金项目25项。全年获科学技术总经费超过7300万元。科研项目获广西科学技术进步奖一等奖1项,并获自治区唯一的广西自然科学奖一等奖。获广西基金创新团队1个;获专利授权48项;被SCI(科学引文索引)、EI(工程索引)、ISTP(科技会议录索引)收录335篇。新增国家重点实验室培育基地1个,新增广西重点实验室2个。全年投入博士点建设经费4985万元;获一级学科硕士点7个、获二级学科硕士点21个;新增专业学位类别1个、工程硕士领域4个;新增紧缺本科专业2个、自治区级研究生联合培养基地3个,并获推荐优秀本科毕业生免试攻读硕士学位研究生资格。环境工程专业成为国家特色专业建设点。年内进入全国多媒体课件大赛总决赛的5项参赛作品全部获一等奖,所获奖次和数量均列全国参赛高校之首;获全国大学生数模竞赛一等奖2个(自治区共3个),二等奖2个。该校与日本、越南等国的10多所大、中学校建立合作伙伴关系;与越南、泰国等国的11个留学服务机构签订合作招生协议。全年接待国外到访客人16批次共200余人次。

年内,该校新引进学术、学科带头人6人(含中国科学院百人计划1人);新增教授22人,新引进博士28人(其中博士后6人),新选送教师攻读博士学位27人,聘请讲座教授4人。完成二级单位科室重新设置、人员聘任工作、事业单位人事制度改革的各项准备工作;科学编制该校财务预算,争取并获专项经费6500万元。在中央支持地方高校发展专项资金项目申报中,该校争取到的经费及规划经费额度在自治区高校中名列第一。加大对各类收费的管理,实现"银校一卡通"系统基本建设和教职工使用公务卡支付公务支出,提高资金的使用效益和管理监控。

年内,雁山新校区3.4万平方米教学生活设施竣工,在建工程11万平方米,完成校大门及配套设施、绿化等校园环境改造和整治工作。服务北部湾经济区建设,在扶绥县筹建南宁分校。在雁山、屏风校区兴建的教职工住宅项目(1084套13.2万平方米)进入建设环节。　(唐壮东)

【桂林医学院】 2010年,该校有乐群、东城、临桂3个校区(临桂新校区正在建设中),校园占地总面积7.26万平方米,教学及辅助用房面积12.34万平方米,学生宿舍面积4.59万平方米。有固定资产4.58亿元,其中教学科研仪器设备总值0.9亿元。图书馆藏书60万册。设有基础医学院、临床医学院、南溪山临床医学院、第二临床医学院等二级学院13个;医学检验系、口腔医学系、大学外语部、体育部等教学系(部)4个;直属附属医院1所,非直属附属医院4所,教学医院22所,实践教学基地88家。拥有本科专业13个,专科专业8个,硕士点3个,国家级特色专业建设点2个,广西重点专业1个,广西高校重点学科1个、卫生厅重点学科1个、厅级重点建设学科4个;国家中医药科研三级实验室1个、二级实验室2个,厅级重点实验室2个,重点建设实验室3个。有专任教师446人,其中具有高级职称199人;博士学位43人,硕士学位228人。年内,引进高层次人才23人。年末,该校具有高级职称教师占专任教师的44.62%,具有博士、硕士学位的教师分别占专任教师的9.64%和51.12%。年内,毕业学生3120人,招收学生5114人;年末共有学生14049人。毕业生初次就业率91.34%,二次就业率91.81%。

2010年,该校共获国家、省(自治区)、厅级科研项目172项,其中国家自然科学基金项目9项,省(自治区)级项目20项;获科研经费400余万元。科研项目获桂林市科学技术进步奖二等奖1项、三等奖4项。获批省级(自治区)教改项目11项、中华医学会医学教育研究课题项目7项。年内该校有1个专业(药学专业)被批准为国家级特色专业建设点,有3门课程被评为自治区级精品课程,有2个教学团队被评为自治区级教学团队,有1人被授予"八桂名师"称号。该校学生在省(自治区)级以上各类知识技能竞赛中获奖77项,包括全国大学生英语能力竞赛(C类)特等奖1项,一等奖3项。英语B级考试成绩居广西高职高专类学生首位,计算机等级考试通过率在自治区保持领先地位,该校体育舞蹈队获全国弗拉明戈团体舞第一名,该校获评为实施《国家学生体质健康标准》优秀学校。该校学生获中国大学生自强之星提名奖1人。全年共发表论文936篇,其中SCI(科学引文索引)收录10篇,核心期刊收录395篇;该校主办的《华夏医学》首次获广西高校优秀学报一等奖。

2010年,该校附属医院乐群院区、临桂院区医疗业务收入分别实现4.87亿元、0.67亿元,分别增长21.75%、45.18%。年内,该校临桂新校区完成一期工程建设投资3792万元。直属附属医院临桂院区3.2万平方米的医技住院综合楼于12月正式开工建设。　(崔俊娜)

【桂林旅游高等专科学校】 2010年,该校有骖鸾、雁山2个校区,校园总占地面积125.67万平方米,校舍建筑面积21.7万平方米。教学仪器设备总值0.32亿元,图书馆藏纸质书74.83万册、电子图书2480 GB。设7系3部2学院,开设46个专业(含方向)。有专任教师452人,其中正高级职称17人、副高级以上职称130人;研究生以上学历233人,占专任教师总数的51.55%;外籍教师10人。有教育部高职高专教学指导委员会委员1人,自治区级教学名师2人,广西高校百名中青年骨干教师8人。年内,毕业学生3074人,面向全国招生3554人;年末,共有学生9269人。毕业生初次就业率94.53%。11月,该校举办(承办)中国旅游协会旅游教育分会2010年年会暨一届二次理事会、桂林旅专建校25周年庆典活动。

年内,该校获自治区级教学团队1个,自治区级精品课程3门。新成立继续教育、国际教育交流2个学院。申报的游轮乘务、高铁乘务、国际商务(国际旅游商务管理)3个新专业(专业方向)获通过。与桂林美葆企业管理有限公司共同创办的美葆翡翠珠宝首饰专业班,与辽宁金通航空培训服务公司合办的空乘专业,均招生开班。装饰艺术(旅游工艺品设计)实训基地获中央财政支持,高尔夫运动服务与管理、导游实训基地获自治区高等职业教育能力专项建设经费。与钦州市、防城港市、北海市、南宁市旅游局签订战略合作框架协议,与多家企业签订教育培训、产学研合作协议。获教育部教育科学规划课题1项,广西教育厅立项项目9项,桂林市科学研究与技术开发项目1项,广西高校思想政治教育理论与实践研究课题2项,广西高校党建立项研究A类课题资助项目1项。学报《旅游论坛》被评为全国高校优秀社科期刊、2010年广西高校十佳学报,获广西高校优秀学报一等奖。在国内多项赛事中取得好成绩,获广西高职高专院校教育技术教学应用大赛一等奖1个、二等奖3个,第六届全国大学生棒垒球联赛男子棒球队和女子垒球队双冠军,全国旅游院校服务技能(导游服务)大赛一等奖3个、单项第一名3个,全国秘书职业技能竞赛一等奖2个、二等奖2个。

年内,该校为自治区旅游局、桂林市旅游局等单位提供《中国旅游人才资源调查统计》《广西农家乐星级评定标准》《2010年国内旅游抽样调查》《桂林市旅游"十二五"规划编制》《大化县红水河百里画廊——七百弄国家地质公园风景名胜区近期重点旅游景点项目修建性详细规划》等技术支持和服务,举办全国旅行社总经理岗位职务培训班、全国旅游饭店经理岗位培训班、农家乐特色旅游开发与管理高级研修班、广西乡村旅游从业人员服务技能培训班等培训班,培训各类人员1000多人。借助广西—东盟旅游教育培训基地平台,举办东盟旅游人才培训班3期,培训来自越南、柬埔寨等国的旅游业界人员60多人。完成与世界旅游组织合作项目第二阶段工作,与加拿大乔治布朗学院等9所国外、境外高校签署合作协议并开展合作行动。2名毕业生赴香港理工大学专科攻读本科课程,3名学生通过日本富士常叶大学留学考试,22名学生赴美国开展为期4个月的带薪实习,3名学生赴美国专业实习一年,4名学生获赴美国迪斯尼公司实习1年资格,11名学生赴日本完成实习研修。9月3日,联合国世界旅游组织执行秘书长马修·法维拉先生专程到校访问,并发表主题演讲。

年内,该校二期工程生活区小广场建设、沿河步行道修建、校大门广场和景观工程、校区亮化美化绿化工程、主干大道建设等项目已完成。骖鸾、雁山校区市场化运作住房交付教职工使用。

(李伟华　丁思聪)

【桂林航天工业高等专科学校】　2010年,该校占地面积63.79万平方米,教学行政用房面积18.3万平方米,学生宿舍面积6.55万平方米。总资产2.49亿元,其中教学仪器设备总值0.68亿元。教学用计算机1666台,多媒体教室和语音实验室座位6428个,图书馆藏纸质书90.76万册。设有研究机构9个,教学单位11个;开设专业49个,其中广西高等学校优质专业11个,广西高等学校教学改革试点专业2个。教职员工650人,其中专任教师521人。教职工中,正高职称26人,副高职称159人;具有研究生学位教师287人;专职辅导员47人。年内,毕业学生3891人,招收学生4990人;年末,共有学生11633人。毕业生就业率96.49%。

2010年,该校新增航空服务、摄影测量与遥感技术、影视多媒体技术等专业3个。人力资源管理课程被评为国家级精品课程,实现国家级教学标志性成果零的突破。新增2门自治区级精品课程,该校自治区级精品课程增至10门;新增1个为自治区级教学团队,该校自治区级教学团队增至2个。年内,该校组织教师参加第十届全国多媒体课件大赛,有2个课件分别获高职组一等奖、三等奖;参加广西高校教育技术教学应用大赛,获一等奖2个、二等奖1个、三等奖2个、优秀奖1个。

年内,该校共引进硕士研究生21人。获广西高校青年骨干教师资助计划1人。全年发表论文571篇,其中核心刊物收录85篇,EI(工程索引)、SCI(科学引文索引)收录31篇。完成各级各类科研课题立项项目81项,其中自治区级45项、校级36项;获专利4项。成立社会科学联合会,邀请校内外专家举办报告会及各种讲座60余场。与桂林鑫鹰电子技术有限公司合作开发的2款固定翼无人机产品获国家实用新型专利,并批量生产;与桂林航龙科讯有限公司、桂林电子科技大学等6家单位联合申报2011年度广西千亿元产业重大科技攻关工程项目1项,与桂林激光通信研究所、天津大学联合申报桂林市科技攻关项目1项。在全国大学生数学建模竞赛、全国大学生英语竞赛、第四届广西大学生电子设计大赛等竞赛中,获国家级特等奖1个,一等奖4个,二等奖13个,三等奖21个;获自治区级一等奖3个,二等奖4个,三等奖8个。该校作为广西高校唯一代表参加"创新杯"第四届全国未来飞行器设计大赛,获业余组优秀作品奖1件。

年内,该校与海信科龙电器股份有限公司、中国航天科工集团公司801厂、桂林福达集团有限公司、深圳美鹏机械设备有限公司等多家大中型企业签订校企合作协议,与桂林电器科学研究院、桂林市中小企业服务中心签署政校研三方战略合作协议,与北海市、钦州市、防城港市签订市校战略合作框架协议。

年内,该校在市金鸡路2号新校区建设工程开工,建设项目列为2010年自治区统筹推进重大项目,规划总建筑面积22.8万平方米,总投资3.2亿元。学生食堂获自治区标准化学生食堂,学生公寓楼全部获自治区标准化学生公寓,其中13、15号学生公寓楼获自治区示范性标准化学生公寓,该校成为自治区第一所学生公寓与食堂整体通过标准化验收的高校。（廖旺荣　李雨思）

【桂林师范高等专科学校】 2010年,该校有信义、甲山2个校区,占地面积34.54万平方米,教学行政用房面积9.42万平方米,学生宿舍面积4.15万平方米。教学科研仪器设备总价值0.36亿元,图书馆藏纸质图书48.5万册、电子图书

表30　　2010年桂林市高等学校学生情况表

类别		学校	广西师范大学	桂林电子科技大学	桂林理工大学	桂林医学院	桂林旅游高等专科学校	桂林航天工业高等专科学校	桂林师范高等专科学校
普通高等教育	博士生	毕业	16						
		招生	27						
		年末在校	69						
	硕士生	毕业	1623	416	399	82			
		招生	2298	687	621	134			
		年末在校	5061	1813	1628	376			
	研究生	毕业	1173	72	246	0			
		招生	1175	263	405	119			
		年末在校	2378	655	1425	182			
	本科生	毕业	3243	3150	2624	1037			
		招生	4908	4648	4619	4370			
		年末在校	16679	16162	15006	5413			
	高职高专	毕业		79	1581	798	2927	3419	2249
		招生		2803	1448	925	3423	3961	2230
		年末在校		5979	4197	2499	9108	9826	6239
留学生		毕业	191	70	66		7		
		招生	668	90	90	3			
		年末在校	1017	184	106	21	5		
成人高等学历教育		毕业	3484	400	2642	1203	140	472	11
		招生	5556	380	3096	2566	128	1029	
		年末在校	10782	817	5755	5558	156	1807	14
其他		毕业	1296	97					
		招生	1100	201					
		年末在校	2603		761				
合计		毕业	11026	4187	7655	3120	3074	3891	2260
		招生	15732	8871	10480	5114	3554	4990	2230
		年末在校	38589	25610	28878	14049	9269	11633	6253

（覃丰展）

8765.6 GB。设教学部3个、教学系9个,有专业41个。教职工共571人,其中专任教师427人。教职工中,高级职称122人,具有研究生学历或硕士以上学位183人。年内,毕业学生2260人,招收学生2230人;年末,共有学生6253人,其中全日制专科在校学生6239人、成人教育学生14人。毕业生就业率95.42%。

2010年,该校有全国教育规划项目1个、自治区级教学团队1个、自治区示范性高等职业教育实训基地1个;自治区精品课程2门、教师教育精品课程1门;自治区级课题立项20项(年度通过验收结题9项)。校级立项41项,校级精品课程10门,校级教学团队4个。全年投入350万元购置教学仪器设备400余台(件);投入79万元,购纸质图书2.5万册,订购报纸108种、期刊997种;追加投入11万元,建设电子阅览室;投入220万元完成甲山校区变压器改造和给排水系统建设。年内,该校启动申办桂林师范学院的各项筹备工作,完成临桂新校区建设项目的前期工作。该校获全国学校艺术教育先进单位、自治区高等学校安全文明校园、自治区卫生优秀学校。该校主办的桂林师范高等专科学校学报评为全国高校优秀社科期刊,获广西高校优秀学报一等奖;学报的广西方言研究栏目评为全国高校社科期刊特色栏目。

年内,该校组织教师参加广西第三届中华经典诵读大赛、2010"红铜鼓"中国—东盟艺术教育成果展演广西地区选拔赛、广西高职高专院校教育技术教学应用大赛,共获一等奖2项,二等奖4项,三等奖4项,优秀组织奖2项。组织学生参加第四届广西大学生电子设计大赛、首届广西大学生戏剧展演、2010年全国大学生数学建模竞赛、全国大学生会计信息化技能大赛、2010年CCTV大学生英语演讲比赛、全国大学生英语竞赛等十多项赛事,获全国二等奖2个、三等奖1个,地市级一等奖3个、二等奖8个、三等奖9个,行业赛广西特等奖1个、一等奖2个、二等奖7个、三等奖14个。

(欧阳钦)

民办教育

【概况】 2010年,经市教育局批准的民办教育机构共有125个。其中:民办普通高中6所,在校生3405人;民办普通初中10所,在校生10478人;民办小学28所;民办中等职业学校18所;民办各类培训机构63个。

【评估民办学校】 2010年,桂林市教育管理部门下发《关于对全市民办职业学校(含培训机构)进行2009~2010年度办学评估的通知》,对经市教育局批办的21所民办中等职业技术学校和63个民办培训机构进行办学水平督导评估和办学情况评估。经评估,合格的民办中职学校13所,需整改5所,不合格而被取消办学资格3所;合格的民办培训机构有48个,需整改14个,不合格1个。不合格的民办培训机构禁止其举办培训业务。

(莫珏)

【规范民办职业学校办学条件】 2010年年初,市教育局完成对全市民办职业学校(含培训机构)进行的年度办学条件审查。凡执有市及县(区)教育行政部门颁发的民办学校许可证,且领证(或经批准办学)满规定时间的民办职业学校及培训机构,均列为审查对象。审查内容包括学校的办学条件、课程和专业设置等方面。在参加审查的90个民办职业学校及培训机构中,有5所学校和12个培训机构因不达标被责令限期整改。

(余子)

科学技术

9 月 16 日，桂林市科技宣传活动在临桂县举行。　王卫平　摄

科学技术活动

【概况】 2010年，桂林市科学技术工作贯彻落实《桂林市“十一五”科学技术发展规划》，推进《桂林创新计划(2008～2010年)》和自治区千亿元产业科学技术攻关工程、科学技术进步与创新、产学研结合，加强科学技术管理，科学技术对全市经济社会发展的支撑与引领作用不断增强。桂林市获国家知识产权工作示范城市。桂林电力电容器有限责任公司卢有盟参与超高压直流输电重大成套技术装备开发及产业化项目研发，获国家科学技术进步奖一等奖；桂林三金药业股份有限公司邹节明获何梁何利基金2010年度科学与技术创新奖；广西师范大学张师超、桂林微邦生物技术有限公司罗科入选国家引进海外人才千人计划创新、创业项目，实现自治区在千人计划上“零”的突破；桂林电子科技大学周怀营获全国优秀科学技术工作者和十佳全国优秀科学技术工作者提名奖。

【第四轮创新计划全面完成】 2010年是广西第四轮创新计划(2008～2010年)的最后一年。桂林市在第四轮创新计划中积极发展主导产业，培育创新型企业和企业集群，研发高新技术产品，抓好产学研结合工作，共组织实施技术创新项目1175项，财政科研经费投入1.8亿元，全社会科学技术总投入48.7亿元，科学技术计划项目实现新增产值230.6亿元，新增利税29.8亿元。第四轮创新计划实施3年间，全市共引进、培育和推广农业新品种85个，引进、开发、推广标准化种养技术38项，开发应用农产品加工新技术13项，开发农产品加工新产品23个；科学技术成果获广西科学技术进步奖39项。2010年1月，桂林市第三次蝉联全国科学技术进步先进市；2010年11月，桂林市获国家知识产权工作示范城市，是自治区唯一获该称号的城市。桂林市全面完成自治区第三轮创新计划任务的各项指标，得到自治区检查组好评。

【工业科学技术创新】 2010年，桂林市新增高新技术企业14家，累计达62家。全年全市列入自治区千亿元产业科学技术攻关项目60个；获国家中小企业创新基金项目立项23个，获资助经费1460万元，促进了桂林市中小企业技术创新。年内，桂林国家高新技术产业开发区推进桂林光隆光电子信息产业园建设；临桂县出台鼓励企业开展技术创新的政策措施，对企业技术创新项目填补国内技术空白和列入国家、自治区高新技术产品目录的，给予一次性经费补助；苏桥经济开发区推进中国化工橡胶桂林有限公司、桂林客车集团等一批重点项目建设，打造橡胶产业园和汽车工业园。年末，全市有30余家企业建成投产，年产值30多亿元，实现利税超过3.5亿元。

【农业科学技术工作有新成效】 2010年，桂林市农业科学技术工作取得新成效。“科学技术富民强县”工作有新进展，灌阳县“红薯产业化开发与示范项目”获科学技术部立项，获项目资助金额152万元。至年末，全市共有7个县获科学技术部“科学技术富民强县专项行动计划”试点县，项目资助总金额1281万元。农业科学技术成果转化成效凸显，获科学技术部农业成果转化资金项目立项4个，获科学技术经费450万元，占自治区所获经费的37.5%，其中桂林莱茵生物科技股份有限公司的“特色荔枝、罗汉果、石榴有效成分的提取技术及产品中试”项目获得支持经费300万元，是自治区唯一被科学技术部列入农业成果转化重点的项目。良种繁育取得新突破，资源县、阳朔县与广西柑桔(橘)研究所合作选育的桂脐1号、桂柚1号新品种，获自治区农作物品种审定委员会审定。年内阳朔县、灵川县、全州县、兴安县、荔浦县和龙胜各族自治县、恭城瑶族自治县成为自治区第一批农业产业科学技术重点示范县。

【奖励技术标准研制】 2010年，桂林市在自治区14个地级市中率先开展重要技术标准研制奖励工作，促进桂林市特色优势产业竞争力的提升。8月，经组织专家和部门进行评审，桂林制定的《杠杆指示表》等8个国家标准、《销钉机筒冷喂料挤出机》等2个行业标准、《柿饼质量安全要求》等4个地方标准获奖。

【科学技术创新平台建设】 2010年，桂林机床股份有限公司的广西数控机床研发中心和桂林三金药业股份有限公司的广西中药新药研发中心被批准为自治区千亿元产业研发中心。桂林理工大学的有色金属及特色材料加工实验室和广西师范大学的药用资源化学与药物分子工程实验室被科学技术部批准为省部共建国家重点实验室培育基地,实现了桂林高校国家级科学技术平台"零"的突破,成为桂林乃至自治区开展高水平研究、聚集和培养高层次科学技术人才、开展学术交流的重要基地。

【开展科学技术合作与交流】 2010年,桂林市争取国家、自治区国际科学技术合作和科学技术兴贸项目16项,共获科学技术经费1205万元,比上年增长110%。桂林翔云锰业有限责任公司的"活性氧化锰腾浮炉旋流式焙烧节能减排技术合作研究"项目被科学技术部列为国际合作节能减排专项重点项目,获经费530万元,是自治区获得的第一个科学技术部国际科学技术合作重点项目。桂林市借助自治区科学技术活动周、中国北京国际科学技术产业博览会、深圳中国国际高新技术成果交易会等科学技术会展平台,组织企业110多家、项目(产品)180多个参加展示,开展技术招商,促成企业签订各种协议、合同40多项。在第七届中国—东盟博览会上,全州县与UPC亚洲风力管理(香港)有限公司签订东山风能发电项目协议,总投资金额18亿元。年内,在桂林市召开的国际科学技术会议有:4月15~16日召开的第三届中美欧日韩知识产权局(即中国国家知识产权局、美国专利商标局、欧洲专利局、日本特许厅、韩国特许厅)局长会议,5月11~13日召开的第七届中日科学技术战略与政策高层研讨会,5月18日召开的中国科学技术部—欧洲空间局"龙计划"二期中期成果学术研讨会。

(秦文生)

科技成果

【概况】 2010年,全市共登记科学技术成果45项,其中国际领先成果1项、国际先进成果5项、国内领先成果19项、国内先进成果14项、自治区领先成果3项、其他3项。共获自治区科学技术进步奖项目25项,其中一等奖3项、二等奖8项、三等奖14项。共获桂林市科学技术进步奖项目30项,其中特别贡献奖1项、一等奖5项、二等奖10项、三等奖14项。

【超高压直流输电工程交、直流滤波电容器项目】 该项目由桂林电力电容器有限责任公司完成。项目通过开展±500千伏和±800千伏直流输变电设备研制,全面掌握直流输变电关键设备制造技术,实现重点突破。年内,成功研制出超高压直流输电工程交、直流滤波电容器和±800千伏特

4月15日,第三届中美欧日韩知识产权局局长会议在桂林市召开。 市科技局 供稿

高压直流输电工程交流滤波电容器。研制的超高压直流输电工程交、直流滤波电容器局部放电性能和耐久性能优异;内熔丝动作可靠性高,动作电压范围广,耐短路放电能力强、残压高,性能达到国际先进水平,提高产品运行的可靠性;降噪技术,满足建设环境友好型社会的环保要求。该项目作为超高压直流输电重大成套技术装备开发及产业化项目中的一部分,桂林电力电容器有限责任公司与其他单位同获2009年度国家科学技术进步奖一等奖。

【5000(200″)轮胎定型硫化机项目】 该项目由桂林橡胶机械厂完成。项目研制出的硫化机为液压机械混合的单模结构,结构型式为国内首创,拥有发明专利1项,实用新型专利2项。主机主要零受力件横梁、底座、连杆、移动平台、蒸锅、上固定板等采用理论计算和有限元分析法进行设计,开合模为垂直升降,提高主机的对中精度。主传动采用双速电机、蜗轮蜗杆减速机、三级齿轮传动来实现快慢速开合模,缩短开合模时间,同时能产生所需合模力。下模、下蒸锅、中心机构等随移动平台垂直升降和水平移动,垂直升降采用液压缸,水平移动采用变频电机加齿轮齿条,并实现快慢速水平移动,定位准,装卸模、装卸胎方便。该机设有护栏扶梯走台等安全装置,曲柄齿轮整体铸造,齿轮与轴之间采用大圆弧过度,可有效减小应力集中,提高曲柄齿轮的强度和使用寿命,底座采用分体式,便于加工、吊装、运输。该机蒸锅获得美国船级社(ABS)压力容器认证,蒸汽管道采用新型可分离连接型式。

【现代特色中成药三金片的研究与开发项目】 该项目由桂林三金药业股份有限公司完成。项目以广西壮族和瑶族民间用药经验为基础,运用现代药理、药效和临床方法,设计创新处方,以清热利湿益肾为法则,研制安全性与有效性高,具显著特色的现代中成药制剂。项目全面、系统开展处方中金樱根、菝葜、金沙藤、羊开口、积雪草的植化研究,分离鉴定化合物60个,其中新化合物3个,新天然产物1个,34个为首次从4味药材中分离得到。采用ZH-K 5抗解增效的中药提取新方法,采用膜过滤、一步喷干制粒、中药特色防潮高速包衣、高速压片等现代先进生产工艺,提高有效成分、有效部位的保留率与稳定性。该项目还开展三金片作用机制研究。研究起草三金片2000、2005、2010版中国药典标准,主要药味菝葜的含量测定标准已收载于2010版的中国药典,并首次完成8个对照品的制备。三金片获澳大利亚和塞尔维亚药品注册,产品申报国家发明专利5项,获授权3项。项目研究达到国内领先水平,技术成熟,适合大规模应用检验和工业化生产。临床研究结果表明三金片临床用药安全有效。

【以控制木虱为重点的柑橘黄龙病综合防治技术研究项目】 该项目由广西壮族自治区柑桔(橘)研究所完成。项目研究创新柑橘黄龙病的综合防控理念,即在无法隔离种植的黄龙病区,建立以柑橘黄龙病为第一重要病害、柑橘木虱为第一重要害虫的柑橘病虫害综合防治体系,实施以控制柑橘木虱为重点的柑橘黄龙病综合防治技术。项目研究创新柑橘木虱的防治技术:一是明确柑橘木虱综合防治以速效、高效的化学防治为主,农业、生物等防治措施为辅。二是确定柑橘木虱的喷药防治技术指标。三是明确喷药防治柑橘木虱的重点是成虫。四是增加喷药防治柑橘木虱的两个关键时期——早春(春梢萌发前)和晚秋梢或冬梢期,并强化了砍、挖病树前必须先喷药杀木虱。项目研究对防治柑橘木虱的药剂进行系统筛选。该项目经专家委员会鉴定,成果达同类研究的国际先进水平。该项技术经过大面积示范验证已完全成熟,可在柑橘黄龙病发生危害的所有柑橘产区推广应用。

【肾移植排斥反应分子机理系列研究项目】 该项目由中国人民解放军第一八一医院完成。该项目应用先进的microRNA芯片技术对临床发生的急、慢性肾移植排斥患者肾活检组织标本进行检测和验证,获得移植肾排斥反应中microRNA表达谱特征,通过对移植肾排斥反应患者的血清多肽进行检测,筛选出与肾移植排斥反应相关的候选多肽,可大规模、高通量获取肾移植急、慢性排斥反应的生物信息,并对排斥反应相关生物学信息进行探讨,为肾移植排斥反应的早期诊断提供理论依据。同时,该项目研究对代谢病及其高尿酸血症等因素对移植肾功能的影响进行系列研究,为监测其移植患者的免疫功能,减少排斥反应的发生奠定理论基础。

表 31　　2010 年桂林市科学技术成果一览表

项目名称	完成单位	技术水平
6×32000 千牛(φ650 mm 缸径)超硬材料六面顶液压机	桂林桂冶实业有限公司	国际领先
以控制木虱为重点的柑桔黄龙病综合防治技术研究	广西壮族自治区柑桔(橘)研究所	国际先进
弹性聚氨酯覆层无粉橡胶医用手套	桂林乳胶厂	国际先进
5000(200″)轮胎定型硫化机	桂林橡胶机械厂	国际先进
C 系列液压挖掘机回转驱动器的研制	桂林禾田建筑机械有限公司、桂林电子科技大学	国际先进
小型液压挖掘机行走驱动器的国产化研发	桂林禾田建筑机械有限公司、桂林电子科技大学	国际先进
固本腰肾贴新药临床前研究	桂林天和药业股份有限公司	国内领先
抗干扰、防漏电电视系统双向端口	桂林市创琳电子科技发展有限公司	国内领先
GB 1—32 L 系列漏电保护开关的研发	桂林机床电器有限公司	国内领先
数显汽车刹车片闸圈卡尺	桂林量具刃具有限责任公司	国内领先
胰岛素注射的实践性教育对农村 2 型糖尿病患者治疗研究	桂林医学院附属医院	国内领先
土黄莲液乳管镜冲洗治疗乳腺导管扩张	桂林市中医医院	国内领先
低分子肝素对鼠脑缺血再灌注后 P－、L－选择素表达及炎症的影响	桂林医学院	国内领先
两面针种质资源评价与良种繁育	广西壮族自治区中国科学院广西植物研究所、广西亿康药业股份有限公司	国内领先
小型非视距电视直播传输系统	桂林南方通信设备工程公司	国内领先
鲜食加工兼用型柑橘良种研究与示范	广西壮族自治区柑桔(橘)研究所、荔浦县科学技术局、全州县科学技术局、平乐县科学技术局、兴安县科学技术局、恭城瑶族自治县科学技术局、阳朔县科学技术局	国内领先
广西莪术质量与道地产区生态环境的研究	桂林医学院	国内领先
荧光原位杂交技术检测宫颈癌和乳腺癌的研究	中国人民解放军第一八一医院	国内领先
岩溶地区地下水与环境的特殊性研究	桂林理工大学	国内领先
槐树优良品种选育及其在产业化生产中的应用	广西壮族自治区中国科学院植物研究所	国内领先
现代特色中成药三金片的研究与开发	桂林三金药业股份有限公司	国内领先
37.00－5768 PR(E－4)巨型无内胎工程机械轮胎	中国化工橡胶桂林有限公司	国内领先
新基质骨通贴膏研制开发	桂林天和药业股份有限公司	国内领先
数字音频微波传输设备	桂林南方通信设备工程公司	国内领先
砂轮自动修整数控精密卧轴矩台平面磨床研制	桂林桂北机器有限责任公司	国内领先
双孢蘑菇无公害栽培试验示范	桂林健成生物科学技术开发有限公司、全州县科学技术情报研究所、全州县绍水镇农业服务中心、灵川县生产力促进中心、兴安县生产力促进中心、临桂县生产力促进中心	国内先进
乌龙茶良种引进与加工技术研究	广西壮族自治区桂林茶叶科学研究所	国内先进
出口创汇型特色茶叶品种引进示范	广西壮族自治区桂林茶叶科学研究所	国内先进
客车底盘的研发	桂林大宇客车有限公司	国内先进
活血降脂汤治疗高脂血症、防止动脉硬化的临床研究	桂林医学院附属医院	国内先进
神经节苷脂、早期干预及针灸按摩治疗早产儿脑室周围白质软化疗效观察	桂林市人民医院	国内先进
脑钠肽与心电变化指标对老年心力衰竭诊断及预后技术开发与应用研究	桂林医学院	国内先进
数字化血液标本采集与处理质量培训模块的研制与应用	桂林医学院附属医院	国内先进
象山公园动漫设计展示与开发研究	桂林电子科技大学	国内先进

续表

项目名称	完成单位	技术水平
桂林市工程技术文献信息和科学数据资源共享机制研究试点示范	桂林理工大学、桂林市科学技术情报研究所、广西桂林图书馆、广西师范大学、桂林航天工业高等专科学校	国内先进
基于3S技术的城区小流域水污染监测调查与评价研究	桂林市环境监测中心站	国内先进
体外预应力加固普通钢筋混凝土梁实验研究	桂林理工大学	国内先进
人工肝支持系统治疗重型肝炎临床研究	桂林市第三人民医院	国内先进
WAN光纤以太网交换机	桂林光通电子工程公司	国内先进
葡萄病虫害预测防控体系建设	桂林市生产力促进中心	区内领先
气管切开患者应用0.45%氯化钠溶液经输液器持续恒温湿化气道及氧气雾化的护理研究	桂林市人民医院	区内领先
外敷丁卡因加透皮吸收促进剂对静脉留置针穿刺镇痛的研究	桂林市人民医院	区内领先
重组人表皮生长因子凝胶产业化	桂林华诺威基因药业有限公司、中国医学科学院基础医学研究所	其他
重组人表皮生长因子滴眼液产业化	桂林华诺威基因药业有限公司、中国医学科学院基础医学研究所	其他
半精纺纱线	桂林银海纺织集团公司	其他

表中"技术水平"一栏的"区"系指"广西壮族自治区","技术水平"为"其他"的是除科学技术鉴定以外的符合成果登记条件的成果。

表32　**2010年桂林市获自治区科学技术奖成果一览表**

获奖项目	获奖等级	完成单位
裂土在多雨炎热环境下的工程性状与灾变机理	一等奖	桂林理工大学、中国科学院武汉岩土力学研究所、广西大学
水泥绿色制成关键技术研究及其集成与工业化应用	一等奖	桂林理工大学、武汉理工大学、广西鱼峰水泥股份有限公司、湖北大学、武汉江力建材设备有限公司、桂林宝利新技术开发有限公司
现代特色中成药三金片的研究与开发	一等奖	桂林三金药业股份有限公司
约束优化快速算法与广义凸性的研究	二等奖	广西大学、桂林电子科技大学
时空混沌控制、非线性波动力学及其应用研究	二等奖	广西师范大学、北京师范大学
微流控芯片和毛细管电泳新方法及其在单细胞和体液分析中的应用研究	二等奖	广西师范大学
5000(200″)轮胎定型硫化机	二等奖	桂林橡胶机械厂
弹性聚氨酯覆层无粉橡胶医用手套	二等奖	桂林乳胶厂
GB 1-32 L系列漏电保护开关的研发	二等奖	桂林机床电器有限公司
高纯氧化铟及其分析方法国家标准的研究与制定	二等奖	桂林理工大学、广西壮族自治区冶金产品质量监督检验站、广西铟工业协会、广西有色金属集团有限公司、广西壮族自治区柳州市产品质量监督检验所、中华人民共和国防城港出入境检验检疫局、有色金属工业标准计量质量研究所
红花、蒲黄、黄芩等4种药材中有害染料的检测标准研究	二等奖	广西壮族自治区桂林食品药品检验所、中国药品生物制品检定所
相依随机变量序列不等式及其应用	三等奖	广西师范大学、湖南科学技术学院
用晶格玻尔兹曼方法研究血液流	三等奖	桂林电子科技大学、中国科学院上海应用物理研究所
肾移植排斥反应分子机理系列研究	三等奖	中国人民解放军第一八一医院
电磁场频率测深三维地形影响的边界元数值模拟方法	三等奖	桂林理工大学
微纳器件和系统的封装及其热—机械可靠性研究	三等奖	桂林电子科技大学
罗汉果黄酮提取工艺及其性质研究	三等奖	广西师范大学
高效高精加工用立方氮化硼(PCBN)的开发研究	三等奖	桂林特邦新材料有限公司
漓泉冰爽啤酒的研制	三等奖	燕京啤酒(桂林漓泉)股份有限公司
珍稀濒危植物金花茶种苗繁殖技术与规范化种植研究	三等奖	广西壮族自治区中国科学院广西植物研究所、广西桂人堂金花茶产业集团股份有限公司、防城港市百喜金花茶科学技术开发有限公司

续表

获奖项目	获奖等级	完成单位
槐树优良品种选育及其在产业化生产中的应用	三等奖	广西壮族自治区中国科学院广西植物研究所
以控制木虱为重点的柑橘黄龙病综合防治技术研究	三等奖	广西壮族自治区柑桔(橘)研究所
鲜食加工兼用型柑橘良种研究与示范	三等奖	广西壮族自治区柑桔(橘)研究所、荔浦县科学技术情报研究所、全州县科学技术情报研究所、平乐县科学技术情报研究所、兴安县生产力促进中心
名优农产品质量安全标准化体系建设——荔浦芋、罗汉果质量安全标准化建设	三等奖	广西壮族自治区优质农产品开发服务中心、荔浦县农业局、永福县农业局
珠江水系广西流域高浓度有机废水治理技术研究及示范	三等奖	桂林矿产地质研究院、广西大学、桂林理工大学、广西壮族自治区环境保护科学研究院

表 33　**2010 年桂林市科学技术进步奖成果一览表**

获奖项目	获奖等级	完成单位
超高压直流输电工程交、直流滤波电容器	特别贡献奖	桂林电力电容器有限责任公司
现代特色中成药三金片的研究与开发	一等奖	桂林三金药业股份有限公司
肾移植排斥反应分子机理系列研究	一等奖	中国人民解放军第一八一医院
以控制木虱为重点的柑橘黄龙病综合防治技术研究	一等奖	广西壮族自治区柑桔(橘)研究所
5000(200″)轮胎定型硫化机	一等奖	桂林橡胶机械厂
歼十型飞机主、前轮胎研制	一等奖	中橡集团曙光橡胶工业研究设计院、中国人民解放军空军驻桂林市军事代表室
鲜食加工兼用型柑橘良种研究与示范	二等奖	广西壮族自治区柑桔(橘)研究所、荔浦县科学技术局、全州县科学技术局、平乐县科学技术局、兴安县科学技术局、恭城瑶族自治县科学技术局、阳朔县科学技术局
弹性聚氨酯覆层无粉橡胶医用手套	二等奖	桂林乳胶厂
漓泉冰爽啤酒的研制	二等奖	燕京啤酒(桂林漓泉)股份有限公司
毛竹低产林短期高效复壮技术研究及应用示范	二等奖	桂林市林业科学研究所、中共桂林市委政策研究室
桂林市工程技术文献信息和科学数据资源共享机制研究试点示范	二等奖	桂林理工大学、桂林市科学技术情报研究所、广西桂林图书馆、广西师范大学、桂林航天工业高等专科学校
乌龙茶良种引进与加工技术研究	二等奖	广西壮族自治区桂林茶叶科学研究所
GB 1－32 L 系列漏电保护开关的研发	二等奖	桂林机床电器有限公司
客车底盘的研发	二等奖	桂林大宇客车有限公司
低分子肝素对鼠脑缺血再灌注后 P－、L－选择素表达及炎症的影响	二等奖	桂林医学院
土黄连液乳管镜冲洗治疗乳腺导管扩张伴炎症的临床研究	二等奖	桂林市中医医院
槐树优良品种选育及其在产业化生产中的应用	三等奖	广西壮族自治区中国科学院广西植物研究所
广西莪术质量与道地产区生态环境的研究	三等奖	桂林医学院
岩溶地区地下水与环境的特殊性研究	三等奖	桂林理工大学
人工肝支持系统治疗重型肝炎临床研究	三等奖	桂林市第三人民医院
松材线虫病防治技术应用示范	三等奖	桂林市森林病虫害防治检疫站
双孢蘑菇无公害栽培试验示范	三等奖	桂林健成生物科学技术开发有限公司、全州县科学技术情报研究所、全州县绍水镇农业服务中心、灵川县生产力促进中心、兴安县生产力促进中心、临桂县生产力促进中心
抗干扰、防漏电电视系统双向端口	三等奖	桂林市创琳电子科学技术发展有限公司
子宫移位对宫颈癌放射治疗的影响及应对措施研究	三等奖	广西壮族自治区南溪山医院
基于3 S 技术的城区小流域水污染监测调查与评价研究——以南溪河水环境污染调查为例	三等奖	桂林市环境监测中心站

续表

获奖项目	获奖等级	完成单位
体外预应力加固普通钢筋混凝土梁实验研究	三等奖	桂林理工大学
脑钠肽与心电变化指标对老年心力衰竭诊断及预后技术开发与应用研究	三等奖	桂林医学院
活血降脂汤治疗高脂血症、防止动脉硬化的临床研究	三等奖	桂林医学院附属医院
胰岛素注射的实践性教育对农村2型糖尿病患者治疗研究	三等奖	桂林医学院附属医院
神经节苷脂、早期干预及针灸按摩治疗早产儿脑室周围白质软化疗效观察	三等奖	桂林市人民医院

（秦文生　刘麟飞）

科技普及

【概况】 2010年，桂林市以八桂先锋行、五月科学技术活动周、十月科普大行动、科学技术下乡等活动为载体开展科学技术普及工作，灌阳县结合“农具节”、龙胜各族自治县结合“三月三”等民族传统节日开展科学技术下乡活动，灵川县开展科学技术大嫂培训等。各县（区）科学技术协会全年开展各类实用技术培训1585期，培训人数35.3万人次，其中培训党员1.86万人次。市科学技术协会结合科学技术扶贫、科学技术进村入户、科学技术项目的实施，组织开展技术推广、培训、讲座活动。年内完成对4个县的第八次中国公民科学素质调查和第三次广西公民科学素质的抽样调查，并组织编制“十二五”科学素质行动规划。市人民政府、市科协、阳朔县人民政府被自治区评为2009至2010年实施全民科学素质工作先进单位。阳朔县、灵川县、永福县获自治区创建科普示范县，并作为第四批全国科普示范县创建单位。（秦文生　石峰）

【科普下基层】 2010年，全市各级科学技术协会共组织科学技术下乡活动286次，发放农村实用技术等资料30多种、55万份，提供各类技术咨询12万人次，受益群众70万人。组织“科普大篷车”18次，深入临桂县、灵川县、永福县、灌阳县、荔浦县、秀峰区、象山区等县（区）的乡（镇）、社区，开展科学技术普及活动，发放科普宣传资料2.29万份、图书0.84万册，展出展板960块、展具260套。

【青少年科普】 2010年，桂林市重视青少年的科学技术教育工作，组织青少年参加各种科学技术普及活动。全年全市有840名学生获得中国科学技术协会和英特尔公司联合颁发的中国科协——英特尔求知计划技术与社区结业证书。组织学生参加第二十五届全国青少年科学技术创新大赛，共获一等奖1项，三等奖4项。组织青少年参加“我的低碳生活”为主题的首届全国青少年科学影像节活动，获得二等奖2项，三等奖3项。年内新创建资源青少年中心科学技术教育基地，全市青少年科学技术教育基地增加到25所。

【搭建科学技术工作者沟通交流平台】 2010年，市科学技术协会在桂林南药股份有限公司、中国石油天然气第六建设公司、桂林医学院附属医院、荔浦县科学技术协会和中国化学工业桂林工程公司设立5处科学技术工作者状况调查站点，建立与科学技术工作者通畅、稳定的沟通渠道，反映科学技术工作者的意见和要求。全市各科普学会、协会组织科学技术工作者进行学术交流，促进学术学科建设和人才培养，全年共举办专家论坛105场次，提供各种决策咨询报告120多篇，反映科学技术工作者建议55条。年内开展桂林市第二届自然科学优秀学术论文评审工作，共收论文200篇，评出一等奖4篇，二等奖11篇，三等奖22篇。（石峰）

科学技术管理与服务

【概况】 2010年，全市共争取国家、自治区项目97个，获科学技术经费4785万元，（比上年，下同）增长10%。其中，国家级项目32个，获经费2662万元，增长32.4%。市本级下达科学研究与技术开发项目73项，共投入科学研究与技术开发经费1800万元，增长20%；带动全社会科学技术投入15.8亿元。各县（区）科学技术管理工作进一步加强。在新一轮机构改革中，12县和秀峰、叠彩、象山、七星区4个城区的科学技术局独立设置，成为县（区）政府的组成部门。平乐县的翟品球获2010年度自治区“科学技术种养大王”，恭城瑶族自治县的柴寿海、全州县的蒋三中、资源县的杨雄生、龙胜各族自治县的冉景团、兴安县的黄能涛获2010年度自治区“科学技术种养能手”。

【市属科研所创新与服务能力提高】 2010年，桂林市属科研所通过实施项目带动，科学技术创新能力和科学技术服务能力得到提高。市科学技术情报研究所加强科学技术服务平台建设，为企业开展特色服务，共为桂林鸿程矿山设备公司等6家企业争取到科学技术部中小企业技术创新基金项目，获经费530万元。市自动化研究所“数控精密卧轴矩台平面磨床数控系统国产化”等项目顺利实施，部分项目取得预期的经济效益。市农业科学研究所加强植物新品种的自主创新、开发优质高效安全生产技术、发展农产品精深加工新技术等六大科学技术创新平台建设，全年共争取到科研专项资金200万元。市蔬菜研究所开展新品种引进、筛选试验与推广应用工作，引种水果黄瓜品种20多个，解决了西瓜嫁接的技术瓶颈，推广嫁接西瓜种植面积266.67公顷。市林业科学研究所承担的“毛竹低产林短期高效复壮技术研究与示范”项目，获桂林市科学技术进步奖二等奖。市水产研究所引进培育青鱼等14个优良品种，向社会提供优质鱼苗2900多万尾。

【产业技术创新战略联盟建设】 2010年，为整合科学技术资源，加强产学研结合，桂林市结合优势产业，推动机床、量具量仪、橡胶、生物医药、汽车及零部件、微波通信、罗汉果、葡萄、柑橘等9个产业技术创新战略联盟建设。年内，首先成立机床、橡胶、量具量仪、罗汉果4个产业技术创新战略联盟，其中桂林橡胶、机床、量具量仪3个产业技术创新战略联盟升级为自治区产业技术创新战略联盟建设试点。12月9日，自治区橡胶、机床、量具量仪等产业技术创新战略联盟试点启动暨揭牌仪式在桂林国家高新技术产业开发区举行。

【科学技术信息服务】 2010年，市科学技术局积极开展科学技术信息服务。一是参与桂林市中小企业服务平台建设。该平台于2010年8月10日开始运行，市科学技术局收集了大量科研院所和高校的技术成果及专家信息，建立相关数据库，通过该平台向企业进行发布，为企业与高校、科研院所加强产学研合作搭建了一个便捷的通道。二是实施桂林城乡风貌改造二期工程综合整治村屯科学技术示范村户建设项目。该项目共完成10个村屯信息服务中心、40个示范户的建设，通过信息化改造，实现全方位、多层次的农业科学技术信息进村入户，提高示范村、户的信息化应用水平和科学技术意识，促进当地特色产业的发展。永福县、资源县获自治区科学技术厅科学技术信息化示范村建设项目支持，灵川县大圩镇获自治区科学技术厅科学技术信息服务示范乡（镇）建设项目支持。三是与上海联合产权交易所合作，在桂林国家高新技术产业开发区建成广西首个技术产权交易平台，为桂林当地企业及个人提供专利、股权、资产的交易及转让、合作、融资等服务。

【科学技术特派员试点工作】 2010年，桂林市继续实施科学技术特派员试点工作，全市新增自治区企业科学技术特派员11人，帮助企业争取到5个项目共50万元经费支持。灵川县、灌阳县、永福县、荔浦县4个试点县共选派科学技术特派员268人，帮助引进、推广新技术97项、新品种153个，年新增利润2100万元。全市科学技术特派员共举办各类培训班300多期，培训农民5.76万人次。 （秦文生）

知识产权工作

【概况】 2010年，桂林市知识产权工作围绕建设国家知识产权示范城市主题，利用知识产权联席会议平台，加强组织领导，制订了《桂林市知识产权示范城市工作方案》。加大宣传力度，提高全社会知识产权保护意识。加大专利执法力度，保护专利权人合法利益。年内，全市专利申请1033件，专利授权813件，数量均居自治区前茅。

【桂林市获国家知识产权工作示范城市】 2010

9月1日，中国机械工业集团有限公司和桂林市人民政府签署战略合作协议。

全啸林　摄

年11月，桂林市获自治区第一个国家知识产权工作示范城市。2008年，桂林市被确定为"国家知识产权示范城市创建市"，桂林市加强知识产权工作，12县5城区均设立知识产权局。至2010年11月，全市累计申请专利2929件，专利授权2092件。桂林三金药业股份有限公司、桂林天和药业公司获第十一届中国专利优秀奖，是自治区内仅有的2家获奖企业。全市注册商标总量4740件，有中国驰名商标3个，自治区著名商标47个，居自治区第一；地理标志产品11件，居自治区第一；拥有中国名牌产品2件，自治区名牌产品72件，居自治区前茅。国家、自治区和市级专利试点企业18家。荔浦县成为首批国家知识产权强县，灵川县成为自治区专利工作试点县（自治区共5个），桂林国家高新技术产业开发区成为自治区首个知识产权试点园区。2010年10月末，国家知识产权局对桂林市知识产权示范城市创建市工作进行验收评定，评定组组长、国家知识产权局专利管理司司长马维野评价桂林市开展国家知识产权示范城市创建市工作"出类拔萃，值得在同类城市中推广借鉴"。　（秦文生）

防震减灾

【概况】　2010年，桂林市加强地震部门自身能力和社会防御地震灾害能力建设，建立健全监测预报、地震灾害预防、地震应急救援和科学技术创新体系。年内，市地震局建立防震减灾示范学校2所，宏观观测点6个。市政府、市防震减灾工作领导小组成员单位、所辖县（区）政府印发地震应急预案；县（区）政府制订了"三网一员"（地震宏观测报网、地震灾情速报网、地震知识宣传网和防震减灾助理员）方案。12县5城区建立地震工作机构，其中阳朔县、临桂县、灵川县、全州县、兴安县、永福县、平乐县成立独立的地震局。配套建设市数字地震观测指挥中心的地震信息节点，指挥中心与地震监测网联网，提升指挥中心的使用功能，使指挥中心保持24小时不间断运行。在自治区地震局组织的各市地震观测指挥中心运行管理评比中，桂林市获三等奖。

【开展地震监测】　2010年，桂林地震台进行地震监测，实现全年记录数据准确无误。全市进行地震短临跟踪，制订并实施《2010年度桂林市地震短临跟踪工作方案》，加强对震情的跟踪监视。针对6～7月崇左市、百色市、河池市部分地区发生的3.0级左右地震，9月18日天娥县与贵州罗甸县交界处发生的4.4级地震，全市加强地震宏观观测管理，对新扩建好的市动物园、第一水产养殖场等地震宏观观测点进行全面检查，实地查看观测环境、检查观测员的观测记录。全市各宏观观测点开展地震短临跟踪工作，各宏观观测点统一标示牌,全年无异常记录。

【规范抗震设防管理】 2010 年,全市完成地震安全性评价项目 7 项,建设工程抗震设防要求确定 365 项,技术咨询服务 71 项。设立地震宏观群测群防点 37 个(含 5 县 31 个)。全年无地震宏观异常记录。临桂县、灵川县、兴安县、永福县、平乐县、恭城瑶族自治县颁发《建设工程抗震设防要求管理办法》,县地震局进入当地政府政务服务中心办公。临桂县、灵川县、兴安县、永福县、资源县、平乐县、恭城瑶族自治县开展建设工程抗震设防要求管理工作,共完成抗震设防项目 294 项。年内,阳朔县、临桂县、兴安县、永福县、平乐县建立地震宏观观测点,灵川县、永福县、平乐县建立了县级防震减灾示范学校。

【农村民居防震保安工程】 2010 年,全市开展农村民居防震保安工程建设,市地震局编辑印刷《桂林市农村民居抗震设防读本》2.6 万册,各县(区)编印相关资料 8 万份,为农民建房提供抗震设防技术支撑。市地震局组织开展下乡(镇)巡回宣传农村民居防震保安知识活动,受教育群众达数万人次。全年新建成农村民居防震保安村(点)10 个。 (曹正阳 刘玉萍)

5 月 13 日,市地震局领导在市委党校县(处)干部培训班上作防震减灾知识讲座。 王卫平 摄

科研机构

【中国地质科学院岩溶地质研究所】 2010 年,该所在职人员 167 人,其中:中国科学院院士 1 人;研究员 23 人,副研究员及高级工程师 47 人,中级职称 41 人;博士生导师 5 人;博士 15 人,硕士 47 人。全年在研项目 105 项,合同经费 5414 万元;实现货币工作总量 7544 万元,其中财政拨款 5366 万元,事业及其他收入 2178 万元;年末资产总金额 1.11 亿元(固定资产金额 0.66 亿元),净资产金额 0.96 亿元。全年共发表论文 69 篇,其中 SCI(科学引文索引)4 篇、EI(工程索引)5 篇、ISTP(科学技术会议录索引)1 篇、核心期刊 33 篇;出版专著 3 部。"岩溶峰丛洼地水土保持研究与示范"项目获中国水土保持学会科学技术二等奖,参与的项目"中国水土流失与生态安全综合科学考察"获中国水土保持学会科学技术一等奖。"放射性碳测年样品制备系统的集成控制装置"、"放射性碳测年制样装置的玻璃真空单元"项目获得实用新型专利。年内,新增加金属矿点 2 个,其中钨矿矿脉品位 0.5% ~1.5%,铅锌矿矿体品位 5% ~10%。在西南抗旱找水打井工作中成效显著。该所的贵州抗旱找水突击队共完成地质布孔 110 处,物探测井点 95 处,选定井位 57 处,完成施工钻孔 18 个,成井 16 个;广西抗旱找水突击队完成地下河水源调查点 12 处,发现和核查地下河流量合计 0.7 立方米每秒,完成施工地下河提水 6 处。

年内,该所科研项目研究取得新成果。岩溶动力系统与全球变化研究方面,10 万至 15 万年来石笋记录的研究、人类活动对地质碳汇的影响以及岩溶水文系统的溶质运移研究等均取得新进展。岩溶资源与环境研究方面,"碳酸盐岩缝洞系统模式及成因研究"项目建立了古岩溶有效识别研究方法,提出塔河油田 10 种典型缝洞系统结构模式,为碳酸盐岩储层结构、岩溶作用对油气聚集的控制规律以及油藏模型建立提供理论支撑。"中国北方岩溶区地下水环境问题成因机制与保护对策研究"项目开展岩溶地下水环境问题补充调查工作,建立了来水量与碳酸盐岩渗漏段漏失系数之间的数学方程。岩溶生态学研究方面,完善平果县果化、马山县弄拉、环江县古周等3个喀斯特峰丛山地示范区，尤其在峰丛山地水土流失防治方面取得新突破。在建立示范区岩溶生态信息系统的基础上，对岩溶峰丛山地脆弱生态系统重建技术的服务价值功能进行评价。在石漠化坡耕地整治方式、石漠化坡耕地高效生态农业模式等方面取得新进展，初建集雨面积与水池容量之间的关系。岩溶地质灾害研究方面，针对岩溶土洞的隐蔽性、累进性和突发性特点，系统提出以分布式光电传感技术为基础，结合岩溶塌陷触发因素实时监测的岩溶土洞监测预警新思路，解决了岩溶塌陷监测预警所面临的实时监测和空间准确定位的难题。岩溶景观与洞穴研究方面，主持申报的乐业—凤山世界地质公园于10月通过国际评审，进入世界地质公园行列。岩溶探测与测试技术方法方面，地震多波技术在岩溶区的应用研究取得成效，成果解译得到了钻探的验证，提高了成井率。建立MAT 253（稳定同位素）质谱仪联机在线水中13 C测定方法，解决了低本底液闪仪本底值居高不下的技术问题，提高了分析精度。岩溶水文地质调查与示范方面，“西南岩溶石山地区地下水与环境地质调查”项目开展典型岩溶流域1∶5水文地质及环境地质综合调查、岩溶地下水有效开发利用与流域生态环境综合整治示范、重大环境地质问题综合研究。完成调查面积3.1万平方千米，开展水文地质钻探5400米。采取堵洞蓄水、暗河截流、大泉壅水、钻井、大口井、斜井等多种方式，开展岩溶地下水开发利用与生态环境综合治理示范。进行地下水勘探和开发示范，解决了20万人饮水困难问题。“中国地质碳汇潜力研究”项目进行碳汇国际对比点选址，启动与斯洛文尼亚共同完成的国际合作对比碳汇监测站；在桂江流域开展水体有机碳、无机碳分析及同位素样的收集和检测；开展桂江、柳江、黔江流域的岩溶碳汇及湖南万华岩等6条地下河流域的线路调查；完成桂江流域13个主流断面、16个支流断面的统一碳汇采样，现场测定指标计29组，收集同期水文资料，对部分断面进行了测流。

（杨初长）

【桂林电器科学研究院】 2010年8月6日，桂林电器科学研究所更名为桂林电器科学研究院。至年末，桂林电器科学研究院资产总金额3.55亿元；在职人员696人，其中高级技术职务77人、中级技术职务139人。全年该院共安排科研开发项目24项，制修订标准38项，组织完成课题鉴定6项。组织申报各类科学技术项目16项，落实科学技术计划项目8项。新获授权专利6项，其中发明专利2项、实用新型专利4项；提交的5项专利申请获国家知识产权局受理。开展的“接触器用环保触头材料研制”课题获中国机械工业集团有限公司科学技术二等奖。年内，该院构建科学技术开发平台、加大科学技术投入和实施激励机制，组织实施相关产业技术改造，扩大产业生产规模、

7月16日，桂林电器科学研究院管理人员参观金格公司车间作业现场。　全啸林　摄

实现产品结构升级、加强生产流程再造、改进生产工艺、提高产品质量和技术含量，全年营业收入6.78亿元，增长201%；利润3239万元，增长214%。主要产品高、中、低压系列触头，国内市场占有率10%，行业排名第四；干式不饱和聚酯塑料国内市场占有率70%，行业排名第一；双向拉伸薄膜生产线在国内市场占有率75%，行业排名第一。

年内，该院制定2011～2015年科学技术发展（创新）规划，推进和实施发展战略，促成中国机械工业集团有限公司与市政府签署战略合作框架协议；打造总部（猫儿山）研发中心和英才园电工电子新材料产业基地齐头并进的发展新格局。电工电子新材料产业化基地项目建设总用地20公顷，计划投资10亿元。（全啸林）

【中国电子科学技术集团公司第三十四研究所】

2010年，该所有职工707人，其中专业技术人员562人；副高级以上（含副高级）职称65人，中级职称253人；享受政府特殊津贴专家20人，部级优秀专家和优秀科学技术青年专家8人，自治区优秀专家3人。该所全年承担科研项目42项，其中国家级项目30项、省部级项目9项、自筹项目3项，科研总经费3500万元。全年科研生产经营总收入3.4亿元，其中军工生产和工程开发收入1.6亿元、民品产业销售收入1.45亿元。

年内，该所完成全部研究并通过鉴定验收的项目共11项；完成验收测试待召开验收会的项目8项；完成出所验收进行系统试验、待定型的项目1项；完成研究主体工作，即将鉴定验收的项目4项；完成研究第一阶段工作，部分设备通过出所研究，提交用户的项目1项。获省部级科学技术成果三等奖1项，获专利授权8项。

年内，该所技术人员完成在核科学研究领域中首次承接的大型系统工程——国家某重大科学技术专项主机前端系统第一期研制任务，并成为该系统第一阶段最早完成任务的单位。该所承担的某军用通信装备的升级换代产品研制工作取得进展，技术水平居国内领先。探索大气激光通信新的应用领域，开展空间光通信的技术发展和应用研究。10月，该所完成嫦娥二号飞船发射任务地面光通信保障工作。（秦实）

【广西壮族自治区中国科学院广西植物研究所】

2010年，该所有职工205人，其中科学技术人员170人；副高级以上（含副高级）职称45人，中级职称82人；博士17人，在职博士生7人，硕士以上学历科学技术人员占50%；硕士研究生的指导老师19人；享受国务院特殊津贴专家9人，广西十百千第二层次人选4人，其中年内新增2人；与广西师范大学、广西大学等高校联合培养的硕士研究生32人。年内该所制订广西植物研究所学科发展规划：在保持现有优势学科和传统学科发展的同时，重点培育和发展分子生物学，优先发展典型陆地生态系统与全球变化、环境生态学、遗传育种学、生物质利用等学科和领域。全年共获准立项54项，获科学技术经费962.45万元。其中：国家层面项目4项，经费133万元；中国科学院项目4项，经费106.75万元；广西自然科学基金北部湾基础研究重大专项3项，经费82.8万元；广西自然科学基金、“科学技术三项”项目9项，总经费134万元；其他项目34项，经费505.9万元。年内，通过结题验收或鉴定项目18项，申请国家发明专利3项，获授权专利2项；出版学术专著4部；发表科学论文129篇，其中SCI（科学引文索引）收录13篇。“槐树优良品种选育及其在产业化生产中的应用”、“珍稀濒危植物金花茶种苗繁殖技术与规范化种植研究”项目成果获2010年度广西科学技术进步奖三等奖；“岩溶峰丛洼地水土保持研究与示范”项目成果获中国水土保持学会科学技术二等奖。

年内，该所被自治区林业厅纳入林业系统科学技术支撑单位，与弄岗国家级自然保护区共建的野外生态站正式挂牌，参与建设的弄岗森林生态系统定位研究站通过国家林业局组织的专家现场考察论证。该所的广西植物功能物质研究与利用自治区重点实验室通过自治区科学技术厅验收和认证；植物保育生物学公共实验室获财政部60万元启动建设经费，进入广西重点实验室培育论证阶段；新标本馆建设获自治区发展和改革委员会批准立项，计划投资864万元；桂林植物园全年共引进植物327种，并开展数字化基础工作，完成了园区内3000多种植物的建档。（赵志国）

【中橡集团曙光橡胶工业研究设计院】 2010年，该院拥有资产总金额2亿元。有职工389人，其中：工程技术人员152人；高级工程技术人员42人，教授级高级工程师11人；享受政府津贴6人。

全年新开发军用航空轮胎规格11个，特种越野轮胎规格4个，民航轮胎规格5个；完成新产品技术鉴定6个；申报专利6项，其中发明专利4项。新设立科研项目33项，其中国家级1项，省部级7项。年内，科研项目成果获自治区优秀新产品成果一等奖1项，获中国化工集团公司二等奖1项，获桂林市科学技术进步奖一等奖1项；获发明专利授权共10项。全年科学技术、试验收入1505万元，增长49.15%；科学技术支出1171万元，占主营业务收入15.6%。

年内，该院承担的歼－XX飞机子午线轮胎研制项目通过国家国防科技工业局组织的决算审计。承担歼－XX飞机轮胎研制保障条件建设项目通过竣工验收。承担国家某大型运输机航空轮胎研制保障条件建设项目通过环境影响评价和安全评价，获得国家国防科技工业局的可研批复。研制的歼－XX航空子午线轮胎列装部队。为国家新型战机歼－XX研发配套的轮胎通过全项实验验证，并交付主机研究所，成功完成首飞。为空天飞机、无人机等新型飞机配套研发航空轮胎完成交付装机。主前轮均由该院配套生产的海上预警验证机通过首飞，歼－XX、歼－XX电子侦察机、强五改飞机完成高原试飞，并参加大型军演。电磁防护服项目圆满完成研发任务，通过部队鉴定。为波音737－700/800型飞机研发配套的轮胎通过中国南方航空公司装机试飞，获得中南适航管理局颁发的装机批准。（姚江雄）

【桂林矿产地质研究院】 2010年，该院有职工350人，其中：教授级高级工程师26人，高级工程师48人，工程师92人。在工程技术人员中具有博士学位15人（含在读生），硕士52人。年内引进高级人才20人，其中院士8人、教授12人。全年综合收入2.2亿元，增长29.4%。科研成果获有色科学技术一等奖1项、二等奖2项、三等奖1项，获广西科学技术进步奖三等奖2项。申请专利4项，获专利授权2项。

全年共实施科研项目221项，其中完成166项。项目涉及地质找矿、矿产综合利用、新材料研发、环境保护与综合治理、地质灾害防治研究、有色金属深加工技术等。其中："钟山县珊瑚钨锡矿接替资源勘查"项目，在矿区深部新发现10多米厚的含钨矿化蚀变岩，对深部找矿有指导意义。"恭城瑶族自治县栗木锡矿接替资源勘查"项目，结合地、物、化的综合研究结果，在新的区域进行探索性的研究工作；"西藏哈海岗钨多金属矿"项目，新增三氧化钨资源量3.6万吨。该院承担的科学技术部专项资金项目"激光焊接金刚石工具用超细合金粉末的研制"，进行产品系列化、工程化试验研究，进入推广试用阶段。

年内，该院的等离子体法制备粉体材料试验平台——高真空直流电弧等离子体蒸发金属纳米粉体连续制备生产线建设正式启动。承担国家科学技术部有色金属选矿废水节能减排项目，开展选矿废水重金属削减工艺研究。完成广西高峰矿业有限责任公司矿山地质环境保护与治理恢复方案编制，并通过国土资源部组织的专家评审，成为自治区第一个通过部级评审的矿山地质环境保护与治理恢复方案项目。

年内，该院加强新材料产品研发，开发了烧结扩孔器、低钻速钻头、水下切割绳锯、干切金刚石绳锯、国内建筑施工用中档金刚石锯片等多项产品，试制金刚石绳锯组锯以及取代进口产品的PCBN（聚晶立方氮化硼）等新产品，并进行金刚石绳锯注射注胶、串珠自动冷压、PCBN新工艺等新技术开发，提高产品质量和生产效率。复合片、毛刺诺瓦磨轮的转产、预合金粉末和KTP（磷酸氧钛钾）晶体等转入产业化，实现了研发成果与产业对接，全年新材料产业实现营业收入6019万元。

年内，该院加强国内外矿产资源勘查与开发，与澳大利亚成立合资公司，并在澳大利亚拥有面积200多平方千米的钨矿探矿权。年内还派员对加拿大、墨西哥等国的矿权进行考察和分析，派员到新疆、云南、广东进行矿权考察和选点。

（蒋卉）

社会科学

12 月 6 日，市社科联召开推进县级社科联建设现场观摩会。　　市社科联　供稿

概　　述

2010 年年末，桂林市社会科学界联合会(简称市社科联)所属学会、协会、研究会共 57 个，会员 11812 人。在职在岗从事社科研究人员 300 多人，其中具有高级专业技术职务资格 42 人、中级专业技术职务资格 249 人。年内，桂林市社会科学界共发表论文 270 多篇，完成研究课题 40 多项；社会科学研究成果参加自治区政府设立的“广西第十一次社科优秀成果奖”评选，《桂林文化立市发展战略研究》获三等奖；市级社科重点研究课题结集成《一个城市的发展探索(2008～2009)》公开出版。

年内，市儒学学会被评为全国大中城市社科联标兵学会，市教育学会、市经济学学会、市审计学会被评为全国大中城市社科联先进学会。

(蒙启恒)

社科活动

【概况】 2010 年，市社科联依托桂林市社会科学普及基地，组织开展了一系列学术研讨和科普宣传活动。1 月 27 日，在桂林漓江大瀑布饭店召开 2010 年桂林市社科界迎春茶话会，市委常委、副市长、宣传部部长陈丽华，市人大常委会副主任汤杰，副市长汪洋，市政协副主席李世荣及桂林市社科界 100 多位代表参加茶话会。2 月，在社科联学术报告厅召开推进桂林国家旅游综合改革试验区建设座谈会和桂林国家旅游综合改革试验区理论研讨会，为市委、政府决策建言献策。5 月 18 日，与自治区社科联、市科学技术局、市旅游饭店协会联合举办桂林市旅游饭店科技节能新产品知识宣传暨桂林旅游藏品和书画展。5 月 22 日，与市儒学学会、恭城瑶族自治县文物管理所在恭城瑶族自治县文庙举办以“传承中华传统美德，讲孝德，我行动”为主题的儒家传统“开笔礼”仪式。7 月 10 日，与市钱币学会举办“外国钱币选展”活动。7 月 17 日，与市演讲家协会等单位联合主办桂林市首届“感恩他人”少儿演艺暨小主持人大赛。8 月 20～22 日，分别在甲天下广场和叠彩区政府文化广场开展“美丽的山水，文明的海洋”有奖知识答题活动。10 月 30 日，与自治区社科联、秀峰区政府、市科协、广西桂林图书馆、市公安局交通警察支队、桂林医学院社科联等单位在秀峰区东华社区举行“乘势而上、科学发展”为主题的社科宣传普及活动。10 月 31 日，与自治区社科联、市科协、广西桂林图书馆在永福县永福镇湾里村联合举办“社科知识进十村”活动，向湾里村捐赠图书 2600 多册。11 月 5 日，与市茶文化研究会联合举办桂林市第四届茶艺暨评茶大赛。　　(蒙启恒)

【县(区)社科联全部成立】 2010 年，市社科联按照市委《关于加强县(区)社科联组织机构建设实施方案的通知》和市编委《关于各县(区)成立社会科学界联合会的通知》要求，积极推进县(区)社科联组织建设。12 月 6 日，恭城瑶族自治县社会科学界联合会第一次代表大会举行，标志着桂林市第一个县级社科联成立。12 月 14 日，叠彩区社会科学界联合会第一次代表大会举行，是桂林市成立的第一个城区社科联。至年末，全市 17 个县(区)全部成立社科联，并制定章程，选举产生领导班子；大部分县(区)社科联按编制配齐了机构人员。

2 月 21 日，市社科联召开桂林国家旅游综合改革试验区理论研讨会。　　市社科联　供稿

【社科研究重点课题结集出版】 2010年,市社科联对已经全部结项通过评审的2008～2009年度5项桂林哲学社会科学规划研究重点课题《桂林文化立市发展战略研究》《工业园区建设推动临桂新区发展研究》《桂林旅游产业集群化发展研究》《桂林市危机诱因分析及对策研究》《桂林旅游可持续发展问题研究》进行整理,结集为课题文集《一个城市的发展探索(2008～2009)》公开出版发行。该课题文集由市社科联主席周明忠主编,广西师范大学出版社出版。入选的5个研究课题,在研究路径上均充分考虑桂林的发展和功能定位,对桂林的经济社会和文化发展具有积极的参考意义。

【桂林国家旅游综合改革试验区理论研讨会】 2010年2月21日,市社科联举办桂林国家旅游综合改革试验区理论研讨会。自治区党委委员、自治区政协常委、广西大学科学研究院院长阳国亮,桂林电子科技大学副校长黄家诚,桂林旅游高等专科学校党委书记林娜以及市社科联、市旅游局、市委政研室、市政府发展研究中心、驻桂林高校等单位的40余名领导、专家学者和记者与会。与会人员围绕如何建设桂林国家旅游综合改革试验区进行探讨,为建设试验区献计献策。

社科成果

【《桂林高校科技资源与地方发展互动机制研究》课题】 该课题是桂林市哲学社会科学规划研究重点课题,由广西师范大学教授尹鑫、中共桂林市委政策研究室副主任王清荣等完成,2010年9月通过专家组评审。该课题阐述建立桂林高校科技资源与地方发展互动机制的重要意义,在分析桂林高校科技资源与地方发展互动基本现状的基础上,探讨从观念、模式、方式、渠道、思维、管理等方面建立校地互动长效机制和依靠政府主导构筑校地交流平台的设想,借鉴国内外高校科技资源与地方发展互动模式,提出实现桂林高校科技资源与地方发展互动机制的基本原则和主要途径。课题研究成果对桂林市借助高校科技资源促进社会经济科学发展、跨越发展、和谐发展具有一定的指导意义和参考价值。

【《桂林农村公共产品财政供给机制研究》课题】 该课题是桂林市哲学社会科学规划研究重点课题,由市民建主委、教授郑毅等完成,2010年9月通过专家组评审。该课题对桂林农村公共产品供给机制进行全面系统的比较研究。在进行实地调查和专家座谈的基础上,运用定性定量的研究方法,所提出的新型多元化的供给模式具有创新性。该课题内容全面,资料翔实,针对性强,所提出对策建议具有较强的现实指导意义和应用价值。

【《基于生态文明视角的桂林工业产业结构优化研究》课题】 该课题是桂林市哲学社会科学规划研究重点课题,由广西师范大学教授陆奇岸等完成,2010年9月通过专家组评审。该课题依据生态文明相关基础理论和产业结构优化理论,在分析桂林工业产业发展的阶段、环境质量、产业集聚的基础上,指出桂林工业产业生态化发展及其服务平台建设方面存在的不足,提出基于生态文明视角的桂林工业产业结构优化的对策。所提出的对策符合桂林的实际,对桂林市工业经济具有指导意义和参考价值。

【《桂林—北部湾经济区工业发展优势互补研究》课题】 该课题是桂林市哲学社会科学规划研究重点课题,由桂林电子科技大学党委书记、教授唐贵伍等完成,2010年10月通过专家组评审。该课题在大量实地调查和文献研究的基础上,运用区域经济学相关理论,分析中国省域区域经济合作发展的经验及其对广西的启示,运用SWOT工具对广西北部湾工业和桂林工业发展的优劣势、机遇与威胁进行分析和评价,从产业要素互补和产业集群优势互补的视角提出桂林与广西北部湾经济区工业发展优势互补的发展模式并提出相应的对策建议。

【《桂林非物质文化遗产保护与开发研究》课题】 该课题是桂林市哲学社会科学规划研究重点课题,由桂林理工大学教授陈亮等完成,2010年11月通过专家组评审。该课题在分析桂林非物质文化遗产现状的基础上,通过借鉴国内外的成功经验,提出桂林非物质文化遗产保护和开发的指导思想、原则、开发总路线,突出政府的角色定位研究。该课题资料翔实,方法科学,所提思路和建议具有一定的指导意义和应用价值。

【《桂林县域特色产业经济发展研究》课题】 该课题是桂林市哲学社会科学规划研究重点课题，由桂林经济学会会长颜邦英等完成，2010 年 12 月通过专家组评审。该课题就促进桂林县域特色产业经济发展进行比较系统的论述。课题研究引用资料翔实，论证充分，提出的对策建议符合桂林的实际，具有较强的现实指导意义和应用价值。

（蒙启恒）

社科期刊

【《社会科学家》期刊】 该刊是中共桂林市委主管、市社科联主办的社会科学学术性理论月刊，是全国中文核心期刊、中国人文社会科学核心期刊、《中文社会学引文索引》(CSSCI) 来源期刊。主要栏目有："名家访谈"、"博导新论"、"博士论坛"、"法学与法制建设"、"旅游时空"、"政治文明与构建和谐社会"、"经济新视野"、"管理学与企业发展"、"教育新探索"、"人文家园"、"桂林研究"（不定期栏目）。2010 年出版 12 期，发表论文 490 余篇，约 300 万字，其中"名家访谈"栏目重点推出了北京大学教授乐黛云的《回顾与前瞻：中国比较文学新视野》、张颐武的《文化研究与新中国的经验叙述》、陈跃红的《跨文化研究范式与作为现代学术方法的"比较"》，四川大学 985 工程法学创新平台首席科学家、教授龙宗智的《相对合理、稳步推进，促进我国法治建设》。"博导新论"推出了董保华的《中美全球战略视角下的中国劳动立法博弈》、关保英的《行政法合宪性之构造研究》、龚天平的《论管理理论发展中伦理主题的演变》、朱志荣的《滕国美学研究方法论》等一批知名博导、教授的文章。

（蒙启恒）

【《广西师范大学学报（哲学社会科学版）》】 该刊是由广西师范大学主办的国内外公开发行双月刊，是全国中文核心期刊、中国人文社科学报核心期刊、全国百强社科学报、广西十佳社科期刊、中国学术期刊综合评价数据库来源期刊、中国学术期刊（光盘版）全文收录期刊。该刊着力组发校内外相关国家级、省部级等基金项目稿，创建了一批以各学科科研基金为依托的品牌栏目，其中"太平天国研究"、"《文选》研究"、"马克思主义美学研究"、"民族教育研究"、"中国当代史研究"等栏目在国内外学术界有较大影响。2010 年全年出版 6 期，发表论文 174 篇、书评 5 篇。所刊载论文在《中国人民大学复印报刊资料》《高等学校文科学报文摘》等刊物上转载多篇，有 5 篇获广西教育厅教学改革成果奖及广西社会科学研究优秀成果奖。中国学术期刊（光盘版）电子杂志社公布的 2010 年度《中国学术期刊影响因子年报（人文社会科学）》，该刊的复合总被引数为 1516，期刊影响因子（JIF）为 1.031，他引 JIF 为 0.604，即年指标为 0.132；期刊综合总被引数为 646，期刊影响因子（JIF）为 0.826，他引 JIF 为 0.399，即年指标为 0.132；人文社科影响因子方面，期刊影响因子（JIF）为 0.806，他引 JIF 为 0.379，即年指标为 0.132。该刊上述数据在全国 653 家综合性人文、社会科学期刊中排名第三十三位，在全国师范类大学中排名第六位，在广西同类刊物中排在第一位。

（刘文俊）

【《桂林发展研究》】 该刊是市政府发展研究中心主办的内部资料，主要发送桂林市四大班子，各部委办局、17 县（区）、部分乡（镇）及企事业单位主要领导及有关专家学者，同时报送国务院发展研究中心及自治区党政部门，并与全国 100 多家城市经济期刊交换交流。全年围绕市委、市政府确定的中心工作，本着贴近决策、服务全局的原则，策划栏目，重点组稿。共编辑出版 6 期，发行 6000 余册。刊发工业、农业、商贸旅游、城市建设、文化教育、科技等方面的课题研究成果、调研报告、论文等 130 余篇约 75 万字。其重点特色文章有：刘君的《在市委三届十次全体会议上的讲话（节选）》，李志刚的《深入贯彻落实科学发展观，加快经济发展方式转变（节选）》《在 2010 上半年经济运行分析会议上的讲话》，市政协调研组的《建设桂林国家旅游综合改革试验区的若干建议》，强亚男的《找准桂林国家旅游综合改革试验区的强力"支点"》，王贵军的《全力打造好桂林国家旅游综合改革试验区》，刘春燕的《对区域特色文化产业发展的思考》，蒋桂珍、涂灵燕的《发展桂林现代生态农业调查研究》，王崔荣的《突出阶段重点加快桂林经济发展方式转变》，丁东弟的《加快兴安太阳能光伏产业发展》等。

（蒋桂珍）

文　　化

6 月 23 日，第四届桂林读书月启动仪式举行。　　何志刚　摄

概　　述

【概况】 2010年,全市文化工作围绕大局,服务社会,成效显著。公共文化服务设施建设步伐加快,“一院两馆”(桂林大剧院、图书馆和博物馆)项目开工建设进展顺利,村级公共服务中心和乡(镇)综合文化站建设任务全部完成。社会文化活动亮点纷呈,大型群众文化活动“漓江之声”获全国大奖。非物质文化遗产保护不断深入,第三批自治区级非物质文化遗产名录和第一、二批非物质文化遗产扩展项目名录中,桂林市项目数居自治区之首。年内全市新增桂剧、彩调等传习基地5家,占自治区新增数的50%。开展非物质文化遗产展示传承活动,承办广西文场展演,主办全市农村彩调邀请赛、山歌擂台赛等。艺术生产捷报频传,获多项国家、自治区大奖。文化市场健康有序,文化产业初具规模。年内,市文学艺术界联合会(简称市文联)所属文艺家协会12个,有协会会员2789人。　　(阳引　何志琏)

【第八届文艺创作金桂奖颁奖】 2010年2月27日,桂林市第八届文艺创作金桂奖颁奖。金桂奖是市委、市政府设立的桂林市文艺最高奖,每两年举办一次。第八届文艺创作金桂奖于2009年7月启动,评选作品范围为桂林市(包括中央部属、自治区属驻桂林单位)专业、业余文艺工作者在2006年1月1日至2007年12月31日发表、出版、首演、首播、获省级以上文艺奖,或虽未获奖但有较高思想性、艺术性、影响较大的作品。第八届金桂奖评选出获奖作品17件,还首次增设提名奖作品17件。获金桂奖的17件作品为:广西文场《人在春光享太平》(苏韶芬作词,何红玉编曲,谭婧辅导,马尔曼等表演,市群众艺术馆演出);小说集《空心人》(作者沈东子);文艺理论《中国当代小说家群论》(作者黄伟林);民族歌剧《哥哥鸟》(唐建华、杨戈平编剧,资源县民族艺术团演出);歌曲《说中国》(曾宪瑞作词、蒋大为作曲);舞蹈《咛罗哪嘞》(颜聪、刘汝琰编导,马安宏、周碧等表演,桂林市歌舞团演出);国画《春韵》(作者龙万和);魔术《心动时刻》(谢俊芳表演);摄影作品《好雨知时节》(作者邓云波);瑶族铃鼓《一张泥巴照》(李伟群、晏艳导演,石维佳、王志梧作词,全德胜作曲,市曲艺团演出);文艺专著《壮族文学发展史》(周作秋、黄绍清、欧阳若修、覃德清等编写);电视纪录片《仙境桂林的奥秘》(桂林电视台制作);散文诗集《阳光河畔》(作者周收);书法《刻字》(作者黄家城);文艺理论《民族区域文化的审美人类学批评》(作者张利群);国画《白裤瑶·秋望》(作者张贤);摄影《拷问农村消防》(作者谢小明)。

【市文联第三次代表大会召开】 2010年5月6~7日,市文联第三次代表大会召开,300多名代表出席会议。市委书记、市人大常委会主任刘君,市委常委、副市长、宣传部部长陈丽华等出席会议并讲话。会议审议通过修改后的桂林市文学艺术界联合会章程,选举产生45人组成的市文联第三届委员会。在市文联第三届委员会第一次会议上,聘请黄继树、王志梧为市文联第三届委员会名誉主席;选举刘纪春为主席,张震、陈滨江、秦凌斌为专职副主席,何绍连、张贤、张树萍、钟毅、龚桂华、盘文波、滕彬为兼职副主席。

【桂林市第一次县级文联工作会议召开】 2010年7月13~14日,桂林市第一次县级文联工作会议在兴安县召开。该次会议是市属12县均成立县文联后的第一次县级文联工作会议。会议提出要建立健全县文艺协会,夯实县文联基础;市文联及所属文艺家协会要加强与县文联及所属文艺协会的联系,促进各县多开展活动,多出作品。

【3人受聘为自治区签约文艺家】 2010年9月25日,自治区党委宣传部和广西文联联合主办的广西第八届文艺家签约仪式在南宁市举行,桂林市作家盘文波、刘春,画家周松签约受聘,成为自治区签约文艺家,聘任时间为2010年10月1日~2012年9月30日。

【选拔“朝霞工程”少儿文艺人才】 2010年5~8月,市文联根据中国文联、广西文联部署,在市、县宣传、教育等部门支持配合下,选拔推荐出36名品学兼优、有文艺特长、家庭困难的小学生及初中生,作为中国文联新一批“朝霞工程”少儿文艺人才,并发放扶助款,对他们进行培训。“朝霞工程”是中国文联所属中国文学艺术基金会为支援

西部大开发,落实“文化扶贫”政策举办的大型公益活动。 (何志琏)

【一批项目新入选自治区非物质文化遗产】 2010年5月30日,自治区人民政府公布第三批自治区级非物质文化遗产名录和第一批、第二批自治区级非物质文化遗产扩展项目名录,桂林共有25个项目入选,居自治区各地市的首位。入选第三批自治区非物质文化遗产名录的项目有:桂林市申报的“桂林山水传说”、“桂林傩舞”、“黄昌典毛笔制作技艺”、“桂林米粉制作技艺”、“桂林渔鼓”、“零零落”,永福县申报的“永福阴笛乐”,资源县申报的“苗族山歌”、“瑶族山歌”,恭城瑶族自治县申报的“瑶族羊角舞”、“瑶族婚俗”、“瑶族婆王节”、“恭城关帝庙会”,临桂县申报的“临桂草龙舞”,平乐县申报的“瑶族香龙舞”,龙胜各族自治县申报的“侗族草龙草狮制作技艺”、“侗族祭萨习俗”,全州县申报的“湘山酒传统酿造技艺”、“全州醋血鸭制作技艺”、“全州民间剪纸技艺”。

入选第一批、第二批自治区级非物质文化遗产扩展项目名录的项目有:桂林市申报的“桂剧”、桂林市与永福县申报的“彩调(永福彩调)”、恭城瑶族自治县申报的“瑶族盘王节”、平乐县申报的“油茶制作技艺(平乐水上油茶)”和“疍家婚礼(船家婚礼)”。 (余子)

【“情系八桂——两岸文化联谊行”在桂林落幕】 2010年8月23日,由中华文化联谊会与自治区人民政府共同主办的“情系八桂——两岸文化联谊行”大型文化交流活动,在桂林市落下帷幕。该活动自8月16日开始。150余位两岸文化界嘉宾从南宁出发,先后赴柳州、桂林等地参观。自治区副主席李康,桂林市委书记刘君,文化部港澳台办公室副主任、中华文化联谊会副会长侯湘华,台湾嘉宾代表、访问团团长张京育出席当晚的闭幕式并致词。在桂林期间,嘉宾观摩了山水实景演出印象·刘三姐和广西非物质文化遗产优秀项目演出。 (阳引)

文　学

【文学活动】 2010年,桂林文学界举办的作品研讨会主要有:3月30日,市文联、市社会科学界联合会和桂林旅游发展总公司主办第四届桂林旅游文学创作暨叠彩、伏波景区历史文化研讨会;8月27日,市文联、市作家协会、中共阳朔县委宣传部、阳朔县文联为伍维平的新体长篇悬疑小说《铁证如山》举办研讨会;10月23日,桂林漓江诗苑、市作家协会诗歌创作委员会举办雷熹平《啊,漓江》诗歌欣赏会。年内,桂林市作家协会邀请《红豆》期刊编辑部主任黄土路、作家陈纸,《山花》期刊副主编冉正万,《民族文学》主编叶梅等为会员授课,并组织举办“金山化工之约·桂林青年作家创作笔会”。

【文学成果】 2010年,桂林市作家协会会员共发表长篇小说1部、中篇小说12篇、短篇小说13篇、小小说132篇,出版长篇小说1部、作品集3部。其中:刘春的诗学专著《一个人的诗歌史》(第一、二部)由广西师范大学出版社出版。作品相继被评为“2010年上半年最受关注的十大人文类图书”、“2010年中国百本好书”;张利群的《论文学评价标准的三元构成与建构条件》获自治区文联、自治区文艺理论家协会颁发的广西文艺评论奖一等奖;盘文波(笔名光盘)在南宁市文联主办的《红豆》期刊2010年长篇小说秋季专号头条刊发长篇小说《英雄水雷》;徐强的小说集《种金得草》入选吉林人民出版社、北京七彩书香图书有限公司联袂策划的“中国新锐作家方阵”;蒋育亮发表的小小说《无名红军》获广西作家协会和广西小小说学会主办的广西第三届小小说大奖赛二等奖。 (何志琏)

美术·摄影

【美术摄影成果】 2010年,市美术家协会、书法家协会、摄影家协会会员的作品参加各类展览,获多项荣誉。8月,在中国摄影家协会举办的第二十三届全国摄影艺术展中,陆晓波的作品《墨荷》、沈桂春的作品《横空》获优秀奖;在中国文联、中国民间文艺家协会举办的第五届中国民间工艺品博览会中,黄硕夫的工艺品《团扇》获银奖。8~11月,在中国国家画院、桂林市人民政府联合主办的第二届中国山水画艺术双年展中,韦广寿的作品《南岭雪韵》获金奖，覃祖威的作品《桂北山家》、骆亚男的作品《河曲的记忆》获银奖，徐家珏的作品《翠岭烟峦》、程平的作品《门前流水对青山》获铜奖。10月，在广西书法家协会主办的广西第二届"八桂书风"网络书法篆刻展暨"八桂书风"学术研讨会上，卢培钊的作品获三等奖。12月，在由中国摄影家协会与中国水利摄影家协会主办的2010年壮乡水韵全国摄影大展评选中，陆晓波的作品《香炉山田园风光》获银奖。同月，在由中国艺术摄影学会、中共龙胜各族自治县委员会、龙胜各族自治县人民政府主办的首届"天下龙脊"国际摄影大赛中，卢新忠的作品《四季雄风》获金奖，韦毅刚的作品《天下龙脊四季欢歌》获银奖，马红专的作品《瑶寨晒楼》、林文洪的作品《金坑晨曲》获铜奖。（何志琏）

【美术摄影作品展览】 2010年，桂林市举办的美术摄影作品展览主要有：1月1～4日，由市文化局、市文联、市女子书法家协会在市展览馆主办的首届"漓水情·巾帼墨韵"桂林女子书法家协会会员作品展，展出市女子书法家协会23名会员的作品70余幅。1月9日，由市文联、市美术家协会和桂林师范高等专科学校在桂林美术馆联合主办的段春雷水彩画展，展出作品80余幅。1月13～15日，由桂林市书法家协会、广西师范大学美术学院、广西师范大学书法艺术研究所等单位在市展览馆联合主办的伍门三代书法作品展，展出伍纯道及其弟子、再传弟子创作的书法作品150幅。6月1～4日，由市委宣传部、共青团桂林市委、市文化局、市文联、市青年联合会在桂林美术馆联合主办的桂林市首届青年书画名家成就展，展出56名青年书画家作品160多件。6月26～28日，"传承之旅——林浩湖书画展"在市展览馆开展，展出文化部中国艺术研究院青年书画家林浩湖书画作品60幅。7月3～6日，由市委宣传部、市文联、市书法家协会等在市展览馆联合举办的"翰墨青春2010·郭慎之、李枝有、农械书法展"，展出书法作品近百幅。10月1～5日，由市委宣传部、市文化局在市展览馆举办的"喜迎国庆——桂林高校教师六人美术作品交流展"，展出王可大、罗克中、柴刚、吴筱荣、王善明、尹建华创作的中国画、油画、水彩画、钢笔画、雕塑等作品。11月27～29日，由桂林籍画家周嘉福在桂林展览馆举办的全国巡回画展，展出其创作的100余幅山水、花鸟、人物系列作品。12月18日，由市委宣传部和市文联在桂林美术馆主办的12县美术作品展，展出美术作品150幅，并评出金奖5个、银奖10个、铜奖15个。同日，由市文联、市妇联和桂林女子书画研究会在市展览馆共同主办的桂林女子书画研究会书画作品展，展出书画作品近100幅。（何志琏　黄琼）

【第二届中国山水画艺术双年展在桂林举行】 2010年8～11月，由中国国家画院、桂林市人民政府联合主办的第二届中国山水画艺术双年展在桂林市举行。展览共收到全国各地作品1100多幅，评出获奖和入选作品256幅。桂林市有43名画家的作品入选展览，其中6名画家的作品获奖。

【《刘绍绘现代重彩艺术》举行首发式】 2010年3月28日，市委宣传部、市文联等主办大型画集《刘绍绘现代重彩艺术》首发仪式暨刘绍绘现代重彩艺术学术研讨会。刘绍绘是中国美术家协会会员、桂林师范高等专科学校教授，其作品多次参加全国美术展览并赴美国、日本、德国、意大利和中国香港、台湾地区展出。在长期的执教生涯中，刘绍绘较为系统地研究和探索中国传统装饰绘画和现代重彩技法，逐步地形成了自己的风格。画集《刘绍绘现代重彩艺术》共收录作品100多幅。（何志琏）

【艺术交流】 2010年1月29日，由桂林市文联、台湾二十一世纪现代水墨画会主办的"台湾二十一世纪现代水墨画展"在桂林美术馆开展，展出台湾老中青三代38位画家的64件作品。5月4～7日，由内蒙古文化厅、桂林市文化局主办的"印象草原内蒙古草原油画院油画作品展"在桂林市展览馆开展，展出作品70余幅。7月7日，由桂林市文联、太田市日本中国友好协会主办的日本国太田市书道联盟会员作品展在桂林美术馆开展，展出日本太田市书道联盟23名会员的37幅书法和篆刻作品。10月17～18日，由中共桂林市委宣传部、中共衡阳市委宣传部、桂林市文联、衡阳市文联主办的"桂林市·衡阳市美术书法精品展"在桂林市展览馆开展，展出美术、书法作品160件。11月9～10日，中共衡阳市委宣传部、中共桂林市委宣传部、衡阳市文联、桂林市文联在衡阳市博物馆联合主办“衡阳市·桂林市美术书法精品联展”。11 月 19 ~ 21 日,由桂林市文化局主办的“中日桂林书画联展”在桂林市展览馆开展,展出作品 200 多幅,其中日本国书画家选送日本画、油画、水墨画、书法、摄影艺术等作品 100 多幅。（何志琏　黄琼）

表演艺术

【概况】 2010 年,桂林市各文艺表演协会和团体积极开展活动,传承文明,并在各种比赛中取得好成绩。市曲艺家协会召开创作笔会,在七星区文化馆开设培训班和活动室,开展广西文场的群众普及工作。市电视艺术家协会完成《影像桂林》栏目播出节目 210 期,完成各种大型文艺活动直播(录)60 场,制作了《桂林石刻》《风雨沧桑相思埭》等系列专题片。市民间文艺家协会组织山歌队赴武鸣县参加广西“三月三”歌圩山歌擂台赛,协办兴安米粉节广西歌王争霸赛,并在市文化宫开展每周一猜、每月一赛的谜语竞猜活动。市戏剧家协会组织老艺术家对青年演员进行传帮带,使桂剧、彩调艺术的传承保护工作呈现常态化,全年传承剧目 10 多部。市音乐家协会编辑出版《漓江的旋律》优秀创作歌曲集,并承办桂林市参加中央电视台青年歌手电视大奖赛的选拔工作,组织承办中国民族管弦乐会在桂林市的民乐考级活动。市直属各剧团积极探索和开辟演出市场,带动艺术产业新发展,全年共演出 575 场次,观众近 100 万人次。

【音乐表演获奖】 2010 年 4 月,桂林市老年合唱团在由中国合唱协会和中国老年学会老年旅游专业委员会主办的 2010 年第三届全国老年合唱大赛中获得金奖。8 月,在中国儿童音乐学会、中国教育学会音乐教育专业委员会主办“快乐阳光”第九届中国少年儿童歌曲卡拉 OK 电视大赛中,曾宪瑞作词的歌曲《水珠和大海》《我是你的快乐阳光》获金奖,梁若湘、李凌指导,蒋乐乐、蒋润超的演唱组合获优秀奖。12 月 18 日,在由自治区精神文明建设指导委员会办公室、自治区教育厅等 5 部门联合举办的 2010 年广西“新童谣、新儿歌”创作表演大赛活动中,曾宪瑞作词、彭超作曲的新童谣《月亮巴巴》获创作优秀奖和表演银奖。（何志琏）

【曲艺歌舞比赛成果】 2010 年 1 月 12 ~ 18 日,在自治区文化厅、自治区文联和柳州市人民政府联合主办的第二届广西彩调艺术节中,桂林市的现代彩调剧《留守妻子》获优秀编剧奖、演出一等奖、优秀作曲奖、优秀导演奖、优秀表演奖;现代彩调剧《兰盒子》获演出三等奖,唐晞、秦兰香获表演奖,甘榕生获优秀作曲奖;由唐晞、秦志平改编

10 月 16 日,大型新编历史桂剧《灵渠长歌》在兴安县举行首场演出。　市文化局　供稿

的传统彩调剧《双采莲》获导演奖，文梨获优秀表演奖和舞蹈设计奖。9月3～7日，在自治区文化厅主办的第四届广西青年演员大奖赛（戏曲、曲艺、话剧）决赛中，由桂林市桂剧团、彩调团、曲艺团22名青年演员组成的桂林市代表队获得一等奖2名、二等奖4名、三等奖6名，其中，张浩表演的传统桂剧《董洪跌牢》、叶春桃创作表演的广西大鼓《寒梅凝香》获一等奖。10月25～29日，在自治区文化厅主办的首届广西舞蹈青年演员大奖赛决赛中，桂林市歌舞团获表演一等奖7个、二等奖4个、三等奖1个，有2人获优秀编导奖、4人获编导奖。11月，在自治区文化厅、自治区文联和广西电视台联合主办的第一届广西杂技魔术比赛决赛中，桂林市杂技团大型魔术《排练正在进行中》获魔术类唯一一等奖；《心动时刻》《花式跳绳》获得节目二等奖，手技《炫》获得三等奖。年内，刘新铭创作的桂林渔鼓《农家书屋就是好》获得国家新闻出版总署颁发的"农家书屋"特别奖。

（何志琏　石维佳）

【桂林市获全国少数民族曲艺展演"三连冠"】2010年7月15日，历时3天的第四届全国少数民族曲艺展演落幕。桂林市选送的苗族呢呐哩《偷秋》（王志梧、唐建华创作，桂林市曲艺团表演）在全国15个省（自治区、直辖市）选送的36个节目中脱颖而出，获一等奖，这是桂林市在全国少数民族曲艺大赛中连续第三次获最高奖。

【《灵渠长歌》启动百场巡演】　2010年10月16日晚，大型新编历史桂剧《灵渠长歌》在兴安县举行全市范围百场巡演的首场演出。该剧讲述秦始皇为统一华夏，命令史禄开掘灵渠，沟通湘江漓江，转运粮饷，最终完成统一大业的故事。该剧舞美设计独特，服装造型别致，演员阵容强大，再现开凿灵渠的艰难和古代人们的智慧。

（石维佳）

群众文化

【概况】　2010年，桂林市群众文化工作蓬勃开展，基础设施建设取得成效，32个乡（镇）综合文化站和58个村级公共服务中心建设任务全部完成，桂林市成为自治区公共服务中心建设工作较快的城市之一。市、县（区）文化管理部门积极支持、指导开展特色节庆文化活动，创建各具特色的文化品牌，活跃了城乡居民的文化生活。

（佘子）

【新春文化活动月举办】　2010年2月，市、县（区）文化管理部门组织形式多样、异彩纷呈的新春文化活动。2月3～8日，市委宣传部、市文化局、市展览馆、市摄影协会和学会联合在市展览馆举办第三届桂林市新春摄影艺术展，展出海内外优秀作品124幅，题材有风光美景、花鸟虫鱼、百姓生活等，约3000名观众观展。2月14日大年初一，春节广场文化活动启动。在市中心广场，舞台上表演着杂技、舞蹈、小品、快板等节目；舞台下广场两侧，分别是舞狮、腰鼓队、牌灯队表演和第二十三届迎春漫画展和桂林民俗风情摄影展。元宵节期间，漫画展和摄影展主办单位深入阳朔、平乐等县的乡村继续开展，受到农民群众欢迎。

（黄琮　陶佳）

【"漓江之声"获全国大奖】　2010年5月24日，文化部设立的全国社会文化艺术政府奖——第十五届全国群星奖颁奖，桂林市大型群众文化活动"漓江之声"获得"项目奖"，市群众艺术馆馆长苏韶芬获评为全国"群文之星"。桂林市自1980年开始举办"漓江之声"，至获奖之时已举办30届。

【第三十一届"漓江之声"举行】　2010年9月，桂林市第三十一届"漓江之声"举行，主要由"共建和谐家园"文艺创作节目比赛、少儿才艺比赛、村屯文艺队优秀节目展演、"唱桂林，爱家乡"优秀歌曲比赛4个项目组成。经过40多场预赛选拔脱颖而出的188个节目，参加了9月20～29日的决赛。决赛评选出优秀组织奖9个，组织奖8个，一等奖28个，二等奖59个，三等奖42个，创作奖16个，编导奖11个。10月11日，第三十一届"漓江之声"颁奖晚会暨优秀节目汇报演出在漓江剧院上演。

【广场文艺演出】　2010年，桂林市大型公益性文化活动——市中心广场文艺演出活动主题为"周末大家乐"，旨在提升广场文化活动，带动全市、县（区）广场文化活动开展。4月10日，叠彩区文艺专场在市中心广场举行,演出拉开了"周末大家乐"广场文艺演出活动大幕。全年广场文艺演出共43场,演出节目412个,观众53万余人次。

【"和谐文化服务行"启动】 2010年,市文化局开展"和谐文化服务行"群众文化建设年活动,广泛开展"千团万场"文化惠民活动和村屯文艺骨干培训大行动,普及和丰富城乡群众文化生活。全年全市举办各类文艺骨干培训班650多期,培训人员9500多人次。全市形成"天天练"、"周周演"、"月月比"、"季季赛"的氛围。794支业余艺术团体全年演出8870场,观众120多万人次。

(陶佳)

【举办县(区)与高校巡回图片展】 2010年5月11日,由市委宣传部、市文化局主办,市展览馆承办的桂林市2010年12县5城区及各高校巡展在桂林师范高等专科学校拉开序幕。巡回展览包括艺术摄影展、廉政文化图片展、非物质遗产图片展3部分,至年末共在桂林师范高等专科学校、广西艺术学院雁山中国画院、广西师范大学漓江学院、桂林旅游高等专科学校、临桂会仙镇、羊角山社区等展出100场次,观众近3万人次。 (黄琼)

【文化公益讲坛成为市民的开放教堂】 2010年,桂林市积极推进以桂海讲坛和桂林百姓文化大讲坛为主体的周末文化公益讲坛,讲坛成为市民的开放教堂。其中桂海讲坛由桂林市知识工程办公室、广西桂林图书馆共同主办,以播放文化共享工程视频讲座为主,间或邀请专家现场讲座;桂林百姓文化大讲坛由市委宣传部主办,广西桂林图书馆与市社科联、市文联共同承办,邀请各类嘉宾现场讲座,向听众讲授科学文化知识,传播先进文化与科技信息。全年桂海讲坛和桂林百姓文化大讲坛共举办讲座85场,其中专家现场讲座35场,视频讲座50场,现场听众1万多人次。

(王嘉曦)

【桂林图书馆被确定为全国古籍重点保护单位】

2010年6月11日,广西桂林图书馆被国务院批准确定为第三批全国古籍重点保护单位之一。该馆自2008年7月成立广西壮族自治区古籍保护中心桂林分中心后,对古籍的保护工作走向正轨。2010年,该馆有8部馆藏古籍入选国家珍贵古籍名录,26部古籍文献入选自治区珍贵古籍名录。年内,该馆新增一台古籍普查平台服务器,将原纸本的普查登记工作转移到电脑普查平台,增加了缩微阅读还原机、缩微阅读机、古籍修复压平机、纸浆修复机等专用工具。年内,该馆编纂的《广西桂林图书馆馆藏精粹》丛书由商务印书馆正式出版,与自治区地方志编纂委员会办公室合作的《广西一览》(民国)影印再版由广西人民出版社出版,是广西古籍丛书民国典籍系列正式出版的第一部书。

【全国碑帖鉴定与保护研修班在桂林举办】 2010年10月13~27日,由国家古籍保护中心主办、广西桂林图书馆承办的第三期全国碑帖鉴定与保护研修班在桂林举办。国家古籍保护中心副主任李翠薇出席开班仪式并作专题发言。来自全国各地古籍收藏保护单位的95名学员参加培训。培训班邀请中国科学院、上海图书馆、国家图书馆、山东大学等单位的古籍专家,采用课堂教学与实地练习相结合的方式,为学员讲授碑帖整理、碑刻起源与分类、中国传拓技术、碑帖著录、汉文古籍(拓片)普查平台登记系统等知识。

【文化共享工程建设】 2010年,广西桂林图书馆在桂北地区新建文化共享工程县级支中心7个,乡(镇)基层服务点147个,村级基层服务3889个;自建数字资源430G;开展文化共享工程服务活动20余次,服务6000余人次;组织桂北地区各支中心开展服务活动169次,服务人数62万余人次;对桂北地区各支中心和基层服务点进行集中面授培训5期,培训人员370人次。在文化部全国文化信息资源建设管理中心举行的文化共享工程"感人故事"比赛和"优秀摄影作品"评选中,该馆演讲的《小城故事》获"感人故事"演讲比赛评委会奖,该馆拍摄的《文化共享到侗寨》获摄影作品一等奖。 (周娴)

文化产业

【桂林市获"经典城市名片"】 2010年1月10日晚,中国城市名片荣誉盛典活动在北京大学举行,该盛典活动公布了由网络投票和专家委员会评审产生的"经典城市名片",桂林市以"电影《刘三姐》"作为"经典城市名片"入榜,居9个获得"经典城市名片"的城市之首。该次评选活动由北京大学主办,北京大学文化产业研究院、国家文化产业创新与发展研究基地承办,于2009年8月22日开始实施,通过"经典城市名片"和"新锐城市名片"2个评选视角,面向全国公开征集城市名片,对中国城市的文化软实力进行展示和梳理。

【"一院两馆"项目进展顺利】 2010年,桂林市文化设施建设项目"一院两馆"的基础施工进展顺利。年初,市文化局完成桂林大剧院、桂林图书馆、桂林博物馆项目的前期行政报批报审工作,签订建设项目设计合同等相关合同。7月6日,举行动土仪式;10月20日,在中国—东盟国际博览会上与中国建筑总公司签订"一院两馆"项目主要建设BT投资合同,合同款项金额7.5亿元,全年已完成投资1.3亿元。

【新增2家自治区级文化产业示范基地】 2010年,市文化局组织县(区)文化产业单位参加第三批自治区文化产业示范基地评选。6月,桂林佳辉王城旅游发展有限责任公司、龙胜各族自治县和平乡金江村黄洛长发瑶寨被自治区文化厅命名为自治区文化产业示范基地。至此,桂林市共有国家级文化产业示范基地3家,自治区级文化产业示范基地8家。

【《桂林市文化产业发展规划(2011~2015)》完成编制】 2010年,《桂林市文化产业发展规划(2011~2015)》由上海社会科学院编制完成。该规划全面分析桂林市文化产业的总体规模、优良品牌、新兴领域、优势条件和薄弱环节,提出"把桂林市建设成为以旅游演艺为优势,以科技创意为亮点,以工艺美术为特色,以印刷出版为辐射,效益优良、特色鲜明、持续发展、辐射大西南和东南亚的文化产业先进城市"的总体目标,以及"演艺之都,创意福地,富集市场,智慧新城"的基本定位,并对每阶段提出具体要求和任务。

【《印象刘三姐》《梦幻漓江》入选全国文化旅游重点项目支持名录】 2010年,桂林市开展国家文化旅游重点项目名录旅游演出类申报评选工作,申报的《印象刘三姐》《梦幻漓江》项目,在全国199家旅游演出单位申报的项目中脱颖而出,入选全国文化旅游重点项目支持名录,成为广西仅有的2个入选项目。文化部、国家旅游局将对上榜项目在简化审批程序、加大金融支持力度、进入国际市场、加强宣传推广和培育旅游演出复合型人才等方面予以政策支持。 (孙小良)

文化市场管理

【概况】 2011年,桂林市文化管理部门积极培育文化要素市场,优化文化市场区域布局和结构,推进文化经营项目连锁化、规模化发展。相继开展校园周边环境整治、网吧专项整治、歌舞游艺娱乐场所专项整治等行动,规范经营秩序,净化社会文化环境。组织成立网吧协会,引导网吧行业实行自律。调整网吧义务监督员队伍,加强社会监督力度。加强文化市场行政执法队伍建设,提高人员素质和执法能力。全年市、县(区)文化稽查部门共出动检查人员1.59万人次,检查文化经营单位1.56万家次,立案调查82件,办结案件60件,责令停业整顿25家次,取缔7家。2010年,市文化局获文化部全国文化市场综合执法先进单位。

【知识产权保护专项执法行动】 2010年11月,市文化局在全市范围内开展文化市场知识产权保护专项执法行动。专项行动旨在整合文化市场执法资源,遏制在文化娱乐、网络文化等领域存在的侵权盗版行为,提高公众知识产权保护意识和能力,规范文化市场秩序,建立和完善知识产权保护长效机制,为桂林市文化大发展、大繁荣创造公平竞争的市场环境。主要打击网络游戏"私服"、"外挂",清理歌舞娱乐场所歌曲点播系统,严查侵权盗版网络音乐,清查违法动漫游戏产品,查处假冒伪劣美术品,严打假唱假演奏,排查网吧影视服务器。至2011年3月,全市共出动执法人员367人次,检查网吧经营场所551家次、游戏室97家次、歌舞娱乐场所110家次,受理举报案件33起,立案查处73起,处罚金额6万余元。

【开展打击网络侵权盗版"剑网行动"】 2010年下半年,桂林市成立整治互联网及手机媒体专项维权行动领导小组,开展打击网络侵权盗版"剑网行动”，加强网络游戏服务（手机游戏）及网络动漫（手机动漫）的监管，清理排查整治网吧、网络游戏服务（手机游戏）及网络动漫（手机动漫）领域内的盗版和侵权行为。市文化局与市公安、工商行政管理、消防、电信、教育和环保等行政管理部门协作，聘请网吧义务监督员86人，并建立长效管理机制，对文化市场实行常态化管理。至10月末，全市共出动文化执法人员437人次，检查文化经营场所1380家次，受理举报37件，责令改正30件，立案调查31件，警告261家次。

【文化经营场所普查登记】 2010年，市文化局结合文化市场经营许可证年检对全市文化经营场所进行普查登记。全年共年检登记歌舞娱乐场所55家、电子游艺娱乐场所51家、互联网上网营业场所144家。

【净化社会文化环境专项治理行动】 2010年，市文化局开展净化社会文化环境专项治理行动。市、县（区）文化管理部门共出动3566人次，检查文化经营场所3126家次，受理举报23件，责令改正180件，警告13家次，停业整顿8家。其中，检查互联网上网营业场所1303家次，责令改正47家次，受理举报23件，立案调查7件，警告35家次，罚款2.1万元，责令停业整顿8家次。

【桂林市网吧行业协会成立】 2010年11月24日，桂林市网吧行业协会成立。桂林市有注册网吧180多家，第一批入会会员单位93个。网吧协会会员签署行业自律公约，承诺依法守法经营，为上网消费者提供优质服务；不以任何手段排挤竞争对手或者独占市场，不以低于成本的价格倾销扰乱正常生产经营秩序；不损害其他经营者的合法权利，营造良好的经营环境，维护开放统一、竞争有序、和谐发展的市场环境。（秦七一）

文物·博物

【概况】 2010年，桂林市文物、博物工作围绕“保护为主、抢救第一、合理利用、加强管理”的方针开展。文化遗产保护取得显著成绩，配合广西文物考古研究所对永福县窑田岭遗址、全州县永岁乡洮阳城址进行发掘并取得重大成果；有2处遗址入选国家文物局第一批公布的23个国家考古遗址公园立项名单；第三次全国文物普查田野调查阶段的工作任务全面完成，得到国家文物局和自治区文物局的表彰；成功举办史前文化遗产国际高峰论坛，形成对史前文化遗址保护和考古遗址公园建设的《桂林共识》。年内，继八路军桂林办事处旧址纪念馆之后，桂林博物馆、李宗仁文物管理处、桂北民俗博物馆正式向社会免费开放，市直各文物博物馆全年免费接待观众近100万人次。（徐卫红）

【两项目获第一批国家考古遗址公园立项】 2010年10月9日，国家文物局公布第一批国家考古遗址公园立项名单，桂林靖江王陵及王府、甑皮岩考古遗址公园名列其中，成为自治区仅有的2个入选项目。甑皮岩考古遗址公园是全国唯一以新石器时代洞穴遗址为主题的考古遗址公园。桂林靖江王陵及王府国家考古遗址公园和桂林甑皮岩国家考古遗址公园的建设，将以靖江王陵与王府、甑皮岩洞穴遗址为依托，建成以遗址保护和研究为主轴、提高城市文化品位、为市民游客提供文化学习与休闲之地的考古遗址公园。11月14日，甑皮岩国家考古遗址公园建设项目启动。公园占地面积约13公顷，分遗址保护区、博物馆功能区和配套服务区。

【史前文化遗产国际高峰论坛在桂林召开】 2010年11月13～15日，由中国博物馆协会等主办的“中国桂林史前文化遗产国际高峰论坛暨中国博物馆协会史前遗址博物馆专业委员会第八届学术研讨会”在桂林召开。联合国教科文组织驻北京办事处文化遗产保护专员杜晓帆，国际博物馆协会副主席马丁施尔、国际博物馆协会跨文化委员会主席马尔加拉，著名考古学家、中国考古学会理事长张忠培，中国台湾史前文化博物馆馆长童春发，联合国教科文组织国际岩溶研究中心学术委员会主任、中国科学院院士袁道先等国内外专家，以及来自中国、瑞士、澳大利亚、日本等国家与中国台湾地区的文化遗产管理部门和专业机构代表100余人出席论坛。会议期间，举行了“中国桂林洞穴遗址考古研究中心”揭牌仪式，以及广西桂林甑皮岩国家考古遗址公园项目启动仪式。与会专家围绕史前文化遗产保护与考古遗址公园建设

等相关问题进行讨论，并就确保史前遗址安全，充分运用史前考古遗址公园文化、科普资源等内容发布《桂林共识》。（韦军）

【全国文物普查田野调查阶段工作全面完成】 2010年年末，桂林市全面完成第三次全国文物普查田野调查阶段工作任务。12县5城区共登记不可移动文物2015处（其中秀峰区84处、叠彩区97处、象山区62处、七星区64处、雁山区125处），数量超过自治区所有已登记文物点20%；采集拍摄文物照片10025张，录入文物信息表5475份。该次普查，新发现、登记了一批重要的史前洞穴遗址、涉及东盟文物、商业老字号和桂林抗战遗迹，并推荐桂林史前洞穴遗址群、全州县贡陂堰、恭城瑶族自治县乐湾大屋等7处新发现参加"第三次全国文物普查百处新发现"评选活动。桂林甑皮岩遗址博物馆副馆长韦军在全国文物普查田野调查阶段工作中被评为全国"三普"先进个人。（李曦　刘琦）

【桂林甑皮岩遗址博物馆成为自治区爱国主义教育基地】 2010年12月28日，桂林甑皮岩遗址博物馆获第五批自治区爱国主义教育基地。桂林甑皮岩遗址博物馆以中、小学生为主要服务对象，编写有《寻访万年前的桂林人》等科普读物并赠送全市各中学；开创性地举办模拟考古乐园，以共同动手、寓教于乐的方式，展示桂林史前文化；在全市通过知识问答等形式，选取学生参加考古夏令营；开展"我心目中的甑皮岩"作文和绘画比赛，培训大学生志愿者服务队伍等。成为桂林市乃至中国香港地区部分中小学生的快乐教育基地。（韦军）

【龙胜龙脊壮族生态博物馆开馆】 2010年11月15日上午，龙胜龙脊壮族生态博物馆举行开馆揭牌仪式。该馆位于龙胜各族自治县和平乡龙脊村的龙脊古壮寨。龙脊古壮寨是龙脊梯田景区内历史悠久的古村落，壮族民居古建筑保存完好，有多座百年古屋。寨内的石桥、石板路、古亭、古树、石刻碑碣等年代久远，遗存的壮族文化内容丰富。居住的壮族群众保存着以梯田景观为代表的山地农业稻作文化、以"白衣"为代表的服饰文化、以干栏式民居为代表的建筑文化、以碑刻和石板路为代表的石制文化、以铜鼓舞和弯歌为代表的歌舞文化、以寨老制度为代表的民族自治制度文化和以"龙脊四宝"（龙脊水酒、龙脊辣椒、龙脊香糯、龙脊茶）为代表的饮食文化。博物馆占地面积289平方米，建筑面积601平方米，馆内常设《龙脊神韵、壮家风情》基本陈列，生态保护范围主要包括廖家寨、侯家寨、潘家寨（含平寨、平段）等村寨。博物馆建设项目是广西民族生态博物馆"1+10"工程建设项目，是广西"十一五"规划期间重点文化建设项目之一。（侯文强）

【窑田岭遗址发掘获重大成果】 2009年12月～2010年11月，广西文物考古研究所、桂林市文物工作队和永福县文管所对湘桂铁路扩建经过的永福窑田岭遗址进行抢救性发掘，并获得重大成果，发掘出一批具有重要研究价值的瓷器和窑场。共发掘9座宋代龙窑、4座明清时期的葫芦形窑、1处宋代窑场作坊遗址以及大量的灰坑、柱洞，出土宋代瓷器近60吨，出土瓷器数十万件。发掘面积近8000平方米，为历年广西瓷器考古之最。所清理出的宋代龙窑、青瓷器及制瓷作坊遗迹，使考古专家掌握窑田岭窑场的布局、龙窑结构、装烧技术、作坊区各类遗迹及产品特征；同时保存较好的龙窑和作坊遗迹，对研究广西宋代窑址具有重要参考价值。发掘出土的瓷器，类型多样，制作精致。

【全州县永岁乡洮阳城遗址发掘】 2010年10～12月，广西文物考古研究所、桂林市文物工作队和全州文物管理所对全州县永岁乡洮阳城址进行发掘。在城内发现面积超过200平方米的大片房屋建筑遗址，在城外发现2个不同时期的房屋建筑，出土一批绳文瓦、绳文砖。该次发掘对于确定洮阳城的性质，进一步了解城址的布局具有重要意义。（贺战武）

【桂林博物馆入藏一批高品级藏品】 2010年，桂林博物馆遵循"藏品立馆"的规律，全年共入藏中外书画作品、访桂林国际友人礼品、少数民族民俗文物、本地历史文化名人墨宝和其他文物资料近800件。入藏文物品级高、品相好，不乏精美之作。拟推荐为国家一级文物10件（套），二级83件（套），三级399件（套）。（周羽）

广播·电视·新闻·出版

9月16日，市新闻出版局执法人员检查印刷企业。　　王善库　摄

广播·电视

【概况】 2010 年,桂林市广播电视局按照"高举旗帜、围绕大局、服务人民、改革创新"的宣传思想工作总要求和市委、市政府"保护漓江,发展临桂,再造一个新桂林"的战略部署,把握正确舆论导向,不断提升舆论引导水平和媒体传播能力,确保宣传新闻、生产节目、安全播出、依法管理、事业产业发展等各项工作全面进步。年内,治理全市广播电视银屏声频低俗媚俗之风,加强广告节目播放管理,重点清理整治虚假违法广告,认真查处办理市政协委员提出的广告播放相关提案。加强对新媒体的管理,不断探索手机电视、车载电视及楼宇等公开视听载体的监督管理工作。做好视频点播业务、广播电视节目传送经营等清理备案办证管理工作,督促某分公司停止开展 IP 电视传送业务。做好全市广播电视播出机构的年审工作,对 27 家电影放映单位进行年审,为 24 家宾馆饭店换发境外卫星接收许可证。

全年,桂林市广播电视局继续加强技术维护,落实保障措施,制订和完善广播电视安全播出保障工作方案,确保元旦、春节、五一、全国"两会"、上海世博会、中国—东盟博览会等重大节日、重要活动、重点时段广播电视的安全播出。全年安全保障广播电视总播出时间 320528 小时,重要保障期共 179 天,全市有线、无线、卫星广播电视传输系统及各播出单位(含 12 县转播台)未发生安全播出事故。

【宣传报道收到良好的舆论效果】 2010 年,市广播电视局所属电台、电视台、广播电视报社按照"新闻立台"要求,发挥广播电视的媒体优势,加强舆论引导和新闻宣传,在办好时政新闻栏目的同时,办好民生新闻栏目,多手段、多角度、多层次加大对全市中心工作和社会热点、难点问题的宣传力度,节目(栏目)质量不断提升,收到良好的舆论宣传效果。年内突出抓好的宣传报道主要内容有:全市深入贯彻学习科学发展观活动及社会主义核心价值体系构建;继续保持经济平稳较快发展,保障和改善民生、为民办实事、新农村建设等经济工作;桂林国家旅游综合改革试验区及临桂新区建设、"1212"基础设施项目建设等重大建设工程;第四届联合国世界旅游组织/亚太旅游协会旅游趋势与展望国际论坛、2010 中国桂林国际旅游博览会、中越青年大联欢、"情系八桂"两岸文化联谊行等重大活动;创建全国文明城市、加强社会公德和未成年人思想道德建设等精神文明创建活动。

【节目生产取得好成绩】 2010 年,市广播电视局继续打造桂林电视台的《桂林新闻》《身边》《板路》,桂林电台的《政风行风热线》《市民心声》《飞扬早班车》等具有地方特色的精品栏目,并以此带动整体节目质量的提高。在评选 2009 年度桂林广播电视奖(县级台)活动中,共评出五大类别获奖作品 80 件,其中一等奖作品 16 件、二等奖 27 件、三等奖 37 件;在评选 2009 年度的广西广播电视奖活动中,桂林广播电视系统获奖作品 70 件,其中获一等奖作品 6 件、二等奖 28 件、三等奖 36 件。年内,有一批作品在广西新闻奖及由中国广播电视协会、中国电视艺术家协会组织的专项节目评比中获奖。

【对外宣传得到自治区的表扬和嘉奖】 2010 年,桂林广播电台、桂林电视台积极向中央和广西广播电台、电视台等上级媒体供稿,对外宣传位列自治区城市广播电台、电视台先进水平,分别受到自治区广播电视局的通报表扬和嘉奖。全年,桂林广播电台在广西广播电台播出稿件 561 篇,在中央广播电台播出 57 篇;桂林电视台在广西电视台播出稿件 428 篇,在中央电视台播出 98 篇,其中中央电视台 1 月 25 日、2 月 23 日在《新闻联播》节目分别播出平乐县和阳朔县开展科学发展观活动取得实效的新闻。

【广播影视公共服务体系建设】 2010 年,市广播电视部门构建和完善桂林行政区域内的广播影视公共服务体系。至 10 月末,"十一五"规划期间广播电视直播卫星覆盖建设工程全面竣工,全市共完成 20 户以上通电自然村"村村通"广播电视直播卫星覆盖工程建设任务村(屯)8713 个,受益用户 25.9 万户,覆盖人口 98.64 万人。做好农村电影公益放映工作,配合自治区广播电视局接收、分发数字电影放映设备 43 套、放映车 1 台,全年全市共完成农村电影公益放映任务 20214 场。协同广西广电网络桂林分公司完成《桂林市城区乡镇广播电视网络整合方案》(草案),并提交市政府常务工作会议讨论通过。完成桂林尧山机房至灵川机房数字微波的安装和调试,扩大了全市手机、车载等移动多媒体广播电视的覆盖面。

【广播电影电视中心项目开工】 2010年6月25日,市广播电视局新建广播电影电视中心开工奠基仪式在临桂新区举行,市委书记、市人大常委会主任刘君出席仪式并宣布开工。该项目由桂林人民广播电台、桂林电视台、广西广播电视信息网络股份有限公司桂林分公司、桂林广播电视发射台、桂林广播电视报社共同投资兴建。按照规划,新建的桂林市广播电影电视中心占地3.17公顷,总建筑面积4.6万平方米,预计总投资2.18亿元;工程共分两期建设,主楼高98米,地面23层,地下2层,设有大型演播厅、新闻中心、网络中心等现代化设施。

【卫星广播电视接收设施专项整治】 2010年,市广播电视部门开展卫星广播电视接收设施专项整治行动,并将该专项治理纳入市区及所辖12县综合治理范畴。3月31日,市广播电视局会同相关执法单位,查获生产、组装、非法销售卫星广播电视接收设施窝点1个,收缴卫星地面接收设备1批,其中接收机1300多台,高频头1900多只,C波段天线及支架360套,KU波段天线及支架2000套,案值近18万元。

【广告经营取得较好成绩】 2010年,桂林人民广播电台、电视台、广播电视报社不断提升广播电视节目质量,调整广告节目结构和经营创收思路,加大行业管理,广告等经营创收工作取得较好成绩。全年广告经营创收共计3208万元,其中桂林人民广播电台263.5万元、广播电视报社246万元、桂林电视台2698.5万元。桂林电视台超额完成年度创收工作目标,创建台后最好成绩。

(罗宗昌)

新闻·出版

【概况】 2010年,桂林市有公开发行报纸4种,公开发行期刊2种,学报25种,内部资料性出版物67种。有驻市出版社2家,中央和自治区新闻单位设立的记者站5家。全市有出版物发行单位452家,其中批发19家、零售433家(市区303家);有从业人员762人;全年共销售码洋1.84亿元,上交税额145万元。有音像制品经营单位330家(市区80家、12县250家),电子出版物经营单位30家,“三印”(复印、影印、打印)企业296家,复制企业1家(年产值3939万元、从业人员196人),印刷企业231家(从业人员7224人)。印刷企业中,按管理类别分:出版物企业15家,排版、制版、装订专项许可企业6家,包装装潢印刷企业100家,其他印刷品印刷企业110家;按企业所有制类型分:国有企业14家,集体企业20家,个体私营企业74家,股份制企业121家,外资企业2家;按年销售收入分:年销售收入1000万元以上(含1000万元)的企业18家,500万元至1000万元的企业14家,500万元以下的企业199家;按资产总额分:资产在5000万元以上(含5000万元)的企业7家,3000万元至5000万元的企业3家,3000万元以下的企业221家。全年全市印刷企业工业总产值13.18亿元,其中出版物印刷企业4.31亿元,包装装潢印刷企业7.99亿元,其他印刷品企业0.88亿元。

【打击网络传播违规违法信息行为】 2009年12月~2010年10月,市新闻出版局开展整治互联网和手机媒体传播淫秽色情及其他违规违法信息专项行动,共检查单位29家,删除、屏蔽有害信息453条。其中:涉枪信息11条,涉管制刀具信息26条,售弩信息5条,淫秽色情信息9条,涉毒信息16条,假币信息9条,发票信息7条,蒙汗药信息16条,诈骗信息2条,其他违法信息352条。取缔关闭非法网站4个,关闭有害信息栏目2个,查处网站案件3件,立案查处网吧案件1件,向自治区外通报23026件,删除网站中非法“性药品”广告17条,关闭提交备案申请但还未获得ICP备案号的网站8个,关闭对外提供网址访问服务的专线用户端口80个。责成互联网服务单位、移动运营商、移动增值服务(SP)、互联网数据中心(IDC)等单位落实安全管理措施和各项管理制度,加强网站备案、审批、接入管理。

【遏制侵权盗版行为】 2010年,桂林市新闻出版、公安、工商行政管理部门共出动检查人员15391人次，检查出版物市场、店档摊点17472次，取缔关闭出版物市场、店档摊点181个；检查印刷复制企业809家次；检查网吧576家。在7月21日“创建全国文明城市”专项整治行动中，打掉非法经营出版物的地摊28个，查缴非法光盘5万多张。全年查缴盗版畅销书、工具书、教材教辅读物以及盗版电影、电视剧、音像制品（电子出版物）18.11万件，其中盗版音像制品14.20万件，盗版图书2.48万件，盗版电子出版物0.90万件，盗版教材教辅0.53万件。

【严肃整治报刊出版违规行为】 2010年，市新闻出版局采取行动整治假报刊、假记者站、假记者、假新闻，取缔非法设立的编辑部、记者站、工作站等机构。加强对“一号多报”、“一号多刊”等违规行为的整治，严肃查处报刊出版单位的违规行为。加强对免费赠送刊物的管理，从许可、内容、赠送范围等方面加以明确规范。全年共收缴非法报纸期刊10660份，取缔非法设立的记者站2个。

【“扫黄打非”专项行动】 2010年，市新闻出版局联合相关部门开展多次“扫黄打非”专项行动。7月21日，市“扫黄打非”办公室、公安局、文化局、新闻出版局、工商行政管理局等部门联合在市区开展“扫黄打非”专项行动，出动人员738人次，突击检查全市非法经营出版物的游商地摊及宾馆饭店和娱乐场所，共查处“涉黄”案件7件，涉赌案件9件，涉毒案件25件，并查处涉娼人员5人、涉嫖人员5人、涉赌人员42人、涉毒人员56人，抓获网上逃犯1人，缴获赌博机21台，打掉非法经营出版物的地摊28个，查缴非法光碟5万多张。10月28日，再次组织迎亚运“扫黄打非”集中行动，收缴盗版光盘5万多张、淫秽光盘近600盒。

【推进版权保护工作】 2010年，市新闻出版局抓好版权保护工作，一是推进企业使用软件正版化，6月下旬至7月上旬对22家使用正版软件的勘察设计企业逐一验收。二是做好第三批推进企业使用软件正版化工作。确定桂林三花股份有限公司等5家企业作为推进企业使用软件正版化工作的落实对象。9月中旬，5家企业参加自治区版权局组织的培训工作，11月底全部完成软件使用正版化，12月初通过自治区、市两级验收。三是开展版权法律法规知识宣传教育培训活动，年内，组织广西师范大学等6所大中专院校近1000人参加“拒绝盗版，从我做起”签名及2010年绿书签发放活动；参与“五一五”打击和防范经济犯罪宣传日活动，宣传版权法律知识，发放版权法律知识宣传资料，向市民提供版权法规咨询服务。

【音像制品市场行政管理职能划转】 2010年5月4日，音像制品市场行政管理职能由市文化局移交给市新闻出版局。市新闻出版局根据上级要求，废止文化局颁发的原音像制品经营许可证，重新办理全市音像制品零售、出租单位的审核登记换证工作。至6月末，该项工作全部完成。

【农家书屋建设】 2010年初，全市12县5城区落实2010年农家书屋的计划选址等编制工作。各县（区）落实管理责任，疏通联络渠道，加强书屋管理，建立长效机制，并纠正解决操作过程中出现的各类问题。至年末，全市落实农家书屋的配套建设资金243.90万元，新建农家书屋542个。

【行政审批事项全部办结】 2010年，市新闻出版局实行统一窗口政务服务的行政审批和非行政审批项目共11项：图书、报纸、期刊、电子出版物零售企业设立审批，图书、报纸、期刊、电子出版物零售企业变更名称、业务范围、地址、兼并合并审批，图书、报纸、期刊、电子出版物出租业务备案，图书、报纸、期刊、电子出版物连锁单位设立初审，音像制品零售、出租经营许可审批，“三印”企业设立审批，“三印”企业变更审批，名片印刷企业设立审批，内部资料出版物准印证核发审批，记者站设立初审，印刷企业设立初审及变更项目初审。全年共办结事项138件，其中行政审批88件，咨询50件。审批事项办结率100%。

【新华书店销售增长】 2010年，市新华书店和12县新华书店共实现出版物总销售1665万册，（比上年，下同）增长18%；销售金额1.19亿元，（比上年，下同）增加703万元，增长6%。其中：课本教材发行总额6611万元，金额增加481万元，增长8%；销售一般图书（指课本教材之外的图书，下同）和音像制品5230万元，增加207万元，增长4%。全市人均购书3.5册25.2元，增加1.5元;主营业务职工年人均劳动生产率33.4万元,增加4万元。

年内,市新华书店出版物总销售499万册4767万元,码洋销售增加106万元,增长2.3%。其中:一般图书音像制品销售4058万元,增长3.2%;课本教材销售709万元,降低2.9%。主营业务年人均劳动生产率为30.4万元,增加0.9万元。12县新华书店实现出版物总销售1166万册,增长16%;销售金额7091万元,增加597万元,增长9%。阳朔县、临桂县、灵川县、平乐县、荔浦县新华书店销售金额增幅达14%以上。代发站教材总发货1075万册,7391万码洋,降低31%;发运包件14万件,降低35%;实现税利20.2万元。（王善库）

【桂林日报社】 2010年,桂林日报社主办《桂林日报》《桂林晚报》《体坛导报》,《桂林日报》平均有效期发量4.69万份,《桂林晚报》平均有效期发量6.09万份,《体坛导报》平均有效期发量8万份,增长142.76%。年内,桂林日报社围绕市委、市政府的中心工作开展各项宣传报道:一是加强理论宣传,对全市学习贯彻中共十七届四、五中全会精神进行动态报道和解读性报道,对桂林市"十一五"规划期间取得的成就进行系列专题报道。二是以建设国家旅游综合改革试验区为契机,以转型升级为核心,以城市建设、交通基础设施建设、园区建设和城乡风貌建设为重点,全面推进产业项目、基础设施项目和社会事业项目的宣传报道。三是推进交通、能源、水利等重大基础设施建设以及临桂新区建设、桂林国家高新技术产业开发区、苏桥工业园区的宣传报道,以专访、动态、综述、评论等形式开展"我为临桂新区建设做什么"大讨论活动报道,开创性地开设《军令状》《指挥部》《前方》《后方》等栏目。四是做好先进模范人物报道,推出人民的好检察官杜云和优秀基层工会主席王远文的先进事迹报道。五是加强会议报道,第四届联合国世界旅游组织/亚太旅游协会旅游趋势与展望国际论坛、首届桂林国际旅游博览会、亚洲超模大赛在桂林举办,《桂林日报》分别以《文化名城,文明海洋》《幸福桂林》《休闲桂林》《创新桂林》《惠农桂林》《生态桂林》《文博桂林》等大字通栏,配以大幅及多幅精美照片,全面、立体式反映桂林经济社会发展现状,反映桂林的城市特征,反映广大市民的精神面貌,反映桂林的历史文化。

《桂林日报》《桂林晚报》积极创新栏目,形成宣传强势,全年开辟数十个专版专栏。并精心策划,创建品牌。策划开展为期40天的"走进非洲"跨国实地大型公益新闻采访活动和"60年铭记——影响桂林的60人"大型评选活动。"走进非洲"以关注人类与自然的和谐共存为主线,共发稿11万多字,该活动得到中国驻联合国环境规划署代表处副代表张雨田高度评价。《体坛导报》年内策划出版了南非世界杯特刊——《玩转世界杯》,并成功举办第十二届全市大规模的群众性体育活动——"五人制"足球赛。《体坛导报》承办群众性五人制足球比赛——2010"博尔顿—切尔西—维根188精英杯"英超球队官方特批广西、广东、上海五人制足球精英赛,并提出建设"桂林国际足球文化产业园"构想。

2010年,桂林日报社获多项荣誉。5月,《体坛导报》在中国地市报第六届理事大会上获"中国地方都市类报纸最具影响力十强"称号,是广西唯一获此殊荣的地市级报纸。8月,《桂林晚报》被中国广告协会报刊分会联合清华大学新闻与传播学院等机构评选为"2009~2010中国最具成长价值媒体十强",是广西唯一获此殊荣的地市级报纸。10月,《桂林日报》《桂林晚报》在中国自动化推进联盟主办的中国报业峰会上获2010年中国报业创新奖。桂林日报社获中国报业协会2009~2010年度全国报业经营管理优秀单位,并获自治区新闻出版局授予2008~2009年度做强做大广西新闻出版业突出贡献奖。

（王长科）

【漓江出版社有限公司】 2010年,漓江出版社有限公司共出版图书553种,其中一般图书213种、教材34种、教辅306种。553种图书中新出版图书207种、重印346种。总印数437.3万册,总印张3687.6万印张,总码洋6781万元,发货码洋7955万元。全年图书销售收入2909万元,图书回款3220万元,其他业务收入252万元。利润总额222.7万元,增长98.8%。

2009年12月22日,自治区人民政府批准漓江出版社改制。2010年2月5日,漓江出版社完成体制转换,改制为漓江出版社有限公司,并解决了由事业单位转制为企业过程中遇到的难题,平稳实现职工身份从事业身份到企业人的转换。年初，漓江出版社有限公司推进以资本为纽带，以人才为核心的股份制改造，加快开展与社外企业进行股份制合作步伐，整合细分市场资源，激活微观运行机制。下半年，相继以股份制形式组建广州中嘉纸浆贸易有限公司和漓江阅美文化传播有限公司，其中漓江阅美文化传播有限公司是广西出版传媒集团所属出版社中第一家在北京注册成立的国有控股、投资主体多元化的出版公司。

年内，漓江出版社有限公司在一般图书方面主要围绕文学板块、教育板块和女性时尚生活板块进行精耕细作、延伸和拓展，推出了《培养孩子从画画开始》《用尊重成就孩子的一生》《选对色彩穿对衣》《〈新周刊〉2010 年度佳作》等一批畅销精品，选题质量进一步提升，并逐渐形成特色鲜明的优势板块。教学辅导书开发立足于自治区内资源，并与四川、江苏等省民营企业联手，在保持原有成绩的基础上不断有新收获。营销宣传方面完善市场观念指导下的新模式，媒体资源进一步丰富，宣传平台立体多样，社会影响逐步扩大。发行方面重视渠道的整合与发展，在网络销售、机场销售、系统团购、农家书屋等方面投入力量，在地面店销售普遍下滑的情况下，网络销售、系统团购等发行指标均有明显增长。

2010 年 7 月 6 日，《中国图书商报》发布的“十一五”规划期间全国各门类出版社出版能力综合排名，漓江出版社有限公司居全国 41 家文艺出版社第五名。《挪威的森林》《麦田里的守望者》《假若明天来临》《意象派诗选》《日内瓦医生》《老人与海》《洛丽塔》《在路上》8 部图书被中国图书商报社、中国出版科学研究所评为“60 年中国最具影响力的 600 本书”；《喜耕田的故事》《戈壁母亲》获自治区党委宣传部第十一届广西精神文明建设“五个一工程”入选作品奖。

（小海）

【广西师范大学出版社集团有限公司】 2010 年，广西师范大学出版社完成体制转换，注册为广西师范大学出版社集团有限公司，拥有下属企业和控股公司法人实体 15 个，业务范围涉及图书、期刊、电子音像及数字出版，文化产品的设计制作、印制、销售，以及教育培训、会展、咨询、地产等。全年共出版新书 1095 种，其中高校教材教学参考书 42 种、基础教育用书 547 种、其他图书 506 种；重版重印图书 2126 种，增长 38%，图书经营质量得到改善。全年共完成纸张付印量 50 万令，印制图书总数 8628 万册，总付印品种数 4177 种。书刊发行码洋 5.97 亿元，销售收入 3.1 亿元。全年引进图书版权 166 种，增长 102%；输出图书版权 21 种，增长 75%。向“经典中国国际出版工程”报送参评书 6 种，其中《走近中医》韩文出版项目获得国家资助 10.7 万元。

年初，该公司在北京召开感恩答谢暨汪涵、陈丹青新书发布会，所发布的新书大多成为读书界的年度焦点。2010 年 9 月 21 日，由该社出版、发行，自治区党委宣传部、中华文化促进会编创的文献纪录电影、图书《五星红旗》首映首发式在北京人民大会堂举行，全国人大常委会副委员长周铁农、司法部副部长郝赤勇、文化部副部长李洪峰、新闻出版总署副署长孙寿山、自治区常务副主席李金早等领导出席首映首发式。

年内，该社继续推进改革，创新与完善运行机制，坚持突出主业、多元发展，由传统的书刊装帧设计扩展到广告制作、装潢设计、动漫开发等领域，由文化经营扩展到实业经营、资产经营。该公司完成设在临桂的创意产业园建设一期工程，建成新型印刷基地。该公司营销中心初步实现学术人文类图书产品信息资源的整合，年末，广西师范大学出版社集团有限公司被中南地区大学版协十八家会员单位投票选举为新一届发行工作委员会主任委员单位。

2010 年 11 月，该公司送审的 2009 年版 115 种样图书被广西新闻出版局检测认定优等品 3 种、一等品 95 种，合格品率 100%，优良品率 85%，居自治区 8 家出版社的第一名。装帧设计方面，获奖总数在桂版图书优秀装帧设计评奖中居自治区第一。该公司因近年来出版大批高水平的学术人文图书，高雅的出版品位和浓郁的人文精神赢得学者和读者的赞誉。12 月，在 2010 全国出版业网站年会上，该公司网站入选 2010 全国出版业最佳服务网站。年内，该公司获自治区新闻出版局 2008～2009 年度做强做大广西新闻出版业突出贡献奖。

（莫曲波）

卫生·体育

11月22日,桂林市举行第十七届"雁山——解放杯"长跑赛。　　黄世茂　摄

卫　　生

【概况】 2010年,桂林市有各级各类医疗卫生机构1588家(个)。其中:医院53家(综合医院36家、中医医院11家、中西医结合医院1家、专科医院5家),疗养院3家,乡(镇)卫生院141家(中心卫生院35家),门诊部15个,采供血机构1个,妇幼保健院(站)13个(市妇幼保健院与市妇女儿童医院合为一个医院),疾病预防控制中心(卫生防疫站)13个,卫生监督所14个,诊所、卫生所、医务室共1297家,社区卫生服务机构37个(中心11个,站26个)。全市有卫生工作人员26666人,其中卫生技术人员22170人(执业医师6933人、执业助理医师1458人、注册护士8726人、药剂人员1203人、检验人员1210人、其他2640人)。农村有乡村医生和卫生员5022人。全市医疗卫生机构有床位15791张,其中医院床位9658张。年内,医疗机构完成诊疗总数1752.15万人次,其中门诊、急诊1710.72万人次。病人入院54.33万人次,出院54.15万人次;住院病人治愈率62.16%,好转率34.79%,死亡率0.51%,危重病人抢救成功率89.10%;病床周转次数34.9次,病床使用率77.20%,出院者平均住院7.9日。2010年城区人口平均期望寿命78.02岁。

【推进新型农村合作医疗】 2010年,桂林市继续推进桂林新型农村合作医疗(简称新农合),全市参加新农合农民359.39万人,参合率95.49%,参加新农合农民补助标准从每人80元提高到120元。年内,阳朔县、临桂县、灵川县、荔浦县、灌阳县、资源县开展新农合门诊统筹试点工作,新农合门诊统筹率由2008年的23.53%提高到2010年的50%。全市各县(区)完成新农合信息系统开发建设,灵川县、永福县、资源县、平乐县、龙胜各族自治县及雁山区新农合信息系统实现与市级平台的对接。全市有10个县和5个城区实现医疗费用出院即时结算。至年末,全市累计筹集新农合基金5.39亿元,支出医药补偿金4.45亿元,受益农民219.93万人次。

【启动实施国家基本药物制度】 2010年2月28日,桂林市在第一批医改试点县临桂县、兴安县、永福县、恭城瑶族自治县的42个乡(镇)卫生院率先启动实施国家基本药物制度,覆盖人口140万。12月15日,启动第二批医改县(区)试点,在阳朔县、灵川县、灌阳县、荔浦县和秀峰区、叠彩区、象山区、七星区、雁山区的50个乡(镇)卫生院和23个社区卫生服务机构实施国家基本药物制度,覆盖人口190万,全市实施国家基本药物制度覆盖率达76.47%,超过国家60%的目标任务。至年末,第一批试点县42个乡(镇)卫生院住院病人人均医药费用降低24.41%,住院病人人均药品费用降低35.97%,门诊病人次均费用降低24.33%,门诊病人次均药品费用降低32.48%。试点县基层医疗机构药品收入、诊疗人次数平均分别降低33.13%、增长15.19%。

【完善基层医疗卫生服务体系】 2010年,国家下达桂林市6个县级医院、8个中心卫生院、3个社区卫生服务中心和39个村卫生室项目,总投资2.40亿元,年内完成投资3053万元。至年末,全市累计建设完成县级医院21个、中心卫生院40个、社区卫生服务中心8个、村卫生室项目759个。为社区卫生服务机构配备康复器材152件,新生儿访视秤、血压计等设备300余件,配备医疗设备22台(套);为乡(镇)卫生院和村卫生室配备医疗设备5112台。年内,各相关县(区)完成20名学生的《农村定向医学生培养计划协议》签订工作,安排基层医疗卫生机构在岗人员进行全科医生转岗培训164人,培训基层卫生人员6404人次,组织51个二级以上医疗卫生机构对口支援57家乡(镇)卫生院。

【启动基本公共卫生服务项目】 2010年,桂林市全面启动居民健康档案、健康教育、免疫规划、传染病报告与处理、儿童保健、孕产妇保健、老年人管理、慢性病管理、重性精神病管理等九大基本公共卫生服务项目。年内,各县(区)建立农村人口居民档案105.3万份,建档率26.72%,城镇居民建档58.1万份,建档率44.9%。各县(区)基层医疗卫生服务机构共举办健康教育讲座4717次,参加健康教育14.14万人次,接受健康教育咨询131.8万人次。疫苗接种率达到国家规划要求,全市以乡(镇)为单位免疫规划疫苗全程合格接种率保持在95%以上。对传染病疫情进行常规监测和及时处置，全市传染病报告率95.7%，报告突发公共卫生事件30起，均为一般性突发事件，报告病例775例，死亡6例，事件波及人数12195人，罹患率6.36%。全市新生儿访视率95.36%，新生儿死亡率3.92‰，婴儿死亡率6.45‰，5岁以下儿童死亡率9.33‰。全市孕产妇保健覆盖率98.10%，孕产妇保健系统管理率89.79%，孕产妇住院分娩率99.69%，孕产妇死亡13例，死亡率20.60/10万。全市65岁以上老年人建档30.62万份，管理率55.72%，其中农村建档率54.25%，城市建档率为60.78%。糖尿病、高血压等慢病管理率40.1%，规范管理率94.88%。各基层医疗卫生服务机构对已发现的重性精神病人建立健康档案，全年全市按规定管理的精神残疾人4141人。

【实施农村妇幼公共卫生项目】 2010年，桂林市制订《桂林市补助农村妇女孕前和孕早期补服叶酸项目实施方案》，全年获得免费补服叶酸农村育龄妇女44569人，占全市叶酸补服任务的73.88%。农村孕产妇享受到住院分娩补助52539人，任务完成率106.81%。年内，在永福县开展农村妇女宫颈癌、乳腺癌免费检查项目，宫颈癌免费检查22678人，完成率100.79%；乳腺癌免费检查1500人，完成率100%。

【实施防治艾滋病攻坚工程】 2010年，市政府与各县（区）政府签订防治艾滋病攻坚工程责任状，成立市、县（区）防治艾滋病攻坚工程领导小组及办公室，并建立各防治艾滋病工作委员会成员单位联络制度。桂林市和各县成立艾滋病救治领导小组和救治专家指导小组、美沙酮替代治疗工作协调小组、母婴阻断领导小组等艾滋病防治业务工作机构。全年全市建立41个自愿咨询检测点，免费抗病毒治疗990人。在婚前和孕产期检查时提供艾滋病免费咨询检测服务，并对所有艾滋病感染产妇和所生婴儿提供免费的母婴阻断服务。

【母婴健康“一免二补”幸福工程】 2010年2月，桂林市启动免费婚前医学检查项目，在原市妇幼保健院设立婚育综合服务中心，在雁山区雁山镇中心卫生院婚育综合服务设立分中心。年内，临桂县、灵川县、全州县、兴安县、平乐县实行婚育综合服务，为新婚夫妇提供婚姻登记、婚检一站式服务。市级财政安排每对夫妇免费婚检配套经费40元，并于7月下拨市级配套经费183.87万元，各县（区）均按要求落实免费婚检配套资金，并实行按月报账制度。年末，全市免费婚检率71.85%。启动阳朔县、永福县农村妇女产前筛查、新生儿疾病筛查补助项目。阳朔县、永福县产前筛查率分别提高30.84%、538.85%，新生儿疾病筛查率分别提高45.55%、101.18%。

【“健康快车”复明工程】 2010年，“健康快车”

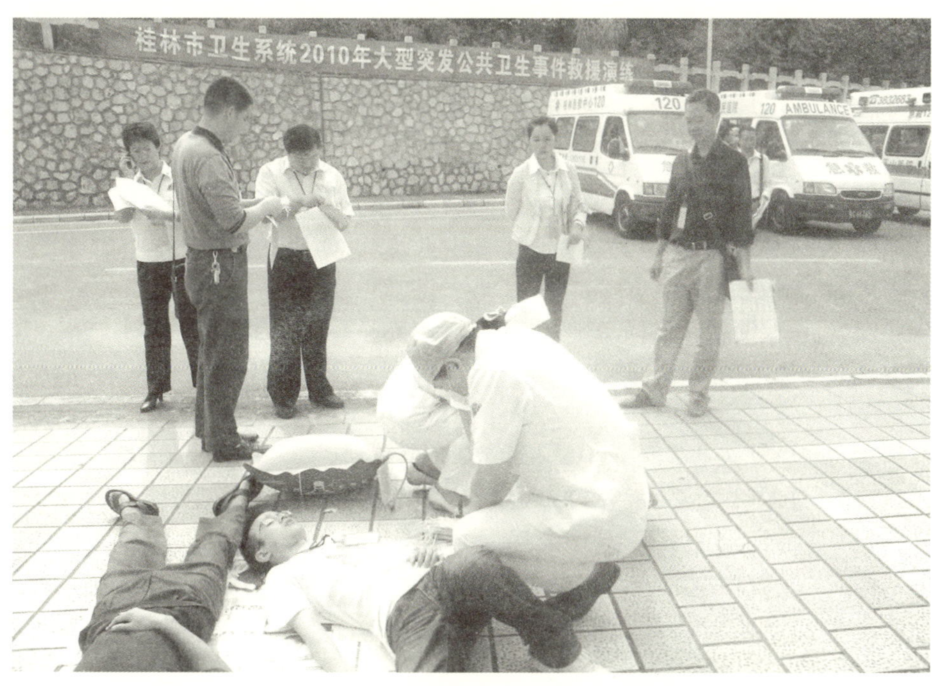

9月29日，桂林市卫生系统举行医疗应急救援演练。

市卫生局　供稿

项目被列为桂林市政府为民办实事的项目之一，市财政下拨“健康快车”项目专项资金 50 万元。年内，市卫生局、市残联和市第二人民医院做好“健康快车”项目的前期准备工作，共筛查患者 4396 人，基本符合白内障手术条件 1800 人。10 月 12 日，“健康快车”抵达桂林市，免费为贫困白内障患者施行手术 1165 例，超额完成手术 165 例。同时，还完成百万工程白内障复明手术 300 多例。

【重大疾病防控】 2010 年，桂林市抓好重大疾病防控。一是做好春季甲型 H 1 N 1 流感的防控，全年全市共接种疫苗 42.03 万人次，覆盖率 8.3%。二是抓好手足口病防治，年内手足口病报告病例呈现“发病早、来势猛、病情重”的特点，全年全市报告 23712 例，其中重症 1186 例，重症病例中死亡 44 例，重症病例数及死亡数均居自治区首位。三是完成各项结核病防治规划指标，2010 年全市网络报告 4938 例，转诊数 4799 例，转诊率 97.19%，转诊到位 3830 人，转诊到位率为 77.56%，应追踪 1039 人，追踪到位 949 人，追踪到位率 91.34%，总到位数 4848 人，总体到位率为 98.18%；治愈 2009 年登记的新涂阳肺结核病人 1330 人，治愈率达 92.94%。四是完成灵川县灵川镇同化村全国第五次结核病流行病学抽样调查和桂林市《全国结核病防治规划（2001 ~ 2010 年）》终期评估工作。

【食品安全综合协调】 2010 年，市卫生局加强对食品安全整顿工作的领导和督查，组织各食品安全监管部门抓好违法添加非食用物质和滥用食品添加剂、集中清查问题乳粉、食品包装材料清理、加强地沟油整治和餐厨废弃物管理等专项整治，对农产品质量安全、食品生产和进出口环节、食品流通环节、餐饮消费环节、禽畜屠宰和保健食品的集中整顿工作，打击生产、销售假冒伪劣和有毒有害食品等各类违法犯罪行为。全年全市食品安全监管部门共出动执法人员 67213 人次，检查单位 95545 家，受理举报投诉 478 起，立案查处 539 起。完成食品安全保障任务 11 起，确保了在桂林召开的世界审计组织环境审计大会、桂林国际旅游博览会及 2010 年中越青年大联欢等重大活动的食品安全。

【医疗市场监管】 2010 年，市卫生行政部门继续加大对非法行医的打击力度，加强对医疗机构从业人员、执业范围的监督；完善与公安部门、人民法院的联席长效工作机制，净化医疗服务市场。全年对辖区内 380 家诊所、35 个社区卫生服机构、27 家门诊部、4 家疗养院、13 家民营医院进行校验工作；处理群众投诉 55 起；对存在违法行为的机构进行立案查处，共立案 30 起，结案 27 起；对全州县、荔浦县单采血浆站和市中心血站等采供血机构进行专项监督检查；对辖区内开展血液透析的医疗机构进行专项监督检查。

【公共场所卫生监督】 2010 年是桂林市国家卫生城市复审年，市卫生部门重点开展对“四小”（小美容美发店、小旅店、小歌舞厅、小浴室）公共场所的卫生监督。全年市区（不含雁山区）有“四小”行业 1898 家，其中小美容美发店 1246 家，小旅店 590 家，歌舞厅 5 家，桑拿洗浴场所 57 家（无小歌舞厅、小浴室）。年内，市卫生部门共对“四小”巡回监督 7400 家次。到年末，小美容发廊店、小旅社“双证齐全”亮证经营，制度上墙，消毒设施基本达标。

【中医药适宜技术推广】 2010 年，桂林市注重推动中医治未病、中医专科专病建设、综合医院中医科建设及中医专业人员的培养工作。年内，开展卫生部“十年百项适宜技术的推广”工作，对村级卫生人员和社区卫生服务人员进行中医适宜技术培训，有 9 家县级中医医院的 15 名医务人员成为广西中（壮）医优秀临床人才研修项目学员；探索运用中医、壮医等方法诊治 12 个优势病种途径；加强中医民族医重点专科建设，有 8 家县中医医院分别获得 8 项中医民族医重点专科项目，培训基层医务人员 1727 名。

【医学考试考务】 2010 年，桂林市卫生系统完成桂林考点 2010 年卫生专业技术资格考试工作，全市报考人数 5972 人，考试合格 2823 人。其中：护士 1045 人，初级士 476 人，初级师 741 人，中级 561 人。完成桂林考点 2010 年全国医师资格考试工作，全市应考 3014 人，实考 2857 人，考试合格 2149 人，技能考试合格率 71.3%。完成桂林考点医师资格考试医学综合笔试实施工作，全市应考 2149 人，实考 2139 人，考试合格 938 人，综合笔试考试合格率43.65%。完成桂林考点2010年度广西住院医师规范化培训考试实施工作,全市应考383人,实考380人,考试合格327人。完成2010年广西传统医学医术确有专长人员考核实施工作,桂林考点负责桂林、贺州、梧州、河池4个市确有专长人员考核,应考考生68人,实考65人,其中桂林市考试合格20人,取得参加全国医师资格考试执业助理医师考试资格。完成2010年桂林市孕产期保健助产技术资格考试实施工作,全市实考267人,考试合格160人。完成2批广西基层医疗卫生机构综合改革试点单位开展确认竞聘资格过渡考试工作,参加考试505人。

【医学科研成果】 2010年,全市卫生系统共完成科研项目申报57项,获准立项31项。其中:省部级1项,获经费6万元;自治区卫生厅项目21项;市级9项,获科研经费18万元。年内,全市卫生系统获科研成果鉴定3项,其中自治区卫生厅项目1项、市科学技术局项目2项,完成科研项目验收1项。市卫生系统获自治区卫生厅适宜技术推广三等奖2项,获桂林市科技进步奖3项。

【对外交流】 2011年,桂林市卫生系统与日本熊本大学医学部合作,利用日本JICA国际援助计划,获"社区康复医疗技术和人才培训"项目。与日本世川财团日中友好基金合作开展社区健康志愿者项目。协助举办第8届东亚健康促进大会。派出21名技术、管理人员到国外、境外进修学习。

(吴向东)

爱国卫生

【概况】 2010年,桂林市以巩固国家卫生城市成果工作为平台,组织开展市容秩序、占道经营整治、小广告专项整治、集贸市场整治、城中村城乡结合部整治等13项专项整治工作。全年开展大规模爱国卫生运动6次,参加人员15.5万人次,清扫面积36万平方米,清理垃圾1000多吨,清理沟渠2000多米。全市投入经费320万元,聘请5支有资质的专业消杀队伍对市区公共场所进行消杀,投入药品25吨,外环境堵鼠洞11000个,对下水道的35500个井盖喷施药物杀灭蟑螂。年内,新增文明卫生村439个,阳朔县获自治区卫生县城。

【桂林市被重新确认为国家卫生城市】 2010年3月15日,桂林市启动国家卫生城市复审迎检工作,成立了以市委书记刘君和市长李志刚为组长的国家卫生城市复审迎检领导小组,并设立爱国卫生组织管理和城区除四害组、市容环境卫生组等8个专项工作组分别负责开展专项整治工作。年内,全市新增垃圾压缩车16辆,运输车40辆,增加垃圾箱10063个,拆除旱厕90座,城中村、背街小巷道路硬化22千米,市区生活垃圾无害化处理率100%,城市生活污水集中处理率90.47%;教育和纠正影响市容市貌2500人次,督促2850家业主落实"门前三包"(包卫生、包绿化、包市容秩序)责任制,协调解决市容环境卫生问题100多个,教育处罚流动摊点1600多个,清理占道经营8730处,处理乱停乱放机动车610起,路查车辆3120台次,纠正各类交通违规行为368人次;设立国家卫生城市永久性大型宣传广告60幅,制作宣传板报、专栏480块。10月9~11日,国家卫生城市暗访组对桂林市巩固国家卫生城市工作情况进行暗访调研,认为桂林市的市容环境和公共卫生工作达到国家卫生城市标准。12月14日,全国爱国卫生运动委员会重新确认桂林市为国家卫生城市。

【农村改厕】 2010年,桂林市承担中央农村改厕项目15500座,分布在资源县、永福县、龙胜各族自治县等11个县的83个乡(镇)313个建制村569个自然村屯,中央和自治区改厕项目经费961万元,桂林市财政补助经费30万元,各县配套经费84.5万元。年内,全市开展各级改厕培训144期,培训人员10510人次。10月31日,全市农村改厕项目任务全部完成,并通过国家、自治区爱国卫生运动委员会组织的检查验收。 (袁海德)

体　　育

【概况】 2010年,桂林市拥有体育场地5129个,业余体校14所,专职教练78人,文化教师11人,在训学生579人,向自治区输送运动员16人(自治区体操武术运动管理中心2人,自治区体育运动学校14人），发展二级裁判员293人。桂林市运动员参加国际比赛获金牌1枚、铜牌6枚、团体第四名1个；参加第16届亚运会获金牌1枚、铜牌1枚、第四名1个、第六名1个；参加全国赛获金牌41枚、银牌55枚、铜牌32枚。参加自治区第十二届少数民族传统体育运动会，桂林市体育代表团获得射弩团体第二名，投绣球团体第三名，共获金牌2枚，银牌2枚，铜牌2枚。年内，市体育局获支持广西体育彩票完成任务奖、支持广西体育彩票销量增长贡献奖；灵川县、阳朔县分获广西体育彩票销售百万元县二等奖。

【群众体育赛事】 2010年，桂林市的群众体育赛事主要有：3～11月，市体育局与市教育局联合举办全市中小学生乒乓球、篮球、排球、软式网球、足球、羽毛球、游泳、田径等8个项目的比赛，参赛学生3280人。7月31日～9月5日，市体育局、桂林日报社在桂林铁路俱乐部举行第12届"漓泉啤酒·桂林晚报杯"5人制足球赛，170支队伍参赛。8月8日，在漓江举行第十四届全国漓江漂流活动，共有来自河南、四川、广东等7省市27支队伍1500人参加。8月13～15日，举行广西城乡万人气排球赛桂林赛区的比赛，37支队伍276人参赛。8月28～29日，举办第二届广西体育节"真龙杯"业余羽毛球俱乐部争霸赛桂林赛区决赛，16支队伍160名运动员参赛。10月19～29日，举办2010年桂林篮球锦标赛，28支队伍350余人参赛。10月24日，由市体育局、桂林晚报联合主办的桂林市首届围棋联赛，100多名运动员参赛，是桂林市围棋史上规模最大、规格最高的业余围棋赛事。10月28日，市体育局、桂林日报社在桂林铁路俱乐部联合举办2010"博尔顿—切尔西—维根188精英杯"足球赛，由来自南宁市、柳州市、桂林市、梧州市、北海市、防城港市、贺州市等7个城市32支足球队选拔出来的8支足球队与广东、上海赛区的前4名足球队，共16支队伍进行精英赛。11月22日，由桂林市委宣传部、市体育局、雁山区人民政府联合举办"雁山——解放杯"长跑赛，有干部群众3000人参加长跑活动，全程约3千米。

【竞技体育】 2010年，桂林市运动员在国内外的各种体育比赛中，取得优异成绩。6月17日，李兵参加在保加利亚举行的世界青年举重锦标赛94公斤级的挺举比赛，获金牌1枚。7月，韦笑参加在波兰举行的2010年第22届世界技巧锦标赛，获团体第四名。8月22日，马欢欢参加在新西兰举行的2010年女子水球世界杯赛，获铜牌1枚。11月17日，马欢欢参加在广州市举行的第16届亚运会女子水球比赛，获金牌1枚。11月17日，张子山参加在广州举行的第16届亚运会游泳比赛的200米个人混合泳，获第四名。11月15～24日，杜建超参加在广州举行的第16届亚运会的保龄球比赛，分别获精英赛第三名，双人赛第六名，5人队际赛第六名。

【第三次国民体质监测】 2010年3～12月，桂林市第三次国民体质监测工作在全市范围内进行，监测工作由桂林市国民监测工作领导小组办公室负责实施，并将监测数据及监测卡片报送自治区国民体质监测中心。监测对象为3～69岁的中国国民，分为幼儿（3～6岁）、儿童青少年（7～19岁，学生由教育部门负责组织监测）、成年人（20～59岁）和老年人（60～69岁）4个年龄阶段。全市监测抽样本总量3600人，其中幼儿抽样本量800人、成年人抽样本量2400人、老年人抽样本量为400人。监测内容包括体质监测和问卷调查两部分。

【体育对外交流】 2010年，桂林市加强与国外体育代表团的交流活动。10月12～15日，韩国济州体育交流代表团一行20人在桂林进行体育交流活动。10月13日，韩国济州体育交流代表团分别与桂林市羽毛球及高尔夫球爱好者进行交流比赛。10月21～25日，日本青少年体育指导者交流团一行10人在桂林市考察访问，交流团参观考察了桂林市体育中心、临桂县体育场馆，并与桂林市青少年进行座谈。（黄世茂）

社会生活

5月29日，桂林市诚信计生试点村党支部培训班学员参观灵川三街镇五福村。

市人口和计划生育委员会　供稿

民　　政

【概况】　2010年,市民政工作以推进实施自治区为民办实事工程民政项目和自治区"五个民政建设年"工作为重点,全年共争取中央、自治区各项民政经费超8亿元。年内,桂林市全面完成自治区人民政府安排的为民办实事专项任务,全市133个乡(镇)民政办公室全部解决办公场所。完成《桂林城市地名总体规划》编制和临桂新区行政区划调整方案制订。全市共有社会组织1705个,其中社会团体493个、民办非企业单位507个、农村经济协会705个。全年全市办理社团成立登记27个,变更33个,注销5个,撤销26个;办理民办非企业单位成立登记45个,变更25个,注销1个,撤销14个。办理国内结婚登记46334对,离婚登记7607对;涉外结婚登记367对,离婚登记38对。全市18个婚姻登记处全部达到民政部的规范化建设标准,有6个婚姻登记处被评为全国婚姻登记规范化建设先进单位。市民政局获民政部全国婚姻登记规范化建设"十一五"贡献突出单位,童吉仁获民政部全国婚姻登记规范化建设"十一五"贡献突出个人;市社会福利院获民政部"爱心奉献"先进单位。

【救灾救济】　2010年,全市因干旱、洪涝、山体滑坡、泥石流等自然灾害,共计受灾人口237.74万人次,因灾死亡5人,紧急转移安置人口8.25万人次。农作物受灾面积13.93万公顷,其中成灾面积8.68万公顷;因灾饮水困难人口24.09万人;因灾倒塌房屋3375户8834间。直接经济损失13.86亿元,其中农作物损失10.33亿元。全年全市共争取上级下拨自然灾害生活补助资金6021.5万元。春荒、冬令需救济55.91万人,发放救济卡14.53万张,发放现金86.9万元,发放衣被25.7万件(套),安排救济粮0.98万吨;3375户倒房全部重建,3111户竣工。年内,"微笑列车"对68例唇腭裂患者免费施行矫治手术;开展玉树地震慈善捐款活动,全市募集捐款395万元,接收捐赠物资折合人民币1.12万元。

【城乡居民最低生活保障】　2010年,桂林市实施城区城市居民最低生活保障(简称低保)标准每人每月260元,城区农村居民低保标准每人每年1500元,各县城镇居民低保标准每人每月200元以上,农村居民低保标准每人每年1200元。全年全市共筹措城乡低保资金6.26亿元,城市居民低保每月平均保障3.71万户7.60万人,累计发放低保金1.44亿元,每人每月平均补助157.7元;农村居民低保每月平均保障14.71万户31.63万人,累计发放低保金2.15亿元,每人每月平均补助56.77元,全市城乡居民低保标准均达到或超过自治区规定的标准。资助城乡居民低保家庭子女上大学1574人,发放助学金69.26万元;农村医疗救助18.11万人次,发放救助金3152万元,其中资助参加"新农合"15.40万人、发放救助金467万元,大病医疗救助1.52万人次、发放救助金2054万元;城市医疗救助4.25万人次,发放救助金966万元,其中资助参加医疗保险3万人、发放救助金187万元,大病医疗救助3169人次、发放救助金615万元。供养"五保"对象3.30万人,供养标准每人每月不低于50元、15千克大米、0.5千克食油,累计发放供养金6122万元。新建"五保"村103个,完成30个乡(镇)敬老院、"五保"村的维修改造。

【社会福利】　2010年,全市有公办、民办福利机构24家,总床位3027张,入住老人1766人,其中市社会福利院供养、休养老人216人,有孤残儿童和社会弃婴215人。居家养老服务中心(站)26家。福利企业13家,职工696人,其中残疾职工253人,年销售收入9938万元,上缴税金440万元。年内,市民政系统共接待求助人员10347人,其中未成年人699人,依法办理收养登记315对;发行社会福利彩票"桂林山水"套票,销售3700万元。开展"残疾孤儿手术康复明天计划"、"西部贫困家庭疝气儿童手术康复计划"专项救助,共完成康复手术48例。

【基层政权和社区建设】　2010年,全市完成420件村民自治史料征集工作。开展村务公开民主管理"难点村"治理工作,对10个"难点村"投入帮扶资金720多万元,全部完成治理任务。建成"十一五"规划社区服务设施建设项目9个,其中社区服务中心2个、社区服务站7个;社区开展志愿服务活动2794次,服务时间为6506小时;社区

12 月，永福镇樟峡幸福院竣工。
唐江燕　摄

服务组织注册登记 165 个，备案 49 个，网络注册 712 人，人工注册 2429 人，非注册人数 26296 人；开展农村社区建设全覆盖工作，各县（区）确定的 1~2 个试点，全部开展工作。

【优抚安置】 2010 年，全市发放优抚对象抚恤定补和义务兵家属优待金 1.08 亿元，其中义务兵家属优待金户均 3500 元，（比上年，下同）增长 12%；妥善处理群众来信来访 14760 件（次），处理突发性事件 32 起 1250 多人次，其中涉军来信来访 12000 多件次、结案率 99.5%，接访劝返上访 800 多人次，化解矛盾 32 起。规范评残（评定残疾军人的残废等级）追烈（追认烈士）工作，全市新评残 11 人，迁入换证 55 人，评残调级 6 人，遗失补证 25 人。做好优抚事业单位建设，荔浦县投资 500 多万元新建的光荣院竣工并开业，全州县、资源县分别投资 50 多万元对光荣院进行装修和改造。接收退役士兵 1546 人，其中农村义务兵 1014 人、城镇退役士兵 453 人、转业士官 79 人。在城镇退役士兵中，共安置 413 人，其中自谋职业安置 328 人、机关事业单位安置 69 人、企业安置 16 人。做好军队离退休干部工作，全年接收安置军队离退休干部 15 人，慰问军休干部 700 多人、无军籍退休职工 306 人、军供工作人员 100 多人，发放慰问品 1159 份。开展“和谐军休家园、和谐军休家庭”创建活动，五里亭军休所被评为全国先进军休管理服务单位，铁西军休所被评为自治区先进军休管理服务单位。

【双拥工作】 2010 年，全市接受国防教育的各级党政干部 800 多人次。年内，市政府出台《随军未就业军官家属货币安置补助发放办法》，对 682 名随军未就业的军官家属每人每月发给 100 元安置补助；市财政投入 164.7 万元铺设奇峰路，方便驻桂部队的出行和训练；为军嫂就业举行现场招聘会，33 名军嫂签订就业意向；学校幼儿园对军人家属子女入学、入托优先安排。“八一”前夕及春节期间，全市向驻桂林部队送去慰问金、慰问品折合人民币 200 多万元。驻桂部队参与地方扶贫开发，与地方单位和农村结成帮扶点；驻市武警部队参加执勤、警戒巡逻、处置突发事件，全年完成任务 152 起，出动警力 6793 人次；市消防支队接警 239 起，出动 242 次，出动消防车 402 辆次，消防官兵 2640 人次，抢救被困人员 332 人，疏散人员 709 人，抢救财产计 6570 万元。全市军地双方在双拥共建中结成军（警）民对子和联合体共 434 个，军地单位建立双拥服务组织 170 多个，参加服务队伍 1100 多人。桂林市通过自治区双拥模范城检查考评。（韦天佑）

【桂林城市地名总体规划编制完成】 2010 年，市民政局继续推进《桂林城市地名总体规划》编制工作，6 月 10 日，市民政局组织召开《桂林城市地名总体规划》专家评审会，获专家组一致通过。

11月3日,《桂林城市地名总体规划》获市政府常务会议审议通过。《桂林城市地名总体规划》根据《桂林城市总体规划(2001～2010年)》《桂林市城市总体规划(2010～2020年)纲要》提出了编制地名规划的指导思想、原则和总体框架,确定对桂林市城区565平方千米范围内的各类地名进行全面规划布局;对规划新建路网、桥梁、隧道、广场、公园、风景名胜区等进行名称的具体设计和规划方案编制;对现有地名在保持地名相对稳定的原则下进行层次化、系列化、规范化的优化调整;对有丰富文化内涵的地名进行保护和沿用。

【创建"平安边界"活动】 2010年,桂林市开展创建"平安边界"活动,与周边毗邻省、市、县及市内各毗邻县共同签订创建平安建设和谐边界责任书,建立边界突发纠纷问题应急处理预案和边界线联检工作长效机制。年内,组织召开桂柳毗邻县界联检工作协调会,完成桂林市与柳州市的市域行政区域界线联合检查工作,联合检查临桂县至融安县、永福县至融安县、永福县至鹿寨县、龙胜各族自治县至三江侗族自治县、龙胜各族自治县至融安县、荔浦县至鹿寨县界线6条,全长321.37千米。完成市内行政区域界线联合检查工作,联合检查叠彩区至灵川县、七星区至灵川县、雁山区至阳朔县、雁山区至临桂县、阳朔县至荔浦县、全州县至兴安县、兴安县至资源县、平乐县至荔浦县、平乐县至恭城瑶族自治县界线9条,全长432.18千米。 (秦丽萍 陈传才)

民族事务

【概况】 2010年,全市民族工作围绕"各民族共同团结奋进、共同繁荣发展"的主题,各项工作取得明显成效。民族政策法规宣传、民族工作示范点建设、民族关系监测评价处置机制建设和城市民族工作得到促进;民族团结进步事业的成效得到稳固;民族工作经费、民族发展资金、民族教育经费大幅增加;国家扶持民贸民品企业政策得到落实;民族地区经济和少数民族群众的生产生活水平得到不断改善。

【民族政策法规宣传教育】 2010年,市民族工作部门利用恭城瑶族自治县20周年县庆活动,推动中央、自治区和市本级三大媒体加强对党的民族政策和民族区域自治制度的宣传;利用民族政策法规知识进校园活动,在县(区)部分学校推进党的民族政策法规宣传。推动党的民族政策法规列入公务员法律知识考核;利用各种少数民族传统节庆活动,加大党的民族政策法规宣传。10月24日,市民族事务委员会(简称市民委)会同宣传部、统战部在市中心广场举办民族团结宣传月活动启动仪式,各县(区)随之也开展了相关活动。

9月8日,市委副书记潘永建(前排中)率慰问团到福建慰问参与联合轮战的驻桂林部队官兵。 刘莉 李俊 摄

【民族关系监测评价处置机制】 2010年，市民委制订下发《桂林市民委民族关系监测评价处置机制工作方案》，并逐步建立起覆盖市、县（区）、乡（镇、街道）、村（屯、社区）的民族关系监测网络，组成1000多人参与的信息员队伍和少数民族知名人士队伍，开展“一家、二点、三把关、四走访、五登记、六畅通”的民族关系监测处置机制基础性工作。确保全市民族关系监测评价处置机制工作的全面落实。年内，市民委先后2次在自治区民委举办的民族关系监测评价处置机制工作培训班上作典型发言。

【城市民族工作】 2010年3月中旬，市民委组织相关人员到湖北武汉学习城市民族工作管理经验，制订下发《桂林市关于进一步开展城市民族工作实施意见》，先后3次组织召开城市民族工作开展研讨会。同时，加强与城市各民族代表的联系，走访、慰问部分少数民族知名人士，及时解决在桂林少数民族流动人口遇到的各种问题，有效处理七星区、象山区因传销、打架斗殴等引起少数民族流动人口之间的突发事件。

【民族地区经济发展及示范点建设】 2010年，市民委以恭城瑶族自治县成立20周年县庆为契机，争取自治区5000万元县庆项目建设资金及桂林市安排配套资金1000万元，促进恭城瑶族自治县的经济发展。年内，下发《桂林市民委关于开展民族团结进步模范村、模范社区创建工作实施方案》，在各县（区）分别选定1～2个村或社区作为民族工作创建活动示范点，下拨各种经费100多万元，力争探索出民族团结创建活动新路子。

【民族发展资金项目建设】 2010年，市民族工作部门共申请国家及自治区民族发展资金项目82个，争取资金900多万元，对少数民族工作联系点进行房屋改造、村内道路硬化、人畜饮水工程、公路维修、特色农业建设。年内，抓好少数民族发展资金项目落实情况的监督检查；加强民贸民品企业优惠政策的落实，召开首届民贸民品企业政策落实研讨会，指导桂林中族中药股份有限公司等4家民贸民品企业落实贷款2.9亿元，落实贷款贴息681万元。

【民族文化的传承与保护】 2010年4～5月，市民委与市文化局对全市少数文化发展情况进行调研，协助市政府筹备召开首届少数民族文化工作会议，制订桂林市少数民族文化保护和发展目标。启动《桂北民族丛书》编写工作，举办《桂北民族丛书》编写培训班，完成第一批6个县少数民族概况编写工作；推进少数民族文化进校园活动开展，在市民族职业技术学校、龙胜各族自治县民族中学和兴安华江中学开展试点工作，并在龙胜各族自治县召开少数民族文化进校园活动现场会，探索民族文化教育从娃娃抓起的新路子。促进民族节庆活动的开展，扶持经费10万元，在龙胜各族自治县、恭城瑶族自治县、资源县和部分民族乡（镇）开展少数民族传统节庆活动，丰富民族文化发展的内涵。

【民族教育事业发展】 2010年，市民委与教育局、财政局共同做好市民族职业技术学校的国家财政补助经费落实，共申请民族教育经费50多万元，为300多名在校民族地区学生提供学习经费资助。推动民族职业技术学校筹资300多万元，新建教学办公楼；为民族地区优秀贫困大学生和高中生争取补助经费12万元，为全市民族学校提供经费15万元。

【少数民族干部培养】 2010年，市民委与市委组织部举办第十期少数民族干部培训班，培训市、县（区）机关及基层单位少数民族干部38人。举办全市民委系统干部业务培训班，培训人数70人。参与组织推荐20多名县（区）民族工作分管领导少数民族干部参加国家民委、自治区民委举办的各种培训。同时，组织全市部分干部到外地进行考察学习。（张凯奇）

宗教事务

【概况】 2010年，市宗教工作部门以创建和谐寺观教堂活动为契机，抓好各项宗教管理工作，为桂林经济、社会发展营造良好环境。全年全市共有正式登记的宗教活动场所81处，宗教教职人员234人，信教群众约15万人。6月12～14日，自治区宗教工作现场会在兴安县举行，桂林市、兴安县分别作工作经验介绍。

【创建和谐寺观教堂】 2010年,市宗教局成立创建和谐寺观教堂活动领导小组,制订工作方案,编印下发学习资料分发到各宗教场所。1~4月,先后3次召开全市宗教局长和市级宗教团体领导会议,布置创建工作。9月,组织全市宗教团体副秘书长以上领导召开中秋座谈会,总结全市和谐寺观教堂创建工作落实情况,并进行评比,共推选参加自治区级评比创建和谐寺观教堂的优秀团体2个、场所4个及先进个人3名。年内,市基督教堂和伊斯兰教崇善清真寺获全国和谐寺观教堂。

【宗教场所财务监督管理】 2010年,桂林市开展宗教活动场所财务监督管理试点工作,并成立以市宗教局长为组长的桂林市宗教活动场所财务监督管理领导小组。4月23日,确定将市区佛教栖霞寺、伊斯兰教清真古寺、桂林天主堂、桂林基督教堂、桂林白云观五个宗教活动场所作为试点场所开展财务监督管理试点工作。4月27~28日,全市宗教局长会议在平乐县召开,会议要求各县(区)确定1~2个场所作为财务监督管理试点开展工作。9月,市宗教工作部门聘请专业财务顾问,开始对各宗教活动场所财务管理情况进行抽查,重点对市区内各宗教场所进行检查,同时对相关重点县的主要活动场所进行抽查。根据检查结果,对不合格的场所提出限期整改完成,确保财务规范化管理落到实处。各县(区)在试点工作过程中,普遍建立和完善了各宗教场所的财务管理制度。年内,自治区宗教工作现场会在桂林召开,桂林市宗教场所财务监督管理试点工作获自治区宗教局肯定。

【宗教教职人员资格认定】 2010年初,市宗教工作部门与市伊斯兰教协会执行自治区关于在伊斯兰教开展教职人员资格认定试点工作的通知精神,制订伊斯兰教教职人员认定工作方案和资格认定原则,并开展排查认定工作。7月,基本确定宗教职业人员资格认定名单,并上报自治区宗教局审核备案。同时,市宗教部门组织全市佛教、道教、天主教、基督教等宗教团体开展宗教职业人员资格认定备案工作,至11月末,全市17个县(区)宗教职业人员资格认定备案工作基本完成。

【慈善活动】 2010年,市宗教局组织市佛教协会开展扶贫助学活动,为灌阳县3所小学、全州县1所小学捐资助学共计3.5万元,为青海玉树地震灾区捐款13万余元。6月,组织市级宗教团体到阳朔县兴坪镇考察,为贫困村修路及建养老院等捐款2万元。11月,市佛教协会、基督教为临桂会仙捐助乡村公路修筑款6万元。全年全市宗教团体、宗教人士慈善捐款总计38万余元。

【市伊斯兰教举行庆典活动】 5月14日,桂林市伊斯兰教举行由自治区人民政府拨款350万元进行落架大修的桂林崇善清真寺落成典礼,全市14个清真寺200多名代表参加,自治区宗教局局长林东昭出席庆典并讲话。 (苏护保)

侨　　务

【概况】 2010年,桂林市侨务办公室(简称市侨办)围绕桂林经济社会发展大局,积极推进各项侨务事业的发展。全年牵线搭桥或直接参与引进建设项目10个,合同(协议)投资金额25亿元。接待海外华侨华人58批次840人次,争取海外华侨华人捐资捐物折合人民币300万元。利用中秋、春节等重大节日走访慰问贫困归侨侨眷300多户,发放慰问金和慰问品折合人民币11万元。组织举办“中国寻根之旅”夏令营、冬令营各1期,共有51名海外华裔青少年参加。12月11~15日,国务院侨办在桂林召开座谈会,专题听取部分省(市、区)侨办主任及相关专家对《2011~2015年侨务工作发展纲要》(征求意见稿)的意见和建议。

【国务院侨办领导在桂林华侨农场调研】 2010年10月29~30日,国务院侨办副主任、国务院华侨农场改革发展工作领导小组组长马儒沛在桂林华侨农场调研。期间,马儒沛一行听取了副市长巫家世关于桂林华侨农场改革发展工作情况汇报,并实地考察了桂林华侨农场基础设施建设、归难侨危旧房改造。

【自治区人大调研组开展侨胞投资企业合法权益调研】 2010年8月5日,以自治区人大常委会委员、自治区人大外事华侨委员会主任委员盛忠雄为组长的自治区人大调研组到桂林就侨胞投资企业合法权益保护工作的情况进行调研。调研组分别听取了市侨办、市商务局等单位负责人的情况汇报和部分侨资企业代表的意见和建议。

【桂林侨资企业联合会成立】 2010年4月2日，桂林侨资企业联合会在漓江大瀑布饭店召开成立大会。国务院侨办经济科技司副司长、中国侨商投资企业协会秘书长夏付东，自治区侨办副主任林容蓉和市政协主席粟增林等领导出席大会。美中经济文化协会、新加坡吉保集团有限公司、老挝中华商会等海外华侨华人社团负责人和侨商应邀出席成立大会。桂林侨资企业联合会设会长1名、副会长3名，理事单位5个、会员单位33个；该联合会旨在为在桂林投资的广大侨商联络感情、维护侨商合法权益、侨商联系政府搭建平台，更好发挥侨资优势和整合侨商资源，为桂林经济社会发展服务。

【招商引资】 2010年，市侨务部门向海外侨商提供投资咨询、寄发重点招商项目资料，邀请侨商15批次300余人次参加桂林国际旅游博览会、第七届中国—东盟博览会等旅游、文化、商贸活动，并与相关单位、企业对接和洽谈，促成海内外侨商独资或合作项目10个，合同（协议）投资总金额25亿元。

【海外华文教育】 2010年，市侨办加强海外华文教育和华裔新生代工作。一是举办海外华裔青少年夏（冬）令营活动，5月7～10日，组织26名来自菲律宾的优秀华裔青少年学生到桂林开展“中国寻根之旅”夏令营活动；12月27～31日，举办2010香港大学生“中国寻根之旅”冬令营活动，来自香港大学、香港中文大学、香港科技大学等9个高校的25名香港大学生参加活动。二是选派优秀教师赴国外援教，8月，会同市教育部门选派1名优秀教师赴老挝援教。

【加强侨务干部培训】 2010年，市侨办注重加强侨务干部培训。年内，共选派2名侨务干部参加国务院侨办举办的培训班学习，6名侨务干部参加自治区侨务干部培训，组织5人次到福建、海南等地区考察学习。市侨办还会同市侨联、广西人文社会科学研究中心、桂林华侨华人研究会在广西师范大学举办1期培训班，对市、县（区）侨务干部进行培训。 （陆汉宝）

人口和计划生育

【概况】 2010年，桂林市人口和计划生育工作以深化人口和计划生育综合改革、全面推进诚信计生、强化宣传教育和依法管理服务为重点，全面完成各项目标任务。全市全年出生人口58260人，人口出生率11.22‰，比自治区下达指标（13.50‰）低2.28个千分点；符合政策生育率93.94%，比自治区下达指标（91%）高2.94个百分点；二孩出生人口18627人，二孩符合政策生育率85.31%，比市下达指标（80%）高5.31个百分点；政策外多孩出生人口450人，政策外多孩率0.57%，比自治区下达指标（1.3%）低0.73个百分点；全市出生人口性别比为109（女为100），农村长效避孕措施落实率84.55%，比自治区下达指标（76%）高8.55个百分点；奖励扶助政策的落实兑现率100%；诚信计生推开面67%；完成100个村级家庭健康服务室建设任务。年内，桂林市获全国人口和计划生育综合改革示范市；市计划生育协会获2010年全国计划生育协会地级先进单位；临桂县计划生育协会获2010年全国计划生育协会县级先进单位；桂林市获2010年广西人口和计划生育工作特别先进奖及工作创新奖；秀峰区、象山区和阳朔县、灵川县、兴安县获2010年广西人口和计划生育工作模范区（县）。

【国家人口和计划生育综合改革调研组在桂林调研】 2010年10月27～29日，北京大学人口所教授、国家人口和计划生育委员会综合改革专家组组长乔晓春一行在桂林进行人口和计划生育综合改革调研。调研组以“统筹协调、科学管理、优质服务、利益导向、群众自治、人财保障”六大机制为主题，到灵川县灵川镇同化村进行实地考察，并召开市级人口和计划生育综合改革座谈会。调研组肯定了桂林市创造的诚信计生新经验，希望桂林继续创新工作思路，总结经验，完善诚信计生，为全国人口和计划生育工作起到示范作用。

【自治区诚信计生试点工作会议在桂林市召开】 2010年5月29日，自治区诚信计生试点工作汇

7月15日,市人口与计划生育领导小组成员单位工作会议召开。
市人口和计划生育委员会 供稿

报会和诚信计生试点村党支部书记代表座谈会在桂林市召开。来自自治区8个市的20名诚信计生试点村党支部书记代表介绍了在基层开展试点工作的做法和体会,并就做好试点工作提出意见和建议。自治区14个地级市的人口和计划生育委员会主任汇报了各地推进诚信计生工作情况。自治区副主席李康要求各地结合实际,探索创新经验和做法;综合运用好各种利民政策,整合各种资源,增强诚信计生的吸引力,让群众自觉自愿地实行计划生育;各地政府与计生基层干部要加强联系,加大工作力度,共同做好诚信计生。

【计生贴息小额贷款全面推开】 2010年,计生贴息小额贷款在全市推开。4月,市人口和计划生育委员会、计划生育协会、财政局联合下发《桂林市扩大农村部分计划生育家庭小额贷款贴息工作方案》,以参与诚信计生并自觉履行承诺、未违反计划生育政策、有贷款需求和生产项目的农村计划生育家庭为贴息对象,其中享受"低保"或家庭成员患重大疾病等困难的给予优先安排;每户可得到半年至2年期0.5至2万元本金的贷款,贷款利率执行中国人民银行公布的同期同档次贷款基准利率,市财政按贷款基准利率的利息给予补贴;贷款到期后,借款人还本付息,凭付息凭证到人口计划生育部门领取利息补贴。全年全市有80个乡(镇)461个建制村开展计生贴息小额贷款工作,覆盖59.7%的乡(镇)和27.9%的建制村,共补贴计生贴息经费624.8万元,一批计生家庭从中受益,部分困难家庭实现了脱贫。

(雷榜育)

老龄工作

【概况】 2010年,市老龄工作委员会办公室(简称市老龄办)按"党政主导、社会参与、全民关怀"的老龄工作方针推进全市老龄事业,老龄事业发展成效显著。居家养老服务在城区街道社区全面建成,全市有老年人协会2005个。其中:村、居老年人协会1670个,乡、街老年人协会169个,市、县(区)老年人协会85个,其他老年社团组织81个。有老年活动站(中心、室)1069个,老年学校24所,在校人数7001人。有144个乡(镇)司法所、207个法律工作站为1056名老年人提供了法律援助,市中级人民法院为老年人优先立案11件,优先审判18件,优先咨询6件,接待处理老年人信访2869人次。年内,秀峰区九岗岭社区居委会、市老龄办被评为全国老龄工作先进单位,曹联乡、兰小玲被评为全国老龄工作先进个人。第四届全国敬老爱老助老主题教育活动评选中,阳朔县诸葛木保被评选为"全国敬老楷模"提名奖,卢新妹等10人荣获"全国孝亲敬老之星",兴安县、秀峰区九岗岭社区居委会、市老龄办被评为自治区老龄工作先进单位。

【《桂林市贯彻〈广西壮族自治区老年人优待规定〉实施办法》出台】 2010年,市老龄办把贯彻《广西壮族自治区老年人优待规定》作为年度工作重点,深入公园、景区进行调研,并与市老龄委成员单位进行沟通,制订桂林市配套实施细则。12月29日,《桂林市贯彻〈广西壮族自治区老年人优待规定〉实施办法》出台,实施办法规定在执行《广西壮族自治区老年人优待规定》的同时,继续执行《桂林市老年人优待办法》,60周岁以上孤寡老人持《桂林市孤寡老年人优待证》和70周岁以上老年人持红色《广西老年人优待证》,可免费乘坐市区内所有线路的公交车(旅游观光1号线路除外),持《广西老年人优待证》的老年人,进入公园、景点享受相关优待。

【老年群众文体活动】 2010年,市、县(区)各级部门组织各类经常性的老年文体活动500余场次,共有30万余人次参加。2月,市老龄办在市老年宫管理处举办了2场桂林市老年人春节文艺联欢活动,城区及市直老年团队的300余人参演,演出节目24个。9月17日,由市老龄办、市委老干局、市文化局联合主办的桂林市第八届老年文艺调演在漓江剧院举行,有来自各县(区)的代表队以及桂林市老年大学、各老年文艺团体的400多名老年朋友参加。

【敬老月活动】 2010年是在全国范围内开展"敬老月"活动的第一年。全市"敬老月"活动共慰问老年人4.3万人,共计慰问金额300万元;有2万名青年志愿者走进综合福利院、敬老院、光荣院、老年公寓及老年人家庭,开展家政、照料、护理、咨询等活动,老年人接受法律咨询8000人次。

【服务社会】 2010年,全市老年人参加深入村镇或在广场街头宣传党的方针政策及国家的法律法规活动5万余人次;2万余人次参与维护社会治安、交通秩序,10万余人次在老年人关心下一代革命传统教育活动中受益。市老年科技协会围绕市委、市政府中心工作提出建言献策30篇目,组织科普演讲团的30多位专家到机关、社区、学校、农村共演讲439场,听众4.8万人次。

【养老服务业发展】 2010年,桂林市四城区(雁山区除外)形成以"居家养老为基础、社区服务为依托、机构养老为补充"的新型养老服务体系。通过依托社区养老服务,多数老年人在社会化服务协助下通过家庭照顾养老,部分高龄、空巢、生活半自理和有特殊困难的老年人通过政府购买社区照顾服务养老,弥补了家庭照料的缺失和不足。年内,全市正常运行的居家养老服务中心(站)26个,服务社会老人超4万人,年服务量达11万多人次。全市每个乡(镇)都建成1所以上敬老院、建有各类养老服务机构1159个,床位14605张,建成五保村772个,集中供养"五保"老人超8000人。 (刘松年)

城镇居民生活

【居民人均可支配收入稳步增长】 2010年,城镇居民可支配收入呈现稳步增长态势。全市城镇居民家庭人均可支配收入17949.1元,增长10.65%。其中:市区城镇居民人均可支配收入18372元,增长10.54%;县域城镇居民人均可支配收入17521元,增长10.74%。

【各类型收入全面增长】 2010年,全市城镇居民人均可支配收入呈现稳步增长,其中人均工资性收入占主导地位,但增速略降低,财产性收入快速增长,收入结构进一步优化。

表34 2010年桂林市城镇居民收入情况统计表

指标	金额(元)	增长(%)	占总收入比重(%)
家庭总收入	19113.4	10.89	100
可支配收入	17949.1	10.65	—
工资性收入	11163.9	8.68	58.41
经营性收入	2186.85	10.59	11.44
财产性收入	782.7	27.02	4.10
转移性收入	4979.9	13.93	26.05

【居民消费支出稳中有增】 2010年,全市城镇居民消费支出稳中有增。年内,随着全国物价的上涨,因流动性过剩带动粮油、蔬菜等消费品价格全面上涨,加上汽油等大众消费品的价格上涨,致使居民消费支出呈现增长态势。全年人均消费性支

出 11477.5 元,增长 9.85%。从消费结构上看,八大类消费全面增长,其中增长较快的是居住类和医疗保健类支出。

2010 年桂林市城镇居民消费性支出构成情况表

表 35

消费支出类别	人均支出量(元)	增长(%)
食品	4765	7.95
衣着	1016.87	7.11
居住	1279.22	21.17
家庭设备用品及服务	740.13	8.78
医疗保健	664.75	14.87
交通和通信	1401.17	8.38
教育文化娱乐服务	1344.71	10.45
其他商品和服务	265.61	2.24
全年消费	11477.5	9.85

【食品支出占消费支出的比重回落】 2010 年,桂林市城镇居民人均食品支出 4765 元,增长 7.95%,全年食品支出占消费支出的比重(恩格尔系数)进一步降低,为 41.5%,下降 0.7 个百分点,消费结构进一步优化。从食品消费构成看,人均粮油类支出 526 元,增长 3.88%;人均肉禽蛋水产品累支出 1519 元,增长 3.70%;人均蔬菜累支出 479 元,增长 17.07%。

【教育文化娱乐丰富多彩】 2010 年,全市城镇居民人均教育文化娱乐服务类支出 1344.71 元,增长 10.45%。教育支出方面:全市人均教育支出 601 元,增长 6.93%,比消费支出慢 2.92 个百分点。一是国民教育"两免一补"等政策的落实减轻义务教育阶段学生家庭的负担,中小学生教育学杂费等支出下降。二是随着居民对自身素质要求的提高,成人教育、在岗培训、成人技能培训支出同比增加。文化娱乐支出方面:2010 年,全市城镇居民人均文化娱乐支出 743 元,增长 13.47%,其中人均团体旅游花费 265 元,增长 29.25%。此外,健身活动和其他文娱活动分别增长 51.64% 和 57.59%,表明全市居民更注重精神生活的质量及全市文化娱乐向多元化方向发展。

【交通通信类支出持续增长】 2010 年,全市城镇居民人均交通通信支出 1401.17 元,增长 8.38%。通信方面:移动网络 3G 时代等新业务的增加使通讯费增加;通信产品设计更具人性化,老人专用手机的推出使手机使用更加普及,促进居民通信方面的支出增长。交通方面:汽车进入普通居民家庭的速度加快,全市 1240 户调查户每百户汽车拥有量 8.22 台,增加 1.21 台,居民家庭汽车拥有量的增加,汽油、汽修、汽车驾驶员培训等相关产品和服务支出也明显增加,年内油价的连续上涨也推动了交通服务类支出的上升。

【居住消费增长强劲】 2010 年,住房装潢支出、建筑材料和燃料费用的大幅增长推动居住类消费的快速上涨,全市居住消费增长强劲。城镇居民人均居住消费支出 1279.22 元,增长 21.17%,其中人均住房开支 453 元、增长 32.32%。

(龙雄彪　胡焱)

区县简介

2月28日，叠彩区芳华路开工建设。　　叠彩区志办　供稿

秀峰区

【概况】 秀峰区位于桂林市区中西部，辖秀峰、丽君、甲山3个街道，下设19个社区，7个建制村。行政区域面积53.5平方千米。2010年年末，户籍常住人口10.9万人，其中农业人口1.7万人，非农人口9.2万人。全年实现地区生产总值53.11亿元，增长12%。其中：第一产业增加值0.74亿元，增长3.8%；第二产业增加值9.64亿元，增长11.6%；第三产业增加值42.73亿元，增长12.2%。人均地区生产总值4.85万元。全社会固定资产投资完成额26.16亿元，增长49.23%。实际利用外资912万美元。社会消费品零售总金额61.23亿元，增长18.89%。财政收入4.02亿元，增长18.63%，其中地方财政收入2.26亿元，增长13.1%。财政支出3.59亿元，增长19.2%。城镇居民人均可支配收入18398元，农民人均纯收入6700元。接待境外游客2.42万人次。

农业　全年实现农牧渔业总产值1.30亿元，其中农业产值0.37亿元，牧业产值0.76亿元，渔业产值0.1亿元，服务业产值0.07亿元。粮食播种面积0.03万公顷，总产量0.19万吨。森林覆盖率38.9%。新建沼气池12座。农业机械总动力9775千瓦。

工业　全年实现工业总产值23.46亿元，增长18.2%。工业增加值8.36亿元，增长13.9%。规模以上工业实现总产值19.13亿元，增长18.71%。新增规模以上企业4家，全区规模以上工业企业28家，其中年产值超1000万元企业22家，超1亿元企业6家。

文化·教育　2010年，秀峰区拥有专业艺术表演团体3个，演出场次698场；公共图书馆1个，图书藏量50万册。有公办中小学9所（其中小学7所，九年一贯制学校2所），民办小学5所，事业办小学1所，民办学校6所。初中专任教师60人，在校初中学生1042人，初中阶段入学率134.75%。小学专任教师383人，在校小学生9698人（含民办和事业办），小学适龄儿童入学率100%。民办学校教师195人。

卫生·计划生育　年内，秀峰区各级各类医疗机构有床位1297张（乡镇卫生院13张）。卫生技术人员2232人（乡镇卫生院、村卫生室39人）。卫生技术人员中，有执业医师663人（乡镇卫生院5人）、注册护士907人（乡镇卫生院、村卫生室11人）。全区参加新型农村合作医疗农民15223人，参加新型农村合作医疗率98.28%。年内，秀峰区出生人数954人，符合政策生育率98.5%，其中二孩符合政策生育率92.7%，政策外多孩率0.2%。出生男女性别比为111。人口自然增长率3.8‰。

居民生活　2010年，秀峰区城镇居民人均可支配收入18398元，增长10.51%。农民人均纯收入6700元，增长12.02%。全年发放农村低收入人口低保金70.04万元，发放城镇居民低保金231.38万元。城镇新增就业人数1863人，领取再就业优惠证的下岗失业人员再就业人数658人，城镇登记失业率3.9%。农村劳动力转移就业职业培训513人。

【桃花湾项目建设启动】 2010年，秀峰区在芦笛岩桃花江西岸，实施了桂林芦笛生态旅游休闲园桃花湾项目。项目计划总投资8亿元，其中鲁家新村建设投资8000万元。以“新型生态旅游村”规划理念为指导，通过农业生产和生态旅游相结合的发展模式，兼顾自然生态资源和可持续性发展，打造汇聚传统文化、休闲、观光、旅游、住宿、餐饮于一体的乡村特色旅游产业。6月，区政府成立鲁家村改建工作组；10月，鲁家新村建设动工，按桂北民居风格修建各类户型98栋，总建筑面积3.2万平方米，一期项目预计2011年8月前完工。

【科学技术创新】 2010年，秀峰区围绕“富民强区”目标，加大科学技术平台建设、科学技术资金支持、高新技术引进、科学技术创新和推广力度，推进自治区第一批科学技术示范县（区）创建。年内共有11家企事业单位41个项目获得国家、自治区、市科学技术资金支持，争取项目资金442万元。其中：获国家科学技术项目3项，金额75万元；获自治区科学技术资金支持项目12项，金额154万元；获市科学技术资金支持项目26项，资金213万元。组织下达区本级科学技术项目8个，科学技术支持项目资金166万元。全年申请专利24件。举办种植业、养殖业等科技培训班、科普讲座 57 期(场次),培训 0.5 万人次。建立各类科学技术示范基地 7 个。

【招商引资工作突出】 2010 年,秀峰区在选商选资、招大引强、发展总部经济工作中取得新成绩,全年新引进市外企业 16 家,到位资金 6.4 亿元,实际利用外资 912 万美元,超额完成桂林市下达的任务。引进海创实业投资有限公司、银都电力建设开发有限公司等总部企业 14 家,其中投资超 1000 万元的企业 8 家,到位资金超 1 亿元的企业 2 家。

【养老服务】 2010 年,秀峰区有 60 岁以上老年人口 1.58 万人,占全区总人口的 14.43%,人口老龄化趋势明显。年内,区政府投入 90 多万元,新建中隐、榕湖、解东、甲山、长海等 5 个居家养老服务站和 1 个慈善超市、1 个康复保健点。组建家政服务、净菜配送、家庭托老、康复保健和志愿者服务 5 个居家养老服务队伍。全年为辖区老年人提供各项居家养老服务 2.56 万人次,服务对象 1.24 万人。全年全区共有 2 家居家养老服务中心、9 个居家养老服务站(点),养老服务机构 7 所(含公办和民办),总床位数 454 张,入住率达 78.2%。2010 年 11 月,秀峰区获全国养老服务示范活动示范单位。

(徐小平　郭玲西　曾妃全)

叠彩区

【概况】 叠彩区位于桂林市区北部。辖叠彩、北门 2 个街道和大河乡,下设 15 个社区,15 个建制村。行政区域面积 52 平方千米。2010 年年末,户籍常住人口 13.79 万人,人口自然增长率 4.9‰。全年实现地区生产总值 44.81 亿元,其中第一产业增加值 0.93 亿元,第二产业增加值 10.75 亿元(其中工业增加值 5.57 亿元),第三产业增加值 33.13 亿元。人均地区生产总值 32488 元。全社会固定资产投资完成额 36.08 亿元。社会消费品零售总额 41.29 亿元。财政收入 2.51 亿元,其中一般预算收入 1.36 亿元;财政一般预算支出 1.96 亿元。城镇居民人均可支配收入 18049 元,人均消费性支出 10697 元。农村居民人均纯收入 5710 元,人均生活费支出 5644 元。是自治区双拥模范城区、全国群众体育先进单位、全国全民健身先进单位和全国计划生育优质服务先进县(区)。

【"三大板块"建设成效显著】 2010 年,叠彩区确立以建设"三大板块"(城北滨江区、江东生态旅游观光区、改造提升老城区)战略思路,投入基础建设资金 36 亿元,实施桂林市"1212"工程项目中叠彩区域 5 条道路建设改造,并将投资 1000 万元以上的 48 个项目(新开工建设的 27 个)列入年度重点项目。年内,完成近 70 公顷城市建设储备用地的征用;滨江北路、站前路、芳华路、福利路、建干北路(叠彩段)建设进展顺利;投入 1440 多万元,完成社塘村等 3 个村庄城乡风貌改造及 829 户农宅的立面改造工程;投入 6000 万元落实拆迁村庄整体搬迁的安置用地,投入 700 多万元规划与设计城中村改造试点村,落实 37 公顷城中村改造选址用地,城中村改造工作走在全市前列。完成江东片区概念性规划及东二环路两侧与江东生态农业观光区核心区虚拟现实系统的编制。江东片区建干路北段改造工程主车道建成通车,大四公路(大村至四联)、尧山公路修复工程完工,桂灵公路(桂林至灵田大村段)和花卉基地道路完成前期工作,江东路网建设改造获得实质性进展。完成中山北路绿化、美化、亮化一期工程;芦笛路、清秀路、叠彩路完成改造,抗战路改造二期主体工程完工,基本完成区域西二环路、扁山路、新建路、福利路、春江路等 5 条道路建设改造的前期工作。投入 7 亿多元建设以桂林钢铁厂片区湖光山色等楼盘为重点的 83 万多平方米的主城区商品房。实施社塘、上阳家、石家 3 个村庄城乡风貌改造工程,完成 829 户房屋风貌改造和 115 户农村危房改造,老城区提升改造成效明显。

【经济实现稳步增长】 2010 年,叠彩区完成工业技术改造投资 2.85 亿元,增长 34.9%,完成规模以上工业企业总产值 16.06 亿元,增长 22.1%。农业经济以花卉为主导的"三种一养"进一步发展壮大,流转土地约 66 公顷用于花卉基地二期建设,全年花卉产值 6700 多万元。新增蔬菜种植面积 40 公顷;养殖业朝规模化方向发展,完成产值 5596.6 万元,增长 5.2%。全年房地产总投资 7.6 亿元,施工面积 83.4 万平方米,销售面积

26.16 万平方米。全年社会商品零售总额 41.29 亿元,增长 16.8%。餐饮、酒店等旅游服务业和中介服务业发展加快,小南国、澳门酒家等餐饮名店进驻辖区。

【城乡环境管理】 2010 年,叠彩区将城区市容环卫管理目标落实到社区、农村,促进城市管理社会化、常态化。以公众聚集场所、主次干道、集贸市场周边、城乡结合部为重点,深入开展“城乡清洁工程”活动,集中整治垃圾乱倒乱扔、商品乱摆乱卖、车辆乱停乱放、广告乱贴乱挂、随意乱搭乱盖等市容环卫交通管理的违规现象 64 次;清理城乡卫生死角 600 多处,清运生活垃圾 2000 多吨,治理改造厕所 500 余座;拆除存在安全隐患的大型广告牌 2 处。加强城乡风貌改造,组成工作组深入村屯,宣传城乡规划和土地管理相关法规,遏制非法占地、违法建筑局势的蔓延,全年共整改违法用地 18 宗;拆除违法违章建筑 15 万平方米。

【社会事业协调发展】 2010 年,叠彩区社会工作成效显著。“优师强校”工程实施名校、名校长、百名骨干教师、教师队伍培训计划初见成效,20 名教师分别获国家级、自治区级、市级不同学科教学比赛一、二等奖。投资 100 多万元,完成村级公共服务中心、文化信息资源共享工程中心和辖区 14 处健身路径建设,实现全区城市社区、建制村文化体育设施全覆盖;新组建业余文体团队 115 支,获全国群众体育先进单位、全国全民健身先进单位。加大计生软硬件设施建设投入,区计生服务站、乡(街道)计生服务室投入使用,以避孕节育、生殖保健雨露、出生缺陷干预关爱“三大工程”为重点,开展生殖健康促进活动,获 2010 年度全国计生优质服务先进县(区)。全年新增城镇就业人员 2082 人,开展就业培训 1288 人次。探索农村被征地人员的社会养老新途径,编制 11 批次被征地农民社会保障方案,办理参保手续 672 人。建成清风老年活动中心和北门街道办事处居家养老服务中心,铁路社区、锦绣社区的居家养老服务站已挂牌服务,大河乡敬老院建成并投入使用,新民五保村建设进展顺利。全年发放城乡低保金 412.7 万元,城乡医疗救助金 32.1 万元,抚恤金 158.3 万元,优待金 23.65 万元,城镇退役士兵安置补偿费 33.3 万元,发放救灾资金 56.2 万元,其他社会救助金 25.4 万元,新型农村合作医疗参合率 96.04%。叠彩街道办事处评为自治区级和谐社区建设示范街道。 (叠彩区志办)

象山区

【概况】 象山区位于桂林市区南部,辖象山、南门、平山 3 个街道和二塘乡,下设 29 个社区,8 个建制村。行政区域面积 87.6 平方千米。2010 年年末,户籍常住人口 24.92 万人,人口自然增长率 2.13‰。全年实现地区生产总值 120.62 亿元,其中第一产业增加值 0.78 亿元,第二产业增加值 47.87 亿元(其中工业增加值 41.64 亿元),第三产业增加值 71.97 亿元。人均地区生产总值 51437 元。全社会固定资产投资完成额 52.08 亿元。社会消费品零售总金额 70.86 亿元。实际利用外资 905 万美元。财政收入 7.14 亿元,其中一般预算收入 3.73 亿元,财政一般预算支出 2.87 亿元。城镇居民人均可支配收入 18517 元,人均消费性支出 11541 元。农村居民人均纯收入 5550 元,人均生活消费支出 4688 元。

【重大项目建设】 2010 年,象山区投资 1000 万元以上建设项目 74 个(投资 1 亿元以上项目 43 个),计划总投资 196.47 亿元,年度计划投资 52 亿元,其中新建项目 28 个,续建项目 34 个,前期项目 10 个,其他项目 2 个。在全面推进项目建设中,集中力量抓好总投资为 84.93 亿元、年度投资为 33.53 亿元的阳光 100、万福东路、南溪河综合整治、万福旅游度假园区、城南物流园区、象山凯风消防站等 18 个重点工程的建设或改造。全年累计完成投资 52.08 亿元,增长 28%。

【工业企业革新】 2010 年,象山区投入资金 10.32 亿元,对桂林机床电器有限责任公司、桂林晶盛玻璃有限责任公司、桂林橡胶机械厂等 30 多家规模企业进行技术改造革新,提升生产能力;对燕京啤酒(桂林漓泉)股份有限公司、桂林三花股份有限公司、桂林立白日化有限公司、桂林供电局等企业进行扩能改造,拉长产业链。同时,淘态落后产能,培育新的增长方式,6 家企业的 9 个新项目相继投产,新增产值 2.2 亿元。全年全区工业总产值 110.92 亿元,增长 22.1%;规模以上工业总产值95.32亿元，增长23.15%。

【举办专场招商引资会】 2010年，象山区在对外全面招商引资的同时，选择特定对象举办专场招商引资推介会。4月26日，举办全国杰出湘商象山区投资考察暨投资环境推介会，30多名湘商代表出席，签订投资项目2个（投资1亿元建设桂林城南木材交易市场和投资5.8亿元兴建华夏艺术大观园）。5月28日，举办世界华商联合会代表投资考察象山区暨投资环境推介会，签订《开发万福旅游度假区建设的合作协议》，总投资约30亿元。

【城乡风貌建设】 2010年，象山区投资192万元改造桂阳公路沿线500米可视范围内村庄风貌。对二塘乡北芬村的小村、大村2个自然村和塘村的澁塘、仁头、陶家3个自然村600多户共359座农房（含养殖、生产、生活用房）进行改造，完成投资290万元。投资66万元改造铁西小区、民族里、银锭路等64处排水管网和维修琴潭路一号、瓦窑西路二号、榕湖南路等13条街巷道路。对香江饭店、联达广场、八中路口、迎宾路口等重要节点的城市景观进行绿化、美化、亮化。拆除各类违法建筑7.4万平方米，美化人居环境。

【农业产业结构调整】 2010年，象山区建立无公害蔬菜标准化生产基地146.7公顷，扩大葛根、淮山等特色农作物种植面积53.3公顷，新增绿化苗木种植面积10.7公顷。发展规模化养殖，培育规模养殖户97户；建立畜牧业养殖示范村1个，培育示范户27户；建立水产业规模养殖示范村2个，培育示范户17户。辖区农村基本形成"一村一品"的农业发展格局。全年出栏生猪4.1万头，增长6.2%；出栏家禽47.88万只，增长12%；产禽蛋376吨，增长5.8%；产水产品1150吨。

【社会保障】 2010年，象山区新增就业岗位3050个，安置下岗再就业人员980人，解决"零就业"家庭就业24户。全区城镇登记失业率控制在4.5%以下。免费介绍职业3000多人次，免费职业培训1240人次，办理小额担保贷款47人次。开展计算机操作、美容美发、摩托车维修等技能培训21期1330人，实现农村劳动力转移就业220人。发放城乡低保金和各类救济金1112.8万元，城镇居民基本医疗保险91.5%，新型农村合作医疗参合率98.4%。为城市25472名老人建立基本档案；居家养老服务覆盖人数15102人，提供服务22221人次。

【南溪山公园获国家4 A级旅游景区】 2008至2010年，南溪山公园按照国家4A级旅游景区标准投资近1000万元进行全面改造，把公园游览空间划分为休闲、情侣文化、长寿文化和唐宋文化4个功能区。对南溪山白龙洞、观音洞重新改造，运用2008年北京奥运会的设计理念及2010年上海世博会的部分顶尖互动科技，首创全国情景模式岩洞游览。2010年8月，大世界基尼斯总部确认南溪山《养气汤方》是年代最久的石刻养生方，并载入《大世界基尼斯之最》。12月，国家旅游局批准南溪山公园为国家4 A级旅游景区。

（象山区志办）

七星区

【概况】 七星区位于桂林市区东部。辖七星、东江、穿山、漓东4个街道和朝阳乡、桂林华侨旅游经济区，下设28个社区，16个建制村。行政区域面积97平方千米。2010年年末，户籍常住人口26.77万人，人口自然增长率4.97‰。全年实现地区生产总值125.77亿元，其中第一产业增加值1.16亿元，第二产业增加值76.97亿元（其中工业增加值72.25亿元），第三产业增加值47.64亿元。人均地区生产总值63649元。全社会固定资产投资完成额66.1亿元。社会消费品零售总额33.78亿元。外贸出口总金额21.9亿元。实际利用外资8009.93万美元。财政收入8.59亿元，其中一般预算收入3.92亿元，财政一般预算支出1.09亿元。城镇居民人均可支配收入18762元，人均消费性支出12100元。农民人均纯收入6735元。年内，七星区获得全国法治县（区）创建活动先进单位、全国残疾人社区康复示范区，连续三年获全国科技进步先进城区、全国产学研合作创新示范基地、自治区双拥模范区。

【民生业绩显著】 2010年，七星区提供就业岗位11600个，新增加就业4200人，城镇登记失业率控制在4.14%，发放城乡低保金650万元，社会救助工作已纳入制度化体系。投入3500万元，新建五保供养中心、福利院、光荣院、残疾人综合服务中心康复楼；改、扩建老年公寓、居家养老中心6个。建立了覆盖城乡居民的基本医疗保障体系，新型农村合作医疗参合率97.73%，3.8万人受益，4416户9660人次获得医疗救助。计划生育率97.54%。年内，计划生育工作获自治区人口计划生育工作先进奖，区计划生育服务站获全国计划生育优质服务示范站。

【基础教育事业】 2010年，七星区投入1618万元用于学校基础设施建设，新建和维修校舍面积1.68万平方米，完成中小学校校园改造8所，建成标准化实验室9个，示范性图书室5个。年内，七星区被市政府确定为优质教育带动发展试点和教育现代化先导区试点。以育才小学和七星幼儿园为主的领衔校，实施育才教育集团和七星幼托教育集团等名校带动优质教育、教学的改革。通过自治区义务教育学校常规管理达标评估验收。

【招商引资】 2010年，七星区引进市外内资52.54亿元，占全市的17%；外资累计到位资金8009.93万美元，占全市的33%。年内，新引进项目16个。主要有投资12亿元的绿色能源产业园和智能电网产业园，投资10亿元的颐和体育休闲公园和大唐通信基地，投资10亿元的桂林电器科学研究院电工新材料生产基地，中科数码基地、投资天涯在线、百度等知名企业，以及浦发银行、华夏银行、宏源证券、广西金融投资等金融服务机构。

【城乡一体化快速发展】 2010年，七星区固定资产投资66.1亿元，启动"一江、二街、三园、四化、四路、五中心"（一江指小东江流域综合整治工程，二街指会仙路酒吧特色街、穿山小街茶吧特色街，三园指漓东公园、猫儿山公园和净瓶山公园，四化指美化、亮化、绿化、数字化，四路指芳香路、建干北路、堤园路、湖塘路，五中心指屏风商业中心、东江休闲娱乐中心、甲天下商业中心、黄莺岩物流中心和漓东公交运输中心）等改造，提升城市项目19个。其中投入7075万元用于园区路、水、电等基础设施建设。完成东环路、穿山南路、金鸡岭路、栖霞路、育才路等道路改造，完成列入桂林市"1212"工程的芳香路、建干北路建设。新建五里店路、六合路2座垃圾中转站。完成全区交通要道的无障碍设施建设。小东江流域综合整治项目进展快速。农村基础设施建设以村（巷）道路硬化、改水、改厕、排污、村容村貌整治为重点，全区95%的自然村完成道路硬化。

【增设漓东街道办事处】 2010年9月3日，中共桂林市七星区漓东街道工作委员会、桂林市漓东街道办事处挂牌成立。行政编制9名，核定科级领导职数1～4名。辖穿山、毅峰、大圆盘、空明、毛塘、横塘、轮胎厂7个社区。办事处驻址位于环城南一路16号。

【桂林华侨旅游经济区建设】 2010年9月，七星区投资1500万元的"侨居工程"投入使用。"侨居工程"共建6栋168套住房，总面积15090平方米。投资113万元，完成水厂管网改造工程，全长3千米。投资120万元，新建敬老院1座，建筑面积1249平方米。完成竹江村道硬化600米，修水渠1800米。高新七星区华侨农业休闲园项目已落实土地53.33公顷，完成风味餐厅、棋牌休闲室、标准气排球场、篮球场等基础建设。投资10亿元的"桂林华侨颐和休闲"项目签约落户。

（廖明东）

雁山区

【概况】 雁山区位于桂林市区南部，辖雁山街道，雁山、柘木2个镇和大埠乡、草坪回族乡，下设3个社区，37个建制村。行政区域面积274平方千米。2010年年末，户籍常住人口7.69万人，其中农业人口6.86万人，非农人口0.83万人，人口自然增长率5.5‰。全年实现地区生产总值16.60亿元，增长12%。其中：第一产业增加值3.51亿元，增长4.8%；第二产业增加值5.86亿元，增长18.2%；第三产业增加值7.23亿元，增长10.2%。人均地区生产总值21582元。全社会固定资产投资完成额15.15亿元，增长44.1%。社会消费品零售总额2.01亿元，增长18.5%。完成财政收入0.7亿元，增长21.97%，其中地方财政收入0.4亿元，增长47.31%。财政支出1.8亿元,增长40.81%。城镇居民人均可支配收入15957元,人均消费性支出10743元。农民人均纯收入4881元。

农业　全年实现农林牧渔业总产值6.20亿元,其中农业产值2.25亿元,林业产值0.02亿元,牧业产值3.61亿元,渔业产值0.19亿元,服务业产值0.13亿元。粮食播种面积0.42万公顷,总产量2.1万吨。农业机械总动力7.82万千瓦。完成各类人工造林面积85公顷,森林覆盖率49.19%。新建沼气池70座。

工业　全年实现工业总产值19.48亿元,增长14.9%;工业增加值5.2亿元,增长12.6%;工业增加值占地区生产总值的31.3%;工业对全区经济增长的贡献率4.4%。规模以上工业实现总产值14.45亿元,增长14.4%,实现利税0.65亿元。新增规模以上企业1家,规模以上工业企业11家,其中年产值超1000万元企业11家,超1亿元企业5家。

交通·邮政　2010年,雁山区完成农村通达公路5条19.8千米,农村公路建设投资及固定资产0.32亿元,客运量6.1万人次,客运周转量18.79万人千米。邮路总长218千米,邮政业务运营收入96万元。

教育·科技　2010年,雁山区有初级中学3所,专任教师216人,在校初中生1940人。小学13所,专任教师385人,在校小学生3158人。小学适龄儿童入学率100%。全年共免学生公用经费219.52万元,免教科书费62.78万元,5580个学生家庭受益。补助贫困家庭寄宿生505人,补助资金31.5万元。年内,申报市级科技项目3个,总投资131万元,共举办种植业、养殖业等科技培训班、科普讲座189期(场次),培训2.33万人次。建立各类科技示范基地45个。

文化·旅游　2010年,雁山区有农村书屋23个,图书藏量51万册;文化站4个;放映电影44场次,观众5万人次。年内,全区接待国内外游客6.25万人次,其中境外游客0.89万人次,旅游总收入0.544亿元。有营业景区6个,其中国家4A级旅游景区2个,国家3A级旅游景区1个。

居民生活　2010年,雁山区在岗职工年平均工资29420元,增长19.2%。城镇居民人均可支配收入15957元,人均消费性支出10743。农民人均纯收入4881元,增长12.8%,人均生活费支出2878元。全年发放农村低收入人口低保金195.5万元,发放城镇居民低保金38.3万元。城镇新增就业人数907人,领取再就业优惠证的下岗失业人员再就业人数201人。新增劳务输出653人。农村劳动力转移就业职业培训744人次,开发公益性岗位55个。

【农村经济健康发展】　2010年,雁山区农业规模化生产进一步加强,新增农业示范基地4个,总数达45个,面积2573公顷。“公司+农户”养殖模式不断扩大,养殖龙头企业10家,规模养殖户600户,引进示范推广名优特新品种90多个,农作物良种覆盖率93.5%以上。林下间套种等先进农作物耕种模式得到进一步推广,种植面积6340公顷。基础设施得到加强,筹资2550多万元实施了31.58千米农村道路硬化,筹资567万元完成白竹境水库东村移民桥改造、小型水库除险加固等一批水利设施项目。创建农机合作社6个,其中1个被评为广西明星农机专业合作社,机耕面积5467公顷,农业机械化水平与全国平均水平差距明显缩小。推进土地承包经营权流转,面积达133.3公顷;集体林权制度改革完成勘界10073公顷、发证7360公顷。贫困村农民人均纯收入3560元。全年共培训农民1.7万人次,劳务输出1.9万人,劳务经济为农民人均增收58元。

【项目推进取得突破】　2010年,雁山区在建项目12个,续建项目16个,合同总金额16.45亿元,其中市外建设项目资金7.5亿元,自治区外建设项目资金7.2亿元,完成年度任务的121.5%。引进外资项目到位资金1500万美元,完成利用外资年度任务的150.4%。年内,实现土地招拍挂128.8公顷。完成驻桂林高校、中心环线、商业服务中心等项目征地116.7公顷,拆除违法建筑35万多平方米。城市服务配套设施推进,创业服务中心大楼封顶,实现投资2808万元。区公安分局综合楼主体完工。良丰科技新城征地64公顷,启动配套服务区玉圭园星级酒店、会议中心、精品水上乐园项目建设,完成投资4.2亿元。在第七届中国—东盟博览会上签约古桂柳运河修复及旅游综合开发、大埠乡小城镇建设和雁飞来旅游文化休闲中心项目。

【为民办实事】　2010年,雁山区政府筹措资金7984万元,落实为民办实事工程。完成雁山镇、大埠乡及草坪回族乡农业综合开发项目。完成中国科学院广西桂林植物研究所至竹园、莫家等8条建制村道路通畅工程和10条自然村道路硬化。完成大桥、白竹境村绿化、环境保护整治和13处农村饮水安全工程建设，受益人口5137人。完成1个新农村建设试点任务和中小学校舍安全工程，柘木镇中心校教学楼、君武小学综合楼竣工投入使用。启动雁山区人民医院二甲建设、柘木镇整村推进土地治理工程。实施“阳光家园计划”，残疾人日间托养服务200人，托养费10万元。完成农村困难群众危房改造107户。完成大埠乡危岩治理。实施“村村通”工程，全年安装卫星电视接收器1867套。投资32万元兴建柘木镇窑头村“农家公共服务中心”。

【实施强农惠农政策】 2010年，雁山区政府加强落实惠农政策力度。发放水稻玉米良种补贴53.77万元，受益群众11397户；发放农机购机补贴278万元，拉动农民购机投资551万元，补贴农机1899台，受益户1765户；发放新型农村合作医疗补偿金653.99万元，33991人次受益；发放家电下乡补贴48.91万元及汽车、摩托车下乡补贴160.61万元。所有惠农资金通过“一折通”发放到农民手中。 （熊征香）

阳朔县

【概况】 阳朔县位于桂林市南部，辖阳朔、白沙、福利、兴坪、葡萄、高田6个镇和金宝、普益、杨堤3个乡，下设15个社区，99个建制村。县政府驻阳朔镇。行政区域面积1428平方千米。2010年年末，户籍常住人口31.47万人。年内，阳朔县地方志编纂委员会办公室获全国方志系统先进集体。

经济总指标 全年实现地区生产总值56.15亿元，增长24.1%。其中：第一产业增加值13.3亿元，增长5.5%；第二产业增加值17.39亿元，增长22.6%；第三产业增加值25.46亿元，增长35.5%。人均地区生产总值20333元。全社会固定资产投资完成77.59亿元，增长70%。社会消费品零售总额13.3亿元，增长20.4%。

财政·金融 全年实现财政收入4.5亿元，增长36.4%，其中地方财政收入3.52亿元，增长52.48%。财政支出1.06亿元，增长46.1%。年末，金融机构各项存款余额49.2亿元，增长38.3%，其中城乡居民存款余额32.1亿元，增长37%。各项贷款余额27.2亿元，增长55.7%。

农业 全年实现农林牧渔业总产值20.57亿元，其中农业产值13.63亿元、林业产值0.46亿元、牧业产值5.37亿元、渔业产值0.6亿元、服务业产值0.51亿元。粮食播种面积2.45万公顷，总产量12.2万吨。全年完成各类人工造林面积800公顷，森林覆盖率58.86%。新建沼气池1100座。农业机械总动力19.1万千瓦。

工业 全年实现工业总产值29.7亿元，增长31.1%；工业增加值9.74亿元，增长19%；工业增加值占地区生产总值17.35%。规模以上工业实现总产值16.63亿元，增长43.3%；实现利税9531万元，与上年持平。新增规模以上企业3家，全县规模以上工业企业26家。其中年产值超1000万元企业18家，超1亿元企业6家。

交通·邮电 全年完成农村通达公路3条22.2千米，完成农村公路建设投资及固定资产1.23亿元。完成客运量155.76万人次，客运周转量4.06亿人千米；完成货运量103.67万吨，货运周围量13015.83万吨千米。完成漓江水路客运量51.81万人次，完成漓江旅游客运周转量2993.21万人千米。邮路总长900千米，完成邮政业务运营收入1056万元。全县固定电话用户3.45万户，手机用户3.18万户，宽带用户2.08万户。

文化·科技 年末拥有专业艺术表演团体1个，演出场次60场；公共图书馆1个，图书藏量12万册；文化站9个；电影放映单位1个，放映电影1188场次，观众38万人次。全年申报自治区级科学技术项目2项，市级科学技术项目4项，县级科学技术项目5项，总投资792万元，共举办种植业、养殖业等科学技术培训班、科普讲座268期（场次），培训11.67万人次；培训科学技术示范户2500户，建立各类科学技术示范基地52个。年内共申请专利7件。

教育 全县有自治区示范性普通高中1所，专任教师155人，在校高中生2200人。普通高中2所，专任教师155人，在校高中生4174人。初级中学12所，专任教师704人，在校初中生7584人。小学94所，专任教师1249人，在校小学生

15053 人。小学适龄儿童入学率 100%。

卫生·体育　全县各级各类医疗机构有床位 458 张，其中妇幼保健院床位 60 张。卫生技术人员 759 人，其中执业医师 222 人，注册护士 306 人。全县参加新型农村合作医疗农民 27.01 万人，参合率 99.61%。全年向上级输送各类优秀运动员 11 人。获自治区级奖牌 4 枚，其中金牌 1 枚、银牌 1 枚、铜牌 2 枚。

计划生育　全年全县出生人数 3394 人，符合政策生育率 94.81%，其中二孩符合政策生育率 84.42%，政策外多孩率 0.29%。出生男女性别比为 111。人口自然增长率 6.59‰。

固定资产投资　全县固定资产投资 77.59 亿元，增长 70%，其中基本建设投资 50.15 亿元。更新改造投资 8.18 亿元。投资 1000 万元以上项目 72 个，完成投资 55.5 亿元。年内，获得中央内需和中央预算内投资项目 132 个，总投资 4.43 亿元。计划下达投资 2.76 亿元，其中中央投资 1.61 亿元，地方投资 1.15 亿元。

招商引资　全年全县在建项目 21 个，续建项目 17 个。内资实际到位资金 8.99 亿元，完成年度任务的 256.86%，增长 182.26%；实际利用外资 1240 万美元，完成利用外资年度任务的 103.33%，增长 255.3%。

居民生活　全县在岗职工年平均工资 24850 元，增长 4.9%。城镇居民人均可支配收入 21185 元，人均消费性支出 12730 元。农民人均纯收入 6233 元，增长 16.3%，人均生活费支出 3180 元。全年发放农村低收入人口低保金 2947.81 万元，发放城镇居民低保金 1578.72 万元。城镇新增就业人数 4530 人，领取再就业优惠证的下岗失业人员再就业人数 751 人，城镇登记失业率 3.37%。新增劳务输出 5794 人。农村劳动力转移就业职业培训 3395 人，开发公益性岗位 5300 个。

旅游　全年接待国内外游客 811.3 万人次，其中境外游客 120.8 万人次。旅游总收入 31.5 亿元。全县有 250 个自然景点和人文景观，营业景区 18 个（国家 5 A 级旅游景区 1 个，国家 4 A 级旅游景区 3 个，国家 3 A 级旅游景区 4 个）。

【百里漓江绿化彩化花化果化工程启动】 2010 年 3 月 11 日，百里漓江绿化彩化花化果化工程在阳朔镇高洲村启动。参加仪式的人员在 50 千米长的漓江阳朔段沿岸种植重阳木、柳叶红千层、双夹黄槐等树苗 10 万株。漓江两岸阳朔段的乡（镇）政府组织 2 万多名干部群众种植红檵木球、红花檵木桩、撑蒿竹等苗木 20 万株。

【阳朔县获首批全国旅游标准化试点县】 2010 年 6 月 11 日，阳朔县被国家旅游局确定为首批全国 5 个旅游标准化试点县之一。全县有宾馆饭店 600 多家，床位 4 万多张；旅行社和服务网点 50 家；酒吧、咖啡店 65 家；大小旅游船 126 艘，低碳旅游观光车 500 多辆，自行车（旅游出租）2 万辆；地方导游 500 人，旅游从业人员 7 万多人。年内，阳朔县投资 1.5 亿元，建成封闭管理的漓江公园、十里画廊；投资 7000 万元和 6000 万元分别建成迎宾画廊和石马路 60 米大道；投资 8000 多万元对县城内重要建筑、外事码头、中心广场等重要节点实施绿化、美化、亮化和叠石、瀑布、喷泉等人文景观改造建设；投资 500 万元在汽车站总站安装大型 LED 屏幕；投资 3000 多万元，完成县城 88 座山峰及县城漓江沿岸夜景亮化工程。12 月 16～17 日，全国推进旅游标准化试点工作座谈会在阳朔县城召开。

【城乡风貌改造】 2010 年，阳朔县坚持展示"中国旅游强县，打造全国最美丽乡村"的高标准。投资 1 亿元，完成了县抗战路、乡（镇）集镇、桂梧高速公路、桂阳公路等主要沿线 6788 座房屋立面改造，完成全年任务的 126%；完成了兴坪镇小河背村，金宝乡门楼村、灯盏湾村等 5 个综合整治型村庄的建设。7 月 20 日，自治区城乡风貌改造二期工程中期工作推进会在阳朔县城召开。阳朔县获自治区城乡风貌二期工程优秀组织奖。白沙镇、高田镇获自治区城乡风貌改造二期工程先进单位。

【农业经济稳步发展】 2010 年，阳朔县经济作物播种面积 3240 公顷，增长 7.9%；总产量 22.5 万吨，增长 6.7%。新种金橘、砂糖橘、夏橙等名优水果 1013.33 公顷，全年水果总产量 23.03 万吨，增长 10.2%。旅游景区（点）油菜示范区面积 33.33 公顷。生猪出栏 24.53 万头，增长 7.2%；肉类总产量 2.72 万吨，增长 6.2%；家禽出栏 475.15 万只，增长 7.1%；水产品产量 6573 吨，增长 7.0%。农业专业合作社 116 家，增加 16 家，在册社员 1516 人，辐射带动农户 3258 户。全年落实农资综合直补和良种补贴资金1926万元，增加448万元。完成水利建设投资5678.93万元，修建水利工程83处；投入资金3500万元，完成0.1个流量以上农田水渠三面光工程建设176千米，改善农田灌溉面积5400公顷。全年新建农村沼气池1100座，沼气入户率64.2%。投入资金857.41万元，完成农村饮水安全工程31处，解决1.39万农村人口饮水安全问题。集体林权制度改革完成外业勘界面积5.58万公顷，办证4.41万公顷。全年完成人工造林面积800公顷，全民义务植树85万株，“百万农户种千万棵树”21万株。完成18个新农村试点（含普制试点）和120个自然村村道水泥硬化。全年减少贫困人口790人。举办各类实用科技培训226期，科技下乡33次，培训和接受农技咨询服务6.65万人次。年内，阳朔县获自治区2009～2010年度冬修水利先进县、广西发展农业新兴优势产业先进单位、广西绿化模范县。

【古皮寨村获首批全国人口和计划生育基层群众自治示范村】 2010年，兴坪镇古皮寨村建立健全每月计划生育例会制度，村民委员会计划生育村民自治章程、村规民约由村民代表大会产生，村民自觉遵守履行计划生育的有关协议，合同约定的权利义务。开展“阳光计生”工作，推进惠民维权活动，全面公开与村民密切相关的人口计生法律法规和计划生育事务。村民委员会设置“阳光计生”监督岗，全村参与村务公开2557人，参与率85.09%。人口计划生育知晓率90%以上；村民委员会对生育女孩的18户计生家庭进行生产帮扶，资金帮扶。全村已婚育龄妇女540人，328人参加“诚信计生”小组，签订“诚信计生承诺书”，群众参与率80.7%；综合避孕节育措施落实率89.1%，符合政策生育率100%。年内，国家人口和计划生育委员会、中国计划生育协会联合授予兴坪镇古皮寨村委会首批全国人口和计划生育基层群众自治示范村。

【实施旅游富民工程】 2010年，阳朔县实施富民工程，带动漓江两岸、十里画廊、遇龙河、百里新村等景区（点）农民参与旅游业，农民直接或间接从旅游业中获益。年内，全县接待游客人数811.3万人次，增长12.7%，其中入境游客120.8万人次，增长19.6%。住宿人数266万人次，增长24.9%。实现旅游收入31.5亿元，增长30.2%。有7万农民从事乡村旅游业，农民开办民居旅馆200多家，床位6000多张；从事乡村导游的农民600多人；农户年均收入3万多元，收益最大的农户收入超过100万元。

【城关派出所获全国公安机关执法示范单位】 2010年，阳朔县公安局城关派出所辖2个社区、5个建制村，常住人口25312人。年内，城关派出所创建景区流动警务室，实行24小时巡逻防范。全年侦破案件59起，查处治安案件774起，调解纠纷677起，辖区内无重大群体性事件和治安灾害事故发生。被公安部评为全国公安机关执法示范单位。

【现代柑橘产业标准化果园建设学术研讨会暨中国柑橘学会2010年年会】 2010年12月18～20日，现代柑橘产业标准化果园建设学术研讨会暨中国柑橘学会2010年年会在阳朔县召开。来自农业部及柑橘主产区各省市县有关领导、柑橘科研学者、教学专家600多人参加会议。大会特邀农业部种植业司处长王戈、华中农大校长邓秀新、广西农业厅厅长张明沛、美国佛罗里达柑橘协会研究中心、西南大学Huating Dou博士分别作标准化果园建设、国家十二五园艺规划、广西柑橘生产与标准果园创建、柑橘市场营销等典型报告。47位专家、学者就提升现代柑橘产业果园标准化建设与管理水平分组进行研讨和经验交流。

【创建自治区卫生县城】 2010年，阳朔县投入资金2亿元，完成县城全长8千米街道柏油路、30千米小区水泥路面硬化、县城水系改造二期工程；对县城3个农贸市场进行全面改造、升级和彻底整治整改；县城新安装路灯500多盏，县城主次街道、社区的亮化率达95%；对县城绿化树（带）进行修剪，补种绿化树300多株，新建绿化带1800平方米，城区绿化覆盖率达35.3%，人均公共绿地面积10.8平方米；对自来水生产区和水质化验室进行更新改造；完成县城全长6000米污水管道改造。投资1000多万元新建停车场3个，新增停车位3000多个。投入400多万元新增低碳公交电瓶车65辆，设定线路11条。与单位、门店签订“门前三包”责任书1万余份。培训除“四害”人员850人，投入18万元购买鼠药、蟑药灭害，邀请

3家专业消杀公司统一对全县雨水口和排污口进行灭蟑消杀工作。年内,自治区爱国卫生运动委员会授予阳朔县自治区卫生县城。

（戴雪梅　莫晓峰）

临桂县

【概况】 临桂县位于桂林市西南部,辖临桂、六塘、会仙、两江、五通5个镇和南边山、四塘、茶洞、中庸、宛田(瑶族乡)、黄沙(瑶族乡)6个乡,下设6个社区,161个建制村。县政府驻临桂镇。行政区域面积2202平方千米。2010年年末,户籍常住人口48.94万人,其中瑶、壮、回等少数民族人口4.1万人。

经济总指标　全年实现生产总值107.38亿元,增长20.3%。其中:第一产业增加值24.78亿元,增长5.1%;第二产业增加值60.37亿元,增长27.3%;第三产业增加值22.23亿元,增长18.7%。全年实现社会消费品零售总额19.55亿元,其中餐饮业销售额2.36亿元,占社会消费品零售总额的12.08%。

财政·金融　全年完成财政收入10.72亿元,增长33.18%,其中地方财政收入6.48亿元,增长20.1%。财政支出13.84亿元,增长40.03%。年末金融机构各项存款余额84.52亿元,增长41.47%,其中居民存款余额46.26亿元,增长91.91%,各项贷款余额49.26亿元,增长56.89%。

农业　全年实现农林牧渔业总产值41.43亿元。全县完成粮食种植面积5万公顷,绿化造林1689.5公顷,完成沼气池建设2300座。继续被列入国家级粮食高产创建示范县、全国超级稻示范县。全年培训农民工15.7万人,新增农村劳动力转移9.45万人。农村饮水工程和水利设施建设完成投资1.08亿元。年内,阳朔县获全国粮食生产先进县、全国农业广播电视教育先进集体和自治区粮食生产先进县。

工业　全年实现工业总产值162.49亿元,增长33.44%,规模以上工业实现总产值133.09亿元,增长40.89%。完成主营业务收入130.99亿元,实现利税11.75亿元。

交通·邮电　年内,投资6725万元完成新建、续建公路水运交通基础设施建设项目12个,共计里程113.4千米,场站建设项目2个。投资10353万元,完成300个自然村200千米的出村道路硬化建设。完成客运量312.31万人次,旅客周转量11981.45万人千米,货运量198.73万吨,货物周转量18879.35万吨千米。完成邮政业务总量732.36万件,业务收入1187万元,完成电信收入3015万元。

文化　年内,组织节目参加桂林市第三十一届“漓江之声”比赛获2个一等奖及创作编导奖。投资300多万元,建成“农家书屋”126家。开展网吧专项整治行动和打击黑网吧行动,零点检查10次,取缔违规经营行网吧11家。开展“扫黄打非”工作,加强音像、图书市场检查,取缔非法摊点4个,共收缴淫秽色情、传销书刊和光碟2500多册(碟)。

教育　年末共有中小学(园)136所,在校学生56102人(不含民办教育)。其中:小学111所,在校学生25290人;独立初中18所,在校学生16307人;高(完)中5所,在校学生7925人;幼儿园1所,在园幼儿356人;中等职业学校1所,全日制在校学生523人;学前班164个,在班幼儿5654人;残疾儿童随班就读47人。教师进修学校1所。民办幼儿园44所,在园幼儿3986人;民办初中1所,在校学生696人;民办高中1所,在校学生2100人。全县教育系统共有在职教职员工4457人,其中高中教职员工643人,初中教职员工1562人,小学教职工2252人。

卫生·体育　全县有医疗机构16个,医务人员776人。三级医疗预防保健网健全,161个建制村都建立了卫生所,有村医540人。全年有38.33万名农民参加新型农村合作医疗,参合率95.42%。全县门诊报账40187人次,门诊医药费报销金额285.68万元;住院报账19633人次,住院总费用6470.32万元,住院医药费报销金额2587.37万元。新型农村合作医疗基金报账总金额2913.69万元,共有61571人次受益,人均住院总费用3295.63元,人均报销住院医药费1317.86元,住院补偿率39.98%,资金使用率50.67%,受益率16.06%。推进农村体育健身工程建设,共建设50个村级篮球场和6个村级公共服务中心。年内,引进越南国家举重队和胡志明市举重队到县举重馆开展近2个月的集训暨备战亚运会训练。临桂籍运动员在各级比赛中累计获得国际级比赛金牌9枚、银牌3枚,国家级比赛金牌40枚、银牌35枚。

计划生育　全年全县出生人数6154人,其中政策内出生5806人,政策外出生348人,符合政策生育为94.35%。一孩出生3924人,二孩出生2180人,多孩出生50人,二孩符合政策生育率86.13%,政策外多孩率0.67%。出生婴儿性别比113。人口出生率12.74‰。

固定资产投资　全县固定资产投资完成131.71亿元,增长32.91%。其中:基本建设投资53.08亿元,增长20.1%;更新改造投资23.47亿元,增加91.91%;房地产业投资41.03亿元,增长44.7%;其他投资14.13亿元。

居民生活　全县在岗职工年平均工资27387元,增长13.1%。城镇居民人均可支配收入20591元,人均消费性支出13499元。农民人均纯收入6135元,增长14.16%,人均生活费支出3724元。全年发放农村低保金3007.38万元。发放城镇低保金882.15万元。全年新增城镇就业人数3760人,领取就业优惠证的下岗失业人员再就业人数1051人,其中就业困难对象再就业人员351人。农村劳动力转移就业新增人数6670人,再就业培训人数603人,农村劳动力转移职业培训人数4416人。

旅游　全年实现旅游综合收入1.28亿元,接待旅客52.13万人次。

土地资源管理　全年完成19个批次及项目的农用地转用和土地征收上报工作,申请用地面积369.17公顷。盘活建设存量土地,依法做好国土资源供应与闲置用地清理,全年共供地1395宗(含置换用地),面积383.26公顷,收取土地出让金14.65亿元;出让采矿权27宗,收取采矿权价款18万元;清理60公顷闲置土地。落实耕地保护面积4.53万公顷和基本农田保护面积3.82万公顷,其中基本农田保护率84.4%,完成国有土地使用权登记发证4301宗,面积792.5万平方米。

城乡建设　全年投资3000万元,完成环湖路、滨江路等道路工程建设。完成《桂林市临桂县临桂镇总体规划2008～2025》总体规划修编方案的评审,完成两江镇、五通镇、六塘镇、南边山乡、四塘乡集镇总体规划方案的评审及会仙镇、茶洞乡、中庸乡、宛田瑶族乡、黄沙瑶族乡总体规划初步方案。全年办理规划项目716项、建设项目选址意见书52项、建设用地规划28项、建设用地规划许可证58项、建设工程规划许可证136项,完成平面规划布置审批项目30项,建筑方案图审查项目52项,施工图审查备案项目267项,设计单位和审图公司资质备案40项,总体规划评审及重要项目评审20项。完成11个开发项目的小区综合验收,验收面积39万平方米;完成34个开发项目商品房预售申请资料的审核并报审批。完成93个招标项目,涉及投资金额24.91亿元,建筑面积94.8万平方米,其中公开招标项目45个,邀请招标项目48个。投资2082万元完成桂梧、桂柳高速公路沿线500米可视范围内49个符合条件村屯的风貌改造。

环境保护　全年为92个建设项目办理环境保护审批手续,总投资30.10亿元,其中环境保护投资1.81亿元,环境影响评价制度执行率100%。为19家建设项目办理环境保护设施"三同时"竣工验收手续,项目总投资9524.1万元,环境保护投资477.44万元,全部合格并通过验收,"三同时"执行率和合格率均为100%。严格实行排污许可证制度,对辖区内318家排污单位发放或更换排污许可证。县化学需氧量排放量3033.2吨,二氧化硫排放量4405.9吨,均达到市政府"化学需氧量排放量控制在3640吨以内,二氧化硫排放量控制在6396吨以内"的"十一五"规划时期末控制目标。

【临桂县首条山区通村营运巴士线路开通】　2010年1月9日,临桂县茶洞乡至仁义村的通村营运巴士线路正式开通,是临桂县首条直达山区农村的班车线路。仁义村地处茶洞乡大山深处,距乡政府驻地有20千米,仅靠一条四级山区公路与外界连接,通车多年,无专营载客的巴士,村民出行经常搭乘私人面包车、货车、拖拉机,存在安全隐患。茶洞乡政府把开通专营载客巴士线路作为为民办实事项目,解决该乡山区2000多名群众的出行难问题。

【金山远程教育广场】　2010年7月12日,金山远程教育广场启动仪式在临桂县举行。该广场为桂林市首个远程教育广场,占地1.3万平方米,每天过往群众2万人次。远程教育配备有300英寸的LCD电子屏幕、计算机、电视机、机顶盒、Modem、音响等先进设备,接通了远程教育网和互联网,辐射县城 8.5 万居民和周边 5 个建制村 1.8 万村民,是桂林市最大的远程教育广场。

【南边山乡巴砖村农民田间学校开班】 2010 年 7 月,临桂县南边山乡巴砖村农民田间学校开班。南边山乡以“合作组织 + 基地 + 农户”的模式,推广韭菜花种植,韭菜花产业发展迅速。田间学校以韭菜花种植知识培训为主,倡导“以人为本、能力为先”的教学理念,采用“启发式”、“互动式”和“参与式”的教学方式对农民进行田间技术培训。以农民为中心、以田间为课堂、以农田生态系统调查为基础、以实践为手段,致力于将农民培养成为本土专家和当地的科技带头人,从而辐射带动更多的农户,促进现代农业的发展。

【县公安局组建刑警大队女子实验中队】 2010 年 12 月 14 日,临桂县公安局刑事警察大队女子实验中队挂牌成立,该中队是广西公安系统首支女子刑警中队,主要职责是保护妇女儿童的人身安全和侦破与其有关的侵害案件。该中队的 7 名女警中,最大年龄 34 周岁,最小年龄 26 周岁,均毕业于警察学校,受过良好的高等教育,具有过硬的体能和娴熟的擒拿格斗技能。 (李松成)

灵川县

【概况】 灵川县位于桂林市东北部,辖灵川、潭下、大圩、定江、三街、青狮潭 6 个镇和海洋、潮田、大境(瑶族乡)、灵田、兰田(瑶族乡)5 个乡,下设 18 个社区,129 个建制村。县政府驻灵川镇。行政区域面积 2302 平方千米。2010 年年末,户籍常住人口 37.70 万人。

经济总指标 全年实现地区生产总值 72.75 亿元,增长 11.72%。其中:第一产业增加值 19.07 亿元,增长 4%;第二产业增加值 33.27 亿元,增长 15.9%;第三产业增加值 20.41 亿元,增长 12.10%。人均地区生产总值 20969 元。全社会固定资产投资完成额 82.05 亿元,增长 31.4%。社会消费品零售额 25.09 亿元,增长 19.7%。

财政·金融 全年完成财政收入 8.03 亿元,增长 30.98%,其中地方财政收入 4.98 亿元,增长 28.38%。财政支出 11.66 亿元,增长 45.79%。年末,金融机构各项存款余额 79.53 亿元,增长 27.26%,其中城乡居民存款余额 53.85 亿元,增长 23.16%。各项贷款余额 45.48 亿元,增长 21.15%。

农业 全年实现农林牧渔业总产值 29.76 亿元,其中农业产值 16.9 亿元,林业产值 1.98 亿元,牧业产值 9.42 亿元,渔业产值 0.73 亿元,服务业产值 0.73 亿元。粮食播种面积 3.3 万公顷,总产量 17.16 万吨。全年完成各类人工造林面积 1533.33 公顷,森林覆盖率 66.5%。新建沼气池 743 座。农业机械总动力 37.73 万千瓦。

工业 全年实现工业总产值 95.27 亿元,增长 25.7%;工业增加值 26.49 亿元,增长 15.7%;工业增加值占地区生产总值的 39.8%;工业对全县经济增长的贡献率 52%。规模以上工业实现总产值 72.82 亿元,增长 28.8%;实现利税 2.58 亿元,增长 350.23%。新增规模以上企业 17 家,全县规模以上工业企业达 75 家,其中年产值超 1000 万元企业 70 家、超 1 亿元企业 25 家。

交通·邮电 全年完成农村通达公路 8 条 47.63 千米,桥梁建设项目 1 个 28 延米,建设 1 个客运站、2 个港湾式简易站,码头建设项目 1 个。完成交通基础设施投资 4.74 亿元,完成客运量 1329.14 万人次,客运周转量 8.33 亿人千米。完成货运量 760.83 万吨,货运周转量 11.23 亿吨千米。水泥路总长 47.63 千米。完成邮政业务运营收入 783 万元,电信业务(含电信、移动、联通等)运营收入 1483 万元。全县(区)固定电话用户 3.1 万户,手机用户 22.69 万户,宽带用户 2.46 万户。

文化·科技 年末拥有专业艺术表演团体 1 个,演出场次 80 场;公共图书馆 1 个,图书藏量 11.6 万册;剧场 1 个,文化站 12 个;电影放映单位 6 个,放映电影 2000 场次,观众 30 万人次。全年申报自治区级科学技术项目 5 项,市级科学技术项目 8 项,县级科学技术项目 12 项,总投资 3.26 亿元,共举办种植业、养殖业等科学技术培训班、科普讲座 235 期(场次),培训 21.3 万人次。建立各类科学技术示范基地 33 个。年内共申请专利 40 件。

教育 全县有自治区示范性普通高中 1 所,专任教师 125 人,在校高中生 1898 人。普通高中 3 所,专任教师 286 人,在校高中生 2785 人。初级中学 13 所,专任教师 825 人,在校初中生 8590

人。小学 50 所，专任教师 1395 人，在校小学生 17882 人。小学适龄儿童入学率 100%。

卫生·体育 全县各级各类医疗机构有床位 1091 张，其中医院床位 110 张、妇幼保健院床位床位 95 张。卫生技术人员 1214 人，其中执业医师 706 人、注册护士 454 人。全县参加新型农村合作医疗农民 28.87 万人，参合率 95.9%。全年向上级输送各类优秀运动员 3 人。获自治区级奖牌 9 枚，其中金牌 4 枚，银牌 3 枚，铜牌 2 枚。

计划生育 全年全县出生人数 4404 人，符合政策生育率 95.21%，其中二孩符合政策生育率 87.31%。政策外多孩率 0.39%。出生男女性别比为 114。人口自然增长率 6.12‰。

固定资产投资 全县固定资产投资 82 亿元，增长 31.4%，其中基本建设投资 44.7 亿元，更新改造投资 19.3 亿元，房地产业投资 6.88 亿元。

招商引资 全年全县在建项目 155 个，续建项目 93 个，合同总额 237.5 亿元，其中市外建设项目资金 52.7 亿元，自治区外建设项目资金 38.55 亿元。引进外资项目到位资金 4050 万美元。

居民生活 全县在岗职工年平均工资 26570 元，增长 10.67%。城镇居民人均可支配收入 18510 元，人均消费性支出 11489 元。农民人均纯收入 5657 元，增长 13.41%，人均生活支出 3772 元。全年发放农村低收入人口低保金 1039.85 万元，发放城镇居民低保金 498 万元。城镇新增就业人数 3130 人，领取再就业优惠证的下岗失业人员再就业人数 755 人，城镇登记失业率 3.51%。新增劳务输出 4000 人。农村劳动力转移就业培训 3857 人，开发公益性岗位 124 个。

旅游 全年接待国内外游客 143 万人次，其中境外游客 2.6 万人次。旅游总收入 3.9 亿元。全县有 15 个自然景点和人文景观，营业景区 3 个（国家 4 A 级旅游景区 1 个，国家 3 A 级旅游景区 2 个）。

【重点项目建设】 2010 年，灵川县统筹推进投资 1000 万元以上项目 181 个，完成投资 77.9 亿元。以贵广高速铁路、湘桂铁路扩能、桂兴高速公路、桂林电子科技大学尧山校区三期等 9 大项目为全年的重点项目，共征地 507.73 公顷，完成年度投资 22.1 亿元。

【交通基础设施建设】 2010 年，灵川县农村交通道路通达通畅工程累计完成投资 9700 万元。新建、续建农村公路、桥梁、客运站项目 20 个，实现全县 92% 的建制村道水泥（油）路；完成 11 个建制村 66 个自然村 145 千米的道路硬化，建设总里程 97.1 千米。投入 577 万元完成桂磨公路至大圩镇路段提级改造工程。

【城乡风貌改造】 2010 年，灵川县将县境内高速公路（含环城高速）沿线 500 米可视范围内的村屯、大圩镇核心区 500 米可视范围内的村庄及漓江两岸的村庄列为城乡风貌改造工程范围。围绕村庄规划、房屋外立面改造、道路硬化、道路两侧排水沟、村屯绿化等方面进行综合整治改造，工程涉及 3 个乡（镇）30 多个村屯，累计投入 3270 万元，完成 2535 户 63.2 万平方米屋面改造。新建卫生、文化等村级服务中心 4 处，完成绿化 5247 平方米。

【灵川县获首个自治区级义务教育达标县】 2010 年，灵川县拨付教育专项经费 6376 万元，对全县义务教育阶段中小学生全部免除学杂费、课本费、作业本费。全县享受免学杂费的学生 2.6 万人，全年补助 5000 名贫困寄宿生生活费。4 月 1 日，自治区义务教育常规管理达标县评估验收组完成对灵川县的评估验收，灵川县成为自治区首个义务教育学校常规管理达标示范县。

【两个街道办事处成立】 2010 年 9 月 2 日，灵川县八里街街道办事处揭牌成立；9 月 20 日，甘棠街道办事处成立。2 个街道办事处的成立，是桂林市县城城区首个成立街道办事处的县。

【计生工作再创佳绩】 2010 年，灵川县 129 个建制村诚信计生开展率 100%，诚信计生工作列入 2010 年全国人口计生工作两项重要改革内容之一。年内，全县计生工作获三项全国奖，四项自治区奖：灵川镇获全国计划生育协会先进单位，周三旺、黄秀林获全国计划生育协会先进个人；灵川镇同化村、青狮潭镇江头村获首批全国人口和计划生育基层群众自治示范村；灵川县计划生育技术服务站、大圩镇计划生育服务所分别获全国计划生育优质服务示范站（所）。灵川县获 2010 年广西人口和计划生育工作模范县、广西人口和计划生育工作创新奖;县人口和计划生育局获自治区计生系统"阳光计生行动"先进单位;灵川镇、三街镇、海洋乡、兰田瑶族乡、大境瑶族乡、潮田乡6个乡(镇)分别获自治区计划生育"两无一提高"(即:乡级无政策外多孩生育,村级无政策外生育;提高计划生育率)乡(镇),全县62个村委获自治区计划生育"两无一提高"村委;民治村委计生协会获自治区计划生育协会先进单位。

(周辅斌)

全州县

【概况】 全州县位于桂林市东北部,辖全州、石塘、绍水、才湾、龙水、大西江、黄沙河、庙头、文桥9个镇和枧塘、两河、安和、蕉江(瑶族乡)、凤凰、永岁、咸水、白宝、东山(瑶族乡)9个乡,下设11个社区,273个建制村。县政府驻全州镇。行政区域面积4021.19平方千米,2010年年末,户籍常住人口81.77万人。

经济总指标 全年实现地区生产总值99.67亿元,增长13.3%。其中:第一产业增加值28.64亿元,增长3.6%;第二产业增加值41.63亿元,增长20.2%;第三产业增加值29.40亿元,增长11.7%。人均地区生产总值12366元。全社会固定资产投资额70.35亿元,增长34.7%。社会消费品零售额16.76亿元,增长19.3%。

财政·金融 全年完成财政收入4.99亿元,增长31.59%,其中地方财政收入2.94亿元,增长39.88%。财政支出15.28亿元,增长22.79%。年末,金融机构各项存款余额86.29亿元,增长22.62%。其中:城乡居民存款余额62.96亿元,增长21.63%;各项贷款余额39.14亿元,增长20.9%。

农业 全年实现农林牧渔业总产值44.75亿元,其中农业产值25.83亿元,林业产值2.67亿元,牧业产值13.71亿元,渔业产值1.7亿元,服务业产值0.84亿元。粮食播种面积7.7万公顷,总产量40.67万吨。全年完成各类人工造林面积5137公顷,森林覆盖率58.9%。新建沼气池1540座。农业机械总动力45万千瓦。

工业 全年实现工业总产值106.29亿元,增长37.5%;工业增加值35.63亿元,增长20%;工业增加值占地区生产总值的35.8%;工业对全县经济增长的贡献率58.6%。规模以上工业实现总产值62.21亿元,增长56.1%;实现利税12.94亿元。新增规模以上企业3家,全县规模以上工业企业52家,其中年产值超1000万元企业48家,超1亿元企业8家。

交通·邮电 全年完成农村通达公路50条187.82千米,完成农村公路建设投资及固定资产0.92亿元,完成客运量1019.2万人次,客运周转量6.93亿人千米;完成货运量300.24万吨,货运周转量5.23亿吨千米。邮路总长2671千米,完成邮政业务运营收入1505万元,电信业务(含电信、移动、联通等)运营收入1.79亿元。全县固定电话用户3.2万户,宽带用户1.5万户。

文化·科技 年末拥有专业艺术表演团体1个,演出场次75场;公共图书馆1个,图书藏量17.13万册;文化站18个;电影放映单位1个,放映电影3410场次,观众145.06万人次。全年申报自治区级科学技术项目5项,市级科学技术项目5项,县级科学技术项目11项,总投资1281万元,共举办种植业、养殖业等科学技术培训班、科普讲座2440期(场次),培训14.14万人次。建立各类科学技术示范基地56个。年内共申请专利9件。

教育 全县有自治区示范性普通高中1所,专任教师192人,在校高中生2708人。普通高中6所,专任教师537人,在校高中生5623人。初级中学29所,专任教师1794人,在校初中生18410人。小学240所,专任教师2567人,在校小学生40983人。小学适龄儿童入学率99.99%。

卫生·体育 全县各级各类医疗机构有床位1292张,其中医院床位1207张,妇幼保健院床位85张。卫生技术人员1840人,其中执业医师832人、注册护士578人。全县参加新型农村合作医疗农民60.19万人,参合率96.81%。全年全州籍运动员获国家级奖牌7枚,其中金牌5枚,银牌2枚。

计划生育 全年全县出生10517人,符合政策生育率92.05%,其中二孩符合政策生育率82.63%。政策外多孩率0.94%。出生男女性别比为110。人口自然增长率7.71‰。

固定资产投资 全年全县固定资产投资70.35亿元,增长34.7%,其中基本建设投资

38.28 亿元，更新改造投资 14.24 亿元，房地产业投资 1.02 亿元。

招商引资 全县在建项目 155 个，续建项目 50 个，合同总额 65.94 亿元，其中市外建设项目资金 35.63 亿元，自治区外建设项目资金 24.58 亿元。引进外资项目到位资金 389.6 万美元。

居民生活 全县在岗职工年平均工资 27882 元，增长 9.14%，城镇居民人均可支配收入 14988 元，人均消费性支出 8974 元。农民人均纯收入 5615 元，增长 13.1%，人均生活费支出 3374.46 元。全年发放农村低收入低保金 2172 万元，发放城镇居民低保金 1475.2 万元。城镇新增就业人数 5700 人，领取再就业优惠证的下岗失业人员再就业人数 1760 人，城镇登记失业率 4.5%。新增劳务输出 17500 人。农村劳动力转移就业职业培训 5500 人。开发公益性岗位 343 个。

旅游 全年接待国内外游客 18.51 万人次，其中境外游客 0.29 万人次。旅游总收入 1.1 亿元。全县有 15 个自然景点和人文景观，营业景区 2 个。

【岳湾塘新区建设】 2010 年 7 月 25 日，全州县岳湾塘新区项目建设大会战誓师大会暨基础设施工程开工仪式在岳湾塘新区举行。岳湾塘新区位于县城北部，是全州县按照建设“桂林市域副中心城市”的发展定位，为实施拉大城市框架、扩大城市规模，加快“城市新全州”建设而投资开发集行政、商贸、文化、体育、教育、商住为一体的综合性新城区，规划总面积 340 公顷。

【举行中国桂林·全州首届湘山文化节】 2010 年 10 月 26 日，中国桂林·全州首届湘山文化节在全州县中心广场开幕。首届湘山文化节为期 2 天，举办了水上摩托艇表演赛、湘山酒文化研讨及展示会、书画摄影展等活动。该届文化节以“相约古城全州，感悟佛教文化，把全州建成桂北湘南佛教活动中心”为主题，旨在挖掘全州湘山文化内涵，展示全州改革开放新成果，打造以湘山寺为主的佛教文化，以桂剧、彩调、民间民俗为主的民俗文化，以湘江战役为主的红色旅游文化，以广场文化及“湘山之光”为主的群众文化等特色文化品牌。

【工业集中区经济总量快速增长】 2010 年，全州县工业集中区新入园企业 26 家，使园区企业增至 66 家。在建工业项目 13 家，全年工业项目完成投资 4.75 亿元。年内，桂林福达全州高强度螺栓有限公司、桂林百翔电源工业有限公司、桂林湘山酒业有限公司二期等重大入园项目的开工建设，园区支撑产业、骨干企业基本形成，园区经济总量快速增长。全年园区企业总产值 13.7 亿元，增长率 22%，工业增加值 4.2 亿元。

【项目建设】 2010 年，全州县统筹推进包括 10 个超 1 亿元项目在内的 30 个重点项目建设。总投资 1.5 亿元的县城污水处理一期工程建成投入运营，投资 5300 万元的垃圾填埋场主体工程基本完工，投资 5000 万元的湘山寺公园基本建成，投资 5300 万元的给水系统扩建工程加快推进，总投资 3.2 亿元的雷公岭国家矿山公园、投资 4 亿元的全州义乌小商品批发市场等项目推进征地等工作，总投资 41 亿元的湘桂铁路扩能改造全州段超额完成年度投资计划，工程建设速度居全市前茅；总投资 30.4 亿元的灌阳至凤凰高速公路正式开工。完成 23 条通村水泥公路建设，全县 4 个未通公路建制村全部贯通四级公路，累计建成通建制村和自然村水泥公路 477.9 千米。五福、磨盘、石枧 3 座中型水库除险加固工程完工并通过主体工程验收投入使用。以县城主干道和泉南高速沿线乡（镇）为重点的城乡风貌改造完成投资 3700 万元，完成改造面积 85.8 万平方米。

【全州县获全国食用菌优秀基地县】 2010 年，全州县以农产品基地建设为突破口，做优特色产业，发展食用菌、禾花鱼等特色效益农产品生产基地。其中食用菌市场需求量大，价格稳定，产业优势明显，绍水、咸水、龙水、才湾等乡（镇）基地的食用菌面积达 1020 万平方米。10 月，全州县获全国食用菌优秀基地县。

【全州县人民法院新审判大楼落成】 2010 年 12 月 29 日，全州县人民法院新审判综合大楼在全州县城北新区落成并投入使用。全州县人民法院新审判综合大楼作为全州城北新区首个落成的重点开发项目，总投资 2360 万元，建筑面积 12331 平方米，采用智能化设计，功能齐全，可满足全州社会法制建设的需要。（蒋品彤）

兴安县

【概况】 兴安县位于桂林市北部,辖兴安、溶江、严关、界首、高尚、湘漓6个镇和漠川、白石、崔家、华江(瑶族乡)4个乡,下设10个社区,115个建制村。县政府驻兴安镇。行政区域面积2344平方千米。2010年年末,户籍常住人口37.95万人。

经济总指标 全年实现地区生产总值81.70亿元,增长14.5%。其中:第一产业增加值19.18亿元,增长5.8%;第二产业增加值42.06亿元,增长21.1%;第三产业增加值20.46亿元,增长10.5%。人均地区生产总值24207元。全社会固定资产投资完成额68.8亿元,增长29.57%。社会消费品零售额21.16亿元,增长19.43%。

财政·金融 全年完成财政收入7.14亿元,增长40.16%,其中地方财政收入4.34亿元,增长35.05%。财政支出12.47亿元,增长45.97%。年末,金融机构各项存款余额68.8亿元,增长29.57%,其中城乡居民存款余额46.57亿元,增长23.62%;各项贷款余额42.85亿元,增长38.1%。

农业 全年实现农林牧渔业总产值30.23亿元,其中农业产值18.44亿元,林业产值2.08亿元,牧业产值8.13亿元,渔业产值0.75亿元,服务业产值0.83亿元。粮食播种面积6.79万公顷,总产量21.72万吨。全年完成各类人工造林面积787公顷,森林覆盖率74.86%。新建沼气池1040座。农业机械总动力39.5万千瓦。

工业 全年实现工业总产值101.93亿元,增长34.5%;工业增加值35.89亿元,增长220.9%;工业增加值占地区生产总值的43.93%;工业对全县经济增长的贡献率59.15%。规模以上工业实现总产值65.04亿元,增长46.6%;实现利税14.84亿元。新增规模以上企业7家,全县规模以上工业企业74家,其中年产值超1000万元企业70家,超1亿元企业20家。

交通·邮电 全年完成农村通达公路9条235.5千米,完成农村公路建设投资及固定资产1.24亿元,完成客运量1366.89万人次,客运周转量3.96亿人千米;完成货运量245.05万吨,货运周转量3.99亿吨千米。邮路总长800千米,完成邮政业务运营收入848万元,电信业务(含电信、移动、联通等)运营收入1.12亿元。全县固定电话用户3.27万户,手机用户7.08万户,宽带用户1.43万户。

文化·科技 年末拥有专业艺术表演团体1个,演出场次98场;公共图书馆1个,图书藏量11万册;文化站10个;电影放映单位7个,放映电影1400场次,观众21万人次。全年申报部级科学技术项目3项,自治区级科学技术项目4项,市级科学技术项目5项,县级科学技术项目8项,总投资102万元,共举办种植业、养殖业等科学技术培训班、科普讲座272期(场次),培训2.86万人次。建立各类科学技术示范基地11个。年内共申请专利28件。年内,兴安县生产力促进中心被科学技术部认定为第九批国家级示范生产力促进中心。

教育 全县有自治区示范性普通高中1所,专任教师144人,在校高中生2070人。普通高中5所,专任教师336人,在校高中生4458人。初级中学11所,专任教师525人,在校初中生6283人。小学104所,专任教师1293人,在校小学生15174人。小学适龄儿童入学率100%。

卫生·体育 全县各级各类医疗机构有床位1121张,其中医院床位554张、妇幼保健院床位34张。卫生技术人员1663人,其中执业医师642人、注册护士637人。全县参加新型农村合作医疗农民314160人,参合率97.82%。全年向上级输送各类优秀运动员4人。获国家级奖牌3枚,其中金牌1枚、银牌1枚、铜牌1枚。获省级奖牌7枚,其中金牌1枚、银牌2枚、铜牌4枚。

计划生育 全年全县出生人数4826人,符合政策生育率94.5%,其中二孩符合政策生育率86.04%。政策外多孩率0.25%。出生男女性别比为106。人口自然增长率7.03‰。

固定资产投资 全县固定资产投资88.65亿元,增长36.09%,其中基本建设投资38.78亿元,更新改造投资25.35亿元,房地产业投资4.39亿元。

招商引资 全年全县在建项目272个,续建项目135个,合同总金额258亿元,其中市外建设项目资金57亿元,自治区外建设项目资金40亿元,完成年度任务的144%。引进外资项目到位资金1000万美元,完成年度任务的133%。

居民生活 全县在岗职工年平均工资29357

元,增长9.47%,城镇居民人均可支配收入1789元,人均消费性支出1184元。农民人均纯收入6552元,增长13.47%,人均生活费支出4385元。全年发放农村低收入人口低保金9100万元,发放城镇居民低保金1077.48万元。城镇新增就业人数5759人;城镇登记失业率3%。新增劳务输出8247人。农村劳动力转移就业职业培训4131人;开发公益性岗位4131个。

旅游　全年接待国内外游客328万人次,其中境外游客15.3万人次,旅游总收入21.6亿元。全县有9个自然景点和人文景观,营业景区7个(国家5 A级旅游景区1个,国家4 A级旅游景区1个)。

【尚科太阳能光伏产业园建设基础项目签约】　2010年6月23日,兴安尚科太阳能光伏产业园建设基础项目在桂林乐满地度假酒店签约。该项目总投资50亿元,整体规划占地200公顷。计划分3期实施,分别于2011年2月、2013年12月、2015年12月建成投产。园区依托尚科光伏太阳能电池生产条件,完善铸锭、切片等上下游配套产品,带动发展太阳能光伏应用品。

【全国水利旅游发展战略研讨会在兴安县召开】　2010年8月21~22日,全国水利旅游发展战略研讨会在桂林乐满地度假酒店举行,来自全国10余所高校和科研院所的教授、专家近40人参加研讨会。水利部原总工程师何文垣作水利发展战略主题报告,总结分析全国水利风景区建设与管理工作取得的经验、面临的形势和存在的问题。与会人员分析了水利旅游面临的形势和任务,讨论水利旅游发展的新思路、新方法、新举措。探讨交流水利旅游的发展现状、发展思路、工作重点及保障措施,并对《关于加快水利旅游发展的指导意见(初稿)》进行研讨,提出意见和建议。

【兴安镇入选全国特色景观旅游名镇】　2010年4月16日,住房和城乡建设部和国家旅游局公布第一批105个全国特色景观旅游名镇(村)示范名单,兴安镇榜上有名。兴安镇景观特色明显、旅游资源丰富并形成一定旅游规模、人居环境较好。

【桐木冲农家乐通过自治区级农业旅游示范点评定】　2010年12月7日,自治区农业旅游示范点评审组通过桐木冲申报自治区级农业旅游示范点的评定。2008年冰冻灾害后,桐木冲村投资456万元开展新村建设,成立桐木冲农业合作股份有限公司,通过土地流转的方式走上合理开发、规模经营之路。2009年10月,设有钓鱼区、休闲娱乐区、餐饮服务、射箭场、野战营地等项目的桐木冲农家乐正式营业,共有参观点12个。

【举行海峡两岸高尔夫联谊赛】　2010年5月29日,2010年“桂林·留园杯”海峡两岸高尔夫联谊赛在兴安县的桂林乐满地高尔夫球场举行开球仪式。来自各地的290多名高尔夫球手(其中中国台湾球手60多人)和嘉宾出席开球仪式。此次联谊赛由桂林乐满地高尔夫俱乐部举办,是桂林乐满地度假世界开展10周年庆典活动的内容之一。(周荣)

永福县

【概况】　永福县位于桂林市西南部,辖永福、百寿、罗锦、苏桥4个镇和广福、堡里、三皇、永安、龙江5个乡,下设6个社区,93个建制村。县政府驻永福镇。行政区域面积2806平方千米。2010年年末,户籍常住人口28.39万人。

经济总指标　全年实现地区生产总值61.87亿元,增长17.5%。其中:第一产业增加值13.45亿元,增长5.8%;第二产业增加值36.79亿元,增长23.90%;第三产业增加值11.63亿元,增长13.1%。人均地区生产总值25715元。全社会固定资产投资完成额51.55亿元,增长53.50%。社会消费品零售额14.19亿元,增长19.43%。

财政·金融　全年实现财政总收入10.69亿元,增长24.1%,其中地方财政收入4.15亿元,增长29.21%。财政总支出8.95亿元,增长36%。年末,金融机构各项存款余额35.35亿元,增长23.68%,其中城乡居民存款余额23.58亿元,增长23.64%。各项贷款余额24.39亿元,增长26.52%。

农业　全年农林牧渔业总产值21.54亿元,其中农业产值11.41亿元,林业产值1.38亿元,牧业产值7.43亿元,渔业产值0.5亿元,服务业产值0.82亿元。粮食播种面积2.83万公顷,总产量14.31万吨。全年完成各类人工造林面积3333.33公顷，森林覆盖率74.9%。新建沼气池1118座。农业机械总动力18.37万千瓦。

工业　全年实现工业总产值85.34亿元，增长29.38%；工业增加值29.37亿元，增长16.9%；工业增加值占地区生产总值的34.42%；工业对全县经济增长的贡献率45.24%。规模以上工业实现总产值55.11亿元，增长37.39%；实现利税6.77亿元，增长499.12%。新增规模以上企业7家，全县规模以上工业企业达54家，其中年产值超1000万元企业35家、超1亿元企业19家。

交通·邮电　全年完成农村通达公路1条15千米，完成农村公路建设投资及固定资产0.76亿元，完成客运量384万人次，客运周转量1.61亿人千米；完成货运量222万吨，货运周转量1.21亿吨千米。邮路总长1500千米，完成邮政业务运营收入1050万元，电信业务(含电信、移动、联通等)运营收入7713万元。全县固定电话用户2.17万户，手机用户12.67万户，宽带用户0.97万户。

文化·科技　年末拥有专业艺术表演团体1个，演出场次107场；公共图书馆1个，图书藏量10.4万册；剧院1个，文化站9个；电影放映单位1个，放映电影760场次，观众1.63万人次，放映公益电影1126场次，观众6.76万人次。全年申报自治区级科学技术项目3项，市级科学技术项目4项，总投资55万元，共举办种植业、养殖业等科学技术培训班、科普讲座2153期(场次)，培训8.36万人次。建立各类科学技术示范基地16个。年内共申请专利15件。

教育　全县有自治区示范性普通高中1所，专任教师128人，在校高中生1830人。普通高中2所，专任教师117人，在校高中生1476人。初级中学11所，专任教师484人，在校初中生6356人。小学85所，专任教师1095人，在校小学生13958人。小学适龄儿童入学率100%。

卫生·体育　全县各级各类医疗机构有床位741张，其中县人民医院床位237张，县中医医院170张，妇幼保健院床位60张，9个乡(镇)医院床位共274张。卫生技术人员1014人，其中执业医师366人、注册护士343人。全县参加新型农村合作医疗农民21.51万人，参合率95.16%。体育竞技获国家级奖牌4枚，其中金牌4枚；获世界级奖牌1枚，其中金牌1枚。

计划生育　全年全县出生人数2841人，符合政策生育率93.14%，其中二孩符合政策生育率84.56%。政策外多孩率0.35%。出生男女性别比为106。人口自然增长率5.25‰。

固定资产投资　全县固定资产投资51.55亿元，增长53.51%，其中基本建设投资20.62亿元，更新改造投资18.39亿元，房地产业投资2.63亿元，其他投资9.91亿元。

招商引资　全年全县在建项目36个，续建项目25个，合同总额36.67亿元，其中市外建设项目资金20.63亿元。自治区外建设项目资金20.21亿元。引进外资项目到位资金324.4万美元，完成利用外资年度任务的108.15%。

居民生活　全县在岗职工年平均工资29927元，增长12.63%，城镇居民人均可支配收入18759元，人均消费性支出12478元。农民人均纯收入5460元，增长14.2%，人均生活费支出3264元。全年发放农村低收入人口低保金1621.74万元，发放城镇居民低保金910.99万元。城镇新增就业人数4300人，领取再就业优惠证的下岗失业人员再就业人数589人，城镇登记失业率为2.75%。新增劳务输出6324人。农村劳动力转移就业职业培训4099人。开发公益性岗位145个。

旅游　全年接待国内外游客24.21万人次，其中境外游客0.5万人次，旅游总收入1.52亿元。全县有402个自然景点和人文景观，国家4A级旅游景区1个。

【水利建设取得新成绩】 2010年，永福县推进水库除险加固和人畜饮水安全、县城防洪堤和西江流域治理等水利基础设施建设工程。投资1.15亿元，完成板峡、落岭、华山、青龙口、七排岭、高峰、红沙沟、九塔、狮子口、思磨江等10座水库除险加固；投资436.23万元，完成21处农村饮水安全项目工程，解决0.85万人口饮水安全问题；完成小型农田水利工程投资1578万元，防洪堤投资471万元；完成其他投资500.41万元。

【城乡基础设施建设】 2010年，完成编制县城总体规划和县城三江六岸控制性详细规划。推进县城基础设施建设，完成县城污水处理厂、垃圾填埋场、五里桥新区基础设施、体育馆和茅江大桥除险加固工程。完成县城凤翔路综合改造,投资2000多万元完成高速路沿线15个村庄风貌改造。推进道路交通基础设施建设,投资6000多万元,完成江喇、苏罗、永广三条柏油路建设;三皇至江头三级柏油路和罗锦至金福公路通车。加快临苏路和苏桥至黄洞公路建设,湘桂铁路扩能改造(永福段)工程顺利推进。

【横石屯成为广西首个节能减排示范村】 2010年5月25日,横石屯作为农业农村节能减排宣传培训示范村项目的各项工程通过验收,成为广西首个节能减排示范村。横石屯位于永福镇银洞村,有53户240多人,全屯参加节能减排房屋建设有24户,已建沼气池40座,配套改厕42个,安装太阳能集热器房屋53户。该屯围绕农业农村节能减排技术、开展循环农业和建设新农村等主题,对村民开展节能减排技术培训;开展“一池三改”(建沼气池、改厕所、改厨、改圈),以沼气为纽带,推进沼气等清洁能源使用;推行秸秆还田等技术,推进农家肥、沼气渣等有机肥料资源的综合利用,在保护土壤和生态环境的同时获得增收。

【举办第五届养生旅游福寿节】 2010年10月14~16日,永福县第五届养生旅游福寿节在县城举行。开展的项目有:国际徒步福寿山水大会、大型文艺晚会、骑行福寿山水——全国山地自行车公路赛、重阳登高活动、西江湖摩托艇表演、重阳之夜——大型焰火晚会等14项。国内30家新闻媒体100多名记者对福寿节进行采访报道。

【永福中学获批自治区示范性高中】 2010年11月11日,永福中学通过自治区示范性普通高中桂林市初审评估组验收。2011年1月,获批自治区示范性普通高中。年内,永福县投入2542万元对永福中学校园进行全面规划和改建,新建教学楼总建筑面积3469平方米,综合办公楼建筑面积4351.43平方米,图书楼总建筑面积2760平方米。改造400米塑胶跑道田径运动场,工程总面积14575.5平方米。改造学校食堂,将食堂功能室按B级食堂标准布局。新增400千伏安变压器1座,回建教工宿舍楼总建筑面积1544平方米,新建体育馆建筑面积3848.6平方米。投资300万元用于建设标准化理化生物实验室、数字化实验室、多媒体设施,增添办公电脑、教学仪器设备等。

【崇山村成为自治区首批历史文化名村】 2010年11月,崇山村成为首批自治区历史文化名村。崇山村位于永福县罗锦镇,距县城东北部20千米,建于清朝乾隆年间的崇山李氏一门古民居,排列整齐,规模宏大,每个大院建有侧门和巷道相通,地面用青石板铺设,每家大院均为四进三开间,大门位于房屋正前方,大门内有天井,四周有院墙,整个建设布局体现邻里和睦相处、坦诚信任的淳厚民风。数百年来,人才辈出,有“一门三进士,父子五登科”美誉。村内李氏一门,为国内知名画家群体,书画精品多被全国各大博物馆收藏。

【城区污水处理厂投入运行】 2010年2月,总投资4867.06万元的永福县城区污水处理工程项目开工,12月12日正式投入运行。污水处理厂设在洛清江西岸的坪岭村马路屯北面约300米处,位于县城下游,距离县城约2千米,占地面积1公顷。污水处理厂采取“生物浮动床+硅藻土”的处理工艺,建设规模为日污水处理2万立方米,分2期工程建设:近期工程日污水处理1万立方米,远期工程日污水处理2万立方米,配套管网工程主干管按日污水处理2万立方米规模设计,管网总长45千米(其中一期14.5千米、二期30.5千米)。服务人口5.5万人,服务面积10.56平方千米。

【金钟山旅游度假区被评为国家4A级旅游景区】 2010年12月,位于永福县境内的桂林金钟山旅游度假区被评为国家4A级旅游景区。该景区将永福的传统福寿文化融入7平方千米的原生态峰林幽谷之中,使整个度假区形成集游览观光、漂流戏水、徒步郊游、商务会议、休闲娱乐度假、企业员工拓展训练、科学养生等多项旅游产品于一体的大型综合性旅游度假区。 (李汴明)

灌阳县

【概况】 灌阳县位于桂林市东北部,辖灌阳、黄关、文市3个镇和洞井(瑶族乡)、观音阁、西山(瑶族乡)、新街、新圩、水车6个乡,下设3个社区,138 个建制村。县政府驻灌阳镇。行政区域面积 1837 平方千米。2010 年年末,户籍常住人口 29.11 万人。

经济总指标　全年实现地区生产总值 40.45 亿元,增长 22.7%。其中:第一产业增加值 10.92 亿元,增长 3.0%;第二产业增加值 19.32 亿元,增长 36.71%;第三产业增加值 10.21 亿元,增长 24.22%。人均地区生产总值 14077 元。全社会固定资产投资完成额 37.42 亿元,增长 32.27%。社会消费品零售额 8.99 亿元,增长 19%。

财政·金融　全年完成财政收入 7.84 亿元,增长 14.78%,其中地方财政收入 2.27 亿元,增长 29.29%。财政支出 7.72 亿元,增长 17.55%。年末,金融机构各项存款余额 31.7 亿元,增长 20.6%,其中城乡居民存款余额 23 亿元,增长 17.5%。各项贷款余额 15.9 亿元,增长 24.66%。

农业　全年实现农林牧渔业总产值 17.56 亿元,其中农业产值 9.55 亿元,林业产值 1.78 亿元,牧业产值 5.21 亿元,渔业产值 0.36 亿元,服务业产值 0.66 亿元。粮食播种面积 2.50 万公顷,总产量 13.91 万吨。全年完成各类人工造林面积 1240 公顷,森林覆盖率 74.2%。新建沼气池 800 座。农业机械总动力 22.37 万千瓦。

工业　全年工业总产值 53.33 亿元,增长 72.25%;工业增加值 16.85 亿元,增长 39.87%;工业增加值占地区生产总值的 41.7%;工业对全县经济增长的贡献率 63.2%。规模以上工业实现总产值 38.83 亿元,增长 106.05%;实现利税 2.69 亿元,增长 43.06%。新增规模以上企业 5 家,全县规模以上工业企业 35 家,其中年产值超 1000 万元企业 32 家、超 1 亿元企业 9 家。

交通·邮电　全年完成农村通达公路 1 条 5.2 千米,完成农村公路建设投资及固定资产 3.34 亿元,完成客运量 465.92 万人次,客运周转量 4.01 亿人千米;完成货运量 133.95 万吨,货运周转量 2.09 亿吨千米。邮路总长 908 千米,完成邮政业务运营收入 1046 万元,电信业务运营收入 6350 万元。全县固定电话用户 2.6 万户,手机用户 13.4 万户,宽带用户 1.39 万户。

文化·科技　年末拥有专业艺术表演团体 6 个,演出场次 68 场,公共图书馆 1 个,图书藏量 5.3 万册;文化站 9 个;电影放映单位 1 个,电影下乡 1656 场次,观众 20.09 万人次。申报国家级科学技术项目 1 项,自治区级科学技术项目 4 项,市级科学技术项目 3 项,总投资 196 万元,共举办种植业、养殖业等科学技术培训班、科普讲座 45 期(场次),培训 1.1 万人次。建立各类科学技术示范基地 7 个。年内成功申请专利 3 件。

教育　全县有自治区示范性普通高中 1 所,教职工 151 人,在校高中生 1739 人。普通高中 2 所,教职工 98 人,在校高中生 1392 人。初级中学 11 所,教职工 735 人,在校初中生 7144 人。小学 142 所,教职工 1359 人,在校小学生 13572 人。小学适龄儿童入学率 100%。

卫生·体育　全县各级各类医疗机构有床位 732 张,其中医院床位 716 张,妇幼保健院床位 16 张。卫生技术人员 547 人,其中执业医师 207 人,注册护士 209 人。全县参加新型农村合作医疗农民 23.23 万人,参合率 95.01%。获自治区级奖牌 11 枚,其中金牌 6 枚、银牌 3 枚、铜牌 2 枚。

计划生育　全年全县出生人数 3069 人,符合政策生育率 91.1%,其中二孩符合政策生育率 79%。政策外多孩率 1.2%。出生男女性别比为 113。人口自然增长率 5.6‰。

固定资产投资　全县固定资产投资 37.42 亿元,增长 33.5%,其中基本建设投资 8.67 亿元,更新改造投资 9.83 亿元,房地产业投资 0.38 亿元。

招商引资　全年全县在建项目 29 个,续建项目 8 个,合同总金额 14.2 亿元,其中市外建设项目资金 1.21 亿元,自治区外建设项目 5.94 亿元。

居民生活　全县在岗职工年平均工资 29223 元,增长 11.0%,城镇居民人均可支配收入 16101 元,增长 10.5%,人均消费性支出 9594 元。农民人均纯收入 4162 元,增长 12.37%,人均生活消费支出 3787 元。全年发放农村低收入人口低保金 2596.17 万元,发放城镇居民低保金 1520.88 万元。城镇新增就业人数 3267 人;领取再就业优惠证的下岗失业人员再就业人数 653 人,城镇登记失业率为 3.32%。新增农村劳动力转移就业 8194 人。农村劳动力转移就业职业培训 4422 人,开发公益性岗位 74 个。

旅游　全年接待国内外游客 15.50 万人次,其中境外游客 2001 人次,旅游总收入 0.38 亿元。全县有营业景区 2 个,其中国家 4 A 级旅游景区 1 个。

【重大项目建设】　2010 年,灌阳县主要实施灌阳至凤凰高速公路、华兴铁合金公司12500千伏安矿热炉、甘薯纯化提取天然色素、海洋山风电场建设等85个投资1000万元以上重大项目。全面启动乡(镇)集镇总体规划编制工作。江东新区开发完成投资1亿多元,工业园区基础设施完成投资5440万元,新增入园企业5家,园区工业总产值14.2亿元。

【全面完成惠民工程】 2010年,灌阳县用于民生支出4.9亿元,增长27.4%,占全县一般预算支出的64%。完成对278名贫困大学新生、460名贫困高中生学费资助。实施建立居民健康档案、健康教育等9类基本公共卫生服务项目和降消项目,为132名失明患者实施手术。新型农村合作医疗参合率95%,城镇居民基本医疗保险参保率90.1%,将国有破产和困难企业退休人员、在职职工纳入社会保障。对6所学校的8栋校舍进行改造,对1个建制村、200个自然村屯进行道路硬化。完成15个普惠制和2个重点村屯新农村建设试点。为全县800户贫困户和残疾人危房进行改造,开工建设廉租住房168套7600平方米,为644个自然村开通广播电视。完成农村饮水安全工程24处,解决2万多人的饮水安全问题,改造6个乡(镇)5个灌区农田水利设施。新建1个乡(镇)计生服务站、10个村级卫生所、3个村级公共服务中心、6个五保村。建成30家农家店、1个农贸市场蔬菜质量安检室。完成胜利路路灯维修改造、滨江路绿化亮化、县城污水处理续建、县城供水扩建续建。

【特色农业出实效】 2010年,灌阳县实施"吨粮万元工程",在全县范围内开展水稻高产创建活动,建立高产示范样板6个,示范面积760公顷,推广种植超级稻7000公顷,粮食产量13.91万吨,水稻最高单产812.91千克,平均亩产超700千克,创自治区早稻单产最好成绩,获自治区超级稻高产创建突出贡献奖和全国、自治区粮食生产先进县。加大科学技术推广创新力度,良种覆盖率达90%以上。新建扩建生态规模养殖场16个,新建肉牛养殖小区4个,年内,获全国肉牛生产示范县。改扩种优质水果1066.67公顷,形成产业基地10个。产业化龙头企业44家,农民专业合作社80个,灌阳县黑李专业协会获2010年全国科普先进单位。

【农业机械化水平提高】 2010年,灌阳县全面推进千乡万村现代农机装备推进工程,组织南通、桂林、南宁、柳州等市十多家农机生产企业到灌阳参加牛耕表演、机耕技能比赛和现代农机具展示等活动,参展机具有耕、种、收、植保、加工、运输等9大类系列农机购置补贴产品,观展人数3万多人次。现场办理群众购机260多台,销售额达96万元,落实补贴资金29万元,直接拉动投入农机资金60多万元,现场意向性购机额120多万元。全

3月23日,灌阳农具节展示的新型农业机械。 何平江 摄

年推广各类农业机械3610台套，落实各级农机购置补贴资金284.70万元。扶持发展新型农机服务组织4个，扶持发展农机大户1户，完成“平安农机”乡（镇）创建2个，“平安农机”村创建20个，“平安农机”户创建200户。完成拖拉机年检755台，耕、种、收综合机械化水平26.25%。

【灌阳县获国家首批绿色能源示范县】 2010年，灌阳县完成林改外业勘界面积10.07万公顷，完成年度发证面积6.8万公顷。年内，实施分林到户、林地流转、林权抵押贷款等集体林权制度改革新政策，激发农民工林业生产积极性。同时，加大对返乡人员开展造林绿化宣传，鼓励从事山林开发，引导依法合理流转山林，租赁荒山造林；出台采伐指标单列等优惠措施，为造林者免费规划设计、免费提供技术培训、免费提供种苗和技术服务。全年完成人工造林种植面积2006.67公顷，完成新圩乡长冲塘连片153.33公顷良种油茶造林示范点和1393.33公顷厚朴种植示范点种植。完成全民义务植树66万株，完成中幼林抚育1333.33公顷，完成新育苗13.33公顷；完成毛竹低改686.67公顷。森林蓄积量540万立方米。年内，灌阳县获国家首批绿色能源示范县。

【推进万村千乡市场工程】 2010年，灌阳县通过新建和改造已有农家店，初步构建较为完善的农村消费网络，全县9个乡（镇）建起107个专营农资物品、日用品和食品的农家店，其中经营商品800种以上的乡级农家店6个，经营商品500种以上的村级农家店92个，建制村覆盖率65%。国家财政对每个农家店补助6000元以上，并为农家选址、设计、统一配送日用品、农资物品，县经贸局定期对农家店的商品质量进行巡查、回访，杜绝假冒伪劣、污染变质、过期失效商品进入农家店，让广大农村群众在家门口就可以买到质高价实的生产、生活必需品。

【城市基础建设】 2010年，灌阳县建成日处理污水1万吨污水处理厂及配套管网建设15千米；扩建日产1万吨净水厂及配套管网建设完工。在江东原氮肥厂生活区内新建廉租住房140套；在文市镇开工建设日供水5000吨的供水厂。完成江东防洪堤建设1600米。全县800户危房改造工程竣工并通过验收。完成灌江路土桥头至西山坪工业园区的亮化工程，完成新华北路改造建设和东华路小广场建设，完成城北大道改造建设，完成灌江路32栋房屋的立面改造及亮化建设，完成东华路二巷、环卫路等6条小巷改造建设。

【举办首届国际山地自行车赛】 2010年8月7日，“2010年千家洞国际山地自行车赛”在千家洞景区民族广场举行。赛事由桂林市旅游局、灌阳县人民政府主办。起点为新圩中学，终点为千家洞风景区，全程26.33千米。来自比利时、瑞典、爱尔兰等国家及广东、湖南等多省区的130多名山地车爱好者参加角逐。比赛分为男子公开组、男子体验组和女子组。南宁零敢MAX车队的黄世腾、桂林骑语自行车队的倪东亮和平南快乐骑行车队的余海兰分别获冠军。

【创办《今日灌阳》报】 2010年1月31日，灌阳县有史以来的第一份机关报——《今日灌阳》开始试刊，3月18日正式创刊。中国美术家协会副主席、全国政协常委、广西政协副主席、广西艺术学院院长、教授黄格胜为《今日灌阳》题写报名。报纸面向全县发行，有4个版面，第一版为国内和县内重要新闻，第二版为综合新闻，第三版为时政和专题新闻。《今日灌阳》报为周报，全年共印52期。

【举办“二月八”农具文化节】 2010年3月19～23日，灌阳县举办“二月八”农具文化节，节庆活动历时5天，自治区、桂林市有关领导及各方嘉宾400多人以及全县社会各界人士10多万人参与活动。活动除举办大型文艺演出、经贸洽谈会、焰火晚会外，增加了扭扁担、油茶、菱油茶比赛、民间竹编、寿佛爷巡游、“游万亩梨园、观斗牛比赛、品生态美味”等一系列地方特色活动。中央、自治区、桂林市10多家主流媒体的30多名记者对活动进行多角度宣传报道。（邓海琼）

资源县

【概况】 资源县位于桂林市东北部，辖资源镇和中峰、梅溪、瓜里、车田（苗族乡）、两水（苗族乡）、河口（瑶族乡）6个乡，下设3个社区，71个建制村。县政府驻资源镇。行政区域面积1941平方千米,2010年年末,户籍常住人口17.30万人。

经济总指标　全年实现地区生产总值24.51亿元,增长17.1%。其中:第一产业增加值6亿元,增长7.7%;第二产业增加值10.16亿元,增长23%;第三产业增加值8.35亿元,增长18.5%。完成全社会固定资产投资25.14亿元,增长50.2%;完成全社会消费品零售总额5.99亿元,增长19%。

财政·金融　全年完成财政收入1.38亿元,增长31.42%,其中地方财政收入0.82亿元,增长24.72%。财政支出6.07亿元,增长20.03%。年末,金融机构各项存款余额26.18亿元,增长17.08%,其中城乡居民存款余额15.75亿元,增长21.06%。各项贷款余额14.30亿元,增长14.96%。

农业　全年实现农林牧渔业总产值9.17亿元,其中农业产值5.31亿元,林业产值1.59亿元,牧业产值1.8亿元,渔业产值0.1亿元,服务业产值0.37亿元。粮食种植面积8903公顷,粮食总产量为0.46万吨,降低2.2%。全年完成各类人工造林面积2060公顷,森林覆盖率76.63%。新建沼气池680座。农业机械总动力17.85万千瓦。

工业　全年实现工业总产值21.82亿元,增长32.3%,其中规模以上工业产值完成15.88亿元,增长35%。完成工业增加值7.79亿元,增长19.5%。全年新增规模以上工业企业4家。

交通·邮电　全年完成农村通达公路24条862千米,总投资1.7亿元完成交通项目20个。货运周转量1.85万吨千米,完成货运量0.22万吨。客运量45万人次,客运周转量3622万人千米。邮路总长1200千米,邮政业务总量920万元。固定电话用户2.76万户,移动电话用户2.1万户。

文化·科技　年末拥有专业艺术表演团体1个,演出75场次;公共图书馆1个,图书藏量6.3万册;剧场1个,文化站7个;电影放映单位1个,放映电影901场次,观众13.6万人次。全年申报自治区级科学技术项目3项,市级科学技术项目3项,县级科学技术项目15项,总投资2亿元,共举办种植业、养殖业等科学技术培训班、科普讲座56期(场次),培训1.90万人次。建立各类科学技术示范基地32个。年内共申请专利5件。

教育　全县有普通高中1所,专任教师102人,在校学生1671人;初级中学9所,专任教师400人,在校初中生4768人;完全小学20所,专任教师707人,在校小学生9215人。小学适龄儿童入学率99.9%。

卫生·体育　全县各级各类医疗机构有床位368张,其中医院床位149张,妇幼保健院床位30张。卫生技术人员499人,其中执业医师139人,注册护士191人。全县参加新型农村合作医疗农民14.92万人,参合率99.5%。全年向上级输送各类优秀运动员3人。

计划生育　全年出生2279人,符合政策生育率92.50%,人口出生率13.21‰;出生男女性别比120。人口自然增长率7.35‰。

固定资产投资　全县固定资产投资25.14亿元,增长50.2%,其中基本建设投资11.73亿元,更新改造投资6.11亿元,房地产业投资0.41亿元。

招商引资　2010年,全县共审批民间资本投资项目10个,合同总投资2.93亿元,("百企入桂"项目7个,合同总投资2.38亿元),占全部投资的81%,其中投资规模超过5000万元的项目3个。已审批的项目中开工建设9个,开工率90%。

居民生活　全县在岗职工年平均工资27860元,增长1.95%,城镇居民可支配收入15832元,人均消费性支出11483.49元。农民人均纯收入4358元,增长13.1%。全年发放城乡低保金1319.67万元,城镇新增就业人数2412人;领取再就业优惠证的下岗失业人员再就业人数458人,城镇登记失业率3.8%。新增劳务输出5592人。农村劳动力转移就业职业培训3472人。

旅游　全年接待国内外游客55.72万人次,其中境外游客5.86万人次,旅游总收入4.5亿元。全县有7个自然景点和人文景观,营业景区7个,其中国家3 A级旅游景区2个。

【发展农业特色产业】　2010年,资源县充分利用山区优势,调整优化农村经济结构,特色产业进一步发展壮大,新种猕猴桃、有机蔬菜、食用菌等特色作物666.67公顷。全年种植西红柿1186.67公顷,总产值3.5亿元。新种红提1053.33公顷,红提种植总面积2440公顷,总产值2.8亿元,红提种植面积及产量居华南第一,被列为自治区扶贫开发重点示范产业。8月，自治区“发展山地葡萄暨一年两收技术现场会”在资源县召开，资源县获自治区农产品质量安全工作先进单位县。

【推进农村基础设施建设】 2010年，资源县新修屯级公路24条186.2千米，投资460.55万元进行2010年冬春水利建设。新建农村饮水安全工程项目28处，解决1.08万人的安全用水问题。投资500万元维护农田水利80条，确保春耕灌溉工作。

【养殖业有新发展】 2010年，资源县肉类总产量10772吨，完成全年任务数的113.39%，增长13.31%；水产品总量1204吨，完成全年任务数的105.80%，增长5.32%。特色养殖和无公害养殖得到大力推广，新增大鲵、石蛙、梅花鹿、竹鼠等养殖场21个。

【工业集中区建设】 2010年，资源县中峰工业集中区建设进展顺利，共投入建设资金5200万元，完成征地35.2公顷，建设110千伏变电站1座。完善园区道路、输电线路、供水管道、排污管道设计。投资1225万元启动 “一桥两路”等基础工程项目建设。年内，有14家企业进驻园，其中规模以上企业8家。

【加强城乡基础设施建设】 2010年，资源县围绕打造“宜居、宜游、宜工、宜贸”的生态型山水园林县城目标，投入资金918万元进行城乡风貌改造。完成风雨桥至资中大桥左岸临江河段990米亲水步道建设，启动福心小岛建设，建成230米的河灯文化长廊，建成资源籍著名书法家马岱宗书法碑刻艺术88米，完成城北办公楼各节点风貌改造，对资源中学三栋教学楼(综合楼)进行全面改造，完成桂北新天地民族风情街改造。投资2300万元，建成城北和城东2个污水处理站，日处理污水2400立方米。生活垃圾处理工程预算投资4291.38万元，年内完成投资1300万元。加快特色城镇建设，启动县总工会、档案局、司法局综合大楼建设。完成信合大厦、自驾游酒店等项目建设的详细规划，完成梅溪乡福竹自然村建筑立面规划，完成瓜里、车田、两水、河口4个乡的集镇建设总体规划评审工作。启动和完成交通项目20个，项目总投资1.7亿元，完成通达工程新建项目2个，渡改桥3个，建制村硬化新建项目1个，零星项目5个，新建客运站1个、在建3个。

【促进旅游业发展】 2010年，资源县加强旅游资源的整合工作，发挥旅游集聚效应。投入100万元用于八角寨景区标志标牌、游道疏通等建设。投资2900万元的资江至八角寨自然遗产保护项目正式启动。桂林旅游股份有限公司投资1亿元开发经营的丹霞温泉、天门山景区运行良好。加大旅游基础设施建设力度，年内，天门山景区投入3000万元建设的山之港休闲观光购物中心、游客接待中心和客运索道。

【完善社会保障体系】 2010年，资源县共投入3.25亿元用于民生工程。全县有城乡低保对象12521户17398人，共发放低保金1319.67万元。救灾救济人口2.36万人，发放救灾物资23.59万件，资金680.77万元。发放一次性物价临时生活补贴86.11万元，资助低保家庭子女上大学113名。新农合参合率99.44%，居自治区各县首位。开展创建白内障无障碍县工作，为63位贫困白内障患者免费实施复明手术。启动“阳光家园”计划项目，为200名智力、精神和其他重度残疾人提供居家托养和日间照料服务。扶贫工作取得新突破，全县27个贫困村农民人均纯收入达3650元，增长14%，贫困人口由上年的1.85万人减少到1.5万人。

【为民办实事取得成效】 2010年，资源县投入资金5259.31万元，完成自治区和市政府下达的为民办实事工作。新型农村合作医疗制度大力推进，累计筹措资金2245.38万元，改建5个乡(镇)计生服务所。改扩村级路4条25千米，新建屯级路24条72.5千米。修复水毁道路13条31.5千米，完成3个新村试点建设和70个自然村(屯)道路硬化。完成农村饮水安全项目，新建饮水工程28处。完成沼气池建设任务。完成30个农家店改造。全年发放廉租住房补贴34万元，惠及257户、1028人；新建成40套2000平方米廉租住房；购置廉租房和公共租赁房80套。完成全县500座农村危房改造任务，完成5个项目点757户、2695人的村寨防火项目“四改”(电改、灶改、水改、寨改)工作并通过自治区验收。

(张玉茂 陈小吉)

平乐县

【概况】 平乐县位于桂林市东南部，辖平乐、二塘、沙子、同安、张家、源头6个镇和阳安、青龙、桥亭、大发（瑶族乡）4个乡，下设11个社区，134个建制村。县政府驻平乐镇。行政区域面积1919平方千米。2010年年末，户籍常住人口44.59万人。

经济总指标　全年实现地区生产总值61.39亿元，增长13.1%。其中：第一产业增加值22.14亿元，增长5.4%；第二产业增加值23.86亿元，增长19.5%；第三产业增加值15.39亿元，增长14.0%。人均地区生产总值13770元。全社会固定资产投资完成额36.52亿元，增长37.3%。社会消费品零售额11.97亿元，增长19%。

财政·金融　全年完成财政收入2.58亿元，增长36%，其中地方财政收入1.53亿元，增长32.33%。财政支出9.66亿元，增长36.37%。年末，金融机构各项存款余额41.30亿元，增长23.7%，其中城乡居民存款余额30.42亿元，增长21.4%。各项贷款21.57亿元，增长13.5%。

农业　全年实现农林牧渔业总产值33.15亿元，其中农业产值23.66亿元，林业产值1.66亿元，牧业产值6.25亿元，渔业产值0.71亿元，服务业产值0.87亿元。粮食播种面积2.93万公顷，总产量15.02万吨。全年完成各类人工造林面积1205.2公顷，森林覆盖率64.9%。新建沼气池900座。农业机械总动力35.37万千瓦。

工业　全年实现工业总产值71.84亿元，增长29.9%；工业增加值20.97亿元，增长19.8%，工业增加值占地区生产总值的33.99%；工业对全县经济增长的贡献率49.1%。规模以上工业实现总产值47.78亿元，增长44.9%；实现利税1.42亿元，增长33%。新增规模以上企业10家，全县规模以上工业企业54家，其中年产值超1000万元企业46家，超1亿元企业6家。

交通·邮电　全年完成农村通达公路9条50.8千米，完成农村公路建设投资及固定资产1.17亿元。完成客运量325.7万人次，客运周转量2.20亿人千米；完成货运量111.86万吨，货运周转量2.01亿吨千米。邮路总长1388千米，完成邮政业务运营收入892万元，电信业务（含电信、移动、联通等）运营收入1.01亿元。全县固定电话2.73万户，手机用户17.5万户，宽带用户0.77万户。

文化·科技　年末拥有专业艺术表演团体1个，演出场次98场；公共图书馆1个，图书藏量14.5万册；剧场1个，文化站10个；电影放映单位7个，放映电影1883场次，观众15.38万人次。全年申报自治区级科学技术项目3项，市级科学技术项目3项，投资82万元，共举办种植业、养殖业等科学技术培训班、科普讲座219场次，培训3.5万人次。建立各类科学技术示范基地6个。年内申请专利13件。

教育　全县有自治区示范性普通高中1所，专任教师164人，在校高中生2631人。普通高中2所，专任教师89人，在校高中生2706人。初级中学15所，专任教师967人，在校初中生10934人。小学75所，在校小学生22327人，小学适龄儿童入学率100%。

卫生　全县各级各类医疗机构有床位800张，其中医院床位80张，妇幼保健院床位50张。卫生技术人员1169人，其中执业医师257人，注册护士399人。全县参加新型农村合作医疗农民382473人，参合率90.07%。

计划生育　全年全县出生人数5032人，符合政策生育率92.37%，其中二孩符合政策生育率85.11%，政策外生育率1.09%。出生男女性别比为113。人口自然增长率11.39‰。

固定资产投资　全县固定资产投资36.52亿元，增长37.3%，其中基本建设投资4.30亿元，更新改造投资15.49亿元，房地产业投资3.20亿元。

招商引资　全年全县在建项目103个，续建项目11个，合同总额107.25亿元，其中市外建设项目资金17.57亿元，自治区外建设项目资金10.38亿元，完成年度任务的126.41%。引进外资项目到位资金301.25万美元，完成利用外资年度任务的100.50%。

居民生活　全县在岗职工年平均工资27769元，增长5.75%，城镇居民人均可支配收入15552元，人均消费性支出9223元。农民人均纯收入5120元，增长13.7%，人均生活费支出5154元。全年发放农村低收入人口低保金2272.9万元，发放城镇居民低保金1239.6万元。城镇新增就业人数3153人;领取再就业优惠证的下岗失业人员再就业人数941人,城镇登记失业率为4.2%。新增劳务输出6882人。农村劳动力转移就业职业培训3972人,开发公益性岗位28个。

旅游 全年接待国内外游客15.65万人次,其中境外游客0.15万人次,旅游总收入0.47亿元。全县有1个自然景点,营业景区1个,国家3 A级旅游景区1个。

【项目投资总量创新高】 2010年,平乐县扎实开展项目建设活动。桂江二桥引道(隧道)工程、县城风貌改造工程、同乐C区主干道工程等56个项目开工建设,桂江二桥、城区排水净化处理工程等一批项目竣工。其中:自治区A类工业园区二塘工业集中区开发建设工程完成3.98亿元,占任务的112.0%;县城新区开发建设工程完成7.96亿元,占任务的110.69%;城乡风貌改造工程完成3.32亿元,占任务的120.11%;桂江旅游开发建设工程完成2.61亿元,占任务的104.20%;农业产业化和新农村建设工程完成1.97亿元,占任务的135.49%。完成项目前期工作60项,全年全社会固定资产投资完成36.39亿元,增长36.8%,其中投资1000万元以上的重大项目完成投资22.5亿元,投资总量创历史新高。

【农业工作特色凸显】 2010年,平乐县加快发展"五个万亩"主导产业,即3.6万亩马蹄、2.3万亩慈姑、4.2万亩淮山、1.4万亩番茄及1.08万亩马铃薯。农业基础设施逐步完善,完成4座水库除险加固。获得中央财政小型农田水利建设补助专项资金项目50个,总投资2028万元。全县134个建制村全部通公路或水路,实现65个建制村路面硬化,通畅率48.5%。投资1461万元,完成4个市级新农村试点和12个"普惠制"新农村建设,受益农户791户2950人;完成3个农产品出口基地认证工作。培育和创建农产品出口基地5个。组建农民专业合作社12个。市级以上农业产业化龙头企业7家,其中自治区级1家。推进集体林权制度改革,完成外业勘界面积10.29万公顷。

【城镇化建设】 2010年,平乐县城新区建设不断推进,城镇化率30.21%。新区征地拆迁安置工作进度加快,共征收土地面积112.27公顷。桂江二桥引道、同乐科赛江景城、南洲新区堤路工程(滨江路一期)、南洲新区农民拆迁安置工程(一期)、南洲新区防洪堤、同乐新区防洪堤、县城同乐C区基础设施建设、同乐迎宾大道扩改工程、新安街区商业中心等一大批重点项目建设有序推进。投资6910万元,全面完成城乡风貌立面改造任务。

【民生状况持续改善】 2010年,平乐县城镇居民参保人数35520人。新型农村合作医疗参合率90.07%,争取到平乐县作为国家第二批新型农村社会养老保险试点县。投资1344万元,解决23631人农村饮水安全。投资1360万元,完成廉租房98套、经济适用房36套、残疾人和贫困家庭住房改造1000户。县、乡、村三级医疗卫生服务体系初步形成。投入资金1.34亿元,全面完成县政府承诺为民办的9件实事。

【举行首届桂江文化旅游节暨第二届柚子节】 2010年11月18~20日,首届桂江文化旅游节暨第二届柚子节在平乐县举行。该节庆主要是展现以平乐沙田柚为代表的名特优产品以及州府文化、船商文化、美食文化、水上文化等特色文化,依托丰富的旅游资源优势,突出生态和文化两大主题。活动主要有大型文艺晚会、项目推介及沙田柚销售洽谈会、旅游资源开发与保护论坛、名特优产品展、"美在平乐"摄影展等。节庆期间共吸引国内外游客8万多人,项目洽谈签约会达成合同和协议项目8个,总投资金额近25亿元。

(黄培飞　欧应清)

荔浦县

【概况】 荔浦县位于桂林市南部,辖东昌、新坪、杜莫、荔城、青山、大塘、花篑、双江、马岭、修仁10个镇,茶城、蒲芦(瑶族乡)、龙怀3个乡,下设21个社区,123个建制村。县政府驻荔城镇。行政区域面积1759平方千米。2010年年末,户籍常住人口38.48万人。

经济总指标 全年实现地区生产总值74.04亿元,增长13.1%。其中:第一产业增加值16.92亿元,增长5.1%;第二产业增加值33.27亿元,

增长17.7%；第三产业增加值23.85亿元，增长13%。人均地区生产总值19290元。全社会固定资产投资完成额43.4亿元，增长30.8%。社会消费品零售额26.92亿元，增长20.1%。

财政·金融　全年完成财政收入5.33亿元，增长30.83%，其中地方财政收入2.85亿元、增长28.37%。财政支出10.29亿元，增长34.06%。年末，金融机构各项存款余额51.28亿元，增长26.15%，其中城乡居民存款余额36.74亿元，增长21.78%。各项贷款余额34.54亿元，增长31.14%。

农业　全年实现农林牧渔业总产值25.08亿元，其中农业产值14.24亿元，林业产值0.78亿元，牧业产值8.81亿元，渔业产值0.46亿元，服务业产值0.79亿元。粮食作物产值2.42亿元。粮食播种面积2.25万公顷，总产量11.75万吨。全年完成各类人工造林面积667公顷，森林覆盖率69.83%。新建沼气池960座。

工业　全年实现工业总产值84.24亿元，增长24.5%；工业增加值2881亿元，增长17.50%；工业增加值占地区生产总值的38.91%；工业对全县经济增长的贡献率46.8%。规模以上工业实现总产值59.14亿元，增长28.07%；实现利税3.66亿元，增长87.61%。新增规模以上企业6家，全县规模以上工业企业86家。其中年产值超1000万元企业74家，超1亿元企业16家。

交通·邮电　全年完成农村通达公路20条209.26千米，完成农村公路建设投资及固定资产1.12亿元，完成客运量1003.28万人次，客运周转量6960万人千米；完成货运量818.76万吨，货运周转量184572万吨千米。邮路总长1820千米，完成邮政业务运营收入494万元，电信业务（含电信、移动、联通等）运营收入1.24亿元。全县固定电话用户5.12万户，手机用户17.51万户，宽带用户1.55万户。

文化·科技　年末拥有专业艺术表演团体1个，演出场次75场；公共图书馆14个，图书藏量15万册；剧场2个，文化站13个。全年申报自治区级科学技术项目5项，市级科学技术项目4项，县级科学技术项目8项，总投资7744万元，举办种植业、养殖业等科学技术培训班、科普讲座252期（场次），培训7.64万人次。建立各类科学技术示范基地6个。年内申请专利17件。

教育　全县有自治区示范性普通高中1所，专任教师143人，在校高中生2086人。初级中学11所，专任教师719人，在校初中生9504人。小学164所，专任教师1611人，在校小学生19641人。小学适龄儿童学率100%。

卫生·体育　全县各级各类医疗机关构床位914张，其中医院床位150张，妇幼保健院床位54张。卫生技术人员1166人，其中执业医师448人，注册护士465人。全县参加新型农村合作医疗农民30.18万人，参合率98.88%。全年向上级输送各类优秀运动员7人。获自治区级奖牌11枚，其中金牌5枚，银牌4枚，铜牌2枚。

计划生育　全年全县出生人数3911人，符合政策生育率94.37%，其中二孩符合政策生育率88.54%，政策外多孩率0.31%。出生男女性别比为100。人口自然增长率3.61‰。

固定资产投资　全县固定资产投资43.43亿元，增长30.89%，其中基本建设投资12.8亿元，更新改造投资20.3亿元，房地产业投资4亿元，其他投资6.33亿元。

招商引资　全年全县在建项目22个，续建项目26个，计划总投资7.46亿元，其中市外到位资金9.13亿元，完成年度任务的152.26%。引进外资项目到位资金588万元，完成利用外资年度任务的147%。

居民生活　全县在岗职工年平均工资27395元，增长6.8%，城镇居民人均可支配收入17877元，人均消费性支出12124元。农民人均纯收入5743元，增长12.64%，人均生活费支出3493元。全年发放农村低收入人口低保金1505.86万元，发放城镇居民低保金813.66万元。城镇新增就业人数3526人；领取再就业优惠证的下岗失业人员再就业人数837人，城镇登记失业率4.2%。新增劳务输出7851人。农村劳动力转移就业职业培训4126人，开发公益性岗位101个。

旅游　全年接待国内外游客194.4万人次，其中境外游客7.1万人次，旅游总收入9.31亿元。全县有9个自然景点和人文景观，营业景区8个，其中国家4 A级旅游景区3个，国家3 A级旅游景区1个。

【水利工作成效显著】　2010年，荔浦县完成水利基础设施投资6781.53万元。荔浦河南岸防洪堤工程累计完成投资1558.43万元；完成龙口、鸡公岭2座水库应急除险工程；古信、高洞等7座水库除险加固工程通过竣工验收；实施大江灌区节水配套改造工程；实施农村饮水安全解困工程实施38处，解困人口2.67万人。完成荔浦县第一次全国水利普查工作。

【工业园区建设取得新进展】 2010年，荔浦县长水岭园区完成主道路绿化工程，加快道路、排水管网、110千伏变电站建设。金牛园区完成征用区域供排水管网建设，主道路柏油路面完工。启动金鸡坪园区二期工程，完成标准厂房建设3万平方米。工业集中区全年实现总产值15.6亿元，增长50.1%，新引进投资1000万元以上工业项目11个。

【狠抓质量管理】 2010年，荔浦县及乡（镇）政府的各职能部门深入企业指导质量体系管理和认证、名牌产品和著名商标申报等工作。全县已拥有自治区名牌产品12个，自治区著名商标11个。73家食品企业获得国家食品生产许可证，获证数居全自治区前列。年内，自治区饮料产品质量监督检验中心在荔浦落户。

【荔浦县获全国家电下乡工作先进县】 2010年，荔浦县全面落实家电下乡、农机下乡、汽车摩托车下乡等工程，全年销售家电下乡产品3.08万台部，销售额6350万元，超额完成桂林市下达的年销售3500万元的目标任务。年内，荔浦县获全国家电下乡工作先进县。

【荔浦县获中国衣架之都】 2010年，荔浦县共有大小衣架制造企业120家，总产值18亿元，税收0.6亿元。年内，荔浦县获中国轻工业联合会、中国日用杂品工业协会授予中国衣架之都。

（覃有玉　龙贤珍）

龙胜各族自治县

【概况】 龙胜各族自治县位于桂林市西北部，辖龙胜、瓢里、三门3个镇及和平、泗水、江底、马堤、伟江、平等、乐江7个乡，下设社区6个，建制村119个。县政府驻龙胜镇。行政区域面积2538平方千米。2010年年末，户籍常住人口17.69万人。

经济总指标　全年实现地区生产总值31.75亿元，增长12.5%。其中：第一产业增加值6.39亿元，增长4.5%；第二产业增加值16.62亿元，增长16.7%，第三产业增加值8.74亿元，增长11.2%。全社会固定资产投资完成29.29亿元，增长34.8%；社会消费品零售总额4.89亿元，增长18.4%。

财政·金融　全年完成财政收入2.84亿元，增长24.4%，其中地方财政收入1.28亿元，增长27.9%。财政支出7.67亿元，增长28.58%。年末，金融机构各项存款余额26.59亿元，增长25.84%。各项贷款余额16.99亿元，增长12.92%。

农业　全年实现林牧渔业总产值9.68亿元，其中农业产值4.96亿元，林业产值2.08亿元，牧业产值2.22亿元，渔业产值0.05亿元，服务业产值0.37亿元。粮食播种面积10222公顷，总产量5.40万吨。全年完成各类人工造林面积824公顷，森林覆盖率77.12%。新建沼气池600座，沼气入户率71.7%。农业机械总功力18.48万千瓦。

工业　全年实现工业总产值29.34亿元，增长20.6%；工业增加值14.24亿元，增长13.9%；工业增加值占地区生产总值的44.9%，工业对全县经济增长的贡献率47.8%。规模以上工业实现总产值20.58亿元，实现利税3.2亿元，增长22.4%。

交通·邮电　全年完成乡、村公路76千米，全县通车里程840.38千米，实现乡乡通沥青公路，村村通公路。全县有移动电话11.53万部，互联网5776户。

文化·科技　新建5个乡（镇）文化站，完成5个村级公共服务中心40个村级篮球场、91个农家书屋的建设。加大对文物和民族文化的挖掘和保护，有27个项目列入桂林市非物质文化遗产名录，6个项目列入自治区非物质文化遗产名录。建立各类科学技术示范基地20个，巩固提升科学技术示范村10个、示范户500户；创建科学技术示范园1个，全面推广应用反季节蔬菜种植、免耕马铃薯、免耕种植油菜等新品种，新技术。年内粮食作物优良品种95%以上，水产畜禽品种良种90%以上，开发工业新产品32个。

教育　全县有自治区示范性普通高中1所，

专任教师148人，在校高中生1873人；初级中学10所，专任教师359人，在校初中生4314人；小学（含教学点）77所，专任教师764人，在校小学生8841人。小学适龄儿童入学率100%。

卫生　2010年，乡村医疗机构覆盖率100%，村卫生室甲级标准率80%，全县各级各类医疗机构有床位410张，其中，中医医院床位80张，妇幼保健院床位30张。卫生技术人员585人，其中执业医师166人、注册护士215人。全县参加新型农村合作医疗农民14.42万人，参合率96.13%。

计划生育　全县全年出生人数1893人，符合政策生育率95.46%，其中二孩符合政策生育率87.19%，政策外多孩率0.05%。出生男女性别比为101。人口自然增长率3.95‰。

固定资产投资　全县固定资产投资29.29亿元，增长34.8%，其中基本建设投资13.65亿元，更新改造投资5.06亿元，房地产业投资1.03亿元，其他投资1.71亿元。

招商引资　全年实施外来投资项目62个，到位资金8.57亿元，增长46.38%。其中：市外项目资金到位7.75亿元，增长50.55%，完成年度任务的149.11%；自治区外项目到位资金5.27亿元。实际利用境外资金为378.32美元，增长378.52%，完成年度任务的126.11%。

居民生活　全县在岗职工年平均工资30953元，增长6.89%，城镇居民人均可支配收入17068元。人均消费性支出11336元，农民人均纯收入3441元，增长13.3%。发放农村低收入人口低保金1484.11万元，发放城镇居民低保金716.65万元。城镇新增就业人数2261人，领取再就业优惠证的下岗失业人员再就业人数470人，城镇登记失业率4%。新增劳务输出5317人，农村劳动力转移就业职业培训3675人，开发公益性岗位104个。

旅游　全年接待游客133.2万人次，增长11%，其中境外游客24.6万人次。旅游总收入10.78亿元。有国家4 A级旅游景区2个。

【乡（镇）班子公推直选试点】　2010年11月6日，龙胜各族自治县公推直选乡（镇）党委班子成员候选人初步人选推荐大会在瓢里镇召开，有56名候选人参加竞职演讲。11月16日，龙胜各族自治县瓢里镇公推直选党委班子成员党员大会在瓢里镇召开。大会通过全镇全体党员（476名）以无记名投票的方式选举产生瓢里镇第十四届党委领导班子组成人员，开创龙胜各族自治县公推直选乡（镇）党委班子成员的先河。

【少数民族村寨防火改造工作通过自治区验收】

2010年，龙胜各族自治县完成158个屯的村寨防火改造任务，总投资8370万元，四改（电改、灶改、寨改、水改）任务完成100%。其中：电改1476户，灶改12436户，寨改158个屯，拆迁和改造1402户，水改158个屯。12月，少数民族村寨防火改造工作通过自治区验收。

【完成集体林权制度改革目标】　2010年，龙胜各族自治县推进集体林权制度改革（简称林改）工作。全县自上而下成立林改工作领导小组，形成了“三级（县、乡、村）书记抓林改”的格局。突破野外勘界技术力量不足的瓶颈，面向大专院校和社会招聘65名外业人员和26名内业输机人员。年内，龙胜各族自治县集体林地面积19.73万公顷，占全县国土面积的82%，活立木蓄积量903.7万立方米，森林覆盖率76.8%。

【紫龙玉雕刻作品在上海世博会展出】　2010年5月22日，产自龙胜各族自治县的紫龙玉雕刻作品被上海世博会选中，并在世博会核心馆展出。紫龙玉雕刻作品由龙胜各族自治县紫龙玉材加工厂制作生产，该厂是龙胜各族自治县新引进以紫龙玉材为原材料的玉石工艺品加工厂，总投资2000万元。

（潘鸿祥　梁美）

恭城瑶族自治县

【概况】　恭城瑶族自治县位于桂林市东南部，辖恭城、栗木、莲花3个镇和平安、三江、嘉会、西岭、观音、龙虎6个乡，下设8个社区，117个建制村。县政府驻恭城镇。行政区域面积2149平方千米。2010年年末，户籍常住人口29.85万人。

经济总指标　全年实现地区生产总值47.86亿元，增长16.8%。其中：第一产业增加值15.12亿元，增长4.3%；第二产业增加值20.61亿元，增长28.1%；第三产业增加值12.13亿元，增长18.4%。人均地区生产总值16217元，增长

15.11%。全社会固定资产投资完成额39.27亿元,增长34.9%,社会消费品零售额13.71亿元,增长18.6%。

财政·金融　全年完成财政收入3.02亿元,增长31.2%,其中地方财政收入1.77亿元,增长20.2%。财政支出9.34亿元,增长25.1%。年末,金融机构各项存款余额31.67亿元,增长22.4%,其中城乡居民存款余额21.42亿元,增长21.8%。各项贷款余额19.22亿元,增长21.3%。

农业　全年实现农林牧渔总产值22.83亿元,其中农业产值16.30亿元,林业产值0.8亿元,牧业产值4.59亿元,渔业产值0.52亿元,服务业产值0.59亿元。粮食播种面积1.77万公顷,总产量7.50万吨。全年完成各类人工造林面积824公顷,森林覆盖率79.7%。新建沼气池2800座。农业机械总动力40.50万千瓦。

工业　全年工业总产值50.14亿元,增长55.4%;工业增加值17.80亿元,增长29.2%,工业增加值占地区生产总值的37.21%;工业对全县经济增长的贡献率53.8%。规模以上工业实现总产值37.77亿元,增长73.3%;实现利税1.62亿元,增长65.2%。新增规模以上企业4家,全县规模以上工业企业达32家,其中年产值超1000万元企业29家、超1亿元企业17家。

交通·邮电　全年完成农村通达公路4条44.9千米,完成农村公路建设投资及固定资产1552万元,完成客运量553万人次,客运周转量3.34亿人千米;完成货运量139万吨,货运周转量1.61亿吨千米。邮路总长1363千米,完成邮政业务运营收入3.41亿元,电信业务(含电信、移动、联通等)运营收入3.32亿元。全县固定电话用户2.9万户,手机用户1.1万户,宽带用户1.1万户。

文化·科技　年末拥有专业艺术表演团体1个,演出场次192场;公共图书馆1个,图书藏量7.5万册;文化站6个。全年获得国家级科学技术项目2项,申报自治区级科学技术项目3项,市级科学技术项目3项,总投资1120万元,共举办种植业、养殖业等科学技术培训班、科普讲座45期(场次),培训0.67万人次。建立各类科学技术示范基地5个。年内共申请专利5件。

教育　全县有自治区示范性普通高中1所,专任教师121人,在校高中生2190人。普通高中2所,专任教师191人,在校高中生2256人。初级中学10所,专任教师531人,在校初中生8383人。小学108所,专任教师1315人,在校小学生16475人。小学适龄儿童入学率99%。

卫生　全县各级各类医疗机构有床位601张,其中医院床位299张,乡(镇)卫生院272张,妇幼保健院床位30张。卫生技术人员881人,其中执业医师(含职业助理医师)367人、注册护士(师)311人。全县参加新型农村合作医疗农民23.55万人,参合率91.07%。

计划生育　全年全县出生人数2724人,符合政策生育率94.61%,其中二孩符合政策生育率92.76%,政策外多孩率0.29%。出生男女性别比为105。人口自然增长率3.90‰。

固定资产投资　全县固定资产投资39.27亿元,增长34.9%,其中基本建设投资16.21亿元,房地产业投资1.65亿元,更新改造投资15.14亿元。

招商引资　全年全县在建项目87个,续建项目35个,合同总额28.4亿元,其中市外建设项目资金6.4亿元,自治区外建设项目资金3.6亿元。引进外资项目到位资金600万美元,完成利用外资年度任务的200%。

居民生活　全县在岗职工年平均工资31933元,增长15.3%,城镇居民人均可支配收入16442元,人均消费性支出13095元。农民人均纯收入5120元,增长12.7%,人均生活费支出4196元。全年发放农村低收入人口低保金2154.11万元,发放城镇居民低保金1523.05万元。城镇新增就业人数2621人,领取再就业优惠证的下岗失业人员再就业人数510人,城镇登记失业率为4.17%。新增劳务输出5781人。农村劳动力转移就业职业培训3487人,开发公益性岗位115个。

旅游　全年接待国内外游客64.11万人次,其中境外游客4.45万人次。旅游总收入4.32亿,增长89.5%。全县有48个自然景点和人文景观,营业景区1个。

【加大基础设施建设投入】 2010年,恭城瑶族自治县总投资1200万元的县城防洪治涝工程,完成投资813万元。总投资259万元的龙虎狮子等地旱片治理工程完成。投入661万元实施农村人饮安全工程。实施总投资1250万元的峻山灌区续建配套与节水改造工程。总投资3452万元的蓝洞水库除险加固工程续建项目，完成投资2167万元。总投资970.95万元的金钱弄水库续建项目，完成投资429万元。总投资478.64万元的花田岗水库续建项目，完成投资234万元。总投资331.23万元的龙岗小流域水土保持综合治理项目二期工程，完成投资112.23万元。

【农业经济结构调整成效显著】 2010年，恭城瑶族自治县水果种植面积2.92万公顷，总产量68.4万吨。全国绿色食品原料(柑橘、月柿)标准化生产基地建设通过农业部验收，月柿红饼被认定为绿色食品A级产品。继“恭城月柿”、“恭城椪柑”之后，“恭城油茶”地理证明商标成功注册。新建年出栏500头生猪养殖小区32个、年出栏2万只肉鸡养殖小区202个，竹鼠等特种养殖粗具规模。新种毛竹4013.33公顷，松树、杉树2666.67公顷。

【城乡建设展现新貌】 2010年，恭城瑶族自治县出台城乡规划建设、城乡房屋建筑风貌、户外广告等管理办法，城乡规划建设管理步入规范化、制度化轨道。总投资7000万元，占地面积56000平方米，总建筑面积19900平方米的民族体育中心建成使用。总投资3800万元，污水处理能力每日1万吨的县城生活污水处理厂竣工运行。2008年启动，总投资4600万元的县城雨污分离、电力、电信等管线下地工程完工，全年完成投资2500万元。县城主街道立面改造工程、9个乡(镇)集镇和主要公路沿线建筑风貌改造工程，各乡(镇)机关的危房改扩建工程相继竣工，城乡风貌焕然一新。

【民生工作创佳绩】 2010年，恭城瑶族自治县企业职工退休养老金月人均1190元。启动新型农村养老保险试点工作，有3.8万名60周岁以上农村居民享受每月55元的基本养老金。城镇居民医疗保险参保率90.1%，新型农村合作医疗农民参保率91.07%。建成五保村47个，乡乡建有敬老院，集中供养五保老人比例21%。4万人次城镇居民和9万人次农村居民享受最低生活保障。救助受灾民众13万人次，重建因灾倒塌民房2954户。扶持解决6.63万农村人口的饮水安全。

【恭城瑶族自治县成立二十周年】 2010年9月25日，恭城瑶族自治县成立二十周年庆祝大会在县民族体育中心运动场举行。中央及自治区代表团50余人、桂林市代表团120余人参加庆祝大会。县庆庆典举行了《瑶风和韵·盛典恭城》等为主题的文艺演出和彩车游行。恭城瑶族自治县成立于1990年。

【恭城瑶族自治县获第六届中华宝钢环境优秀奖】 2010年，恭城瑶族自治县建成红岩等80多个富裕生态家园示范村，推广水果无公害标准化种植21333.33公顷，成为自治区最大的无公害水果生产基地，是自治区最大的注册水果出口基地。新建沼气池2800座，全县共有沼气池6.58万座，入户率89%，入户率连续9年居全国第一。退耕还林、封山育林工程累计实施面积26666.67公顷，森林覆盖率79.7%。恭城镇、莲花镇创建“国家级生态乡镇”通过自治区验收。年内，恭城瑶族自治县获第六届中华宝钢环境奖，该奖由全国人大环境与资源保护委员会、宝山钢铁股份有限公司等13家部委和单位组成的中华环境奖组织委员会组织评选，是中国环境保护领域最高的社会性奖励。 (张万强)

人　　物

2011 年 4 月 28 日，自治区领导与桂林市的广西五一劳动奖章等奖项获得者合影。

市总工会　供稿

全国五一劳动奖章获得者

王远文 男,汉族,1954 年 5 月出生,广西兴安人,大专学历,中共党员,1971 年 10 月参加工作。英格索兰(桂林)工具有限公司党总支书记、工会主席。1998 年任工会主席以后,王远文为职工待遇问题多次与公司进行工资协商谈判,使公司职工工资每年都得到增长。在他努力下,工会与公司每季度召开一次劳资协谈会;每个车间设立职工意见箱,并在网上开设“经理信箱”,畅通职工的诉求渠道等;在外资企业,职工们可享受到每年一次免费体检、每年一次旅游参观、每年 15 天的带薪休假待遇以及“五险一金”保障;职工因病住院全额报销药费,每天可得到 80 元的额外保险补助,女工们也可享受国家规定的特殊保护。特别是金融危机期间,他积极参与全市的“共同约定”行动,使公司不裁员,不减薪。公司及工会分别获广西“双爱双评”(企业爱员工,员工爱企业)先进企业和全国模范职工之家。他先后获桂林市优秀工会工作者、全国优秀工会积极分子。2010 年获全国五一劳动奖章、广西五一劳动奖章。

陆玺保 男,汉族,1975 年 10 月出生,广西灵川人,中专学历,中共党员,1994 年 7 月参加工作。桂林国际电线电缆集团公司电气设备科副科长。他工作勤奋,刻苦钻研,技术精湛,成绩突出。2000 年,他完成对桂林国际电线电缆集团公司从意大利进口的 TR 80 挤塑机生产线进行国产化的改造,解决该设备由于老化经常停止运转的难题,为该产品生产线连续可靠地运行提供了技术保障。近几年,他运用新型工控技术对公司的老式挤塑机、拉丝机进行改造,使设备的维护成本和能耗得到有效降低;所研制的电控系统可靠性优于同行业设备生产厂家性能,提高了公司的生产效率。2009 年,他向公司提出节能降耗建议,每台机器每年可节约电费 1.1 万元,为公司每年节约电费 10 万多元。2010 年获桂林市劳动模范,2011 年获全国五一劳动奖章。

谭兴勇 男,汉族,1974 年 7 月出生,广西玉林人,大学学历,中共党员,1995 年 7 月参加工作。桂林商贸旅游技工学校中式烹调专业高级实习指导教师,中式烹调高级技师,广西技工学校学科带头人。他承担 20 多个班级的授课任务,在教学中形成了一套独具特色的教学方法,取得了十多项教研成果。撰写的《广西少数民族菜肴的特点与开发》获自治区商务厅 2009 年优秀论文奖,《中式烹调刀工课程改革》获 2010 年全国职业教育论文评比二等奖。他的学生屡次在自治区、全国烹饪比赛中获奖。2007 年,他参加桂林市职工绝招绝技绝活比赛成绩突出,成功演示在气球上切土

4 月 24 日,市总工会举行仪式欢送赴北京领奖的全国劳动模范。
李飞燕 供稿

豆丝、穿针的绝技,被市人民政府授予“特殊技能人才”奖;同年,参加中央电视台、全国总工会、中央宣传部联合主办的“2007 劳动榜样”电视大赛,获 12 强提名奖;10 月,参加“正大综艺吉尼斯中国之夜”活动,获吉尼斯世界纪录奖。2007 年他还获全国第二届中餐技能创新大赛“热菜优秀奖”,全国第二届绝招、绝活、绝技展示评比暨认定活动“最佳厨艺奖”。2008 年获广西五一劳动奖章,2011 年获全国五一劳动奖章。

祝平辉 男,汉族,1979 年 8 月出生,湖南衡阳人,初中学历,1997 年 4 月参加工作。桂林建筑安装工程公司抹灰工、质量安全检查员。他从事抹灰工作十多年,在工作岗位上兢兢业业,勤学苦练抹灰技术,并很快掌握砌筑、抹灰、扎钢筋等多个工种技术要领,尤其在抹灰方面,他注重吸取各个师傅的长处,积极参加公司组织的职业培训,成为公司第一批持证上岗的抹灰工。他和队组的同事们高质高效地完成漓江大瀑布饭店、广西航空综合楼、澳洲假日、桂林市中心广场、聚龙山庄等一批优质工程和安全文明工地的施工建设。其中,他参与建设的漓江大瀑布饭店工程获得了中国建筑工程鲁班奖。他先后于 2006 年获得桂林市劳动竞赛抹灰比赛第一名;2009 年获桂林市建筑行业抹灰工大赛选拔赛第一名;参加自治区、全国建筑业抹灰工职业技能大赛并分别获得自治区第一名、全国第三名,是自治区建设部门单位职工首次在全国获奖。2009 年获广西五一劳动奖章,2011 年获全国五一劳动奖章。

广西五一劳动奖章获得者

卢德洪 男,壮族,1961 年 5 月出生,广西横县人,大学学历,中共党员,1980 年 12 月参加工作。中国石油天然气第六建设公司工会副主席。2002 年他从事工会工作,创新工作思路,完善工会的各项管理制度,组织职工开展劳动竞赛、“安康杯”竞赛,保持了公司安全形势、环保工作的持续稳定。开展以岗位培训为主要载体、以绝技绝活传授为特色内容、以跟踪考核的奖惩机制为保证手段的“师带徒”等活动,促进青年职工自身素质全面提升。2008 ~ 2010 年,培训职工 1.2 万人次,培训项目 310 项;技能鉴定 1586 人;新评聘技师和高级技师 55 人;该公司入选第一批国家高技能人才培养(企业)示范基地。在全国工程建设部门第八届、第九届焊工职业技能大赛中,公司选手和公司培训的选手先后囊括行业组、地方组和校园组团体和个人第一的好成绩。组织开展“标杆班组”创建活动,评选树立的“标杆班组”起示范带头作用。公司工会委员会先后获广西模范职工之家、全国模范职工之家,公司获广西学习型组织标兵单位、广西五一劳动奖状、全国文明单位。2010 年获广西五一劳动奖章。

贺桂德 男,汉族,1952 年 9 月出生,江西吉安人,大专学历,中共党员,1969 年参加工作。桂林天和药业股份有限公司党委副书记、工会主席。他从事工会工作近 40 年。他建立和完善职工代表大会和工会会员代表大会制度,督促企业建立和规范厂务公开制度,并对各届员工代表进行培训。依法开展工资集体协商,代表职工与企业签订集体合同和女职工特殊保护专项集体合同。围绕公司生产经营,组织开展“你追我赶一帮一”学习竞赛活动和“节能降耗,提高企业盈利水平”的劳动竞赛活动。在企业的“两个文明建设”中极力创建企业文化建设,抓好员工的思想政治工作,稳定员工队伍,企业经济效益以每年递增 10% 的速度发展,成为桂林市上交利税的骨干企业。组织员工参与企业重大问题的审议,做好厂务公开工作。他多次被评为桂林市和自治区优秀工会工作者,1998 年获全国总工会全国职工体育先进个人,2006 年获全国医药行业优秀企业思想政治工作者。2010 年获广西五一劳动奖章。

刘海芳 女,汉族,1977 年出生,广西临桂人,大专学历,中共党员,1997 年 4 月参加工作。桂林阳朔山水旅游开发有限公司管理部经理、工会主席、团支部书记。作为公司的管理者和工会主席双重身份,她注重加强员工岗位培训,多次组织开展员工学习 ISO 9001 质量管理体系标准知识等培训活动,提升员工整体素质。多年来,公司没有发生一起对员工服务质量的重大投诉。她重视职工的意见和建议,把职工要公司解决问题转变为公司主动为职工解决问题。近年来,通过她的积极沟通,工会收到的建议有 98% 被公司采纳,为员工解决了实际问题,得到了员工的好评,公司荣获全国模范职工之家。她获桂林市生态环境保护目标责任制先进个人。2008 年获桂林市五一劳动奖章,2010 年获广西五一劳动奖章。

秦孔英 女,汉族,1957 年 6 月出生,山东定陶人,硕士研究生学历,中共党员,1974 年 11 月参加工作。桂林微笑堂实业发展有限公司副总经理、纪委书记、工会主席。她工作兢兢业业,任劳任怨。作为公司工会主席,她注重企业工会组织建设,不断加强公司工会领导班子和工作人员的配备,积极督促企业按时拨交和上缴工会经费,保证每年有数十万元的工会活动费用列入企业行政预算。开展创建优质服务品牌活动,举办业务知识培训班和营业员技能比赛,使企业发展和职工发展良性互动,提高了职工的工作技能和知识水平,促进了企业的经营发展。主持建立以"送温暖工程"为基本形式的职工互助保障机制,为每位员工承保意外伤害险和参加职工重大疾病互助保障。倡导成立桂林微笑堂商厦爱心互助基金,并制订章程,以实际行动带领职工奉献爱心。2010 年,获广西五一劳动奖章。

于明娟 女,汉族,1955 年 7 月出生,广西桂林人,大专学历,中共党员,1971 年 9 月参加工作。桂林喜来登饭店工会主席。于明娟工作任劳任怨,刻苦钻研业务。她在中外合资的饭店从事工会工作,敢于替职工说话,维护职工的合法权益和特殊权益。她坚持为职工严把辞退违纪处分关、签订劳动合同和转正关、落实福利待遇特殊权益关。为更好地维护员工的合法权益,她带领员工与企业签订《集体合同》,并指导员工签订个人劳动合同。2006 年年末,企业员工代表与企业签订《工资集体协议》《女工权益保障专项协议》,有效维护员工合法权益。公司工会先后获得全国模范职工之家、自治区模范职工之家。她获全国财贸轻纺烟草部门优秀工会工作者、全国优秀工会工作者等荣誉。2010 年获广西五一劳动奖章。

阳如祥 男,汉族,1958 年 6 月出生,广西临桂人,大专学历,中共党员,1976 年 9 月参加工作。桂林市公共交通集团公司总经理。他与公司领导班子成员一起,团结协作、积极进取,使企业实现了"政府放心、乘客满意、企业增效、员工增收"的目标。2010 年年初,公司完成桂林市五鼎公司(鼎运巴士有限公司、鼎力汽车维修有限公司、鼎佳物业服务有限公司、鼎金资产经营有限公司、鼎耀信息科技有限公司)的筹建工作,使企业实现从以鼎运巴士为核心产业向多领域、跨行业经营的转型,企业总收入突破 2 亿元,企业资产总额突破 6 亿元,资产总额增长 68.67%。他从精细管理入手,挖掘内部潜力,加大成本控制力度,建立了较完善的财务管理体系,使利润得到增长。他坚持"公交为百姓服务的宗旨",2010 年优化调整营运线路 16 条,城市公共交通安全行车间隔里程 158.8 万千米,责任事故数量与上年比降低 51.2%,出租车事故发生率为 0.033 次/万千米,公司先后获全国城市公共交通文明企业、创全国文明行业先进单位、全国模范职工之家等多项荣誉。2009 年获桂林市五一劳动奖章,2011 年获广西五一劳动奖章。

潘承林 男,汉族,1956 年 12 月出生,广西桂林人,高中学历,1973 年 7 月参加工作。桂林市城市照明管理处维修班长。他负责市区南起十字街,北到火车始发站,东至桂磨路大圩路口,西到桂林长海发展有限责任公司范围内路灯控制基站、表位的新建改建和 157 个控制基站(其中有 20 个为钟控)和表位的日常维护。他作为一班之长,力求工作做到认真负责,技术做到精益求精,一有故障发生,他总是第一个赶到现场进行抢修,认真排除表位故障。2008 年雨雪冰冻灾害期间,为保证全市供电平衡,他和同事们一起顶着风雨,将市区上百条大街小巷的 100 余块钟控表位全部调整完毕,行程 100 余千米。2009 年获桂林市五一劳动奖章,2011 年获广西五一劳动奖章。

陈新民 男,汉族,1969 年 12 月出生,湖南邵东人,高中学历,1989 年 3 月参加工作。桂林市五峰房地产开发有限责任公司施工队长。十年多来,他乐于助人、勤劳致富,是农民工兄弟的贴心人。凡新推荐来的民工,他总是手把手地教技术,并带出了一批思想过硬、作风顽强、技术精湛、诚信可靠的农民工建筑队伍。他视安全生产、工程质量为生命,注重施工地的安全生产,排查隐患,杜绝安全事故的发生,2008 年获广西优秀农民工。2009 年获桂林市五一劳动奖章,2011 年获广西五一劳动奖章。

金占义 男,汉族,1954年11月出生,辽宁本溪人,初中学历,1971年11月参加工作。桂林橡胶机械厂钳工班班长兼车间调度员。几十年来,他从学徒工到班长到调度员,始终坚守在生产第一线。2007年,桂林橡胶机械厂把国内最大的子午线全钢巨胎成型机的生产任务安排在他负责的车间。在交货期短,工作量大,组装人员严重不足的情况下,他主动与生产工人加班加点,奋战在生产一线,生产出国内第一条子午线全钢巨胎,为国家填补了空白。所在的车间多次获企业星级车间先进集体。2009年获桂林市五一劳动奖章,2011年获广西五一劳动奖章。

唐莹 女,汉族,1972年5月出生,广西兴安人,大学学历,中共党员,1994年7月参加工作。中国化工橡胶总公司桂林有限公司工程胎研究所所长,副总工程师,巨胎设计专家。她从事生产工艺管理、轮胎结构设计等技术研究。2006年,她在人员短缺、工作任务繁重的情况下,不到一年的时间,研制出巨胎(全称:工程机械巨型轮胎)出口国际市场,为打造中国巨胎知名品牌作出突出贡献,使桂林轮胎厂扭亏为盈。近几年,她负责完成23个巨胎新产品的开发,先后主持、参与多项重点科研项目,完成了"芳纶帘子布应用于斜交巨型工程轮胎胎体"、"工程轮胎胎面花纹"等34项专利的申请和备案工作。由她完成的11个项目中,有6项获得授权。她设计的59/80-63新巨胎,现为世界上第一大斜交巨胎,巨胎的平均使用寿命普遍增长2倍以上,给公司带来巨大经济效益,打破了外国垄断该规格巨胎的局面,为中国轮胎工业在世界占有一席之地奠定基础。2006年获桂林市科技创新型标兵,2009年被授予中国橡胶工业科学技术进步有功专家。2011年获广西五一劳动奖章。

滕在贵 男,汉族,1982年3月出生,广西临桂人,大专学历,中共预备党员,2002年10月参加工作。中国石化广西桂林石油分公司迎宾加油站站长。他为让顾客享受到快捷周到的服务,精心琢磨,改进营销方式,使加油站的销量和非油品销售额逐年攀升。多年来迎宾加油站没有遭到一例客户投诉,获得顾客的一致好评。2005年,他担任加油站站长,加油站的年销量突破1万吨,非油品销售超额每年增长140%。该加油站被中国石化广西石油分公司评为"达标创星"优秀加油站,他连续6年获中国石化广西桂林石油分公司先进工作者、优秀管理者,2009年获中国石化集团的销售能手。2011年获广西五一劳动奖章。

王华山 男,汉族,1982年8月出生,河南商水人,大学学历,2007年7月参加工作。桂林长海发展有限责任公司船电部线路设计员、助理工程师。参加工作试用期期间,独立完成《基于GPIB接口的仪器控制》课题,被公司直接应用到陆军某车载项目中,成为新员工中把课题应用到产品中的第一人。2007年11月,承担海军某重点项目的系统方案编写工作,他撰写出方案实施论证报告,通过了海军总部领导的审查。2009年1月,负责船用光电跟踪监视系统研制工作,他带领团队经过市场调研和查阅有关技术资料,完成了该项目的研制工作,所研制船用光电跟踪监视系统以其良好的创新性和技术性能,获自治区第三届职工优秀技术创新成果三等奖。2009年12月,负责海军某舰IPTV系统显控分机的研制工作,成功地解决了交换机数据传输等方面的问题,使系统顺利通过军方验收。2011年获广西五一劳动奖章。

任海峰 男,汉族,1972年12月出生,广西桂林人,大专学历,1995年7月参加工作。桂林航天电子有限公司技术主任。他从事继电器的研究开发设计工作,经过多年的工作磨砺,由一名普通技术员成长为学科技术带头人,为公司全面完成国防、航天重点型号任务作出积极贡献。先后承担国家重点型号配套11个项目继电器的研究开发,其中6项通过部级技术成果鉴定;主持、指导23个继电器研究开发设计。他2001年为解决某国防重点型号系统高精度控制问题,提出延时继电器高精度方案,指标由国、内外最高精度指标±2%提高到±0.2%,达到国际领先水平。2007年,他率先提出组合门限技术,解决继电器在整机中的抗干扰问题;他研发的某型号延时继电器成功应用于"神舟"飞船及"嫦娥"工程,为载人航天及探月提供器件配套保障。他研发的项目均已配套国家重点型号,供货达数万只,创造效益2250多万元。他先后获得专利3项。在第三届自治区职工经济技术创新成果评比中,他主持的《低功耗混合继电器》项目荣获技术创新成果三等奖。

2011 年,他获得广西五一劳动奖章。

向苍义 男,汉族,1968 年 10 月出生,湖南益阳人,大专学历,中共党员,1988 年 7 月参加工作。中国石油天然气第六建设公司高级工程师,施工一线技术人员。他自参加工作以来,认真负责,兢兢业业,在技术上不断创新和突破。他开发设计的"焊缝真空试漏箱",获国家实用新型专利。他作为第一编制人主持完成的《大型 LNG 低温储罐安装施工工法》,获"2007 ~ 2008 年度国家一级工法"。2008 年获"2008 年中国寰球工程公司科技创新二等奖",2009 年获中国寰球工程公司最佳园丁奖,2010 年获全国化工优秀科技工作者、广西区职工技术创新能手。开发完成的《大型 LNG 储罐制作安装成套技术》,2010 年通过中国石油和化学工业联合会的科技成果鉴定,获得中国石油化学工业科技进步奖二等奖。2011 年获广西五一劳动奖章。

邓志勇 男,汉族,1983 年 5 月出生,广西桂林人,大专学历,共青团员,2005 年参加工作。桂林天特立机电科技有限公司技师。2005 年他毕业于桂林航天工业高等专科学校,并留校担任数控机床培训教师,2006 年代表学校参加全国第二届数控大赛,获得桂林市教师组第一名,自治区教师组第二名。代表自治区参加全国比赛,获得教师组加工中心第十四名。在学校任教期间,他积极与其他教师一起完善数控操作技术的培训,并参与数控机床操作教材的编写。2010 年调入桂林天特立机电科技有限公司工作,参加第四届全国数控技能大赛,荣获广西数控加工中心职工组第一名。2011 年获广西五一劳动奖章。

吕天红 女,汉族,1963 年 11 月出生,河北沧州人,大学学历,中共党员,1985 年 7 月参加工作。桂林市财政局会计管理科副科长。她在工作中任劳任怨,为推动市财政改革、促进企业改制、提高会计管理工作水平作出突出贡献。1992 ~ 2002 年她负责编制的《桂林市工业企业年度会计报表》均获自治区财政厅企业处会计报表评比一等奖。1995 年负责制订《桂林市工业企业技改资金管理办法》,规范了全市工业企业技改资金的使用。2005 ~ 2006 年,负责全市全国会计专业技术资格考试、广西会计从业资格考试和全国注册会计师考试考务工作,考试报考人数累计 19912 人。2005 ~ 2009 年桂林市的会计考务工作获自治区考务评比工作一等奖。在会计监督工作中,2008 ~ 2010 年她共查出各类违纪金额 45 万元,追缴入库资金 100 多万元,查处无证上岗人员 5 人,规范了被查单位会计基础工作。2011 年获广西五一劳动奖章。 (陈维琴)

革命烈士

谢文昭 男,1906 年 3 月出生,广西临桂人(中庸乡宅山村),1927 年参加革命,生前系国民革命军第四军五十九师一七五团二营营长。1940 年 9 月 11 日,在湖南省湘阴县与日本侵略军作战中牺牲。2011 年 1 月 14 日,自治区民政厅批准追认谢文昭为革命烈士。 (廖明旋)

附　　录

阳朔县葡萄镇翠坪风光。　　李腾钊　摄

2010 年桂林市国民经济和社会发展统计公报

桂林市统计局　国家统计局桂林调查队

（2011 年 2 月 10 日）

2010 年，是我市经济社会发展形势较为复杂的一年。一年来，全市各族人民按照市委、市政府的决策部署，坚决贯彻国家宏观调控政策，加快落实国务院《关于进一步促进广西经济社会发展的若干意见》，认真研究国内外形势变化，积极应对全融危机带来的各种挑战，大力实施"十一五"规划，开展以"城市建设、交通基础设施建设、园区建设、城乡风貌建设"为重点的项目建设大会战，推动发展方式转变和经济结构调整，加强环境保护和节能减排，着力改善民生，全市经济保持平稳较快发展，各项事业取得新的进步，人民生活继续改善。

一、综合

初步核算，全市地区生产总值（GDP）1108.63 亿元，比上年增长 13.8%。其中，第一产业增加值 202.60 亿元，增长 4.8%；第二产业增加值 502.04 亿元，增长 20.7%；第三产业增加值 403.99 亿元，增长 10.2%。第一、二、三产业增加值占地区生产总值的比重分别为 18.3%、45.3%、36.4%。按户籍人口推算数计算，全市人均地区生产总值 21611 元，增长 13.1%。

市区居民消费价格比上年上涨 2.2%，商品零售价格比上年上涨 2.5%。

年末全市城镇新增就业人员 6.89 万人；年末城镇登记失业率 3.95%，比上年年末降低 0.07 个百分点。全年城镇单位从业人员劳动报酬 96.20 亿元，比上年增长 13.4%；在岗职工年平均工资 30908 元，增加 3063 元，增长 11.0%。

全年组织财政收入 121.08 亿元，比上年增长 24.0%。其中，地方一般预算收入 67.08 亿元，增长 21.6%；上划中央收入 40.57 亿元，增长 25.0%。在组织财政收入中，税收收入 98.29 亿元，增长 26.9%。一般预算支出 182.25 亿元，增长 29.6%。

2010 年市区居民消费价格指数

类别	指数（上年＝100）
居民消费价格	102.2
食品	106.1
猪肉	102.6
烟酒及用品	100.1
衣着	96.7
家庭设备用品及维修服务	97.2
医疗保健和个人用品	101.8
交通和通信	98.9
娱乐教育文化用品及服务	100.9
居住	104.2

2006～2010 年全市生产总值及增长速度

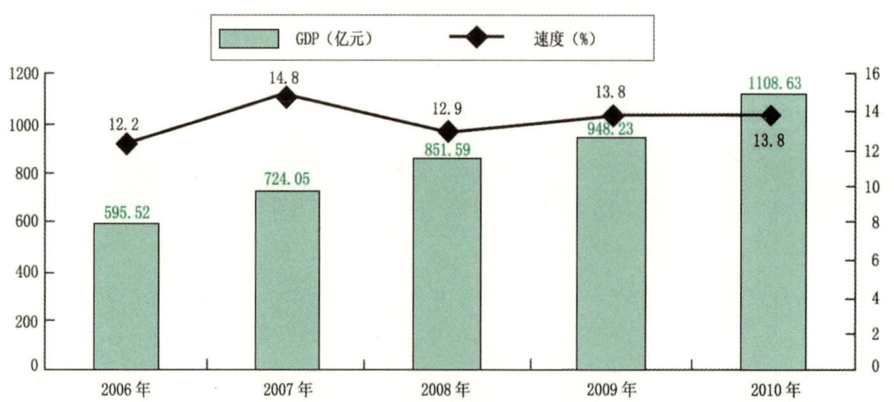

全年一至四季度企业家信心指数分别为121.97、118.37、128.01、130.03;企业景气指数分别为116.75、118.49、120.33、125.94。

二、农业

全年农林牧渔业总产值319.21亿元,增长5.1%。其中,农业产值183.47亿元,增长5.1%;林业产值19.42亿元,增长3.7%;牧业产值99.22亿元,增长5.0%;渔业产值8.07亿元,增长6.0%;农林牧渔服务业产值9.03亿元,增长7.5%。

2010年主要农产品产量及增长速度

产品	产量(万吨)	比上年增长%
粮食	192.96	-0.2
谷物	176.07	-1.0
豆类	5.04	5.2
薯类	11.85	10.5
油料	4.88	8.6
花生	4.42	7.8
水果	252.00	7.5
蔬菜	323.53	2.9
糖类(甘蔗)	40.48	16.7

年末实有耕地面积26.25万公顷,比上年减少0.02万公顷;农业机械总动力364.82万千瓦,比上年增加30.93万千瓦;全年农用化肥使用量(按实物量计)64.32万吨,比上年增加1.29万吨;农田有效灌溉面积21.87万公顷。

全年农作物播种面积65.13万公顷,比上年增加1.28万公顷。其中,粮食作物播种面积37.08万公顷,比上年增加0.14万公顷;蔬菜播种面积16.39万公顷,比上年增加0.26万公顷。主要农产品产量稳定增长。粮食总产量在连续六年增产的基础上保持基本稳定。全年粮食总产量192.96万吨,比上年下降0.2%。其中,夏粮90.97万吨,下降1.1%;秋粮99.53万吨,下降0.3%。

全年肉类总产量49.49万吨,增长3.9%。其中,猪肉产量30.77万吨,增长3.2%,牛肉产量1.46万吨,增长1.2%,禽蛋产量4.80万吨,增长10.4%。水产品产量9.11万吨,增长6.1%。

三、工业和建筑业

全年全部工业增加值427.61亿元,增长20.2%。其中规模以上工业增加值310.26亿元,增长25.7%。规模以上工业产品销售率为93.8%,比上年提升0.3个百分点。在规模以上工业增加值中,按轻重工业分,轻工业113.20亿元,增长27.2%;重工业197.06亿元,增长24.8%。按登记注册类型分,国有及国有控股企业增加值66.90亿元,增长23.6%;股份制企业228.29亿元,增长28.0%;外商及港澳台商投资

2010年主要工业产品产量及增长速度

产品名称	计量单位	产量	比上年增长%
饮料酒	千升	1070746	11.1
白酒	千升	97145	10.0
啤酒	千升	936926	9.7
软饮料	万吨	222.12	80.5
碳酸饮料	万吨	7.88	-8.2
果汁及果汁饮料	万吨	1.63	21.6
瓶灌装饮用水	万吨	160.99	117.7
合成洗涤剂	万吨	11.50	4.9
水泥	万吨	913.49	22.8
水泥熟料	万吨	512.01	29.2
钢材	万吨	60.91	6.4
铁合金	万吨	74.44	0.9
十种有色金属	万吨	4.52	-7.1
金属切削机床	台	4980	72.7
数控机床	台	84	-1.2
人造板	万立方米	158.88	72.4
胶合板	万立方米	72.55	138.2
机制纸及纸板	万吨	18.31	21.7
纸制品	万吨	28.30	39.7
化学药品原药	吨	685	-49.2
中成药	吨	25205	25.9
橡胶轮胎外胎	万条	63.87	3.9
塑料制品	万吨	6.84	27.5
收获机械	台	114293	79.0
汽车	辆	2040	-3.6
电力电缆	千米	62916	90.5
光学仪器	台	91582	181.9
通信及电子网络电缆	对千米	6446	34.4
半导体分离器件	万只	155795	17.0
电子元件	万只	55469	88.7
发电量	亿千瓦小时	83.27	23.2
火电	亿千瓦小时	43.29	33.8
水电	亿千瓦小时	39.98	13.6

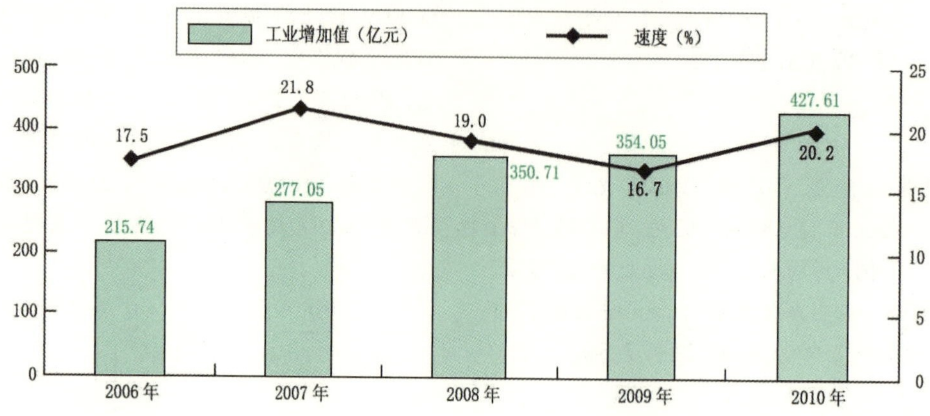

企业 21.81 亿元，增长 20.7%；私营企业增加值 94.65 亿元，增长 27.0%。

主要工业产品产量保持增长。

全年规模以上工业经济效益综合指数 251.1 点，比上年提高 32.7 点；主营业务收入 860.28 亿元，增长 42.5%；利税总额 78.03 亿元，增长 28.7%；盈亏相抵后实现利润总额 44.99 亿元，增长 41.9%，亏损企业亏损面为 17.7%，比上年减少 1.2 个百分点。

全年资质以上建筑企业总产值 129.75 亿元，增长 14.5%。全社会建筑业增加值 74.43 亿元，比上年增长 23.7%。

2010 年规模以上工业利润总额及增长速度

指标	利润总额（亿元）	增长%
规模以上工业	44.99	41.9
#轻工业	21.58	19.0
重工业	23.41	72.5
#国有及国有控股企业	8.53	158.1
#大中型企业	25.79	33.6
#国有企业	4.56	132.8
集体企业	0.13	44.3
股份合作企业	0.28	-3.4
股份制企业	34.79	32.8
外商及港澳台商投资企业	3.30	73.1
#私营企业	14.51	52.2

四、固定资产投资

全年全社会固定资产投资 908.56 亿元，比上年增长 37.8%。其中，工业投资 283.66 亿元，增长 29.4%。在全社会固定资产投资中，城镇固定资产投资 758.52 亿元，增长 39.1%；农村固定资产投资 125.77 亿元，增长 32.6%。在城镇固定资产投资中，基本建设投资 405.11 亿元，增长 39.9%；更新改造投资 216.05 亿元，增长 42.8%；房地产开发投资 118.01 亿元，增长 27.9%；其他投资 17.81 亿元，增长 67.6%。全年新增固定资产 329.98 亿元，增长 40.4%。

2010 年分行业城镇固定资产投资额及增长速度

行业名称	投资额（亿元）	比上年增长%
城镇固定资产投资合计	758.52	39.1
农林牧渔业	9.24	-8.7
采矿业	25.09	67.1
制造业	187.28	40.0
电力、热力及水的生产和供应业	36.94	-15.1
建筑业	0.56	-42.7
交通运输、仓储和邮政业	127.29	42.1
信息传输、计算机服务和软件业	9.66	-8.3
批发和零售业	20.14	17.1
住宿和餐饮业	16.29	-8.4
金融业	2.30	548.4
房地产业	133.45	28.4
租赁和商务服务业	3.60	38.9
科学研究、技术服务和地质勘查业	1.93	29.6
水利、环境和公共设施管理业	135.44	98.0
居民服务和其他服务业	3.30	354.2
教育	17.72	37.7
卫生、社会保障和社会福利业	12.43	113.2
文化、体育和娱乐业	6.17	45.9
公共管理和社会组织	9.69	55.0

2006～2010年全社会固定资产投资及增长速度

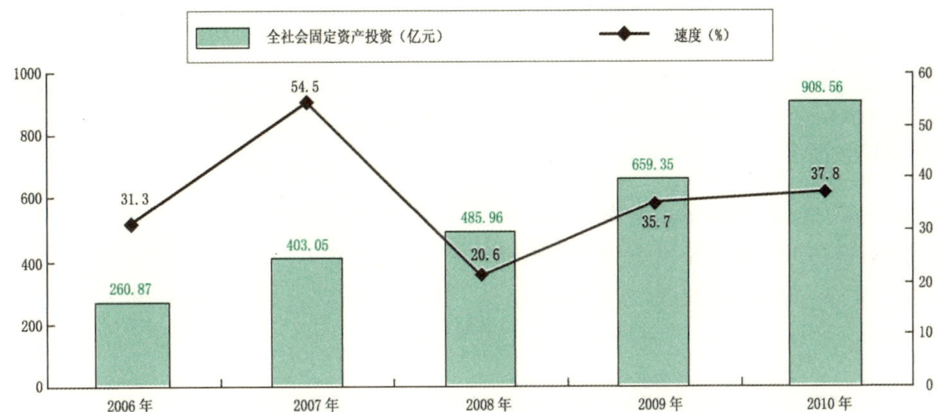

在城镇固定资产投资中，分经济类型看，国有投资316.25亿元，比上年增长36.6%；非国有投资442.27亿元，增长40.9%，其中民间投资416.67亿元，增长43.3%。分三次产业看，第一产业投资9.24亿元，下降8.7%；第二产业投资249.88亿元，增长29.3%，第三产业投资499.40亿元，增长46.1%。

全年商品房施工面积1251.83万平方米，增长31.1%。年内新开工面积317.80万平方米，增长23.9%。其中住宅258.83万平方米，增长12.8%。商品房竣工面积191.58万平方米，增长7.9%。其中住宅173.59万平方米，增长12.0%。商品房销售面积323.58万平方米，增长18.2%。

五、国内贸易、对外经济

全年社会消费品零售总额391.53亿元，比上年增长18.9%。分城乡看，城镇消费品零售额323.60亿元，增长19.7%；乡村消费品零售额67.93亿元，增长15.2%。分行业看，批发和零售业实现零售额333.53亿元，增长18.5%；住宿和餐饮业实现零售额58.00亿元，增长21.1%。

在批发和零售业中，限额以上批发和零售业零售额71.89亿元，增长29.7%。按商品类别分，石油及制品类零售额17.38亿元，增长38.6%；汽车类零售额18.33亿元，增长39.5%；服装、鞋帽、针纺织品类零售额8.78亿元，增长30.5%；食品、饮料、烟酒类零售额7.78亿元，增长31.7%；家用电器和音像器材类零售额7.41亿元，增长27.4%；中西药品类零售额2.90亿元，增长11.9%；日用品类零售额2.42亿元，增长6.8%；体育娱乐用品类零售额0.66亿元，下降28.6%；化妆品类零售额0.89亿元，增长2.9%；文化办公用品类零售额0.97亿元，增长12.1%；书报杂志类零售额0.42亿元，增长3.4%。

全年海关进出口总额9.03亿美元，比上年增长22.6%。其中，出口额6.22亿美元，增长20.7%；

2006～2010年社会消费品零售总额及增长速度

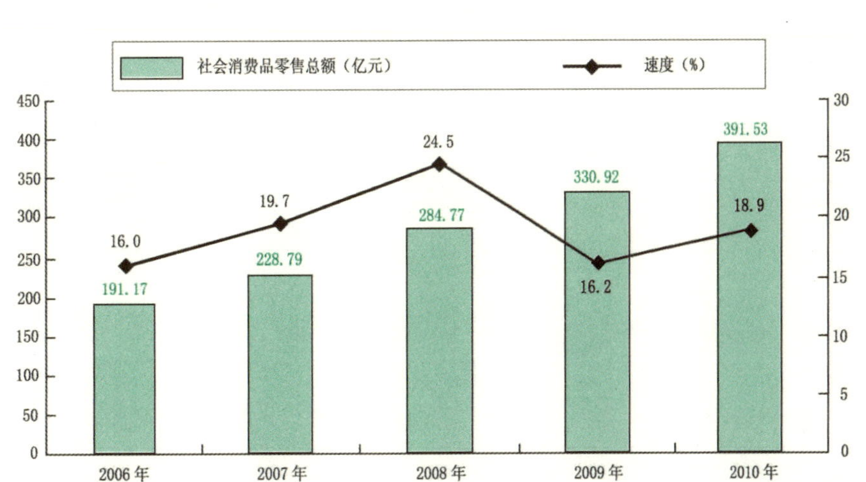

进口额2.81亿美元,增长27.2%。

全年新签市外境内项目总投资386.46亿元,增长17.9%;市外境内项目实际到位资金374.13亿元,增长33.2%。

六、交通、邮电、旅游

全年交通运输、仓储及邮政业增加值49.46亿元,比上年增长17.6%。年末公路里程11186千米,增长1.4%。其中,高速公路里程349千米。

2010年客货运输量及增长速度

指标	单位	绝对值	比上年增长%
全社会货物运输总量	万吨	4796.77	25.3
#铁路	万吨	146.55	0.7
公路	万吨	4619.00	25.6
民航	万吨	1.77	-0.5
水运	万吨	29.45	445.4
全社会旅客运输总量	万人次	15475.06	8.9
#铁路	万人次	413.35	3.9
公路	万人次	14560.00	9.0
民航	万人次	280.30	0.1
水运	万人次	221.41	31.5

年末民用汽车拥有量17.76万辆,增长24.4%。其中私人拥有13.68万辆,增长37.2%。

全年邮电业务总量(按2000年不变价格计算)93.54亿元,比上年增长13.9%。其中,邮政业务总量2.57亿元,增长32.8%;电信业务总量90.97亿元,增长13.4%。

年末固定电话用户76.81万部,移动电话350.29万部,互联网上网户数39.69万户。

全年接待国内外旅游人数2246.33万人次,增长20.8%。其中,国内旅游人数2097.71万人次,增长21.2%;入境旅游人数148.62万人次,增长15.2%。在入境旅游人数中,中国港澳地区同胞20.06万人次,下降2.1%;中国台湾地区同胞38.81万人次,增长16.1%;东盟十国23.67万人次,增长20.2%。全年旅游总收入168.30亿元,增长32.6%。其中,国内旅游收入134.17亿元,增长36.8%;境外旅游收入34.13亿元,增长18.3%。

七、金融和保险

全年金融业增加值44.33亿元,比上年增长8.6%。年末金融机构存款余额1367.59亿元,增长23.2%;贷款余额784.18亿元,增长20.0%。

2010年末金融机构存贷款及其增长速度

单位:亿元

指标	绝对值	增长%
各项存款余额	1367.59	23.2
#城乡居民储蓄存款	772.39	20.4
企业存款	288.84	22.0
各项贷款余额	784.18	20.0
#中长期贷款	583.25	22.9
个人贷款	243.18	33.2
单位贷款	334.87	16.6
#短期贷款	173.24	25.4
个人贷款及透支	52.82	25.2
单位贷款及透支	114.04	23.9
贸易融资	6.35	62.0

2006~2010年城乡居民储蓄存款及增长速度

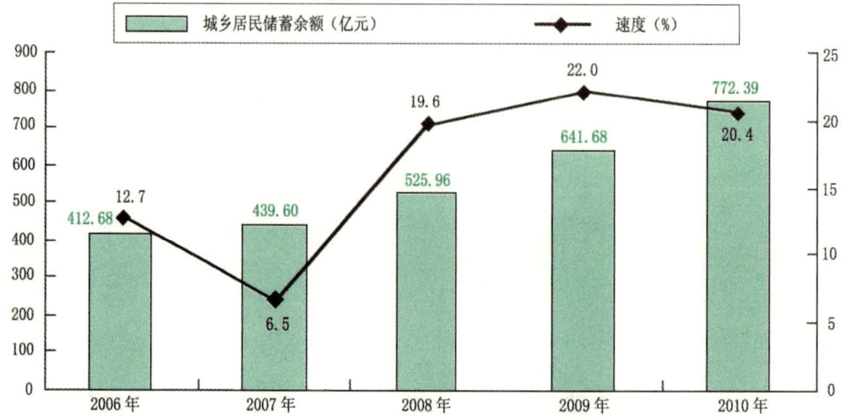

全年保险业保费收入25.49亿元，比上年增长8.3%。其中，财产险业务保费收入6.78亿元，寿险业务保费收入18.71亿元。支付各类赔款及给付3.54亿元，增长10.2%。其中，财产险业务赔款2.87亿元，寿险业务给付0.67亿元。

八、教育和科学技术

全年普通中学招生6.96万人，在校生21.03万人，毕业生7.66万人。其中，普通初中招生4.41万人，在校生13.61万人，毕业生4.97万人。普通小学招生5.25万人，在校生28.10万人，毕业生4.38万人。全市小学净入学率99.5%；小学毕业升初中比例达到100%。中等专业学校招生3.18万人，在校生8.08万人，毕业生1.74万人。

年末全市拥有科研、设计机构30个。全年实施技术创新项目562项，其中组织实施科技立项项目199项，其中国家级32项，自治区级65项，市级102项。

全年获科技进步奖56项，其中自治区级奖26项，市级30项。年内签订技术登记合同34件，合同登记2014万元，受理专利申请1030件，授权专利813件。

九、文化、卫生、体育

年末全市共有专业艺术表演团体17个，剧场、影剧院19个；县级以上公共图书馆13个，图书总藏量370万册；县级及以上文化馆及艺术馆18个；博物馆10个，接待观众100万人次；年内广播电台日播出时间为36小时，年末广播综合人口覆盖率95.2%，比上年末提高0.8个百分点；电视台日播出时间（市区）65.5小时，电视人口覆盖率96.8%，比上年末提高0.4个百分点；市区有线电视用户21.94万户；年内国内演出场次1850场，文艺组团出访3次。

年末全市共有各类卫生医疗机构1600所。其中医院54所，疾病预防控制中心13所，妇幼保健院（所、站）13所，乡镇卫生院137所。卫生机构床位1.53万张，其中医院0.94万张，乡镇卫生院0.42万张；全市卫生技术人员2.10万人，其中执业医师（含执业助理医师）0.81万人，注册护士（师）0.81万人。

全年向上级输送各类运动员30人；在各类大赛中获国际比赛2枚金牌，2枚铜牌；获全国比赛4枚金牌，6枚银牌，4枚铜牌。群众健身活动蓬勃开展，各族人民体质不断提高。

十、人民生活和社会保障

据城乡住户抽样调查，全年城镇居民人均可支配收入17949元，比上年增加1728元，增长10.7%；人均消费性支出11477元，增加1028元，增长9.8%；年末人均住房建筑面积38.3平方米，增加0.2平方米。农村居民人均纯收入5487元，增加654元，增长13.5%；人均生活消费性支出3872元，增加319元，增长9.0%；人均居住面积38.0平方米，增加1.0平方米。

2010年居民消费支出及增长

单位：元

	城镇居民		农村居民	
	绝对值	增长%	绝对值	增长%
消费支出	11477	9.8	3872	9.0
食品类	4765	7.9	1827	5.0
衣着类	1017	7.1	151	21.6
家庭设备用品及服务类	740	8.8	232	10.7
医疗保健类	665	14.9	237	12.6
交通和通信类	1401	8.4	360	18.7
教育文化娱乐用品及服务类	1345	10.4	301	6.4
居住类	1279	21.2	690	11.8
杂项食品和服务类	265	2.2	74	12.0

年末全市参加城镇基本养老保险52.91万人次，参加失业保险25.50万人次，参加基本医疗保险112.78万人次。

全年享受政府最低生活保障的人数38.99万人，其中，城镇居民7.35万人，农村居民31.64万人。领取失业保险金人数1.53万人。全年共接收社会各种捐赠547.40万元，销售社会福利彩票3677.00万元。

十一、环境和安全生产

年末市区拥有污水处理厂5个，城市污水处理率90.4%。

全年万元生产总值能耗0.9998吨标准煤，比上年下降2.90%。规模以上工业万元增加值能耗1.1643吨标准煤，下降11.04%。

全年全社会用电量80.03亿千瓦小时，增长

13.2%。其中,居民用电16.84亿千瓦小时,工业用电51.93亿千瓦小时。

全年发生火灾事故126起,比上年减少11起;火灾事故死亡人数3人,比上年减少8人。发生道路交通事故386起,比上年减少1起;造成555人伤亡,比上年减少74人。全年发生安全生产事故448件,比上年减少128件。

年末产品质量检验机构3个,全年抽检工业和商品营销企业651个,查出不合格产品生产或经营企业78个,共抽检产品和商品875批次,合格率为86.5%。

注:

1. 本公报中数据均为初步统计数或预计数,正式数以统计年鉴为准。

2. 地区生产总值、各产业增加值、农业总产值、工业增加值绝对数按当年价格计算,增长速度按可比价计算。

3. 交通运输、邮电通信、旅游、招商引资、外贸进出口、金融保险、教育、科技、文化、卫生、体育等方面数据为有关部门提供。

4. 根据国务院第六次全国人口普查领导小组办公室《关于规范人口普查数据使用的通知》(国人普办字〔2010〕53号)精神,2010年统计公报不公布人口数据,人口数据待第六次全国人口普查公报正式公布。

五看桂林发展观——新华社记者眼中的桂林之变

编者按:日前,新华社记者通过扎实调研、认真思考,采写了有关桂林发展的长篇调研文章。这篇调研文章,通过系列的数字、生动的故事、夹叙夹议的例证,从新闻记者的角度,冷静地分析了桂林这片“山水甲天下”的土地曾经面临的困惑,客观地审视了桂林“十一五”规划期间经济社会发生的变化,以及“十二五”规划即将迎来的大跨越和面临的新挑战。立意深远,视野开阔,很有思想性、指导性和可读性。在全市上下都在认真学习贯彻胡锦涛总书记在庆祝中国共产党成立90周年大会上重要讲话精神的关键时刻,本报将此文全文刊载,以便给每位读者有所启迪。

物竞天择,适者生存。

从长远战略的高度考虑,地方发展就是要在激烈竞争的环境中坚韧顽强地创造生存的空间,在充满挑战的境况下无畏无惧地组织起强大的团队,在强手如林的形势下以雄霸一方的自信不断超越对方、超越智慧。这是一个地方在市场经济中获得竞争力的出路之一。

在“十二五”规划发展的关键时刻,随着全球经济一体化趋势愈演愈烈,全国各地无不上演着发展的“生死时速”。西部地区不例外,广西更不例外。新华社记者通过多年对桂林的了解和审视,以及近两个月走进这片“山水甲天下”的土地,近距离触摸、感受、见证了这片土地曾经面临的困惑“十一五”规划时期发生的巨变,以及“十二五”规划即将迎来的大跨越和面临的新考验。

广西有14个地级市,每个地方各有所长。评价一个地方的发展一定要冷静、要客观。既要看现在的成绩、变化,又要看它未来的潜力、后劲,更不能忽略它的“底子”、“过去”,以及这个城市发展所蕴藏的苦干精神和执政方略。

中共中央政治局常委、中央书记处书记、国家副主席习近平十分关注、关心广西和桂林的发展,尤其是桂林漓江的保护情况。他曾多次就“科学保护漓江”作出重要批示和指示。他特别叮嘱大家:漓江不仅是桂林人民的漓江,也是全国人民、全世界人民的漓江,更是全人类共同拥有的自然遗产,一定要很好地呵护漓江,科学保护好漓江。

在今年全国“两会”上,中共中央政治局委员、国务院副总理回良玉评价广西:广西经济发展有活力,改革创新有动力,对外开放有拉力,生态环境有吸引力,文化底蕴有影响力,民族团结有合力,干部队伍有能力,社会和谐很给力。广西的发展变化,是祖国大好形势的缩影,是西部大开发成效的印证,是民族团结社会和谐的典范,是我国近年来经济社会发展的亮点。

我们要说,桂林的发展是广西的缩影。

解剖桂林,对西部很多地区,尤其对广西很有意义。原因如下:

一、人类生存法则告诉我们,要想立于不败之地,就应学会面对不利因素,无畏无惧地学会突围。了解桂林的人知道,这个城市发展一度受困,主要原因来自三方面:1. 经济发展与环境保护之间的矛盾难以找到一条破解之道。作为世界著名的山水生态旅游城市,曾经长期面临发展思路的困扰:即一边要保护世界的漓江,一边又面临单纯"旅游经济"难撑经济大厦的考验。换句话说,像桂林这样的生态旅游城市,能否发展工业,发展什么样的工业,怎么发展工业?这些难题一度让这个"山水甲天下"的城市处于彷徨、徘徊中。2. 干部问题。1998 年原桂林市和桂林地区合并,两套机构合二为一,机构减少一半,而干部人数却几乎没有改变。"一桌饭两桌人吃,一个凳子两个人坐",最终后果是干部积压严重,人浮于事。3. "被边缘化论"。2008 年 1 月 16 日,国家正式批准实施《广西北部湾经济区发展规划》,无形中使得人们更多地把目光投向了北部湾。一定程度上,地处桂北的桂林在关注度上有所下降,一度有人认为桂林"被边缘化"。

面对上述三大不利因素,桂林没有畏惧,而是不等不靠,立足桂林实际,冷静观察,寻找突破口。在多届领导班子苦苦探索基础上,经过进一步提炼,2008 年的中共桂林市委三届六次全会上,提出了实施"保护漓江,发展临桂,再造一个新桂林"的发展战略,让困扰这个城市多年的发展思路问题终于变得清晰、明朗。事实证明,这一思路是正确的。

二、人心齐,泰山移。锁定目标后,拥有一支敢于拼搏的团队是实现目标的关键,责任是创造卓越的原动力。桂林在提出"保护漓江,发展临桂,再造一个新桂林"的发展战略后,又进一步细化发展思路,狠抓园区和县域两大经济,做强汽车及零部件、食品饮料、锰业、机械电器、电子信息等五大产业,推进工业化、城镇化和农业产业化等"三化"进程,坚持走"农业稳市、文化立市、旅游兴市、工业强市"之路,让桂林城市靓起来、企业强起来、市民雅起来、百姓富起来。

路线确定后,关键在于人。面对"一桌饭两桌人吃",干部老龄化、情绪化,人浮于事的局面,桂林市在自治区党委正确领导下,一方面对一些老干部进行了合理分流,另一方面大胆提拔了一批年富力强,想干事、能干事、会干事、敢干事的干部。有了这支观念新、干劲足、效率高的团队,加上他们为了群体幸福,敢于担当的精神,为桂林巨变奠定了基础。

三、学会用自己最大的优势和别人竞争,这是智者,因为只有这样才能立于不败之地。广西有 14 个地级市,其中桂林市有 12 县 5 城区,是县、区最多的城市。不沿海、不沿边,除了桂林山水,没有其他丰富资源,桂林拿什么与其他 13 个地级市竞争。桂林市领导班子通过认真分析,将目光锁定在"县域经济"上。桂北深厚的商业文化底蕴,良好的农业基础,加之人口多、面积广,为县域经济的发展提供了良好的条件,这就是最大的竞争力。桂林市决策者敏锐地认识到这点,既然市区受各种条件限制,对县(区)的辐射力有限,那么就将资源有意识地向县域配置。事实证明,桂林目前县县有特色、区区有新气象,县域经济在广西遥遥领先。

四、居安思危,思则有备,有备无患。一个城市的发展既要有速度至上的效率文化,又要有居安思危的意识文化。也就是说,要更好地生存,就要有更快的速度。同时,对危机意识多一份准备,才会少一分风险。桂林市在些许成绩面前,清醒地认识到和广西其他市相比的差距,尤其是"十二五"规划期间,面对既定的思路,如何克服重重困难,如何面对新的挑战,这些都拭目以待。

一看桂林经济社会发展变化之"巨"

沧海桑田,弹指挥间。

今天,要是您来桂林,从两江国际机场一下飞机,你会不自觉地被机场通往桂林市区的大道所吸引。

八车道宽阔的路面,两边不计其数的奇异植被,崭新的节能路灯,辅之以优美的自然山水风光,美不胜收。

晚饭后,再到如画的榕湖边,边散步边欣赏夜景,湖心的舞台上不时传来优美的山歌声、戏曲声,加之变幻莫测的喷泉,真是妙不可言,会让您心情不由得极大放松。第二天,再畅游漓江,感受"人在画中游";晚上观看全世界第一部全新概念的山水实景演出印象·刘三姐。

这就是桂林——"愿作桂林人,不愿作神仙"。

中共桂林市委书记、桂林市人大常委会主任刘君在去年召开的市委三届十次全会上,这样总结桂林"十一五"规划时期发展取得的巨大成就:过去的 5 年,是经济社会发展实现新跨越、综合实力明显增强的5年；是人民群众得更多实惠、生活水平明显提高的5年；是经济结构调整步伐加快、城乡面貌明显改观、生态文明建设成绩显著、改革开放全面深化、社会事业全面进步的5年。

变化用数字最能说明问题。桂林市市长李志刚在今年市三届人大七次会议上的政府工作报告中，用了如下一串数字：

2010年，全市地区生产总值首次突破千亿大关！

2010年，全市财政收入首次突破百亿大关！

2010年，全社会固定资产投资首次突破900亿大关！

2010年，全市旅游接待总人数首次突破2000万人次！

2010年，全市农民人均纯收入达到5480多元，位居全自治区第一！

2010年，桂林市“城考”成绩继续位居全自治区第一！

——这组振奋人心的数字让所有桂林人都感到欣喜，它不仅标志着在过去的一年，桂林在经济发展中交上了一份骄人的答卷，而且更重要的，它具有里程碑的意义。

因为，这几个标志性数字的获得，让所有桂林人苦苦奋斗了60年。

其实，不止是2010年，整个“十一五”规划时期，都是桂林发生巨大变化的重要阶段。

——体现在综合经济实力上。GDP由2005年的512亿元增加到2010年的1108亿元，年均增长13.5%；财政收入由51.6亿元增加到121亿元，年均增长18.6%；累计完成全社会固定资产投资2717亿元，年均增长35.5%；2011年第一季度，全市完成工业固定资产投资39亿元，同比增长40.8%；完成技术改造投资30亿元，同比增长55.8%，创历史最好水平。

——体现在以旅游业为龙头的现代服务业上。过去的5年，累计接待游客8600万人次，年均增长13.3%；实现旅游总收入549.7亿元，年均增长23.8%。今年1～5月，旅游接待游客总人数994.69万人次，同比增长28.83%；旅游总收入69.84亿元，同比增长30.04%。桂林市委常委、副市长、宣传部部长陈丽华说，桂林市旅游经济持续保持强势劲头，尤其是国务院确定建设桂林国家旅游综合改革试验区，桂林经济社会发展跃上了把旅游产业培育成国民经济战略性支柱产业和人民群众更加满意的现代服务业的国家平台上，各项先行先试将带动全市产业的提升，桂林旅游业实现从观光型传统旅游向休闲度假型现代旅游转型升级将指日可待。

——体现在三次产业结构调整上。“十一五”规划时期，三次产业结构由23.4∶36.5∶40.1调整为18.3∶45.3∶36.4。这个数字说明，今日的桂林既跳出了全国很多地区依然深陷的“唯工业化”发展路径，也跳出了“旅游经济”一枝独秀的模式，呈现工业、农业以及以旅游、商贸为代表的第三产业协调发展、比翼齐飞的全新局面。

——体现在基础设施建设上。过去的5年，是桂林市历史上建设重大项目数量最多、规模最大、完成投资最多的时期，启动建设贵广高速铁路（桂林段），湘桂铁路扩能改造工程（桂林段）；建设高速公路8条；完成4E级标准机场跑道扩建工程；实现县县通二级以上公路、乡乡通油路目标。“十二五”规划时期，桂林正计划率先在全自治区实现县县通高速公路。更加利好的消息是，今年11月，10万平方米的桂林两江国际机场第二航站楼将开工建设，该工程按照满足年旅客吞吐量1500万人次的标准，总投资25亿元。

——体现在统筹城乡、和谐社会建设上。大力深化城乡清洁工程和城乡风貌改造。如今，行走在桂林不少地方，春天是花园，夏天是林园，秋天是果园，冬天是公园，一年四季是乐园。大力发展教育，桂林成为全国地级市中非省会城市高校最多城市，义务教育水平位居广西前列，高考成绩名列全自治区前茅。城镇基本医疗保险覆盖率为92%，率先在广西全面建立城乡居民最低生活保障制度。

——体现在文化建设上。过去5年，桂林的文化建设可谓跨越式发展。来过桂林的人，尤其是深入桂林的人，除了对桂林山水赞不绝口外，一定对桂林的文化建设印象深刻。这个1982年就成为中国历史文化名城的城市，在文化建设上主要有以下几个特点：1.2009年创新推出的公益性、群众性公共文化服务品牌——桂林“百姓大舞台”，最为典型的是被桂林城乡群众亲切称为老百姓的“星光大道”的桂林百姓大舞台。2.闻名天下的历代摩崖石刻与壁书。桂林的石刻多达2000余处，以独秀峰石刻、象鼻山石刻最为典型，素有“汉碑看山东，唐碑看西安，宋碑看桂林”。3.叫响全国的旅游文化项目印象·刘三姐。4.

岭南最早开凿的著名水利工程灵渠、全国保存最完好的明代藩王王府靖江王府、甑皮岩石器时代的洞穴文化等。

——体现在获得系列荣誉上。桂林被国务院确定建设国家旅游综合改革试验区，被国家发改委确定为国家服务业综合改革试点区域，先后获得全国科技进步先进市、国家知识产权示范城市创建市、国家园林城市、全国双拥模范城“六连冠”、全国人口和计划生育综合改革示范市、全国创建文明城市工作先进城市、全国社会治安综合治理最高奖“长安杯”、全国人民防空先进城市等荣誉称号。

经济、社会的巨变，伴随着政治、金融、人才、社会保障等多个领域的改革创新，前后两者相辅相成，互为犄角，巨大合力在桂林得以彰显。

巨变使得桂林市政府的公信力大大提高，从而引发“鲶鱼效应”。如今在桂林，争资金、抢项目、看人气、比发展成为时尚和主流。

短短几年时间，桂林市搭建5个投融资平台，引进浦东发展银行等6家银行设立法人机构或分支机构，桂林市商业银行更名为桂林银行，启动新型农村金融改革试点，深圳农村商业银行、兴业银行、光大银行入驻开业；桂林国民村镇银行正式揭牌，成为全国首批地市级村镇银行。

与此同时，桂林市主动融入多区域开放合作取得明显成效，引进中国建筑股份有限公司、中国机械工业集团、中国中铁股份有限公司、大商集团、沃尔玛集团等一批国内外知名企业和世界500强企业落户桂林。

自主创新能力显著提升。桂林高新七星区区长何运保介绍，“十一五”规划期间，仅高新区共申请专利1866件，授权专利1201件，占桂林市的1/3以上。在广西第一个获得“自治区知识产权试点园区”称号，连续3次荣获“全国科技进步先进城区”称号，成为广西首个“全国产学研合作创新示范基地”。同时，“十一五”规划期间，孵化企业达360家，大学生创业园被认定为首批国家级大学生科技创业见习基地，大学科技园被认定为广西首家自治区级大学科技园。

计生工作曾被称为“天下第一难”，但是桂林市“诚信计生”却吸引了全国的目光。以灵川县为例，2006年，全县计生率只有80%，超生反弹已到了非常危险的地步。县委书记袁国华说，从2009年开始，灵川县将“强制计生”变为以鼓励引导为主、处罚为辅、村民互相监督、互相约束的“自治计生”，全县35000多名适龄婚育妇女自愿参加“诚信计生”，从“要我计生”变成了“我要计生”。如今计生干部进村不仅有笑脸看，群众还请他们喝酒。近日，国家人口和计划生育委员会主任李斌率队在桂林召开全国现场会，推广“诚信计生”的经验和做法。

文明是社会进步的阶梯，“老有所养，老有所依”是现代社会构建幸福体系的重要指标。阳朔县正在紧锣密鼓的建设15个居家养老服务中心，让住在县城的老人和住在市区的老人一样，享受到“娱乐健身、一日三餐、生活照料”的优质服务，这也是桂林市首个县城居家养老服务中心。和谐宜居城市是桂林市一直追求的目标，长期以来，桂林市加大对“五乱”的整治力度，实施城乡清洁工程。时下，又在全力以赴实施“创建全国文明城”工作和推进新一轮城乡风貌改造，打造一批特色名镇、名村。

二看桂林发展思路改变之“艰”

艰难困苦，玉汝于成。

2011年4月19日，随着桂林市委常委、常务副市长黄俊华一声令下，5台挖掘机同时举起长长的臂膀，从预定地点挖起土方，桂林临桂新区防洪排涝及旅游景观水系工程正式开工。工程要打造第二个“两江四湖”，实现桂林临桂新区“山环城，水环城，林环城”。

如今走在桂林临桂新区，随处都能感受到新区建设的速度和力度，不管是道路上，还是项目建设的工地里，处处一派火热的建设场面。

创业大厦、桂林大剧院、桂林图书馆、桂林博物馆、中心公园、西城大道……高高塔吊下，一座座大楼正雨后春笋般拔地而起；一条条宽阔、规整、绿化漂亮的大道不断显现。

市委书记刘君说，再有2年的时间，一个崭新的新区将呈现在大家面前。由此带来的连锁变化，将会使桂林城市发展有一个质的飞跃，意义重大、影响深远。

了解桂林的人，定会明白临桂新区的建设，对于承载着500万人口的桂林而言意味着什么——一个城市的发展思路，一个城市的发展方向。

没有明确的“思路”和“方向”，就如夜航的轮船，不知道走什么样的航道，更不知道驶向何处，最多也只能在黑夜里摸索，弄不好还会触礁。

桂林临桂新区的“出炉”，在一定程度上就是破解桂林多年来发展思路不清、发展方向不明这一难题的结果。

这是一段苦苦的探索过程，也是一段艰难抉择过程，更是改写一个城市历史的过程。

发展经济与保护环境之间的矛盾，无论对于“十一五”规划还是“十二五”规划，几乎是一个永恒难解之题。世界旅游名城桂林曾经多年处于这样的困惑中：一边要保护世界的漓江，一边又面临单纯“旅游经济”难撑“经济大厦”的考验。换句话说，像桂林这样的生态旅游城市，能否发展工业，发展什么样的工业，怎么发展工业？这些难题一度让这个“山水甲天下”的城市处于彷徨、徘徊中。

桂林市旅游局一名负责人说，过去游客在桂林市区容易有这样一个印象：挤。“车辆与游人争路、人与景争地”的现象突出。

记者了解到最直接的原因：一是由于人口急剧膨胀，而城区面积狭小造成的。“桂林城市面积约60平方千米，刨去山、水剩余40平方千米，常住人口80万人。也就是说，每平方千米人口达到2万人，远远超过城市人群密集度国际标准每平方千米1万人。可以想象环境压力有多大，尤其是交通、医疗、污水处理、垃圾排放等方面的公共设施不堪重负。”桂林市政府秘书长张晓武说。

二是受“保护漓江，难以发展工业”的制约，导致财力有限，引发城市基础设施落后，城市辐射力弱、城镇化率低，而且越没钱就越没办法改善环境，孤掌难鸣的旅游经济更加受限。这一恶性循环，曾长时间成为影响桂林经济发展和漓江沿岸百姓生活水平提高的巨大掣肘。

“膨胀的人口、狭小的面积、有限的财力引发连锁反应，环境压力与日俱增，严重威胁漓江山水。面对现实，桂林市必须突破重围，找到一条科学发展之路。”刘君说，经过多届领导班子苦苦探索，科学论证，2008年中共桂林市委三届六中全会，明确提出“保护漓江，发展临桂，再造一个新桂林”的新思路。

“保护漓江，发展临桂，再造一个新桂林”的战略，主要内涵有以下两方面：1. 桂林的发展一切都要围绕“保护漓江”进行；2. 向西发展，建设桂林临桂新区是破解困扰桂林多年“既要保护漓江，又要发展经济”的一把钥匙。

围绕这一战略，桂林市主要从以下四方面做“加减法”：

一是全市干部群众从发展观念上做“加法”。让他们进一步增强“保护漓江”的意识，进一步认识到保护漓江是桂林市义不容辞的责任，也是所有工作的底线，而且统领桂林市发展理念和方向，无论今后多少年都必须坚持。

二是为了缓解人与景争地局面，缓解巨大的环境压力，对老城做“减法”，新区做“加法”。为此，经过多方论证，采取城市“西迁战略”。其科学依据在于，一方面将位于老城风景区的机关企事业单位统一搬迁到距离老城区约16千米的临桂新区，大大疏解老城，腾出地方，还地于绿，还地于景，还景于民；另一方面，新区离漓江远了，离景点远了，为工业发展提供了环境基础。同时，彻底改变了过去大家挤在一个小地方，“谁都想发展，谁都发展不了”的局面。

有人疑问，桂林为何要西迁，而不是向东、向南、向北方向扩张？原因在于，几年前《国务院关于桂林市城市总体规划的批复》中早已明确指出，要“严格控制旧城的开发强度”、“城市建设主要是向西发展”。

同时，从保护桂林山水的角度出发，如果向北发展，老城区处于下风下水方向，空气和漓江水质易受到影响；南部又与阳朔毗邻，那里有世界罕见的喀斯特地貌的峰林平原，如果城市向南发展，必然要对这一景观造成威胁；东部的海洋山是漓江和湘江的源头，其环保意义更不容置疑。唯独只有西部的临桂县与老城区之间有16千米左右的距离，同时又有万福山相隔，并处于下风下水方向，无论从城市功能组团还是环境方面考虑，都是最佳选择。

三是产业布局上，对重化工业、高能耗产业做“减法”，对高新产业做“加法”。李志刚说，为了“保护漓江”，当年桂林在财力非常有限的情况下，硬是咬着牙关停并转了漓江沿岸的40多家工厂。应对国际金融危机期间，桂林市又关停了一些小的水泥厂、砖瓦厂、矿山等。随之而来大力发展电子信息、生物医药、高端装备制造业、新能源汽车、太阳能光伏等高新技术产业。“十二五”规划期间，桂林市要打造太阳能光伏千亿元产业，食品饮料、机械制造等10个百亿元产业；打造桂林国家高新技术产业开发区千亿元创新型产业园区，西城开发区、苏桥开发区、兴安县工业集中区、八里街工业园区等超百亿元园区，以及桂林福达集团、桂林国际电线电缆集团等 5 个销售收入超百亿元的企业。

记者了解到，在“保护漓江，发展临桂，再造一个新桂林”的思路统领下，系列的“加减法”，让这个曾经困惑多年的城市，找到了一条真正科学发展、可持续发展之路。如今，行走在桂林 2.78 万平方千米土地上，处处洋溢着一派新气象。

中共桂林市委、市人民政府提出：“桂林 GDP 总量突破 1000 亿元、财政收入突破 100 亿元用了 60 年，按照目前农业稳市、文化立市、旅游兴市、工业强市的思路，再用 5 年的时间使 GDP 总量突破 2000 亿元、财政收入突破 200 亿元。‘十二五’规划目标就是要让城市‘靓’起来，企业强起来，市民雅起来，百姓富起来，把桂林建设成为国际旅游名城、历史文化名城、生态山水名城。

三看桂林干部干事之“狠”

毛泽东同志说过，路线确定之后，干部就是决定因素。

一流的干部成就一流的事业。干部作为战略的执行者、组织变革的推动者、团队力量的凝聚者，他们往往决定一个地方未来的命运。记者在桂林的采访中，深深感受到桂林的大发展，不是嘴巴“吹”出来的，不是天上“掉”下来的，而是桂林的干部抓住发展机遇和上级的支持，实实在在干出来的。

“如今桂林的干部风貌和办事效率，与刚刚地市合并后相比，真是天壤之别。”这是记者在桂林采访提起干部时，大家最大的共识。

记者早在 8 年前就桂林的干部问题做过一次调研，掌握的情况很不乐观：1998 年原桂林市和桂林地区合并，两套机构合二为一，机构减少一半，而干部人数却几乎没有改变。也就是说，变成了“一桌饭两桌人吃，一张凳子两个人坐”，干部积压问题一直是个难解之题。

中共桂林市委副书记、组织部部长潘永建介绍说，桂林市委、市政府，积极争取自治区党委根据桂林实际情况给予政策支持，采取不同形式，尽最大努力解决积压的干部政治待遇问题，充分调动了干部的积极性，营造了干事创业的良好环境。

如今的桂林已形成了“想干事的有机会，会干事的有舞台，干成事的有地位”的良好氛围。

桂林干部干事之“狠”：

——体现在招商引资上，就是不达目的，誓不罢休。

在桂林市兴安县，有一个产业做得红红火火，业内人士分析，按目前步骤正常发展，到“十二五”规划末，这一产业的产值将达到 1000 亿元，这也成为桂林第一个 1000 亿元产业，这个产业就是太阳能光伏产业。

可谁知道，这个产业从开始不声不响洽谈到园区形成产业链仅仅只用了两年时间。这不能不说是一个奇迹。中共兴安县委常委、太阳能光伏产业园区管委会主任卢嵩就是整个奇迹的见证者和参与者。他说，2008 年，一个偶然的机会，兴安县主要领导获悉一老乡在北京从事太阳能光伏产业，于是敏锐地跟进，紧接着原县委书记王建毅、县长阳明立即带领相关同志到这位兴安老乡投资的北京、江苏、江西等地考察，了解光伏产业发展现状和企业意愿，随后又邀请投资方到兴安县实地察看。凭着自己的真诚、真心，加之浓浓的乡情、周到的服务、对招商的狠劲，打动了投资方，终于在 2008 年 10 月与北京中联科伟达的子公司桂林尚科光伏技术有限责任公司成功签约，仅仅 6 个月后建成投产 2 条高效电池生产线。

为了全力推进太阳能光伏产业，县里多次召开四家班子会议和县委常委扩大会议，一方面统一思想，另一方面要求干部加强对太阳能光伏产业学习，个个都是光伏专家。同时，要求各级干部要将企业困难看得大于天。为此，兴安县成立了太阳能光伏产业园区管委会，专门从县直单位脱岗抽调近 20 名工作人员专门为产业园服务。管委会成立以后，工作人员以“5 + 2”、“白加黑”的工作模式，在确保有人值班的情况下，所有人员全部下到工地，随时为企业提供“保姆式、一站式”的服务。

付出总有回报。目前，桂林尚科光伏技术有限责任公司拥有 14 条生产线，力争 2013 年上半年达到 50 条生产线，实现年产值 200 亿元以上。为了发展壮大光伏产业并形成一个太阳能光伏产业集群，兴安县四家班子又统一思想，果断决策，着手打造承接太阳能光伏产业的集聚平台。产业园以桂林尚科光伏为核心，致力于拓展上下游配套产业发展而建设的全产业链，总占地面积 11.4 平方千米，总投资达 150 亿元，分三步走战略：第一步，到 2011 年底，通过引进世界一流技术，建成全国最大芯片切片基地，年产芯片 3 亿片；第二步，到 2013 年，通过开发太阳能冰箱、路灯、杀虫灯等副产品，做大附加值；第三步，到2015年，进一步完善产业链，完善技术研发和专业人才培养，实现产值过1000亿元，带动数万人就业。届时，产业园真正成为上游原材料生产、中游装备制造、系统集成和下游产品应有的深度配套全产业链。目前，系列配套项目正在紧锣密鼓地开工建设，北京中联科伟达正在把最核心的研发中心和装备制造基地从北京、上海、深圳等地搬迁到兴安县太阳能光伏产业园。县长阳明在总结光伏产业落户兴安县的感受：兴安县不沿边、不沿海，但我们有的是真诚、真心，有的是狠劲、钻劲，有的是周到的服务。

——体现在务实的作风上，就是要深入实际，知己知彼，做自己心中“有数的事”。永福县近年来倡导深入开展“一线工作法”。永福县县长蒋文明介绍，他们要求领导在一线指挥，措施在一线落实，问题在一线解决，能力在一线提升，业绩在一线创造，力求做到“在一线调研，掌握第一手资料；在一线决策，赢得第一时间；在一线指挥，争创第一进度”。在县城凤翔路改造过程中，永福县采取以“一线工作法”为核心的现场办公制度，施工现场完善工程设计，现场敲定问题解决方案，20多天就完成凤翔路改造工程，创造了永福项目建设的一个典范。县污水处理厂和垃圾填埋场项目推进过程中，一度因遇到困难和问题导致工期滞后，有关各方深入施工现场，细化项目，扩大作业面，有时甚至一天两次召开现场会，现场拿出方案，很快解决了问题。

象山区区长唐小忠多年养成一种习惯：每周都到基层转一转、看一看，即使工作再忙也要坚持，为的就是一方面更好地帮群众解决问题，另一方面确保决策科学性。去年6月，在南门办事处新竹社区调研中，得知城区部分群众生活困难，有的家庭甚至因下岗失业无一人有工作，他看在眼里，急在心头，立即倡议区政府大力实施为民办实事工程，并倡议机关干部与特困户结对。同时，尽可能提高参保补助标准，失业、工伤、生育等各种社会保险覆盖面不断扩大，全年城镇下岗失业人员实现再就业1130人，补贴参合医疗住院费305万元，受益人达6100多人。

——体现在执行力上，一旦上级作出重大决策，就要无条件执行，第一时间落实，不讲价钱，不谈条件，力争落实上级的重大决定“不过夜”、不走样。在自治区及桂林市作出“建设桂林临桂新区”的决定后，原临桂县委书记叶兆泉、原县长彭代元带领四家班子，将桂林临桂新区的建设当成“天大的事”，主要工作都围绕桂林临桂新区进行。新区建设的基础是要有项目，为此，临桂县号召在全县干部中形成“班子围着项目建，干部围着项目转，工作围着项目干，功过围着项目看”的思想，除县级自身努力外，鼓励各部门、乡（镇）想方设法到中央、自治区争取项目，今年桂林临桂新区实施项目54项，其中新开工7项，续建47项，年度投资32.6亿元；6个工作组成员充分发扬“5+2”、“白+黑”精神，天天都泡在项目工地上。

征地拆迁工作号称时下第一难事。去年11月以来，叠彩区根据市委、市政府的精神，作出加大违法用地和违法建筑的巡查和拆除力度。号令一旦发出，关键在落实。区委书记李向荣介绍，2009年，叠彩区大河乡二环路沿线部分村民为了增加收入，在叠彩区已获批成为城市建设用地的范围内违法搭建仓库，出租给他人牟利，形成了12.03公顷约12万平方米的违法建筑。国土资源部通过卫星拍片执法检查发现后，要求当地政府立即予以整改。由于违法建筑面积大，整改时间紧、任务重，叠彩区委、区政府高度重视，迅速成立了以市容、城管、土地、工商、公安等人员组成的专项整治队伍，主要领导亲自挂帅，并多次深入现场查看和召开专题会议研究。同时，执法工作组对每家每户进行广泛宣传，并采取张贴标语、发放宣传资料、发布通告等方式，把土地保护的有关法律法规讲深讲透，让违建业主认识到非法占地的严重性，赢得他们的配合。由于村民们搭建的违法建筑基本上都是仓库，里面存满了货物，拆除前，工作人员帮助村民找临时仓库存放货物，并派工作人员帮忙搬迁。“人性化执法”使得违法建筑拆除工作进行得有条不紊，期间没有发生一起冲突，仅用10天时间，就拆除了南洲桥西南侧8万多平方米的违法建筑。

——体现在学习他人、借鉴外地经验上。犹如海绵吸水一样善于学习。他山之石，可以攻玉。去年以来，市委书记刘君、市长李志刚等领导分别率队赴中国台湾地区进行“取经之旅”、“合作之旅”，在台湾连续举办多场投资、旅游、经贸推介会。代表团成员普遍感受是，零距离接触，学到了真经。

象山区在得知桂林市把万福休闲旅游区正式纳入了桂林临桂新区“一主三辅两组团”的发展

格局当中后，为实现休闲旅游区“高品质规划、高规格引资、大手笔建设”的目标，区长唐小忠带领休闲旅游区指挥部人员先后奔赴深圳东部华侨城、三亚亚龙湾热带天堂森林公园和呀诺达雨林文化旅游区，开展实地考察工作。由于万福休闲旅游区内的万亩森林公园与三亚市森林公园存在着相似之处，指挥部表示将“借他山之石，以攻美玉”，结合沿海地区开发森林公园的经验，打造具有桂林特色的养生休闲产业。

四看桂林县域经济发展之“奇”

经济学家张五常先生在美国演讲“中国的经济制度”时，宣称自己发现了中国经济发展的惊天秘密，这就是掌握土地资源、有很大行政自主权的中国县级经济竞争远超于西方的县、州，从而促进了中国经济的高速发展。

桂林市的县域经济发展可谓独树一帜，与很多地方靠中心城市带动县域做法不同，桂林市县域经济之所以能够长袖善舞，是因为桂林市多届领导在县域经济的发展上，有一个共同认识：拥有12县、5个城区、500万人口的桂林，其桂林中心市区的人口仅80万人；80:500明显是“小牛拉重车”，在这种情况下，既然中心城市拉动效应有限，那么要发展县域经济，就要壮大自身力量。

怎么壮大？多年来，桂林市一直有意识地将行政资源、人力资源、金融资源、社会资源等向县（区）倾斜，扶持县域经济快速发展。去年，12县完成生产总值、财政收入、全社会固定资产投资占全市的比重分别由64.3%、41.8%、72%上升为67.8%、47%、78.5%，县域经济成为全市经济发展的重要力量，占到全市GDP的三分之二强。

启示一：在我国不少地方，常常有一些执政者整天为缺少资源、区位优势不明显而苦恼，甚至以此为地方发展缓慢找借口时，桂林市一些县却书写了“无中生有”的经济传奇。这说明区位优势和自然资源的富集可以为一个地方经济腾飞添彩，但并不是唯一动力。只要真正做到科学发展，以人为本，敢为人先，书写“无中生有”，县域经济传奇并不足为奇。

再有5个月时间，在全州县城西工业集中区将会诞生一个奇迹——在全国乃至亚洲有影响的高强度螺栓加工制造项目。

该项目是由桂林福达集团有限公司投资，占地1608公顷，建设内容为：专业生产汽车发动机高强度螺栓1亿支工厂。建成后该企业将成为在广西乃至全国有影响的专业化汽车零部件生产基地。一期10月份部分投产。2012年12月前，完成总投资3亿元以上。目前，项目建设正在火热进行中。

位于桂林市西城工业开发区的桂林福达集团有限公司是一家以生产、销售发动机曲轴、离合器、齿轮、变速箱等汽车零部件和低速汽车及多功能履带拖拉机为主营业务的高新技术企业集团。福达集团是广西50强企业，在“十二五”规划中，福达集团为自己制订了明确的目标，将在2015年实现产销超过100亿元。其主导产品发动机曲轴，汽车离合器的生产能力及产销量位居全国前三强。

这么一个有实力的企业，将这样一个前景广阔的项目放在全州县意义非凡。多年来，全州县是一个传统的农业大县，自国家取消农业税后，由于“工业短腿”，发展相对滞后。如何才能重振雄风？决策者深入调查思考后，紧紧围绕科学发展思路，县里作出必须走工业强县的路子。

说干就干。凭着对招商引资的挺抢精神，以及细致入微的优化软硬环境，实行重点项目跟踪服务制度等多管齐下，一个个在桂林，在广西乃至全国叫得响的项目落户全州县，硬是创造了一个个奇迹。投资4.6亿元的翔云锰业项目、投资4.5亿元的桂林福达全州基地项目、投资6亿元的新宝铝业项目、投资6亿元的金六福湘山酒业项目……2010年，全县工业总产值达106.25亿元，是2005年的3.6倍，工业占GDP的比重达到了50.2%。

县委书记贺志刚介绍，多个投资几亿元的重大项目建设创造了“全州速度”，如翔云锰业项目一期工程自开工至投产，仅用了一年半时间；桂林福达全州基地项目一期工程，从开工到投产仅用了7个月时间。这些重大项目全部建成投产后，将把全州打造成为区域性有影响的高强度螺栓加工制造中心、广西第一白酒生产基地、桂北铝业城和清洁能源建设先导区。

提起桂林市荔浦县，对全国人民而言，首先会想到贡品“荔浦芋头”。对广西人而言，荔浦县还有一个最荣耀的称谓，那就是创造了神话的“中国衣架之都”，桂林山水甲天下，荔浦衣架俏天下。

这是一组惊人的数字：一个人口不到40万人

的小县城，竟拥有120多家衣架生产企业，年产衣架20亿只，产量占全国产量的80%！衣架产品90%以上出口国外，销售网络遍布欧美及东南亚市场，年出口交货值达15亿多元。

记者通过深入调查发现，创造我国衣架产业经济传奇的桂林市荔浦县，竟然是“不沿边不沿海，没有高速公路和铁路，一条小河不通航，发展衣架少木材”的这样一个既无区位优势又缺乏资源的偏僻小县。当地不少群众因衣架产业就业，借衣架产业而富。

3月1日，记者在荔浦县采访时看到，公路边规模不等的木材厂和衣架生产企业、各类品牌衣架广告鳞次栉比。

成立于1996年的桂林俏天下家居用品有限公司是荔浦县最大的衣架生产企业，历经十多年的发展，现已成为一个拥有3个核心工厂、员工1300多人的衣架龙头企业，实木衣架、浸塑衣架、缎面衣架、水晶衣架等11大系列上千个品种款式，每年可生产各类衣架1.3亿只，产品销往美国、日本、法国等十几个国家。

记者了解到，目前荔浦县拥有竹木、金属、浸塑、布艺等各类衣架制品及其配套产品生产企业126家，其中规模以上企业46家，年产各类衣架约20亿只，产量占全国产量的80%！品种更是多达1000多种，从业人员3万多人。如今的荔浦县已形成了一个产值超过20亿元的衣架产业。

“从数量看，荔浦县每年可以给全国每个人供应约1.5个衣架，不仅如此，我国的大部分衣架行业标准由荔浦的衣架工厂参与制定。”原荔浦县委书记罗永东说。

2010年11月18日，中国轻工业联合会、中国日用杂品工业协会授予荔浦县“中国衣架之都”称号。

荔浦县之所以能书写“无中生有”经济传奇，原因之一就是时刻都没放松对创业环境的改善。荔浦县县长刘迎春说，人们形象评价荔浦的创业环境：“无中能生有，无钱敢办事，干部当保姆，老板评干部”。

记者了解到，为了让衣架产业更加稳固，荔浦县想方设法开发、引进与衣架产业配套的产业。比如，20多年前，桂林俏天下家居用品有限公司董事长李敏道开始涉足衣架生产行业时，公司只有17人。现在不仅职工超过1000人，而且与衣架相关的衣架钩、固定螺栓升降杆等零配件都是自己工厂生产。同时，在荔浦县，木材交易、小五金制造、明胶生产、包装、物流运输等行业也迅速崛起。“一句话，目前生产衣架的各种要素在荔浦县几乎全部富集起来，于是‘无中生有’的经济传奇就这样被书写和延续。”罗永东说。

启示二：目前，我国在推进“城乡一体化”发展过程中，很多人认为消除城乡差别，就要让农民进城，通过城镇化让农民富裕，但审视桂林某些县的发展轨迹，推进“城乡一体化”，不是一味把农民搬进城里，而是立足农村发展农业，并通过延长产业链条，拓展农业功能，进而让农民在“家门口”富起来；同时通过“城乡互动”，将城市文明辐射到农村，最大限度地消除城乡差别，实现协调发展。

以旅游闻名全国的阳朔县，在中国新农村建设史上书写了浓墨重彩的一笔——建成全国首个百里新农村示范带。2005年以来，阳朔县先后投入近10亿元，在白沙镇、葡萄镇、阳朔镇、兴坪镇19个村委66个自然村，建设全国首个百里新农村示范带，出现了物质文明、精神文明、政治文明、生态文明“四朵金花”竞相绽放的喜人景象。

“花开穷岗凭善政，百里新村沐党恩。”5年前，这个县百里新村200平方千米范围，地处大山深处，没有一条像样的水泥路，年人均纯收入约4000元。近年来，该县不遗余力在百里新村搞水、电、路等项目。依托基础设施建设的不断完善，该县把金橘培育成面积最大、品质最优、科技推广速度最快、带动群众增收最明显的大产业。如今，百里新村种植金橘约5333公顷，年产值达10亿元，沿线村民年人均纯收入超9000元，其中80%来自金橘收入；百里新村内28个自然村年人均纯收入超1万元，3个自然村年人均纯收入超2万元。

产业起来了，新村新风貌。按照“白粉墙、小青瓦、坡屋面、花格窗、吊阳台、石板路”的桂北民居风格，引导百里新村群众建新楼房2000余座，9个休闲旅游观景台和一大批文化室、体育场所建设。文化基础设施的完善和“三下乡”活动、各种培训班一时成为百里新村农民的精神食粮和新农村建设的助推剂，并催生了农民彩调队、腰鼓队、舞龙舞狮队、板凳龙队等30多个。

阳朔县委书记谭峰介绍，和谐环境与民主管理相得益彰。近年来，阳朔县通过在百里新村行政村推行“四议两公开”和在自然村推行“三会制”工作法，实现了百里新村民主理事、和谐平安、科学发展的三赢局面。白沙镇凉水井村是一个十足的山村，该村通过“三会制”工作法，46户村民自筹资金398万元，争取上级资金1000多万元建设了集旅游、娱乐、休闲、餐饮为一体的凉水井清泉度假村，开辟了大山沟吃上“旅游饭”的先河。

在百里新村的辐射带动下，全县新农村建设呈现出“以点带面、由点成线、齐头并进、城乡统筹发展”的良好局面，至2010年，已累计完成40个新农村试点建设任务。

在广西，乃至在全国谈起县域经济，尤其是讲起中国生态农业，不得不说的是一个成立仅仅20年的少数民族自治县——恭城瑶族自治县，也是我国最年轻的瑶族自治县。这个县可谓我国民族地区城乡统筹发展一面旗。

恭城瑶族自治县地处桂林市东南角，成立于1990年，仅有29万人口的少数民族自治县，不沿海，不沿边，没有富集的资源，甚至多年来不通高速公路和铁路，经过多年努力，探索出“以多位一体的生态农业为基础，通过城乡统筹发展，让城市文明不断向农村地区拓展的‘恭城模式’”。

在恭城瑶族自治县，没有特困，没有暴富；没有“空壳村”，没有“留守儿童”，一组有分量的称号诠释了这个民族县的不平凡——“中国沼气第一县”、“全国生态农业示范县”、“中国月柿之乡”、“国家可持续发展实验区”、“全国民族团结进步模范集体”……

在恭城瑶族自治县，你会看到，无论是道路两旁，还是山坡之上，甚至石缝里，都密密麻麻地种满了柑橙、柿子等果树。在恭城瑶族自治县，当地流行着这样一种说法，“驱车在乡村公路上行走，3秒钟内看不到果树就不是恭城。”

平安乡横山瑶寨村，58户村民种植的椪柑、沙田柚达24.13公顷，每年的水果产量有833吨。村委会副主任容文熹说，村民们现在人均纯收入为4670元，“其中约有70%的收入来自水果”。平安乡北洞源村500多户村民，水果种植面积达200多公顷。北洞源村党支部书记欧阳群忠介绍，为解决水果销售问题，20世纪90年代，村民们自发成立了水果协会，形成一个遍布全国的水果销售队伍，“目前全国各大水果销售市场都有‘恭城水果摊’”。

恭城瑶族自治县县长林武民介绍，20世纪80年代末，经过考察和论证，恭城瑶族自治县结合当地闲置土地较多、群众有种水果的习惯等实际，决定发动千家万户种水果。目前，已形成月柿、柑橙、桃李、沙田柚四大类水果为主的产业布局。至2009年末，全县水果种植面积2.91万公顷，总产量达65万吨，水果总产量、人均水果收入均居广西第一。

“按产量计算，恭城可为全国13亿人口每人每年提供0.5千克水果。”林武民说，如今恭城瑶族自治县已建立连片6.67公顷以上的水果标准化生产基地213个，成为“中国月柿之乡”、“中国椪柑之乡”。

在平安乡黄岭村口，刻有“中国沼气第一村”的奇石分外醒目。放眼望去，一排排小别墅整齐地坐落在山脚下，别墅群背后是苍翠的群山，前面则是挂满柑橘的果园……黄岭村是恭城瑶族自治县平安乡新街村下辖的一个自然村，共138户546名村民，几乎家家住在三四层的“小洋楼”里。

20世纪80年代，黄岭村开始发展沼气，目前全村建有沼气池146座，入户率达到100%。“沼气不仅节省了以前大批上山砍柴的劳动力，还极大地推动了封山育林工作。”新街村委主任黄光发说。

恭城瑶族自治县县委书记程权介绍，恭城沼气的大规模发展始于1983年。目前，恭城瑶族自治县建有沼气池6.36万座，入户率达89%，居全国第一，是名副其实的“中国沼气第一县”。

“恭城模式”给我们的最大启示就是，“12任书记9任县长”接力“绿色政绩观”。长期关注恭城发展的广西师范大学教授罗知颂说，在时下很多地方“换了领导换思路”的风气下，恭城瑶族自治县却不一样，每届班子交班交思路、交产业、交希望，接班接传统、接作风、接责任，脚踏实地、坚持不懈、埋头苦干，闯出恭城瑶族自治县发展的新天地。

记者采访了解到，现任的领导班子更是一如既往，不断创新，咬定农业不放松、咬定生态不放松、咬定农民共同富裕不放松，走依靠生态农业，实现“城乡一体化”发展的“恭城路子”。

其次，苦干+巧干的“恭城精神”。恭城瑶族自治县西岭乡大岭山村在上世纪90年代以前是一个极其贫困的村，当时盛传“有女莫嫁大岭山，吃水也要打算盘，下雨吃点石坑水，天晴挑水难又难”的歌谣。1991年，村里的几个年轻人带头用钢锹和踏犁在荒山上撬石挖坑种桃,受到启发,其他村民也加入到这一行列,把石缝撬成一个坑,两个人完成需要一天多,而开垦1亩果园则需要强劳动力两个多月的劳动量。村民们每天工作10多个小时,钢锹被锹断了,锤头也被磨圆了,大岭山人终于把漫山遍野的石山变成了果林。罗知颂说,恭城人就是凭着良好的政绩观,凭着这种“苦干+巧干”的精神,把石山变果园,把“鬼窝”变宝地,创造出一个个奇迹。

启示三:当很多地方产业发展盲目跟风、果贱伤农等事件频频发生时,桂林却很少上演这样的悲剧,原因是桂林县域经济在近年来重特色、树品牌,一批在全国、乃至全世界叫得响的“金牌”被推了出去。

桂林是农业大市,提起桂林的农业,你会掰着手指数出很多“名牌”——荔浦芋头、恭城月柿、永福罗汉果、阳朔金橘、兴安葡萄、灌阳雪梨、平乐柚子、灵川香葱、资源蔬菜、全州食用菌……永福县龙江乡、阳朔县白沙镇、兴安县溶江镇、兴安县华江瑶族乡分别获得广西罗汉果之乡、金橘之乡、葡萄之乡、毛竹加工之乡称号;灌阳县文市镇瑶上村、资源县中峰乡大庄田村、恭城瑶族自治县莲花乡势江村、灵川县海洋乡小平乐村,分别获得广西石材村、红提村、月柿村、桃子村称号。

第二产业搞得有声有色的灵川县,近年来在农业上也狠下工夫。县委书记袁国华介绍,全县粮食播种面积稳定在3.33万公顷,粮食总产稳定在17万吨以上,全县农民人均纯收入5657元。尤其在特色产业方面,通过灵川镇、大圩镇两个万亩无公害蔬菜生产基地的建设,发展四时蔬菜,形成“双潭葱花”、“大圩茄子”、“潭下萝卜”、“大圩草莓”、“灵田鱼腥草”等市场品牌。其中,2010年全县香葱种植面积640多公顷,总产1.6万吨;大圩镇公路沿线种植草莓133.33公顷,创造产值3000万元,该项目成为旅游观光的一个重要组成部分;灵田乡灵田村示范种植鱼腥草12公顷,带动全县种植266.67公顷,创造产值4520万元。

桂林山水甲天下,阳朔山水甲桂林。近年来,阳朔县全力打造全国首个百里新村。2009年,阳朔县作出了把该县途经白沙镇、葡萄镇、阳朔镇、兴坪镇19个村委66个自然村,建设成为物质、精神、政治、生态文明和谐发展的全国首个百里新农村的决定。“把农村工作搞上去才算真本事,把好事办好才算真功夫,把承诺兑现才算真党员”,这是县委书记谭峰对参加百里新村大会战的党员干部说的一句话。如今,阳朔百里新村已初具规模,魅力四射:2010年,沿线村民年人均纯收入超9000元,其中有28个自然村年人均纯收入超过1万元,凉水井、龙潭门、大坪等3个自然村年人均纯收入超2万元,百里新村80%以上村民建了新房,75%的自然村完成了村道硬化,安装了2000多台太阳能热水器,建设了20个文化室、12个篮球场。如今的阳朔百里新村,丰富的旅游资源、壮美的万亩橘园、旖旎的漓江风光、秀美的兴坪峰林,已构成了动人的山水田园画卷。

以灵渠闻名的兴安县除了打造太阳能光伏产业基地外,还被称为“南方的吐鲁番”。兴安县葡萄产业起步于20世纪80年代,如今全县葡萄种植面积已超过0.67万公顷,2010年葡萄总产值达6.36亿元,葡萄产业已成为兴安农业的支柱产业。溶江镇莲塘村全村88户360人,土地总面积80公顷,种植葡萄25.33公顷。2004年成立了葡萄协会,2010年投入15万元在村口建好了35米的葡萄观光长廊,投入30万元建设了葡萄培训示范基地。目前,该村形成了葡萄产、供、销一体化和观光、培训、示范多功能的农业产业体系。去年,莲塘村农民人均纯收入7800多元,仅葡萄一项人均收入5500多元,家家建起了“葡萄楼”。今年年初,兴安县还成立了广西首个葡萄研究所——兴安葡萄研究所,主要研究葡萄新品种的引进、试验、示范,以及对葡萄种植区域进行规划等。

人杰地灵的临桂县享有“状元之乡、将军之乡、冠军之乡”的美誉,在封建科举时代,广西共出过9名状元,其中有5个出在临桂县。从民国至今,共有中国人民解放军副总参谋长上将、李天佑,中华民国代总统李宗仁,“小诸葛”白崇禧等50多位将军。在1996年亚特兰大第26届奥运会上,临桂健儿唐灵生和肖建刚分获59公斤和64公斤级举重金牌和铜牌;在2004年雅典第28届奥运会上,临桂籍运动员李婷与队友夺得女子双人10米跳台冠军。临桂县原县委副书记陆桂弟提起临桂县的变化真是感慨万千,这个紧挨桂林市区的县,曾经长期捧着金碗讨饭吃。“十一五”规划期间,尤其是在“保护漓江,发展临桂,再造一个新桂林”感召下,该县取得“突飞猛进”的大发展,财政收入突破10亿元,位居全广西第二;两次荣获“广西经济发展十佳县”,连续5年进入全国最具投资潜力中小城市百强行列，连续4年进入中国西部百强县之列，荣膺2010年度中国最具区域带动力中小城市百强，先后被评为“全国科技进步先进县”，也是广西唯一同时获得“全国举重高水平后备人才基地”和“国家体育高水平后备人才基地”。

灌阳雪梨为我国南方梨中的优良品种，栽培已有300余年历史。县委书记沈荔芳介绍，山区果农已总结了以施农家肥、沼肥、使用无公害农药、频振式杀虫灯诱虫、疏果套袋、整形修剪、冬季清园等一整套综合的雪梨栽培技术，加之灌阳县空气清新，水源洁净，为灌阳雪梨特有的品质提供了保障，2006年通过中国农业部无公害水果产品认证，2009年获得中国农业部农产品地理标志认证，目前栽培面积2000多公顷，产值1亿多元，产品销往湖南、湖北、广东、浙江、江西、中国港澳地区及东南亚一带，还远涉重洋到了加拿大。

在桂林市5城区中，雁山区农业发展一枝独秀。区长古保华介绍，2010年全区农业总产值达6.22亿元，年均增长17.72%。农业生产基地化。共建立蔬菜、水果、优质稻、马铃薯等优势特色农产品示范基地（点）45个，示范推广“三避”、“三免”、“三诱”等先进实用新技术25项；农业生产标准化经营。推广“猪—沼—菜（果）+灯（黄板、性诱剂）+生物农药+有机肥”的生态农业模式。农业产业化稳步推进。以生猪、家禽、蔬菜、罗汉果、干米粉为主的生产加工龙头企业更是红红火火。

资源县是“中国果菜无公害十强县”，近年来，资源县大力发展红提、猕猴桃、有机蔬菜、食用菌等特色农业。目前，红提种植总面积达到0.24万公顷，总产值达2.8亿元；种植西红柿0.12万公顷，总产值3.5亿元；红提种植面积、产量位居华南第一。

龙胜各族自治县今年将迎来60周年县庆，这个曾经荣获“全国生态经济示范县”的少数民族自治县，以“龙脊梯田”、“龙胜温泉”而闻名。近年来大力实施“生态立县，工业富县”的发展战略，取得跨越式发展，围绕龙胜红碧玉、灰绿石等矿产资源，龙胜各族自治县大做品牌、深加工文章，去年仅旅游业收入达5.9亿元。

2010年11月18日至20日，以“金柚飘香，情满桂江”为主题的桂林平乐首届桂江文化旅游节暨第二届柚子节在平乐县举办，世界上最大的“柚子灯”诞生在平乐县。该柚子灯宽6米、高8米，整个柚灯共有36层，摆放了6666个柚子鲜果。平乐县是“中国沙田柚之乡”，该县的沙田柚曾经荣获北京2008年奥运果品一等奖、中国国际林博会金奖，并被授予“中华名果”称号。目前全县种植柚子0.17万公顷，总产量达到4.5万吨。

桂林市农业局局长邓康康介绍，目前桂林农业规模化、标准化、产业化和品牌化稳步发展，市级以上农业产业化龙头企业达119家，农民专业合作社达1590家，直接带动农户14.71万户，新增畜禽规模养殖场193个，引进农作物新品种703个，建立各种高产示范点252个，获得“绿色食品”标志产品45个。

五看桂林“十二五”发展之“盼”

历史洪流，大浪淘沙。

由于一段时间发展思路不明，桂林和全国很多地方一样，曾经长期面临三个“怪圈”：一是资金运转的怪圈。经济发展慢，导致财力弱，财力弱导致政府部门乱收费，乱收费导致企业效益差，效益差导致金融信誉下滑、银行不肯贷款。二是环境的怪圈。环境差引发招商难，招商难导致财政匮乏，财政匮乏导致城市基础设施落后，基础设施落后，环境更糟。三是稳定的怪圈。发展缓慢导致不稳定因素增多，维护稳定又占去了干部精力，干部精力不够，影响经济工作，最终影响了发展。

没有想到，在上级有关部门正确领导下，尤其“保护漓江，发展临桂，再造一个新桂林”这一战略的坚决实施，上述三个怪圈被打破，取而代之的是桂林发展呈现出“马太效应”：发展加速——干部齐心——公众支持——政府公信力提高——环境更好——社会和谐——凝聚力更强——上级领导支持——发展速度更快。

“这种马太效应和聚合力量，让桂林在‘十二五’规划期间信心倍增。”刘君说，在这种大好形势下，桂林基于经济社会发展现状、资源禀赋和产业发展要求，以及面临的重大发展机遇，提出“十二五”规划目标，继续深入实施西部大开发战略，坚持走农业稳市、文化立市、旅游兴市、工业强市之路，全力实施“保护漓江，发展临桂，再造一个新桂林”发展战略，全面推进桂林国家旅游综合改革试验区和国家服务业综合改革试点区域建设，不断开创建设现代化国际旅游名城、历史文化名城、生态山水名城新局面，其根本目的就是实现

"富民强市"。

作为"十二五"规划开局之年,面对取得些许成绩,桂林市领导班子清醒地看到,未来前进路上面临的困难和压力:

一、关于"发展"与"保护"问题。记者了解到,"十二五"规划期间,尽管"保护漓江"贯穿发展主线,也找到一定破解之道,但是一方面经费缺失让保护漓江"一揽子"工程实施难。李志刚说,漓江不仅仅是桂林的漓江,是全国、全世界的漓江,因此,漓江保护必须从国家层面考虑。"十二五"规划期间,广西为了保护漓江,在桂林市实施生态保护工程、城市化工程、环保设施建设工程、富民工程、产业结构优化升级工程等五大工程,但是总投资需要700多亿元,而针对漓江的保护,截至目前国家没有一个专项转移支付,单靠桂林和广西是远远不够的。

二、调结构难题,产业转型大考。以荔浦县为例,我们必须清醒地看到,一方面荔浦各种生产衣架的小企业铺天盖地,真正"顶天立地"的大企业却寥寥无几。"荔浦衣架产业红红火火,但红火的背后,随着原材料和劳动力成本增加,作为劳动密集型产业的衣架行业面临诸多挑战,产业升级换代势在必行。"荔浦县县长刘迎春说,要努力争取在国内和世界市场的话语权,尤其是行业标准和行业定价权。

为改变这种局面,荔浦县正在着手通过"政府引导,企业自愿"的原则,对全县衣架行业进行重组整顿,组建大企业集团,培育衣架名牌。同时,为了使荔浦衣架产业真正能稳领世界衣架市场,除了产业升级外,荔浦县还鼓励一些龙头企业拓宽投资渠道,在发展衣架行业同时,利用本地优势资源发展旅游、现代农业、微生物等高新技术产业,以增强企业抗风险能力,从而使衣架产业真正实现由大到强。

三、政务环境有待进一步改善。记者了解到,目前桂林在软环境建设方面,依然受"地市合并后遗症"影响,一些干部当中仍存在人浮于事、办事拖拉、官僚作风的现象。这些将成为桂林"十二五"规划期间发展的障碍。

四、协调社会矛盾,构建和谐社会的担子依然不轻。主要体现在以下几方面:一是征地、拆迁引发矛盾。记者了解到,目前有贵广铁路、湘桂铁路复线扩能改造等多个国家、自治区层面项目在桂林实施,这些项目工期紧、任务重,占有土地相对较多,引发矛盾多。二是时值发展黄金期和矛盾凸显期,桂林在快速发展中,积聚多年的一些矛盾有可能会集中爆发。

五、有关方面对"保护漓江,发展临桂,再造一个新桂林"战略有待进一步认识,尤其有关部门要改变多年来对桂林形成的"桂林要保护漓江,不能搞工业项目。提起桂林,什么项目都'一棍子打死'的误区。"因为经济不发展,最终生态环境肯定保不住。同时,对桂林临桂新区建设的重新认识,桂林临桂新区的建设不能等同于一般城市的搬迁,它不是为了追求奢华建楼堂馆所,不是贪大求洋,而是通过把老城区企事业机关单位搬迁,还景于民,还山于民,还水于民,还城于民。"一句话,最终为了保护漓江,保护桂林山水。"

百里漓江春潮涌动,桂北大地活力迸发。

走进位于榕湖边的桂林市委大院,一进门您就会看到"让心灵与山水同美,用行动为桂林增辉"这样的标语,以及"保护漓江,发展临桂,再造一个新桂林"的发展战略,分立在大门两侧,赫然醒目。

"'让心灵与山水同美,用行动为桂林增辉'主要指'人'的因素,而'保护漓江,发展临桂,再造一个新桂林'是我们的发展目标。目标能否实现、实现的好坏关键在人。"刘君说,"我们现在尽管依然面临上述重重困难,但我们最引以为豪的就是,经过多年的磨砺,我们锻炼了一支执行力强、敢于亮剑、勇于奉献的队伍,这是无价的。有了这些东西,我们相信,桂林市第一个经济总量过1000亿元、财政收入过100亿元用了60年,而第二个这样的成绩单,按目前的势头只要5年即可。"

愿桂林,在转变发展方式、追求社会公平、深化体制改革等方面,在追求富民强国的征程上,勇于变革、勇于创新、永不僵化、永不停滞,不为任何风险所惧,不被任何干扰所惑,砥砺奋进,作出表率。

(《桂林日报》2011年7月10日第一版)

(龙松林　王勉　熊红明　何程)

索　引

漓江之晨。　　李腾钊　摄

索　　引

说　明

一、本索引采用主题分析方法，款目按汉语拼音字母（同音字按声调）顺序排列。索引范围包括主要条目和人物。

二、文中的类目、分目在本索引中用黑体字标明，其余款目用宋体字排印。

三、索引款目后的数字表示内容所在页码，数字后的拉丁字母（a、b）表示栏别（即版面的1、2栏）。

四、同一主题的内容在文中多处出现的，在其款目后用不同的页码标明。空两字起排的款目为上一主题的“附见”。内容有交叉的款目在本索引中重复出现。

A

B

C

D

E

F

H

J

K

L

M

N

P

Q

R

S

T

X

Z